U0908373

本书由中央高校建设世界一流大学（学科）和特色发展引导专项资金资助

2019
我心目中的千村调查

上海财经大学“千村调查”调查工作组 编

Record of
Village Investigation

上海财经大学出版社

图书在版编目(CIP)数据

2019年我心目中的千村调查/上海财经大学“千村调查”调查工作组编.
—上海:上海财经大学出版社,2020.8
ISBN 978-7-5642-3574-1/F·3574

Ⅰ.①2… Ⅱ.①上… Ⅲ.①农村调查-调查报告-中国 Ⅳ.①D668

中国版本图书馆CIP数据核字(2020)第124784号

责任编辑:廖沛昕
封面设计:诸绍阳(学) 贺加贝

2019年我心目中的千村调查

著 作 者:上海财经大学“千村调查”调查工作组编
出版发行:上海财经大学出版社有限公司
地 址:上海市中山北一路369号(邮编200083)
网 址:http://www.sufep.com
经 销:全国新华书店
印刷装订:江苏凤凰数码印务有限公司
开 本:787mm×1092mm 1/16
印 张:32.75(插页:2)
字 数:736千字
版 次:2020年8月第1版
印 次:2020年8月第1次印刷
定 价:98.00元

前　言

12年来，上海财经大学以大型社会实践项目——千村调查为抓手，聚焦“三农”主题，组织2万余人次学生走访全国万余村庄的15万多户农户，撰写调研报告万余篇。2019年5月，学校第八次党代会明确提出实施千村调查2.0版，进一步加强国情教育、社会实践、劳动教育、科学研究、学科建设五位一体人才培养模式的内涵建设，推动“不忘初心、牢记使命”主题教育“热”起来，落实立德树人根本任务“活”起来，引领高校社会实践“新”起来。

“走千村，不忘初心；访万户，牢记使命”。2019年，学校迎来了千村调查2.0的第一个丰收年。1 512名上财学子完成走访全国247个地级市的1 022个村庄、15 987户农户，提交“我心目中的千村调查”征文1 209篇。报名人数、调研户数和提交报告数均创下历史新高；学校近5.7万人次师生参与“我心目中的千村调查”征文评比活动，展现了千村调查在新时代焕发历久弥新的重要意义和育人成果。本书遴选了一百九十多篇优秀征文，以青春爱国、青春实践和青春使命三个篇章进行展示。目前，千村调查2.0已成为上海财经大学大学生思想政治教育工作的优秀品牌，更是推进一流人才培养的重要载体！

青春爱国篇：根植中国大地，求解时代课题

深入基层方知情切，走进群众方知意浓。通过深入调研和访谈，大学生不仅收获了反映乡村动态，群众愿望及期盼的第一手资料，收获了书本上不曾见过的国情、民情和社情。白天大道行思，夜晚笔底波澜。同学们努力在调研报告中把了解到的社情民意和乡村百态描述清楚，并对客观现象背后的本质进行深入探讨，找准事物症结，思索解决方案。通过有思想、有温度的表达，感悟祖国发展。

青春实践篇：践行“四力”要求，增强报国本领

心之所向，素履以往。越过千村，方识寂寥红土之上点缀的辛劳农人，于青山绿水如画的幕布前，扛起铁锄前往那烟雾缭绕的南山，洒下酣畅淋漓悠然的汗水，为祖国山河大地耕耘播种。一路走来，各千村调研组牢记习近平总书记关于不断增强“脚力、眼力、脑力、笔力”的重要指示，历练善于观察、敏于发现的火眼金睛，提升洞悉规律预见趋势的思维水平，思考如何给那些仍处困苦中的人带去一些光亮，一丝香甜，哪怕是盏昏黄的渔灯，哪怕是粒微甜的白米……

青春使命篇：常怀赤子之心，勇担时代之责

守初心，立德树人以生为本，培育匡时人才；担使命，扎根中国聚焦“三农”，助力脱贫攻坚。“不登高山，不知天之高也；不临深溪，不知地之厚也”。上财以千村调查为契机，不仅见证了祖国乡村日新月异的改变，也意识到了我国目前城乡发展的不平衡，振兴乡村的美好愿景依然任重道远。

在纪念五四运动100周年大会上习近平总书记强调“时代呼唤担当，民族振兴是青年的责任”。新时代青年应把个人前途与祖国命运紧密相连，与祖国同呼吸、共命运才能大有作为。而千村调查正是上财学子走出经历真空，体验人生百态，开阔视野、读懂中国的宝贵契机。山河万里，家国萦怀。新时代正以前所未有的实践纵深和创造力量，呼唤越来越多的上财学子走出方寸天地，勇担时代之责！

编　者

2020年8月

目　录

青春爱国篇

读中国

——把调研报告写在祖国的大地上

刘珊珊[①]

党的十八大以来，中国实践释放出前所未有的巨大能量和发展机遇。上海财经大学千村调查项目引导大学生投身伟大实践，聆听时代声音，感受时代脉搏！在现实砥砺中认识真理，在时代奋进中创造价值！山河万里，家国萦怀。新时代正以前所未有的实践纵深和创造力量，呼唤越来越多的知识分子走出方寸天地，勇担时代之责！

在过去的12年中，上财两万多名学子把对祖国和人民的初心、使命与家国情怀转化成“走千村，访万户，读中国”的千村调查实践品牌，2019年由我校打造的千村调查2.0正是上财莘莘学子“把青春写在祖国大地上”的生动写照，更是我校落实“厚德博学、经济匡时”的奋进之笔，必将在新时代焕发出历久弥新的现实意义。

记得费孝通先生在《乡土中国》里说：“从基层看上去，中国社会是乡土性的。我们的民族确是和泥土分不开的。”作为一个从小在喧嚣城市中长大的“90后”，我一直对自己与土地的疏离深感遗憾。深入基层方知情切，走进群众方知意浓。所谓“坐而论道，不如起而行之”，理论知识的积累是基础、是准备，但学以致用、知行合一才是目的、是价值实现的

---

① 刘珊珊，上海财经大学公共经济与管理学院2017级公共经济政策学专业博士研究生。

过程。学术探索要立足中国、阅读中国，读懂中国，从生动的实践中发现新问题，从现实生活中挖掘新素材，构建具有中国特色的学术理论奉献人民。

十九大报告明确指出，要补齐教育民生短板，办好人民满意的教育！“治贫先治愚，扶贫先扶智”。“治愚”和“扶智”的根本手段是发展教育，所谓“授人以鱼不如授人以渔”，通过教育来提升劳动者的综合素质，发挥教育在精准扶贫、精准脱贫中的重要作用，是贫困地区教育改革发展的重要任务和光荣使命。十九届四中全会更是明确指出，要坚持和完善统筹城乡的民生保障制度，满足人民日益增长的美好生活需要。增进人民福祉、促进人的全面发展是我们党立党为公、执政为民的本质要求。必须健全幼有所育、学有所教、劳有所得等方面的国家基本公共服务制度体系。坚决打赢脱贫攻坚战，建立解决相对贫困的长效机制。在新中国成立70周年之际，上财千村学子用青春见证了祖国改革发展的伟大成就，见证了农民脱贫增收的喜悦，见证了新型农村合作医疗保险的成效，见证了我党为人民服务的初心和使命！

仗卷调研路，民情寄挂心！2019年暑期，我第一次参加千村调查2.0版活动，与同学们一起走进乡村、走进农户，了解最真实的中国农村。我们在千村调查的过程中虽时而跌跌撞撞，但亦能且歌且行。通过深入的调研和访谈，我们不仅收获了反映舆论动态，群众愿望及呼声的第一手资料，团队协作、互帮互助的温暖，更是收获了书本上不曾见过的大千世界。白天大道行思，夜晚笔底波澜。针对基层乡村关心的教育话题、社会热点问题及时给予整理，努力在调研报告中把了解到的社情民意和乡村百态描述清楚，并对客观现象背后的本质进行深入探讨，找准事物症结，思索解决方案。通过有思想、有温度的表达，为党和国家事业发展提供有价值的智力支持。

一路艰辛坎坷，一路情怀砥砺。地图上的经纬显现的是现实的温度和时间的刻度，泥土中的足迹诠释着上财学子的初心、使命和家国情怀。调研返沪，回到校园的我久久回味祖国大地母亲的乡村气息，所思所想所感不禁涌上心头，正逢华师大“新中国成立70年来党领导社会治理的理论与实践”学术研讨会之际，便趁着满满的感悟提笔书写了《追寻乡村善治之道》一文，承蒙专家厚爱使我得于做论坛主题汇报，以分享这一份不该独品的喜悦！专家学者当牢记习近平总书记的嘱托，聆听时代声音，观照人民生活，回答现实课题，努力把论文写在祖国大地上、把学问写进群众心坎里。

历史证明，青年把个人前途与祖国命运紧密相连，才能大有作为。千村行，带给我们最珍贵的礼物是责任和担当，这份责任不仅仅是个人的奋斗史，更是与祖国紧密相连的命运史。我们会继续奋斗，切实将扎根中国大地的经济学反哺农村，助力乡村教育、振兴中国乡村！望上财学子能不忘初心，牢记使命，将这份探索社会的调研热情一直传承下去，把调研报告写在祖国的大地上！

遇见千村，读懂中国！祖国很大，从北到南，从城到村，处处风景不一、习俗不同。世界不是苟且，世界是远方，行万里路才能回到内心深处！只要心中有爱，“此心安处是吾乡”。让我们携手奋进，在人生的征途中奏响最华丽的乐章；让我们以梦为马，不负韶华！期待千村的下次遇见……

遇见千村，盛放希冀

刘　芳①

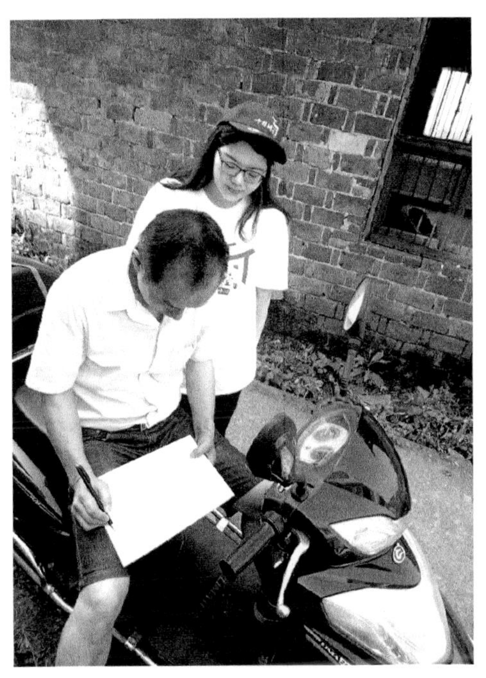

7月，我来到遍布荷塘的荷叶湖村，荷花朵朵，荷叶连连。在这里，我和千村调查首次相遇。走进她，才懂她最真实的模样……

一、是谁，田埂把歌唱，带月荷锄归

刘老伯是一位土生土长的农民，面朝黄土背朝天在水稻田里耕耘了一辈子，从不曾外出务工，也不曾做过其他营生，把对生活的激情和热忱全部奉献给了自己的一亩三分地。刚见刘老伯，他正在屋门前的空地上埋头晒谷。头上戴着一顶草帽，颈处挂着一条毛巾，一件破旧的白布褂子，敞开露出微鼓的胸膛。沟沟壑壑满是褶皱的一双手持着一把木耙，一下一下地，将地上堆拢起来的稻谷推开。木耙坑坑洼洼不甚平整却看得出很光滑，周身爬满的裂纹像是在诉说着这些年历经的沧桑。骄阳灼灼，烈日炙烤的不仅是扒开的稻谷，

① 刘芳，上海财经大学国际文化交流学院2018级语言学及应用语言学专业硕士生。

还有大伯赤着的双脚，那是一双筋脉凸起、指甲发黄、满是裂口的脚，老茧横生，沉淀着一种用清水洗不走的泥土的颜色。

这样一位在炎炎夏日下闷声忙活的平凡朴实的农民伯伯，却蓦然让我有些热泪盈眶。他是我认知中广大农民群体的一员，印象里农民的模样，但在亲眼看到的一瞬间，在如此近距离的观察中，让我涌上了一股意料之外的情绪，这种情绪让我觉得很真切和踏实，心境似乎也变得清朗起来。和刘老伯的调查异常的顺利，其实准确地来说应该不算调查，更像是长辈和晚辈间的聊天，也像是朋友间的倾诉。刘老伯回忆起自己的过往，讲述自己和土地的缘分，这一刻我不仅是记录者，我还在倾听一个在时光中沉浮的故事，分享一段我不曾参与却感同身受的人生。调查的意义远不及此。刘老伯说："我没事喜欢哼哼小曲儿，最喜欢在农作完成的时候在田埂间唱歌，老婆远远听到我的歌声知道我要收工回家了，等快到家的时候我就能闻到飘来的饭香，那一刻不管再苦再累我都觉得幸福。"

这一刻我也觉得很幸福。我想这一刻我突然明白了，千村调查不仅是深入农村收集数据，调查对于村民而言更不应该只是一两个小时的打扰。同在蓝天下，同处生活中，在农村耕作的他们和在城市学习的我们在很大程度上是有契合的，用真心去倾听，带着情感和温度，带着我们全部的感官和心灵，去拥抱这些抑或色彩斑斓抑或灰白惨淡的故事，而我们得到的不仅是填写好的问卷，我们还会真切地感知更多来自心灵深处的诉求。那些聆听和倾诉，那些一起坐下畅谈的时光，本就意义非凡。

二、是谁，晨起磨刀霍霍，高挂酒旗飘飘

文大叔是村里唯一一家杂货店铺的老板，店里主要出售小孩子喜欢的零食，大人们喜欢的烟酒，必需的生活用品以及猪肉。文大叔杀猪手艺精湛，村子里远近闻名，再加上热情大方懂得经营之道，店里的顾客络绎不绝。还有很多村民并不想要买点什么，只是闲来无事便来店里转转，大家凑一起聊聊家常琐事、八卦趣闻，甚是闲适安逸。

想着文大叔应该算是村里的"成功人士"，我怀着一颗"取经"的心去到他家调查。文大叔膝下育有一儿一女，他以前是村里的党员，但由于计划生育政策没有做好表率，被村里的党组织处以罚款，文大叔年少冲动，为了家庭放弃了党籍。每思及此，文大叔都深感遗憾与内疚。而当文大叔谈起他在村里的这个小店铺，一股自豪之情顿时洋溢在眉梢。文大叔说这个小铺子是他毕生的心血，以前每当天蒙蒙亮，他就要赶早起来杀猪。起晚了一是怕影响到村民们休息，二是担心村民们买不上新鲜的猪肉。用文大叔的话来说，以前的猪肉可"货真价实"了！全是村民们自家一点一点养大的猪，没有吃过任何饲料而且价格实惠。每次宰杀还没结束，来店里买猪肉的村民就已经排起了长队。不像现在，文大叔说，村里养猪的人家越来越少，大家吃的猪肉都是直接从批发市场进货，文大叔也很少再挥起他的"屠刀"了。不仅是猪肉，还有店里其他的商品也都渐渐失去了原有的纯真，大家慢慢习惯了已经加工好或者半成品的商品。店里的酒也是如此，以前村民们买酒，都是带上空壶，一勺一勺来店里打，一壶一世界，唇齿绽清香。现在村民们都是买包装好的酒，价格更贵，也不复以前的酣畅，少了那份打酒、品酒的悠然。文大叔感慨道，社会在前进，人

们的生活水平在提高,不变的还是那个铺子,感觉却不一样了。

我也陷入了沉思。文大叔的叹息在我心中久久不能忘怀。是啊,为什么时代在发展,幸福感却失了最初的那份简单?问卷上的数字告诉我们农民的生活变得越来越好,我们欢呼、雀跃,沉浸在向前迈出一大步的欣喜和激动中。可数字却没有告诉我们物质进步的同时人们内心的生活态度是否在跟着提升。当大家都少一些步履匆匆,多一些宁静喜悦,很多当下的社会问题,比如生态环境、食品安全、诚信问题等,是不是就能减少一份诱发的内在动因?而我们作为中国梦的承载者和继承者,又能为此做哪些努力和改变呢?在思考中,我找到了千村调查的另外一重意义。我们在立足实践,反馈最真实的数据的同时,更要带着批判性思维辩证地思考。思考是前行的基石,也是改变的开始。也许暂时我们的回答不够完美,甚至暂时我们尚不能给出答案,但思考给予我们的启迪已让我们受益匪浅,在不停地思考中我们也定能离自己心中那个完美的答案更进一步!

三、是谁,想得家中夜深坐,还应说着远行人

是日,炎热非常。高悬于头顶上的烈日像火球般笼罩着大地,每一寸皮肤都能感觉到热浪的蒸腾。我走在田间的小路上,正好碰上准备去田里除草的刘大婶。刘大婶是村里的一名语文老师,把教书育人当作最崇高的职业理想。刘大婶说现在村里的孩子不多了,稍有条件的家庭都会尽力把自己的小孩送到镇上、城里去读书,留在村子里的多是爸爸妈妈外出务工由爷爷奶奶照看的留守儿童。学生不多,很多教师也选择了离开,外面的世界有更好的就业前景和薪资待遇。我问起刘大婶的想法,刘大婶边低头除草边平静地说,她从来没想过要离开,只要村里的学校还有一名学生,她都会一直教下去!语气很轻,轻到夏日蝉鸣的声音几乎要盖过她的声音,可我分明捕捉到了语气中流露出来的坚定。那一瞬间,我仿佛有些懵。刘大婶继续补充道,薪资不够她会自己种种地,吃饱饭总是没问题的。自己过得简朴点儿没关系,但孩子们的学习不能没有人教。更让我惊讶的是刘大婶让自己的孩子也一起来传承她的梦想,现在她的女儿在一所师范学校学习,等学成归来就会和她一起在村里的学校工作。我问起刘大婶,女儿自己的想法,刘大婶笑得很灿烂,骄傲地告诉我,女儿很支持她。女儿说村里不能没有老师,不然村里的教育无从开始,这样愿意留在村子里的人更少了。女儿觉得能和母亲一起在这片生养自己的土地上发光发热、能奉献自己的一份力量,是件非常荣耀且自豪的事情!

谈起自己的女儿,刘大婶突然变得有些伤感。她已经很久没有见到女儿了,为了早日学成归来,女儿在学校日夜用功,就是为了更好地提升自己,然后回来将自己所学的知识传递给村里的孩子们。在外求学的女儿抽空会给刘大婶打电话,母女俩在电话的两端诉说着对彼此的思念,不过更多的是互相的鼓舞和勉励,暂时的两地相隔是为了更美好的未来。为了自己的小家,为了村里的孩子们,为了村子以后更好的发展,为了中国梦的早日实现,一切都值得!

完成这户调查,不仅是感动和震撼,我心灵深处似乎都受到了冲刷和洗涤。回想这些既平凡又伟大的乡村教师们,他们在简陋的条件下,辛勤地工作着;在艰苦的环境中,努力

传播希望的火种。他们用坚守，诠释着教师的职责；用传承，哺育着祖国的未来。他们为乡村教育撑起了一片晴空，为孩子们的明天插上了一双翅膀。这，就是乡村教师们炽热的家国情怀！

我们“走千村，访万户”，深入调查，试图描绘中国当代农村的真实面貌；我们实地考察，倾听村民们的声音，记录他们心底的诉求；我们总结、反馈、思考，不管是村民还是调查的我们，都怀着一份创造美好的信念努力着，因为我们心中有梦！千村调查宛如火种，而我们，相信会有希冀盛放！

走出真空，读懂中国

杨　茗①

一转眼，我已然在上财度过了三载春秋，千村调查像每年暑期我与上财独特的约会。与坐在教学楼、图书馆奋笔疾书相比，戴着小红帽，穿着T恤衫，作为上财代表穿梭在乡间小道上，又是一种别样的滋味。

2019年是我第一次去重庆参与定点调查，也是我第一次踏足祖国的西部。作为一个千村调查项目的"老人"，因为调研，我见过江南乡村的小桥流水，见过赣江两岸的风吹稻浪，却从不曾见过川渝连绵的山脉，更不曾想象青山绿水间的现实画卷。在出发之前，我就已经激动地想象过千万种情形。事实证明，正是这股激情，这种好奇，支撑我度过人生最长的28小时卧铺，挺过从未经历的4次转车，来到位于重庆西北部的巫山县。

2019年千村调查的主题为"中国乡村教育研究"。在我的家乡、在我的求学地上海，孩子上学是最自然不过的事情了。九年制义务教育，国家学费减免政策力度如此之大，在我的想象中，条件再不好的家庭也可以负担得起学杂费，至多不过是吃穿用度上各家有些差异。来到巫山县各个村庄，我才明白，虽然我已经成年，但我的所见不过是管中窥豹，我的

---

① 杨茗，上海财经大学会计学院2016级会计学专业本科生。

想象也太肤浅片面。

在巫山县，各个村庄主要的农作物大多是玉米和土豆，在村里就餐时，菜品原料也多为玉米和土豆。村民们将自己种的部分作物卖掉，换来米面主食，过着半自给自足的生活，生活条件十分艰苦。由于国家为各个村庄修通了道路，村里也都通了水电，近年来的生活条件已经好了许多。精准扶贫工程，更是让村里贫困户的生活水平有了大幅提高。巫山县巫峡镇春泉村有一户村民一直住着茅草房，精准扶贫政策的帮助也让他住进了混凝土结构的二层小楼，让村民们更加深刻地体会到了国家改革发展成果与社会主义集中力量办大事的能量，感受到了国家、政府的关爱。

在巫峡镇春泉村，一对父子给我留下了深刻的印象。家中女主人早年不幸亡故，生活的重担也早早落到了小朋友身上。砍柴、种地、背着玉米和土豆去县里卖了换大米和面条，这些事情都能被这位十岁的小朋友做得熟练利落。由于家中男主人早年去广州打工，见识过外面世界的繁华，也深知没有文化、没有文凭，在就业市场的尴尬处境，因此尽管家中艰难，他也很想让孩子继续读书。因为有着这样的渴望，家庭又符合贫困帮扶条件，国家针对性资助效果也在他家发挥到了最大。担心学费问题，国家可以为孩子的九年制义务教育全免学费；担心在学校的就餐问题，国家营养餐补助计划最大限度地在减轻家庭负担的同时，帮助了孩子健康成长，保证了其营养均衡。在大病医疗方面，家中父亲去年的 5 000 元医药费全部由医疗保险报销，生活与命运的反复无常的影响，被国家的保护罩抵挡在了孩子的学业环境之外。

几代人之间是天然的比较。由于家庭条件的限制，40 岁左右的中年人文化水平多在初中甚至小学，但是 40 年过去了，他们的孩子可以享受到国家发展的成果，可以享受到国家越来越精准的帮扶政策。由于农民的外出务工潮的洗礼，历史也让他们明白了学习的重要性，国家政策的可贵，也更能被体会、更会被珍惜。

农村教育，绝对不是一个小问题。作为一直专注于学习考试的大学生，在我们 20 年左右的生命中也鲜少有了解大山深处农民子女教育问题的机会。这样的千村调查，让我明白，我从小享受的优良教育机会不是理所应当的。一方面我应当珍惜自己能够享受的教育机会，知道它的可贵；另一方面我也应当知道，为了追求教育机会上的公平平等，党和国家所花费的心血。我们所享受的一切不是天生就有的，是在中国共产党领导下，国家的发展、时代的浪潮带给每一个个体的福利。

千村调查是一个“走千村，访万户”的经历，更是“读中国，开视野”的机会。走出人生经历的真空，去看真实的、动态的中国百态，是当代大学生宝贵而必要的一课。

走访乡间大地，品悟真实农村

王　孛[①]

改革开放这么多年来，我们国家的经济发展早已取得了巨大的成就，中国特色社会主义更是进入了新时代的历程。然而，基于国情，无论是在过去、现在和将来很长的一段时间里，中国最大的问题依旧还是"三农"问题——农村、农业与农民。作为连续两年都参加了我校千村调查实践活动的学生，我行走在中国大地上，用心丈量着乡村的发展，尽力地去描摹出中国农村的真实剪影。

两次千村调查，我分别参加了位于四川省东部威远县与四川省北部南江县的定点调查，其中南江县还是国家级贫困县，2019 年 4 月才退出贫困县序列，这两个县的农村可以说是部分中国中西部农村的典型代表。那么，真实的中国农村到底是怎样的呢？难道个个都是像华西村那样家家户户每年分红几十万乃至上百万元过着幸福安康的滋润日子

① 王孛，上海财经大学会计学院 2017 级会计学实验班本科生。

吗？不，真实的中国农村不是这样的。诚然，经过多年的发展与国家的扶持，两县农村农民的生活状况与过去相比有了很大的改善：如道路硬化修缮，农民收入普遍提高，每户基本上盖了砖瓦房，农村法制法规逐步完善……这些成就是值得我们肯定的，也是媒体所大力宣传的，但是，这些亮点不应该遮蔽我们的双眼，它们只是相对而言的，我国农村依然存在着许多问题，亟待解决。

如果要对中国农村问题一言以蔽之的话，我个人觉得，应该是：贫穷与疾病做伴，教育落后和文化程度不高相随。在千村调查中，我所访问的每一家农户都是中国农村的真实缩影，少部分人家凭着努力与机遇确实能够过得挺好的，有的甚至实现了阶级跃迁。但对于多数家庭来说，贫穷与疾病仍是他们生活中挥之不去的字眼，如蚁附膻，经年累月地侵蚀着他们的精神与肉体；教育水平落后、文化程度不高更成为他们的标签，阻碍着农村的前进道路。

首先要谈的是收入问题，中国农村最大的问题还是农民收入低，做农业赚不到钱。两县的农户最为普遍的说法是，种地根本没得钱，种点东西基本上都是自己吃。我觉得，收入问题应该是所有问题的源头，所谓“经济基础决定上层建筑”，就是这个理。农民光种地的话是真的穷，他们辛辛苦苦种出来的玉米、水稻以及养的家畜，这些农产品收购价都偏低，一年到头下来根本赚不到什么钱。特别是南江县，它地理条件复杂，“境内地势北高南低，最低海拔 370 米，最高海拔 2 507 米，平均海拔 1 100 米。境内地形复杂，溪沟纵横，山水相依，有‘八山一水一分田’之称”。南江县的农村很多都在大山里面，交通不便，远离市场，当地村民都纷纷表示进城去卖东西的路费都比赚的钱多得多，就只能少种点够自己家吃就行。此外，种地不赚钱，外出打工的工资也不见得高。由于农村人普遍文化程度不高，大部分在外打工的人做的工作都是钱少事多的体力活，多数人与用人单位甚至没有正规的劳动合同，企业也不会给他们买保险与公积金，自身的合法权利难以得到保障，有潜在的风险。进城打工的人在城市的开销比较大，挣的钱除了自己生活以外往家里也寄不了多少。对于许多农村家庭来说，国家对农村农业的各种补助竟然成了他们一年到头的主要收入来源之一，有的贫困户一年打工种地的收入甚至还没有国家补贴高。由此可见，这么多年来，在中国农村发展的道路上，贫穷仍然是头号拦路虎，如影随形。

疾病与贫穷是相伴的，在农村，患点大病或小病的情况是非常普遍的，基本上每一户家里都有病号，常见的疾病以各种慢性病为主，如高血压、糖尿病、关节炎、呼吸系统疾病、胃病与精神疾病等，我也采访到家里有人发生意外伤害的，花费了二三十万元医疗费才治好。前面已经说了，农民的收入本就不高，一年到头一家子摸爬滚打才挣来的辛苦钱还要用于家人的各种大病或小病上，往医院、药店里送钱。在我采访的贫困户中，不少家庭正是因病因残才致贫，借了不少钱来治病买药。我们国家大力推行“新农合”医疗保险政策从很大程度上确实缓解了农民看病难的负担，但是，这还并不足以解决整个问题。许多农民反映，“新农合”只有在有大病住院的时候才能够报销，平时买药这些是报销不了的，而且如果是在外地医院看病的话，医疗费报销的比例也远远小于在本地县医院的……我们常说要让农村人民过上幸福安康的好日子，我想，至少医疗保障这种基本方面的问题是必须要做好的，每一位村民在讲述他们自己或家人伤病的情况时，无不面露难色，眼神中充满了无奈与沮丧，疾病对他们而言不仅是身体上的痛苦，更是精神心灵上的折磨。

再一个就是乡村文化与教育问题，这也是我们本年度千村调查 2.0 的年度调研主题。在农村，中年以上的群体文化程度普遍比较低，从小学以下到初中不等，初中毕业已经算是很高的水平了，大部分人都是小学程度。老一辈人文化程度不高的原因或与当年时代环境有关，或与自己本身不爱学习有关。年轻一辈的文化程度与他们的长辈相比有了很大的提升，基本上都能够读到初中毕业，这得归功于我们国家实施的九年制义务教育政策，提高了农村的受教育程度。我们国家对于义务教育是非常重视的，现在乡村学校的硬件设施、膳食等物质方面做得非常好，国家对于义务教育阶段的学校有着各种各样的补贴与经费支持。对于每个适龄儿童来说，正常的由家庭负担的义务教育开支很少，几乎不会有人因为家庭条件不好而休学。但是，乡村教育与城市相比还是有较大差距的。在农村，不少人读到初中就外出打工了，过早地踏入了社会，做一些低技术含量的工作，而进入高中、考入大学接受中高等教育的人少之又少。我所走访到的家庭中有大学本科以上学历成员的，基本上都是当地家庭条件很不错的。我觉得，乡村教育的问题可以从内外两方面来看。内因来看，乡村的许多家庭眼界并不高，对孩子未来的教育鲜有规划，无论孩子是在小学还是高中，家长都没有考虑过孩子未来的发展路线，都是走一步算一步，这样难以有接受更高教育的动机。此外，相比城市家庭对孩子教育的投入，在本地读书的农村家庭除学校补课外也几乎没有再对孩子有更多的教育投入。外因来看，虽然学校的硬件设施这些条件跟上来了，但是学校的师资力量和城里相比还有很大差距。小学、初中的老师学历以大专居多，只有县城高中这类学校里，具有大学本科学历的老师才会比较多。而大城市重点学校里面的老师，不乏“985”“211”等名牌大学的本科生、研究生甚至博士生。都说教育是用一个灵魂去感染另一个灵魂，显然乡村教育在师资力量上与城市有着难以弥补的鸿沟，慢慢地形成了巨大的差异。

谈了这么多问题，也该说点积极的东西了。在千村调查中，我感受最深刻的是，尽管村民们家家户户都有各种各样的辛苦，但他们的精神状态是非常好的，非常热情地接待了我们，对未来充满了希望，这是很令人惊叹的。他们坚信，在党和国家的领导下，一定能够过上更好的日子，对生活充满了信念与信心。千村调查既让我看到了农村存在着的现实问题，同样也让我看到了中国农村未来的希望与活力。发展才是硬道理，在全体中国农民奔向小康的途中，还有很长的路要走，还有很多的事要做，祝愿乡村振兴的脚步加快进行，建设好新时代中国特色社会主义新农村！

希望的原野

——对当前我国北方乡村现状的调研与思考

谢尧怡①

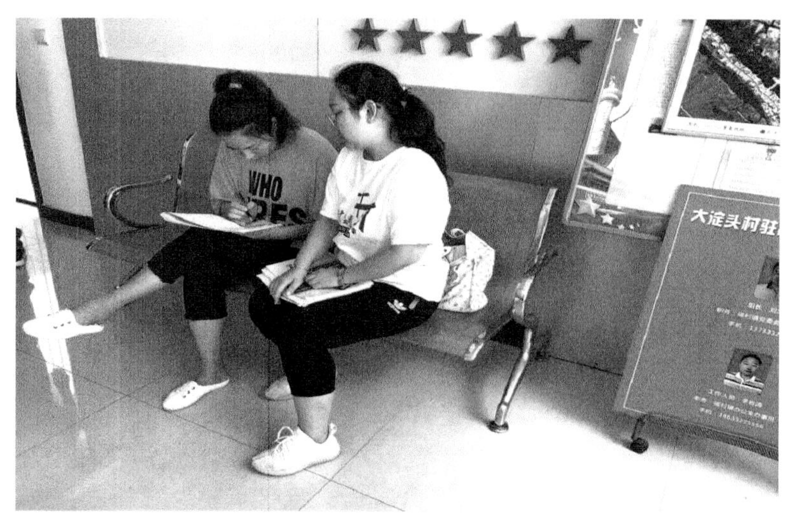

作为一个从小在城市长大的孩子，千村调查对于我来说是一次全新的体验。这次并不是像之前去农家院旅游一样，在已经旅游产业化、完全开发过的乡村地区领略一下田园风光，而是走出学校的“象牙塔”，走入真正的农村，去了解与感受我国北方大部分地区乡村真正的生活。

在进行此次千村调查之前，尽管已经有了我国目前城乡差距尚且相当明显的概念，可我以为的农村至多不过是这样的：一家两个孩子，青壮年劳动力需要进城打工来使得家庭生活宽裕一点，家里老人和妇女侍弄几亩田地，农闲时做些零活诸如去附近的乡镇企业打打零工之类，只要家里没有重病的病人抑或是壮年劳动力出了意外，大抵日子总是能过得差不多达到小康水平。孩子如果上了大学，可能家里经济状况会吃紧一些，但如果能够申请到助学贷款，让孩子完成最基本的本科教育总是不成问题的。

然而，幸亏我在这个假期参与了千村调查，不然，我将永远不知道自己是多么的想当然，永远不会意识到，我臆想中的农村虽并非乌托邦，但并非是目前我国大部分乡村地区的常态。

---

① 谢尧怡，上海财经大学公共经济与管理学院 2017 级劳动与社会保障专业本科生。

我们小组定点调查的地点是河北省保定市安新县，一个连火车站都没有的小县城，从保定市里的高铁站到安新县城不到 40 公里，但却要辗转换乘两班长途汽车，历时两个多小时才能到达。尽管地处平原地区，又坐拥白洋淀的广阔水域，但是由于交通不发达，当地的经济发展水平长期处于低迷状态。

在为期三天的调研过程中，我们陆续走访了当地五处村镇，发放了一百余份问卷。在与当地村民的交谈中，我们颠覆了之前许多想当然的想法，粗浅地见识并了解到了目前北方多数乡村地区真正的农村生活，获取了与本次调研相关的第一手资料。

在安新县我印象最深的一件事就是，在目前北方乡村的平均发展水平下，以家庭为单位的农业生产并非是原本我们想象中的生产率低下、阻碍农民获得更多收入的生产方式。单纯地种地原本是被我们不屑一顾的，认为进城务工从事工业劳动或是利用本地优势发展第三产业才是农民的致富之道。然而，在安新县下属的广大乡村地区，能够拥有较多的土地从事农业生产对于当地农民来说已经是一个相当不错的选择了。由于白洋淀水面广阔，当地村民可供分配的耕地面积严重不足，且多数是无法耕作的水面滩涂地带；即使想通过利用大片水面进行水产养殖，但由于当地普遍文化水平不高，如何打开销售渠道，前期资金的短缺等都是面临的现实困境；少数几个村庄紧邻白洋淀景区，尽管可以获得一定的外来收入，但是由于目前景区的开发并非十分成熟与完善，且淡季与旺季客流量差距极大，少量的旅游业占比也并不能给大部分当地村民带来稳定的生活条件的改善……

与并不发达的经济水平相对应的是，朴实的村民将更多的希望寄托在了孩子的教育上，期望通过教育改善下一代的生活条件与经济水平。在我们的调查过程中，超过半数以上的家庭，尽管本身并不富裕，但依然选择把孩子送入了当地教学质量较好的寄宿制私立中学，而且也会在放假期间选择以补课的形式在能力范围内让孩子提高学习成绩。

从表面现象来看，似乎子女教育在农村已经得到了家庭的高度重视，城乡教育差距在向着逐渐缩小的良好态势发展，在问及多数父母对于孩子未来教育程度的期许时，大多数人的回答也是大学学历及以上（在调研过程中我们问及的受访者的最高学历为大专，多数受访者的学历集中在初中至高中之间）。然而，当我们的问题进一步深入，问及对于孩子的未来教育规划时，却发现几乎全部受访者都不知道如何根据孩子当前学习情况做出相应规划，同时，多数人也无法对于孩子的学习情况做到相对准确的定位与了解。乡村家庭孩子的学习状况依然更大程度上依靠于其本身的自觉性而非家庭环境的引导。

时值新中国成立 70 周年，以本次千村调查为契机，我见识了祖国乡村地区的发展与变化，也意识到我国目前城乡发展的不平衡，振兴乡村的美好愿景依然任重而道远。我辈身为当代大学生，未来国家建设的中坚力量，更应该树立信心，坚定理想，努力学习，为祖国未来的发展建设贡献属于自己的一份力量。

为有“新生”多壮志，敢叫日月换新天

赵唯伊[①]

驱车从市区前往此行的目的地，海头镇北朱皋村，沿 204 国道驱驰，车轮的足迹翻过了一页页窗边风景，从林立的高层住宅到随处可见的两层小洋楼，从驱驰的四轮轿车到不时路过的电动三轮，从此起彼伏的喇叭声到你呼我应的鸡鸣狗吠，从宽敞的柏油路到起伏的水泥路，从树影斑驳到明艳骄阳，不变的是夏日清风，和一颗用脚步丈量祖国大地的决心。

当阳光正式从云层后走出，与聒噪蝉鸣相交，我从车窗远远地看到了北朱皋村的村委会，不大，却在这个小小村落的入口处骄傲地挺立着，青石白墙，在阳光的照射下，安静而明亮。还没进大门，便被门两旁显眼的公告牌吸引了目光，一侧是“村务公开栏”，一侧是“村账目公开栏”，次次规划与决议，笔笔支出与收入，都坦坦荡荡地陈列在大大的玻璃框后。

---

① 赵唯伊，上海财经大学统计与管理学院 2018 级统计学实验班本科生。

就在我举起相机准备拍照留念时，一位牵着外孙女的老奶奶在公告栏前停下了脚步，带着审视的目光，检查着那块贴得满满当当的公告栏。想到了此行的目的，我立刻邀请奶奶帮助我一起填写一份问卷。老奶奶开始有一些警惕，但在听我介绍了千村调查这个项目，是要立足乡村改革后的成果，有助于政府做出下一步的决策，是一件利国、利村、利民的好事之后，老奶奶欣然接受了我的邀请。

饶是浓密树影也顶不住烈日的灼烧，问卷过半，大家的耐心逐渐随着我们头顶的水分被抽离身体，升腾回阳光普照的大气层。老奶奶的孙女，3 岁的然然，不时地催促奶奶："我们什么时候才能回家呀?"老奶奶和我只能哄她"很快很快，马上就好了"，终于，在第 n 次得到大人"毫不讲信用"的空头承诺后，然然的最后一丝耐心被耗尽，扯着奶奶的膀子，说什么也要回家。眼见奶奶就要控制不住局面，我灵机一动，想起了包里为了解馋带着的小零食，举到然然的面前。万幸，然然立马停止了哭闹，注意力转移到手中零食的包装袋上，奶声奶气地让奶奶帮她打开包装。然然拿到了包装袋中的小馒头，先举到奶奶面前，让奶奶尝一尝，把奶奶都逗笑了。奶奶问她，"姐姐给了你小馒头，你应该说什么呀。"然然想了想，几秒后，我收获了一句甜甜的"谢谢姐姐"。我想，碳水化合物与小朋友的舌尖可以发生奇妙的化学反应，不然，为什么快乐的因子会瞬间将我们围绕呢。

在村干部的带领下，做完的问卷逐渐累积，对于这片土地的认识也在不断加深。所调查的北朱皋村地处平原，经济发达水平在所在的赣榆区属于中上等，在 2018 年经历了合村并组，合并了周边的其他村庄，现有两个自然村。由于乡村的学生居住较为分散，为了达到更好的教育效果，相关部门往往将教育资源，尤其是初高中的优质教育资源，集中于县城，想要在高考中取得满意成绩的家长与孩子，不得不选择在学校寄宿。学业繁重，父母与孩子每周的沟通仅能达到 2～3 小时的电话交流，且在电话里主要关心孩子的饮食和起居，只会在重大考试后询问孩子的考试成绩与排名。然而，高中是孩子树立志向的重要时期，高考志愿的选择与填报更是对孩子的未来起到了决定性的影响，孩子与家长沟通的缺失，很容易导致学习方向上的盲目，对于未来的迷茫，即使考出了理想的成绩，未来却未必能过上理想的生活。在采访中，有一户的长女目前在南京就读一所"211"高校，当我询问她未来的职业规划时，她的脸上无限憧憬，"留在南京，当个白领"。乡土意识的淡薄和故土归属感的缺失，也许将成为这片土地上新的伤痕。

当土地不再贫瘠，当果树被批量栽种，任何一个可能的因素都对果实的甜美举足轻重。乡村教育，需要新一轮的转型，这将是一次更艰难的转型，然而，"为有'新生'多壮志，敢叫日月换新天"，人民有信仰，国家有力量，民族有希望，而 SUFER（上财人）永远有那用脚步丈量土地，用青春书写千村故事的决心与勇气。

用脚步丈量山村

王舒雅祺[①]

如果我和你提起贵州道真，你会想到什么？如果我和你讲个故事，有关12个来自上海财经大学的少年，集结在“千村调查”高高飘扬的旗帜之下，用自己的脚步探访这座山村小城，你又会想到什么？

千村调查之前，我们每个人的心里都有不少这样的问号。山村留给人的印象是封闭落后，迎接我们的会是什么，我们用自己的眼睛看到的、用自己的心去感悟的、用自己的力量去争取改变的，又会是什么？

那还是，让我们并肩出发吧——要亲自走进田间地头、走进村民的家中，才能真真正正去了解他们。我们要一起，到离太阳那么近的高原上去。到大山深处，到田间地头，到炊烟袅袅的小村庄去。到我们的故乡，到我们灵魂的故乡去。

茶园、林海、蜿蜿蜒蜒的山路，一望无尽的苞谷地，锅里氤氲的热气，还有……第一户入户调查时，守在灶台边上那位缺了牙的爷爷热情的微笑。奶奶给我们煮了香喷喷的玉米，一直关心我们“热不热”“累不累”，说我们就像她的小外孙女。临行前，还要塞一根玉米到我书包里。淳朴得让人根本无法拒绝。我和伙伴帮他们清扫了地上的苞谷叶子，然

① 王舒雅祺，上海财经大学经济学院2018级经济学专业本科生。

后,4 个人围着咕嘟咕嘟的开水炉一起埋头大吃,东一句西一句地聊起家常。

淳朴的民风,热情好客的村民。来到道真的第一天,我就完完全全地爱上了这座小城。小男孩抱着我们喊“姐姐,姐姐”,种田回来的夫妻俩非要给我们沏一壶当地传统的砖茶,老大爷把我们送到村口,又执意从背篓里掏出几个苹果塞进我们手里,嘱咐我们“自家种的没打农药,用水冲冲就能吃”。每一户调查、每一次探访,都像和从未谋面的老朋友久别重逢。我们要耐心地倾听、认认真真地记录、忠实地把每项结果写进报告,才算对得起他们的热情款待。被温柔以待时,更应肩负起沉甸甸的责任。

猪圈边上读书的小姑娘完全不认生。我们走过她身边时,她挥着小手对我们笑,然后继续低下头看书,眼睛一刻也不肯从书本上离开。仔细一看,是本破旧的《童年》,封面还用胶带粘上了。她把书捧在怀里,手指小心翼翼地划过密密麻麻的文字,好像那是她最最心爱的宝贝。

休息的时候我们和她面对面坐着,她给我们“炫耀”新买的橡皮擦,是个小飞机的形状。“不只有飞机呢！过年的时候爸爸妈妈从外面回来,还给我买了火车、小汽车、大轮船……”“那你最喜欢哪个呢?”小姑娘兴奋地回答:“飞机!”“因为……因为……爸爸妈妈在好远好远的地方……我要是有一架飞机,就能天天飞过去找他们,让他们给我读睡前故事啦……”

她嘟着嘴巴,声音慢慢小下来。我一时沉默,没想到留守儿童的问题依然严峻。后来,还是她来安慰我们,仿佛这是件再平常不过的事儿。她抬起头对我们笑,缠着我们给她讲讲外面的世界。

三江镇的刘叔叔去年种地的时候摔成了粉碎性骨折。提起这一年,一向沉默寡言的他,更加一筹莫展。虽然“新农合”保险已经报销了很大一部分,但他是全家唯一的劳动力,不仅没了收入,还要负担余下的一笔数额不小的医药费。走访过程中,我们在不少家庭都遇到了相同的情况。“不敢病,不能病啊”的感叹折射出数以百计村民的心声。因病返贫,依然是困扰他们的大问题。

留守儿童问题,乡村教育问题,贫困人口问题。我一直觉得这些离我们太远太远,甚至还天真地以为,这些都是属于历史课本上的过去,现在应该不会这样了吧！直到自己走进田间地头,直到和父老乡亲们面对面地交谈,我才意识到——生活在变化,但是,追逐幸福的道路依然漫长。报名千村调查的第一天,我就把我们的使命写在了笔记本的第一页——“走千村,访万户,读中国”,把青春写在祖国的大地上。

可是,我们每个人如此渺小……我们的脚印太小太小,我们的力量太过微弱,怎么能用我们十九岁的眼睛读懂中国,用我们十九岁的肩膀肩负起改变乡村的责任呢?

但,正如涓涓细流终将汇入江海。我们每个人都走在路上,我们每个人都用心去感悟,用脚步丈量中国,就可以齐心协力,拼出乡村的轮廓,拼出祖国的轮廓。我们发现的每一个小问题汇聚起来,就是一个与民生息息相关的大目标;我们提出的每一个小意见汇聚起来,就是能实现改变的大建议;我们献出的每一点点爱汇聚起来,就是可以点亮孩子们前行道路的明灯。

我们时刻牢记此程前来道真的任务，尽力聆听每一位受访者的心声，齐心协力为乡村教育的发展建言献策，并最后将调查的结果整理成数据库和调研报告，并进行深入分析。只有走村入户，我们才能摆脱从课本上获得的刻板印象，实实在在了解乡村现在的发展状况；只有和农户面对面交流，我们才能感受基础教育改革为乡村孩子带来的变化，才能有更深刻的体悟。置身于广袤的田野中，拥抱乡村的绿水青山，我们尽情感受着乡土、乡情、乡景、乡恋、乡思……“不忘初心，牢记使命”，我们上财的学生未来要成长为新一代的社会工作者，我们的课堂不仅仅要停留在上财的校园，而且要走进田间地头感知村民冷暖，了解亟待我们解决的问题，以改变乡村现状为己任。

如何让百姓安居乐业，如何让新农村焕发光彩，如何让农村和城市保持各自的特色，如何让大山继续成为游子灵魂永远的栖所？返程的路上，我一直在思考。解决问题并非易事，但终究，要有人去啃硬骨头，要有勇敢尝试不畏探索的精神，要有改革的魄力与决心。同时，我们 21 世纪的新青年，也应有心系祖国的责任意识，把振兴乡村作为共同的奋斗目标。

秋分将至，千村调查的点点滴滴和那么漫长的夏日时光一起，慢慢尘封进记忆。贵州省道真县的千村调查画上了句号，但“走千村，访万户，读中国”的脚步，从未停歇。明天、未来、远方，高山、深谷、险滩，渔乡、山村、平原。我们一直在路上，等着下一次相遇，期待着下一次与乡村的热烈拥抱。

千村之河，流过的红土故事

莫　凡[①]

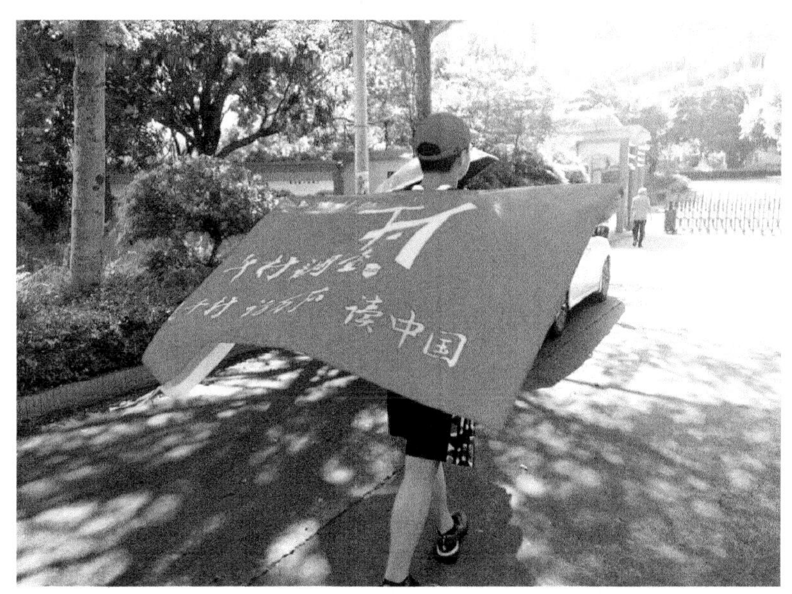

“忽然间白天可以去郁郁苍苍的山林间攀登，在瀑布里看叠嶂的群峦，边呼吸满眼绿意边品味清泉石上流的风致，一步入山峦间，商老深寻、谢公远攀的沧海白云就浮现眼前。”

从前我对乡村的印象也如此，喝一捧清冷的山泉水，骑牛吹箫，看那辽阔蓝天白云，扛起铁锄往那烟雾缭绕的南山去，浪漫潇洒漠然。

如今蹚过千村之河，方识寂寥红土之上点缀的辛劳农人，于青山绿水的如画幕布前，洒下命运的淋漓汗水。他们世代于泥土上匍匐耕耘书写的故事和心声，又有多少人知晓？

我们，用脚步去丈量祖国的神州大地，去倾听乡村儿女的深情吐露。

一、青瓦、老妇、浊泪

初进青瓦盖就的古式老屋，四壁徒然，苔痕阶绿写满了时间流过的沧桑。

“很久没有人来看望我了。”七旬老妇坐在躺椅上摇着蒲扇，话语中透露出愉悦却又有

---

① 莫凡，上海财经大学会计学院2018级会计专业本科生。

点辛酸。

调查进行得很顺利，但是聊到她的孩子们时，她突然泣不成声，“孩子不读书，没受过教育，我带他们那么不容易，他们却这么不争气”，老妇的孩子们因为不愿读书，早早出去打工，抛下了老妇孤身一人，家里贫穷，早在那时落下了病根。

“村里有五保项目，政府每月都发生活费，但是那些孩子，唉……”老妇往满是皱纹的苍老的脸上又抹了抹眼泪。可是这眼泪又怎么能抹掉呢？

从与老人的交谈中，我们了解到，老人自出生起就是孤儿，没曾想到了晚年依旧孤身。这间阴暗的青瓦房，仿佛她的一生，踽踽独行至此，一眼能望到头。这间小屋子里，容纳了多少寂寞年岁呢？我们不敢问，也几乎不敢去凝视。

二、“我去给你们买点吃的吧！”

调研过程中遇到一个活泼开朗的小男孩，自称“小村主任”。

“你们是哪里来的大坏蛋？”面对生人，小男孩一点也不胆怯，很快和我们队员打成了一片。

“我去给你们买点吃的吧！”他眼中有一丝羞涩，却又闪着兴奋的光。

他的父亲在一旁摸摸他的头，催促他赶紧回来，接着和我们攀谈他的孩子。在他的讲述中，女儿读完高中，已经准备上大学，儿子在区重点高中寄宿，成绩也相当不错，最小的这个孩子还在读小学，却是他倾注心血最多的一个孩子。

作为农民，他的脸庞已经被烈日晒得黝黑，眼角的鱼尾纹写满了生活的不易，但是一谈起孩子，他像变了个人，语气里都是自豪与神气。在他看来，孩子们学成归来，在城市里安家立业，就能改变他们祖辈农民穷苦劳作的命运。

“我相信党和政府会让我们的生活越过越好。”他对我们说。

三、扶贫路上，我们一直在前行

这两个小片段，是我们历时一周的千村调查的缩影，青山绿水中的那些朴实无华的面孔，书写得都是乡村生活的点点滴滴。大大小小村落走过，我们看到在新农村建设示范村里，小湖边的西式小洋房和湖中成片的荷花；也见到贫困村中，青砖瓦房上那些时光斑驳的印记。

我们看到村民脸上的喜，也看到村民心中的泪；看到他们对党和政府帮扶的衷心感谢，也看到许多人对家庭未来依旧迷茫。传统思想的局限，横在所有中国乡村以及与它世代相存的朴实的人们心中。

在那远离城市喧嚣的山林之中，代表农民家庭未来的孩子能否改变家庭命运，不仅在于孩子能否勤奋学习，还取决于家庭的长辈有没有重视教育的观念意识，给孩子们足够的心理和物质上的支持。可惜的是，萦绕在乡村中的小农思想，束缚了大多人的眼界，家庭关怀和孩子教育的短板也束缚着孩子们走向远方的脚步。

农村的原始与宁静，是历史的凝聚与停格，是村民朴实性格的源流，也是城乡一体化的高崖。教育为河两岸搭起了悬桥，我们要让桥更坚固，让更多人走过来、走回去，才能给乡村更多希望。我愿意相信，欢笑比悲伤更有力量，那些在贫困中生发出的希望与快乐，就是农村发展最根本的力量。

新中国成立 70 年来，我们在扶贫路上走了很远，从前的孩子没有好的教育资源，在改革开放的美好春天蹉跎了年华，如今国家和社会越发重视乡村发展，私以为，我们让新农村和城乡一体化背景下出生的农村新一代走多远，我们的乡村就能在致富路上走多远。

这是一段有限的旅途，但我们尝试去寻觅最深层的东西，也逐渐深化了对于农村教育和扶贫工作的认知。我们知道，还有很多东西等待被倾听、被探寻。千村调查的旅程暂告一段落，但探究农村教育、探究农村孩子成长之路，还有很长一段要走。

四、似河流，会有回声

吴川山清水秀，实可赏玩，但我们如奔涌而来的河流，在此处驻足，挂心的不是风景，是远方，看见的也不是山水，是人和农田。

脑海里的浪漫乡村印象已经不再，或许孤寂是山林中隔世烟村的表象，而世代扎根于斯的村民带来的感动让这红土生发出了无尽温暖。

我们希冀自身如河流，潮水吻上河岸的同时，带来的不只是水汽，还有来自远方的真切关怀，带走的不只是泥沙，还有千村人的成长和蜕变。

在最后的山瑶村，我们举起了“走千村，访万户，读中国”的红旗，大声呼喊出内心的感谢与感动。阳光正好，乡情正浓。

关于山瑶村，这里是此行终站，却远非终点。似河流，会有回声。

五、离别，归来

离去轻轻悄悄，
记得老人家匍匐睡觉的老黑狗，
记得田地间直腰招手的村民们，
记得小孩儿塞到手中的小糖果，
记得小路边翠绿成海的稻苗，
记得斑驳青墙上的日光点点，
我们向一川山色告别 于一片傍晚的红霞。
当青山失色绿水静止，
我终于有一瞬觉得自己属于这片土地。

千村所寻，万户之音

李圣仪[①]

一、千村期待，心中畅想

从我大一入学前，便在学校官网上了解到千村调查这一调研活动，也通过学长学姐的介绍对千村调查有了一个初步模糊的概念。于是，在我得知 2019 年千村调查开始时便毫不犹豫地报名了。“走千村，访万户，读中国”区区九字便道尽千村调查的内涵和意义，我也为自己能够参与到这项活动中而倍感荣幸，心中畅想照进现实，对这次的行程充满了期待。

其实在家乡，每年都要去几次乡村，但我仍然觉得，这和真正的千村相去甚远。在这之前，我心中的乡村是老家的葡萄架下一桌桌饭菜，是比城市更低的天空和更明亮的星星，是长辈每年都会把糖果、瓜子拿出来的亲切招待。但这些并不是我要读懂的乡村。我看到了乡村模糊的轮廓，却没能揭开面纱一睹它真正的容貌。所以千村调查的机会更加珍贵，我想借此，用以往不同的角度重新认识乡村，这可能是未来的学习和生活中很难再

---

① 李圣仪，上海财经大学法学院 2018 级经济法专业本科生。

有的宝贵机会，我想去了解乡村真正的生活，农作、教育、务工、创新和发展。而在这个城市生活忙忙碌碌，生活方式瞬息万变的时代，我想用亲眼所见，亲身所感去丈量乡村的变化。更想知道的是：我和我们，又能为它带来怎样的变化。

二、初遇新识，却似旧知

我是一个极为慢热的人，当踏上千村未知的旅程，走出乾安火车站时，难免心中涌现不知所措和迷茫。但好在团队的同学和老师都热情而又照顾，在这陌生而又新鲜的集体中也不会让人感到无所适从，大家很快地熟悉起来。在之后的调研工作中，我无数次感叹自己的幸运，能够结识这样一群良师益友，调研工作中大家彼此照顾，结束工作后大家能够一起聊天，短短一周时间，将一群陌生人变成无话不谈的好友，这是千村调查的魅力之一。每个人的视野是有限的，自己的目光也许会忽略掉乡村的某个角落，但众人的视野相汇聚便形成一张笼罩在乡村的网，彼此之间的交流分享也让千村调查的心得更加丰厚。

三、千家万户，灯火燃起

万家灯火下矗立，你读懂了哪一盏的悲欢？问卷调查是个枯燥而有趣的过程，它重复着相同的问题，一户又一户；它也承载着不同的故事，一家又一家。

这样的故事在这一周的调研中并不陌生。有村民对我倾诉着家里孙子还要上学，农作收成不好，一年不过一万元的收成让家里举步维艰。也有村民向我抱怨去年那场大病花光了家里所有的积蓄，来年的种子肥料前还要向邻居亲朋借，一身的饥荒压得人喘不过气，睁眼闭眼想到的都是家里不知道什么时候才能还完的借款。这可能是大部分农村家庭的缩影，努力生活着、辛勤劳作着，但却常常心有余而力不足。对比起我们衣食富足的生活，让我感到自惭形秽，想为他们做些什么，然而短暂的接济却也无法逆转长久的生活，真正的改变应该从根源开始，享受着丰富教育资源的我们，能为这些艰难生活的农民们做出什么样的改变，这也让我感到自己应该承担的责任，也是这次千村调查教会我的，看似无关的知识，不能用来耕作也无法生产粮食，看似空中楼阁虚无缥缈，但其实足以影响家家户户的切身利益。我们也可以通过自己的努力一点一滴地为乡村带来巨大的改变，影响着他们的生活。

四、少年希冀，倾囊以赴

由于2019年千村调查的主题为“中国乡村教育研究”，在问卷中有关教育问题的篇幅也占据了非常大的一部分，让我对乡村教育的问题有了更加真切的体会。

在我们调研的家庭里，绝大部分都有在读的学生，最低的有幼儿园在读，最高的有博士在读。而不论孩子在读幼儿园、小学还是中学，当我们问到家长对于孩子的希望时，无一例外地得到的回答是：“当然得上大学了。”“去市里上大学。”“上大学才能不当农民啊。”话语朴实但真切，满含着对自家孩子的期望。其中让我印象最深的是一位暑假过后即将大学开学的女生，听闻我们来自上海财经大学后露出的向往，她直白地说：“虽然我考不去上海，我的学校也没你们的那么好，但我爸妈还是很骄傲我有学上。”这是一个小家热切的愿望，有的父母倾其所有供孩子上学，无非是为了孩子能够过上衣食富足的生活，能够通过自身的努力改变原本的处境，能够通过知识搏出自己的未来。其实无论城市还是乡村，对于孩子的这份热忱是一样的，只不过我们更加幸运，我们有更加资深优秀的教育资源，有设施完善的学校，还有衣食富足的家庭环境。与此同时我也会反省自己，上课开小差时，溜走的是很多人日思夜想的知识，是很多人难以触碰的教育，如此宝贵且无价的事物不该被浪费，珍惜我们所拥有的，弥补他们所没有的，这才是我们应该做的事。

有很多接受调查的成年人，他们虽然文化水平不高，但是也能够感受到他们对于知识的向往，在我们问到文化水平时，也有人感叹“想读下去，可是家里没钱啊，就不得不辍学帮着干活了。”“要是有机会，我现在也想接着读书。”过去艰苦的岁月让他们不得不放下书本帮衬家里，即使几十年过后念及也颇为无奈后悔，纵然往事不可追，也给了我很多启发。教育重点虽在未成年人，但也应该给予成年人相应的知识关怀，让所有需要教育的人都能得到受教育的机会，虽然没有时间和精力从头开始，但是可以通过知识的汲取得到农作上的进步，教育也有利于农业的发展。

此次千村调查一定会成为我大学生活尤为宝贵的一份回忆，收获良师益友，深入乡村生活，感受民生艰辛。若用一个词总结本次千村调查，我会选择“回报”，看了这么多，听了这么多，最深切的感受是回报，我应该用我所拥有的，回报给乡村，回报给社会，也是回报给自己。

以百年之躯，思千年之事

童雅辰①

“无为”，初次见到这个名字，脑海中所及的是道家无为而治的思想，“为无为，则无不治”，道家的无为是指要君主不与民争，顺应民众，不妄为；拥有这个名字的县城，正是我们此次千村返乡调查的目的地——无为县。

安徽自古以来就是人才辈出之地，多少文人骚客曾流连于此地，写下千古诗篇，引后人传唱；无数思想在此迸发，碰撞出思想的火花；安徽歙县的砚台更是中国四大名砚之一。由此种种，其对教育的重视程度可见一斑，而此次千村调查的主题正与乡村教育有关，从千年之前的孔孟老庄，到如今的文化自信，文化永远是贯穿国家建设、民族富强的灵魂，而教育又是为文化注入活力的重要力量，从古至今，教育永远应该被重视，值得被研究。

走进村庄时的我，陌生且畏惧，但却怀着能听从未听过的故事，目睹从未目睹的奇事，最后认知从未认知的美的心态，迈出了第一步。我们所进入的村庄，属于无为县昆山乡三

---

① 童雅辰，上海财经大学人文学院2018级社会学专业本科生。

公村，下辖若干个自然村。因我从小在城市长大，甚少接触村庄，此地也非我的家乡，但和同学一起，我开始用脚丈量着一寸寸土地，感受着乡野的自然明媚。

调查过程中，大部分是欢声笑语，也有惋惜与心痛，我体验的是另外一种生活，感知到的是另外一种人生。三公村本来是有自己的教学系统的，但是由于入学的孩子越来越少，最后被撤销了教学点，附近村落的孩子上学都需要到镇上去。当地以老人居多，大部分家庭的青壮年都外出打工，从事农业劳动的更是少之又少。为了调查的真实性与准确性，我们请求每一户调查对象都提供身份证给我们，本以为会困难重重，但当地村民的淳朴与热情使我们的调查进行得非常顺利，甚至在发放调查经费的时候，还有村民不好意思收下。我们一共完成了12份入户问卷和1份入村问卷，其中不乏令我印象深刻的故事与家庭，让我知道在同一片天空下，有人正经历着与我完全不同的人生。其中有一户的调查对象是在邻居家串门时与我们相遇的，她大概四十多岁，在进行问卷调查的过程中，我们了解到她有一儿一女，但在我们眼中十分幸福的家庭，却有着不为人知的不堪与痛苦。她的丈夫沾染上了赌博的恶习，本该是家中顶梁柱的他沉迷于赌博，基本上不问家里的事。在问到关于她女儿的事时，她一脸愁容，说:“这么大了就像个六七岁的小孩子。”我本以为她只是觉得自己的女儿没有文化没读过太多书，就没太在意。直到她领着我去家门口拍照的时候，我才明白她的愁容是什么含义——她的女儿已经二十多岁了，但是也确实只像一个六七岁的孩子，因为她是智力障碍人士。更让我惊讶的是，她的女儿已经生下了孩子，也就是她的外孙女，而这个孩子完全是由她一手带大的，我的心中混合着难过、震惊和无奈。一个四十多岁的女人，没有丈夫可以依靠，女儿也完全不能帮上自己，儿子还在读书，整个家庭的重担都压在了她的肩膀上。她的生活到底是怎样的，她到底承担着多少压力，我未可知，但是一定不太容易。我知道这种同情是毫无意义的，更应该反思的是怎么样能够给她们提供更好的生活。

大众在提及乡村教育更多的时候所关注的是留守儿童的问题，常常忽视了农村特殊人群的教育问题，而在经济本来就比较困难的农村地区，特殊人群往往成为家庭的重大负担，给整个家庭了蒙上沉重的阴影，所以乡村教育不应仅仅着眼于传统的义务教育，而对于需要特殊教育的部分人群也应给予一定的关注。尽管这一群体人数较少，但我们依然需要给予他们同等的关怀。现如今不用提乡村，城市的特殊教育学校依然存在普遍的缺失，大多数智力缺陷的人只能一辈子靠父母的照顾度日，无法学习能够傍身的技能，只能浑浑噩噩度过一生。由此种种，尽管需求较少，乡村的特殊教育也是需要的，可以几个村共同建设一个特殊教育学校为存在共同需求的人们提供帮助。

我不禁陷入了沉思，我们在进行千村调查的时候到底是在做什么？难道仅仅是收集数据完成任务，还是说是为乡村的人们今后更好的生活而努力？我们作为大学生群体，力量十分有限，能做的事情也非常少，我们在调查的过程中更多的应该是发现问题和反映问题，将乡村人民无法诉说的难处传达出来，真心地帮助他们，也希望乡村可以有更好的发展。我们的力量可能十分微小，而当这种星星点点的力量汇聚起来，或许就可以给乡村人民的生活带来一些切实的改变。

累并快乐着，是这次千村调查给我的最直观的感受。曾经我一度十分排斥乡村生活，觉得那是距离我十分遥远的，我也没有必要去了解他们的生活，但是经过这次调研活动，我更加能够站在一个中立的角度去看待城市与乡村的不同之处，这种不同是没有高低贵贱之分的，只是单纯的两种生活方式而已，或许城市会有更好的生活条件和教育条件，但这从来不是我们看低他们而自视甚高的借口，更应该是我们帮助乡村变得更好的理由。千村调查能够进行到现在的第12期第12年，不是没有道理的，它不是一种形式主义，而是一种责任、一种担当，是在以最实际的方式帮助乡村发展。用脚步丈量祖国大地，将上财学子的身影印在祖国的每一个角落，让大部分养尊处优的我们能够切实地体会到同一时空中的另一种生活，目的不是让我们同情他们，而是平等地看待之后想办法让他们变得更好。或许我们永远无法感同身受他们所经历着的一切，但千村调查的经历至少可以让我们知道中国大地上还有另一群人在以各自不同的方式为美好生活而努力奋斗着。

千村调查，是一种责任，也是一种情怀。

用思考丈量千村

冯立霄[①]

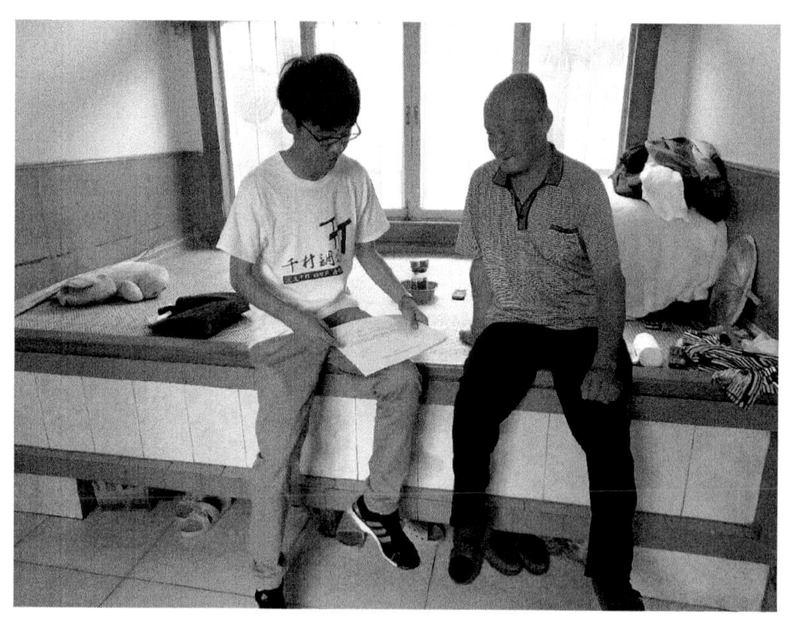

六天六夜，千村调查，身体换到了农村大地上栖居，心灵也对这陌生而又有些熟悉的大地不断探索着。

这片土地叫作诸城，听说文豪苏轼曾在这片土地获得灵感，写下《江城子·密州出猎》和《水调歌头·明月几时有》等流芳百世的诗词，不知我们也能否从这片土地上获得灵感，至少得到些许对农村深刻的认识呢？现在看来，答案似乎是肯定的。

回过头来，千村调查究竟是怎样的呢？

我心目中的千村调查是火热的，它既包含了骄阳的炙烤，更包含了农户们和当地政府对支持我们调查的热情；另一方面，千村调查又是金色的，是丰收秋季中的金色，带给我们丰硕的体会与感悟。

起初两天我们下到乡里，陌生感也随之而来，果然是太久没有接触到农村——这祖国的毛细血管了吧。在询问中得知，现在的农村老龄化极为严重，大多数农户家里仅仅住着

① 冯立霄，上海财经大学统计与管理学院2018级统计学专业本科生。

老人，60 岁以下的人都十分少见。但出乎意料的是，即使是贫穷的农户，也会把子女教育看得很重。只要有机会，他们都会倾尽力量让小辈上大学，幸运的是，随着乡村教育逐渐振兴，九年制义务教育的完善，他们的愿望实现起来比以往容易得多。更令人意外的是，几乎没有一户人家有留守儿童，即使外出务工，也会有人照看孩子，甚至将孩子直接带到城里。知识改变命运，这个共识几乎铺满了整个祖国大地。从教育中得益的我也不禁替他们感到庆幸，是啊，教育将身体和灵魂从繁乱中剥离出来，与世界上的新鲜事物接触，使生命更加独立，也更加富有活力。

我心目中的千村调查是不平凡的，它将真正的农村揭露出来，有些崎岖的生活之路，还有命运中阻碍的力量，农村里真实的无力感；但它又是昂扬的，千村调查的过程能一直感到奋斗的冲劲，即使困难也不乏新生。

走进农村，调查农户离不开收入问题。大多数农民依然在土地上劳作，每年拿着一万元左右的收入，生活的不易在脸上显露着。子女大了还好些。有些家庭拿着微薄的收入要养活一家四五口，只能再到处找找活计。虽然不是贫苦户，但仍然是举步维艰。这让我更加深刻地认识到我国主要矛盾的转换，是啊，生活质量确实有不小的提高，但不平衡不充分发展的问题越来越尖锐。不过令人感到震惊和欣慰的是，也有不少“农二代”真正走出了耕种的土地，来到城市发展，其中不乏到北京、上海等一线城市工作的。甚至有的农户的孩子都已经寄居国外，见识到更广阔的世界。既有对平凡生活的认真，又有对别样生活的昂扬追求。虽有些平凡，但仍旧心怀感恩。在问到近些年来生活水平是否有提高时，有许多农民露出了难以掩盖的喜悦，不止一次提到了党和国家对农村振兴做出的巨大努力。

我心目中的千村调查既是简单的，简单到只需按部就班地询问问题，并做出相应的记录；它本质上又是复杂的，需要认真辨别回答里细微的情绪语言，琢磨如何与农户有真正的深入交流。

为了更好地了解乡村教育现状，而不是仅仅拘泥于有限的问题和问卷，我们特地联系到了当地小学，与其中的师生来了场“座谈会”。乡村小学不大，但设施却是比较齐全的，绘画、书法作品点缀在墙面上。小学的师生并不多，一个年级就二十多名学生，五六位老师。在跟学生谈到学习的课外书的问题时，他们都谈到了四大名著，似乎这里的学生对它们有一种深深的喜爱，想起我第一次接触四大名著还是在初中，不禁感到孩子们的求知之切。但不足的是，他们学习的渠道有些闭塞，除了老师的教导，家长能帮的并不多，浩瀚的网络资源也难以将触角伸到这遥远的山村。平时孩子们也要做家务，一天大概要做半小时，运动的机会也并不多，花样更是比城里的孩子少。与城里孩子不一样，他们与老师关系大多相当不错，很多把老师当作说真心话的知心朋友。令人意想不到的是老师的工作十分繁重，即使学生不多，但除了日常备课、上课，学校其他大大小小的事务都要老师承担。师资力量的缺乏，也是乡村教育亟待解决的重要难题。

短暂的千村调查或许只能带给我们乡村的模糊剪影，但也让我们能够一窥当代乡村一隅，特别是乡村教育的不少细节。在我眼中千村调查是一个机会，让我能真正走进广大的农村，了解乡村实情；它当然也是个挑战，能否让这次调查真正带给我们一些改变，一些感悟，一些思考，是值得我反复琢磨，认真回顾的。入村调查虽然结束了，但千村调查还远未结束，它需要在心里慢慢沉淀，反复淘洗，不断让思考提炼出其中的精华，真正融入自己的心灵。在我眼中，千村调查还在进行，思考不断，千村不止。

乌蒙山，磅礴情

廖浚丞[①]

五天六晚、十村百户。2019 年 7 月 28 日，我与 11 位小伙伴在曹东勃老师的带领下，正式踏上了云南昭通永善县的千村调查之行。在此之前，千村调查对我来说，与以往做的任何一次问卷调查没有什么不同，若非要有，那便是千村调查更加大型而隆重罢了。而“走千村，访万户，读中国”不过一句口号而已。而这一切都在我与永善相融的一点一滴中渐渐淡化，留下的是在千村调查中，感悟到我从未发现的乡村的柔情与乡村人心中的刚毅与炽热。

一、初入乌蒙，初识永善

虽然我家在金沙江旁，与云南隔江相望，但一直以来我都是以游客的身份，去感受云南的美景，从未像现在这样怀揣着真挚的心与这个地方进行心与心的交流。我此刻所想便是丢掉之前的回忆，重新认识这片熟悉而陌生的土地，也许只有这样我才能看到我不曾看见过的云南永善。

① 廖浚丞，上海财经大学商学院 2018 级商务分析专业本科生。

在前往永善的路上，我曾搭乘了一位云南大叔的车。口音的相近使我们之间的陌生感渐渐消失，我们很快便聊起天来。大叔问及我来此的目的，我便将千村调查项目给他大致地描述了一遍，也顺便提及此次千村调查的主题与乡村教育有关。说到此处，大叔便激动地说："好！云南的教育实在是太落后了，一整个县城，能有10个人上'一本'已经很'凶'了！我们'恼火'一点没啥子，娃娃的教育才是最重要的。"我对我家旁边这个云南的小县城还是有点了解，每年上千个学生也难有几个考上"一本"。我家也是四川一处较为落后的小县城，全县一所初中、一所高中，所以我十分清楚一个处于这样地区的小孩要多么努力、多么幸运才能上一所好大学。而永善相比于我的家乡，更加艰难、贫苦，所以很多孩子都因此而被埋没，无法通过读书改变自己的命运。这对父母来说，无疑是心尖上的刺痛，久久不会消失。

二、温柔的永善，磅礴的永善

当我第一次将我的双脚踩在永善县的土地上时，让我感到震惊的是这片土地比我想象得要温柔许多。虽然查过资料，但永善县一直以来都以贫瘠、艰苦的形象存在于我的头脑当中。所以当我来到永善，看到热闹的街市与青山绿水的融合相得益彰、互相映衬，对永善县的评价就只剩下了"温柔"一词。正值闷热的时节，但处于众山环绕之下的永善总会时不时吹来阵阵凉爽。在永善降暑不需要依靠空调，因为你完全可以大胆地踩着凉拖，随便套一件T恤，大摇大摆地走在路上，吹着凉风，吃着烧烤。不会有人觉得你不雅，反而会显得更加亲切，因为这里是永善，没有大城市的拘束，有的是生活，是自然的生活。永善的街道，没有汽车拥堵，汽车时不时驶过，也不会打扰到县城的美好。这就是永善，温柔的永善。

第二日，我们正式开始了千村调查。前往第一个村的路途，便为永善带来了第二个形容词——磅礴。上午前往白胜村途中，车辆行驶在蜿蜒曲折的山路上，道路的狭窄与山势的陡峭都让同学们捏了一把冷汗。这山路盘旋在山外，用山路十八弯来形容也并不为过。道路狭窄，几乎只能通过一辆车，这样的山路即使是当地的司机也是一项巨大的挑战。望向车外，四川省雷波县与我们隔江相望，两山之间则是奔腾不息、滚滚长流的金沙江，我们虽然感受不到毛主席诗句中"金沙水拍云崖暖，大渡桥横铁索寒"的惊险悲壮，行走在这山间却也能感受到"乌蒙生天路"的艰辛。这条路是此村通往县城的必经之路，很难想象永善先人是克服了多大的磨难才修建出如此奇迹般的"天路"，可感可叹！这就是永善，磅礴的永善。

三、刚毅的永善人，炽热的永善人

比永善更让我难忘的是刚毅、炽热的永善人。永善的山路再崎岖陡峭，也能被永善的村民所征服。在我们前往一个村落进行调查时，车辆上不去山路，只能徒步登山，年轻的我们即使是在较为平坦的道路上攀登时也感到吃力。但知道我们要来，许多村民历经最陡峭的山路，也要来迎接我们，他们许多已经很大年纪，也坚持一步一步地走下来。村委会没有足够的茶杯，他们每家每户都拿着茶杯来到村委会；他们拿出全村最好的茶叶来招待我们；我们聊天随口聊到了永善的梨，他们便赶忙去街上买来给我们品尝；调查结束，坚持邀请我们到家里做客。这就是永善人，最炽热的永善人。

我从来不觉得穷山恶水出刁民。我从来都觉得，最自然的土地培育最纯真的人。我们的问卷补助总是很难发出去，因为淳朴的文化告诉他们，自己的双手创造出来的才是真正属于自己的。当我问到希不希望自己的孩子上大学时，他们的脸上都会洋溢出希望的笑容，那是对未来的憧憬，对生活的乐观。一位阿姨告诉我，她们的一生都将生活在永善这片土地上，但她希望她的孩子不要，她的孩子能走得越远越好。永善的贫困从来没有打败他们，他们仍然用最乐观的心态去面对生活的无情，他们总是怀揣最灿烂的希望去迎接未来。这就是永善人，最刚毅的永善人。

“走千村，访万户，读中国”。我一直对这句话不是特别理解，直到我结束了 5 天的千村调查。永善父老乡亲的淳朴深深震撼了我，家里的贫困并没有让他们丧失生活的希望，反而给予了他们更加可爱、散发光芒的一面。千村调查的意义绝不仅在于统计数据，完成调查，更重要的是让我们能亲身感受到这些农村地区的生活，让我们不再是通过平淡的文字了解我们的国家。一周的旅程带给我的还有心灵的成长以及对于生活的感恩，我们国家的发展正在使人民的生活变得更美好，而这一切都需要我们当代青年去守护它走向更远。这是我们的使命，更是当代青年的责任与担当！

千村情深，根植大地

徐　帆[①]

有这样一群大学生，他们不惧酷暑高温，挥洒青春的汗水，志在遍历祖国乡村；有这样一群教师，他们不畏盛夏的骄阳，不辞辛劳亲临指导，寄予谆谆教诲。千村调查，让这样一群人相约在每年盛夏，心系在万千村落，脚步遍布在山川平原，千村情深，数载一日，似水般荡漾在每个千村人的心灵，滋养着祖国乡村的每一寸土壤。

2019 年 7 月，我迎来了进入上财以来的第一个暑假，也迎来了期待已久的千村调查。8 月，带着期许，带着责任，我回到了我的家乡，云南省楚雄市吕合镇干田村，开始了我的第一次千村之旅。在开展调查走访的数天里，我在不断的尝试中逐渐找到了与乡亲们交流的方式，渐渐地，与每一位参与问卷调查的村民好像都成了自由聊天的朋友，调查过程也更像一次敞开心扉的真诚交流，是千村，让我能够真正走近家乡农村，能够用心体会，用心交流。

一、淳朴乡情动人心

我开展调研的村落地处山区，距离城里还有五十多公里，进村的道路蜿蜒曲折，村子

---

① 徐帆，上海财经大学会计学院 2018 级会计学专业本科生。

虽然地处偏僻，经济发展相对落后，但生态环境良好，进入村中，仿佛置身世外桃源一般，新鲜的空气，清澈的溪流，每一样都令人心旷神怡。村庄里，村民们既淳朴又热情好客，每走进一位村民家里，向他们说明来意，大家都表示十分乐意参与完成问卷，每当询问到收入这类问题时，村民们都似乎不约而同地有些犹豫，但在我说明调研目的及相关保密责任之后，村民们还是真诚地将情况如实告知。村民们大多靠种植梨树获得收入，8 月正值丰收季节，每次完成问卷准备离开时，村民们都会拿出自家种植的梨子让我带上，他们的淳朴、真挚让我十分感动。在对一户情况比较特殊的农户家庭进行问卷调查时，说起小儿子上学的经历，大叔十分动容，我也深有感触，在完成问卷之余与大叔闲聊了几句，仿佛整个调研过程成了一次与村里乡亲们的闲话谈天，几乎没有了紧张、拘束与压力，只是添了些许感慨，多了几分感触。

二、耕耘之情动人容

千村数载，实属不易，千村调查项目能够顺利开展，离不开所有同学们的责任担当与辛苦付出，更是离不开所有项目组的专家、老师、辅导员们的悉心经营，从问卷设计到投入使用，其间是字斟句酌，反复修改；从系统测试到完成数据录入，其间是管理员、辅导员多少个日夜的坚守，只为及时给同学们答疑解惑……所有为千村调查项目付出努力与汗水的人都值得尊敬。一分耕耘，一分收获，所有精心耕耘的人都定会满载而归。

三、家国之情令人敬

十年光阴似水，祖国飞速发展的十年里有千村一如既往的坚守。上财地处祖国最为繁华的都市，而心系祖国万千小小村落，“心有猛虎，细嗅蔷薇”，上财人秉承着“厚德博学，经济匡时”的校训，不但放眼中华，更着眼乡村，以亲身走访记录乡村民情，集思广益为祖国乡村建设献言献策。千村情深，十年不辍，正是强烈的家国情怀，责任担当赋予了上财人坚持的决心与动力。乡村问题仍然是祖国发展过程中面临的一道难关，做祖国的“眼睛”，“走千村，访万户”，记录下最真实的乡村现状，是上财人义不容辞的使命。2019 年正值祖国 70 华诞，千村调查的圆满成功无疑是上财人最好的献礼。

参与千村调查的这个暑假，注定是一个意义非凡的假期，在这个假期里，我与许许多多一样热爱祖国，热爱千村的同伴们一起走近乡村，走近农家，一起经历着村庄里的百态人生，我们与人交流，细心聆听，用心记录，把调研报告写在了祖国大地的一角，用实际行动让千村的精神扎根在祖国万千村落。千村，是我们每个上财人青春的见证，它让我们懂得使命，懂得责任，它让我们在历练中成长。

“走千村，访万户”，遍历祖国大好河山；集群智策群力，为美丽乡村贡献力量。千村人情深，数载如一日，扎根祖国大地。我们散是满天星点，聚是一簇火焰，我想，这团火焰定能一直照亮祖国万千乡村的美好未来。

走进永善，感悟时代

赵明明[①]

第一次听闻上财千村调查项目，是在刚入学不久的专业课堂上。范静老师作为千村调查项目颇有经验的带队教师，她在课堂上分享的实践调研的经历，让我对千村调查充满无限向往。终于在这个暑假如愿以偿，在曹东勃老师的带领下，与其余11名队员前往云南省昭通市永善县开展了为期一周的调研，让我真正悟彻了什么叫作“走千村，访万户，读中国”。

从小生活在山东的我，对云南的印象很远，没有亲身体验就无法真正了解这一方水土。永善县地处云南与四川交界处，与四川省雷波县隔金沙江相望。从昭通市区去往永善县的路上，我深深地惊叹于大自然的神奇，在同一片蓝天下这里重峦叠嶂，公路两旁不时会看到由于自然落差形成的小瀑布，行驶在山里的公路宛如在一幅勾勒好的山水画里游走一般。去往永善县城途中，我们还路过四川大凉山地区，作为国家级贫困县，这里的盘山公路修建的也非常平坦，一路上也没有感觉到任何颠簸与不适，这足见国家对于基础

① 赵明明，上海财经大学马克思主义学院2018级思想政治教育专业硕士生。

设施建设的重视。由于海拔高的地理优势即使在夏天这里也没有平原地区的酷暑,二十多摄氏度的气温让我们的调研在更加舒适的条件下顺利进行。

通过前3天的入户走访调查,我深入了解到现如今贫困地区人民的生活现状。劳动力充足且在外务工的家庭年收入能够达到几万元,在整个村子就能够算作"条件还不错"的家庭了,大多数家庭的现状是子女在外打工,只剩孩子和老人在家。多数人都靠仅有的一点耕地维持生计,在农村过着自给自足的传统小农经济生活,"地里种什么,我们吃什么"这是3天调查下来听过最多的话。"洋芋"是我在永善的每顿餐桌上必见的事物,调查中发现,许多农户家里买不起米,就拿洋芋当作粮食,所以产生了滇北地区这种饮食习惯。

受地理环境等因素的影响,永善县盛产花椒,大多数农户也会在自己家种植花椒,有的拿到市场上自销,也有的卖给收购商,以此来增加一点自己的额外收入。除此之外,当我们调研到白沙村时,有同学看到路边的树上长满了梨,热心的村干部们在我们调研完成之后给大家分享了现摘的梨。当问到是否准备在电商平台打造自己的品牌时,村干部开心地告诉我们已经在筹备此事了,还叮嘱大家记得到时候帮他们做广告。村干部满怀希冀地说:"随着国家脱贫攻坚工作的深入开展,我们基层的干部们也都在慢慢拓宽自己的思维,用更加现代化的手段帮助村民们增加收入,如果有更多有知识、有文化、有技术的年轻人愿意帮助这些贫困地区利用自然资源的优势打造一张属于自己的地域名片,那么永善县的花椒和梨也许可以帮助这个贫困县早日实现脱贫。"

每份问卷进入尾声时,当问到"相比于去年,您家的生活水平是否得到了提高?"以及"您认为明年您家的生活水平是否可以继续得到提高?"时,大多数人都会点头给我们一个肯定的答复。印象最深的是,我们在团结乡联合村,去到了一位老党员的家,奶奶在做完问卷后告诉我现在国家政策好了,越来越对农民有益了,生活肯定会越来越好的,朴素的她还邀请我有机会一定要回他们村子看看。

这次调研主题为"中国乡村教育研究",有幸在曹老师和县教育局领导的安排下参加了3场座谈会。在与白沙小学一线乡村教师交流的过程中发现,这些年教育的条件在悄然向好的方向发展,但乡村小学目前存在的问题仍不容小觑。每年新晋的教师会被分配到条件更差一点的小学,作为县里条件稍好的小学,这里教师老龄化问题严重,一位已经四十多岁的教师谈到,自己的年龄常年在学校教师平均年龄之下,这种情况严重制约了这里现代化教学的发展。一位从教三十余年的老师说到,自己努力并且用心地教好这些孩子,但是随着教室里电子白板的安装,有些东西却开始变得力不从心。由于缺少专业人士的指导,对四五十岁的教师来说,多媒体设备无法熟练地运用到实际教学过程中,这成了困扰他们的一大难题。曹老师告诉我们,他在元阳挂职一年中,山区基层教师的苦恼对他来说一点也不陌生,对我们来说却是新奇的。的确,生活在"象牙塔"的我们很少能有亲身实践的机会与一线乡村教师面对面交流,倾听他们对学生爱的奉献和爱的"苦恼"。

就教育供给侧改革来看,我们在县教育局与各中小学校长的座谈中了解到,基层的教育者努力用各种措施控制贫困地区学生的辍学率,"控辍保学"是永善县中小学工作的重点。让我印象深刻的是,小学老师们用"腰鼓""跳绳"等娱乐兴趣的方式增强学校对学生的吸引能力;同时利用各种措施增加学生与在外务工父母的交流时间,从情感上控制辍学率。兴趣和情感双管齐下,这些年永善县的辍学率也有明显的改善。同时,对于新高考的改革,县教育局内部也在悄然应对新形式的发展。"想说爱你不容易",这是柯局长对永善教育改革总结的一句话。同时,在交流会上也很有幸听到了曹老师跟教育工作者们分享的自己在元阳挂职一年对教育的感受以及如何让山区的孩子保持自身特色的一番见解。

在永善,这短短 5 天的时间感触到的是在学校、在书本上学不到的知识,通过千村调查这个项目,亲历农村去读懂人间冷暖,也让我们更加懂得作为年轻人身上应该肩负的责任和使命。我们成长在一个和平的年代,相比于落后地区,更应该珍惜来之不易的良好的教育环境和美好生活。作为毕业班的学生,马上要步入社会投身工作的我们,更应该深入基层,坚守在平凡的岗位上,积极为党和国家的发展贡献出属于自己的力量。

走千村，访万户，读中国，把调研报告写在中国大地上

黎蓝蔓[①]

提到千村调查，有太多的话想说，一时又不知从何说起。

大学3年过去了，我连续参加了3年的千村调查，亲眼见证了千村调查由1.0版本完善至2.0版，虽然问卷设计依然很有槽点，但再也不会有“你们村有村霸吗?”这种让人非常为难的问题了。这是第12期千村调查，我看着它变得越来越好，参与调研的同学越来越多，影响力越来越大，感到非常欣慰，我也相信，在未来，千村调查这个项目会越来越成熟。

当今的大学教育，尤其是财经类高校的教育，在一定程度上可以说是“不接地气的”。这样的本科教育，在很大程度上接近于一种培训，而单纯为了考证的培训，完全可以由市场化的机构取代，不应该成为大学的核心任务。大学最重要的，一方面是要使得学生能够独立思考“我是谁，我从哪里来，我要到哪里去”这样的本质问题，认识自己，方能更好地步入社会；另一方面是要让学生走出“象牙塔”，深入了解社会现状，在社会中摆正自己的位置，方能更加清楚自己的责任。而千村调查，正是让大学教育接地气、让大学生了解真实

① 黎蓝蔓，上海财经大学会计学院2016级会计学专业本科生。

的农村、让农民的心声得以反馈的重要一环，这也正是我坚持参与千村调查的原因。

“三农”问题一直都是国家重点关注的问题，也一直是国家政策倾斜的重点，无论是扶贫的专项资金，还是扶持乡村教育的专项计划，都对缩小城乡差距起到了一定的作用。但通过走访调查我依然发现，东西部农村仍存在较大差距，专项资金被挪用的现象依然存在，还有很多人的生活质量甚至达不到最低水平。

此次调研，令我印象最深刻的是玉螺村的一户人家。村干部带我们到这户人家的路上跟我们说，这家人非常可怜，家里只有一个八十多岁的老太和一个十几岁的男孩，父亲在外打工，母亲已经好几年没有回家，父亲常年不寄钱回家，八十多岁的老太还得在家做农活补贴家用，最让人心寒的是，小孩不爱学习，只想着打游戏，好吃懒做。做完问卷发现他们家的情况跟村干部说的差不多，隔三岔五需要村里或者亲戚朋友的帮衬，为此心酸的同时我也不禁感叹，农村，穷不可怕，懒才可怕。

最近北大退档河南专项计划学生一事闹得沸沸扬扬，专项计划这事跟 2019 年的乡村教育主题也是非常契合，作为一名靠国家专项计划考进上财的学生，我深知专项计划对贫困县学生的重要意义。巴中市南江县也是一个国家级贫困县，也在享受国家专项计划。在资源分配严重不均衡的今天，没有这些专项计划，贫困县孩子考上名校的概率非常低。上了大学后我慢慢发现东西部教育质量差距非常大，无论是在孩子的综合素质、视野，还是知识面的广度、深度上，西部的孩子，尤其是来自小县城和农村的孩子，都远远落后于沿海地区。正如清华大学 2019 年毕业典礼上寒门学子代表张薇的发言，她所列举的差距还只是冰山一角，能上名校的农村学生本来就是凤毛麟角，我看到的真实农村是绝大多数学生，仓促读完初中，就走上了跟父辈一样的道路——远赴他乡打工，一代一代，代代循环，打工后结婚生子，孩子辈又是打工，“读书改变命运”“知识改变命运”，在农村发得淋漓尽致，读书几乎是他们改变命运的唯一出路。我们总是在批判应试教育，但教育资源的分配本来就不均衡，应试教育是改变命运的资本，无可厚非。

我从步入大学第一天就听着“厚德博学，经济匡时”的校训，之前一直觉得这样的校训离我们的生活还很遥远，但千村调查让我明白自己身上的责任，让我看到振兴乡村还有很长的路要走，进入上财学习经管专业，从来都不只是为了赚钱，更多的是要把眼光放长远，以世界为己任，以振兴中华为己任，所谓“风物长宜放眼量”，大抵就是这个道理。

在调查中感受生活，在千村里喜迎华诞

李梦晗[①]

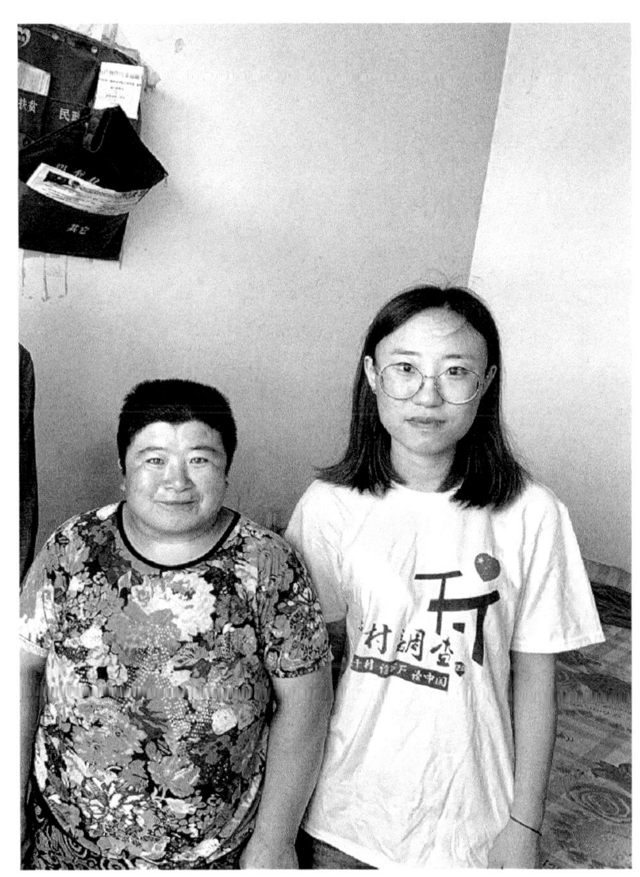

2019 年，对我来说注定是不平凡的一年。这一年，祖国母亲迎来了 70 华诞。这一年，我重返乡村，感受到了阔别已久的亲切的生活气息。

幼时的我，曾经在乡间短暂地生活过一些时日。然而过往终究是远去了，记忆终究是淡了，我脑海中的乡村，早在不知不觉中变得模糊了。直到 2019 年的夏天，乡村重回我眼前。随着乡间的空气吸入鼻腔，我的记忆仿佛被点燃一般，一切变得清晰又明烈。

乡村变了，变得更好了。平坦的道路，不复我记忆中飞扬的尘土。汽车行驶在这样的

---

① 李梦晗，上海财经大学统计与管理学院 2017 级统计学专业本科生。

道路上，让人感到一种稳稳的幸福。我看着路边的玉米地，绿意昂扬展示着勃勃生机。在一条道路上，我看到村民们正在修整路边的杂草。温馨又美好的画面，让我甚至想要吟诗一首：

那草啊，
被割去了；
美好的生活，
就开始了。
那路啊，
被拓宽了；
美好的未来，
就更长远了。

是的，在路上，我还经过了一条正在拓宽的路。想起记忆里曾经泥泞的羊肠小道，现在的我看着眼前的景象，心中有种难以言说的感动。

没错，乡村变了，变得更美了。不仅路本身变得整齐而干净了，路边的绿意也是不可多得的美景。砖瓦房拔地而起，一排排看过去，村庄祥和而安静。除了这些温馨的小房子，厢白四村还有一处“栾家大院”，在附近一带小有名气。院门十分高大宏伟，与院墙的配色彰显出一种古雅的中国特色，与一些历史景点别无二致。我站在门口，一时难以相信，这样的大院，竟是坐落在这样一个小小的村子里。询问知情人后，我方才得知，这家人姓栾，早年居住在这里。后来到外地打拼，富起来之后便回到家乡，建造了这间大院。可惜的是，大院主人近几年已经不住在这附近，所以宅子便闲置了，长年大门紧闭。因此，我也没机会踏进去一饱眼福，实在是憾事。

尽管如此，栾家给村里带来的影响却是实打实存在的。有了先富，才能带动后富。栾家大院不仅能作为一处景观吸引游客，也寄托了村民对富起来的期待和希望。他们努力打拼，向着富裕生活大步迈进。

是的，乡村变了，变得更富了。我甚至一时很难相信，乡村是这样的——和我幼时记忆里的差别略微有些大。随行的人告诉我，多亏了这些年党和政府对村里的大力扶持。人们也是因此，为了生活变得更好，而更加努力地奋斗。日子一天比一天美好，就像田里的玉米，一天比一天高。这世间的一切大概都是这样的吧。最初，也都只是一片长满了杂草的土地。人们劳作后，将杂草除去，将土地翻新，播撒上种子，播撒上希望。于是未来就在这片曾经荒芜的土地上生长起来了。他们沐浴着汗水，蓬勃地向着太阳生长，承载着村民对小康生活的渴望。我突然想起了中学时的班歌：“想飞上天，和太阳肩并肩，世界等着我去改变……”那时的我，尚且觉得这样的话是不切实际的——这世上能有几个人做到改变世界呢？曾几何时，我的想法却完全改变了。因为，就在我的眼前，勤劳的村民已经用他们的双手，确确实实地改变了自己的生活。我又想起了忘记在哪里听过的一句话：“也许你不能改变世界，但是你可以改变自己。”在那之后，生活也就会被改变得更好。人们会越来越富裕，生活会越来越美满，这从来不是一句空话。

然而这次经历中，我看到的一切，却也不是完美无缺的。大部分人富起来了，也有少部分人被落下了。或者有一些，虽然没有被落下，但是过得却也没有那么好。在我入户调查的过程中，有一户只有一位老人独自生活。我去的时候正好是中午，他独自在家吃着饭，因为听力不太好，所以我们敲了好半天门，他才过来给我们开门。一问才知道，这位老人的孩子已经在别的城市定居了，本来是他和妻子一起生活，但是前几年妻子也去世了，就只剩他一人。他的孩子想把他接走，他却舍不得这片土地，执意留下了。调查中我才发现，这位“老人”其实还不到 60 岁，但是生活的沧桑让他的外貌过早地老去了。虽然知道他经济上并不困难，但是独自一人生活，怎么能说不孤独呢？随着社会的发展，城市与乡村的差距始终都在，问题也一直很难解决。

不过好在，我还遇到了很多老夫妻一起生活的情况。他们有些生活并不如他人富足，但是彼此陪伴，日子倒也一直过得不错。我想起了两年前，习近平总书记在十九大报告中强调，中国特色社会主义进入新时代，我国社会主要矛盾已经转化为人民日益增长的美好生活需要和不平衡不充分的发展之间的矛盾。现如今，我们对生活幸福与否的评价确实不能仅限于经济水平了。村民的精神生活，也是在乡村发展中需要衡量的重要指标。

调查结束离开乡村的时候，我还有点依依不舍。我想，以后有机会，我还会回来的。我相信，那个时候，乡村会比现在更好、更美、更富。而我现在所看到的这些问题，在未来，也会不再存在。那个时候，我们就能真正自豪地说，我们改变了乡村，我们让祖国变得更美好了！2019 年是祖国母亲的 70 华诞，未来还有 80 华诞、90 华诞，等着我们去期待，去奋斗，去为之欢喜、为之自豪！

情暖抗战老兵，传承红色基因

冯宜量[①]

古人说："读万卷书，行万里路。"这句话放到今天，那就是将理论与实际联系起来，学以致用。但对于多数学生来说，我们大多生长在城市，平日又多在校园内勤学苦读，很少接触到社会的实际情况。在这样的情况下，千村调查对我来说，就像是一个行走的课堂一般，它带着我们用双脚丈量祖国发展的历程，用汗水致敬青春，使我们能够深入农村基层，感受最真实的中国。于是，2019 年，我选择远离上海，前往南江这样一个曾经是国家级贫困县的地区进行调研。

南江县是一个 2019 年 4 月刚刚脱离贫困县序列的地区。然而在实际调研过程中，我们一方面看到的是县城里一座座拔地而起的高楼，一个个设施齐全、外观精美的购物中心；另一方面，在调研 10 个村的过程中，却经历了崎岖、坎坷甚至部分毁坏的盘山公路，目睹了村民家中破损的墙面、拥挤的卧室等。这让我们对于国家推动城镇化背景下，地区发展不均衡所引发的一系列矛盾有了直接的体会与感受。而解决这些遗留问题的重担，都要落在当代青年人的肩膀上，这也让我们感到自己身负的使命的重大。

① 冯宜量，上海财经大学金融学院 2017 级金融专业本科生。

这次的千村调查与之前有一个不同之处。在调研的第二天，我们在学校学生处处长倪志兴老师与当地村干部的带领下，一起去看望了青山村的两位退伍老红军，给他们送去关心与祝福。第一位是郭家富老兵，1922 年出生，1934 年参军，曾参加过抗日战争、解放战争。第二位是郭英辉老兵，1932 年出生，曾参加过抗美援朝战争，是上甘岭战役奋战将士中的一员，他们在战役中多处受伤，为保卫祖国出生入死。谈到过去的从军岁月，能从他们坚定的语气和眼睛里闪烁的光芒中感受到军人的一腔热血与铮铮铁骨。我不断思考是什么样的力量让先烈面对威慑和死亡时，如此舍生取义、视死如归？我想这种力量的根源就是先烈对国家前途、对民族未来的担当。习近平总书记告诫青年要敢于做先锋，而不是做过客、当看客。当前，中国正处于社会主义新时代的开端上，建设中国特色社会主义现代化强国是当代青年的使命，更是当代青年的担当。作为新时代的青年，传承先烈敢于担当的红色基因，就是要敢攻坚、不畏难，遇事不推不躲，自觉把责任扛在肩上、将名利抛在脑后，尽心尽力将知识扎实地掌握好，为将来实际工作打下坚实基础；就是要有“人生能有几回搏”的责任感、紧迫感，倍加珍惜现在的学习机会，从小事做起，从细微处入手，切实把自己的学习抓紧、抓好。

除此之外，我在探访过程中还注意到，两位老兵家中条件并不好。临街而开的卷帘门，约 20 平方米的房子中没有任何的装修与装饰，只有一张简单的床与桌子而已。红军是中国革命的功臣，没有他们的浴血奋斗、流血牺牲，就没有新中国，没有今天的幸福生活。然而，他们分享到的经济发展的果实却远少于生活在城市的人们，甚至比不上多数调研走访的村民。虽然家中经济情况困难，但是在与村干部的交谈中我们了解到，老兵并没有向村中伸手要过一分钱，这并非简单的安贫乐道，而是真正把自己的“小我”融入祖国的“大我”、人民的“大我”之中。对于他们而言，脸上的微笑是见证了祖国伟大发展的发自肺腑的高兴，是一种家国情怀的体现。我想，这就是方志敏曾说过的“我含笑，我更喜欢你含笑，我快乐，我愿你比我更快乐”的最佳体现。这样的精神激荡在每一个在场学生的心头，启迪我们思考人生价值。

此次千村调查之行，我们看到了最基层的人民力量、最生动的人民智慧与最朴实的人民汗水。团中每个人的人生目标可能会有所不同，日后职业选择会有差异，但这一路的行走让我明白，只有把自己的“小我”融入祖国的“大我”、人民的“大我”之中，与时代同步伐、与人民共命运，才能真正无愧于青春。

用脚步丈量乡村，用心感悟人生

姜水全①

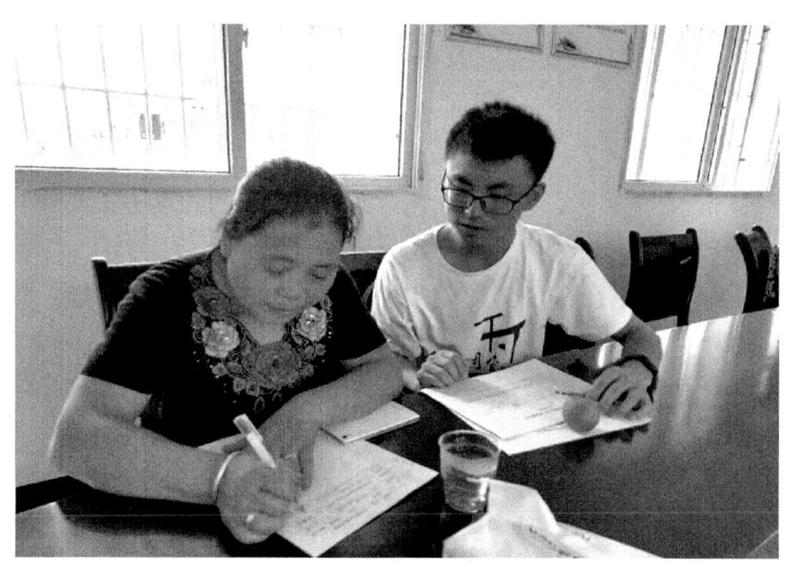

2019 年已经是上海财经大学大型社会实践活动——千村调查的第 12 个年头。在这十多年里，上财学子始终秉持“厚德博学，经济匡时”的校训，坚持用自己的脚步走遍祖国的每一片土地。同时，千村调查的工具也越来越科学合理，再加上平正云系统的使用，让数据更加系统化和可视化，有利于数据的查找和使用。2019 年暑假期间，我有幸参加了位于四川省南江县的千村定点调查，用为期 5 天的时间，和其他 11 位同学一起感受四川乡村生活。调查中我们感受到了国家政策在一个个乡村的具体实施，因地制宜，精准扶贫。同时，我和金融学院的 2 位同学一起参加了返乡调研，加深了对千村调研的认识，进一步体验了农村生活。

2019 年 7 月 21 日，我们各自从家中出发，分别前往南江县。但天公不作美，南江县普降暴雨，由于南江县地势险要，是滑坡泥石流的高发地区。因此，我们一度还担心会取消此次千村调查，但最终大家还是安全到达旅馆，也算是有惊无险。第一天的调查，也是在暴雨中进行的。汽车在暴雨中行驶，沿着崎岖的山路开了一个多小时，途中看见不少巨大的石头落在公路边上，也着实吓了我们一跳，最终，我们到达了调研的第一个村——白庙

① 姜水全，上海财经大学经济学院 2017 级世界经济专业本科生。

村。白庙村给我们最深的印象就是年轻劳动力的流失，村里大多是老人在家种田以及带孩子上学。这也是如今西部大量留守儿童家庭的缩影。之后，我们每天到2个村子进行调查，用5天的时间完成了10个村子的调研，顺利完成了千村调研的任务。2019年8月4日，我们小组3位同学去邻水县观音桥镇进行了实地问卷调查，对农村的生活有了更加深刻地了解。

本来我也是从农村长大，在农村生活的孩子，更能感受乡村生活的不易。但当我真正来到南江县农村，我还是对眼前的农村生活感到吃惊。由于南江县险峻的地势，村民们只能在悬崖边上开垦出一亩三分地，完全没法开展农业机械化。种出来的粮食也只够一家人和牲畜的需求，基本也没什么余粮。一家人的主要收入，主要靠在外打工的年轻人。老人在家带小孩，年轻人外出打工，维持一家人的开支。交通不便确实是阻碍当地经济发展的一个重要因素，我们每天要花一个多小时上山进村，小巴在全是大转弯的盘山公路上蜿蜒前行。不禁让我想到那句“要想富，先修路”的谚语，很难想象在盘山公路修建之前，当地村民是怎样出行的。正是由于国家对脱贫攻坚的坚定决心，在南江县内修建了大量的公路，基本做到公路村村通，才使得村民们种植的作物能卖出去。同时，在走访的村子中，当地企业因地制宜，和村民签订种植和劳务合同，大规模种植合适的经济作物，提高了村民的收入。有的乡村发展电商产业，售卖当地特色的手工制品，拓宽了收入来源。可以说这几年国家对贫困地区的扶贫工作是肉眼可见的，真真实实地落实到每一位村民身上。

一直认为我们学习的专业和中国的农村没有很大的联系，上财的毕业生也很难和农村挂上钩。但其实我们可以为中国的农村做出贡献，我们可以从学习到的经济学知识中，找到一条适合中国农村可持续发展的经济之路，因地制宜，做到具体问题具体分析。也正如校训所说“厚德博学，经济匡时”。“厚德博学”是从品德上，学习上对自己严要求、高标准，学到真材实料。而后半句“经济匡时”是要求上财学子胸怀祖国、志存高远，用自己所学为国家和时代做出贡献，担当起天下兴亡的责任，担起实现中华民族伟大复兴的历史责任。

暑假的千村调查项目，带给我的第一个感受就是村民们的淳朴，这就是典型的中国农民的形象。其中给我留下深刻印象的是西厢村的一户居民让我印象尤其深刻，他家中一共五口人，有一个40岁的儿子，但因为疾病缠身，无法外出打工挣钱，只能在附近打零工，补贴家用。正因如此，家中60多岁的老父亲、老母亲和生产金银花的企业合作，种植了一大片的金银花。同时，家里还有一个90多岁的老人，长期在吃药，每年老人和儿子的医疗费用就要好几万元，日子过得非常艰难。但是在和老人交流的过程中，老人那种乐观面对生活的态度着实打动了我，老人省吃俭用，给自己儿子和老母亲省下医疗费用，也许这就是最纯真的亲情吧，不求任何回报，想的永远是家人。在临别之际，老人向我说道，现在国家和党的政策好，对他们帮助很多，免费帮他们修公路，免费给他们提供金银花树苗以及技术指导，很感谢国家和政府。虽然他们一家很不幸，但是他们依然努力地生活，依然拥有一颗感恩、感激社会的心。

另外，这次实践带给我的第二个感受就是村民们提高了对孩子教育的重视，特别是父辈管教孩子的，对孩子的学习管理更加严格。在调研过程中，我们发现，在父母管教孩子的家庭中，对孩子玩手机、看电视的限制更为严格，也有一些家庭给孩子报了暑期兴趣班，拓宽孩子的视野。而祖父母对于这方面的管理更为松散，这也和父母受教育的程度有关。农村孩子沉迷于玩手机，是目前农村教育面临的一个很大的问题。一方面很多农村的父母为了多挣钱，选择外出打工，因此很少陪伴孩子，对孩子的生活缺乏照顾。另一方面，农村孩子的娱乐活动也比较匮乏，相比城市孩子，他们缺乏体育设施、图书等多种资源，因此，玩手机成了成本最小的娱乐方式，在手机上可以轻松与外面的世界联系，和小伙伴一起玩游戏等。在询问过程中，有些家庭说，孩子对待学习没有那么认真，甚至有些孩子产生了厌学情绪，孩子们缺乏目标和动力，沉迷手机。我们从交流中发现，寄宿制学校成了许多家长的选择。同时国家在这些学校也有相应的政策和支持，包括完善硬件设施，减免学费、住宿费，提供营养午餐等。一定条件上改善了农村地区教育的匮乏。总之，农村教育目前确实存在很多的问题，但国家也出台了相应的政策和措施去解决教育问题。解决乡村教育问题是解决农村问题的根本，只有解决了乡村教育问题才能从根本上解决农村收入问题，提高农村地区收入。

千村调查暑期实践活动是一个深入了解农村的机会，让上财学子更加了解和贴近中国农村的真实生活。“走千村，访万户”，走遍祖国的每一个角落。其实这也是对校训的良好实践。“经济匡时”不仅仅是一句话，更重要的是象征着时代赋予我们的责任，肩负起实现中华民族伟大复兴的历史使命。从这次千村调查中，我学到了很多，也感悟了很多。千里之行始于足下，我们要着眼于当下，放眼于未来，为实现社会主义现代化强国而奋斗。

由柴米油盐看家国天下

于 越[①]

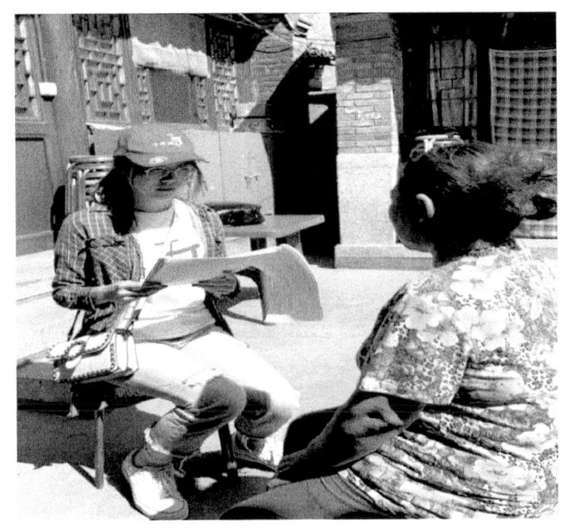

“走千村，访万户，读中国”，最初吸引我报名参加千村调查的，就是这短短的九个字。

因为小时候酷爱沈从文的文章，所以我自小就有一种深深的乡土情结，也因为沈从文先生优美的笔触让我对农村生活有很多美好而旖旎的构想。迎着夕阳，走遍沐浴在泥土芬芳中的村庄，拜访一户又一户朴实而诚恳的农家，祖国的大好河山可以用双脚去丈量。光是想想这样的景象，再多的艰辛不易好似都变得不值一提。从小在城市长大的我一直没有合适的契机去接触农村，恰逢这次千村调查，怀揣着一直埋藏在心底的憧憬，我毫不犹豫地报了名。

可当真的踏足到我思念已久的土地上，眼前的一切却与我的想象大相径庭。空气中弥漫着肥料的腥臭，脚下是泥泞的洼地，面对我们诚恳地问询，沿街的农户们要么推三阻四拒不作答，要么颠三倒四不知所云。初到村里的第一天，我们说的口干舌燥却只拿到了寥寥无几的数据，看着厚厚的一沓调研问卷，很难说愁恼与失望究竟是谁占了上风。

经历了第一天白天的挫折，我们返乡小组 3 个人连夜召开了紧急会议。我们反省了一下，或许是我们的自我介绍不够清晰，部分调查户对我们的身份心存戒备，也可能是因

---

① 于越，上海财经大学商学院 2018 级工商管理专业本科生。

为调研问题中的一些名词对部分调查户来说过于专业,加大了他们理解起来的难度。于是我们临时进行了几轮模拟调研,更改了提问的方式,也放缓了采访的节奏。事实证明,这些细小的改变收效显著,第二天,我们一个上午就顺利完成了3户调研。而随着与村民们的深入交流,我也渐渐开始认识到自己之前对农村的认识是多么狭隘,也明白自己前日因心理落差而生出的沮丧是多么可笑。

相比于繁华的城市,中国农村的生活条件依旧落后,这是不争的事实。在文学家浓艳的笔墨背后,许多村子还用不上管道运输的自来水,用不上干净卫生的冲水马桶,住不进结实牢固的高楼,很多我们司空见惯的东西,却从未在他们的日常生活中出现过。可当与他们交流过后,你又不得不感慨于他们的积极乐观,和由骨子里带来的,对这片土地最为纯粹的热爱。

他们的乐观不来源于别的,来源于这几十年来肉眼可见的变化。正因为他们看到了生活在一点一点变红火,所以他们对未来才能充满自信,才能坚定不移地相信以后的日子只会越来越好。

我最初以为我们会在调查中鞭辟入里地与村民们讨论农村生态、国事民生,可事实上,调研的问题却主要围绕着柴米油盐、家长里短。调研慢慢深入,我渐渐体会到了这般设计的良苦用心,对于村民而言,国情生计离他们太过遥远,他们不过是普通的平头百姓,心中盛的更多的,是自家的一亩三分地。可千村调查,却用千千万万户的柴米油盐积成了塔,为我们搭建了一条得以窥见家国天下的路。

顺着村子走访一圈,家家户户的孩子都有学上,家里条件好的还把孩子送到城里去读书,差一点的也能保证孩子可以不愁吃穿,心无旁骛地走上求学路。可问问这些家长们的求学经历,最好的不过也就是读了个职高,中专都算得上是高学历。

“我们那个时候条件差,家里人饭都吃不上,哪来的闲钱供孩子读书呢?”村里老一辈的人叹着气。可现如今却不同了,我们挨家挨户地问过来,没有哪家人不愿意让自己的孩子往上深造的。家长都拍着大腿告诉我们,只要孩子争气,不管读到哪里家里都供得起。给这些家长们说这话的底气的,是越来越殷实的家境,和越来越深入的文化普及。

比起自以为站在高处地指点江山,这样脚踏实地地走入农村,与村民们促膝长谈,才能真正地了解中国的国情,才算得上是真正意义上的读中国。其实不只局限于教育,生活条件、卫生环境,太多惊人的变化正悄无声息地发生在这片原本贫瘠的土地上。“早个十几二十年,谁能想到不仅家家户户都有了电视机、有了小汽车,竟然还能连上互联网呢。”说到这里,一个中年大叔激动地面容发红。

我们这次千村调查欣喜于农村可喜的变化,而更让我们惊喜地是,越来越多的农村人已经不甘于仅仅接受时代的馈赠,他们更想通过自己的努力、自己的智慧,打造更美好的家园。在调研过程中,村支书表达了大学生村官的强烈渴求:“我们的村子是发展的好了,但是还不够,我们想要继续发展下去,还得多找一些有文化的人带领我们。”也有好几户村民告诉我们,希望自家子女以后学有所成,能回到村子里为村子多做点实事。“想当年年轻人都巴望着往外走,现在村子里条件好了,不进城里的人爱来村子里面,出去的孩子们也都惦记着回来。”仅仅是 4 天的走访，我们都能感受到全村人对于知识文化的渴求，对于美好生活的希冀。我们能感受到这个村庄强大的活力，我们知道，这样的村子，未来的日子只会越过越红火。

从柴米油盐，一窥家国天下。千村调查让我们从细微处见天下事，让我们脚踏实地地去读懂中国，也让我得以感受到在这片沉睡了百年的土地上绽放出的强大生机。生活有盼头，人民有动力，国家也就有了希望，这是一个国家能够高速腾飞的源动力。

千村调查还在继续，我相信，未来，会更好。

立德树人，川流不息

李君竹①

天地大，大至八荒六合；天地也小，不过村庄一落。

千村之行，我选择的是黑龙江省绥化市青冈县芦河镇自强村，一个贫困县中的贫困村。

我遇见了很多人。

我遇见了一个有两个小女儿的留守妇女。她们的日子并不是常人所以为的那样艰难困苦。相反，她们的日子过得有滋有味。我来到这户人家时正值晌午，大女儿要吃饺子，小女儿想吃馄饨，这位母亲就一顿做了两种主食，这是何等的耐心与勤劳啊。

我遇见了一位开理发店的妈妈。她不似其他留守妇女一样只能操持家务，教育孩子。她自己创业，在村头开了一家理发店，把儿子供上了大学，靠着自己的手艺把日子过得有声有色。

我也看见了许多令人唏嘘不已的故事。

有户人家，大女儿病重，没办法上学，甚至没办法自理。每年的医疗费拖垮了这个家。

有户人家，老两口没有任何收入，老爷子还病重。

有户人家，原本幸福的一家三口，因为唯一劳动力的受伤，全家人没有经济来源，只能养伤。靠着之前的一点积蓄，坐吃山空。

但大多数的农民，都是一家人辛辛苦苦一整年。自家院子的菜下来了就不用买菜了，

---

① 李君竹，上海财经大学统计与管理学院2018级经济统计学专业本科生。

还能到早市去卖;大多数男子都外出打工了,留在本村的没有几个;本地没有学校,幼儿园去邻村,初中去镇上,高中去县里读。这些孩子们就从村里一点点地走到外面,走到更大的地方。尽管义务教育免去学费书费,但交通费和生活费依然是一笔很大的支出。

赚钱真的很难,靠地吃饭还要看老天爷的脸色。哪怕是个好年景,日子也很辛苦。老奶奶清早就去地里摘大头菜,满满一筐只能赚几块钱。一年到头,一亩种粮食的地只能收入一百块钱。一百块钱啊!这是多少滴汗多少辛苦才有的一百块钱。农民渐渐都不种地了。

乡村教育永远在路上,教育公平也永远在路上。

高考或许真的是世界上为数不多的公平的事情了,尽管它也不是绝对的公平。一个农村孩子,没上过幼儿园,小学和初中是一个老师教多个科目,而且老师大多没上过大学。这些孩子去和大城市从胎教就开始重视教育的孩子去比,公平吗?直接去比,肯定不公平。

但是,我们伟大的祖国,以及为了教育公平实施了许多教育倾斜政策:贫困地区专项招生计划,农村阳光计划,高校腾飞计划;等等。这些都让农村孩子有了一个考上大学,考上好大学的机会!

我所以为的乡村教育,应该是给孩子一个梦想。有了梦想才有动力,不然,孩子们只知道完成作业,只知道听老师的话,而没有自身的动力,考出去是很难的。我的老师就是个农村孩子,她当时说,"我一定不能在农村,我一定要考出去。"所以她拼命学习。

爱因斯坦说学习应该是对知识本身的渴望,可是我觉得,在农村,学习改变命运对于普通人来说才有更大的动力。

在我的调查中,我走访到的农村父母都希望孩子能上大学,对于孩子以后要干什么则完全没想过。他们没有一个清晰的规划,只知道考大学是一件好事,是一件必须要做的事。

这也值得庆幸,哪怕是在中国最贫瘠的地方,都有着对大学的美好梦想。

还是要学习啊,科学技术才是第一生产力,未来科学技术的发展必将决定整个社会的前途命运。出苦大力,去工地已经不行了。现在机器这么发达,简单重复的劳动或许终将被机器占领吧。现在农村自动化、机械化也已经逐步推进,是该把我们的人口压力转化为人才优势,把人口大国转化为人才强国。

乡村教育的道路还很远。怎么提高当地的就学率?怎么提高老师的素质?怎么提高校舍质量?怎么给孩子开阔眼界?怎么给孩子一个理想?怎么让孩子能像大城市孩子一样从小重视英语学习?怎么关心留守儿童?怎么把留守儿童的教育和生活都搞上来?

我自己就长在这个贫困县,我去的村子都是热情好客,活得有声有色。

各种保障制度都在逐步完善,乡村的未来会越来越好的。

生命川流不息。

立德树人,非旦夕之事。

上财的千村调查给了学生一个机会,去窥见中国大地一个小村庄,也给了学校一个机会，更是给了国家一个机会。我不知道这一份问卷到底能在宏观上影响多少，也许一份问卷没有任何影响，但几千份几万份问卷总能告诉世人一些事实。让数据说话，让数据说真话。

这也许就是统计的魅力吧。

乡垄之上的琅琅书声

杜浩芊[①]

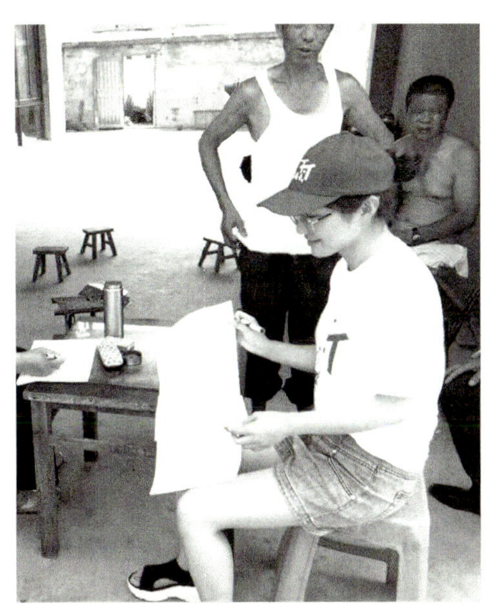

“风声雨声读书声，声声入耳；家事国事天下事，事事关心。”一直以来，教育都是百姓最关心的事之一，社会对于教育的重视程度决定了全社会事业及人民的发展，对于我国国情而言，乡村教育毫无疑问是当前十分值得关注的话题之一。这一次，我选择参加上海财经大学千村调查项目，走进乡村，去寻找属于乡垄的“琅琅读书声”。

我们选择了江苏省泰州市苏陈镇百里村，去探访中小学教育在农村的现状。进行入村调查的当天，气温高达35摄氏度，夏日炎热，早上八点多到达村办公室后，村干部热情地招呼我们喝水。百里村的会计和村委工作人员十分配合我们的工作，不仅详细地回答了我们对于乡村教育在百里村发展状况等问题，同时协助我们完成了百里村入村调查问卷。首先进行了对村基本情况的了解与考察，村里负责财务的会计在得知我们调查来意之后告知了我们当地的财政状况，同时，我们对本村人口结构与分布状况也有了初步的了解。由于暑假期间，各学校幼儿园的教师与学生均处于放假状态，我们决定后期再联系到校方继续进行咨询与统计。村办公室的3名公务人员十分热心，在了解到我们是上海财

① 杜浩芊，上海财经大学会计学院2018级会计专业本科生。

经大学学生，并且每年都会进行千村调查这个项目之后，他们纷纷表示赞许，积极配合我们的调查任务，并希望我们的调查开展顺利，能为乡村教育事业提供帮助。

村委的叔叔阿姨们看天气炎热难耐，特地提供了3辆电瓶车给我们，方便我们走家串户；同时，还安排了一位年纪稍长的伯伯带我们到各个农户家中进行调查。我们走进的第一户是一位退休老干警的家，他的子女都在城市工作，孙子也在城市读书，平时周末会回家来。由于老人家年近70，问卷上的选项已经看不清楚，所以由我们小组的朱云瀚同学一条一条用方言读给他听。虽然平时不与儿女生活在一起，从老人的话语中我们得知，他十分关心在上中学的孙子的学习情况，每次周末孙子回来老人都会询问。我们除了问卷上已有的问题，还多咨询了他对于自己希望孙子在农村还是城市上学的看法，老人表示，虽然十分希望能在孙子身边照顾他，但还是希望孙子在城市能得到更好的教育，同时他也希望乡村教育事业能得到更好地发展，未来更多的农村孩子可以在乡村就得到和城市一样的教育，让更多家庭可以团聚。

我们来到的第二户，是一位老奶奶家，她的两个儿子都考上了北京大学的研究生，是村里最出名的"大学生家庭"，同时，她自己在退休之前也是百里村小学的一名小学老师。这样的背景点燃了我们的调查兴趣。一开始走进老人的家里，她十分紧张，不太相信我们的身份，后来经过村委人员的耐心解释，老人终于愿意配合我们的调查。她告诉我们，自己的两个儿子都是自己教出来的，中小学也都是在百里村上的，没有到城市念过书，完全是乡村教育下最成功的案例。同时，她的儿子们在大学里学习也十分刻苦，所以才得以从本科直接考入北京大学就读研究生。这样的经历让我们十分佩服，我们小组的调查人员也都觉得乡村教育在中国乡野大地上为许多农村孩子谱写了新的人生。

之后，我们陆续去了10户人家，所有农户都十分配合我们调查，而且热情地招呼我们乘凉、喝水。百里村的经济状况一般，很多人家还没有安装空调，都在门口的树下乘凉，看到我们调查小组前往调查，都十分好奇地凑过来围观，大家你一言我一语，七嘴八舌地谈论起乡村教育，好不热闹。

经过这次进入百里村亲身经历的调查走访，我们深深地体会到：教育事业在华夏乡村的重要意义，很多农村孩子甚至比城市孩子更加珍惜自己来之不易的读书机会。虽然乡村教育一直以来的发展已经改善了很多人的生活，也为乡村事业发展做出巨大贡献，但是我们依然意识到乡村教育与城市教育的不平等，孩子们教育资源稀缺等问题，始终是乡村教育未来发展的阻碍。我们通过这次活动看到了许多，听到了许多，也学会了许多，更希望我们的调研结果能有助于推动乡村教育的进一步发展，让这清脆的琅琅书声，响遍乡垄！

新农村，新气象

雷宇鑫[①]

2019 年 7 月 22 日至 27 日，在冯晨老师的带领下，我们上财的 12 名同学来到江苏省淮安市金湖县开展千村调查活动。5 天时间，我们走访了 10 个村庄，围绕“中国乡村教育研究”的主题对村民进行采访，总共完成了 250 余份问卷，获得了珍贵的农村生活第一手资料。要说这短短 5 天的走访令我印象最深的是什么，那一定是乡村的新变化。

出发前，我在网上收集了一些金湖的资料：“金湖县地处淮河下游、江苏省中西部、淮安市南部。县域属水网地区，湖河沟渠众多，水面面积占总面积 30.1%，水生动植物资源十分丰富，水禽饲养具有得天独厚的条件。由此，金湖素有‘鱼米之乡’‘禽蛋之乡’‘中国荷花之都’‘苏北小江南’之誉。”我想金湖县应该是传统的江南水乡，这样一种中国江浙地区独特的自然环境让人产生无限遐想。可事实上，在金湖县城里，宽阔的柏油马路纵横交错，道路两旁绿树成荫，高楼林立，样子和城市并无分别。而在我们走访的镇上、村里，也是一派新气象。镇上各色商铺一应俱全，环境清洁干净，公共交通四通八达，上可进县、下可入村，十分便利；到了村里，路虽窄了，但依旧干净平整。路旁是庄稼人精心耕种的稻田，远处能看到一排排村舍。在有些村子，村民已经搬出了几代人居住的祖宅，住进了新

① 雷宇鑫，上海财经大学会计学院 2018 级会计学专业本科生。

建的二层小楼里。其他村子也在紧锣密鼓地动员拆迁。村民们再也不用担心房子禁不住刮风下雨了，再也不用忍受臭气熏天的旱厕了，再也不用为一下雨就泥泞的土路头疼了。金湖的村庄虽然不是我想象中的江南水乡的风光，但它在现代化新农村的路上不断前进。村庄的新面貌让村民的生活更便捷、舒心。

另一个引人注目的地方是乡村治理的新变化。党的十九大提出乡村振兴战略，提出要加强农村基层基础工作，健全自治、法治、德治相结合的乡村治理体系。在这样的情况下，用来服务农村党员和群众，强化党组织的政治引领功能的党群服务中心便出现了。我们走访了10个村子，往往一到村口就能看见党群服务中心。这里不仅是村“两委”开会、议事的场所，更是集党员活动、便民服务、政策咨询、教育培训、文化娱乐于一体的综合窗口。服务中心里有道德讲堂、调解室、阅览室这些老传统，更有棋牌室、儿童活动室和健身房这样的新玩意。现如今，有事没事都到党群服务中心转转已经成了许多村民的习惯。这样一来，不仅提升了村民的幸福感，也加强了村子的凝聚力，坚定了大伙跟党走的信心和决心。与此同时，村民自治也在不断巩固加强。我们了解到，十八大以来，随着乡村治理体系的不断成熟，当地的村民自治得到了切实有效的保障。村干部选举从以前的走过场变成现在一人一票投出来；事务决策从过去村支书“一言堂”变成现在干部和村民讨论决定。在我们采访的二百四十余位村民中，绝大多数人对村干部选举、事务决策、信息公开、群众监督等环节表示满意。这说明村民自治深入人心，“四个民主”得到了贯彻落实。

还有一点不得不说的就是乡村教育的变化。从古至今，乡村一直是教育难以触及的地方。无论是思想观念还是家庭条件，都阻碍着农村孩子得到受教育的机会。我虽然不是亲历者，但我读过的许多文学作品中都反映了从前农村孩子上学的困难。在《平凡的世界》中，作为兄长的孙少安为了供弟弟妹妹读书而选择辍学务农，他的前途就是当一辈子庄稼汉。这是过去许许多多农村孩子的真实写照。教育的缺失让农民的子女仍然是农民，这带来了阶级固化的同时也使得城乡差异越来越大。幸而九年制义务教育的实施让每个农村孩子都能得到读书的机会，也让许多优秀的农村学子改变命运，走上了新的人生道路。但是，九年制义务教育开展以来，乡村与城市的教育差距依旧悬殊。这体现在乡村学校硬件设施落后缺失，乡村教师数量不足、水平良莠不齐等方面。虽然农村孩子上得起学了，但是受到的教育是打了折扣的，以后还是很难和城市的孩子竞争。令人欣喜的是，现在乡村教育正一步步与城市接轨。我们一行人参观了金湖县银涂镇的一所学校，这所学校包括了小学和初中。学校是政府斥资千万新建的，从硬件设施上看它丝毫不逊色于城里的重点学校。学校的师资较为充裕，不会有从前一个教师代多门课的情况。当地教育局领导告诉我们，政府很重视义务教育，给中小学拨了不少款。乡镇的学校是越来越好了，但出人意料的是，还是有不少家长更愿意把孩子送到教育水平较高的县里上学。“乡镇小学的新生一年比一年少，现在只能凑一个班了，但学校还是得继续办下去。”教育局领导无奈地说。没想到，曾经与教育近乎绝缘的村民如今也有争夺优质教育资源的危机意识。优质的教育资源往往聚集在经济发达的城市地区，当乡村的人口不断涌向城市寻找就业和教育机会，乡村只会越来越衰败，教育水平怎能有提升？长此以往，乡村教育便陷入恶性循环。要想实现乡村振兴,必须想办法继续提高乡村的教育水平。

十九大提出的乡村振兴战略要求产业兴旺、生态宜居、乡风文明、治理有效、生活富裕。我们调查的金湖县乡村确实有了不少新气象、新变化,社会主义新农村的样子已然成型。中国的农民是世界上最辛苦又最勤劳的农民,他们今后的生活一定会越来越好。

是千村，也是我家乡

王殷民[①]

习近平总书记谈及教育大计时说："教育是民族振兴、社会进步的重要基石，是功在当代、利在千秋的德政工程，对提高人民综合素质、促进人的全面发展、增强中华民族创新创造活力、实现中华民族伟大复兴具有决定性意义。"在我进入上财的第一个暑假，我第一次拥有一个契机，跟随"走千村，访万户，读中国"的千村调查，以"中国乡村教育研究"为主题，在新中国成立70周年之际，得以亲自去探访中国最基层的土壤，在那些最朴实的地方实践学识。这一年的千村调查，更像是一份赠与祖国华诞的务实详尽而又应景的献礼，而我有幸是这万千有心学子中的一员。

我毫不犹豫地选择加入了浙江省桐乡市的定点调研小组。因为桐乡这个名字，对我意味着家乡。其实，当我看到这份千村定点地区名单时，也有思考过去西部地区，去这一类我从未接触过的地方去调研。这仿佛是千村调查之于我的第一印象，像是一种支教活动。但是我想起，即便我在桐乡生活了这么多年，我真的了解桐乡吗？我只知道那里各个乡镇拥有高度发达的制造业产业，分工鲜明且各具特色，各镇特色产业发展成熟并在全省

① 王殷民，上海财经大学公共经济与管理学院2018级财政学专业本科生。

甚至全国具有代表性;也有全国先进的新农村建设,家家户户楼宇宽敞整洁、社区井然有序;还有枕水江南的乌镇,在游人络绎不绝多少年之后,世界互联网大会也在此落地生根。但是我不知道,这个走出我父辈的长三角与浙北的小城的乡村角角落落里,在这几十年究竟变迁了几许,这些变化因何而起,又改变了谁的生活。今天桐乡乡村里的富足与昂首,其中经过,也许从这里走出来打拼的我的父亲知道,也许一辈子扎根在这里的我的祖父知道。但这一次,我希望自己能亲自去了解。

7 月中旬,我刚回家的第一个小时,就去迎接了吴建金老师与前来调研的其余 11 位同学。这一次千村调查,我心情是熟悉而又陌生的。熟悉是因为我是东道主,熟悉桐乡地理与风情;陌生是因为作为千村调查的一员,我期望在家乡许多陌生角落做好这份我从未做过的调查。我们在酒店的第一晚,就紧密地分工布置了任务,有序而热烈地分享了见解,我们分成 2 人小组将对每村每户进行探访调研。

在这行程紧密而又丰富多彩的 5 天里,我们探访了崇福、濮院两个镇的 10 个村庄,走进了 240 户人家,以教育为中心,与他们交流了生活状况的点点滴滴。吴建金老师在行程之前周到地询问了我关于调研镇村的选址问题。我在自己研究和向相关人士咨询后,认为这两个镇具有在桐乡非常有代表的制造加工产业,无论是崇福的皮毛产业,还是濮院的羊毛衫产业,都是全国最大的加工与批发集散地之一,而一个地区社会发展的变迁,与其产业发展兴盛之中必有万千关联;这两个镇也是桐乡市对于乡村教育重点发展的重镇,无论是经济发展带来的大量人口本身需要,抑或是发达的外来雇佣劳动力造成的新居民子女教育问题,桐乡乡村教育都可在这里窥见一斑。在完成调研报告之后,我终于欣慰地发觉,我们在这两个镇的村庄里,确确实实地寻觅到了无论是乡村社会生活,抑或是本地人以及外地人子女教育问题的林林总总。我们有幸在这么短的时间内,能对桐乡乡村各方面都能有一个典型的认知,我认为无论是对于我们调研人员的见解,还是对我们提交一份认真负责而又详尽充实的调研数据与报告,都是大有裨益的。

这些天里,熟悉的田间地头与乡音让我倍感亲切,而那些崭新整洁而又美观的新农村别墅社区也令我感到惊异。虽然我一直了解桐乡新农村建设的飞速发展,但是数量之多、质量之好以及同学们的夸赞也令我心里多了一份自豪与对家乡的认同感。我们在走访农户家庭之外,也走进了那些乡村学校。我感慨于在桐乡市教育局相关工作人员处所听到的关于基础建设投入的情况,都是实打实的成果。

当然,除了家乡政府取得的成果之外,我们也走访了解到了一些亟待解决的问题。在我们探访濮院永乐村时,当地发达的羊毛衫产业带来了大量外来务工人员,本地俨然是发达的小城镇格局,大量的住房需求催生出当地特色的房屋出租一行。我看到许多家庭收入绝大部分来自房租,自身缺乏较好的学历与职业收入,对自己子女的教育重视程度也较为匮乏。也许优渥的房租收入,让他们忽视了教育发展的长远眼光。这令我也意识到了,教育是以人为本的,乡村教育如果走不到人的心里去,家乡的经济社会全面发展将仍有很长的路要走。另外在濮院一些村内,许多外来新居民表示,由于桐乡市政府出台了《桐乡市新居民积分制管理暂行办法》(以下简称《办法》),《办法》的目的虽是对新居民进行“提质控量”,但是也显著地阻碍了新居民子女融入本地优质教育。而这些新居民多数居住于各乡镇,虽然桐乡有数量可观的民工子弟学校,但是与本地学校质量相比仍有明显差距,因而新居民子女教育也是桐乡乡村教育不可忽视的问题。

千村调查虽然历时短暂,但是家乡的变化带给我的触动是深刻的。从前,桐乡的形象对于我来说,更多是市区。但是如今我亲身感受到了,桐乡更广阔的乡村也是这个城市有血有肉且有生命力的组成部分;乡村教育也从不是流于形式的工程,而是确实根植于村民们心头的大实事。我相信这正是千村调查想让我们所明白的道理,无论是激励我们走入社会实践,还是与我们的调研伙伴收获的情谊,这都是这个夏天我在家乡受到的最好的教育。

乡村振兴战略时期农村的新面貌

王子炜①

一、前言

在这个暑假，我参加了学校的千村调查活动。诚言，最开始报名时，其实我对这个活动并未抱有太多的期待，但是经过乡村的实地走访，我体验了简单、踏实的农村生活，感受了村民们质朴、真诚的品质，也为乡村振兴战略时期农村展现出的新面貌而感到赞叹。当我回首这趟旅程，我才蓦然发现，这短短 5 天的千村调查，带给我的收获远比我想象中的要多得多。因此，我决定将我在千村调查中的所见所闻所感记录下来，一方面方便自己以后重温这段经历；另一方面，也通过一名当代大学生的视角，对国家乡村振兴战略在基层的成功落实做一个客观而具体的记录，希望能够让更多人看到当今农村的美丽新风貌。

二、立国之本深入民心，基础教育遍地开花

教育乃立国之本、强国之基，乡村振兴战略给新农村带来的最根本、最显著的变化就体现在教育上。在我国的农村中，教育问题一直是一个老生常谈的大问题。长期以来，农

---

① 王子炜，上海财经大学统计与管理学院 2018 级经济统计学专业本科生。

村的儿童们都面临着教育资源匮乏、教学质量低下的问题，而这种情况的出现在我看来主要有两方面的原因。一是客观条件层面，许多学校的软硬件配置难以达到正常上课的基本要求，导致孩子们只能每天从家里跋山涉水来到学校，坐在简陋破旧的教室里学习，这种过于艰苦的环境对孩子的学习必定会造成很大的影响。二是主观意识层面，许多农村的父母对教育极为不重视，在他们的观念里，孩子只要学会一门手艺，将来能够种田或者打工养活自己就可以了，完全没有考虑过读书学习对一个人眼界拓展和格局培养的作用。在父母亲这种观念的熏陶下，很多农村的儿童对学习缺乏主观能动性，教育质量自然也就难以提高。而就我们调查小组这次走访的情况来看，农村的教育问题已经得到了相当程度的解决。随着精准扶贫攻坚战的全面推进，原本贫穷的农村渐渐开始富裕了起来，相应的学校、公路等基础设施建设也都日渐完善，在我们走访的10个村庄，一所所新修建的学校宽敞明亮，学生们上学难的问题得到了长足的改善。物质条件上的改变固然令人欣喜，可更让我们感到难能可贵的是村民们观念上的转变。所谓“扶贫先扶智、扶贫先扶志”，精准扶贫在给农村带来经济发展的同时，也使得村民们的思想更加丰富、眼界愈发开阔。越来越多的父母开始意识到教育的重要性，他们开始全力支持他们的孩子上学读书，并帮助孩子们设立远大的目标。在我们走访期间，有很多村民让他们的孩子们同我们调查小组交谈，我们也鼓励小朋友们好好读书，争取将来考上大学，成为社会的栋梁之材。

三、医疗改革稳步推进，民生保障切实提升

医疗一直以来都是人民群众最关心的问题之一，更是民生的重中之重。由于医疗改革在城乡的进程脱节，农村的医疗改革开始的相对较晚，改革的力度、范围也有所欠缺，农村一直以来都存在着看病难、看病贵的问题。而随着农村医疗改革的稳步推进，农村的医疗保障体制日趋完善，医疗保险普及率也节节攀升。在我们采访的村民中，绝大多数人都参与了新型农村医疗保险，每年仅需缴纳一两百元的保费，一旦遇到生病受伤的情况，医疗保险都可以承担大部分的医疗费，这对许多家境并不宽裕的农村家庭无疑是雪中送炭。再加上现在农村的民生保障设施快速发展，许多新建的医院替代了曾经的村卫生所，村民们也终于可以摆脱原先看病难的问题，在家附近就可以享受到高质量的医疗。在我们走访的过程中，我也看到了很多七八十岁的老人们依然精神矍铄，干起农活丝毫不显老态，这也让我们为他们感到由衷的开心。

四、精彩生活百花齐放，文明农村携手共创

一路的走访下来，我们小组不仅见证了农村的教育、医疗这些民生硬要求得以保障，村民日常生活的精彩、精神世界的日益丰富还有邻里间和谐的氛围也都给我们留下了非常深刻的印象。根据我们走访的情况来看，大部分的村庄都已经设立了综合性文化服务中心或者多功能文化活动中心，村民们在工作劳动之余，可以经常到村里的活动中心打打牌、喝喝茶、聊聊天，这不仅可以帮助村民们消磨平日的闲暇时光，也对促进邻里关系和睦起着相当重要的作用。除此之外，许多村也设立了农家书屋或报刊阅览室供村民阅读书

报。据我们的观察,大部分农家书屋的图书收藏量都达到了一个很可观的数目,且种类丰富,这对村民们扩展自己的眼界、丰富自己的精神世界无疑有着极大的帮助,让他们即使身处在较为偏僻的乡村中,也能够通过书籍和外界的大千世界紧密地联系起来。除了去村委会设立的活动中心、农村书屋之外,村民们自己还有着很多娱乐项目。在我们这次千村调查走访的秧义村中,有很多退休的大爷大妈自发地组成舞蹈队,在广场上跳舞;池塘边的大树下有着三五成群的下棋、乘凉、闲聊的老人;池塘里盛开的荷花也引来许多小朋友们的驻足围观……村民们有着各自的精彩生活,村里面也处处洋溢着欢快、和睦的氛围。

五、后记

通过这次千村调查,我切身地感受到了乡村振兴战略以来中国农村发生的翻天覆地的改变。农村的民生得到了切实保障,村民的思想也从以前的保守封建变得逐步开放,农村的氛围更是一片其乐融融,中国农村正在以全新的风貌走入人们的视野中。我相信,随着国家精准扶贫攻坚战的不断突破,随着乡村振兴战略的稳步推进,中国农村将会保持这股锐意进取的势头,继续创造更多的辉煌。

踏千村行，悟家国情

黄子夏[①]

2019年7月，在闷热潮湿的阴雨天，在早稻收获的季节，在祖国南部的“壮乡”——广西壮族自治区，我踏上了返乡开展千村调查的征途。随着汽车驶入我的家乡广西壮族自治区宾阳县大仙东黄村的乡村道路，映入我眼帘的是平坦宽阔的乡村道路。小轿车、摩托车、农机、大小货车在乡村道路上有序地行驶着。一年未回到家乡，我不禁对眼前之景感慨万千。去年回到家乡农村时，只记得村道还有些泥泞且凹凸不平，道路更不如今日宽阔，无法容下几辆汽车并排行驶。我想，这应是得益于国家的乡村振兴战略，在国家政策的资金扶持之下，乡村的公路建设取得了显著成果。

我向侧面的窗外望去，稻谷已经金黄，呈现出一派丰收的景象。一部分农田已经完成了收割；而另一部分未收割完成的农田上，大型的智能化收割农机正在快速运转着，人们弯腰收割的场景却消失不见。咨询村里的亲戚时，亲戚们洋溢着自豪地微笑，说：“现在我们收割都是用机器了，再也不用像以前那样辛苦了！这些机器大多是外国的，收割的速度特别快。半天就可以收割一大片农田！”我问亲戚们：“这些收割机是你们掏钱买的还是租的呢？”亲戚们给我的答复是，机器是几户人家合租的，在收割的季节才会租来使用。租赁

---

① 黄子夏，上海财经大学商学院2018级国际商务专业本科生。

农机的费用并不便宜,但是因为有政府的补贴,大多数农户还是有能力租赁农机来使用的。我又一次感慨,国家对农户的经济扶持力度,体现在农业生产环节的方方面面,很大程度上助推了农业的发展。资金的扶持使农户们用上了现代农机,农户的收割效率提升,加快了农产品进入市场流通的速度,同时农民在农业生产时耗费的体力劳动减少,很大程度上提高了农民的生产积极性……由此,助力了农业的生产环节。

远眺稻田边界的几个蓝顶大棚,亲戚笑嘻嘻地指给我看:"那是水牛养殖基地,去年才刚刚建成。那也是国家扶持建立的水牛养殖场。"在国家乡村政策的引导下,大型养殖企业进驻大仙东黄村,投入了近百万元的资金,建立了水牛养殖场。养殖场的建立,为村民提供了几十个工作岗位。在农闲时,许多村民来到养殖场工作。由于养殖场的地理位置优越,临近村里,许多村民在水牛场工作的同时也能兼顾打理家里农田。由此,村民们在赚取财产性收入的同时,还收获了工资性收入,增加了个人及家庭收入,为提高生活水平提供了坚固的经济基础。此外,随着水牛厂的发展壮大,更多企业也看到了东黄村的发展前景,计划进驻村里发展其他产业,未来村里的经济结构将进一步丰富优化。

了解完东黄村的"户外"情况,我的千村调查也进入到入户调查、填写问卷阶段。考虑到本次千村调查的年度主题是"中国乡村教育研究",在调查对象的选择上,我也尽量选择有子女处于在读阶段的家庭。

在调查过程中,通过与乡村家庭中的家长们的交流,我最明显的感受是:大多数乡村家长对于自己孩子的受教育程度期待值,以及对孩子的教育支持力度是十分大的。通过问卷了解,我发现几乎所有受访父母都希望自己的孩子至少能完成高中阶段的学业,其中的大多数父母甚至还期待孩子能圆大学梦。以往乡村常见的"让孩子辍学去打工补贴家用"的现象已经鲜有发生。在调查中接触到的一户人家成为我对村里的教育现状感到惊喜的来源。该家中的长子成绩优异,在班级上名列前茅,被老师看作"冲击重点高中"的种子选手。通过访问,我了解到该孩子就读于县城内的私立学校,课余时间还参加课外辅导班。私立学校的学费加上辅导班的费用对于整个家庭而言是一笔不小的开销,然而家长对于孩子的教育投资从不吝啬。此外,在调查中,我发现村里的学前教育配套服务也是较为完善的。村内的一所民办幼儿园,造福了村里的孩子们。村里的孩子们无须出村,即可享受到学前教育。这也方便了村里的父母们,接送孩子上下学的时间成本大大降低。

在我看来,教育不应该仅仅是学校内和家庭内的教育,村内的文化氛围以及文体服务设施也是提高全村教育和文化水平的利器。因此,我特地探访了东黄村的农家书屋。农家书屋,一栋坐落在村中心街道的三层小楼。楼内宽敞明亮,5 个书架排列整齐,分别放置着文学、法律法规、儿童读物等各类书籍,书架旁放置着几张大型书桌和舒适的沙发。村民来到农家书屋便可以享受到丰富的阅读资源以及良好的文化氛围。农家书屋还每周安排科教节目播放,在指定的放映时间段,村民们围坐荧幕前,一齐观看节目,增长知识。

告别了最后一户受访人家,吃完了最后一顿农家饭,我的千村调查之行也画上了句号。在入村、入户调查的过程中,我赞叹于极具地域特色的乡村田园风光;我体验到接触情况各异的家庭的酸甜苦辣咸;我感受到了家乡村民的热情友好;我第一次深入地了解了家乡农村……而更为重要的，我亲身感受到了国家乡村振兴战略给家乡农村带来的“红利”，空气清新、风景优美、民风淳朴、农业现代化的社会主义新农村正在落地生根，我对家乡、祖国的热爱与眷恋之情也日益升温。

会停止的是——我丈量千村的脚步；不会停止的是——家乡农村发展的脚步；不会改变的是——我对家乡农村与祖国的依恋。

走千村，访万户，读兴国之路

何怡婷[①]

大风泱泱，大潮滂滂。洪水图腾蛟龙，烈火涅槃凤凰。文明圣火，千古未绝者，唯我无双；和天地并存，与日月同光。千载巍巍中华，值得骄傲的又何止这源远文化长河。观今日，自改革开放以来，繁荣之花处处盛开，此次千村之行，更知国之强盛，民之奋发。

脚踏陕西厚重的热土，仿佛又吮吸到这片贫瘠土地上一代代人根植幸福发芽时流下的清透汗水。我的千村之行，迎着头顶炽热的太阳，在摇摇晃晃的公车下缓缓展开。

在陕西大地上，人人耕耘，人人进步，虽仍旧有人背负着生活的重担踽踽前行，但也有人高举希望的火把鼓舞众人。

“科教兴国”，这四个人人耳熟能详的字，从古至今都被中国人所推崇。《少年中国说》，是梁启超先生对中华儿女的深切期望，其中字字深入人心，句句铿锵有力，将教育的重要性推上兴国的顶峰。

曾记否，中国山河飘摇，多少年轻的热血青年投身保家卫国的事业，在读书的年纪将自己的生命交付给保卫国家的重大使命；

---

① 何怡婷，上海财经大学数学学院 2018 级数学专业本科生。

曾记否，新中国成立初期，广大人民群众生活在贫困线上，很多人在小学阶段就早早终止了自己的读书生涯。

观今日，清华、北大，中国的高校在世界排名扶摇直上！看！越来越多设施一流的学校在中国的边远贫困地区拔地而起，越来越多优秀的教师走进乡村。学前班、幼儿园、小学、初中、高中，直到大学。九年制义务教育让所有中国的孩子都有畅游书海的机会，连贯的系统教育让中华儿女的整体素质实现质的飞跃！

在本次千村调查中，我遇到过不少家庭，经济条件困难，但是感人至深的是大多数家庭就算生活水平降低，孩子的教育都是丝毫没有马虎的。从幼儿园直到大学，家长们都使尽浑身解数让自己的孩子得到更好的教育。我访问过一户贫困家庭的户主，我问他，“您觉得孩子教育的费用对您家庭压力大吗?”这位老父亲抬起头幸福地笑了笑说:“对我家来说压力最大的就是教育开支了，但是无论如何，就算我累的一天工作 12 个小时，我都要把我的娃娃供出来。”这是一位父亲所说出来的最朴实却也最动人的话语。

教育问题已经是每个家庭生活中最重要的一部分了，我很欣喜能在乡村看到人人重视教育的局面。而且现在大部分人所关注的并不只是学校的教育，还有课外兴趣的培养，有很多家庭为孩子报名了钢琴班、口才班等提升孩子艺术修养的课程，这所展现的是国人对教育重视程度的步步提升，这所展现的是中国教育事业的蒸蒸日上！

至此，我反思所见所闻，瞬间觉得不虚此行！

于我，于众多中国新一代的主力军而言，读懂中国，尤其是读懂中国薄弱的一面显得尤为重要。而千村调查，为我们这群涉世未深的热血青年真正意义上拉开了为国之崛起而奋进，为民之幸福而努力的序幕！

千村调查虽已画上圆满的句号，但它之后所连接的，还有无穷无尽的震撼与感悟。

用双脚亲自丈量祖国的大地

张梓源[①]

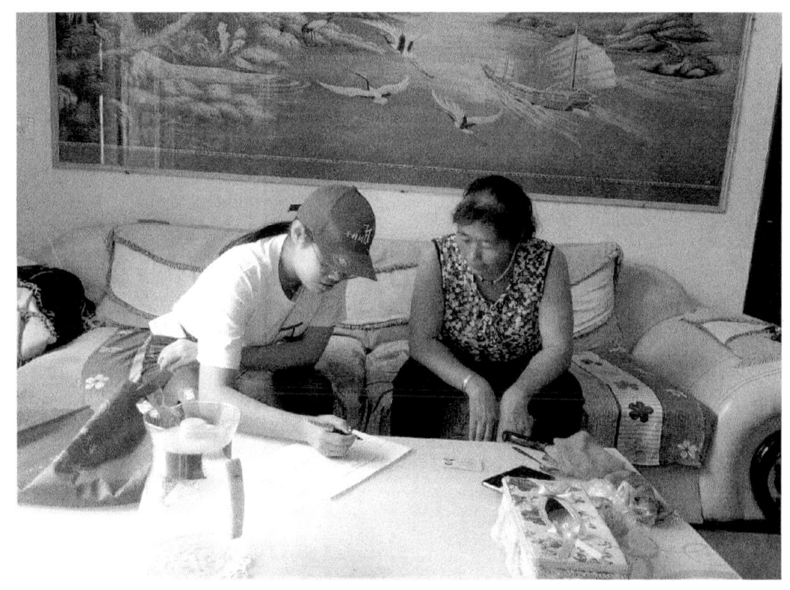

道路平整，空气清新，屋舍俨然，鸡犬相闻，入眼一片宁静祥和。

为了顺利进行此次活动，我在入村之前便与村委会进行了联系，村委会很热情地表示会配合和支持我们的活动。郭先生是我们这次千村调查的向导，他带领我们参观了老的村委会，戏台和村里自己的驾照学习地点。村委会大院里干干净净，有两三个小孩子在玩耍，这正是人们希冀的宁静平和的乡村田园啊。

紧接着，郭先生领我们去了村委会现在的办公地点。这是一个小院落，里面有一栋两层高的小楼。他向我们介绍到："这个原来是一个厂子的办公楼，后来企业不干了，然后村委会有时候就在这边办公。"

原本我们早在心里做好了和村委会干部们"斗智斗勇"的准备。然而过程比我想象的顺利许多，进到房间里表明来意，介绍身份，村干部很配合地帮助我们填写入村调查的问卷。因为很多问题设计得非常详细，需要来自不同方面的数据，遇到无法填写的部分时，村委会帮我们联系其他的村委会干部和成员来共同完成调查问卷。在我们进门时安静空

---

① 张梓源，上海财经大学统计与管理学院 2018 级数据科学与大数据技术专业本科生。

荡的房间马上就变得热热闹闹，人头攒动。

填写入村问卷时：

“村里多少贫困户啊?”

“没有。”

“五保户?”

“没有。”

“贫困村?”

“不是。”

“小学以下学历人口比例?”

“0。”

“村里是否有公路?”

“有。”

“‘新农合’参保比例大概有多少啊?”

“全村参保。”

……

回答问题的时候老乡洋溢出的自豪与骄傲无从掩盖也无须隐藏。我抬头，看着老乡的脸，像是在发光。我仿佛在那一瞬间感受到了麦子的温暖，嗅到了秋天林地里的果香，看见了村民们贩售板栗、苹果的情景。

前南峪村位于河北省邢台县，曾于2017年入选国家发改委发布的《全国红色旅游经典景区名录》，荣获2017年村影响力排行榜300佳。前南峪村被誉为太行山最绿的地方，成为河北省山区开发建设的一面旗帜，两届被评为全国造林绿化先进单位。

现在的前南峪，不仅仅是在河北省内，即便是在全国范围内，也是有其典型性和代表性的。北方的乡村不如许多南方的乡村，有着良好的水热条件，还有便捷的水运来交流沟通。北方的乡村，往往是山、坡、沟、坑。没有那么多的水，真的是靠天吃饭；没有许许多多的平原，只能是上山开田。但就是这样的环境，前南峪人也并没有放弃。如今的前南峪，真正实现了习近平总书记说的：“绿水青山就是金山银山。”

前南峪成功走出了自己的一条路来。

现今的前南峪作为省级示范村，并不是历史遗留产物。事实上直到党的十一届三中全会之前，前南峪仍是邢台县有名的吃粮靠统销，花钱靠贷款的穷村。1977年时只有26万千克的粮食产量，10.8万元的集体纯收入，57元的人均收入，还背着几万元外债的前南峪同样出名，不过是以另一种方式。

而党的十一届三中全会后，前南峪抓住机遇，选择了适合本村经济发展的集体专业承包责任制，大力发扬自力更生，艰苦奋斗的抗大精神，走科技兴村路子，不断发展壮大集体经济，坚定不移地走共同富裕的道路，一年一个新台阶，10条大沟全部建成高标准生态经济沟，栽植各种干鲜果树138 400棵，林木覆盖率达90.7%，植被覆盖率达94.6%，村民每人每年年终能拿到3 400元的分红。最直观的就是入户调查时村民和我聊天时讲的，“前南峪的小子，好娶媳妇的怪”（就是非常容易结婚的意思）。

但，即便是全省示范村，乡村教育依然是一个不容忽视的大问题。

从村委会干部那边了解到，村子里对于考上大学的学生有 6 000 元的补助。不论什么学校，只要考上了大学就是 6 000 元。“那一般一年全村能考上多少大学生啊?”得到的回答是：“乡里高中一年能考上三五个吧。”

即便在来之前对于乡村教育有过一定的预想和猜测，这个真实数据仍然使我感到惊诧。对于河北省有名的超级中学来说，一本率已经是 98%以上，但对于全河北省而言，2019 年的一本率仅为 14.83%，前南峪已经是经济状况较好的省级示范村，一年的大学生也只有三五个，那一些更加贫困的村落是什么情况呢？孩子的教育又要如何保障?

下午，我们去拜访了村里的小学老师。现在农村改革，村子里的小学只有一、二年级，更高的年级和初中以及高中就要到乡镇上的学校去上了。全村只有 3 名小学老师。与其说是小学，其实更像是一所幼儿园。当我们采访村民的时候，在幼儿园方面，得到的回答大多数是，“3～6 岁时不上幼儿园，在家里家长照顾”。

没有亲身经历，对于农村的设想往往来源于电视剧和网络，并不真切。千村调查，给了我一个了解自己家乡的机会，用脚步亲自丈量祖国的大地，将青春写在祖国的大地上。亲身体验乡村中的风土人情，真正感受到我国的全面发展，也体会到乡村自身的局限性。对于我国社会主要矛盾已经转化为人民日益增长的美好生活需要和不平衡不充分的发展之间的矛盾有了更加深入的了解和认识。

乡村占有全国多半的人口，乡村振兴是关系国计民生的根本性问题。此次千村调查，增强了我的社会责任感和爱国情怀，也让我对“厚德博学，经济匡时”的校训有了更加深入的认知。

所谓“读万卷书，行万里路”，希望未来还有机会用双脚描绘祖国广阔的山河！

走千村，访万户，读中国

王佳俊[①]

刚刚参加完2019年度上海财经大学长治市平顺县定点调研的我，此时此刻坐在电脑旁，看着“我心目中的千村调查”这样一个征文主题，不禁感慨良多，思绪万千，竟一时不知从哪里说起。

还是让我回到一切缘分开始的地方吧。依稀记得在高考录取结果出来之后，我上网想要查询关于上财更多信息的时候，网页无意间推送了一个词语“千村调查”。当时的我也没有想那么多，以为这只不过是一个普通的实践任务罢了，也就没有点开去深入了解。但是，我与千村调查的缘分并没有就此终结。无论是刚上大学在校园里看到的身穿带有“千村调查”四个大字红色卫衣的学长学姐，还是学校企业号里关于千村调查结项通知的推送，都在潜移默化地吸引着我去了解这一名字背后的故事与含义。我开始有意无意地从学长、同学以及学校网站等各种途径去努力形成对千村调查项目的全面性认识，我逐渐了解到千村调查并不是一个形式上的面子工程，而是学校坚持了10年之久的、每年都会进行充分准备与规划的特色品牌实践活动。随着了解的深入，我更加清楚千村调查对学生个人、对社会发展的重要意义，并结合自身情况，坚定了自己也要加入千村调查实践活

① 王佳俊，上海财经大学会计学院2018级财务管理专业本科生。

动的决心。大一下半学期，在学校各部门、各组织的共同努力下，2019 年度千村调查正式拉开帷幕，并面向全校师生开放报名窗口。我迫不及待地填写了报名表，并通过了面试，正式成为了千村调查大家庭的一员。这让我感到非常骄傲与荣幸。

现在的我，刚刚亲身参与了为期 5 天的千村调查，又有了一些新的体会与感悟。

千村调查提供了一种观察世界的新视角。从小到大，我们每个人都在用自己的方式观察和审视着我们所处的这个世界，想要彻底弄明白这个既熟悉又陌生的概念，但往往会被我们所处的环境所局限。当我们思考问题与发表看法时，我们不自觉地就会向自己的生活习惯、固有的思维方式靠近，很难跳出自己的圈子，站在另一方立场上去考虑问题。以 2019 年调研的年度主题“中国乡村教育研究”为例，从小就在城市接受良好教育的同学可能不会想到与他们同处一片蓝天下的农村孩子中有大量迫于生计不得不早早辍学外出打工的事例，但是此次通过在农村亲自走访，我们会发现现实情况远不如我们想象的那么美好。“千里之行，始于足下”，仅仅从课本上、从别人的描述中，我们无法观察到这个世界的全貌，而千村调查为我们指明了方向。

千村调查提供了大量真实可信的原始数据。国家各项政策的制定与实施离不开大数据的支撑，而只有真实可靠的数据才可以真真切切地反映人民的现状，帮助有关部门做出科学合理的决策。但是，由于我国地大物博、人口众多等基本国情的客观存在，现实生活中很难做到将每一个调查落实到每一个个体上，因而导致大部分调查结果具有笼统性。而千村调查鼓励我们每一个人走进农村家庭，走进田野地边，去和这片土地上最质朴的人们攀谈、交流，去获悉他们内心的真实想法，真正做到了尊重每一个人的主体地位。在以往有关乡村教育情况的调查中，我们获得的大多是整体性的情况，而此次调研，我们被两两分组，在村干部的带领下，深入农户家庭，我们可以看到那一双双求知欲极强的眼睛，也会为那些从初中起就沉迷网络的少年担心。在这里，一切都被揉碎了来看待，也正因为这样一个过程，更多的细节暴露在我们面前，更复杂的情绪在我们心中共生。

千村调查提供了一个能让人快速成长的环境。回顾这段令人印象深刻的调研经历，我发现它从来不是一个结果性的圆点。从学校各部门、专家组商讨年度主题，前期规划与准备，到全校师生积极报名参加，面试选拔，再到最终的实地调研，每一步都浸透着参与人员的心血。于我们学生而言，面试这一关让我们提高了自己的综合表达能力；在实践过程中，面对调查地区条件艰苦、部分受访人员的误解、方言听不懂等困难，我们都能迎难而上，用真诚抚平矛盾，用爱心温暖人心，我们越来越懂得语言的艺术，越来越能够做到换位思考。在与指导老师、小组成员相处的日子里，我们更加笃信合作是效用最大化的方法，工作中的彼此需要也让我们能够快速地了解彼此，收获一生的友谊。这一切的一切，都将化为宝贵的财富珍藏在我们的记忆深处，日后回味，必定余温无穷。

2019 年是新中国成立 70 周年，祖国母亲历经 70 年的风雨沧桑，如今已经成长为一个具有世界影响力的大国。国，是千万家，我们衷心地希望每一个家庭都能在国家政策的指引下，靠自己的拼搏与奋斗过上幸福快乐的日子。扶贫的路上山高路远，道阻且长，千村调查，我们永远在路上！

平步青云，风调雨顺

金　科①

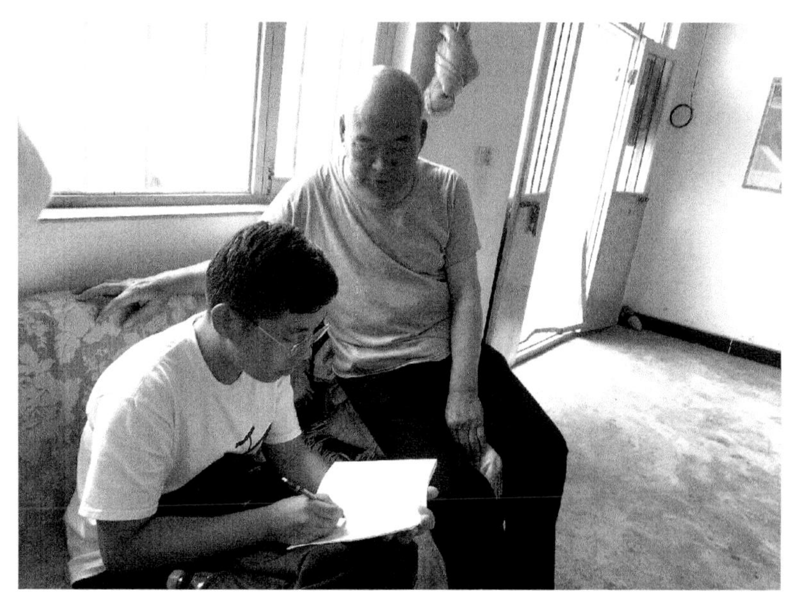

一、如水今宵明月，遥想当年风雪

我出生在内蒙古包头，母亲的祖上是从山西走西口来到包头定居的，儿时常听大人们谈论乔家大院，说山西祁县商人乔致庸在包头经商，商号复盛公，富可敌国，先有复盛公，后有包头城。去岁春节，一家人前往乔家大院，沿着三百年前晋商的足迹，踏上山西的土地。“高阙重楼若侯门，当时车马不绝尘。”乔家大院气象如故，雕栏玉砌犹在，只是朱颜已改。英雄迟暮，红颜弹指老，这片晋商曾经奔走不息的土地，如今已不见当年的繁荣。

二、晋商享誉全国，饥民流离失所

山西是一片神奇的土地，几百年前，山西既有晋商享誉全国，也有饥民流离失所，斗转星移，沧海桑田，当年兴衰都如烟飘散。列国周齐秦汉楚，赢，都变作了土；输，都变作了土，历史长河最终沉淀下来的只有这黄土地。这片土地对我有着强烈的吸引力，报名千村

① 金科，上海财经大学金融学院2018级保险精算专业本科生。

调查的时候我没有任何犹豫填写了山西省长治市平顺县。我乘坐绿皮火车从内蒙古出发，走当年老一辈山西人走西口的路。火车轰隆隆驶入山西，群山呼啸而过，一座接着一座。没有手机信号，我就呆坐着望向窗外，看着这黄土地，看这土地见证了多少疾苦与繁荣。

经过二十多个小时的车程，我在长治市下车，坐公共汽车前往平顺县城，又经过50分钟的山路颠簸，终于和千村调查平顺小分队汇合了，准备开始为期一周的调研。

三、厚德承载博学，经济是为匡时

我相信一切都是最好的安排，这不是碌碌无为的不作为，而是努力之后的不后悔。来到上海财经大学是最好的安排，参加千村调查也是最好的安排。千村调查的出征仪式至今回想起来都让人心潮澎湃，许涛书记把“千村调查”的大旗交到学生代表的手中，我们仿佛是出征的将士，即将走遍大江南北，用脚丈量大地，用心体悟社会，把青春写在祖国的大地上。

唐朝时期有位官员说过，所有的案牍都是有生命的，各州府的记录员记录的信息不仅是信息，那些信息背后都是大唐的子民。今天，对于我们的调研来说，数据也不仅仅是数据，数据背后都是平顺山区里的人民，他们的生活都将被真实地反应，新时代中国向所有人都承诺了幸福的生活。

在伟大祖国70华诞之际，我们能够为祖国的建设贡献力量，为这片土地上的所有人民做一点事情，我就为自己感到自豪，为我们的平顺小分队和千村调查项目感到自豪，为上海财经大学感到自豪。“为天地立心，为生民立命，为往圣继绝学，为万世开太平”，我们做的事情继承了几千年来中国文人的志向。我时刻记着我们的校训——“厚德博学，经济匡时”，这八个字字字千金，“厚德”教我们做人，“博学”教我们治学，“经世济民、匡扶时局”教我们做有担当的青年。

四、平步直上青云，风调偕同雨顺

在平顺县调研期间，我们每天早上七点起床出发，下午五点结束，录数据要录到晚上十二点，虽然很累，但是一切都是值得的。因为每天的所见所闻都令人震撼，简陋的农舍、简单的饮食、辛勤的劳作，都令我们内心难以平静。我不知道世上还有这样的地方，我不知道世上还有这样的人群，他们热情好客，他们辛勤劳动，他们热爱生活，但是他们贫穷。当我们在调研之余谈论某某明星要开演唱会的时候，山区人民在考虑生活怎么过下去，这里不关心世界，只关心明天。

不过贫穷即将成为过去式。与村民们交谈，我们了解到，平顺近几年已经有了很大的发展，最主要的成果就是公路修到了每一个村庄。我们调研小队去过太行山深处的一个村庄，一路崇山峻岭，悬崖峭壁，车窗外就是万丈深渊，这么艰难的条件下，公路还是修到了村子里，看着此情此景，我震撼不已。几百年前晋商乔致庸说，“解山西万民之困，要疏通商路，无路则货不能通南北，无商则民不富”。如今的精准扶贫，正是修通公路，依靠电商和物流，帮助当地人民把农副产品卖出去，我们在山村里看到不少精准扶贫的电商服务站，可以预见，这里的未来，定会平步青云，风调雨顺。

小时候每次读书，我都会想，生活在伟大历史中是什么样的感受。我想看看汉武帝的帝国，想感受大唐的气魄，想跟随成吉思汗的铁骑征战沙场，想乘坐郑和的宝船直下西洋。时间不停地流逝，我慢慢长大，祖国也不断发展。我逐渐感受到，我们这一代人正在经历伟大的历史，我们走过的每分每秒，都在创造历史，我们距离中华民族伟大复兴的梦想，从没有像现在一样近。

乡土中国的最淳朴风情

何兴洋①

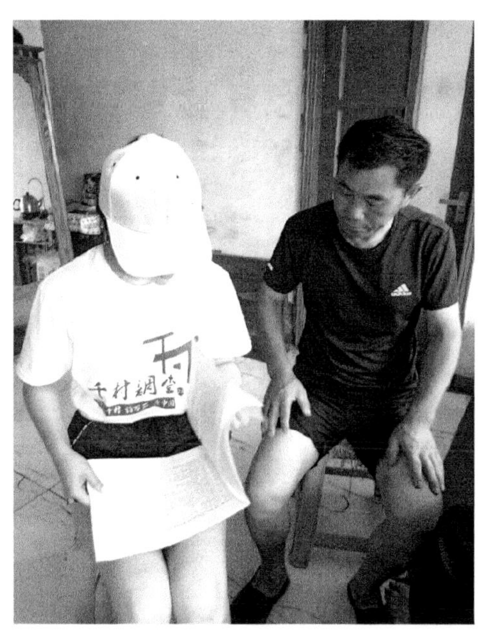

爷爷奶奶都是土生土长的农民，对我来说，最佳的调查地点就是我的家乡，爷爷奶奶生活的地方。因为学业繁忙，我每次回老家都不能在爷爷奶奶身边待很长时间，这次一去，就和他们生活了 5 天，在这 5 天中，我对于爷爷奶奶生活的这片土地，以及自己的本源有了更深切的感悟。

我的家乡位于辽宁省葫芦岛市，爷爷奶奶生活的地方就是绥中县的一个普通小村庄，农民世世代代以种地为生，我去的那几天，正好李子刚刚成熟，李子被从树上摘下来，放进地窖里，用最原始的方式冰镇一段时间，再拿出来，用手轻轻抚掉李子外边的一层霜，然后放进嘴里，那是我从小吃到大的美味。市里的收购商开着货车过来，爷爷奶奶坐在树下，用篓装着李子，上称、记录，为着一斤多出来少下去的几毛钱讨论着价格，这是只有在这里才能看到的场景，我们在城市中买到的水果，通常都不会在乎小数点后面的数字，但是对于农民来说，那关乎着他们一年到头的辛勤劳作所取得的成果，那是他们的命根子。李子也是分等级的，优质的大李子和小李子的价钱差的也不少，奶奶总是会把最好的留给我，

---

① 何兴洋，上海财经大学商学院 2018 级国际经济与贸易专业本科生。

洗完的水果不是用果盘装的，而是盆或者农村特有的器具——篓，这是他们对我的爱，也是农村最淳朴的待客之道。

因为熟识，所以调查做起来总有些更加方便与得心应手，对村里的人，大小辈分，身份地位总有些了解，所以也得知了很多在问卷之外的事情。摘李子的时候正当农忙，所有的调查都只能在晚上他们休息的时候进行。农村的晚上不似上海灯火通明，八点刚过就已经是夜幕深沉，九点睡觉五点起床是他们的生活方式。晚上快睡觉之前大家围坐在一起，因为炎热的天气吃着雪糕，光着膀子，露出农耕人民特有的黝黑肤色，填着问卷聊着天，我并不觉得融入他们是一件很难的事情，填问卷的同时他们也向我倾诉问卷的烦琐让自己一个“大老粗”看不懂，也会告诉我家里的琐事。在和他们的聊天中，我们也发现了问卷中很多不完善的地方，也被他们称叹我们的细致，在给他们调研津贴的时候，所有人的反应都是“不应该要，这是我应该做得”。

多亏了这次调查，让我和我的家人，我的身边人有了更深的了解，同时也了解到，我们生活在巨大的差距中。我们在上海享受着一流的教育资源，但家乡的孩子通常都是由本地学历大专的老师进行授课。我的爷爷，曾经也是一位化学老师，现在已经七十多岁了，身体状态不算特别好，小脑萎缩，记忆力下降，记不清城里的路，所以爸爸每次把他接进城里，总是待了很短的时间就要回去。但是，这样一个记不住事情的人，每天在我面前反反复复重复的只有一句话——“咱们家现在，除了你奶之外，所有人都是大专以上的学历了！”语气中带着满满的自豪。对于他来说，对于一个农民来说，大专以上的学历就是够他记一辈子的事情了。我爸爸的哥哥，也就是我的大爷，还有我的大娘，他们也都是初中的老师，大爷是校长，大娘是英语老师，家里摆着满满的英语教材和教辅，但是大娘也会在很多时候向我请教英语问题，我只能感叹，我们接受的教育差距实在是太大了！

我们去外面吃饭，饭店旁边就是一所学校，老师在教英语，窗户开着，里面传来琅琅的读书声，我被吸引过去。你们见过电视上的那种乡村学校恶劣的教育环境吗？与我所看到的丝毫不差，但是起码，他们有教材，有老师，有房子给他们遮风挡雨。目光所及，黑板是残破的纯黑色板面，窗户是破败的敞开着的生了锈的铁窗，桌椅是不知道用了多少年的黄色木制桌椅，但是孩子们，依旧读英文读得很开心。我不知如何形容我当时内心的感受，当时的我，回头看看妈妈，没能说出一句话。

我很幸运自己生活在一个还不错的时代，有一个还不错的家庭，父母走进城市，在城市把我养大，我也逐渐与乡村格格不入，最初回家的时候上不惯农村的厕所，没有办法爽快地洗澡，不能用水龙头里流出来的温水洗脸洗头，但现在的我已经能很好地适应那里的生活。在我成长的这些年中，我学会了烧柴火，学会了剪枝摘果子，也会将剩下的食物装到盆子里送给家里的看门狗，逐渐地，变得返璞归真了。乡村教育不是一蹴而就的，越来越多的农村年轻人走出农村、走进城市，农村人口的高龄化让我的乡村教育数据少得可怜，这也是我很惋惜的一点。我采访的这些人，他们接受的教育已经到了尽头，今后的使命都是种田、劳作，但是他们对于子女的期待很高，他们希望子女进入大城市接受教育，主动将他们送出去，也许这可能是他们现在能做出的最好的选择。乡村教育的发展，任重而道远。

踏乡土大地，读宏伟中国

周欣怡[①]

印象中的乡村是一幅山清水秀的画作，印象中的乡村是淳厚朴实的代名词，印象中的乡村也是单调、贫乏的困苦生活。而有关乡村的一切印象都只是偶回乡下老家时的匆匆一瞥。这个暑假，当我不再安逸地躲在舒适凉爽的空调房里，而是背起行囊踏上炙热的乡土大地，我才发现此次千村调查仅仅是我对乡村认知的一个起点。

千村之行为期5天，我们走访了江西省乐平市的10个村。一路上，我见到了风格鲜明的江西特色小镇，村庄里粉墙青瓦，道路干净整洁，背靠清新秀美的4A级景区；也见到了落后、破败的村庄，去往村子的道路起伏颠簸，因施工扬起的灰尘厚厚地覆盖在路边的植物和建筑上。除了村庄风貌带给我的视觉感受，采访时与村民的接触也让我感触颇深。有佝偻着背的老人家，有手摇着蒲扇的阿伯，也有安抚着哭啼孩子的年轻母亲。遇到过顾虑信息安全而拒绝填写问卷的村民，也遇到过对问卷中大量问题不耐烦的村民，但遇到更多的则是热心、和善的村民。尽管刚开始采访时，语言沟通上有些许困难，村民也会感到有些紧张。可渐渐地，当我放慢语速、将问题解释得更为通俗时，我们之间的氛围似乎越来越轻松，更像是聊天，有时还会讲几句玩笑话。令我印象最深刻的是调研过程中遇到的

---

① 周欣怡，上海财经大学会计学院2018级会计专业本科生。

一位叔叔，他家里经济状况不好，自己和哥哥都患有疾病，是村里的贫困户。可是当我们在没有空调的闷热村委会会议室经过一个多小时的攀谈后，他却坚持不肯收下学校发放的调研津贴，而是摆摆手说，“我配合你们调研是应该的，天气热，你们也辛苦，钱留给你们去买水喝。”村民的淳朴、和善总是能给我们带来无限的暖意和感动。

本次调研的主题是“中国乡村教育研究”。一路调研下来，我从对乡村教育现状的一概不知到半知半解，再到最后的思考与研究，收获颇丰。我欣喜地发现调研地的农村义务教育已经十分普及，几乎没有在义务教育期间辍学的现象，家长们也越来越重视教育问题，尽可能地提供更好的教育给自己的孩子，希望自己的孩子拥有更高的学历，但是老问题的解决也伴随着新问题的不断出现。我频频听到这样的担忧和抱怨：孩子的学习压力越来越大，在购买学习资料上的支出和校外的补课费用是一笔大开销，给家里带来很大的经济压力。而且随着年级的升高，学习竞争愈发激烈，校外大量补课的现象就十分常见，甚至有些经济条件一般的家庭的校外补课费用也达到了上万元的水平。乡村教育的师资力量也是个不可忽视的问题。我们从镇长那了解到，乡村教师资源匮乏，大多数教师希望可以在县城里教书而不愿意留在乡村，现阶段仍然没有提供更好的待遇给乡村教师以留住人才，更不用提及壮大乡村的师资力量。教育是民族的希望，此次以乡村教育为主题的调研让我看到了中国乡村教育发展的漫漫长路，但我始终坚信道路的终点必然是光明可期的，而这必然需要更多的人才不断为之奋斗，投身于伟大的教育事业之中。

这次调研让我真正地认识到饱满而真实的中国乡村面貌。在调查中观察，在采访中倾听。令我感到惊喜和感激的是，乐平市政府和当地的镇政府对我们的大力支持，给我们的行程安排提出建议，为我们带路，帮我们高效地召集村民。从眼前社区的一隅到 4 个镇的 10 个村子，从浩瀚书海走向炙热的乡村大地，真实的体验和面对面的接触让我切切实实地认识到中国的社会基层结构。尽管常常听到的只是村民嘴上经常叨念着的柴米油盐的琐事，但从中却能体会到村民对于创造美好生活的热情以及对党和政府辛勤工作的感激，这让我也更加理解了校训“经济匡时”的含义，并将理论运用于实践，同时也更加意识到我们作为“强国一代”的大学生，必须胸怀祖国，担负起肩上那一份报效祖国的责任。“走千村，访万户，读中国”，我们乐平小组的调研只是千村调查的一小部分，但我相信众多定点和返乡小组辛勤完成的问卷定会为社会工作者带来真实的海量数据，因而将会发挥更大的社会作用。

从一尺书桌到广袤的田野，从自己的一方小天地到家国视野，千村调查给我带来的是内心的触动与蜕变。我心目中的千村调查，已然不再只是美好的夏日限定，而是一次结交一群志同道合的朋友的旅程，一次亲触中国乡土大地的经历，一次真正读懂中国的旅途。它将我们的视线从美好的星空转向脚下鲜活而坚实的土地，激励我们新时代青年扛起强国的重任，为实现中华民族的伟大复兴而奋斗！

从基层发掘力量

乔赫奇①

这个暑假我有幸被选中，参加了上海财经大学的暑期社会实践项目——千村调查山东诸城定点的调研实践活动。我通过查阅资料了解到，千村调查项目是以“三农”问题为研究对象的大型社会实践和社会调查研究项目，旨在通过专业的社会调查获得我国“三农”问题的数据资料，形成调查研究报告和决策咨询报告，供国家相关部门决策参考；同时千村调查也是国家教育体制改革试点项目之一——财经创新人才培养模式项目的重要内容，是集社会实践、专业学习、科学研究、创新能力培养为一体的人才培养模式探索。

而 2019 年千村调查的主题是“中国乡村教育研究”，重点聚焦在了乡村振兴和乡村教育上。经过了 5 天的入户访问调查后，我深刻地体会到，生活在乡村里的孩子们，显然没有办法拥有和城里的孩子一样的生活成长条件。但是，无论生活在哪里，都有仰望星空的权利，而这也是促进乡村教育发展的最终价值所在。

教育，不止包括了学校对孩子的教育，也囊括了家长对孩子的培养和教诲。而在中国的大多数农村中，能受到这两者结合的完整的教育的孩子少之又少，他们的父母为了生计，都要去或近或远的地方打工来增添一份收入。孩子们失去了父母的陪伴，就需要从学校的教育中得到更多的关心，甚至是对孩子生活习惯、与他人交往方面的问题，乡村教师也要去承担这一份责任。在对尽美小学的调研过程中，通过与一位教师交流我了解到，她已经从事这份工作 16 年了，并将继续坚持下去，为乡村孩子撑起一片天空。在平常的工

① 乔赫奇，上海财经大学金融学院 2018 级保险精算专业本科生。

作中，那些留守儿童会更倾向于向她寻求生活上、与同学交往上的帮助，而她也会尽她所能去帮助他们。同时，她也提到，希望国家能够增加在乡村教育上的投入来弥补城乡教育资源的不均衡，希望家长们也能更加关心孩子，配合学校一起支持孩子的成长。在与这位教师交流过之后，我十分感动。正是有千千万万这样始终坚守在乡村小学里，为了孩子们奉献自我的教师才有乡村孩子的未来。

而在与同学们交流的过程中，我发现即使是同在一所学校里的同学，眼界和视野也有巨大的差距。当谈到未来的理想时，有的孩子可以充满希望地说出牛津、哈佛、斯坦福等世界顶尖名校，而有些同学甚至连国内的北大、清华等名校都不知道，足可以见到家庭教育不同带来的差异。在问到关于读书的话题时，几乎所有孩子们都对阅读充满热情，这让我感到很惊喜，但是再细问下去，却发现他们读的书更多的是恐怖、悬疑等快餐化、娱乐化的文学，在一定程度上缺乏对经典文学作品的了解，这或许是学校和家长没有起到好的引导作用的原因。

除了乡村教育方面，我还在此次调查中收获到了许多其他的见解与想法。

我看到了枳沟镇乔庄社区创新的发展模式，从之前的农业生产为主到现在依托资源优势形成农业—工业—旅游业的产业融合创新发展，带领村民共同走上致富之路，社区内一片社会主义新农村的美好景象。

我们去到了“家庭学习中心户”——党员苏学智同志家中，他家中藏书万册，从20世纪60年代开始剪报，到现在已积累了三千多本，同时他每天记日记的习惯也从那时一直坚持到今天。在翻阅他那一本本精美的剪报时，好似又回到了相应的时代中，像是行走在历史里。我突然明白，能够坚持做这些事的人，他深知我们活在历史中，他不舍得让历史成为历史，于是他选择用自己的方式，把历史保留下来。

我们还拜访了93岁高龄的抗战老兵臧桂喜爷爷。他给我们深情地讲述了当年他参加抗日战争、解放战争的故事，他为祖国做贡献，却又不求回报，生活简朴淡泊名利，他一再感慨现如今是黄金时代，感慨祖国的繁荣昌盛。离开时，我紧紧地和臧爷爷握了手，没有他们，哪里有我们今天的生活。我几近泪目，仿佛握住了历史，他是历史的创造者之一，又有多少人能够创造历史呢？

诸城，又称龙城，它是一座古城，更是一座文化名城。在诸城的5天时间里，我收获了太多太多。我深深地被当今农村的发展以及村民们的热情、朴实所打动。村民们每个质朴的微笑，每一块清凉解暑的西瓜，每次配合调研时专注的神情都让我永远难忘。“村”，这个中国行政区划中最小的单位，却能够带给我们大城市里永远无法体会到的温暖与感动，也引起了我们更多的思考。我国的乡村振兴战略，在社会各界的配合与努力之下正在并将一直为村民生活水平的提高带来实质性的发展。参与千村调查的同学们，也将继续在贡献自己微薄之力的同时，在中国广袤的大地上，行走着、体会着、喜悦着。

借用乔庄村一位朴实的农民在配合调研时的一句话来说：

“明天总会更好的，不是吗？”

明天中国的乡村建设，也一定会越来越好的，不是吗？

用青春的热情来“读中国”

王百川①

上海财经大学暑期实践千村调查项目开展已超过10年，该项目不仅仅在学校内饱受赞誉，在社会上也被各界高度评价。可以说，上海财经大学的千村调查提供给在校大学生一个生动、真实、直接的接触中国乡村的机会，同时千村调查也产生了一系列的优秀学术成果和宝贵的第一手数据，千村调查成功地开创了一种创新的社会实践调查形式。

“将青春写在祖国的大地上”，这是我们上财人都应该做到的。千村调查提供了一个契机，使得我们能够”走千村，访万户，读中国“，真正地做到用青春的热情来品读中国。我们的家国情怀，我们的归属感和认同感也通过千村调查真正得到了增强。

中国的土地是广阔的，在这片广袤无垠的土地上，城镇面积只占到很小的一部分，广袤的乡村土地，承载了众多的乡村人口。乡村要发展、要富强、要振兴，乡村的阵地是巨大的，实现中国的高速发展是与乡村的振兴密不可分的。

要实现乡村振兴，就要首先解决乡村发展中面对的问题。在实现乡村的永续高效发展方面，乡村基础教育的发展必不可少。这也契合了2019年千村调查的主题“中国乡村

---

① 王百川，上海财经大学公共经济与管理学院2018级投资学专业本科生。

教育研究”。

谈到教育，每个参与者都不会陌生，教育带来了巨大的“红利”和无限的好处，使得每位参与者得以在上海财经大学这个优秀的学府享受世界一流的高等教育，但是教育对于乡村地区的意义又是什么呢？乡村教育的发展现状又是什么呢？单凭想象和推断恐怕难以确定，这次调查也正好为这些问题提供了答案。

2019 年 7 月 16 日晚上，我从上海站搭乘普速列车，历经将近 20 个小时的路程，终于到达南阳。从南阳火车站出来，映入眼帘的不再是上海那般的高楼林立，我也知道我已经到了位于河南省西南部的地级市——南阳市。南阳市历史悠久，盛产独山玉、花岗岩等矿产，周边自然风光优美。

第二天，我们就赶往了我要调研的卧龙区七里园乡边庄村。村干部们开始上班后，我们取得了村支书的协助，在村会计的陪同下完成了入村问卷的填写。同时，村干部也召集村民们来到村委会填写入户问卷。到傍晚时分，我们已经完成了在村委会的入户问卷填写，我们又去了村内，完成了一部分问卷的填写。

在调查过程中，我耐心地询问村民们一个又一个问题，村民也都努力准确地回答。在简短的交流后，我逐渐能够勾勒出村民的家庭状况，逐渐体会到村民生活的喜怒哀乐，也感受到他们对未来乡村发展的信心和对当下生活的满意。当完成了全部的入户问卷后，一幅广阔的图景仿佛呈现在了我的面前。我仿佛感受到了农村生活百态。大学生活拉大了我们与乡村这片土壤之间的距离，产生了割裂感，借助此次调查，我们得以重返乡村，增强与这片土地之间的联系。青春充满了热情，我们正是要用青春的热情去“读中国”。

当我得知村民家里的小孩刚考上大学后，我会替他们开心；当我得知村民家里的小孩辍学外出打工后，我也会扼腕叹息。我发现乡村教育的核心在于改善与缓解贫困在乡村人口的代际传递，而要推动发展乡村教育，首先要破除传统观念，要让农村人口相信教育是改变贫困现状的重要推力，要让农村人口敢于投资子女教育，敢于在子女教育上付出；其次是要推动发展教育资源的城乡均衡化，让农村人口平等地享受到优质的教育资源。

农村人口仍然是我国人口的主体部分，农村面积远远超过城市面积。我们在城市里面生活太久，离开了广阔的农村土地太久，这次调研正是一个让我们好好地“接地气”的机会。正如千村调查的宣传标语——“走千村，访万户，读中国”。这次调研的机会让我们得以从另一个角度去了解中国与体会中国的国情与民情。尽管这种了解可能还是片面的，但也不乏为一种更好地了解基层真实民情的机会，将青春写在祖国的大地上。

走千村，访万户，读中国，不忘根

禹　露[①]

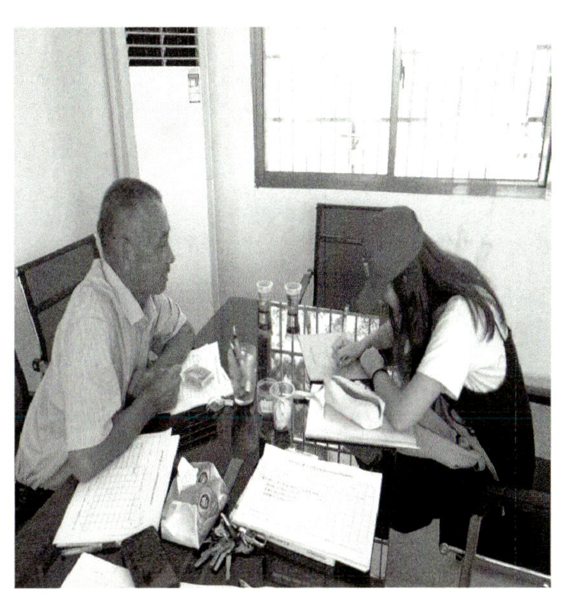

上大学以来过的第一个暑假是特殊而又不平凡的两个月，靠着当时的一腔热情我毫不犹豫地参加了学校组织的大学生社会实践活动　　千村调查。我参加的初衷其实很简单粗暴：第一，是学长学姐的建议，说大部分学生都会参与这个项目，出于从众心理我也选择参加；第二，是为了二课学分，因为人总是会考虑自己的利益。但令我没想到的是，当初简单粗暴做的决定竟成为我人生浓墨重彩的一笔，给我带来新的体验与感悟，在用脚丈量中国农村的土地时，我也用心体会到了这片土地想要传达的故事。

所谓“万事开头难”，刚刚开展千村调查项目时我的确遇到了一定困难。由于问题内容设置相当细致，填一份问卷至少要一个小时，部分村民没有耐心回答全部的问题，加上当地许多常住村民因为年纪大了听力不好或视力不好，导致我采访时进展较慢。我也曾一度埋怨这琐碎的调查工作，但在与村民的深度交谈中这种郁闷的情绪逐渐得到化解。虽然我表达能力不是很好，可能采访时没有清楚地介绍此次项目的目的和自己采访的缘由，但是村民都很热心，他们说要多多支持大学生的社会工作，会尽可能地帮助我完成此

---

① 禹露，上海财经大学公共经济与管理学院2018级财政学专业本科生。

次调查，对我采访时的有些羞涩和提问的不流畅也十分宽容。我感受到了村民的淳朴和家乡人的温暖，对一个新手来说这是莫大的鼓励，这也让我坚定了认真完成此次项目的决心。

克服了种种困难，我在走访村户的过程中对家乡和中国农村有了新的认识。在采访过程中，我发现了这个我小时候居住的乡村发生了巨大的变化，印象中那个比较落后、偏僻的、生活方式无比古老的村庄，随着祖国的发展发生了翻天覆地的变化，它有了干净的图书室、宽阔的柏油路、每晚都热闹的文化娱乐活动中心。从这些点点滴滴的细节中，我感受到了人们生活的进步，感受到这片土地反映出祖国的发展与强大，尽管可能乡村与城市还有着较大差距，但我们也应看到积极的一面，看到中国农村的变革和党、政府为此的投入与努力。当然，欣喜于好的改变，我也深刻认识到农村面临的困境：虽然乡村振兴如火如荼地展开，但许多人还是会选择离开农村、涌入城市，导致农村人口急剧减少，像我的家乡就是典型，留在当地的大部分是上了年纪的老人，青壮年劳动力大多选择外出务工。而我认为这是乡村振兴路上很大的障碍，因为劳动力的大量流失，乡村建设严重缺乏建设力量，这种人才匮乏不仅体现在经济上还体现在教育等各个方面，成为限制乡村发展的“瓶颈”，同时也形成了恶性循环——乡村无法发展，新一代青年仍会选择离开，走上和自己父母一样的外出务工道路，人这种争向上游的天性无法改变。

这次调查让我体验了许多、收获了许多。可能我的调查不是那么完美和精确，但我在实际走访过程中用眼、用脚、用心去感悟真实的乡村，明白了在发达的大城市深处还有祖国的根——农村，这是无论怎么发展也无法舍弃的根。当我们乘上祖国经济发展的列车、享受着大城市的机会和丰厚的资源，我们也要记得搭农村一把手，这个占据一半多中国人口的土地，承载了几千年的中国文化，为祖国发展提供了强大的内生动力，我们依靠它生长、吸取养料，当它遇到困难时我们要积极应对问题、帮它渡过难关。我想，千村调查的意义不仅仅是锻炼大学生的实践能力，更是培养大学生的情怀与意识，让我们感受真实的农村问题，思考问题产生的根源，如何解决这种问题，我们大学生未来能贡献什么；这也是我们校训“厚德博学，经济匡时”所蕴含的，我们应成为胸怀天下的新一代青年！

用脚步丈行威远，挥毫笔读懂中国

杨　妍[①]

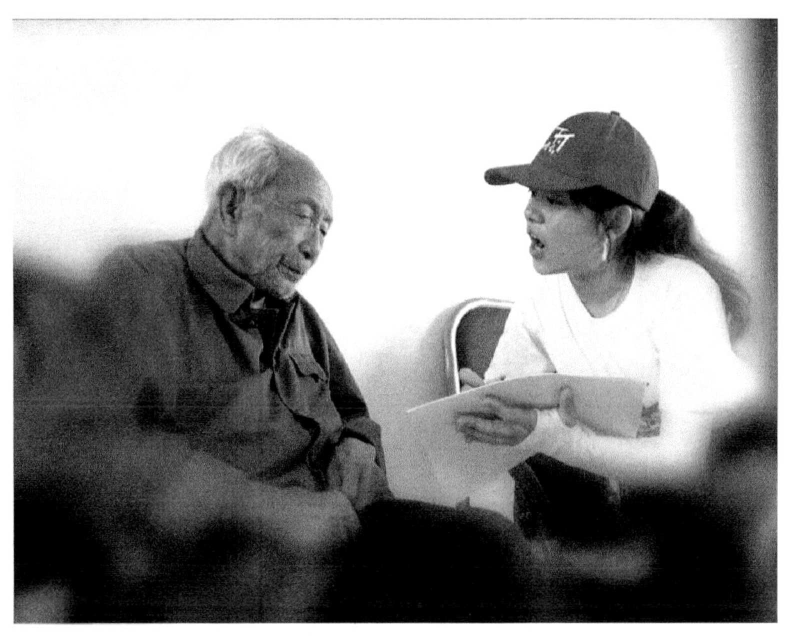

或许夏日的我们像炽热的骄阳，挥动着千村的红旗，一路高歌前行。村里的蝉鸣在那段时间里似乎变得格外的清脆与响亮，黄昏下一行人的身影与嬉戏交谈声交织在一起，或许多年后，这印记也不会随着时光流逝而变得模糊，反而会愈加清晰地留在心里，挥之不去。年少经事的我们走着乡村的石板路，抚着夕阳下那稍许温柔的油菜花，听着村民们诉说那过去与现在，村里流淌着的乡村故事。

一、初见

因为从小就生活在小县城，所以对于县城的建设和规划，我很熟悉，当然也就理所当然地认为可能中国基本上大多数的县城都和我的家乡一样：城市交通不太方便的一块地却有着众多的常住人口，以至于不论农业、工业还是其他经济发展状况都远远不及市级地区。这是我的固有想法，当然，这想法扎根了很多年。然而，威远，却给了我不一样的感

① 杨妍，上海财经大学公共经济与管理学院 2018 级投资学专业本科生。

觉。第一印象:这城市,很清爽、很整洁,有一种我处在市级地区的错觉;淳朴的人情氛围,热情的欢迎接待,关切的悉心问候,极高的文化素质,这一切都顿时卷走了我所有路途上的疲惫与抱怨,更多的,只是留下了对未来为期一周的乡村调研活动的期待与渴望,期待遇见一群可爱的人们,渴望感受那质朴的威远乡村情。

二、进程

在整个调研活动中,我们是以界牌镇与高石镇为中心,对其中的10个村进行了考察。第一天由于队员的长时间"失踪",整个队伍都笼罩在极度担心的氛围,惊心动魄是我们这一天的真实写照;第二天调查村户令人唏嘘的家庭状况,让我们每个人都产生了各自不同的对于人生的感悟;第三天喜迎"新老师"的到来,吃着小龙虾的我们或许已经对这个陌生的地方产生了依赖感;第四天效率得到极大提高的我们,已经对不同的调查对象有了不同的调查方式,任务的完成进度得到显著突破;第五天下着些许小雨的天气,让我们的调研进程又降到了之前的速度;第六天似乎已经知晓离别即将到来,我们把最后的调查任务做得格外认真;第七天是"套房数据局"的欢乐而又头疼的时光,亦是离别伤感浸染每个人的特别的一天。

七天的调研我们总是以"阿姨/婆婆/爷爷/叔叔/村主任,我对您做个采访吧,我问您一些问题,您回答我就可以,如果有什么听不懂的,我解释给您听就好,麻烦您了!"作为开头,又以"谢谢您接收我们的调查,辛苦您了!"作为结尾。我们每个人都从最初的青涩害羞,慢慢地进化成了无话不谈,无话不说;与村民们的接触也慢慢实现了从拘谨到自然的过渡。或许,我们每个人并不是天生拒绝与陌生人的交往,只不过是彼此还未产生共鸣罢了。"走千村,访万户,读中国",我想或许更为深刻的,应该为"走千村,访万户,读人情",这不仅仅是当代乡村的真实写照,也是每一次深入民情调查的指导思想与宗旨。

三、感悟

千村调查,或许,更深刻的来说,是一次自我对人生百味的进一步体验。我想,每一个人从出生、成长、结婚、生子、生病、死亡都有不同的诠释方式:有的人为之一生只是想让自己的生活比现在好过一点点;有的人只想平平淡淡地过完这一生,他选择的方式或许就是一辈子不与旁人接触,孤独的、单纯的、不作为地过着自己的生活;有的人每天都疲于奔命,但他自己究竟想要什么,究竟应该朝着什么方向去投入自己的目标,他不知道;有的人生活得很满足,因为他所求不多,只是简单的幸福与快乐,家人之间的天伦之乐已是人生之幸;但有的人将金钱视为自己的人生目标,挣很多很多的钱,不过,"很多很多"究竟是多少,可能他自己也都说不清、道不明吧……乡村人家淳厚质朴,他们所希望的也就仅仅是我们问卷所提出的那些问题,在他们人生的某一天,他们能够很自豪地回答:我现在生活状况很好,孩子们的学习也很好,村里面的建设都得到了很大的提高,现在,家家户户都生活得很幸福快乐。走访了这么多村,这么多户,我们是可以通过一些细节来判断一个村是否是真真正正的居有其屋,村民们的生活是否是事随人意。我想,一个调查最重要的不是你调查的“量”，而是“质”；我们所希望得到的是村民们的真实信息，而不是说出的违心之语。社会要进步，人民的生活要得到改善，国家整体水平要得到提高，需要做出的努力不仅仅是需要每个人“为国之崛起而奋斗”的决心与信念，还需要底层人做真正的反馈信息与生活状况。我们一行人行走在泥土芳香的乡村小道，将希望种扎在我们的小小翅膀上，带来的是渴望发觉真正民情的心情与期望，带走的是人们的热忱与期盼。我想，或许这一份份问卷想要做到实质性的改变是很困难的，但一小步的踏出就是一切好的改变的开始，带着梦想前进，守着希望开花，这是属于我们的时代，这是最好的时代！

四、结语

红旗飘飘，迎风飞扬。我们生如夏花，我们绽放骄阳。在这个充实的 7 月，我们奔跑在乡村教育的发展道路上，走在乡村振兴的时代前沿，洒下了汗水，也撒下了乡村发展的希望之芽。聚是一团火，散是满天星，愿你我能谱写中国之志，共举乡村振兴之行！

听听希望的声音

姚田小洁①

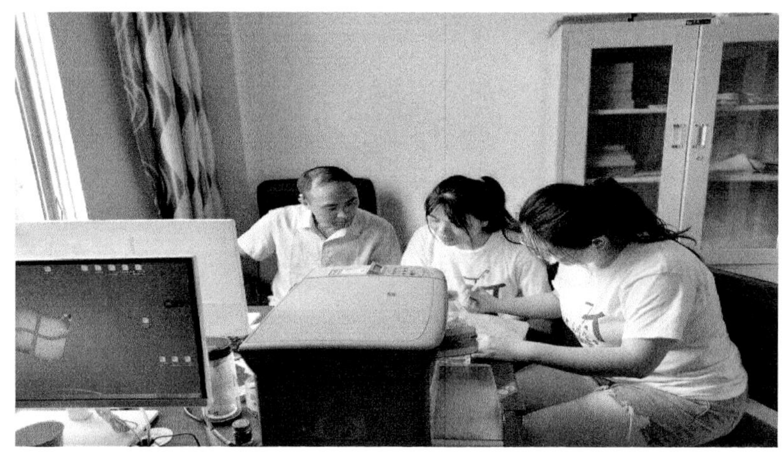

薄雾之下，炙热红日，冉冉升起。

我问佛："何以维持明日之光辉甚于今而育万物?"

佛曰："乃为今日播下希望之种子也。"

想我偌大中华，便是深知其妙，以教育育人，久立东方而愈加深厚，难以撼动的底蕴背后，是我国广袤无垠的土地之下无处不在的希望种子的勃勃不息啊!

而在那个最熟悉而又最陌生的地方——家乡，我们选择踏上了千村调查的道路，去触摸教育最脆弱的部分，就是为了去听听那些希望的声音。

调查前，我们在内心有着些许紧张。两个大一新生，现在走的每一步都是第一次，一切都是崭新的存在，如同脱离巢穴第一次学飞的雏鸟般稚嫩懵懂，但在与村委会阿姨叔叔们的徐徐交谈中，同乡的经历，亲切的方言，慢慢地，我们对于这个从小生长的地方，有了更新的认识。

世昌乡沙柳村，有着美好的蕴意。以这个名字来说，沙漠似乎和贵州四处环山的地形没有关系，但是其用意并不在此，而是被寄予世世代代昌盛之下，像沙柳树一般，枝条丛生不怕沙压，萌芽力强，永远传承下去的美好希望。

在了解当地村民的生活方式主要以在家务农和外出打工为主，这个拥有大约 24 00 人

---

① 姚田小洁，上海财经大学会计学院 2018 级会计实验班本科生。

口的少数民族村落的背后，留守儿童和空巢老人问题非常严重之后，我们又继续踏上了落实到每户人家的调查之路。

在共计三天三夜的调查之旅中，我印象最深的还是那个笑容灿烂，露出雪白的牙齿的龙家夫妇。

当天到达时，他们的新家还未成型。

那是个光秃秃的两层建筑，屋顶还未修好，房间裸露在外，站在房外可以对房子内部一目了然，他们热情地邀请我们上二楼坐坐，二楼空荡荡的一片，并没有椅子，但比起水泥遍地的一楼确实是能落脚的地方了。

我们坐在地上交谈。目光所及，由于还没有墙壁，可以看见旁边房间石床上的红被子和屋前的一大片绿油油的植被。

事后想来，和他们 3 个小时的交谈，也是我们调查过程中最久的一次。

龙家夫妇两人，现在属于在家务农状态，没有任何经济收入，家里种的粮食也只是供自己消费。新房属于政府的危房改造，还在完善中，除了政府的资助金，加上向亲友借下的 3 万元，剩下的都是夫妻俩自己出力搭建。

在问到孩子的情况时，龙家长女的经历让我深受感触。

那是个初中因家中出现重大变故而被迫辍学的孩子，在还没有完成九年制义务教育时，没有受到足够的父母的关爱下，她选择了外出打工，因此，这个家和她，才能生存。

也许是长女的责任在身上背负着，也许是家人的病情在加重着，也许是负债天天在增加着，一个不满十六岁的女孩，离开了快要支离破碎的家，去竭尽所能地维持着现状，即使并不乐观。

其实，村子里的大多数孩子都没有上过幼儿园，所幸村里有小学，几乎所有孩子都能读上小学，而那些成绩稍差考不上初中或者考上了初中但成绩不理想的小孩几乎是直接步入社会，从打零工一步步做起，升上高中却没有继续学业的也不乏其人。

也许你曾经听闻那些初高中未毕业而闯荡出一片江湖的传奇，但是细细想来，那是多少闯荡人中的一个，和中彩票的概率也差不多。

教育，不是注满一桶水，而是点燃一把火。

我看到，乡村教师的前仆后继；我听闻，寒门贵子的新闻不再少见到成为头条；我深知，那把乡村教育的火正在熊熊燃烧，也许，跨过这千万座山，只是还需要时间再等等。

就像台湾散文家简媜说的那样：世间，恒能引动我的，唯日月星辰之姿、山川湖海之美。

无疑，绿山环绕，青水相邻的家乡是刚入大学，一头扎进城市，离开庇护的我们内心最柔软的地方。

愿待春风吹拂，家乡希望的种子破土而出，探出一抹嫩绿。

那时，每个孩子都有学上，每个孩子都能上学。

于此，足矣。

听，远方那匆匆的脚步声，那是希望的声音。

扎根故土，读懂中国

韩翔宇[①]

“故乡与我血肉相连”。此次千村调查，有幸回到我的故乡宁夏石嘴山市惠农县西河桥村，浓浓乡音勾起无限感慨，弹指一挥间，已是翻天覆地，不变的，是乡亲们的质朴热情。“走千村，访万户，读中国”，以一页故乡，观万卷中国。

我心目中的千村调查，是于田间地头话桑麻，谈民生。一碗久违了的特色八宝茶将中国最真实乡村风土人情呈现眼前，乡亲们操着熟悉的家乡话，正忙着在自家院前和马路上晒麦子，就连村委会的大院都晒满了麦子，一片金黄热烈，碧空如洗，这里，是中国乡村的真实。

时代的发展肉眼可见，不少农户都搬进了小区，买了私家车，但真实的乡村生活，落后依旧存在，差距仍然较大。用惯了迅捷方便的4G网，很难相信调查的12户农户竟然都没有接通宽带，没有尝试过网购。不少农户依旧保持着传统小农经营，田间地头可见传统的茅厕。如今的乡村，已垂垂老矣，留守儿童的问题虽然基本得到解决，但留守老人却占了绝大部分。在调查和了解到的农户中，常住人口几乎没有年轻人，只剩老人守着一片乡土，或土地外包，或耕种少量土地，在故乡安享晚年，时间在这里流淌得很慢。

---

① 韩翔宇，上海财经大学金融学院2018级金融学专业本科生。

没有高新技术引入，没有旅游业飞速发展，也没有乡村创业大获成功，这似乎才是资源匮乏的西北落后乡村的平凡模样。

“没有惊天动地的大壮举，却依旧拥有可喜可贺的小幸福”。这是我对西河桥村最深刻的印象。

当我们寻找村委会地址的时候，认识的姑爹主动开车拉我们去。挺小一辆轿车，却塞了五花八门一堆东西，小孩玩的滑板车，做工不甚精致的抱枕红艳艳的，和灰色的车座好像不怎么搭，一双沾满土的旧球鞋和看不出来是什么的一袋子杂物。姑爹手忙脚乱匆匆收拾好，脸蛋红扑扑地招呼我们上车，上车第一件事先打开音响，放的是音质不太好的《最炫民族风》。姑爹把车开得飞快，熟练而自得，没有空调，没有冷气，只有乡间的风，从车窗灌进来，不太温柔、不太妩媚，但热烈温暖，像沿路随处可见的麦子。

我嗅到了乡村的真实。

我心目中的千村调查，是溯本求源，刨根问底，思考民生现状。此次千村调查我们以乡村教师的队伍建设问题为焦点，实地考察，归因分析，为乡村问题找准症结，精准发力，提出了自己的一些对策和建议。

这次调研我们以离西河桥村最近的石嘴山市第四小学为例，进行了实地考察。石嘴山市第四小学规模不大，正式在编教职工只有30名，虽然全部符合任职资格，但是整体学历水平较低，并且缺少多媒体教学资源和师资力量。所幸绝大多数教师认真负责，并积极学习，富有教学热情，不少教师虽本身学历水平较低，但在任职期间主动考取本科学历，基本上能够满足教学需要。

通过对石嘴山市第四小学唯一信息老师和部分学生的访谈，我们真实地了解到了如今乡村教育存在的问题，并归因分析，思考其背后的可能存在的制度原因和环境问题。在实地考察中，更能体会到一线教师、学生的真实需求。“教育大计，教师为本”，应厘清症结，揭橥根源，因地制宜，解决不同地区存在的实际问题。我们大学生应深入基层，将自身发展与祖国发展，与社会发展、民生问题，用发现的眼睛，沉潜下来，静心思考，真正做到“走千村，访万户，读中国”。

我心目中的千村调查，是自我蜕变，是理论与实践的结合，更是扎根中国大地收获自己的人生。脚踏祖国大地，心怀天下四方。此次实地调查，是理论储备的实践，更是新时代大学生社会责任感的继承和发展，是理想与信念的践行。

曾在无数书本网页上试图读懂中国，终于体悟到“纸上得来终觉浅，绝知此事要躬行”的精妙。

有人通过课本背诵中国，有人通过新闻解读中国，有人看了专家点评觉得自己读懂了中国，有人对别人口中的中国深信不疑，却很少有人亲眼看一看自己脚下的泥土，去寻一寻自己的根。

感谢上财“走千村，访万户，读中国”的千村调查活动，走进广阔田野，我们认识农村，了解中国国情，走出方寸格局和狭小天地，贴近时代的脉搏，新时代大学生的时代责任感和归属感愈发强烈，愿以“经世济国，匡扶时局”为己任，扎根中国大地，收获自己的人生。

希望升起的田野

刘晨欣①

2019 年 7 月 20 号，一个凉风轻拂的夏日清晨，我和向佳逸同学启程前往崇礼，为期一周的返乡调查就此开始。在调查伊始，我们就遇到了调研地点方面的一些困难。我们原定的调研地是张家口市崇礼区清三营乡刷子沟村，但是在调查前我们提前询问了县城里的一些长辈，了解到由于 2022 年冬奥会的举办，村里的许多青壮年纷纷来到县城参与滑雪场和高速公路等基础设施的建设，学龄儿童也跟着父母来到县城读书，还在村里居住的只有上了岁数的老人和年纪很小的孩子们。结合设置的问卷问题，我们发现这样会产生很多无效的问卷结果，比如在产业兴旺板块和义务教育板块几乎没有什么可以回答的问题了，这样得出的调研结果可能参考价值不大，甚至无法达到规定的 12 户有效问卷。于是我们在查阅政府网站、询问家中长辈后，得知由于红旗营乡下双台村是县里有名的农业科技试验基地，村民们可以靠种植青椒、草莓等经济作物或从事农产品加工、运输等非农生产获得足够的收入，劳动力流失情况并不显著，村中人口比例也较为合理，相较于刷子沟村有更大的调研价值。在一番讨论和思索后，我们决定改变调研地点，积极联络当地的村委会，重新制订了采访计划和行程安排。

---

① 刘晨欣，上海财经大学金融学院 2018 级银行与国际金融专业本科生。

与同学一起搭上颠簸闷热的班车，窗外灰白色的平房、小院里嬉戏追逐的猫狗、远方不断延伸的农田，亲切温暖的景色一如从前，心情却是五味杂陈。每年暑假我都会回来，陪陪我的爷爷奶奶，这样的景色自是毫不陌生。但自 2015 年北京与张家口申奥成功后，作为滑雪主赛场的崇礼县城可以说是焕然一新，街道明净清洁，喜迎冬奥的标语横幅四处可见，就连路灯都换了精心设计的雪花样式，在每个夜晚闪烁着温馨明亮的光；可冬奥的灯光好像并未照到乡村，在媒体的聚光灯忽视的角隅，村落的景象似乎纹丝未变，只是一批批的青壮年们离开了自己的家乡，到县城的工地里挥汗如雨。

大约两个小时之后，我们首先到达了村里的万家乐股份有限公司，也是村里最大的农业产业化企业。在等待村主任和村支书到来前，企业的总经理带我们参观了一望无际的青椒田和草莓株，比起问卷上冷冰冰的数据和表格，这样的景象让我们切实体会到了创新精准扶贫模式的实效和乡村振兴的宏大图景。总经理还告诉我们，正是因为村里大力鼓励扶持经济作物的种植，组织新型农业经营方式，才有效留住了农村劳动力，避免了农村“空心化”现象和留守儿童、空巢老人、结构性失业等一系列社会问题的恶化。在参观完农田后，我们先进行了对村主任的入村调查。虽然问题繁多复杂，我们自己问的时候也有些不好意思，但村主任仍然保持着耐心一一回答，针对一些我们十分陌生的名词（如土地经营权流转、土地确权等）都做了通俗易懂的解释。我心中的千村调查不仅是简单的访问和采录数据，更是一次不可多得的社会学习和自我提升的过程，那些原来只会在新闻中一闪而过的名词术语，此刻通过质朴的讲述生动鲜活地展现在我们眼前，我们才理解到那些政策文书绝不是只停留在纸面，而是切实牵动着农民生活的一粥一饭。

在入村调查基本结束后，村主任领着我们去到村民家中进行入户调查。当时正值农忙，很多村民是牺牲了自己的劳动时间接受我们的采访，问卷调查中间还不断有人进来催促赶快去农田干活，我们也只好调整了之前“边聊天边完成问卷”的策略，争取在有限的时间内得到最大的信息量。在一户户的走访中我们发现，下双台村中没有小学，只有一个规模不大的幼儿园；与留守儿童问题相反，村子里更常见的情况是父母都在村里种地养家，而孩子们从小学开始就集中到镇上或是县里上学，通常住宿在学校，只有寒暑假才能回来，平时父母忙于照看农田也难以抽身去探望，所以孩子与父母的主要沟通方式只能靠微信和电话。这在从小养尊处优的我们眼中是无法想象的，我们上大学是第一次离家，尚且感到有些孤独和无助，而村里的孩子们从小学开始便离开了家乡独自在外求学，这也反映出了乡村基础教育的严重缺位和教学资源的分配不均。而当我们问到村民们想让孩子继续接手自己承包的农田成为一名农民还是去大城市里工作时，出乎意料的是大多数人选择了后者，并表示“无论如何要把孩子供成一个大学生”。读书无用论的阴霾已经不再笼罩乡村，而乡村教育改革却远远没有跟上，学前教育的敷衍了事、家庭关怀的严重缺失和“唯分数论”的教育模式却一再成为村中孩子奔向大学梦的绊脚石……

在调查结束后我们一起整理录入数据的过程中，一个村落真实而清晰的样貌逐步通过一组组数据跃然纸上。“千村＋调查＝真实”，感谢千村调查给了我观察家乡的新视角，给了我如此贴近土地和农民的机会，也许我们和这个村落的交集只有短短的几天，也许在调查任务结项后我再也不会想起那些繁杂的数据，但我清晰地记得一位母亲谈起在县里上高中的孩子时脸上自豪而欣喜的微笑，记得在日暮时农田里那些尚在耕作的平凡而伟大的身影……

也学牡丹开

尹华玉[①]

智利诗人聂鲁达说:“我承认我曾历经沧桑。”

千村调查我第一个采访的是一位婆婆,家里以种田为生,我问到收入,她说 1 000 元,我问是月收入吗? 她笑了,然后是短暂的沉默,我也笑了,笑我久居“象牙塔”,未曾完整地见过生活的千面。我写下年收入 1 000 元。婆婆去年家里有人过世,丧葬花了一两万元。

这 5 天的千村调查活动让我想说,我承认我不曾历经沧桑。

千村调查活动让我们这些初出茅庐的大学生切实亲触中国农村大地,不再止于课本上白纸黑字的知识,而是见到了色彩纷呈真真实实的农村。真实自有万钧之力,亲眼见到的真实让我有许多思考与体会,我真正开始明白,我们学到的财经知识能够为经济振兴、为农村发展做出贡献。

关于农村发展,我最大的感受是:资本、人才、知识、技术,层层推进缺一不可。物质条件水平往往决定了受教育的程度。经济发展是一切的基础,有了优良的物质条件,才能帮助建设优质的乡村教育。作为上海财经大学的学生,我们将来能够学以致用,从资本出发涵盖这四个方面,带着我们的知识去到广大中国农村需要我们的地方,反哺社会,真正做到“经济匡时”。

习近平总书记在十九大报告中指出,坚决打赢脱贫攻坚战。要动员全党全国全社会力量,坚持精准扶贫、精准脱贫,坚持大扶贫格局,注重扶贫同扶志、扶贫相结合,深入实施

① 尹华玉,上海财经大学会计学院 2018 级会计学专业本科生。

东西部扶贫协作，重点攻克深度贫困地区脱贫任务。经过此次千村调查活动，我从一个大学生的角度认识了脱贫攻坚为农村发展带来的好处。

这 5 天我们走访了 10 个村，许多村子在国家扶持帮助下，逐渐走出贫困。有些村里有 10 人左右的驻村队，来自社会政商学各界。

其中一个贫困村发展旅游业，国家每年两三千万元的资金支持，打造旅游农家乐。当地的导游小姐姐说，现在每每到了周末，有一两百人入村，收入可观。

有一位中年残疾叔叔告诉我，他家里是严重贫困户，他又有残疾，国家给他们购买猪崽，并且派技术人员教给他家养殖技术。现在他家已经脱贫，并且能够自给自足，从依靠政策“输血”走向自己“造血”。

第三天下午采访的村支书说，他们村是贫困村，受了国家很多政策支持，副省长等干部还曾经亲自来视察工作。当地建立了贫困户易地搬迁的试点，被报道很多次，受到外界的许多帮助。他说起国家与政府，语气里满满的感激，没有丝毫做作，没有电视里隔着屏幕的不真实。

国家政策扶持贫困户，他们拿到的国家补贴常常是家庭主要收入来源。没有这些政策，生活难以为继。

值得注意的是，现在乡村教育与城镇教育有巨大差距，仍然亟须发展。

这 10 个村子中，有 3 个村子没有小学或幼儿园，村里孩子上学需要走路到邻近的村子去，这些路程动辄几公里。而有的村子有小学，这些小学都只有 3 个年级，一个年级一个班，一个班十几个学生，而一所小学大多只有一位老师，他们都是大专文凭。孩子们到了四年级就需要离家到镇上上小学，一周回家一次，往往是走两三个小时的路。这些村子的年轻人都接受九年制义务教育，其中 70%是中专学历，而大学生不到 10%。

其实，乡村教师拥有各项补贴政策，而且应聘上也有优惠条件，但是愿意投身乡村教育的人还是在少数。乡村教学的环境难以真正改变，村里没有足够的资金改善基础设施，更无法与城市学校的水平相比。再者，通过外出打工积累一定经济实力的人把孩子送到城市里就学，这也造成乡村生源流失，乡村教师也会因此缺少教学动力。

采访的村民没有愁眉苦脸的，不论家里困难与否，不论生活艰难与否，脸上都挂着笑，就像这几天南江的晴空。

或许这就是根植于土地的韧性与朴实，一种岩石缝中出来的遒劲，一种无多诉求无多欲望的平淡满足，一种将生活中如意的十之一二放大，以至超过剩下的十之八九不如意，于是酿就的安稳喜乐。

5 天的千村调查让我开阔了眼界，用自身血肉感知中国乡村大地的温度。

“经济匡时”的校训让我们意识到应以经济与物质发展为基础，从根本上推动乡村建设。而乡村教育的发展并非一朝一夕的成果，但是尽管困难重重，尽管苔花如米小，我们也应将关爱给予这些乡村孩子，期待着，让他们也学牡丹开。

知世·匡时

胡红霞①

2019年7月14日至7月18日，我们返乡小组一行就江苏省淮安市盱眙县鲍集镇梁集村中的36名农户进行了有关“中国乡村教育研究”方面的调研活动。此次调研，让我们这些平时囿于大学“象牙塔”的学子得以走进农村基层并于千家万户中聆听时代对于我们的诉求。真正做到了入村、入户与入心。

一直以为“厚德博学、经济匡时”只是镌刻在校训石碑上的八字箴言，而直至深入农村调研，才知此句校训是如此的具有磅礴之力：它是我们这一代莘莘学子，器宇轩昂地屹立于天地之间的生命瑰语；同时也是我们今后过上充实的人生，富足的精神世界以及立天地之心，为生民请命的价值指引。非常感谢学校在每年暑假开展的千村调查活动，让我们这些学子得以走出故纸堆垒立起来的空中楼阁，于时事与世事之中，建构起自己的人生观、价值观并实现自己的人生价值。

作为一名曾经在湖北省阳新实验中学初中部当过三个月的实习语文老师兼班主任的我来说，深知教育对每一位学生的重要性。教育，它对于贫困山区的学生而言，是今生得

① 胡红霞，上海财经大学国际文化交流学院2018级语言学及应用语言学专业硕士研究生。

以走出大山,实现人生抱负的重要渠道。同时也是每一位殷切地渴望知识的孩童的心灵良药。当我们背起书包,自由自在地行走于学校两旁葱郁的柏油大道上;可曾知这世间上有许多孩子因上不了学而被迫早早地走入社会,从而丧失了平等地受教育的权利。当我们只一味地困于自己狭窄的一方天地而不往广阔的世界看看时,是无法把握住时代的需求以及我们所需担负起的时代使命的。而学校开展的千村调查活动能让我们每一位上财学子真真切切地了解当代中国的民生百态。在"走千村,访万户"中,读懂中国。

若不是学校开展的千村调查活动,我们这群从小受到百般呵护的"90后""00后"是无法走出自己的一方狭小天地并去感知万千生命的。以我们金融学院返乡小组而言,虽深知社会的急速发展带来了一系列的贫富差距以及城乡差距现象的存在。但这些现象所显示的数据也仅仅只是书本上那赫然的几个百分比而已。而当我们以双脚行走于乡间阡陌、以双手叩响这36名农户家庭的门扉且和他们心连心地交谈时,才真切地感知到了浮世百态、民生多艰!"纸上得来终觉浅,绝知此事要躬行",学校开展的千村调查项目无疑给予了我们一次理论兼实践的大好机会。在这里,你可以切实地聆听乡民们的真情实感。真实地掌握当代中国农村社会形态的第一手资料。

青年时期是树立远大理想、志存高远的黄金时期。我们每一位上财学子都应在往后的社会实践中,把自己的"小我"融入祖国的"大我"、人民的"大我"中;真正做到与时代同步伐、与人民共命运。但光有理想信念是不行的,我们还必须佐以实践。古人常说,"达则兼济天下",这便是一种入世观念,也即为国家发展贡献才智、鞠躬尽瘁的人生信念,但光有"入世"的理想信念是不够的。我们还必须得"知世",也即洞晓国家大事、知道时代的症结所在,并能因此提出解决方案。学校提供的千村调查实践活动,无疑是我们"知世"的良好渠道。如通过调研,你可以对我国的"三农"问题、留守儿童问题、人口老龄化问题、扶贫问题等有着切身的了解。同时针对这些现象所写的调研报告,不正是凭借我们自身的才干为国家的发展而出谋划策吗?这或许便是校训中所提到的"匡时"精神吧!足以彰显我们上财学子的精神高度。

深入农村、深入基层,与人民面对面,才能真切地感受到这个时代所呼吁的主题及我们今后所需承担的使命。才能在时代的激流中锤炼自己的才智与理想抱负。在千村调查的过程中,我们不仅可以延展生命的宽度;同时也可与结伴同行的组员建立起深厚的友谊。千村调查所经历的种种,都将会是我们往后余生中独有的生命体验。

千村调查,它让我们有限的青春年华没有虚度,让我们真正做到了厚德以载物、博学以知世、经济以匡时,最终成为这个时代所需要的有为青年。

走进江南水乡，助力长三角一体化

吴胜男①

2019 年 10 月 25 日，长三角生态绿色一体化发展示范区正式由国务院批复，一体化示范区位于江、浙、沪两省一市行政交界地带，包含上海青浦区、苏州吴江区、嘉兴嘉善县全域，行政面积共计约 2 300 平方公里。长三角地区更高质量一体化发展的关键，在于打破行政壁垒，促进要素自由流动和优化配置。但当前在全域范围内全面铺开有一定难度，需要以更小空间尺度的一体化示范区作为落脚点和主要抓手。一体化示范区作为带动长三角更高质量一体化发展的最佳试验田，通过积极推进新型区域合作与深度对内开放，将充分发挥“1+1>2”的溢出效应，带来经济新增量、发展新动能，成为引领长三角高质量发展的新引擎。

作为一名区域经济学专业的博士研究生，既要立足国家战略前沿，又要积极践行习近平总书记提倡“年轻人要自找苦吃”的精神，将理论与实际相结合。幸运的是，在骄阳似火的 8 月，我参与了上海财经大学千村调查吴江定点调研，探访了长三角一体化发展的前沿阵地——江苏省苏州市吴江区，得以有机会走近她，探访她的真实模样。

---

① 吴胜男，上海财经大学城市与区域科学学院(财经研究所)2018 级区域经济学专业博士生。

印象中的江南，是唐朝的诗，是宋朝的词，是一个让人沉醉的地方。"人人尽说江南好，游人只合江南老"，一江烟水让你分不清是在梦境，还是在人间。

印象中的乡村，是面朝黄土背朝天、日复一日、年复一年的辛苦劳作，是几代耕耘人扎根土地，只为把孩子送出去的守望和希冀。

印象中的江南水乡，竟恍惚了模样……

5天的调研，10个村庄，240多户农家，"绿树环绕、白鸟灵动、安居乐业、生活富足"的江南水乡图景愈发清晰。

不一样的家庭，不一样的故事，带着扑面而来的烟火气息，我收获着喜悦和感动，也怀揣着思考与担忧。

一、沉醉于千年水乡的优美环境

站立村头，绿树环抱、空气清新，一排排农家别墅、一座座休闲农庄，村民自主开展的垃圾分类、前庭后院的绿植花卉，给我留下了深刻的印象。农创村的特色休闲农庄——绿宝园，恰到好处地展示着"远看是风景、近看是公园、体验是农业、回味是乡愁"的乡村意境。深入调研后，我得知，优美的乡村环境源于自然，更在于保护。一方面，在我国经济由高速增长转变为高质量发展的大背景下，吴江区积极践行"绿水青山就是金山银山"的理念，区内诸多企业积极响应国家号召，升级生产设备，减少污染排放。另一方面，吴江区大力发展循环经济，我们所参观的吴江东之田木农业生态园，拥有标准化果园107亩，省级畜牧生态健康养殖示范猪场20亩，标准化猪舍3 600平方米，生态循环沟渠2 180立方米，通过将"果—草—家禽立体种养"的生态循环发展模式扩大，走出了一条低投入、高产出、低排放、高品质的绿色循环农业发展道路。

二、感慨于吴江农村的富庶繁华

调研中发现，在地方政府的大力推动下，吴江区农村土地流转达到80%以上，农民不再是执着在田间地头的乡村人，通过将农地进行流转，他们不仅可以获得流转补贴，还可以在土地股份合作社获得分红。解放双手的农民大多会选择进入工厂再就业，以此获得工资性收入。所以，在调研中我们得知吴江区农户的家庭收入多为10万元及以上，有的甚至高达几百万元也有迹可循了。加之，改革开放以来，苏州市大力发展外向型经济，迅速成为全球瞩目的制造业基地，所以，本地农户无须背井离乡，就能拥有较多职业选择。因此，吴江乡村中外出务工人员占比极少，大多数年轻人都会选择留在本镇、吴江区或者苏州市工作和生活，以致基本不存在留守儿童现象，这又保证了下一代子女的良好教育和快乐生活，形成了良性循环。

三、惊叹于丝绸之府的人文底蕴

在调研过程中，虽然有很大一部分受访村民都是中老年人，但深入了解后发现，他们基本都接受过基础教育，普通话语言沟通不成问题，姓名书写字迹工整，深刻体现了富庶江南的深厚文化底蕴。他们作为新时代的老年人，思想观念先进，对于子女无性别偏好，普遍希望家里的孩子接受到大学及以上教育。此外，村里随处可见弘扬法治精神的宣传，以新营村的“湾斗里”为例，荷花池、亭台、九曲桥、生态护坡、休闲果园，不仅散发着江南水乡风情，展示着现代田园风貌，法治文化走廊更是作为融知识性、文化性、艺术性为一体的法治宣传教育平台，发挥着推动普法教育、传播法治文化、弘扬法治精神的重要作用，以不断增强全民学法、用法、遵法、守法的意识。

四、担忧于百湖之城的繁荣长安

上述光鲜亮丽的背后，仍有一些问题引人深思。调研中，我了解到，一些农户家庭也存在着负债，其原因大多在于大病医疗的花费。虽然“新农合”覆盖率已经很高，但大病医疗未报销部分费用仍需农户自己承担，动辄几十万元的医疗费用，是普通农户最大的生活开支。而存在该问题的一大重要原因在于农村地区对于商业医疗补充保险的概念较为缺乏，对于吴江区农户而言，他们并非缺乏投保商业医疗保险的资金，而是信息的闭塞导致其家庭抗风险能力不足。此外，全球经济形势下滑、国际贸易关系不确定性增大的背景下，以外向型经济为支撑的吴江区面临外企撤资、企业搬离等困境，同时，本地劳动力、土地成本不断上升，地方经济发展面临转型升级的挑战，亟待形成经济增长新动能。

吴江区作为长三角生态绿色一体化发展示范区的重要组成部分，其与青浦区、嘉善县地缘相近、人缘相亲、文化相融，经济与社会发展既各具比较优势，又面临相似的国际国内环境，因此，对于吴江区的调研和思考于一体化示范区而言，亦可发挥以小见大、见微知著的作用。

最后，我再次感谢本次千村调查活动，也感谢带队老师的辛苦付出。在未来的学术研究和人生道路上，我更加确信，要“志存高远，行循自然”，将理论与实践相结合，知行合一，在祖国大地上书写人生华章。

访万千乡村，读真实中国

蔡雨桐[①]

每一年的暑假可以说是上财学子最“接地气”的时候了，一队人马，一沓问卷，上山下乡，蹚水过桥，我们的足迹遍布祖国河山，我们的声音回响在峰峦之间。习近平总书记说过，中国要强，农业必须强；中国要美，农村必须美；中国要富，农民必须富。“三农”问题的重要性不言而喻，农村的现状与发展自古以来都作为国家发展的重中之重。作为新时代大学生的我们要想进一步为农村发展做出贡献，首先迈出的一步是要揭开中国农村真实的“面纱”，真真正正地走入农村。

此次千村调查中，我们小组走入的是位于新疆哈密市伊吾县的一个小乡村——托背梁村。托背梁村是一个在两山互拥下的城郊村，村民中大多数都是维吾尔族，这也是我们的调查过程中第一个困难，少数村民听不懂汉语，我们听不懂维吾尔语，交流起来问题重重，效率低下，感谢村委会给予了我们很多帮助，顺利解决了沟通问题。

作为土生土长的新疆人，我自认为我对这片热情的土地无比熟悉，但刚到托背梁村的时候，我看着一栋栋楼房，没有圈养起来的牛羊，甚至也没有土房子，我内心还在诧异：这

① 蔡雨桐，上海财经大学法学院2018级国际金融法专业本科生。

难道是农村？这与我心中的农村形象千差万别，并没有我想象中的落后，难道农村的元素不应该是土砖房、牛羊鸡群、不太规整的马路和随处停放的自行车吗？

我们采访到了一位82岁的老爷爷，皮肤黝黑，身体精瘦，佝偻着背，正要去市场里买菜。他跟我们说，以前村民都只能在山顶头上住土块房子，天上下雨屋里就漏水。“你看树都栽这么好，再过几年都长大了更好。”“现在电灯也有，家家都有小车，有摩托想开哪个开哪个，一年比一年好。”老爷爷夹杂着方言的话里是听得出的朴实、真诚和对未来的希冀。

通过随后的调查我们了解到村里的楼房都是政府给予补贴的富民安居房，村民们只花3万元左右就能享受这项优惠政策。一条条柏油马路也是政府出钱修建的。2016年，伊吾县提出创建“国家园林县城”，加快城市周边地区生态保护及绿化建设。吐葫芦乡托背梁村被列入改造范围，3年时间，土房子被改造成了楼房，山坡坡变成了街心公园，到处花团锦簇、绿树成荫，绿化面积超过了60%。昔日“一条马路一盏灯，一个馕饼滚出城，有山无树、有水无鱼”的贫瘠、荒凉景象已不复存在。

接受访问的大多数是能听懂一点汉语的维吾尔族大叔，朴实又略带拘谨的拉拉衣服，不好意思看向镜头。村支书跟我们说，由于扶贫政策的大力实施，老百姓是明显地变富裕了，现在整个县都已经脱贫了，以前的贫困户现在每月能有一两千元的收入了。一个小小的托背梁村的富裕会成为千万中国农村振兴道路上的一次见证，一次经验的积累。

在这次千村调查中，印象最深的是农村里的公益性岗位的普遍。对于没有收入来源的村民，政府下放了许多公益性岗位，比如保安、物业管理人员等职务。在我访问到的5户当中，每家至少有一人在公益性岗位上就职，大多数村民乐于现状，并没有创业甚至外出打工的想法。

我进一步去了解了公益性岗位的原因主要是伊吾县政府的财政允许。作为世界五百强之一的新疆广汇集团就是伊吾县的企业，每年上交的税收达到几亿元，所以政府能够负担得起如此之多的公益性岗位。但我也有一点担忧，这样长此以往，老百姓会不会失去奋斗的动力呢？

“天上不会掉馅饼”，好日子靠干、新生活靠拼是永远不会变的。通过询问得知，现在有多项政策正在鼓励老百姓积极奋斗。比如，如果村民去企业应聘，政府仍然保留公益性岗位的职务，应聘不成功还是可以回到岗位上。乡政府可以推荐人才到应聘岗位上。再比如，政府给予外出创业的人员保留3年的公益性岗位，3年内创业失败都可以回到公益性岗位上继续工作。相信这样的政策足以让内心有想法但不敢实施的人展开行动。

走访万千乡村，读懂真实中国。中国自古就是一个农业大国，习近平总书记指出，我国拥有14亿人口，不管工业化、城镇化进展到哪一步，城乡将长期共生并存。一个托背梁村只是整个中国乡村振兴的一小部分，我们深知实践和知识是分不开的，新时代大学生肩上的责任是家国情怀支撑下的艰苦奋斗，了解中国乡村只是第一步，乡村真正振兴仍需要更多的努力。

青春实践篇

幸福平顺，我们在路上

张玉玮[①]

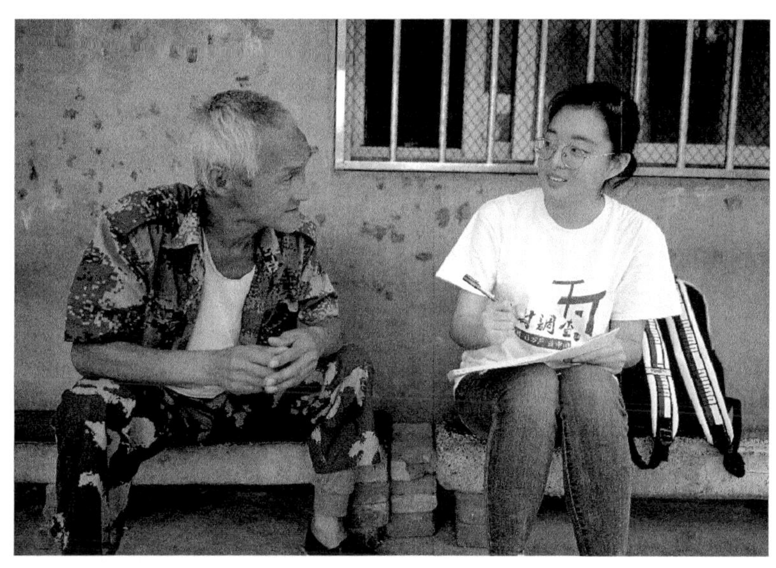

2019 年 7 月 14～20 日期间，我作为上海财经大学千村调查山西小队的队长，与我们的指导老师徐斌和其余 11 名同学一起，对山西省平顺县的西沟乡和石城镇的 10 个村展开了调查。在整个调研过程中，我们既惊叹于农村的进步，也同时看到它的局限；我们看到了农民们生活中的闲情逸致，也看到了他们不得不为美好生活而继续奋斗的艰辛困苦。于是，我希望通过文字来记录自己的所见所感，并以此来纪念那段短暂而不平凡的时光。

一、印象・平顺

作为一个从小在城市长大的孩子，我对乡村的印象似乎还停留在许多老旧影视剧中的画面：泥泞而曲折的乡间小路、弱不禁风的土坯房、村民们无聊乏味而又艰辛困苦的生活……而平顺县的 10 个村子完全颠覆了我的想象：盘山路全部是平整的柏油马路，大多数村民都盖起了两层小楼，室内窗明几净；冰箱、彩电已走进农村的家家户户，村里还提供了农家书屋等文化活动场所；"新农合"医保覆盖率达 100%，养老保险的相关政策也得以有效实施；村里水井、电坝的修建使得用水、用电都变得十分便利……我不禁感慨于乡村

① 张玉玮，上海财经大学统计与管理学院 2017 级经济统计专业本科生。

的巨大变化，欣喜于农民生活水平在渐渐提高，也认识到我国近几年对乡村的建设确实已取得显著成就。

但我们仍可以看到，乡村的发展仍然是不平衡不充分的。例如，尽管许多村民选择外出务工，但由于自身能力有限，只能就职于工资低、工作时间长、没有保险的临时工作，获得的收入也仅够支付花销，因此，水产品、肉、蛋、奶对一些村民来说仍然是“奢侈品”；由此引发的还有较为严重的空巢老人问题，这一部分人群劳动能力有限，种植的庄稼基本仅能满足自家需求；尽管石城镇的一些村民种植了花椒，但他们反应，如果遇到像 2019 年这样的大旱天气，花椒几乎不能生存，他们的收入来源又成了问题。

看过村中农民的生活百态，再对比自身，我真切体会到“授之以鱼不如授之以渔”的含义。政府资金或者物质上的补助仅能解村民的燃眉之急，但没有使他们具备自己获得财富的能力，也就不能从根本上解决贫困问题。所以说“扶贫”更要“扶智”，只有用智慧武装村民的头脑，用技术灵活村民的双手，让他们明白，美好生活是靠自己奋斗出来的，贫困人口才能真的逐渐减少，全面小康社会才能真正实现。

二、教育 · 平顺

2019 年千村调查的主题是“中国乡村教育研究”，因此村里适龄儿童的受教育情况就成了我们关注和调研的重点，通过我和我的搭档对 40 户村民的走访，以及与同组的其他同学交流的过程，我主要产生了以下两点感慨。

其一，村民已经充分意识到教育的重要性。尽管自己的受教育程度有限，尽管孩子上学的费用对一些家庭来说仍然是不小的负担，但我所接触的所有家庭都没有因此产生让子女放弃上学的想法。“只要他能上，我就肯定供”，简简单单的一句话却使我深受感动，我欣喜于村民日渐开阔的视野，他们已经意识到对教育的投资将给他们带来巨大的收益。我仿佛看得到：通过教育，他们的子女变得有知识、有文化，找到更好的工作，整个家庭的生活也随之蒸蒸日上；我仿佛看到：由于教育的普及程度日渐提高，我国的经济、文化建设又将迈上更高的台阶，这无疑预示着整个国家无比光明的前景。

其二，乡村与城镇的教育资源分配严重不均。城里的学校往往配置更好的硬件设施和师资，导致无论是城镇还是乡村的生源都“一股脑”地涌向城里的学校，导致城里学校的“资源拥堵”和乡村学校的“资源闲置”，长此以往，越来越多的资源也将涌向城镇，由此便形成了恶性循环。其实这无论对城镇还是乡村的学生都意味着更高的经济成本甚或时间成本。对城镇的学生来说，出现了更多的人来分享本来属于他们自己的教室、老师、硬件设施；对乡村的学生来说，他们不得不面临居住地与学校的距离带来的巨大困扰。有些家长选择到学校附近租房陪读，这给本就不富裕的家庭又增加了不小的负担；有些孩子则选择住校，在一个心理能力尚不成熟的时机离开父母，可能就在这社会的巨大诱惑下误入歧途。因此，解决这一问题就显得迫在眉睫。乡村学校如何阻止生源流失，是一个值得深思的问题。

三、祝福·平顺

平顺是一个风景如画的地方，我庆幸自己在忙碌的城市生活之余可以来到这样一方净土。这里民风淳朴，人们生活闲适而惬意。尽管这里还是贫困县，我依然看到了许多幸福的笑容，许多肯为美好生活努力奋斗的火热的心，这是一种内生的力量，预示着平顺的希望。

如何让农村百姓脱贫，过上更富裕的生活是国家一直在着手解决的民生问题。在这几天里我已经看到国家切实采取的举措：许多危房改造的农民拿到了国家资助的钱款；因为有完善的医保体系的存在，遭遇伤病的村民的大部分花费可以报销；处于九年制义务教育阶段的学生在学校可以无条件领到鸡蛋、牛奶等营养餐；困难户中上大学的学生可以非常方便地申请到助学贷款……我们也确实看到，这些举措极大程度上提高了相关人群的生活质量，这是一种外来的力量，那些生活遭遇窘境的人们应该相信，国家的力量是强大的，紧跟国家的脚步，国家会让我们的生活越来越好。

我们依然不能否认农村仍然存在的局限性，但正因为有着内生和外来力量的强大推力，我们有理由相信，我国的乡村发展会节节升高，乡村居民的生活会越来越幸福。那么就让我们一同祝福诗画平顺：愿你平安昌盛，日益繁华！

小城教育任重道远

郑　晟①

2019 年又一次踏上千村调查的路途，和去年相比，少了一些迷茫和不知所措，从一开始就把所有事情安排得明明白白，仿佛一切尽在掌握。然而，现实却告诉我，走街串巷，无论安排多么周密，肯定会有意想不到的事情发生。并且，虽说少了一份新鲜和期待，但走访中的感动，并没有缺少一分。

也许有人会质疑，在网络讯息如此便利的今天，为什么上财每年还会投入如此多的人力、财力，去做一件让人觉得大而无用的事情。讯息虽多，但缺少筛选，也没有人从源头去领悟讯息背后的真实含义。贫困？富裕？界定这两者的除了冰冷的数字，还有数字背后的深层次含义，这些东西都是网络上的讯息所不能告诉我们的。通过走访村庄，我们获得一份份带着泥土气息的问卷，这些数字才会有意义，才让我们深切体会到这些数字背后的生活究竟是什么样的。特别喜欢“千村调查”这个名称，“千村”体现了作为求知者的上财

① 郑晟，上海财经大学信息管理与工程学院 2017 级电子商务专业本科生。

师生们“为生民立命”的壮阔胸怀。在这个浮躁追逐物质生活的社会，能参与这样一项充满乡土气息同时饱含宽广志向的活动，是一件幸福而诗意的事。

2019 年千村调查的主题是“中国乡村教育研究”，这件事和上财学子们既接近，又遥远。上财学生中有来自乡村教育的优秀学子，但更多的是来自城市的学子，他们对于乡村教育有着些许的陌生和不了解。事实上，中国教育发展依旧不平衡，教育资源在祖国各地分布依旧不均匀。当从小在城市中学习成长的学生第一次接触乡村教育，是一种什么样的感受？欣慰，还是忧心忡忡？乡村的发展，乡村的未来，都是由乡村教育决定的。我们时常听到大学生村官的新闻，大学生村官是否能在乡村实现自己的价值？他们究竟对乡村的发展起多大的作用？这一切都有关乡村教育环境，需要我们去自己探索。

经过为期约一周的走访，我看到了乡村教育发展的地方，也看到了乡村教育的无奈。氾水镇作为运河沿岸重镇，一直重视教育，形成了自己优良的教育体系。氾水高级中学为省四星级高中，中心小学为省实验小学，中心幼儿园为市一类幼儿园。如此优秀配套的教育体系，在一个乡镇实属罕见。氾水镇人民尊师重教的氛围让我印象深刻。镇里的人们以教师职业为荣，人们对教师都尊敬有加。在采访居民的过程中，谈及收入的去向，几乎所有人都提到了为孩子存教育经费，不少人甚至都开始为孩子未来上大学甚至出国留学做计划，这种对教育的重视，着实让我感动。事实上，氾水镇重视教育也为自己带来了“红利”，人才辈出，很多优秀企业家衣锦还乡，在家乡建设厂房，报答家乡的养育之恩。然而，就是这样一个教育环境尚佳的地方，也面临着教育危机。尽管教育不应该用“钱”来衡量，但生活还是现实的，提及优秀教师纷纷出走的原因，待遇永远是迈不过去的槛。据了解，氾水中学优秀教师主要流向宝应中学，少部分去往淮安高级中学。问及原因，“待遇悬殊”。我非常惊异于“悬殊”这个形容，相差不过几十公里，待遇能相差多少？之后的数字确实震惊到我。氾水中学的普通老师，月薪一般 7 000～8 000 元，如果被挖到宝应中学，是可以拿到约 20 万元年薪的。这般比较，还是能理解那些出走的教师的，毕竟生活质量的提升非常大。我觉得，氾水中学需要做一些事情来挽留住优秀的教师，这些事情肯定不是简单地拿出更多的钱那么简单，因为单纯靠金钱挽留人才，是必定竞争不过淮安扬州的那些名校的。这个难题已经放在了氾中人的面前，何去何从，全靠他们的智慧了。优秀师资的流失必定带来优秀生源的流失。目前，氾水镇凡是考上宝应中学的学生，无一例外地选择了去宝应上学。这就是个恶性循环，优秀师资流失带来教学水平下降，教学水平下降带来优秀生源的流失，如此最终的成绩口碑必定一路下坡，如此往复，氾水中学的教学水平就在不断下滑。

这就是千村调查，它让你感受到一个真实的乡村，既有泥土的芬芳，也有着属于乡村的无奈。乡村教育的发展，任重而道远。

又见炊烟

王俊燕[①]

2019 年的夏天，阳光和干燥的空气同从前的任何一个夏天都一样，但似乎又完全不一样，我回到了那个小时候奔跑玩耍的小村庄，回到奶奶家种满瓜果蔬菜的院子，每逢夕阳西下，鼻尖又飘来一阵阵饭菜和炊烟的味道。在没有真的回到这里之前，千村调查对我来说就只是我报名参加的一次实践活动，老师们在讲座中提到过的与村民交流的场景好像

① 王俊燕，上海财经大学金融学院 2017 级金融实验班本科生。

离我非常遥远，报名时的热乎劲也在朋友圈同学们的各种疑问和忧虑里消磨殆尽，甚至在刚刚回到家的一段时间里产生了一种想要逃避的心态，但所幸我没有选择就此放弃，也因此重新认识了我童年记忆里的乡村，看到乡村里除却美丽风光之外的痛处。

人们从前都说："读书能让你改变命运！"没错，在世界上任何一个地方，从古至今读书都是一个人改变的契机，这个过程不仅能丰富你的知识，更能让你拥有有别于他人的气质，这是一种内在的改变，你能够看得更远，未来的路也就更加宽广。而在现代化不断加快的今天，城乡的差距在各个方面都在迅速加大，城里的孩子们从没有上幼儿园开始就已经在上各种补习班、兴趣班，每天忙得不可开交，而在山村里的孩子还没有灶台高的时候就已经能为全家人做饭了。时下关于读书有一句话是这样说得，"如今寒门再难出贵子"。想想这话其实非常现实，教育资源的差距是城乡孩子之间难以跨越的鸿沟。在这样的环境下，农村孩子的竞争力显得越来越弱，能得到的机会相对也越来越少，在与城里孩子激烈的竞争中，他们似乎看不到未来的希望，于是早早选择辍学打工，减轻家里的负担。也许有人看到的是"穷人的孩子早当家"，但这样的"当家"实在太苦，也太可惜。教育不公平带来的不仅仅是城乡教育的差距，这种不公平将很多农村孩子的梦想扼杀在摇篮里，甚至有些孩子都还没有来得及拥有自己的梦想就已经放弃了逐梦的权利。在我们的村子里，上学的孩子里能考上高中的大概只有 1/3，而在这些高中生里，能够考上大学的每年只有寥寥数人，很多孩子考不上或者直接放弃考试的机会，也同时斩断了自己未来的多种可能。

在农村，有很多人开始质疑读书的意义，因为身边的很多人可能学历不是那么高，但他成了你的老板、上司或者你眼中的成功人士，而且由于经济的发展赚钱的门路也的确多种多样。但我们看到的只是这些人的表面，也许别人的确学历不高，但他能够说出行业的发展历程并且预测未来的方向，这是因为他有神助吗？非也，他只是一直在读"社会"这本书罢了。读书的方式并不仅仅局限于学习学校里的课本知识，任何你所感兴趣的领域的知识都是你的"读本"。话虽这样讲，城里的孩子父母大多都是有文化的人，经济发展所带来的便利，让他们与世界互联，但对于农村孩子来说，村子外面的世界仿佛在另一个星球，只能从电视和老师的口中听到一星半点。有人说梦想大概谁都有那么一两个吧，如果说城里孩子的梦想是一张灯塔的图纸，那么农村孩子的梦想好似一个模糊的光点，只是偶尔在闪烁罢了。

堂哥比我大半岁却比我晚上学一年，去年高考失利，今年经历了一年的复读生活之后也总算考上了省内的一本。堂哥一家跟奶奶就住在我小时候生活的村子里，也算是我身边能接触到的比较典型的农村家庭，每天在炊烟和炕灰弥漫的日子里演绎着自己的人生，似乎这些人的日子也过得挺美好，但我知道在我看不到的日子里，一定有我无法想象的心酸，而那些就是读书求学的目的，为了改变自己的生活，改变家人的生活，改变家乡的生活。在堂哥的升学宴上和家里的大人聊聊天，才知道，在这里，能够上大学仍然是一件值得骄傲的事情，在这个身边人几乎都能考上大学的时代里，乡村的孩子们仍然会有上不起学的忧虑。在中国，读书是最公平的改变命运的方式，考上大学，走出山村，发现那个山野之外的精彩世界，也发现自己生命中能实现的那些梦想。我的父母算是走出乡村，靠读书改变命运的那一代人，他们给我带来了相对富足的生活，让我从小能接受更好的教育，也因此得到更多的机会，看到自己更多的可能性。

农村经济的发展与城市有着巨大的差异，农业生产逐渐变成了非主流，大片的田地满目荒凉，杂草丛生，而周边开起了大型的工业工厂、河流改道、水污染、空气污染接踵而至，生态环境进一步恶化，没有了粮食的农田显得死气沉沉。但农业就是农村经济的命脉啊，如果连农业都被农村放弃，那么经济发展大概也遥遥无期吧。在美国，欧洲的很多西方国家，农业生产都是庄园农场式的企业化模式，企业化的管理对土地做出最优的规划，利用先进的生产设备，既节省了资源和人力的消耗，同时也提高了产量和收入。中国很多农村也已经开始这样的乡村企业尝试，但在我所调研的村落里，种地的人数每年都在不断减少，闲置的田地被低价收租作为药材树苗的种植地，这对于土壤的破坏是无法估量的。

农村的教育要发展，首先要依赖于农村经济的发展，只靠国家的扶贫支援无法进行长足的发展，农村经济发展起来才能为农村的教育提供后盾，使得农村的各个方面都尽可能一致地发展，这样的乡村才能真正实现振兴。等到我们再回到田间地头，农民过的再也不是拮据的生活，农村的孩子们在和美的家庭中健康成长，经济富足环境优美，夕阳西下的时候又看到炊烟袅袅，这才应该是乡村应有的样子，美丽的风景下同样是美好的生活。

有温度，有深度，在无解中寻求解答

张　晗[①]

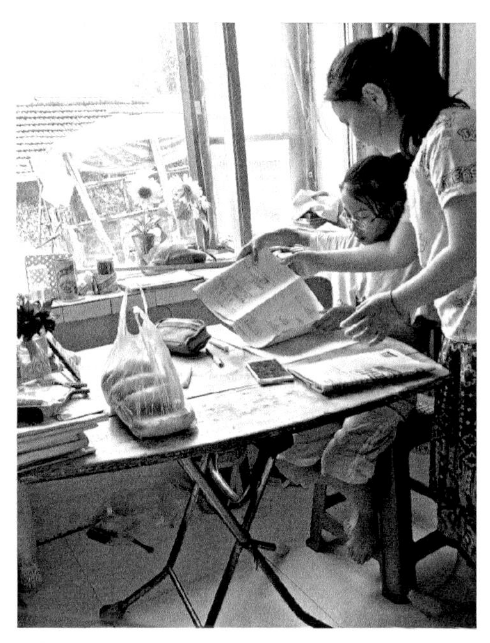

在千村调查的中期，我在农家小炕上数着星星，通过一些简单的文字记录现在的心境，谈一谈我心目中的千村调查。

今天是来到海林市永安村的第四天。独自一人的返乡小队有了善良热心的村民陪伴好像也没有那么孤单，虽然自小在家乡的城市长大，但东北民风中的淳朴与热情大方是到处都有的。从小一起长大的朋友过两日得闲要陪同我一起进行调查，她开学后要回到自己大学所在地附近乡村的幼儿园进行主题大致相同的调查，希望能借此吸收一些宝贵经验。越来越多的人做出行动，这同样让我感到欣喜。

深夜人好像比较容易情感丰富，调查开展得其实并不算非常顺利，尤其是第一天。为了调查工作能更加通畅一些，我首先选择入村调查。进入到村委后，有些因农村生活的进步之大而感到惊喜，村委会办公环境非常好。说明来由后，正赶上村里开会谈论新建的自来水水阀看管问题，我便在旁边稍做等候。同屋的村会计暂时不需要加入讨论，我便与他

① 张晗，上海财经大学金融学院2017级金融专业本科生。

聊聊天，顺便希望他能协助我填写调查表里财务信息的部分。会计表示稍后给我一个数据。关于自来水水阀看管问题的讨论并没有那么顺畅，观点各不同，我等待了大概两个小时后开始同村主任的调查工作。恰好由于会议需要，村支书、村妇女主任都在，可以帮助调查任务更好地进行，但或许是由于表格中一些问题过于细致，又或许是村内事务繁杂，很多数据都只能有一个大概的描述，或者又有些许拿不定主意。这其中，关于大学生村官，好像没有得出什么实质性的结果。调查没有进行很久，配合工作仿佛就出现了一些疲劳。此刻又有村民来反映问题，虽说不在村内生活有些语言不能理解，但也是发现了村民在生活里的一些问题与无奈。村主任与村民沟通商讨了许久，海林市电视台又前来录像。我赶得很巧，所以体验还是很丰富，随后又继续了采访工作。随着采访工作进入尾声，我们进行项目经费结算，村主任迟迟不肯收下也不愿签字，我表示钱的来源并表达感谢后，希望她能放心。整体工作还是相对顺利完整。

紧接着回到村中，开始了入户的走访。如何取得村民的信任，如何能够更顺利地同村民沟通，如何能最大程度地反映并总结出问题，都是我在思考的难题。

今天调查第九户农户。之前的假期我曾经和家人一同驱车前来购买过他们的土特产，和他们都比较熟悉。记得第一次前来见到这户的小女孩时，觉得她长得非常漂亮可爱，大概十多岁，是和我说得上话的年纪。但上一次由于时间比较紧，只是见了一面，后面我要去上海，临出发前留下送小女孩的礼物要姥爷下次带过去。这是我第二次见到小女孩，但我觉得她的眼神有很多变化，进门后只是定定地看着我，我想她是记得我的。在和这家人聊天的过程中，我了解到了很多和其他孩子不太一样的情况。这个村里再婚率很高，大致在70%左右，每学期初中生的学杂费不算高昂，千余元即可满足基本的开销。但这个妹妹每学期开销要过万。后期我了解到，孩子家庭并不和睦。临离开前我主动添加了女孩儿的微信，全程的交谈中她很胆怯，但对我比较信任，希望日后我能给她一些帮助。添加微信后看到微信上写着：理想是考上上海交通大学。还有一户人家，家人非常热情地欢迎我。他们家的小女孩还在上小学，有着相比较于其他农村孩子比较好的教育质量和生活环境，家庭给予的关爱和呵护很多。小女孩一直邀我和她一同玩耍她的新玩具。我从交谈中了解到，村子里同龄的小朋友很少，她其实也是有些自己的小孤单的。后来她的爸爸过来打趣说："别缠着姐姐了，人家都多大了，让她去做正事吧。"小女孩对爸爸笑笑说："姐姐再大也能陪我玩。"我真的是很庆幸能得到这样的亲热与信任。我想，其实每一个农村孩子都非常渴望知识与自由，都需要关怀，且更需要爱。

当然，调研中也有很多很现实的问题，比如被阻拦进入家中等。由于问卷比较细化，很多家庭担心影响到低保等相关利益，经常会遇到拒绝调查的情况。身处这个环境中，其时我们都会彼此理解。这片有血有肉的土地，你要亲自踩下才会感受到它的温度与真实。这是另一个世界，一直存在且真实存在的世界。我想以后每年都要挑一段时间来农村一趟，不是为了寻找生活的优越，而是去质朴地感受，时刻警醒自己，这个世界的存在。

调研还在继续，这是很好的一课，我依旧在寻找那个未知的答案。

以脚步丈量

于雪晴[①]

小时候，总以为乡村是“醉后不知天在水，满船清梦压星河”的悠然。彼时，乡村是儿时的向往。

后来啊，才知道除了宁静富饶还有更多的是“床头屋漏无干处，雨脚如麻未断绝”的艰难。此时，乡村是心底的挂牵。

而如今，我才明白，这乡村啊，就是一步一步踏出的广袤土地，就是柴米油盐的琐碎生活。

2019 年暑假调研前夕，我问过自己，什么是千村调查，为什么要进行千村调查。那时，这是个无法解答的问题，我只能告诉自己，那是对这个村子概况的了解，是对这里人们经济生活的采访，是为了看看这个村子这些年的变化。7 月初，我选择回到老家附近的村庄，回到那片可以算是生我养我却从未被好好看过的东北大地上，去看看那里的生活百态，看看那里的风土人情。然后我又问了一遍自己，究竟什么才是真正的千村调查？我还会那

---

① 于雪晴，上海财经大学统计与管理学院 2017 级统计学专业本科生。

样想吗？此时我才知道，千村调查就是在这短短的几天时间里把你自己当成这个村子里的人，和他们说说话，去体验和他们一样的生活。那不应该是一个一个数据冰冷的堆积，不应该是一篇一篇没有温度的文章，而应该是一段又一段充满色彩的故事，是一片又一片有着人情味的剪影。

一支笔，一个本子不能记录所有的经历，但脚步可以。一句话，一段文字不能阐述所有的感受，但感情可以。也许是某个温暖的下午，在某个乡村的角落，听听阿婆无意的絮叨；也许是某天早起的清晨，躲在山脚下，看看山头忽而透过的阳光。乡村的生活很平凡，平凡到你甚至会忘记自己来找谁，自己来做什么，平凡到许多在村子里生活几十年的老人会慢慢忘记自己的年龄。很多年没看过早上六七点时家家生火做饭的场景了，在东北即使盛夏的早上也不会很热，那个时候你若走在刚下过雨的泥泞小路上，天雾蒙蒙的，许多人家都有着袅袅炊烟，散发着阵阵饭香，经历着这一切，或许你真的会喜欢上这里也说不定，即使那里可能只有鸟吟或者蝉鸣，即使那里没有霓虹也没有灯光。

我总觉得"调研"应该是一种体验，一种经历，而不仅仅是一种任务，那应该是一个人愿意用心去体会，没有敷衍的相互融合。从小，我总是生活在城市，生活在高楼林立之中，生活在钢筋水泥的快节奏里，最喜欢的不过是看夕阳西下的时候玻璃幕墙反射的丝缕阳光，或者触摸淅沥小雨中透过大厦缝隙飘下的点点雨滴。而在这个村子里的经历，是我从来不曾想过的，它会让你慢下来，让你看看也许城市也有但你从未注意的东西。还记得刚进村子的时候，就看到许多老人聚集在村口，大家手里都拿着铁锹，像是刚刚从地里回来，大家坐在那儿聊聊天，只有这个时候，我才能真的看一看那种小说里经常描述的街头巷口坐着的摇着扇子的"老大爷"，真的听一听阿婆讲村子里的大事小情，即使没有江南的吴侬软语，你依然可以体会到一些结婚几十年的老夫妻"醉里吴音相媚好，白发谁家翁媪"的惬意。所以，调研有时是"走"出来的，是需要你在村子里转一转，你才能看到那些别人无法对你言说的风景。

有些地方你不去，你永远不知道那里是怎样的；有些东西你没见过，你总觉得理所当然，这就是我认为千村调查的意义所在。我从来没有想过真的会有一个地方，由于适龄儿童的数量过少，甚至会让这个村子唯一的幼儿园和小学教学点撤离。平心而论，其实这个村子教育水平很好，平均学历不算低，即使"70后""80后"大多也都拿到了高中学历，而"95后"甚至"90后"基本都能考上一所很好的重点大学，乡村教育在这里似乎发展得很好，但真的就如表面上看上去那么好吗？其实这里的人口结构是不平衡的，调研的12户人家中，有11户是进行纯农业经营的，只有一家有少量的非农生产，产业结构的滞后造成的结果就是其中有近10户是只有父母在家，孩子在外求学或是打工，最重要的是，这群人中不乏很多70多岁的老人，而这里有小孩子的几家经过询问也得知他们至少也要到几公里以外的镇子上求学。难道这是乡村教育发展的终极目标吗？看起来好像没什么问题，所有人都有学上，所有人都能上好学，可最后的最后，得到的却是乡村人才越来越多的流失，经济的发展越来越慢。曾经我一直以为让所有人的教育水平提高，平均好教育资源就是乡村教育发展的最终胜利，直到今天我才明白，这样终究失去了它原本的意义。

千村调查带给我们的应该是一种思考，当我们的脚步踏遍千山万水，我们关注到的难道只有那些看似像“白骨露于野，千里无鸡鸣”一样的大事吗？我觉得不是，更值得关注的是那些民生百态，那些市井生活，是在“昼初耕田夜织麻，村庄儿女各当家”的状态里看到需要改进的地方。写这篇文章之前，我一直在纠结题目要不要加世界，后来我放弃了，因为“世界”这个词太大了。我总觉得千村应该是一个以小见大的切口，应该是真真实实的，没有一点虚假的，能够用脚步丈量出的距离。新中国成立 70 周年以来，乡村不断前进不断发展，乡村风貌日新月异，面对的主要问题也愈发具有挑战力，站在时代的岔路口，我认为能够对以什么作为调研的切入点，以什么作为衡量乡村生活现状的依据进行一些思考才是我进行千村调查真正的意义。说到底，当我们真实地踏上那片土地，我们才能真的做到“位卑未敢忘忧国”。

最后的最后，再回到那个问题上去，什么是千村啊，千村就是用脚步丈量你的生活。

走在“千村返乡”路上

唐姝瑶①

年少记忆里，邻里熟络的家乡在我出外求学的步伐中变得模糊，借由“走千家，访万户”的千村调查的机会，我得以将度过我人生最初 4 年的村庄的概貌珍藏在我的记忆深处。

因为自己长时间待在家乡得追溯到十几年前，之后短暂的返乡活动范围和时间也显得极为有限，加上唐家村作为一个行政村，包含了许多个村民小组，我的老家只是其中的一个，所以这次返乡调查之前只是能粗略地感受到“新农村建设”的成效。那些表面粗略的观感虽然让人耳目一新，但却难以窥见家乡各方面发展的全貌。幸运的是，千村调查给予了我获取第一手资料进而分析的机会。

一、青石板不再，小洋房取代

在我的记忆中，每次去位于老上村的外公家拜年的时候，都要经过一段潮湿的青石板路和阴暗的小巷子，然后才能到他们住的一层砖瓦房子。由于地处南方水乡，湿气的侵袭

---

① 唐姝瑶，上海财经大学统计与管理学院 2017 级统计学专业本科生。

无处可躲。这次回乡，重新走到了那熟悉的地方，但已经不再是熟悉的景象——一大片的砖瓦房全部被小洋房取代，那段幽深的小巷子被前两年新建的文化活动中心取代，那些青石板路也转眼变成了坚硬的水泥路。整齐划一的小洋房被舅公开玩笑说着“都一个模子刻出来的，回家真会找不着自己家门”。那时正是下午四五点的时候，文化活动中心里甚是热闹。爷爷奶奶都围在一块儿，分不清谁在牌局中谁又是旁观的“军师”，小孩子在空旷的地方玩弹珠、跳皮筋、跳房子，像极了当年的我们，果然小孩子单纯的乐趣过了多少年都是共通的。当然还有一些妇女嗑着瓜子唠着家常，因为农忙季到了尾声，她们赶紧把藏了大半月的话都拿出来聊聊，好不快活。

当然，因为我返乡的时候正处盛夏，钢筋水泥支撑起的小洋房也丧失了那时砖瓦房带来的凉爽；文化活动中心虽说电扇设备齐全，但终究没有巷风来得惬意，水泥路虽说方便骑行，也为农户提供了又一个天然晒谷场，但也全然丢失了江南水乡的独特韵味。之后在和村民交谈的过程中也发现，他们对向前的发展是有点纠结的，他们确实体会到了“新农村建设”的甜头，但对故土逐渐模式化也显得无奈。就像当时一位奶奶和我说：“以前大家拿着把蒲扇坐在巷子里能说话说上一天，现在哪还有这种好地方。”我想这就是农村发展给老一辈人带去的阵痛吧。

二、小学拆了，学生多了

鉴于这次的调查主题为“中国乡村教育研究”，所以自己对这方面多加留心了许多。唐家村之前唯一的小学是“唐家小学”，说是小学，实则显得极为混杂。它仅仅包含学前班、一年级、二年级各一个班级，且仅有 3 名老师任教。师资力量的薄弱，教学环境也显得极为破敝——教室为一层砖瓦房，没有食堂和校舍。这种恶劣的环境放在 21 世纪来看确实显得让人难以置信，但其实这所小学从 20 世纪 60 年代就投入使用了。之后由于生源开始更多地流入乡镇学校，修缮的活儿也就没怎么提上日程，以至于最后仅仅是为了方便极少部分的村民而继续飘扬地存在着，也终于在 2010 年“寿终正寝”。

现在村里的孩子大多会去大约 4 里路程远的“溧江中心小学”和“溧江中学”完成学业，这两所学校无论从硬件设备还是师资力量上都足以称得上是培育祖国花朵的花园——校舍环境自不用说，窗明几净早已实现；教师队伍新人辈出，老教师发挥着领路人的作用，这几年的教学成果也颇为显著；学生数量也保持着稳步上升，尤其是初中的辍学率呈现了明显的下降。这也就提供给我一个新的视角——回头看看村里孩子家长对教育的态度。

因为小时候在老家和爷爷奶奶生活，看到的哥哥姐姐大多数都没完成初中学业，而且他们的父母似乎并不觉得文凭很重要，他们很是支持自己的孩子中途辍学外出至邻近省份打工赚钱，或者是支持孩子翘课回家帮忙干农活。而且当时幼儿园像是一个可有可无的存在，很多父母是等孩子到了 7 周岁直接送往小学。而现在，九年制义务教育的观念深入人心，家长们都很愿意、很主动地让孩子接受教育，“大学梦”也成了农村家家户户在努力的梦想，而不再是遥远缥缈的图景。孩子们的眼界也随着知识的灌输得到了拓展，询问他们的理想时不再只是之前的当大老板赚大钱，更加多元化的回答让我非常惊喜。

三、尾声：那片土地

无论是轰轰烈烈的“新农村建设”，还是被多次提及的“三农”问题，都寄托着国家和社会对大片农村土地的情思。同时，一个国家的未来是由教育事业保驾护航的。需要承认的是，农村的教育事业虽然和大城市存在很大的差距，但其稳步发展的态势是极为喜人的。这次返乡调查给予了我最真实的观感，也让我再次感受到了一家家农户的亲切可爱。

那片土地依旧动人鲜活。

走过乡村,心系乡村

李子超[①]

5天的千村之行告一段落,从海岱通衢、潍水之畔的枳沟,到物产丰富、名山脚下的皇华,我们走过了2镇、4校、10村、240户,领略了乡村的各色风光,看到了村民的各色生活。在诸城市各级领导的帮助和陪同下,我们师生一行齐心协力为千村之行画上了圆满的句号。

"走千村,访万户",我们在路上。千村5天之行,我们感受到了不同的风土人情,也有不一样的乡村感受。从乔庄社区的富足繁华,我们在这里深刻地感受到了思想的开放,创新火花的迸发,他们用独特思路诠释着乡村的振兴与发展;到次日的北杏村,我们领略到了革命先烈的红色精神,当老兵温暖厚实的手与我们紧紧相握时,我们感受到了时代的责任,使命的传承,他们用生命和鲜血捍卫祖国,我们也定当用知识和技能建设中华;再到之后的皇华镇,我们感受到了乡村发展绝不能千篇一律,相同的模子刻不出相同的成功,每一个乡村的发展都需要有自己的道路。一次次的"入户"让我们感受到真实的乡村生活,不再是曾经脑海中的臆想,也不再是电视媒体中的抽象,当中国的乡村如此真实地映入我们的脑海中时,我竟首先感到的是不知所措。我们所调查的每一份问卷,我们所填的每一个数据,这些看似小小的文字背后都是一个个鲜活的人生,都是一户户真实的生活。我们

---

① 李子超,上海财经大学经济学院2017级经济学专业本科生。

曾经对一点点的数据偏差不屑一顾，可当我们面对村民们一张张淳朴的笑脸时，我们手下的笔是否应承担更多的责任，我们的每一次研究，每一篇文章都关系着血肉生活，我们不能面对乡村敷衍了事，我们必须心系乡村才能真正走进乡村。如果说这一次千村调查让我掌握了一些调查方法、科研手段，但让我受益最多的还是让我明白了调查要立足实际，你想了解乡村，先对乡村敞开心扉。

本次千村调查让我印象最深的莫过于走入一所所乡村的小学。乡村教育如何能绕得开学校，一份份问卷看似调查了一户户的真实状况，可什么样的文字也无法与自己的亲眼所见相比较。我们走过了尽美小学、大山小学、艾东小学、太古庄小学。我们精心设计了访谈的问题，我们想通过自己的角度去揭开乡村教育的面纱。

在尽美小学，现代化的教学环境颠覆了我们对乡村小学的认知，独特的红色教育让我们感受到了学校对于学生人格塑造的重视。校舍越来越美丽，师资力量越来越雄厚，乡村教师的待遇也在不断提高，这让我们看到了国家对于乡村教育的重视，也让我们看到了处在同一片天空下，所有孩子都可以有公平的起点的美好画卷。在大山小学，我们看到了乡村孩子们的朴实和羞怯，我们发挥自己的能力去让所有的乡村孩子融入进来。我们畅谈起自己的儿时时光，交流自己的童年梦想，仿佛又回到了少年时光。我们欣赏了师生的书法作品，汉字的魅力成为大山小学独有的名片。除了我们面对面交流的两所学校外，我们还实地参观了艾东小学和太古庄小学，在这里我们看到了乡村教育发展之迅猛令人惊叹。乡村的孩子可以得到机会去更大的舞台展示自己，每所学校都有自己的特色可以让孩子们更好地发展。在艾东小学，这里的足球队远近闻名，这里的孩子极具艺术特长，数次登上央视的舞台，乡村学校不再是简简单单地读书，乡村的孩子也能够得到最好的教育。

然而，我们看到了乡村教育的发展，也看到了乡村教育的问题。乡村教育的硬件越来越好，可乡村教育的学生却越来越少；乡村教师的工资越来越高，可愿意留在乡村教学的老师却越来越少。乡村在振兴，物质在飞速发展，可乡村的文化却在不断地流失。为何环境越来越好，现状却越来越严峻？为何产业在振兴，人员却在不断地流失？乡村的振兴不应单单是产业的振兴，乡村的文化更是振兴的关键所在。乡村孕育了华夏的文明，乡村哺育了中华的文化，乡村用它独有的魅力告诉我们中国文明的底蕴。我们不能抛弃我们的根，当城市文化不断发展之时，我们不能与乡村相割断，无论是教育还是文化，我们都应该重视。

同行5日，工作之余，我们也结下了深深的友谊，龙城的大千风光、村村户户都见证了我们的欢声笑语。我们一起去寻觅诸城的美食，一起游览诸城的美好风光，一起走访调查乡村生活。最让人难忘的当属每天晚上的“狼人杀”局，从最开始相互之间的生疏、沉默的饭局，到后来的热闹非凡、相互嬉笑，都离不开“狼人杀”的功劳。我们在诸城的夜晚一次次上演着逻辑的碰撞、思维的挑战，收获的是深厚的情谊和一段最难忘的回忆。说到情谊最不能忘记的就是同行的各级领导也是我们的长辈对我们的提携之情。他们带领我们一步步了解社会的现状，教导我们调研的方法，告诉我们人生的道理，不仅在调查之中给予我们很多帮助，更是在人生上传授了很多经验。真的感谢各位长辈对于我们的谆谆教诲，这一切都使我们受益良多。回到家乡，让人感受最深的便是浓浓的同乡之情，当教体局吴书记和皇华镇范书记听说我们的同学都来自山东时，那份骄傲和热情毫不掩饰地从目光中流露而出。我们回到自己的家乡也感受到无比的温暖与亲切。相信无论未来我们走到哪里，这份同乡之情永远都不会忘记，这份对家乡的牵挂也一直会深深地牵绊着我们。

5 天之行，我们去了 2 镇、10 村、240 户，我们收获了 240 份户问卷，10 份村问卷，我们前往小学去寻找乡村教育的真正面貌。我们相识、相交，收获最纯真的情谊。千村之行告一段落，但探寻乡村发展的道路我们都会一直走下去。走过乡村，更应当心系乡村，用我们的知识为乡村振兴给出自己的答案。

与乐陵同行

张凯鑫[①]

“读万卷书不如行万里路”，走过风景名胜，感悟大自然的鬼斧神工抑或是人类惊为天人的智慧，而走进乡村，才是真真正正感悟当今中国基层的现状，耳听为虚眼见为实，用眼睛去看、用心去感悟方能知晓如今乡村的经济发展、教育情况与人文风情。正如“纸上得来终觉浅，绝知此事要躬行。”能够走进乐陵也是三生有幸。

我生于农村，长于农村，自以为了解乡村，其实不然，中国有千千万万的乡村，又岂是可以以一概全的呢？很多很多的人，亦包括我在内，越走越远，越走越高，渐渐远离了乡村，自己记忆中的乡村早已是多年前的光景，又怎可同日而语呢？我羡慕秦玥飞，能从世界的最高点走向乡村，而千村调查，则给了学生时代的我一个机会，虽不能像他一般造福乡里，但却能用我的笔记录村民的真实情况，为调研添砖加瓦，让村民“述往事，思来者”。

还记得认识乐陵的第一面是念“lào líng”，甚至还笑谈过，虽身处山东，高考备考多音字时却未收录“乐”字此音；还记得从大巴车上下来，踏上乐陵土地的第一步，脑海中原先关于乐陵的设想全部被推翻，到达的是乐陵市，一个县级市，不是一个可以用“穷乡僻壤”

---

① 张凯鑫，上海财经大学信息管理与工程学院 2017 级计算机科学与技术班本科生。

形容的地方，她是美丽的、整洁的、生机勃勃的，身处齐鲁大地，还没有走出的自己家乡的时候，一切都是那么亲切和熟悉，不论是从绿化到建筑，还是从衣着到口音。山东省的经济在全国是名列前茅的，自然在前进的道路上没有忘记均衡发展，所以乐陵才会如此精致美丽，不愧是“中国美丽城市两百强”，但正如马克思所言“事物的现象是外在的表现形式，可能是正确的，也可能是歪曲的”，所以还需融入乡村，通过调研去了解本质，看看乡亲们的生活水平是否提高了，孩子们的教育环境是否改善了。

乡村，我们离你越来越远，却有幸能再靠近你一次。

“有朋自远地方来，不亦乐乎?”好客的山东人总是那么热情洋溢，每每结束一份问卷，大爷大妈都要热情相邀，或是吃饭，或是留宿，仔细询问关怀我们是不是做调查很辛苦。哪怕问题难以回答，如家中一个月吃了多少斤蔬菜之类的问题，大家还是愿意一点点地算，每一次赶集要买多少，详细算来，说不感动，是假的。诚然，千村调查不是单纯感受淳朴民风的，每个人都肩负重任，一份问卷，900 多个问题，得到的数据将用于进一步的调研，自然不可马虎，每位同学都是令人骄傲的，面对村民耳背、听不懂问题等情况，都耐心答复。千村调查更加是对全体参与人员的一次考验，齐心协力，共同出色地完成任务。

诚如“一千个读者，一千个哈姆雷特”，一千个村子，一千个样貌，哪怕毗邻也会有差异。乐陵市由 4 个街道办事处、9 个镇、3 个乡构成，下设多个村子。乐陵有金丝小枣、调味料厂、合作社、大型工厂，每个乡村亦有自己的特色，或是建成了规划统一的两层小楼社区，或是成了乡村绿化的典范。每家每户亦有自己的特色，或以种植业为生，或打些零工，或外出务工，其中，最令我感动的是，一种坚韧乐观的精神，有一位大爷，儿媳妇因为癌症去世，家中欠款数十万，大爷依旧乐观，相信明天会更好。“家家都有本难念的经”，这句话我曾一度以为是夸张，走了这么多的村子，和这么多人聊过，聊天中都能发现基本总有让人心酸的事情，更何况在我们看不到的地方呢？的确，生活水平提高了，医保也趋近完善了，但是为什么还是有这么多让人揪心的存在呢？很多家庭支出的大头是在医药费上，因为贫困，不住院，只能买药在家吃，可是有些药却不能报销，虽不至于积重难返，但确实给一个家庭日积月累带来了很大的负担。前两天，看到将高血压、糖尿病患者的门诊用药也纳入医保范围了，我心中划过一阵暖流，政策趋紧完善，人们越来越幸福。

伯克说过：“教育是国家的主要防御力量。”这绝不是夸大其词，教育影响到一个孩子的发展，而无数的孩子则会影响到国家未来的发展，在乐陵见到不少美丽的校园，也从家长口中知晓，学校的教育设备也是十分先进的，而且也有上辅导班，但是在国家强力解决留守儿童问题的时候，乐陵还是有很多儿童是留守的，与父母一年在一起的时间少之又少，爷爷奶奶无法解决辅导孩子课业的问题，而且其教育条件也是无法与大城市相媲美的。其实在乡村存在着一些循环，父母没有接受过相对较高的教育，不懂得教育的重要性，或是懂得教育的重要性，自己不具备督导孩子的能力，即使上各种补习班，也无法改善孩子的成绩，孩子也只能早早辍学，然后重复父母的工作，这是真实存在的心酸事件，唯有接受更高层次的教育，让人的认知眼界变得更加宽广，方能走出这种循环。

乐陵市有一项解决当地留守儿童放学后问题的政策——“四点半学校”，不得不感叹，有的村子的四点半学校的设施真的好，既可以给孩子们提供学习的课桌，又有可以增长见识的图书看，电子琴、毽子等一应俱全，可以说是尽全力给孩子们提供了最好的条件。同时有些大学生也会在暑期来到村子里进行支教，让孩子们多多学习。

“走千村，访万户”，短短的5天时间，在乐陵市走访了10个村子，或许这短短的时间无法让我们完全了解乐陵，但是让我再次看到了乡村发展过程中存在的问题，土地置换政策之下，原先的农民不得不转型，另谋出路，为了带给孩子更优质的生活条件与陪伴孩子之音的矛盾仍然存在，幸运的是部分老人用药现在已经可以得到补贴，一切都会越来越好的。

“世界上总有阳光照不到的地方，希望阴影下的人可以主动走到阳光下。”之前特别感动这句话，而如今有了更加让我感动的，那就是：世界上总有阳光照不到的地方，而身处中国，政府、社会则会把阳光洒得更远、更灿烂！身为祖国未来的我们，则更应当把这份阳光洒向更多的地方。

乡　村

——公立、私立学校竞争之地

李　睿[①]

虽说老一辈的人仍是庄稼人，但见到这真真切切的乡村，感受中原的地大物博的机会，也是屈指可数了。顶着烈日，偶尔来点狂风暴雨，在天气变化莫测的季节里，和 11 位同龄人，在李老师的带领下，来到了老子的故里——河南省鹿邑县，进行了接近一周的千村调查社会实践活动。

“这几天说过的河南话，可能比在家里俩月说的都多。”厚厚的问卷，在闷热的天气中人的心也会躁动不安。好在河南老乡热情好客，抑扬顿挫的方言和耐心的回答让调查工作进行得很顺利。我们走访了 3 个镇，10 个村，前往了 10 所小学。在我们的调查对象中，有刚上初中的孩子，有八十多岁卧病在家的老太太，有 20 岁重返家乡想要创业的青年，也有四十多岁奋斗在乡村教育第一线的年轻校长。乡村教育，是个大话题，也是经久不衰值得思考的话题。小到一个小家，大到一所学校，从与每个人的交谈中，我们发现了乡村教育的种种变化，它的不断改善，当然也存在着很多问题。

在我的印象里，乡村的学校还停留在电视里见过的样子。众山环绕，学校坐落其中，一两间教室，孩子们或许还需要自己带桌椅上学。直到亲眼见过，我才意识到教育

---

① 李睿，上海财经大学金融学院 2017 级金融专业本科生。

环境,孩子们的学习环境发生了翻天覆地的变化。每一所学校里都配有投影仪设备,窗明几净,都配有风扇、操场。有的学校甚至还有音乐教室、篮球场。孩子们生于农村,也同样可以接受除了课本知识之外的个性化教育。一位初中的校长这样说道:"我们的孩子的学习环境,我们学校的基础设施可能没法像城市一样的好,但是我们会努力靠近。但是我们乡村的优势很明显,我们的孩子吃得了苦,我们的孩子善良淳朴;我们的老师足够优秀,我们会定期组织教师出去培训。"甚至还有的学校利用互联网优势,抓住资源共享平台,让孩子们可以上网课。不可否认,国家对乡村教育越来越重视,乡村教育正在迈向新的篇章。

但是任何事物,有光明的一面,也必有黑暗的一面。在与一些家长、教师的谈话中,我们发现了这样一个问题——私立学校的兴起。在鹿邑县里,近年来越来越多的人选择送孩子去私立学校读书,甚至导致了一些公立学校关门停办,招不到生源的现象出现。确实随着经济的发展,很多青壮年走出农村,外出打工,养家糊口,随着财富的积累,生活质量也有了一定的提高。私立学校学费高,孩子的学习环境、学习条件,甚至老师教学质量可能都逐渐优于公办学校,在重视"知识改变命运"的乡村,谁不想让自己的孩子出人头地?谁还想让自己的孩子再去当一辈子的庄稼人?在高额学费的支撑下,私立学校办得越来越好,公办学校甚至到了一个年级连一个班也招不到的地步。"我们的老师都很努力了,学校食堂的饭菜是我们老师自己种的无公害绿色食品,可是我们还是招不到孩子,因为被私立学校招走了。"一位实验小学的校长这样说。私立学校的兴起,到底好还是不好?这值得我们深思。

一方面,私立学校的兴起确实能反映出人们生活质量的提升,但另一方面也反映出私立学校确实有优于公办学校的地方。但是私立学校最初的兴起,可能是因为"供不应求",孩子的数量太多,或者一些村庄离公办学校太远,为了方便更多的孩子上学而建立。随着孩子越来越多,私立学校所具有的资金也在不断增长,过剩的资金支持用于学校的建设,聘请优秀的教师。充足的资金支持让私立学校的优势逐渐显现。加上家长想让孩子少"吃苦",宁愿多交学费也要送到生活条件较好的私立学校。村里的去私立学校的孩子越来越多,一传十,十传百,逐渐"抢"走了公办学校的生源。

公办学校确实是国家投资,承担着义务教育的学校。但由于在小学、初中阶段属于九年制义务教育,学校建设资金的主要来源就是国家拨款。首先在学校基础设施的建设上,确实在资金方面没有私立学校充足。普通教学设备可能差不多,比如最基础的投影仪、白板等,但是在学生住宿条件、食堂上可能与私立学校有一定的差距。其次在师资力量上,我们并不是说公办学校老师教学质量不高,但由于九年制义务教育老师吃的是国家财政拨的事业工资,但是私立学校不排除发奖金,一些在工资上激励老师的措施,可能私立学校的老师对于教学的积极主动性要更高一点。以上两点足够在一定程度上成为私立学校的优势,但是公立学校也可以从自身办学质量和宣传力度这些软实力上入手,加大力度,也可以成为自己的优势所在。

无论如何,两者只要最终目的都是为了提升乡村教学的质量,让更多的孩子能够接受更高质量的教育，即使两者的意识形态不同也无可厚非。希望更多的孩子能够接受教育，希望更多的孩子可以找到适合自己的工作，希望更多的孩子能够学有所成，在工作岗位上对社会，对国家做出贡献。

信息时代的失语者

——当代乡村居民的感受与表达

李晨煜①

一、导言

我相信对于“乡村”如此宏大的命题而言，前人之研究探讨已是浩如烟海，因而独到切中的分析角度将是一个重要的考量。作为对文字语言高度敏感的人，我选择了“感受与表达”作为研究乡村居民群体的一个角度；而作为信息科学相关专业的学生，我选择信息作为研究的另一个角度。这样，通过两个部分重叠而各有侧重的观察视角，我试图去描绘这一群体不为大众所熟知，或不被以往研究涵盖的一些现象——受限于样本数量，它们可能倾向于个体性，而对群体性的支持力度不足。另一方面，尝试进一步解释这些特定现象背后的深层次原因，至少提供一种可能的思路，或开放性框架。然而至此，仍不可弃绝自省性的人文关怀，作为社会实践的基本立场，却也是最高境界。而从理性的研究分析回归，直面原初的宏大命题，保持敬畏之心，将时时鞭策于我的写作与思考。

二、乡村居民的定义：建构的模糊性

“农村人”，这是每个中国人都曾经听过，并且会使用的词语，便于研究起见，我们在这

① 李晨煜，上海财经大学信息管理与工程学院 2017 级电子商务专业本科生。

里不妨使用“乡村居民”来指代，以消解它潜在的情感色彩。我们首先要提出的问题便是：“什么是乡村居民?”这个问题看似无关紧要，但事实上是我们理解本文主题的一个起始点。显然，在不同语境下，这个词语指代的群体是不一样的，甚至可以说是相去甚远——苏南地区的一户乡村居民，与甘肃山区的一户乡村居民，他们的差距或许比内部的城乡居民差距大得多，而且这种差距的衡量指标在很大程度上也是模糊的：户籍归属，收支状况，教育条件，基础建设水平，产业发展程度，生活幸福感……这一系列指标的综合，往往被采集并用以构建不同的抽象模型。但模型能满足学者的研究需求，能促生管理者的政策制度，却不能满足公众对于定义明确性的要求——我们依然想知道到底“乡村群体”指的是哪一部分同胞。然而，中国庞大的规模与复杂的社会结构决定了这个定义本身永远不会被明确，而是很大程度上被建构，这种建构的可能性基于不同的需求与现状的适应，但在普遍意义里，它代表的是某种相对的不发达。城乡对比也侧面佐证了这一建构的存在，即乡村不是自然存在的，而是依赖于比较之中，作为比较的产物而后天存在的，脱离于城市以讨论乡村罕见且并不可靠。在本文里，我们关注的不再是“八亿农民”这样抽象的数字——尽管它作为日常语境的材料，以及宏观理解中国的元素是不可或缺的——我们将目光聚焦于“信息落后”这一维度，并忽略对一些模糊的常见指标分析，以我采访的湖南省东安县 20 户人家为素材，展开下面的讨论。

三、乡村居民的形象：共相与殊相

一方面，许多人对农村人的第一印象“贫穷”很可能并不成立。根据粗略的统计，在采访的 10 个村 20 户人家里，家庭年平均收入超过 10 万元的约有 1/3，少于 3 万元的仅有一两户。尽管样本非常有限，但是结合整体情况来看，至少说明“贫困”并不是乡村人的固有标签，相较于大城市里拮据困窘的广大白领与所谓中产阶级，他们享有的财务自由度要大一些，也更加稳定一些：即使失业也可退耕田亩，自给自足，而白领失业则只能选择啃老。但是，依然有许多采访者向我们抱怨钱不够用，这可能反映了他们对城市生活的一种不切实际的美化，正如同城市居民对他们的一种同样不切实际的丑化，双方都在彼此的想象中封闭地生活。

另一方面，农村人普遍受教育程度低一些，这是毋庸置疑的事实。我采访的 20 户中仅有一户家的二女儿考上了湖南医科大学，联系中国 4%的本科率，他们很大程度上构成了那剩下的 96%，与之形成对照的是较高的子女数量——基本上家家户户都有两个或以上的子女，最多的甚至到了 5 个，这容易让人联想到“马尔萨斯人口陷阱”，这其中的原因或许可以到农村养老保险与医疗保险问题中去寻找。养老难、看病贵，这几乎是每户人家抱怨的问题，在缺乏高效可靠的农村基层医护体系现状下，似乎只有子女才可能提供一些必要的帮扶。第 6 个村第 1 户的老大爷扳着指头计算，一个月买药要花一千多元，总收入也才三千多元，只能省吃俭用，慢性病又治不好……这种窘迫可谓是农村的共有之疾。在我的设想中，如果不能建立一个良好的医护体系，那么这种结构性困境的代价永远只能由广大村民来承担消化。同样地，农村的另一张名片是劳务输出，年轻人成批背井离乡去异地打工(在这里特指的是从事低端劳力型职业,固然我们有发现出去经商并最终办厂成为老板的,但考量总体还是以前者居多)。伴随着改革开放的时代潮流,珠海的香蕉园,绍兴的五金厂,福州的水产公司,大连的船舶基地……祖国的天南海北浸透着东安县青壮年的汗水,他们的足迹主要遍及沿海开放地区。考虑到中国与东安县同规模的农村数量,可以看到农村劳工流动是一个何等巨大的规模,而我们在城市里长大的人,对农村人的印象主要来源于这个流动的群体:他们是危险的,素质低下,肮脏粗鄙,蛮横无理……这种刻板印象深深根植于都市社会之中,并且随着城市等级的上升更甚,曾有一线城市下令"驱散低端人口"便引起一片哗然,无外乎是撕开了这层心照不宣的面纱而已。但事实上,这个群体的异质性远远强于城市居民,仅仅几十个样本里体现的个体差异就达到了令人咋舌的程度,反而是时常将其作为一个整体来看待的城市居民,有时更加扁平化与同质化。

四、信息时代的失语者:何以沉默

在调研的过程在,我始终希望通过记录一些零碎的细节,凸显乡村生活在信息时代的特点。在第1个村第1户人家那里,我们了解到村里的补贴政策都是在微信群里通知;在第2个村第1户人家那里,我们清楚了家长通过微信群和老师沟通交流,获取孩子情况;第4个村第2户人家自豪地告诉我们村委会可以代理网购,全村人都在村委会里取快递(功能相当于一个快递集散地);第7个村第2户人家在接受采访的时候接了一个微信语音电话;屋前的小孩子刷着抖音和其他短视频,或者玩着手机游戏,20户受访者家里仅有1户未装有线宽带……这些散布在街头巷里的碎片,虽不足以构建一个可靠的乡村信息发展水平结论,但至少给我们以强烈的震撼感——农村基层信息化建设,特别是移动通信这一部分,在短短10年间得到了如此大的提升。从目前获得的信息里,我推断这种变革性的进步主要是由三方面因素促成的:宏观政策促导,企业拓展市场,返乡群体交流。从结果来看,信息化水平的提高给乡村居民的生活带来了极大的便利,也第一次给他们以"自主"了解外面世界的机会,而不需要借助返乡亲属与有限的传统媒体。本质上来说,他们被统摄进中国当前正在形成的信息社会之中,通过各种下沉式信息渠道了解到这个生态圈里正在发生的一切,这是一个不可逆转的过程,也不关乎价值判断。我们看到,虽然信息技术正在重塑乡村生活,但是从本质上来看,这种重塑目前并不是结构性的,仅仅是补充性的——从思想观念这种非技术层面上来看,乡村远远没有进入信息时代,甚至部分还未进入工业时代,概括起来就是"缺乏信息思维"。

我归纳了几个广泛存在的现象:女性受访者往往对村里的治理选举情况很少了解,这体现了文化中固有性别差异意识,而男性受访者对治理选举情况则充满模糊认知,缺乏准确性,而这两类综合来看固然有身份因素的影响,但也可以体现村民对与自己生活缺乏直接相关的部分信息的冷漠,即使热衷的群体也往往不能以准确有效的方式获取并处理。至于与生活直接相关的信息,比如水电费用问题,多数家庭无法回答一个月用多少度电、多少吨水,只有部分受访者能记得水电费用;同样地,关于伙食问题,一个月吃多少斤米、蔬菜、肉类也难倒了大部分受访者,甚至许多人根本不知道一个月伙食要支出多少钱,"钱多就多吃点，不够就少吃点”，这符合乡村生活的逻辑：数值并不重要，感受才是最重要的。这更微妙地体现在一个现象中：大部分受访者在不确定时倾向于回答“多/少/差不多”。即使是最重要的孩子教育问题，他们也显现出“信息贫困”的一面，即对孩子的学校、校园生活、未来发展都缺乏了解（甚至有一位爷爷不清楚自己孙子正在读几年级，而他是孩子的抚养人）。例如，让我头疼的一个调研问题，即孩子的学费为多少，大部分受访者分不清学杂费/学费/伙食费/住宿费等区别，“无论哪种费用最后都是一起交给学校”，而在这个过程中，信息权同时也被转交给了学校。除了获取信息的明显短缺之外，大部分农村居民的信息输出也相当匮乏：他们不会网上写文章以表达自己的观点，不懂得通过线上渠道表达自己的需求，不明白所谓公民意识与责任，不会成为或试图成为网络舆论的主导者。举一个简单的例子，一个城市白领在职场上遭受了不公正的对待，他可能会将其匿名曝光在特定社交平台之上（事实上，我们看到越来越多的人选择这样去做），然后引起热点讨论，从而发挥一定的作用；而对于一个普通的农村人而言，如果他遭受了不公正对待，他并不会想到发一条朋友圈，或者发一条微博，而是更倾向于和村邻吐槽，甚至只是在家庭的隐秘空间里讨论这件事——他们身处于互联网的枝桠末节，往往是网络信息的最后接收者与消化者。即使如上文所述，他们遭受了不公正对待，也从未在网络上进行辩护与抗争，而是以巨大的沉默面对外面的喧嚣。但不可忽视的是，他们并不缺乏表达需求与意愿，也不缺分享经验与内容，几乎任何一个受访者都乐于谈论他们的日常生活与感受，从柴米油盐到国家民族，他们总能以朴素真诚的叙述打动采访者。对他们而言，问题主要是缺乏一个发声渠道，而拼多多、快手、抖音等产品填补了这个空白，但相较于丰富的服务于城市居民的交互媒介，能让农村居民发出自己声音的类似产品仍然少之又少，他们依然是信息时代的失语者，他们似乎只是被城市拉进了这个时代。

五、沉默之下：担忧与期愿

前文似乎给人以辉格史观的感觉，仿佛问题归咎于信息化程度较低，持续进步能自然消解问题，但我认为这不是一个负责任的调研态度。事实上，我们看到上述农村居民的失语本质上依然是经济结构问题，并且可以从横向—城乡不平等的经济关系与纵向—历史经济社会基础两个维度理解。理解农村广泛作用的底层逻辑必然要考量历史的影响：家庭联产承包、计划生育、农业税改革、医保改革……面向未来，我们不妨提出“信息剪刀差”这样一个概念以描述新兴的城乡经济关系：日益发达的数字技术使处理庞大的乡村信息变得可能，某些针对性的产品（广泛意义上的产品，既包括实体的物质，也包括虚拟的信息）倾泻于缺乏信息能力的乡村居民，用商业谣言、低劣保健品与借贷骗局构建了他们的外部世界，试图将其从自然人塑造为现代社会所需的消费人。这种担忧固然有杞人忧天之嫌，但审视乡村凋敝的基础教育与薄弱而不全面的信息建设，我们仍然应当保持合理的警惕。本次调研的主题是“中国乡村教育研究”，我们对乡村的基础教育进步感到欣慰，同时自然地反思一个问题，即缺乏高等教育的乡村是否能跟上信息时代的步伐。宏观政策鼓励大学生回乡支教挂职，但在缺乏完整信息体系的乡村社会里，返乡是否能真正起到

"信息扶贫"的效果，或只是强化了城乡分立格局。世界正面临着一次史无前例的信息革命，中国正大踏步地走向信息经济时代，而信息化程度较低的乡村如何能保持经济上足够的吸引力，这或许是政府需要深切考虑的问题。

六、结语

行文至此，其实我是相对不满意的，自觉一叶障目，因零碎细节而有失结构严谨与结论深刻，亦是笔力与思考不足所至。有些问题试图进一步研究探讨，却囿于收集信息不足而作罢，而这仿佛也是标题一种奇妙的印证：我们作为城市原住民、网络原住民，自身的信息能力也并没有强大到能主导一切的地步；我依然坚信，我们和这些同胞，这个庞大的群体与社会，是相互紧密依存的——我们必须认识到这一点，在信息时代的滔天浪潮之中，才有真正进步的可能。

少年的未来，一个都不能少

朱璐妍①

参与了两次千村调查的定点项目后，我对自己家乡——陕西省渭南市潼关县的整体发展情况、人民生活水平及教育资源分布充满好奇与兴趣。踏上归程时，我紧张而满怀期待。

和我想象中及在参与陕西周至定点调查中看到的乡村小学不同，我返乡调研的潼关县代字营镇瀵兴村中已经没有小学，镇上也仅余两所小学，村里的适龄小学生都需在县城的小学寄宿就读。六七岁的农村小朋友就要离家上学，一周甚至更久才能回家见父母一次，得知这一现象时震惊得让我一时语塞。

在我进行问卷采访时，正好在村口遇见在县城上小学的小朋友放暑假在家，便给他小零食和他聊天。当被问到"那你平时上学的时候会想爸爸妈妈吗?"他瞬间红了眼眶："姐姐，你小时候上学多久见一次爸爸妈妈啊?""我每周一去学校就在本子上画五个小格子，每天晚上临睡前划掉一个，都划满的时候就是第二天早上妈妈要来接我的时候了。""每个周五晚上我都觉得特别特别开心，因为一觉醒来就可以回家了。""会躲着生活老师偷偷哭

---

① 朱璐妍，上海财经大学商学院2017级国际经济与贸易专业本科生。

啊，也不能被别的小朋友看见，会被笑的，但是我猜他们也想爸爸妈妈吧，我们都不说。”聊着聊着我鼻子也开始酸楚。我努力忍着让自己的表情保持自然，心里却真的说不出的难受与心疼。我从小在爸爸妈妈身边长大，上大学之前几乎从来没有离开过。我清晰地记得小学四五年级时，有一次爸爸妈妈同时出差，那是唯一一次我要一个人在家和奶奶待着。奶奶做饭很好吃，对我也好到几乎溺爱，但是那种离开父母的惊恐和不安感我至今都记忆犹新。当时我每天都会偷偷用房间里的座机给妈妈打电话，哭着问他们什么时候回家，能不能早点，我好想他们，我受不了自己在家了。那一周我每天都打给他们哭一个多小时，直到妈妈改签机票忙完的当晚就回家陪我，我才睡了一个安稳觉。

所以我真的很难想象他们一年级就要自己寄宿上学，又是第一次接触县城全新的环境，我18岁第一次离家到上海上学的那份不安和惶恐，他们五六岁就要承受，这会给身心带来多大的冲击和损伤。因为怕被嘲笑，他们拒绝倾诉，而是默默流泪，慢慢习惯自己咀嚼苦涩。我18岁走出农村的表弟，2年过后的今天仍然在城市学生中有些难以融入，口音、生活习惯、心态方面的不同让他需要一点一点慢慢消化，而五六岁的孩子们又该如何承受这些。

查阅了相关数据和研究后我发现，“撤点并校”政策在执行过程中，因为地方政府财政紧张，加之政绩方面的期待和压力，教育又是“百年树人”的长期基业，短期回报率不及其他产业，在这一“契机”下财政方面紧张的地方政府就顺水推舟、大力甚至过快推进该政策，减少教育经费以用于其他方面的发展。然而这一切的承受者，是那些无辜的孩子。他们被打着接受更好教育的旗号，缴纳更高的学费、寄宿费和伙食费，却要承受不该这个年纪承受的苦涩。私以为，尚未建立起合理学习习惯和方法的低年级小学生寄宿在学校，即使老师的教学水平更高、学校的硬件设施更好，对他们的身心健康、综合素质培养及长期发展未必有利，根据现有的大多数研究，不利影响非常深远。

同样都是五六岁的孩子，城市里的小朋友们在家长的百般呵护下，快乐成长，学着自己喜欢的兴趣爱好，和熟悉的朋友家人度过每一段时光，他们的小小梦想也被父母用心守护；而农村的孩子，背井离乡，在挤着超过学校合理承载人数的县城小学里，吃着营养搭配并不合理的饭菜，找没人的地方独自流泪，思念着爸爸妈妈。

教育乃百年树人之国家发展大计，也是每个孩子拥有的不容置疑、不能剥夺的权利，我们生活在同一片蓝天下，理应有同样的权利去追逐自己的那片星辰大海。政策的初衷是好的，但是也需考虑实施过程中可能出现的问题，以及相应的防范措施、解决方法。

我想下一次，看到他们明媚的笑容，而不是提起家时不自觉红了的鼻头；想看到他们眼里闪烁的最诚挚的梦想，而不是眼角忍不下去的泪光；想看到他们都有个如意的未来，而不是在城市的边缘行走、难以融入。

乡村教育及城乡差距的缩小，我们能做的还有太多太多。

每个中国少年都是无价之宝，华夏儿女的未来，一个都不能少。

乡村教育一隅

储今雨[①]

真正踏上千村调查之旅，已在8月下旬。

8月下旬的北京，没有蝉鸣、没有燥热，云也高、秋风也清爽。也就是这样的一个日子里，我们从城市的中心南下，一路坐过4号线大兴线的终点，再驱车一个小时来到前安定村。

说说我自己与中国农村的故事吧。从小长在北京，祖国的首都，享受着全国最优等的教育资源——但我内心深知这一切来之不易。父亲生在安徽省不起眼的小农村里，爷爷奶奶都是勤勤恳恳的农民，家里靠着一些田地和偶尔养家畜维持生计。父亲从小立志好好读书，走出农村，走出贫穷，到大城市里生活。奶奶虽然大字不识，是那个时代不折不扣的文盲，但意外的是，她非常通透开放，非常支持父亲的学业。于是，这一路风雨兼程，靠着知识改变了父亲的命运。

父亲和我讲起那个时代的教育是多么难得，一个县城每年能考上大学的人屈指可数。那些大部分落榜的孩子们重返土地，甚至更多人根本没有得到过这个机会。求学的道路

---

① 储今雨，上海财经大学统计与管理学院2018级经济统计学专业本科生。

耽误了帮扶家里，不能早当家反而给家里增添了经济负担。我为他们惋惜，也无奈。

而到如今，在北京，我期盼着有什么不同。

憨厚的农民搓着手，兴奋地把我们引到家中。敞亮的厅堂，现代化的小家电，还有那些独具乡土特色的带着绣花的布艺被铺在沙发上、桌子上、门框上，处处都堆满了其乐融融幸福的氛围。这和我记忆里爷爷奶奶家的情形有些出入了，我发自内心地替他们欣喜。这村子里的农民生活水平真是越来越好了。

做调查的时候，我听着老人们的话语总是满怀期待。是啊，这些年农村的变化天翻地覆，宽敞的公路，互联网，基础设施，一切从无到有，到更好，他们是这全过程的见证者。那些澎湃与感激在他们心中激荡，原原本本地传递出来，也在我们心中泛起波浪。这些离不开祖国这几十年的飞速发展，物质生活水平不断提高，先富带动后富，点联及线，再铺满成面，细想想着实令人惊叹。

谈及乡村教育的时候，我握着手里已经完成了一半，沉甸甸满载见证的问卷，询问老人的学历，老人说，小学毕业；我紧接着询问其儿子的学历，老人说，高中毕业；再询问孙辈，高中在读。期待之情在我心里悄悄燃起。北京乡村的教育或许远比我想象中的好，也许已然爬升的经济基础会使得这里的人受教育程度渐渐超过那些落后的地方。

一连走了几户，大致状况都类似。大学生的比例，对我们这些习惯于走在教育最尖端的新时代青年人来说，固然是少之又少，不免心底有些失望。坦率来说，北京一定是上大学最容易的地区之一了，从分数线的划分和名额的供给来看，拥有一个北京的户口，冠以北京考生的称谓，或许就意味着更多的资源，更多的可能性。

最让人印象深刻的是一位大爷，自豪地对我们说，自己家的孙女考入了大兴一中——整个大兴区最好的高中。那种毫不掩饰的快乐，积在眼角，融进话语里，笑在心里。大爷真挚的情感让我看到了身居农家的人们对于学业文化的渴望与认同。这注定是一个好趋势，从观念上改变一代又一代人，解决乡村教育问题的最根本、最顽固的部分。

意识形态的上升固然只是一方面，更切实际的事情是提升乡村教育的水平与规模。大量农村人口涌向城市，到头来乡村的发展需要再调动城市人口，消费城市的经济收益，这样的循环显然不是最有效的。想让农村人口自行发展经济实现脱贫致富，或许是科学，或许是社会管理，或许是商业与经济，从根本上靠的是知识、是教育。大力发展乡村的基础教育，就能给更多农村人口带来升学机会，丰富知识拓宽视野，把更先进新鲜的思维模式带回到乡村。

村干部和我们谈到村里的现状，很是感慨。年轻人外出打工，早出晚归，村子里不过是大家夜晚的住处，已然成了缺乏生命力的空壳。人们逐渐离了土地，迈向富裕的城市，村子实则没有什么自我更新的能力，一切都依托了外来流入的资金。现如今中国乡村脱贫的路子是越走越宽了，归根结底都要依靠现代化，紧密地跟上时代，把城市里时时更新的技术或者理念搬进乡村。村里盛产的水果，仅仅卖给商贩，获利微乎其微；若是转而发展线上交易的市场，打造自己独特的地方品牌，或者大力发展旅游采摘业，情况就会好很多，前提是依赖于大量的技术人员进行前期分析与调研。

而这恰恰又离不开乡村的教育。让年轻的一代接受到更好的教育，获取更加紧跟时代的知识，回到家乡加以应用，最终可以实现良性循环。教育，这不可或缺的一步，或许正是我们现在所处时代该迈进的一步。

从前安定村坐车回北京城区的路上，看到镇子里修的平整宽敞的柏油路，道旁精心设计的绿化带，自动化的灌溉。我想，其实乡村教育要走的路还很远。从主动寻求教育带动经济发展，到经济富裕发展基础教育，或许是改变，或许是循环，当历史的车轮转到我们这里的时候，也许正是大力发展乡村教育的好时机。

行走在青山绿水间

李　琬①

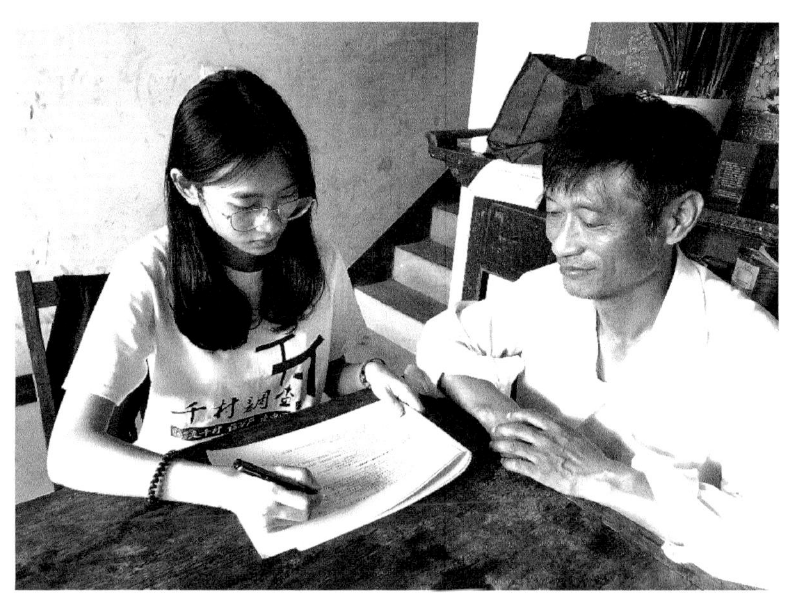

是有多久没有远离钢筋混凝土构筑的世界了……

开车进村，透过玻璃窗是层层的青山、电线上停着的是成双成对的八哥；道路狭窄，每当对面有车相遇，向右挪一挪时，叶子就会像孩子一样把脸贴在车窗上；走在路上，蝉鸣声、蛐蛐声，树木的清香混合着农家的味道……

“和大自然待在一起，就觉得很安心。”千村调查的第一天，我发了这样的一条朋友圈，定位在古楼村。

去的第一户人家，户主是村里的医生很受人尊敬，家里有两个孩子，姐姐在北京读研究生，弟弟在准备高考，第三次高考。询问了一些家里的基本情况和就业情况后，我知道村医的工资并不高，家里每年的收入并不多，家里最大的开销便是弟弟的学费、书费、上学路费、学区房租金……说了好多，都是跟教育有关的，说罢，叹了口气。我问他为什么这么执着要给孩子一次又一次的复读，他简短地回答我，我想让他走出去。

村里只有幼儿园和小学，要读初中就要到乡里，距离这里最近的高中已经要坐车了。

---

① 李琬，上海财经大学商学院 2018 级国际经济与贸易专业本科生。

而重点初中、重点高中是更加遥远的地方。“走出去”，简单的三个字，却是心底最沉重的期望也是最热切的渴望。从村、到乡、到城市、到大城市、甚至更远……

然而课程的单一化，师资力量的薄弱，教学设施的不全面等是这里的常态，教育资源的匮乏是这里的事实。梦想和现实之间存在的不仅仅是差距，更是矛盾，是人们日益增长的对于优质教育环境的需求，和现实经济状态的落后的矛盾；是乡村优质师资供给少、需求多之间的矛盾。而其最根本的仍是城乡差距与发展不平衡问题。

大人们想让子女们走出去，他们希望自己的孩子不再是守着一亩三分地过日子，他们希望自己的孩子也可以坐在高高的办公楼里，衣锦但不还乡……

“我多么希望在这里有着和城市里一样亮堂的、先进的教室；孩子们可以一样伴着钢琴演唱；可以在红色的塑胶跑道奔跑、在绿茵地上踢足球……我更希望他们不用飞得很远，就可以让梦想起航。”千村调查的第二天，我躺在农家硬硬的木板床上、闻着淡淡的草席味，思绪万千。

第七户人家和第八户人家是邻居，前去采访时，他们家的两个孩子正在家门口的空地上打打闹闹，蹲在地上仿佛在和家养的土鸡说着什么悄悄话。两个孩子可爱极了，“姐姐”“姐姐”地叫着，声音甜腻、有着孩童独特的纯真。两个孩子都在村办小学念书。只一个班级，孩子不多，多半都是一起长大的；老师也不多，多半都是大专及以下学历。可是孩子们从不考虑这些，说起他们的学校、课程、老师，他们欣喜、自豪；说起他们的未来，他们眼神中闪烁着憧憬，他们和城里的孩子做着一样的梦，梦里他们是科学家、宇航员……他们黝黑的皮肤和健硕的臂膀让我看到了城里孩子身上没有的一股力气、一股生机，我仿佛听到他们的心脏在胸膛里怦怦地跳着，宣告着他们将是这个国家未来的栋梁。

我不可否认地喜欢这里，喜欢农村。我看着村里的孩子们打打闹闹，在村野田头肆意奔跑着；也看着他们扑向蝴蝶、蚂蚱，扑向狗尾巴草，扑向菜地，扑向田里的那头老水牛；我听着他们充满稚气的争吵，是地道的乡音；也听着他们给我背古诗、唱歌、讲他们遥远的梦想……

我想着我的小时候，从小在上海长大，我也曾奔跑，不过是在小区里巴掌大的花园里；我也曾想扑向这个神秘而有趣的世界，可是我在他们这个年纪却只是扑向了书桌，扑向了各样的习题，扑向了各种补习班；我也曾想和阿姨爷叔说说家乡话，可张口无言，比英语还要结结巴巴……

我看向现在城市里的有些孩子们，他们是科技时代的受益者，手机和 iPad 是他们最好的朋友；更加紧密的补习班日程表是他们走出家门最多的理由；不再会说家乡话了，取而代之是愈发流利的英文，愈发少的交流，让孩子们变得孤僻、利己；愈发大的压力，让他们变得早熟，让他们的眼睛不再纯净……

这是千村调查的第三天，我在日记本里写下了这样的一句话：“我希望城市里的孩子有像农村孩子一样茁壮的手脚，有像农村星星一样明亮的眼睛。”

第四天，在村里的最后一天。和往常一样的出门、敲门、询问、谈天，却变得越来越沉重。手里的问卷逐渐见底，心中的疑惑却愈发大了。我不明白所谓的乡村教育改革应是怎样？现代化的设施、高科技的引入，优质老师的支教等，他们的教育资源、受教育环境变得愈发良好，这是每一个人所盼望的。

可是，我担心。

我担心当下的方案、当下的教育理念将会抹去孩子该有的童年、该有的恣意、该有的纯真。我们臆想中乡村学校向现代教育靠拢的改进模式，在追求进步的背后是否仅仅是一种同化？怎样的改进道路才最适合乡村的？

乡村教育有自己的落后之处亦有其对于孩子天性的舒展与培养；城市教育对孩子能力的锤炼同时却不可避免地带来了压力、竞争、扼制了孩子的自然生长。不同地区的教育各有优劣，取长补短，从问题中反思，从动容间汲取，方可创造出最适合中国的教育模式。

“我想着是否有一天传统乡村孩子的自由、恣意可以和城市孩子的优质教育资源相结合。我想着是否有一天，孩子们可以在拥有优良的教育硬件的同时，也可以收获农村孩子一样肆意闯荡的童年。是否在那一天，综合教育不再是通过考试量化的结果；是否在那一天，教育已经没有了乡村与城市之分……”

千村调查的第四天，行走在青山绿水间，我在键盘上敲下了这样的一段自己的梦想。

初识千村远,思悟万里长

周伊雯[①]

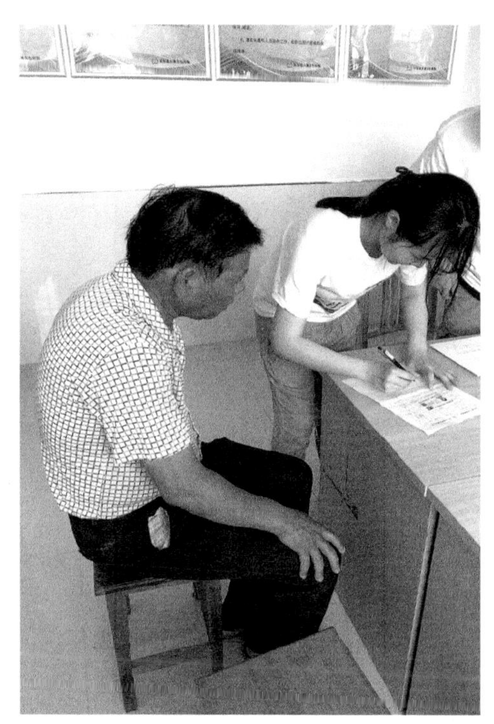

以“走千村,访万户,读中国”为主旨的千村调查,是上财为学生精心安排的大型社会实践活动,我念念在兹,心向往之。2019年炎炎暑日,我终于走进了千村调查。感受深刻,受益匪浅。

一、走进千村调查,初步了解乡村教育之真正情形

本次千村调查的主题是“中国乡村教育研究”,调查地点为如东县大豫镇的豫东村。如东县是有名的教育强县,大豫镇的中小学教育基础良好,无论是政府、社会还是家庭,对教育的重视程度也相对较高。但是随着调查的一步步深入和数据的一点点搭建、完善及分析,我发现即使在教育基础相对较好的豫东村,在乡村教育方面依然存在一些不足

① 周伊雯,上海财经大学会计学院2018级会计专业本科生。

之处：

首先，教育资源相对匮乏。县城教育普遍采用集中资源办名校的模式，相对于城市学校，尤其是县中而言，乡村教育的师资力量薄弱，整体素质有待提高。一方面，乡村教师相对年龄较大，年轻教师志愿到乡村的少，缺少新鲜血液，尤其是在素质教育版块上，像音、体、美这样的专业老师屈指可数。另一方面，对乡村教育的投入相对较少，村民普遍认为，乡村学校的设施设备与县城学校相比差距较大。

其次，受普通高中录取人数的限制，南通地区中考录取率在50%左右，乡村学校的比率更低。除了有部分去职业学校继续学习以外，很多孩子初中毕业后就辍学了。由于社会过于看重文凭、学历的偏颇认识，很多成绩一般，自认为无法跨入大学门槛的乡村学生，对求学缺少正确的认识。在与家长的交流中，我们发现他们同样存在较多的教育期望功利化与狭隘化。

最后，我们在走访调查中发现，大多数青壮年家庭成员外出打工，留守儿童（少年）的比例超过50%，这就导致家庭教育的相对缺乏。更重要的是，在孩子成长过程中缺少父母情感的陪护，缺少了关于乡土特色与自然情怀潜移默化的影响，这对于乡土文化的延续和发展是十分不利的。乡村振兴发展离不开人才资源，让这些土生土长的年轻人投身到家乡创业，显得尤为重要。

二、走进千村调查，加深认识乡村民情之真实面貌

这次开展千村调查，使我能全面而客观地了解农村，切身感受到黄海之滨那浓郁的乡土民情。

大豫镇是如东的名镇之一，人杰地灵，物阜民丰，是清末状元、民族实业家张謇创办的"南通大豫垦殖公司"所在地，素有"中国文蛤第一镇"之美誉，也是著名的瓜果之乡，山羊之乡。其所辖的豫东村，位于大豫镇东南部，有农户2 032户，人口4 900多，耕地8 242亩。

走进豫东村，那弯弯的小河偎依在村旁，笔直的水泥路纵横其中，河道和路面都很干净。无论是那绿油油的稻田，还是路边不知名的小花，到处都呈现出清新自然的气息。村民告诉我们，这几年加快推进了新农村建设，特别是通过"厕所革命"、治污攻坚等行动，极大地改善了农村环境面貌。

豫东村是传统的农业村，企业仅有3家，近年来正大力实施农业产业结构调整，逐渐形成以水产养殖、大棚栽培、蔬菜种植为主的种植业。但是新型农村产业化水平不高，医疗、教育、卫生及各项公共服务设施还不健全，农村"空心化"程度加大，仍有少数的贫困家庭等，这些都是很现实的"三农"问题。

豫东村的村民也给我留下了深刻的印象。来到一个完全陌生的村庄，最初我也有一点发怵，但真正进行调查的时候，我发现比预想中顺利很多。无论是普通村民还是村干部，在听懂我们的来意后，对我们的工作都非常支持。尤其令我印象深刻的是一位中年妇女，她热情地邀请我们进屋采访。一进屋就拿了长条凳执意要我们坐下，还贴心地开了电

风扇。在采访过程中她也如实相告，甚至还拿出了身份证和户口本查找信息。在圆满填完问卷后，她还为我们提供了很多额外信息，如进城务工的困境、大豫镇和豫东村近年来的变化。在她那毫无修饰的质朴言语中，我深切感受到了一个乡村艰辛而蓬勃的发展历程。走出门的那一刻，她爽利的道别声，竟使我有些不舍这些质朴热情的豫东人。

三、走进千村调查，方知调查研究需要下真功夫

调查之前我们做了大量的准备工作。我和伙伴们对千村调查的《问卷培训手册》进行了细致的阅读与研究，掌握了问卷的大致思路。对入户问卷的三个板块进行了认真分析，厘清了逻辑关系，便于在调查时把握重点、分清主次。我们还推演了调查的场景，对可能出现的情况进行了预判，并设置了各种预案。事实证明，充分的准备是非常有必要的。

调查总体上比较顺利，也偶有困难，但它也给予了我们极佳的锻炼机会。记得有一户人家起初并不是很愿意接受我们的采访，我就从她抱着的婴儿聊开去，在我的"甜蜜"攻势下，一家人终于逐渐放松，问卷调查也得以顺利进入正轨。一次千村调查，给了我与形形色色的人进行深入交谈的机会，也让我不断磨砺，学习如何与他人交流和沟通，这些宝贵的经历都给我带来很大裨益。

撰写调查报告花费了我们最多的精力。调查数据的整理和分析是一项大工程，问卷的数据比较单一，很多问题还没有进行深挖。一方面我们通过电话等形式与村委进行了多次的沟通，另一方面我们也在数据库中搜索可以用来比对的数据样本。我们入户调查时未曾察觉的问题，在数据的对比下得以显现。我们对所获得的资料进行认真的分析和研究，并查找了很多的资料，对每一个观点进行仔细地推敲，旨在较全面客观地反映出豫东村的实际情况，分析原因，并尝试提出解决问题的思路。我们真切地感受到："纸上得来终觉浅，绝知此事要躬行。"

千村调查让我第一次直面农村，认认真真思考"三农"问题，进一步关注国家关于"三农"问题提出的一系列方针政策。走访调查中我们也欣喜地了解到，不仅当地政府正在进一步推进教育资源均衡化，提高乡村教育整体水平，豫东村也正在贯彻中央、省市关于"三农"发展和改革的各项举措，探索土地权属与如何科学使用的试点，加快推进农村新产业和乡村建设等。

"白波争起倒，青屿或沉浮。"随着国家各项政策的配套完善，乡村振兴以及新农村建设的步伐加快，对乡土文化的进一步认识和重视等，我坚信，农村依然是大有作为的广阔天地，未来的豫东村，以及千千万万个豫东村，一定会发展成为绿色和谐、文明美丽的乡村。

我愿继续"走千村，访万户"，去品读乡村的故事，品读中国的故事。

自然落地

颜逸群[①]

在上财求学已有一年，其优越的地理位置、国际化的课程设置都让我由衷叹服，但在此之外，我们仍感到一股巨大的缺失——高屋建瓴的课堂无法让财经学子自然落地，难以填补空有数据和想象而无法对农村、基层真实了解和触握的缺憾。

“千村调查”作为一项以创新人才培养为旨归的社会实践活动，“走千村，访万户，读中国”，在新农村建设、乡村振兴的大环境下，以乡村教育为独特视角，切入农村的真实生态。它不仅提供了让财经学子深入了解农村的契机，其落脚点，更在透过农村，读懂中国。

暑期我有幸参加了定点和返乡两次千村调查活动，同一份问卷，同一个省份，毗邻的城市，11 个村子，但无论是调查过程还是结果呈现，都不尽相同。在接触当地村民时，千村调查让我学会了如何有效真诚地沟通；在后期录入数据时，我切实体会到了保持信息的完整和真实的重要；而撰写调查报告的过程更让我不断转换视角，更理性多维地解读乡村。

---

① 颜逸群，上海财经大学会计学院 2018 级财务管理专业本科生。

在我心中,千村调查的意义不仅在个人,更在于社会与农村。对自身而言,我们通过这项活动开阔视域、深入实际;对社会而言,千村调查扎根农村,倾听民意;对农村而言,千村调查切入痛点,助力乡村振兴。

一、开阔视域 深入实际

在本次实践活动中,我们走访了11个村子,共计212户人家。从柴米油盐、各家生态,到红色记忆、党政建设,都成为我们感知体验的对象。我参与调查的村子,在新农村建设和乡村振兴的号召下,均已实现全面机械化和土地承包集中化耕种,并基本脱贫。

最令我印象深刻的,是每个村子独具特色却意义深远的党政建设。定点项目中走访的宋墩村(属江苏省淮安市金湖县),以"红色金南,奋进宋墩"为口号,专门设置了初心教育展馆以供人们回顾红色历史,学习与重温入党誓词。王庄村将老党员的红色历史和感人事迹整理成书,"红色金南"寓旨深远……

除此之外,我们还分别参观了辅助精准扶贫的光伏发电项目,农家书屋、村民调解室、健身房等公共设施建设。在切实调查之前,我从未想象到,农村发展如此之巨,党政建设如此全面。

或许这便是千村调查的意义所在——打破我们自身成长环境的桎梏,靠近真实的农村,体验不一样的人民生态。

二、扎根农村 倾听民意

千村调查至今已举办了12期,不同于笼统的乡村数据汇总,在力求数据的可靠性和完整性的同时,还兼顾了往往被庞大的集体数据淹没的个体。

它植根基层农村,从一户户人家基本的家庭情况做起,涵盖生活消费、工作就业、子女教育等多个层面,多而不杂,重点突出,引领我们绘制出一幅生动真实、全面可靠的农村生活群像。男女老幼,党员与群众,不同的个体,不同的家庭,不同的生活状态,都被这张问卷敏锐地捕捉到。

与此同时,在调查访问的过程中,不少村民向我们透露了生活的难处,并表达了对上级政府党政工作的想法和建议。在调查中,我们成为他们的倾听者,记录每个村民对乡村党政建设、乡风民情的真实想法。

千村调查,是一次村民与社会,双向敞开的过程,它让散落在村庄里的每个人的心声,被大家听见。

三、切入"痛点"助力振兴

本次千村调查,选取了目前乡村发展的一大"痛点"——乡村教育。农村学生日益外流,乡村教师难以留住,教学资源不比城市……

千村调查,让我们切入真实的农村教育现状,从而看到当今教育普及的另一面。

我所调查的村由于学生人数锐减,均已撤销学校,村里大部分孩子,都去镇或县城就读。从问卷梳理的数据中，我们隐约感觉到了乡村教育与当地发展、农民生活水平、生活观念之间千丝万缕的联系。

本次千村调查给我触动最深的，是观念上的、感知上的乡村教育：不同年龄层次、社会阶级的参访者，看似相似却又不尽相同的教育理念，实际上暗合了新中国成立70周年经过的波动和挫折、发展与腾飞。随着年龄递减，受访者学历逐渐升高，工作选择更为多样，子女教育更为精心。

而在此之外，我们仍看到乡村教育背后的巨大空白——女性、残疾人等弱势群体仍然相应缺乏受教育的机会。我采访的一位残疾人，由于视力受限，没有得到接受教育的机会；而更多的女性，止步于义务教育。

千村调查，深入乡村"痛点"，通过调查、报告，暴露真实的教育情况，以助乡村振兴之路，走得更深、更稳。

在我心里，千村调查，实际上是让我们从历史课本、文献中走出来，接触真正的中国，看见真正的乡村教育。它作为一种高等教育"自然落地"的先锋实验，使高居三万英尺的财经学子不再耽于对日益边缘化的农民生存和教育状态的想象和建构。

通过调查研究，让我们发现乡村教育的层次性和多元性，挖掘出乡村发展被覆盖的复杂性与多重性。

千村调查

——与故乡的促膝长谈

尹思雨[①]

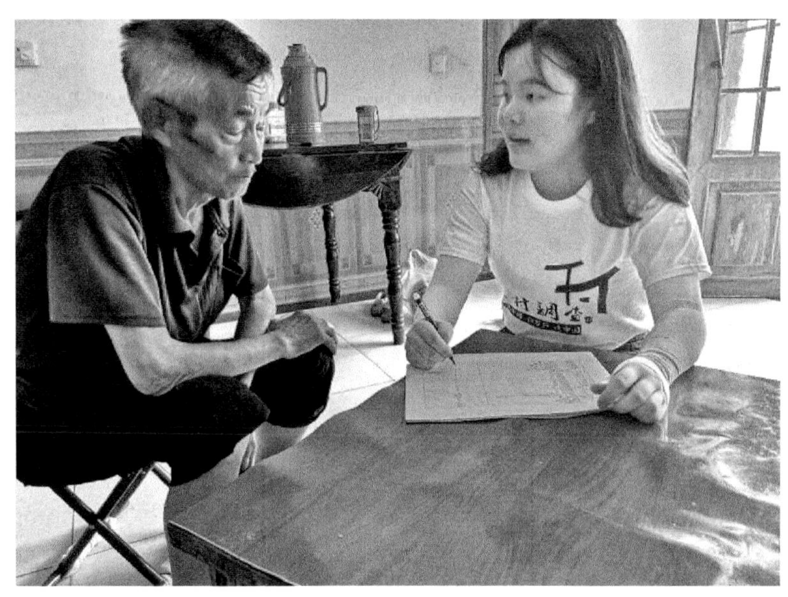

穿上带有千村标志的白T恤，背着装满问卷的背包，戴上小红帽，我的千村调查，就这么开始了。一次与故乡促膝长谈的故事，也开启了它的篇章。

早在还未入学的时候，我就听闻学长学姐们为我们介绍学校的千村调查项目，本以为是需要一定的学术研究经验才可以接触到的调研项目，却向我们这些大一新生抛来了橄榄枝，我也毫不犹豫地伸出手迎接了它。当我遗憾地落榜人才济济的定点调查选拔时，我便将目光投放于返乡，我选择了我奶奶家所在的村庄，江苏省扬州市仪征市真州镇三八村，一个承载了我美好珍贵回忆的小村庄。

当我又一次踏上故乡的土地时，一种别样的情绪在我心中弥漫开来，是的，故乡它变了：通向奶奶家的那条曲曲折折布满尖锐石子的乡间小路不见了，取而代之的是平整光滑的水泥路；环绕村庄的那条曾是被绿藻覆盖的小河流如今也展现了它原有的清澈样貌；村头歪歪扭扭的破败草屋不见了，由钢筋混凝土建造的颇有气派的农村小洋房鳞次栉比；原本一望无际颇显衰败凄凉的村中耕地，现在也能看到不远处茂密繁盛的防护林……故乡

---

① 尹思雨，上海财经大学信息管理与工程学院2018级电子商务专业本科生。

真的变了，它就好像一个女大十八变的小姑娘，在改革这支“化妆笔”的魔力下，从内而外地绽放着动人生机。

但它又是没有变的：村头那个小时候最让我着迷的小卖部翻新成了小型超市，依旧向村中的孩童们散发着源源不断的吸引力；奶奶家门口那棵高大的桑树也还是绿油油的，散发着勃勃生机；抬头望去的天空似乎还和记忆中一样蓝；一路走来遇到的熟悉面孔也依然那样亲切友好……

奶奶见我愣住的模样，忍不住带着笑意揶揄我：太久没来连老家都不认识了吗？我不好意思地抿着嘴角，我与故乡的紧密联系自我上幼儿园就断开了，长大了并也习惯了城市便利快捷生活的我对故乡的留恋也逐渐消逝，每当爷爷奶奶对我发出回老家住几天的邀请时我都婉言拒绝，逢年过节时的拜访也都是乘坐轿车直接驶入院内，隔着车窗也未曾注意到村庄一点一滴的变化，如今借着千村调查的机会，我第一次这样客观仔细地审视我的故乡时，确实被惊艳到。

我将我的所见所想惊喜地与奶奶分享，奶奶笑我：“好傻的姑娘，日子还不是越过越好啊。”我惊讶于这样一句颇有哲理的话就这样云淡风轻地从我奶奶这样并未接受很多教育的乡村老太太口中说出，但转而一想，这也是见证了这座小村庄几十年变迁的我的奶奶的所见所感吧。

采访进行得很顺利，出于对看着长大的孩子的亲切欣慰以及对挂着“上海财经大学”头衔的大学生的称赞，我调研的12户人家都表现了高度的配合，这也使我很感激、很开心。印象比较深刻的是奶奶家隔壁的大伯家，年逾古稀的老人非常郑重地戴上眼镜，诚挚的神情好像认真听课的学生。他们非常坚决地拒绝了我提出的补贴，在他们看来，能被大学生调研问卷是一件很光荣的事情。我非常感激村中的长辈亲戚对我的招待和配合。确实，这些质朴的村民即使自己并没有接受过很多教育，却由衷地尊重读书人并热切地期盼着孩子们走出村子接受好的教育，我从和他们的交谈中了解到这一点后确实非常惊讶于他们思想的先进性。

当问到问卷的最后一个问题“您认为明年家庭生活水平是否会提高”时，这12户人家都毫不犹豫地给出了肯定的答案，理由竟然和我奶奶的“名言”出奇地一致，“日子还不是越过越好嘛”，乐观话语不由地让人心头一暖，这不是阿Q精神的盲目自信，这是淳朴的农民对美好生活的向往，对用双手开辟美好生活的坚持，对国家有能力带领他们走向美好生活的信心。

我的故乡只是富饶的江苏省的一个很不起眼的小村庄，却也在几十年的探索实践中收获了翻天覆地的变化，不仅仅是物质生活，人们的思想境界也得到了极大的提高，他们重视教育，尊重知识。同时，他们也对祖国有信心，对自己有信心，相信明天会更美好。

一次非常特别的调研经历，与故乡的促膝长谈中，我拾起了尘封多年的乡情，也更是坚信了那句话——不忘初心，砥砺前行。

踏野寻梦，后会有期

陈佳熠①

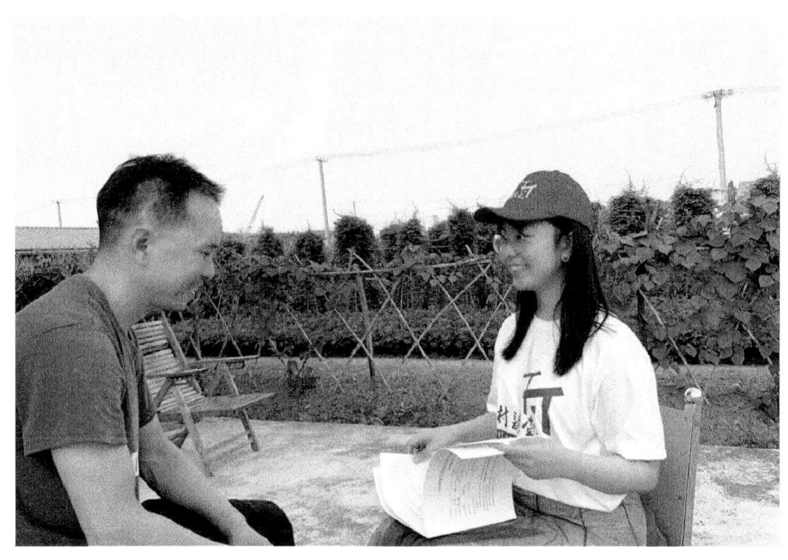

“高高山顶立，深深海底行。”千村调查，于我而言，是一次机遇。让久居高楼的人走向田野，让日日埋头的人发现原来脚下有土地，头顶更有苍穹，让怀抱济世之心的人真正迈入生活。

村子里大多都是老人，每天的日子都如流水般平凡地滑过。没有过高的学历，他们靠着种菜过活，偶尔与子女通话交流。原以为独居乡村的老人都会如书上所写一般孤独寂寞，然而他们却显得乐在其中。村子虽然小，却因为小而显得独具凝聚力。一村的人都可以叫出相互间的名字。傍晚的彩霞，总是映衬着村旁老树下下棋的身影。一旁总是围着一堆看棋的人，时而紧锁眉头，时而懊悔不已，时而大叹棋艺精妙，这都是他们平凡日子里的幸福。一辈子面朝黄土背朝天的人，总是如此坚韧。无论生活给予的是子女绕膝还是孤身一人，他们总能与生活的馈赠握手言和，然后怀抱着一腔热忱继续生活。

沿途看了很多风景，结识了很多人。传统村落的空间布局和淳朴的民风使这里的“田野”更易于介入，我也逐渐放下了平日生活里的拘谨不安，与村民们一次次进行攀谈交流。也偶尔会遇到不愿回答的尴尬情况，但大多数情况下，村民们仍是热情地配合着一项项调

① 陈佳熠，上海财经大学外国语学院2018级商务英语专业本科生。

查。于是发现，事情也没有想象中困难，也许那些想象中难以跨越的沟壑，最需要的只是一颗敢于跨越的心。简单来说，交流应该不仅局限于对问题的询问，而更应该是两颗心的碰撞，是对另一个人的生活小心翼翼地窥探。言语之外，更应关注的是神情的变化、是语气的抑扬顿挫、是那些无数次的欲言又止与无语凝噎，乃至于对鸟语虫声的细听，对过眼云烟的注视，这一切都在塑造着彼时的情境。想来，我仍然未做到“全身心地感知”，也离“摆脱训练有素的双眼”差得很远，我常常把访谈对象当作资料库，却没能更多地将其当作一个完整的个体，这些都是我所遇到以及应该解决的问题。

也因此，我格外感谢这一次的千村调查以及在调查中愿意配合的朴实的人们。也许我只是他们漫长人生里的不知名过客，他们却愿意在忙碌的农忙间隙抑或悠闲的玩乐时光舍出时间与我进行交流。每一天都在屋内和田野间徘徊，每一天都在期待新的交流。那些日益老去的面容，那些纯真朴实的欢声笑语，都在娓娓道来的点点记忆中熠熠闪光。山气日夕佳，在7月的尾巴，开始与他们在平凡的日子里感受快乐，在轻描淡写中感受磅礴葳蕤的生命气息。

两天的走访与询问，冲淡了不谙世事的天真，将现实的严峻与残酷一一展开。

在本村的常住人口中，60岁以上的人口超过半数，主要为七八十岁的高龄老人。谈及教育及民生问题，老人们都卸下了初见时的欢乐面容，声声叹息中透露出心底无人倾诉的苦闷。那些苦闷，是儿女在外、无人陪伴的心酸，是隔代教育、却被代沟阻隔的无奈。

虽然老人们生活平静、自给自足，但却仍然时常感叹村庄近年来的落寞。子女们大多向大城市发展，只剩下年迈的老人守着村庄。而老龄化的日益严重也使得村落的发展“瓶颈”成了必然。当现代化建设奔涌向前，如何让村落里的老人得到物质与精神的双重丰盈，如何让村落里的儿童得到教育资源的合理分配，这都成为新时代亟须解决的问题。

年过半百的老人依然日出而作、日落而息，这固然体现出勤俭节约、艰苦奋斗的传统美德，但与之相伴的却是面对现实深深的无力感。羽翼丰满便离开乡村，成了年轻一代的成长模式。即使电话抚慰了心灵，定期的抚养费保证了物质，但子女在生活中长期的缺位，还是多少使老人感到孤独与落寞。人口空心化带来的，是心理的空心化。留守儿童的教育问题，更是以一种问题，加剧了另一种问题。固然孩童为老人乏善可陈的生活带来了乐趣，但与之相伴的却是成长的责任与压力。“使老有所终，壮有所用，幼有所长，鳏寡孤独废疾者皆有所养”是大同社会千百年来的理想模式，但千村调查，却使我们感慨，应然与实然之间仍然存在差距。

但令人感到欣喜的是，村镇在一步步进行转型。村里的老人们，正在试着摆脱小农经济的束缚，尝试多样化的经营模式。无论是农家乐还是街边饭馆，尽管一切都仍然处在初级摸索阶段，但敢于探索所彰显和带来的信心却令人动容。

正如胡适老先生说的那样，“天下没有白费的努力，成功不必在我，而功力必不唐捐”。我们但愿，也相信，古老的村落，能够在现代化的浪潮中，在历史的轨迹中，找到新生。

踏野寻梦，我们用脚步丈量历史不紧不慢的步伐，用键盘敲下暗藏悲欢的故事。峥嵘岁月因为时光而交叠流变，而真正的抵达，想来也永远在路上。

小故事,大作为

——看得见青山,留得住绿水,记得住乡愁

吴亦涵[①]

汶水之畔,高新腹地,坐落着一处拥有千年历史的古老村庄——山东莱芜小故事村。小故事原名西庄、尚故事。民国二十四年《续修莱芜县志》记载:“故事乡 · 尚家小故事。”尚氏始祖原籍河北枣强,明初迁山东诸城,洪武二年迁于莱芜大故事,时称故事庄。

调研前听父亲讲述,二三十年前,小故事村还是一座位置偏僻、封闭落后的小村庄,没有规划、道路拥挤、垃圾遍地、破旧不堪。踏上千村调查的调研之路,我感叹于村庄的巨大变化:乡路曲曲折折向前延展,树木林立。独特的地理位置和得天独厚的条件,为小故事村平添了一道迷人的风景。置身其中,鸟语花香,洋房林立,小桥流水,两岸垂柳,胜似江南。

走进村内的图书阅览室,一张张珍贵的照片诉说着小故事村的过去——村民们就是在这一亩三分地上坐井观天、靠天吃饭、旱涝不保、贫富认命。破旧的土坯房印证着昔日的贫穷,泥泞的胡同道讲述着往日的艰辛。

时光荏苒、岁月如梭,“城中村”改造,新农村建设的浪潮使名不见经传的小故事村也开始接受改革大潮的洗礼。在走访调研过程中,我了解到昔日的小村庄凤凰涅槃、浴火重

---

① 吴亦涵,上海财经大学外国语学院 2018 级商务英语专业本科生。

生之道。

小故事村是莱芜市(现已并入济南市)实施“两新工程”和“城中村”改造建设较早的一批村居,村委会成员从最急需改善的民生条件和基础环境入手,争取政策、筹措资金、落实项目,在相关部门的支持下,先后投资,硬化村内街道、安装路灯、铺设自来水及煤气管线、设置垃圾分类回收点和便民小市场。几年下来,遍地的垃圾不见了,取而代之的是现代化的一体化垃圾转运站,昔日的臭水沟变成了绿水长流的景观河,过去的泥巴路变成了今天宽阔的柏油路,居民从旧平房搬进了气派的新楼房。

乡村能否脱贫致富,在一定意义上,关键在于是否有一个坚强的能带领群众脱贫致富的好“班长”,对村内实际情况有清醒的认识,对发展思路有准确的研判,充分发挥聪明才智,利用丰富的人脉资源,发展特色产业,壮大集体经济,引领群众致富,才能找到一条适合本村发展的路子。

俗话说:“家有一老,如获至宝。”村庄致富后,解决养老问题迫在眉睫。小故事村重点加强村居老龄组织建设,每逢重阳节、中秋节、春节等节日,村里会提前为60周岁以上老年人送去面粉、食用油、鸡蛋等日常生活物品,80岁以上老人过寿送蛋糕。对于空巢老人、孤寡老人、残疾老人、高龄老人和其他有特殊困难的老人,村委会工作人员会经常走访看望,逢年过节都会带上慰问品上门拜访、嘘寒问暖,给予困难老人必要的生活照料和精神慰藉。但这些仅仅只是在尊老爱老上整体提升了一个层面,没有从实质上解决养老问题。因此,为真正让村民老有所养、老有所乐,村委会在村内成立了一所能容纳所有老人的老年人日间照料中心。照料中心设有休息室、活动室,并为70岁以上的老年人免费提供一日三餐。

给村民生活带来便利、告别那段走泥巴路的历史后,村委会着手丰富村民的文化生活,着眼于将小故事村打造成为现代化的文明和谐新农村。如今,小故事村文化生活丰富多彩,文明和谐景象随处可见。“母爱”“执子之手、与之偕老”“三口之家”“爷孙乐”“尊老爱幼”的人文雕塑无不彰显着小故事这座古老而又文明的新农村的文化底蕴。村内的广场配备了活动场所、健身器材;设立了石碑凉亭、现代雕塑;村墙面“仁、和、义、礼、智、信、孝、廉、耻”等八百多平方米的彩色墙绘,逼真醒目、形式多样、图文并茂、寓意深刻。

通过“五位一体”“城中村”改造,小故事村成功从偏僻落后的村庄发展成为新型农村示范村庄。习近平总书记于2016年对深入推进新型城镇化建设做出重要指示强调,“城镇化是现代化的必由之路,是我国最大的内需潜力和发展动能所在。要坚持创新、协调、绿色、开放、共享的发展理念,引领促进中国特色新型城镇化持续健康发展……着力推动农业转移人口市民化……”由此可见,城镇化是中国砥砺前行、进入新时代的历史性改革,是当今引领中国广大农村脱贫致富的大势所趋,但在城镇化过程中,或多或少会出现农村与城市碰撞带来的原生态破坏、村民“民心空心化”等问题。

然而,我在进行入户问卷调查时,发现小故事村并未出现上述问题。放眼天际,“青山隐隐水迢迢”,村委会注重环境保护使青山看得见、绿水留得住。村民依旧淳朴真实,热情好客,嘘寒问暖。面对繁多的问卷、冗杂的数据,持续5天的走访调研,疲惫在所难免,但我很幸运能够融入他们的生活，听村民们唠嗑，猪肉又涨了几分钱、谁家的南瓜结得又大又甜，乡路驶来小车的声音与远处小山传来的鸡叫声交织在一起。即使是如此现代化的村庄，却仍旧保留着它原始淳朴的烟火气息和无人忘却的乡愁。

人杰地灵小城故事多才俊，政通仁和乘风跨越大发展。小故事，跨越历史的长河，承载了太多父老乡亲的期望与荣光，传承了无数的“故事”和梦想，一脉相承，生生不息，亘古至今。故事虽小，却有城镇化的大发展，也能看得见青山、留得住绿水、记得住乡愁。

千村之行，收获之旅

黄秀梅[①]

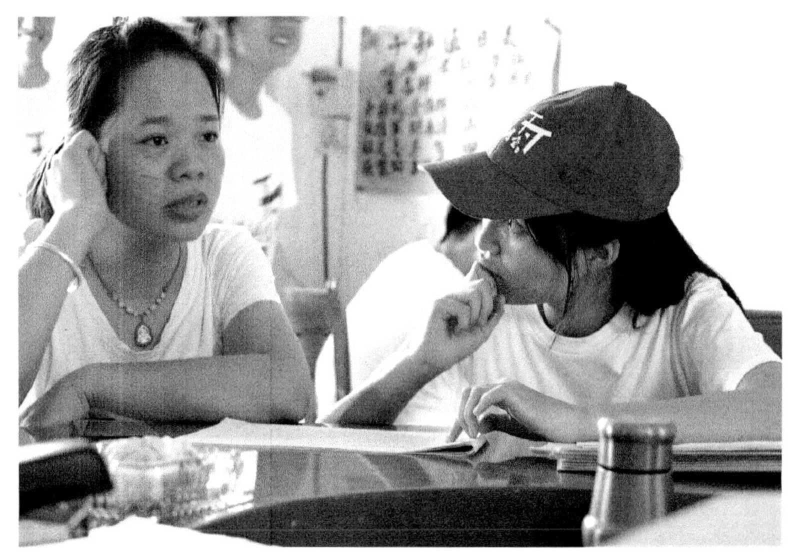

8 月里的雨，夹着燥热的风，来也匆匆，去也匆匆。那颗被风吹拂的心，在千村调查的路上，被那雨激起阵阵的热烈与躁动。

“千村调查”，一个我从别人口中听了无数遍的名词，戴着陌生而神秘的面纱，让人不禁想要探寻其中的奥妙与魅力。带着对它的好奇与向往，在这个热烈的 8 月，怀着一颗热烈的心，我踏上了广西北流的千村调查之行。

7 天的时间，我想，在这趟行程中，我或许亲身感受到了那个别人口中的千村调查的魅力。我心目中的千村调查，带给我的最直观的感受，是收获！

一、收获了对基层干部工作者的敬仰

对我而言，基层工作者是我平时触不到也不会对其有所关注的群体。没有千村调查之行的我，不会知道他们的工作内容有多烦琐，拿一位村支书的话说，就是小到谁家的母猪生不出小猪来都要找他们解决。我也不会知道他们的工作压力、强度有多大。从村集体的事务，到每家每户的情况都要进行记录，有问题就要解决，还要顶着村民各种的不配

① 黄秀梅，上海财经大学会计学院 2018 级会计学专业本科生。

合和误解的压力。村里的村干部跟我们聊起，也正因如此，再加上待遇较差，基层年轻人才流失很严重。但一位年轻的大学生村官的话令我印象深刻。在他看来，他坚持待在基层的最主要原因是因为信仰以及对农村的感情。他选择这份基层工作是想要实实在在为人民做事，为他们解决最实际的问题。虽然一开始会不适应，对村民的不理解感到委屈，但是当你把感情融入这份工作中时，你会找到你的支撑点，看到村民问题解决时的谢意也会有所慰藉。有信仰是一件幸福的事，把信仰融入为人民服务的事业中，更值得钦佩！致敬那些在基层勤勤恳恳工作的人民公仆们！

二、收获了对扶贫攻坚战更深入的认识

全面建成小康社会，是中国共产党对中国人民的庄严承诺。立下愚公移山志，咬定目标、苦干实干，坚决打赢扶贫攻坚战，确保到2020年所有贫困地区和贫困人口一道迈入全面小康社会是我们党和全国人民共同努力的目标。千村调查，自然离不开对扶贫攻坚的了解。在与村民的交谈中我得知，村民们其实并不想脱贫，对政府要求自己在符合脱贫条件的情况下进行脱贫是不太乐意的。对此，我感到非常不解，明明脱贫是一件值得骄傲的事情，为何却存在这种心理呢？对此，我们跟相关扶贫工作者进行了相关问题的了解。他们告诉我们，贫困户之所以不想脱贫，是因为脱贫后他们无法再享受到相关扶贫政策的扶持优惠，其实这是一种“等、靠、要”的心理，是要不得的，说明我们对贫困户的思想工作还跟不上，所以脱贫攻坚不仅是要物质上的脱贫，还要致力于精神上的“脱贫”，只有这样才能更顺利、更快地打赢扶贫攻坚战！

在走千村的过程中，我也深刻意识到乡村振兴是乡村脱贫的重要方式。乡村振兴，重在因地制宜。北流市民乐镇罗政村就善于利用本地的水流优势，在政府的支持下发展了独具特色的火龙果种植基地、苗圃等产业，带动本村经济的发展。而萝村则利用本村深厚的历史文化底蕴，打造了特色旅游景点，发展了本村的经济。所以说乡村振兴目标是一致的，但却没有固定发展模式，只有灵活变通，因地制宜才能真正振兴乡村。

三、收获了对乡村教师更为深入的了解

作为一个从乡村教育走出来的学生，随着我接触到越来越多城市中的老师，我深刻感受到乡村教师的差距。在我的印象中，乡村教师的教学方式较为古板，在鼓励学生表现自我方面也不足，以至于乡村教育下的学生表现欲不强，较为缺乏自信。在我的调查过程中，曾调查过一位乡村教师，但是从她的言语间，我感受到她对教师这份职业并不看好，她觉得这其实仅仅只是一份养家糊口的工作。在农村，生存往往是他们首要考虑的事情，并且在缺乏激烈竞争的刺激以及对待遇不满的情况下，大多数乡村教师的教学质量往往并不高。乡村教育问题的方方面面，还需要我们去做更为深入，更有针对性的研究。

四、收获了志同道合的朋友与互帮互助的感动

广西北流千村小分队的团聚可以说是来之不易。我们的千村调研时间恰逢台风“利

奇马”猖獗肆虐之时，我们有两位来自上海的调查成员也因此被困上海，在开始调研两天后才赶到。这也加重了我们前两天的问卷调研负担。但是，大家却没有一句怨言，调研速度快的成员都自觉担起了他们的调研任务，因为我们是一个整体，并不会去在意谁做得多谁做得少。我们虽来自各个学院，却迅速融成了一个整体，令人欣慰。每天调研的推送都会安排成员负责，有的是以前从未接触过，大家也在相互帮助中一点点完成了我们的推送任务，让我为之感动。千村调查，我们不是冷冰冰的问卷调查机器，而是会思考、有血有肉的上财学子！很庆幸，也很高兴遇见千村调查的小伙伴们。

8月里，7天间，我们“走千村，访万户，读中国”，获益良多。“千村调查”，一个令人神往的名词，我想，以后也会有很多人从我口中听到它的名字，感受它独特的魅力！

一路北流，一路成长

王巍瑾[①]

风吹麦浪，我看见了农家人为大地增添的一抹色彩；蛙声片片，我听见了质朴乡村人唱响了属于自己的歌谣；只言片语，我读懂了千村万户为生活不懈奋斗的坚持。千村之旅，我接过上海财经大学 12 年来代代相传的火炬，来到乡村，走进田野，去探索、去开拓、去成长，不仅带回了手中被填满的问卷，也收获了深刻的内心思考。

一、走千村——流水诉说乡村的清幽

"十里西畴熟稻香，槿花篱落竹丝长，垂垂山果挂青黄。"8 月立秋，我们小分队一行 13 人，来到了广西壮族自治区玉林市北流市，开展一年一度千村调查活动。乡村与我而言，是清明回老家扫墓的短暂停留之地，是几年才偶有的过年归乡体验。因此我的乡村记忆，是庞大家族聚集起来的热闹非凡，永远不缺各年龄段孩子在院子里的嬉闹声；是繁忙学业中难得的休闲时光，一觉睡到自然醒，在田间小路散步，品尝新鲜味甜的山间野味，伴着蝉鸣入睡。而我也明白，这样的描绘太过表象。因此我深切地期待着此次千村之旅能让我看到真实的乡村，了解闲适的另一面，深入体会乡村生活糖衣包裹下的苦涩与艰辛。

---

① 王巍瑾，上海财经大学会计学院 2018 级会计学专业本科生。

当我从繁华的上海来到这里，对比是鲜明的。北流市没有黄浦江奔腾的气势，也没有外滩倒映的夜灯闪耀，更不用说陆家嘴寸土寸金的高楼大厦。这里更多的是一砖一瓦砌起的自建房，房前院子里种着两三果蔬，金黄的干玉米铺在地上，房后农田里整齐的稻田沐浴在阳光中。35摄氏度的高温天气里，这儿大多数人家没有空调。破旧的电风扇在天花板上无力地转动，老人拿着手中的蒲扇为小孩扇风纳凉。

尽管条件落后，政府却没有忽视乡村教育。我们有幸参观了西埌镇平山村新建成的平山小学，考察了当地的教学环境。欣慰的是，校园风光如画，教室里的多媒体设备也安装齐全。桌椅整齐地摆放在各个教室，我仿佛想象出了开学时活泼可爱的孩子充满好奇端坐在桌前认真学习的样子。教育为本，既承载着传播知识、塑造文明乡风的功能，更为乡村建设提供了人才支撑，在乡村振兴中具有不可替代的基础性作用，正因如此，国家没有放弃任何一个角落的教育投入，首先保障了每个孩子读书的权利。

流水一路向北，我走进乡村，感受这里的宁静清幽，聆听属于乡村的动人歌谣。

二、访万户——流水感叹乡村的坚韧

千村调查是窗口，窗内是大学生习以为常的书本和城市，窗外是乡村人为生活奉献汗与泪的身影。我们带着问卷出发，通过农户的一词一句，真正了解了生活的不易。乡村人大多过着自给自足的生活，粮食来源便是屋后几亩田地的收成。肉类是过年过节才有的加餐，牛奶和虾蟹与他们来说是几乎不会考虑的奢侈品。如果说城市居民是在追求具有情趣的“精致生活”，那么乡村人的追求仍然还停留在“活着”。一家人能够吃饱饭，孩子有学上，生病了去得起医院，就是他们每天奋斗的目标。

矛盾的是，生活水平不高，家庭人口却不少。全家上下在入不敷出的边缘艰难度日。青壮年大多找机会进城里务工，妇女则打理自家的田地，并照顾一家老小的起居。夫妇两人肩上背负着全家六七口的生活，不敢松懈，无法喘气。可当问起他们“希望小孩接受到哪个阶段的教育”时，他们眼底燃起的那一抹希望和柔软之情，似乎治愈了所有的苦和累。他们看着在院子里嬉戏的孩子，笑着说“读书越多越好，只要他们愿意读，再辛苦也要供的。”

流水一路向北，我走访万户，体会农户不向生活低头的坚韧，教育之光逐渐普照乡村大地。

三、读中国——流水见证乡村的光明未来

在和村干部的聊天中，我们了解到，当前乡村扶贫政策首先要求“两不愁，三保障”，即让农民不愁吃，不愁穿；建立农民教育保障、医疗保障和住房保障。国家每年拨下大笔款项用于乡村振兴，乡容乡貌得到了巨大的改善，乡村人的幸福指数也在逐年提高。各种产业的政策支持也惠及各家各户，不少村庄摸索出了一条产业之路，建立了规模不小的产业园区。

张贴在村政府门前的脱贫指标计划和各项扶贫措施，让我真切地感受到了各级政府

都在全方位地为乡村振兴出力。处在中国版块内零零星星的落后乡村并没有被社会抛弃遗忘。而教育作为乡村振兴的重点，得到了国家的大力支持。问卷调查时，农户高兴地说:“现在家里小孩上学基本不用交什么钱，感谢国家弥补了我们这一代人没有条件上学的缺憾。”

乡村振兴舞动着金秋，让大地芬芳，让屋檐挂满飘香。力往一处使，终有一天，中国乡村会越来越好，中国会越来越强。

流水一路向北，我品读中国，了解国家为乡村教育建起的坚强后盾，乡间之路通向星光大道。

千村似水，一路北流。5 天时光飞逝，我用脚步丈量从城市到乡村的距离。千村之行，有思考、有感动，更带来了一份沉重的责任感。乡村振兴之路很远，而我的成长之路也还漫漫。我将背起行囊，和小小村庄一起，在旅途中反思，在收获中成长。我与千村一路北流，一路成长。

追忆故乡，并重新认识它

陈夏昕[①]

读沈从文的《边城》，感受到风光秀丽、民风淳朴的湘西小镇；读鲁迅的《少年闰土》，仿佛置身于乡村有圆月、沙地、西瓜的静谧夜晚；读陶潜的《饮酒》，体会他“采菊东篱下，悠然见南山”的闲适心境……我从小到大读过很多描写农村的文字，但很多从小生活在城市的孩子从来都不清楚真正的农村到底是什么样子的，真的如同纸上文字所描写的那样吗？“不登高山，不知天之高也；不临深溪，不知地之厚也。”认识来源于实践，我明白，要想了解真实的农村，体味真实的农村生活，就必须要置身其中。

千村调查是上海财经大学重点开展的一项农村实地调研实践活动，以“走千村，访万户，读中国”为宗旨，意在让生活在大城市的学生能够身体力行地深入农村，将青春留在祖国的大地上，2019 年千村调查的主题是“中国乡村教育研究”。相对落后的农村是中国发展不可忽视的重要部分，我很庆幸，我看到了它，我了解到了它。我的老家位于四川省广

① 陈夏昕，上海财经大学会计学院 2018 级会计专业本科生。

安市观塘镇新立村，是一个欠发达但是独具特色的小村庄。这里空气清新，植被茂密，水域开阔。村子里的人们以农业耕种为主，农闲的时节也会饲养家禽或者养蚕，大约有常住人口 500 人在这里安居乐业。

这个我小时候生活的地方，承载着我无数美好的童年回忆。春天，大人们在水田里卷着裤脚插秧，大片金黄的油菜花引得蜜蜂团团飞，我们小孩就在山坡上摘野花、追逐打闹。夏天，竹林里的一湾溪水清澈透明，我们打着赤脚踩在水里，搬开石头，抓石头下的螃蟹和蚯蚓。田野里的蟋蟀、树丫里的鸣蝉、水面低飞的蜻蜓，都是孩子们童年最熟悉的伙伴。等到田里的水稻变得金黄，这个村子最繁忙的时候就到了，壮年人在田地里收割稻子，老人和小孩在院子里翻晒稻谷。如果突然遇上夏天午后的暴雨就麻烦了，需要动用全家的人力、物力，抢在大雨降临之前将晒在外面的稻谷收到家里。到了晚上，忙碌了一天之后终于有时间闲下来休息了，家家户户端着饭碗到大院子里，坐在一起聊聊家常聊聊收成，闪闪的星光照耀着大家的笑脸。记忆里，一条宽阔的马路连接家和学校，那是我和几个发小结伴上学的必经之路。校门外是高高的青石板铺的台阶，每天清晨我们蹦蹦跳跳地进入校门，开启一天的快乐学习时光。天真烂漫、欢声笑语的美好童年回忆，是这个村庄赐予我无比珍贵的宝藏。

2019 年暑假，我再次回到这个村庄，想要深入地了解它时，我的视角已经从小学生视角转换成了大学生视角，我关注的不再是这里的风景和村民的日常作息，而是整个村子的产业、文化和教育。我第一次细致地观察这个小村庄，才发现原来我童年记忆中的村庄已经完全变换了模样。以前村子里弯弯曲曲的马路加宽了不少，路面也重刷了，变得更加整洁干净。许多人家在马路旁边修起了新的宽敞的楼房，买了小汽车，出行比以前便利多了。农田周围新修了一些灌溉水渠，不仅为辛苦地从远处打水到田地灌溉的村民提供了便利，还更加有利于合理高效地利用水资源。村民垃圾有了集中存放的垃圾箱，有专人定期将村里的垃圾运送到镇上垃圾集中处理点分类处理，村民乱扔垃圾的现象大有改善。村委会的旁边新建了篮球场、娱乐活动广场、图书室，还安装了供村民健身运动的设施，现在村民的娱乐活动变得丰富多样，文化学习氛围也有所提高。虽然村子里的居住环境比起以前改善了不少，但是这个村庄变得比以前更加冷清、更加缺乏发展活力了。随着我国政治经济和城市化的快速发展，这个村子里大量的劳动力奔向城市成为农民工，经济状况好一点的家庭基本都在镇上或者市里买了房子，搬出了这个村子。现在这里居住的大部分是老人和留守在家上学的儿童，每户人家大概只有两三个常住人口。由于缺乏劳动力，很多土地变成了荒地，农业呈现衰落的趋势。同时，由于留在村里的劳动力是老年人，缺少知识和技术支撑，农业相关的产业也没有发展起来。夏季的夜晚好像不再像多年前那般热闹了，上了年纪的老人都自己在家看电视，很少到处串门了，同龄的小孩也变少了，不再成群结队地在村子里到处跑来跑去，微微闪烁的荧光将村子的夜晚衬托得更加寂寞。

我回到曾经就读的小学，学校建设得比多年前好了许多。塑胶跑道替代了黑泥碎石跑道，操场中间铺了足球场，教学楼和食堂大楼也翻新了。学校的机房新增了一批电脑，为学生定期进行计算机教学课程提供了条件。学校还新建了少年宫活动室，学生可以根据自己的兴趣爱好参加下棋、手工、画画等活动。图书室扩大了，少儿图书馆藏量增加了，里面还建了可供孩子阅读的桌椅，学习环境大有改善。据一位学校老师反映，由于国家大力推进乡村教师队伍建设政策，学校老师定期被安排到市里面参加教学培训，学校内部还有教学质量评比大赛，辅以奖励机制，现在老师的上课积极性增强了，对待学生也更加负责了。教育是培养人才的基础，学校是摇篮，我为母校的不断进步感到骄傲，也为在这里上学的孩子感到欣慰。

真实的农村到底是什么样子的？我想，它一定是我们亲眼所见的样子。感谢千村调查活动，让我重新认识了我的家乡，看到它的进步，也认识到它的不足。世界在变，中国在变，农村也在改变。我们最容易忽略的这些偏远落后的村庄，实际上是中国发展的“猫眼”，通过它们，我们能看到这个国家变化的轨迹和方向，这也是我们跋山涉水亲身去农村实践的意义所在。提高乡村教育的质量，促进落后农村的发展，我在路上，千千万万上财人在路上！

祝　好

魏庆安[1]

“家家有本难念的经。”此话虽老，却很真实。

一

“您是户主吗?”

“对。”

“您家有几个人?”

“一个。”

他是环卫工，消瘦的脸，凹陷的眼窝，黝黑的皮肤布满皱纹。他早年离婚，没有子女，已然快到了退休的年纪。他靠着贫困户的补助和微薄的工资过活。42 摄氏度的烈日，买不起空调，家里连电扇也没有。一个夏天又一个夏天，他就这么一个人，苦苦过了大半辈子。他是个有故事的人，可那故事太苦，我不敢问更不敢听。

二

她是一位穿着花衬衫的阿姨，及耳的短发，清楚的口齿。

---

① 魏庆安，上海财经大学金融学院 2018 级金融专业本科生。

我俩坐在村委会的长凳上，促膝而谈。我手持纸笔，将问卷问题一个一个念给她听。她告诉我，家中她和丈夫俩人，丈夫是村中干部，家境还算宽裕。她自己已经退休，在家做点农活，闲下来便喜欢走街串巷。她的回答总和她的头发那样清爽、干练。要是遇上自己不清楚答案的问题，她就会哈哈一笑，然后开怀地用着桐城乡音说上一句“这个我哪晓得！”那是阳光般的笑，带着平日生活里难有的爽朗。

那笑一直都在，直到我将问卷翻至“子女教育”模块。

“您家没有儿女?”我没多想便问了一嘴。

“对，儿子……去世好多年了。”

一时间，我语塞，她沉默。我抿了抿嘴，双眼直勾勾地望向问卷。我知道自己的身旁一定有双闪烁的眼眸，我不想让那双眸子的主人觉得自己在陌生人面前没能藏住悲伤。愤怒，愧意全部涌上心头。我怪自己多嘴，咒骂自己鲁莽。仿佛看见，白发人送黑发人的伤在一次次阵痛中好不容易结上薄薄的一层血痂，被这么一扯，又淌出鲜血来，心头折磨人的刺痛又得再一次向阿姨袭去。拜我所“赐”。

她轻咳，我假装无事发生般快速翻过“子女教育”部分的几页问卷。我努力保持声音的平静:“接下来这块是农村振兴部分……”

后续的问卷做得很顺利，可在阿姨的回答里我再也没听见那份爽朗。

三

那是一位三十多岁的母亲，肩膀壮硕，手指粗糙。育有一女，9岁，休学，卵巢肿瘤。一家人的重心都放在给女儿治病上:拿出所有积蓄，付医疗费;申请贫困户，减轻医疗开销;借钱买车，送女儿去医院……“她爸爸打工，我就在家啊，照顾她，养鸡养鸭，她生病得多吃点这些。”

那位母亲告诉我，女儿生病前总是能在学校抓紧时间完成作业，回家后和伙伴们玩耍，是个努力学习又阳光开朗的孩子——母亲的眼里充满光，却又一瞬间暗淡下来——女儿上个月做完手术后，她们家不再满足申请贫困户的条件，得脱贫，之后便不再享有医疗补助，全家将要面对巨额的医药费。她对此还一筹莫展。

“您希望您孩子至少完成哪一阶段教育?”

“她身体好就好了。”

“您希望孩子在哪种单位工作?”

“只要她身体健康哪还管她！”

浓浓的爱，深深的忧都浸润在她的话语中。她讲着，我听着。要是心声被我这个“做调研的”听到能使她好受一些，我愿让她说，痛痛快快地说。可她要是知道除此之外我什么忙也帮不上了，大概会有些失落吧。

四

“爸爸在外面，每年回来几天。”

“我老婆生病了，家里没钱。”

“大儿子啊……在外面流浪，我也不晓得他在哪里。”

“小儿子他媳妇在精神病院，住院。”

“我早离婚了，两个儿子未婚，都是残疾嘛。”

……

浓厚质朴的乡音还在耳畔间回荡，把一个个家庭的故事向我娓娓道来。这些故事或大喜大悲，或平淡无奇而充满韵味；这些家庭或幸福美满，或困苦不堪，抑或喜忧参半。欢笑、泪水，交织在“生活”二字掀起的潮水中。这潮水向人扑面而来，有的人在岸边，只尝到了几口海水的咸涩；有的人抱着浮板，苟且在海面上漂荡；还有的人被卷入海底，极力挣脱却越坠越深。

过去总觉得自己是个成熟的大人，现在我却认为自己终究还是个所谓“大风大浪”都没见识过的屁孩。一次次的心灵“暴击”使我长着一张嘴却一句话也说不出。幼稚的我怀疑有些村民是迫于压力而说生活好，过后又自责自己见不得人好；我怀疑有些村民是基于利益而说生活糟，而后又恨自己可真没有一丝善良。我一边固执地相信一些人说的是真的，又一边真诚地祈祷另一些人说的是假的。我相信生活会有回甘的香甜，可也许是苦味太扎人心，我才对这些苦涩的故事，这些难受的话语如此记忆犹新。我开始思考着如何给那些仍处困苦中的人带去一丝香甜，更带去一些光亮，哪怕是粒微甜的白米，哪怕是盏昏黄的渔灯。

农村，祝好；生活，祝好！

缺失的家庭教育

——田家少闲月

宋玥禛[①]

我曾向往乡村的生活，只安心做好六七月的事，八九月自会有答案。当田野的风在耳边吹过，你知道，那就是风；当金黄的麦浪随风起伏，你知道，那就是收获；当生活发生在你面前，你知道，不必怀疑。

现在我知道，那是浪漫，是童话，是百无聊赖的城里人的作秀，甚至是旅游商业的广告，而不是生活。

我调查的河北省保定市念疃村，是一个并不富有的村庄，算不上贫困村，但大多数家庭的人均年消费，甚至不及我在上海一个月。他们有自己的地、有自己的房，也算是衣食无忧，365 天，天天在家的生活，可能会对过去斤斤计较，却绝不会忧虑未来。他们的孩子没有上大学的多，大多上了职业学校，毕了业就外出打工，有的上了高中，侥幸考上二本，就要在村里大肆炫耀一番——不知道"985"或者"211"，没听过"双一流"，知道的大学除了清华、北大，就是河北大学——这是他们眼中的教育，他们的生活。

此次千村调查，抱着对农村教育这一问题的思考，我感受到了两种对学习的态度，对教育的态度，一种认为"万般皆下品，唯有读书高"，另一种嘴上虽然不说，但"读书无用论"已在字里行间表露无遗。

有时，这两种态度会集合到一个人身上，既认为砸锅卖铁都要兴教育，又觉得学历除

① 宋玥禛，上海财经大学公共经济与管理学院 2018 级财政学本科生。

了吹嘘，不过是少挣了两年钱。

这种微妙的态度，并不稀奇。在信息相对闭塞的农村，农民们看到的不过是没文化的孩子出去赚了很多钱，月工资5 000元在他们眼里是很可观的收入，他们会在孩子升学之际轻易被动摇，上完技校跟着大伯去南方打工，挣了钱回家娶媳妇，这样的选择不在少数。他们看到的，永远不是城里有多少孩子在为名校奋斗，不是北上广的孩子在考雅思和托福，而是身边人的孩子打工赚钱，娶妻生子。

父母的眼界，毁了孩子的一生，这种例子，并不少见。

除了眼界，还有习惯。

父母的生活，大多不是农忙时节面朝黄土背朝天的身影，现在，太多的农民已经不再种地，种地赔钱，是当地人公认的真理。

他们会做临时工，会做电商，偶尔去城里维修电器，每个人有着自己谋生的本领。赚个两三百元，就歇上一星期。他们打麻将打到深夜，抽烟喝酒，他们的生活一眼就能望到尽头。所以，他们也不愿意望一望，自己孩子的生活。

孩子三五成群，学着父母的样子叼一根烟，在深夜的烧烤摊要一箱啤酒。他们的生活，仿佛就是在黑夜里的马路上行走，虽然三五成群，但谁都不知道眼前的漆黑后，会是什么。

最基本的教育，缺失了。

没有人会告诉那个迷茫的孩子，未来的路该怎么走。没有人告诉那个孩子，中国这么多的名校，长什么样子。

大学的遥不可及，让他们把他排除在了自己的人生计划之外。

“寒门难出贵子”，说的没错，一个家长难以以身作则的家庭，一个游手好闲的家庭，如何能培养出所谓优秀的孩子？或许他也曾在某个开完家长会的夜晚，想和儿子彻夜谈心，却被儿子一句“你现在这个样子有什么资格教训我？”噎了回去。大人气孩子不成才，孩子气大人没出息，两边都做起了甩手掌柜，找到自己的同龄人，开了一罐又一罐啤酒。

这就是我看到的乡村，没有浪漫，没有童话，没有风吹麦浪，也没有可以打滚的田野，有的，只是生活。

而解决之道，不在国家——那太过遥远。国家可以给你书本，给你课堂，但如何给你一颗向学之心？真正的解决之道，在家庭！父母不放弃，孩子才有希望！传道授业解惑不单是老师的责任，更是家长的！农家生活并没有想象中的繁忙，家长不应为了逃避选择过度娱乐来繁忙自己，直面生活，望着孩子如皎月般澄灵的双眼，感叹生命奇迹之时，不妨给这个奇迹一个更美的未来。

蓝天黑土下，绽放的温暖

武则秋[①]

千村调查对我来说，是一段与众不同又充满特殊意义的经历。因为这是我步入大学以来第一次参加的调研活动，很难得有这样的机会能够真正走进农村、入基层，去亲身感受农村现状。本次千村调查主题是“中国乡村教育研究”，更是我感兴趣并且熟悉的方面。因为孩子是一个家庭的关键，所以每每看到关于教育的内容都会停下来、多了解一些。但当我信心满满真正走进乡村的时候才发现，我对当代农村状况的了解却是仅限于书本、拘于理论，很是惭愧。原本以为随着城市化的不断深入，留守儿童的现象在农村应该比较少见，很多孩子都已经随着父母搬迁到城市。但是，随着调研的进行，才意识到结果恰恰相反，留守儿童在我国乡村教育中依然普遍存在。

虽然调研的结果让我很意外，但我想这应该才是千村调查真正的魅力。让上财学子有机会真正了解中国农村现状，了解村民最真实的生活，摆脱书本，实践出真知。而这一路上，我也确实收获颇丰，听到了太多太多的故事，有温暖的、有悲惨的、有幸福的……每天傍晚，调研的归途中，看着落日的余晖，脑海中浮现这一天的故事，内心久久无法平静。人只活一次，怎么舍得让自己短暂的一生是丑陋的，怎么舍得让自己短暂的一生只是在往

---

① 武则秋，上海财经大学信息管理与工程学院 2018 级信息管理与信息系统专业本科生。

下坠落，即便是坠落，也应该是具有窗外落日般的华丽。可是，很多时候，生活并不一定如我们所愿。调研入户这一过程中，见过了太多的酸甜苦辣，太多不同的人生。

有像天使一般美好的小女孩因父母全都外出打工，只能和爷爷奶奶一起留守在家乡，她才刚刚3岁，还需要母亲的怀抱和父亲的陪伴，而这些却是她无法像其他小朋友一样拥有的。在我填写完问卷，正准备离开时，她着急地跑过来，举起小手，示意我抱起她。我以为她只是简单地想和我玩，便没有多想。但当我准备把她放下来离开时，她却用胖胖的小手紧紧抱住我的脖子，哭着吵闹，不怎么爱说话的小姑娘就这样趴在我的肩头，双手紧紧地抱住我。听她的奶奶说："估计是把我当成她的妈妈了。"那一刻，我内心五味杂陈，仿佛整颗心都被揪了起来。泪水在我的眼中打转，看着眼前这个柔软、可爱的小女孩，心酸不已。生活不易，她的身上是多少个留守儿童的缩影，那份缺失的爱、那份思念、那份艰辛，是中国乡村教育的悲哀，更是千万个家庭的遗憾。

调研时，来接受访问的多半是年迈的老人。看着眼前这一位位老奶奶老爷爷讲述着他们生活的窘境，他们额间的忧伤，眼角的岁月，都在向我诉说着生活的艰辛。当我看到他们澄澈的眼睛里充满泪水的时候，那一刻，我明白了，在我心中什么才是真正的千村调查。

千村调查对我来说就是一次航海之旅。海水为何是咸的？因为那是千千万万个村民的汗水与泪水，我们乾安小分队在海面上航行，随着海面的波浪而起伏，感受着每一滴海水的力量。而在这缓缓地波动中，仿佛大海在和我们讲述着它的故事。体验着海水的苦涩，感受着海风的吹拂，欣赏着"海阔凭鱼跃"的另一番美丽，我们抵达了彼岸。回首望去，波光粼粼的海面起伏如常，面对无际大海，我第一次感受到了如此的无力和茫然。想要做些什么来改变大海的现状，想要让海水多一些甘甜，但是，却无能为力，也不知道从何做起。志比天高，却连这一家一户、一点一滴都改变不了。我害怕海面会波涛汹涌，害怕海水越来越多，村民的汗水和泪水也就越来越多，生活的重担越来越重，子女的教育问题无法解决，导致一代又一代的村民用汗水和泪水去灌溉他们热爱的这片土地，人生最大的悲哀莫过于此。

可是，要想真正改善农村现状，解决乡村教育问题，光靠外力是远远不够的，浩浩荡荡的大海像地平线一样一望无际，一垄垄海浪奔腾翻滚着向海边涌来，它的力量不可估量。要想真正改变现状，唯有靠自己的努力，一点一滴海水的凝聚，一家一户、一村一乡的辛苦劳作。我相信，我们面前这片壮丽宁静、碧蓝无边、像光滑的大理石一般的大海一定会在蓝天黑土下，创造下一个丰年。

或许在城市待久了，让我格外热爱这片土地；或许这里有太多太多的美好回忆，让我格外眷恋这片土地；或许舍不得这里花草香，让我格外珍惜这片土地。曾经以为这片土地上养育了一代又一代的村民，它给予他们富足、幸福和安逸。但是，通过这次千村之行，通过一个又一个村庄的调研，通过一家一户的走访，我才意识到，乡村生活并没有想象的那么美好。务农种地，依旧是现在村民的主要收入来源，但是，近年来收成并不如人意。在我们调研的吉林省乾安县的多个村庄中普遍存在这样的现象，由于天气等自然原因，收成不好,而种地的成本并没有降低,租地、施肥、灌溉、招入人工、购买租赁机械……有的环节不但没有降低,反而成本更高,导致一年下来利润所剩无几,而就这一点点收入却要养活一大家子人。

千村之行,收获的不仅仅是故事和村民们形形色色的生活,更多的是温暖和感动。虽然人们生活不易,但当我们乾安小分队到村民家中进行调研活动时,他们总是热情地招待我们,为我们买冰淇淋,走时,还要让我们带上满满一包自己种的柿子,有的时候调研活动进行到中午或者傍晚,遇到村民家中做饭,他们总是会邀请我们一起吃饭并向我们介绍这些食物都是他们自己种植的,都是绿色的,颇有"莫笑农家腊酒浑,丰年留客足鸡豚"的意蕴。看着这一张张淳朴好客的笑脸,这一天的疲惫都觉得值得。但我们都知道欢愉的背后,往往是心酸的过往,村民庭院里种的蔬菜可能是整个家庭最主要的食物来源。因为通过调查,我们发现,大多数村民几乎不吃水产品,肉蛋奶一个月能消耗5千克的家庭都很罕见,大多数都是1千克或者选择不吃。所以,蔬菜,是他们的主要食物来源。而他们把自家最好的东西拿出来分享给我们,这份热情、这份善良,温存至今。

"走千村,访万户,读中国",千村之行,让我对这九个字有了更深的感悟。一家一户,一村一庄,一段段故事,这就是最真实的中国。8天走访,10个村庄,亲身调研和侧耳倾听的经历是任何文字无法表达的。虽然这次旅程已经结束,但这片土地上的故事还在继续。感谢千村调查让我有机会去感受最真实的中国,让我有机会把足迹遍布在我热爱的这片土地上。期待,继续……

千村·何处

——记我在吉林乾安的最美好的8天

王敬彤[①]

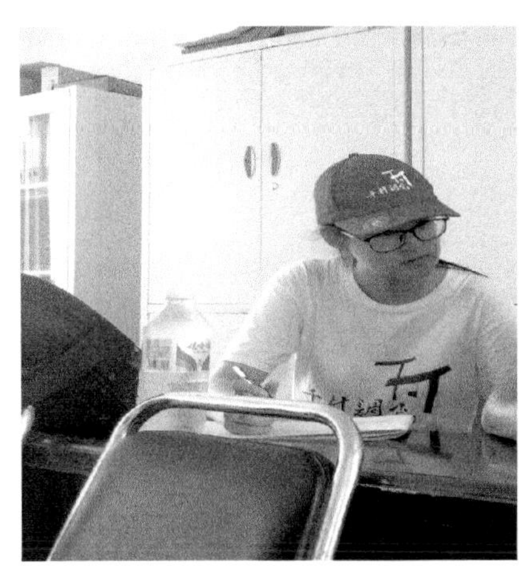

一、看不见的

地点:城市

城市熙攘,我们追求的早已不仅仅是小康。在城市的地铁上,精致的城市女人涂抹精致的妆容,空调的冷气中混杂着各种香水的气味;干净整洁的城市男孩穿着潮牌,戴着几千元的降噪耳机,你如果微微低头,便可以看到价值几千元的鞋子。

曾经以为每个人都已经享有了最基本的保障,曾经以为那些人间疾苦那么远。

看惯的是城市人的悲伤与欢乐,那是对更高生活的追求;没见过的是农村的落后,那是挣扎在生存边缘的麻木与痛苦。

……

二、努力活的

地点1:田地浴盆

是一个阳光很好的下午,一家人的土坯房边,大杨树下,有淡淡的清风,给人带来一丝丝的清凉……

---

① 王敬彤,上海财经大学经济学院2018级经济学专业本科生。

这家户主的母亲，一位白发只是暗暗地交杂在黑发中的老奶奶，在儿媳接受调查时，离开了屋子，站在外面，与余下的终得空闲的我和带队老师轻声聊了起来。

根据调查，他们家的情况并不怎么好，但老奶奶还是对我们热情客气，面带微笑——绕开调查问卷，她在我们眼里像是生活在一个很快乐、很幸福的农村人家。直到我们注意到某个放置在田地里的浴盆，尽管距离很远，但还是看到浴盆上的痕迹，像是岁月留下的斑驳，上面草草蒙上的一层塑料布，以及……一个像是人性轮廓的影子。就那样放置在那户人家的院子里的一块田地中，离这边的矮房和绿树有些距离——后来才知道，这是为了让那浴盆，完全暴露在阳光下。

或许是我们齐齐的目光，又或许是因为我们满面的探寻，老奶奶便也随着我们看向那边……

她说，那里面躺了她的儿子，他得的那种病，我们从来没听说过，是脚上长了什么东西，也或许是脚上的伤口溃烂掉了，总之，医生叫他每天在浴盆里泡某种药，半天的时间。奶奶说着说着就哭了，之前的微笑渐渐被斑驳的泪痕遮掩住。儿子每天有半天在这盆中泡药，剩下的半天时间还要拖着脚上的病痛去田里干活。她的老伴年纪也大了，家里主要的劳动力，她谁也舍不得。

……

地点2：村边药店

那天阳光依旧很好，只是这次没有在屋外，感受不到凉风，也看不到树枝的摇曳。我们在稍显昏暗却阴凉的屋子中，面对一位面容黝黑的村民。

他看起来是个干活的好手，身体看起来比一般人要壮硕，再加上他的肤色，他必然是一个常常下地耕田的劳动力了。问卷有条不紊地进行着，重复着之前早已做过多次的提问工作，看起来似乎简单而迅速——他家的儿女都已离家，不在农村，于是有很大一部分问卷都要跳过。我以为他是调查的240份问卷中一个最普通的样本，但我想错了，记了他的这份问卷，猝不及防地成为我久久不能忘掉的一份。

他是心脏病患者，他的妻子也是。而他们，从来没有去正规的医院看过。他们的治疗手段是去村边的药店买药。年收入8 000元的他们，每买一次药就要花掉6 000元。最让人恐慌的是两个外出打工的儿女不曾打钱回来，他们夫妻俩只能欠债。他说，他们或许会借到没人愿意借的时候吧。

……

三、得不到的

地点：高中门前

这是位不到20岁的老成少年，被他做问卷的父亲带了过来，从田地里离开进行短暂的休息。

村委会，村委休息室中，少年与父亲一起接受着一份问卷的问询。了解到的，是一家都在村里经营自家土地，因为家里人身体健康方面没什么问题，一家人不到10 000元的年收入倒也正好能在村中过个不错的生活。但当终于问及教育问题，那少年之前开朗的面容上似乎就蒙上了一层淡淡的阴霾，而他的父亲却淡定自若，理所当然地说出儿子的初中学历。这在农村非常正常，能读到高中、大学的人远没有之前想象的那么多，而我们自然也没太在意。

直到问卷做完，他的父亲先一步离开招呼其他村民，他才打开手机里的备忘录给我们看，应该是一首他自己原创的诗歌，他说想要我们看看怎么样，毕竟村里的人大多都认为读书写作是浪费时间，是不务正业。

他读书只读到了初中毕业，他写的那首诗叫作《高中门前》，他的成绩很好，却永远没有机会读高中了。

或许他最向往的地方，不过是县城里那一所高中的校门罢了。

……

四、在眼前的

地点：文具店里

人很多，或许将近一整个村的村民和村委都来到了我们一行调查的地点……

不同于其他村，这群人之中有很多打扮精致的女人和穿着干净整洁衬衫、西裤的中年男人……还有很多一家三口一齐出动的可爱村民。

那是一个穿着黄色上衣的妹妹，谈吐大方，举止得体，对很少见到的我们一行大学生异常感兴趣。她上高二，父母都很重视教育，她也非常热爱学习，一家都羡慕我们这些大学生。她坚定地与我们说着，要在两年后，在大城市和我们相遇。

在录问卷时，她递给我一支笔："你用我这支好啦。"在录完问卷即将离开时，我想把这支笔递回给她，她却推了回来："送你啦，虽然村里文具不是很多，但是我非常喜欢去学校附近的文具店哦。"

……

五、心里想的

地点：城市

8天，走过的10个村落，记得住的不仅有平时见不到的深深悲痛与恐惧，还有在逆境里努力想要破土而出的那些人。不仅仅是文中提到的那个小妹妹，还有很多。那种家里整面墙都贴了奖状，父母不顾一切地供孩子上学；或是全家都在开各种产品的厂子，产出来的酒水，快餐都已经卖到县里；或是家里支持儿女外出打拼，谈到儿女都是笑意……

但往往悲剧更令人记忆深刻，让人为之动容，虽然我们无法给予他们温暖，给予他们帮助……但也许千村调查可以。

现在千村调查还并不能拯救很多，但是它能让大学生们认识到很多。

现在也许看不出的效果，在以后必将闪耀在每个曾经参加过千村调查的人的眼前，闪耀在这中华盛世。

读书，看月升日落，生活；

走过，看人生百味，活着。

什么是生活，什么是活着？是追求音乐与艺术、权利与金钱，还是仅仅想要不再忍饥挨饿，不再被病痛折磨？

眼光永远不该狭隘，看到的那处，不该只在眼前。

被生活的起起落落折磨得悲戚万分的人，也该看看、想想，什么是活着。

若是走过看过千村千落，又怎会不知，这世间哪有一处的人不是在努力地活着？

家乡的另一面

徐竟之[①]

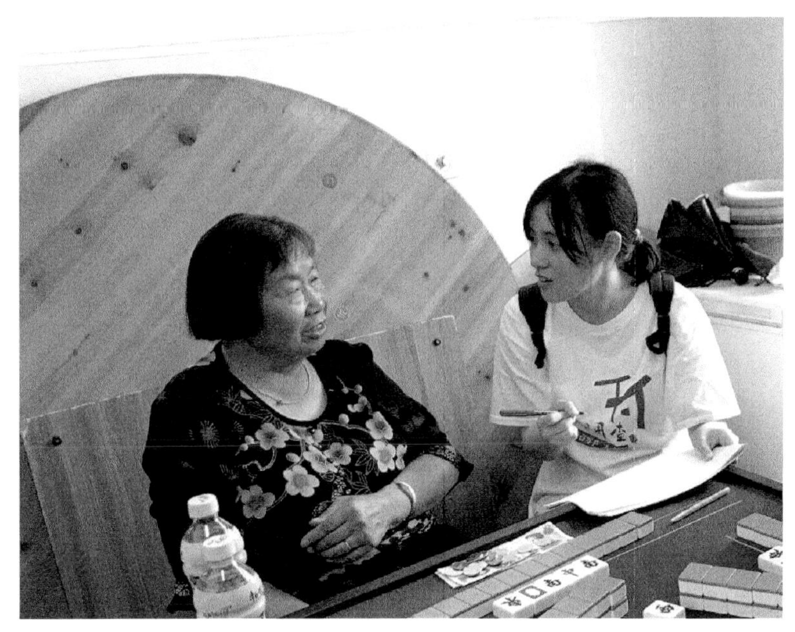

这是我第一次知道在上海宝山还有这样一个地方。长久以来，想起宝山，印象里只有我居住过的那些土地，繁忙的道路，来往的人群，拥挤而又高大的建筑，体现着与上海相称的繁荣，却不曾想在某一个角落，还有一个这样的村子，与我印象中的宝山显得有些不符。

这个村子就是新陆村，也就是我和组员此次进行千村调查的地方。我们到达村子的时候，映入眼帘的便是空旷的道路和一片片的农田，着实令我有些小小的吃惊，我从未想到宝山还有这样的一个地方，也因此暗自感叹人们所看到的往往并非事物的全貌。

进入村庄后，我们开始了千村调查的第一步——入村调查。我们首先去了村委会，村支书得知了我们的来意后热情地接待了我们，让我们有什么想知道的都尽管问。我们抛出了一个又一个细碎的问题，询问着村里的情况，而他将自己所知道的都一一告诉我们，没有丝毫的不耐烦，反而主动和我们讲了很多问卷所不涉及的内容，让我们对村里的情况有了更为清楚的了解。在这一过程中，我发觉村支书所用的方言很像我平日听到的上海

① 徐竟之，上海财经大学会计学院 2018 级会计学专业本科生。

话，却又不完全一样，更多了几分淳朴，大约是真正的本地话吧，这让我们的交流变得稍稍困难了些，但他仍努力地向我们解释，不时在纸上写写画画，方便我们理解。最终在他的帮助下，我们顺利地完成了入村问卷，也大致了解了村里的一些情况，比如说村里的田地基本都被承包给了外面的人，村民自己并不种地；村里的工厂前几年已经因保护水资源而关停；村里并没有学校等，这些都是非常重要的信息，掌握了这些情况，也使得我们对接下来的入户调查有了些底。

在与村支书道谢和告别后，我们就开始了入户调查。几天中，我们断断续续走访了12户人家。与我来之前所担心的相反，这里的村民并未刁难或充满戒备，他们都很热情地表示有什么问题都尽管问。因此，我们的入户调查也进行得十分顺利。在对村民进行调查的过程中，我们对新陆村的情况又有了更为细致的了解。

这里居住的大多是中老年人，我们也的确鲜少在路上见到年轻人，而最终我们的受访者也均在60岁以上。他们基本都已经有了第三代，但大多数子女已经搬出去住了。这也并不奇怪，村里的田已经不是村民自己在种，工厂也已关停，年轻人自然都会选择出去另寻工作。虽然大部分子女仍在宝山，但毕竟老人住在新陆村，交通多有不便。这一点在我们组结束调查准备回去的时候感受尤为强烈，村里的确有几个公交站，但是有的线路半小时也不一定来一班，且整个线路较短，出行基本需要换乘。

另外一点就是村子里并没有学校，镇里的学校也比较少，且办学质量并不很高，大多数家长仍会选择去镇外为孩子寻找更好的学校。这种情况并非只发生在新陆村，整个宝山乃至上海其实都存在着这个问题。在上海，市区的教育资源往往比郊区的更多、更好，而在郊区，仅有的好的教育资源也大多集中在较为繁荣的城镇，农村的教育资源显然更为贫乏。虽然我上小学和初中的时候也面临着这样的情况，但由于当时年纪太小，并没有什么太大的感觉，然而当我进行了千村调查，看到了新陆村的情况，再结合自己的经历，细细思考，发现这个问题的确是一直存在的。上至国家，下至各个县和乡，都逃不开教育资源分配不均的问题。而且往往经济发展越好的地区，教育资源也越多、越好，更优质的教育资源又会助推经济的发展，如此形成循环，致使发达的地方更为发达，而落后的地方更为落后。因此我们应当看到这个问题，并尝试去解决它，办法是有的，但需要很多的人力、物力、财力的支持，也需要很长一段时间去使它发挥作用，其中之艰辛不言而喻。而对于我们每个个体来说，获得较好资源的人应当好好珍惜，在日后，尽量为教育资源稀缺的地方贡献自己的一份力；没能获得好的资源的人，也不应自暴自弃，而是利用好自己能利用的一切，努力提升自己。虽然教育资源分配不均的问题普遍存在且不易解决，但我们仍旧应该怀有希望，并尽自己的所能，不断为情况的改善而努力。

总之，在这次千村调查中，我看到了宝山的另一面，也是上海的另一面，与很多人印象里的并不相同，它安静、悠闲、淳朴，但也的确不那么发达，资源也比较欠缺。或许人们看到的往往是上海的繁荣，很少会看到像新陆村这样似乎与大家眼中的“上海”并不相符的地方，也容易忽视上海存在着的一些问题，包括从小生长在上海的我也是如此。但所幸，通过这次千村调查，我看到了家乡的另一面，一个更为真实、鲜活的上海。

烟花八月在我乡

张　彤[①]

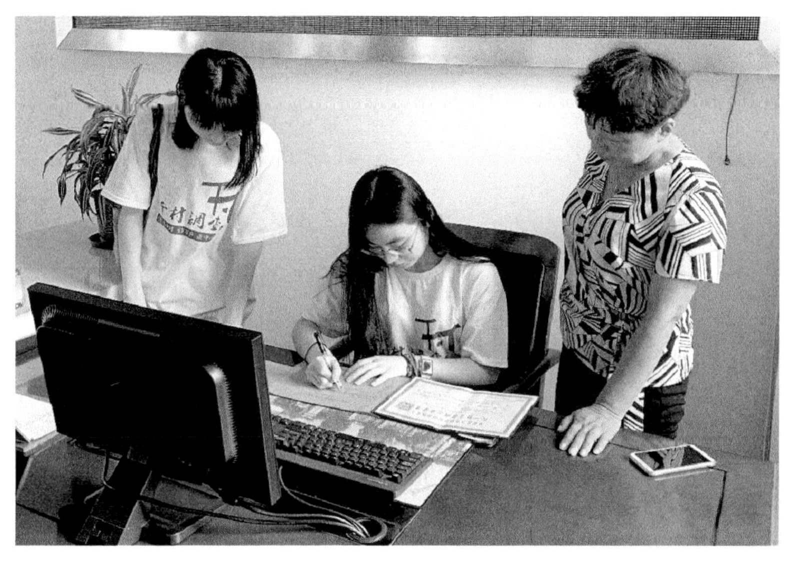

那是一片温暖、吉祥、温柔又瑰丽的地方，它存在于文人水一样缠绵的文字中，它存在于流传百年的画卷之中，它存在于每一个游子夜夜的思念中，它有个极美的名字，叫扬州。

要问千村调查之于我的意义何在，就像千村开始之前说的那样，让城市里长大的孩子能够通过一个村的缩影，去触碰中国农村最本真的生活状态，去真正地走出乌托邦的世界，在一亩一亩的农田中感受自然的生息繁衍，在人们质朴的话语中感受与城市截然不同的那份单纯。这些，千村达到了我对它的期待，而千村带给我的远远不止这些。作为一个从小跟随父母沪上的青年来说，扬州并不能完完全全称为“我乡”，我和它之间好像永远带着些疏离，带着些陌生。如果说你问我从前我家乡的农村是什么样的，或许我一定会在脑海里偷偷构想出破败的房屋，成片的绿意，烈日下在田间耕种的壮年，薄阳下依靠在三轮车边休息的老农，伴着蝉鸣在一边择菜一边唠嗑的老妇，或许农村在我的印象中和吱呀呀的旧三轮，空气里散不去的泥土味捆绑在了一起，但是千村的这些日子将我这些陈旧的想象一一击破，带我走进了真正的农村，将改革开放带来的巨大成果从书中拽出来，生动地演绎在我眼前。

---

① 张彤，上海财经大学商学院 2018 级国际商务专业本科生。

我不由去思考，千村最本质的意义是什么，我的感受给出了答案，它不仅仅是针对大学生个体，不仅仅希望你们了解我的家乡，它更是有着更普世的意义，大学生是未来的希望之光，承载了千禧代的民族希望，有句话叫“纸上得来终觉浅，绝知此事要躬行”。若非是借着千村之由，或许我永远只会机械背诵“改革开放以来，我国在新农村建设方面取得巨大成就……”这一些抽象的句子。

回到新民村，敞亮的村委会就着实让我们吃了一惊，手上繁杂的问卷内容也不似烫手山芋一般令人苦恼，村干部热情地回答张罗，还主动帮我们分担寻找12户人家的重任，以帮助我们节约时间。在入村调查之时，时不时会碰到刁钻古怪的问题，村干部耐心回答，甚至为了一些细小数据到电脑中搜寻许久存录的数据，这些都让我们异常感动。我翻看了相关的财务状况和村中概况后，更加直观地感受到了农村的快速发展。最难忘的莫过于那些受调查的村民们，在我们道明来因后，他们许多都放下手里忙着的农活，热情张罗并耐心解答。在调研的过程中，熟悉的村子拥有的崭新面貌也令我印象深刻，敞亮的自建小别墅，新建的功能基本齐全的村民活动中心，平整的水泥路代替了从前一下雨就坑坑洼洼的石子路，每家每户所拥有的先进农作工具，与记忆中大相径庭的农村面貌让这段炽热的回忆带上了不一样的色彩。

我们本次调研的主题是“中国乡村教育研究”，在调研之时我注意到，不仅现在已经基本普及了从幼儿园开始的教育体系和课外教育体系，是教育把年轻的一代送出了村庄，村中走出了越来越多的大学生，一些年长的受访者也毫无固化的思维，他们都希望下一代能够接受更高等的教育以换得更加明媚的未来。但村里依旧存在问题，当问卷填到关于大病医疗方面，仍然有部分家庭因为贫困问题成为他们治病的心结，好在村里和政府都有非常大的惠民政策和扶持，让书中脱贫攻坚一类的词语不再是冷冰冰的基本考点。

我们离开了这个村子，这个属于我家乡的一个小村庄，不是烟花三月，不是游人，只是一个游子回来过的浅浅痕迹。它依旧在不停息地生生繁衍发展着，这12户只是村中的一小部分，而这村子只是我家乡的一个小小缩影，而我的家乡，只是中国广袤土地上的小小一隅，突然我们校训中的“经济匡时”这四个字铿锵有力的在心中荡起了回响，好像只是短暂地走进了一会儿他们的生活，但却让我触摸到了截然不同的景象，有了一些不成熟的思考和感悟。校训之下，中国的繁荣之下，也交予了我们青年人一份不一样的重担。

就像习近平总书记所言，我们青年人生逢其时，也重任在肩。“走千村，访万户”只是千村之一，而这份对青年人的期许和勉励，在每一份问卷中凝结成了一股力量，这力量终将推着我们砥砺前行。

几个农村的午后

陶　晨①

如果一个月前,你问我农村调查是怎样的？我不敢回答。老实说,从我呱呱坠地的那刻开始算起,我所能见到的无非是景观花、塑胶草、盆栽土,有时凑近想嗅嗅街边花儿的芳香,迎来的总是在熟悉不过的塑料味。都说农村好,要积极下到农村去,可像我这样的,真是两耳不闻农村事。我似乎是被城市包裹的人,与农村最大的关系是我会写"农村"二字。

七点出发,着装整齐,换3辆地铁再乘10站公交就到达了目标村庄。而时间呢大约正好晌午,吃个午饭,刚好来到了农村的午后。可能是需要给庄稼充足的光照的缘故,午后的太阳特别毒辣,似乎没有了向光和背光的说法,面向哪里眼睛都得眯成一条线,汗水也早在调查前就浸湿了衣服。调查也像这阳光一样进展不顺,有些农民朋友对我们是半信半疑,不过调查中遇到更多的是,屋内空无一人,残瓦、老树、枯井,犬吠比人声热闹。初入农村的瞬间给本来略自信的我蒙上了一层阴霾。不过很快,有了一丝转机。

"老爷叔,我们是上海财经大学的学生,这次我们利用暑假时间做一个有关乡村教育和乡村振兴的调查。"这是个官方的开场,有些距离,有些紧张。

---

① 陶晨,上海财经大学商学院2018级国际经济与贸易本科生。

“这什么调查？我不懂的。”一个礼貌性摇手，身体逐渐向背过我们的方向转去。

“没关系的，都是我们向您提一些问题，您回答就可以了。”我赶紧跟上一句，主动又向前走了一步，汗水也借着这个力顺势沿着帽檐滴落在这片土地上。

“那……这么热的天，你们就进来吧。”老爷叔向我们招手。

我不敢想象第一次入户调查是这样得突如其来。老爷叔解开了挂在门上的锁，我很兴奋想马上跳起来，似在沙漠中发现一片小绿洲的激动。可是意识到这只是刚刚完成了第一步，连调查都还没有正式开始，我的心一下子又紧张了起来。我刚迈进这家的门槛，大妈看着我们十分辛劳的样子，急忙招呼要去给我们倒水。我刚想推脱，不敢麻烦他们，况且我也并不是他们想象的那样渴。不过，我下意识地想起临行前老师给我们培训时说，你们要和农民朋友们打成一片，不能嫌弃农民朋友们，只有建立了良好的关系，才能继续开展之后的调查。农民朋友叫你坐，你想都不要想就一屁股坐下去，农民朋友们给你倒水，那就要马上喝掉，谢谢他们的招待。想到这里，我立马就接过了大妈倒的水，然后一大口一大口，没几秒就见了底，是我没有我想象的那样渴。

喝完了水，老爷叔搬来了小矮凳，沏了杯茶，我像农民一样豪爽地抹去了豆大的汗珠，便开始了真正意义上的调查。我是不敢有一丝马虎的。我虽然已经是个大学生，但是在他们面前，我甘愿当一名小学生，从头学过。说实话，我也确实是一名小学生，我没有任何农业知识，也不曾掌握农业技能，我只有老老实实地当一名小学生，一个字一个字地记录下来，听取农民朋友们的反馈和想法，向农民朋友们取经学习，才有可能在实践中获得真理，在调查中取得收获。

“老爷叔，您每个月收入大约多少啊？”

“什么！这都要问哒！”老爷叔有一丝皱眉。

“对的呀，这是问卷上写着的，不过您放心，这次问卷的所有内容我们都会保密不会对外公开。”

“好吧好吧，就差不多退休金2 000元左右。”

……

“老爷叔，你们家有几套房子呀？”

“怎么这个也要问的？”

老爷叔把头扭过去，举起一把蒲扇，扇去积累的暑气，对我们的问题故不作声。

“你就回答他们嘛好嘞，老头子，你看看他们多少辛苦啊，这么热的天跑出来调查。”

“好吧好吧，就一套。”

那一刻，我不知道如何言语自己的心情，也不知道如何表达自己的感谢，就在我认为也许不能再继续进行这份问卷，准备说抱歉的时候，大妈一句话就拨开了我们调查的重重障碍，我是第一次真真切切地感受到了农民朋友的热情与质朴。

离开他们家时，我表达了感谢，因为这确实给我们的调查带来信心与鼓舞，之后的调查似乎气氛都变得轻快了许多。不过，我不聪明，也倒腾不来几个数字，因此也在调查过程中，闹过不少笑话。村委告诉我的信息是村庄面积共计2.29平方公里，但是我没看清问卷上的单位是亩，直接填了 2.29，后来核算下来，连 0.01 平方公里都没有。没想到，我的这一填让这个村一下子“村道中落”了。还有一次，我向户主询问上个月家中共计用了多少吨水，户主说让我根据水费推算。我回去之后，推算户主上个月用水约 100 吨，然后信誓旦旦地写了上去。后来无意间查询到一个水库大概也就 100 吨水，于是我吓得赶紧又核算了一遍，把这户的用水量往前挪了一个小数点，也算是有惊无险。这样的事应该还有不少，想来多少让人有些忍俊不禁。

等到我们调查出村，太阳也逐渐西去。回首一片片农海，农田绿得发亮，有深绿、墨绿、浅绿，参差交辉。偶有微风，庄稼轻轻侧身摇摆，欢送我们的离去。清风徐来，我闻到了花儿的芳香、草儿的清香、土的泥香，还有老屋、老树散发出的酽酽醇香。我似乎挣脱了城市的包裹，能和农村融为一体。常说人吃五谷杂粮的，哪有不生病的，自然这产五谷杂粮的农村也有不少弊端，这在调研报告中已详细论述，而唯一忘不掉的是这里的农民最真切、最自然的热情与淳朴，它呵护着每一个热爱农村的人也呵护着农民自己。向太阳望去，农村午后的毒辣已散去，留下一阵暖意。

白山孤顶青水盘，木屋村中见乾坤

陈海洋[①]

出租车停靠在金家村口新近修建的水泥马路上，李师傅，我们此行的向导，回过头来向我笑道："你要说长白山哪里还有老百姓，那只能是这里了。这里吃饭什么的都公道，从没有出过事。"他一转身打开车门，熟络地与一户村民交谈起来。10 年前，李师傅是这一带的护林员，时常要与这中国最后的木屋村打交道。直至 2013 年万达长白山度假区建成，他不得已搬了家，转业做了旅游向导，和他一同转业的，还有这依山而建，自成一方的金家木屋村。

金家村依山傍水，是传统的山村选址，在村子的任何一间木屋外，都可远远仰望那层林苍翠的孤山，那是金家村旧名"孤顶子"的来源，而村前那滋润山林的锦江则正是自孤顶子而来，现在正是锦江的断流期，村口湿润的河道一览无遗，遍布着水流削凿的方正痕迹。现在正是长白山的旅游旺季，村口停驻的 2 辆巴士，昭示着此时不止我们一批异乡人来访。

---

① 陈海洋，上海财经大学统计与管理学院 2018 级数据科学与大数据技术专业本科生。

我们在村口第一家屋子前的商品小摊问询，见我们探头探脑，男主人拉开门，热情地招呼我们进屋。一间类似于客厅的房间，没有烧上的火炕依旧暖呼呼的，一边的炉子上咕噜噜烧着开水。男主人是个摄影爱好者，墙上贴满了他拍的照片，都是不同时间、不同角度的金家村。他也热切地为我们讲述每一张照片背后的故事。在阔别家乡的务农生活 10 年之后，乘着长白山旅游业大开发的东风，他选择离开县城的打工生活，做起了春播秋收，夏日接待游客的乡村生计。这里不过 36 户，垂垂老矣的活化石村庄，竟在这 5 年内重新焕发出了生机。相谈甚欢之后，我们决定在他家吃中饭，在起灶之前，他为我们指出了高处村委会的地址。

村子中间有一条石头砌的主路，由东至西延绵一千多米，村民的房子就分布在道路的南侧与北侧。夏天的村子就像一幅画，嫩绿的田野，灿黄的屋顶，青灰的路面，这淡雅的世界看久了难免让人有点眩晕，屋檐下丰收的玉米、成串的干辣椒以及红姑娘果儿就成了让人精神振奋和点缀的物件。前往村委会的路上，我看见一个大院子里，数十个小学生穿着整齐划一的制服坐在木板凳上听当地一个中年人讲话。

主干道一直延伸到村后的一片山林，这里是村民最珍稀的资源库。山脚下一片空地，白雪覆盖下隐约能看到露出的塑料膜，李师傅说那是村民种植的人参，用来煲汤或者炒熟了嚼着吃，最是滋补。山上或高或矮的林木，每一株都有着自己的使命。长白山林区里缺乏砖瓦石材，最得天独厚的就是木材，村民就地取材，以相同粗细、长短的树干，横梁竖柱，卯榫相扣，结合到一起，外面涂以黄泥，筑建木屋，挡风御寒。靠山吃山，山林与人，是绕不开的唇齿相依。

这里的村委会不似他处气派，也不过就是一进院子，3 间木房罢了，如果没有悬挂于门栏上的木牌，它便只是那 36 户古老木屋中的平凡一间罢了。推门进入村委会讲明来意之后。村支书愿意亲自与我们聊聊金家村的历史与现状。村支书最先讲的便是从 2016 年开始的危房修缮工作，全村的 36 间木屋在将近百年的岁月中早已脆弱不堪，本身全村已有将近 2/3 的人口移居他处，随着老屋的消亡，村子本身也将不复存在。在这样的危机下，县政府为全村牵头，在保证木屋建筑特色的前提下一户户地进行危房改建。金家村在沉寂了数十年后焕发新生。在务农之外，旅游业逐渐成为当地的主要收入，陆续有年轻人愿意回归故土经营。

当我们谈起村中孩子的教育问题，村支书便告知我们情况在这几年大为好转，金家村的规模较小，没有条件开办自己的乡村学校。前几年劳动力大量出走，没有随父母去县城的留守儿童难以得到教育，村里的孩子需要去附近的漫江镇上学。然而随着现代交通公路的修建，金家村至漫江镇的通勤时间大大缩小，大部分家庭都选择为新生代争取更好的教育。讲到这里，村支书建议我们亲自到那些有孩子的家庭中走访。他殷红的脸上带着些许笑意，屋外，学生旅游团的吵闹声正酣。

开发商与大老板们愿意为了天池澄澈的湖水与白山古朴的密林下重金将公路铺进深山，金家村是幸运的，它因它的特殊为外界所重点关注，觉着这么独到的风景不能消亡。产业开发让金家村换了面貌，也让李师傅们不得不为了生计而成为整个产业中的一部分。

李师傅的家乡是不会有游客去浏览的，因为哪里没有他们想看的田园牧歌，没有猎奇的文化奇观，有的只是一群平凡的人为自己的美好生活而奋斗罢了。这正是在大城市中最不缺乏的风景，也是我们试图在异乡逃避的真实。

选择金家村作为调研目标的我们，也是怀着这份逃避，在陌生的乡村生活找到不一样的东西，看到不一样的中国。然而现代化是不可逃避的，引入先进生产力永远是美好生活的第一步，抚松县的人民终将或先或后，或多或少的享受到资本集聚与经济发展带来的“红利”。他们在白山林区中奔波，我在魔都高楼中漫游，我们都在自己的家乡有光明的前途。

傍晚的时候，游客早已匆匆赶往下个景点，整个世界都变得很安静。出租车驶出去很远，我忽然后知后觉地后悔没有坚持留下来住一晚。夜宿金家村，当山风呼啸而来，是不是梦都会被染成青色？远处，月已半升。

在实践中成长

徐修涵[①]

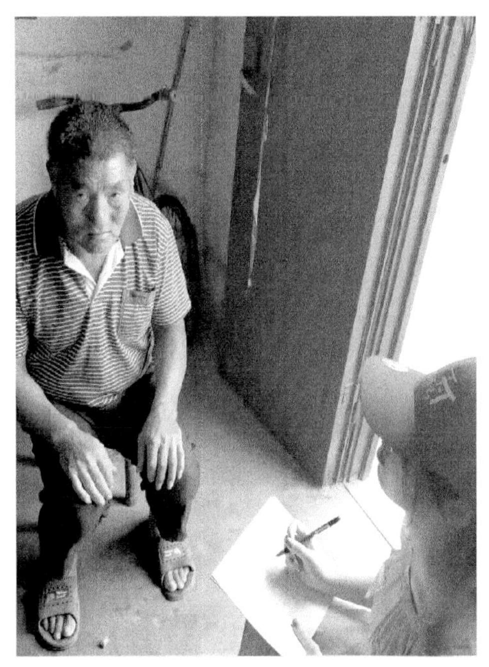

有人曾说:“在学校能学到的只是人生知识的5%,而另外的95%则完全依靠我们到社会中去实践。”诚然,知识储备需要不断积累实践经验才能逐步完善。作为新时代的大学生,我们更应当将自己的专业知识应用于社会实践中。我怀着让自己的暑期生活变得更充实的心情,参加了千村调查实践活动,走进乡村,了解乡村,因此我和同学选择了离家一个多小时车程的安徽省六安市裕安区罗集乡储渡村作为样本进行调查。

去调查之前,我既期待又紧张,我们几个在农村留守老人面前都是小孩子,害怕遭到拒绝,害怕听不懂拗口的乡音,和我们之间巨大的年龄代沟也足以成为交流的障碍。而开始调研时这一切顾虑都自然消失了,这些老人们绝大多数都是知无不言,言无不尽的。不时还问我们的生活怎么样,对我们也挺好奇,虽然语言上有点问题,但是他们保证我们听懂,或是多重复几遍,或是带点动作,我看着依偎在老人们身边摇着尾巴的小狗,感动之余

① 徐修涵,上海财经大学信息管理与工程学院2018级数据科学与大数据技术专业本科生。

也有心酸。

不论开始时大家为了提高团队工作效率的方案而争论不止，不论在外采访村民的队员被烈阳晒伤，汗珠滴落早已浸湿全身的队服，更不论最后写报告、写日志，熬到深夜。这一天太过充实——采访、吃饭、继续采访、总结、休息，成了我们的主线，奔波于乡村城镇的各个小巷街头，我们询问着、调查着，目的只是完成实践，让自己明白更多属于我们，属于我们这个时代的真谛。只因为我们知道，孵化梦想，需要汗水与坚强的臂膀；而这样亲近乡村和村民，拔高了我对于自我价值的要求，坚持跟着党走共同富裕道路的心更加坚定。

我采访了优秀村干部，了解储渡村文化发展。储渡村村干部表示，乡风文明建设是储渡村建设的重要内容之一，乡风文明是指村民的思想、文化、道德水平的不断提高。在储渡村，教育、文化、卫生、体育等事业的逐步发展，不断适应着储渡村人民生活水平的需要和游客游览观光的需求，提高村民的幸福指数和游客的舒适度指数，共同构成建设可持续发展生态储渡村的美好愿景。

“纸上得来终觉浅，绝知此事要躬行。”社会实践使我找到了理论与实践的最佳结合点。尤其是作为当代大学生，只重视理论学习，忽视实践环节，往往在实际工作岗位上发挥得不是特别理想。通过实践，所学的专业理论知识得到巩固和提高，让我感悟到以后需要紧密结合自身专业特色，在实践中检验自己的知识和水平；通过实践，原来理论上模糊和印象不深的得到了巩固，原先理论上欠缺的在实践环节中得到补偿，加深了对基本原理的理解和消化。每一天，捧着厚厚的问卷，怀着一份份坚定的信念，我们在烈日下奔跑着，感谢这次暑期实践活动，让我们在这个过程中成长和懂得了许多。

过去的乡村在人们印象中是贫穷落后的，靠种田维持生计，教育远远没有普及，有些家庭的受教育程度甚至只停留在小学，而乡村教育也一直是我国教育发展的薄弱环节。近些年，随着城市和农村经济的发展，城市教育越来越普及，农村的教育问题也逐渐得到了重视，农村人口最多，其教育规模与需求也最大。我国教育要现代化，当然离不开农村教育的现代化。习近平总书记在主持召开中央全面深化改革领导小组第十一次会议并发表讲话时也指出，发展乡村教育，让每个乡村孩子都能接受公平、有质量的教育，阻止贫困现象代际传递，是功在当代、利在千秋的大事。要把乡村教师队伍建设摆在优先发展的战略位置，多措并举，定向施策，精准发力。深刻反映了近年来国家对乡村教育的重视。除了乡村教育外，党的十九大报告还提出了乡村振兴战略，将“产业兴旺、生态宜居、乡风文明、治理有效、生活富裕”作为总要求，力图加快推进农业农村现代化，推进乡村发展。

我们感受到了村里的建设，这里有孩子、农民、村干部，每每从他们的质朴中，我们在感受，感受着这份简单，经过我们的采访，知道了村里创业的艰辛，孩子受教育的困难，在同情的同时，我们更多了一份宽慰，因为我们的村在不断地为更好的生活而努力。或许，我们的实践不能反映村里的每个角落，但是我们每个人都希望，我们的实践能够受到更多人的关注，让更多人注意到在大城市的周围，还是有着一些需要帮助，建设的村镇。

当远离喧嚣，来到村镇的时候，才真正明白，什么是奋斗，什么是团结，什么是一个团队。在实践中成长，这次千村调查我受益匪浅。

"穷"

刘佳宁[①]

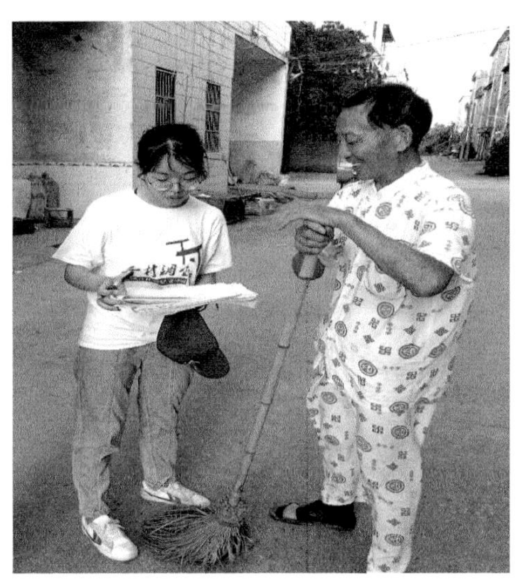

我以为我知道什么是穷。

来自老一辈人的描述，是计划经济时期的全家仅有的一张布票；来自电视上有些遥远的报道，是交通不便的山区里人烟稀少的一个小村庄；来自自己的亲眼所见，破败的土坯房里用来充当桌子的一张小板凳。

所以，当市场经济下小康的到来，当山区通上公路，当毛坯房经过改造焕然一新，就没有所谓的"穷"了吗？

不是的。经过了这次千村调查，我更有理由和底气说：不是的。

平日里，有父母经济支撑的我们生活在大学这座"象牙塔"之中，总是在犹豫今天吃什么外卖好，购物节该不该买下那件价格看起来诱人的衣服，面对他人"不识人间疾苦"的指责，反驳着说爸妈给我打下一次生活费之前我也需省吃俭用，嚷嚷着好穷、希望有一笔天降之财等。记得有一次，身边一个朋友悠悠地来了一句："穷是原罪。"我当时并未在意，一笑而过，再想起时，心里有了别样滋味。

这次千村的目的地是余干县，来此地之前，它不过是地图上靠近鄱阳湖的一个地点，

---

① 刘佳宁，上海财经大学商学院2018级市场营销专业本科生。

曾经的国家级贫困县，我对那里没什么了解，更谈不上有什么联系。而当我真的踏上那片土地，迎着有些灼热的空气和尘土，走过一个又一个村子，陪着陌生的人听他们讲自己的故事，虽是短短5天，但也在我心中留下了不可磨灭的记忆，其中，有两件事最令我动容。

第一件事发生在东源一村，我当时入村走访农户，无奈正值“双抢”农忙季节，村子里人很少，我走了很久，发现有一个村里的补习班刚好下课，陆陆续续有学生出来，看起来什么年级的都有，我犹豫了一会，上前找到一个看起来年纪稍大初高中左右的小姑娘，和她讲明情况并询问她能不能带我去找家里的大人做一个简单的调查，她答应了，于是我和她一同走上归家的路，路上我时不时地和她搭话，了解了一下她的学习情况，她很害羞，总是垂着头，但并不沉闷，眼里没有对外来人的戒备，会悄悄瞥我，带着一点她这个年纪该有的好奇。路的两边都是红砖房，中间是这两年新修的路，天很蓝，有连绵的白云，相得益彰，很好看。我掏出手机准备拍照，一扭头，她面露不解：“你为什么要拿手机拍啊？”我回头对焦，按下快门，颇为满意地说：“你不觉得今天的天很美吗？”，她抬头，笑了一下，“是哦，我都没看过”，然后迅速低下头，显得有一点落寞，我一时语塞，也低下了头，顺着她的视线看地，看不远的前方，可是只有飞扬的尘土，不尽的尘土。

之后的路途显得尤为漫长，因为她再也不发一言，抿着嘴角，像一个慷慨就义的壮士，将要走上刑场，把自己的全部剖析出来，给世人评判，而我在一旁，难掩羞愧。

调查之后我得知，她来自一个普通甚至可以说是困难的家庭，跟着祖父母生活，没有母亲，父亲身有残疾在外打工，家中全靠大伯帮着祖父打理一点田地，收一点粮食，成绩并不算好，但很努力。家里甚至没有一张像样的书桌，老旧的八仙桌在厅堂里顽强挺立，房子外观经这两年的危房改造看起来崭新可期，但内部一如几十年前的模样，在雪白的外墙的衬托下，像一个黑漆漆的洞，一遍遍地提醒着他们的窘迫。

我知道为什么我的眼里有蓝天白云，而她的眼里只有无尽的尘土，但我不想，我也希望她的眼里能有更多的美好，有诗和远方，而不是只有眼前的苟且。这些不是经济上能轻易改变的，亦不是几句言语和启示能做到的，这需要知识的滋养、眼界的开拓、对乡村文化的亲近和对未来的希望。

第二件事很简单，调查过程中曾有村民在结束访谈的时候突然和我说，能不能和村支书说，在本村建一个小学，因为孩子上学要到很远很远的另一个村子里去，老伯眼里的热切刺痛了我，我不知该如何解释，我只是一个调查者，无权向这个村子的领导者提议，更无权打乱他们原本的计划和建设，我只能在心里暗暗祈祷，虽然离家远，但孩子去上的学校，能给他们应有的教育，引领他们找寻自己的路，摆脱穷困。

这两件事促使我开始思考乡村教育的意义和发展的出路，仅是加大投资，翻新校舍，建设新操场，增设音乐室、计算机房吗？

“良好的教育需要学校文化与个人生存其中的隐性文化、本土文化的和谐与补充，个人周遭的缄默知识乃是个人成长重要的精神资源，在个人生命发育的过程中实际上有着无可替代的作用。”一个孩子，如果看不到自己的出路，受限于周遭环境而无法从中汲取力量和感悟；如果没有心有博爱的教师的关怀，在技能与修身养性上得到引导；如果失去信心和希望,重走父辈的老路,没有对自我价值的发现与肯定,这才是教育之悲,乡村之“穷”!

袁凌曾说:“青苔不会消失,只要世上还有最后一个穷人。”纵然我相信,总有一天人们不会为金钱上或是物质上而困,但因眼界受限、为前路所穷,古往今来,比比皆是。

真正的“穷”,是眼界视野之穷,是自不自知之穷,是未来无望之穷,是心灵贫瘠之穷,对乡村的孩子们来说,改变这种局面,是乡村教育能做的,也是乡村教育该做的。到那时,“白日不到处,青春恰自来。苔花如米小,也学牡丹开”。

一缕探入村野的花香

席艺珊[①]

曾以为自己少时经历过乡村的生活，而且又一直以来生活在从农村搬迁到城镇的农民们周围，已经对乡村足够了解。然而，这次的下乡经历让我发现，虽然从外表上，村庄中矗立的一栋栋小屋依然与记忆中的样子相差不大，但是农民们的生活和他们的很多观念却早已和我心中的印象相去甚远，家乡农村这十几年来的变与不变令我感慨不已。在这6天的调查中，我们就像是偶然飘入村野人家的一缕花香，探得每户家门背后的酸甜苦辣。

有些人闻得花香，会主动敞开大门拥抱。调查的大部分时间，每一扇叩响的棕红色大门背后，迎接的总是和善的笑脸，这些笑脸宛如春风，热情地将花香迎入。这些淳朴的人们，他们会因为自己院子内东西的杂乱不洁而面露歉意；他们会仔仔细细地回想孩子出生时的重量；他们会在调查过程中跟你不时唠唠家常，聊聊自己家里的辛酸和快乐或是侃侃村子里面的轶事；他们也会在花香将散时有意挽留，请你中午留在家中吃饭，或是递上一瓶冰冰凉的水，为你减轻酷暑的炙烤。虽然你知道，他们在有些敏感问题上可能还是会小心隐瞒，挽留的话语也只是出于礼貌，但这份善良、尊重和部分的信任就已经弥足珍贵。

---

① 席艺珊，上海财经大学统计与管理学院2018级统计学专业本科生。

绿荫下宽敞的农家小院，也许并不干净，也许有许多蚊虫烦扰，但这些愿意敞开的院子，给了羞涩的花香继续拜访的希望和信心，院子里每个家庭的故事也渐渐给原本单调的花香味增添了层次感和烟火气。

最令人印象深刻的一户是一位老爷爷，本来只是坐在门口树荫下乘凉，看见我坐在邻居家门口调查，主动提出来要接受调查，支持大学生的调研工作。爷爷的热情给了我极大的肯定，我怀着感激的心情展开了访谈。这位爷爷看上去身体很硬朗，但是访谈过程中不停地咳嗽，询问后才得知爷爷居然在一年前患上了肺癌，现在已经发展到晚期了。他并没有像很多之前得病的老人一样不停地抱怨“新农合”报销得少，更多表现出的是无奈和体谅。他在访谈的过程中不止一次地说到国家已经对老百姓很好了，国家也有难处，起码现在比他年轻的时候可要好得多了。虽然还是治不起病，但是自己一把年纪，治好了也活不久，倒不如回家歇着，给孩子们省点钱。他们家里现在只剩下三口人，老伴去年患病过世了，儿子前几年在工地打工时出了意外去世了，只剩儿媳和孙女。儿媳要照顾老人的病，没有去打工，孙女去了外地上大学。家里就靠每个月老人养老保险的一百多块钱和不多的存款艰难度日，但是由于种种原因（老人不愿透露），这家并没有评上贫困户。我望着他家的房子，可以看出来曾经五口人幸福的样子。或许是这些年的痛苦太多太密集，老人的脸上反而是平淡多一些。家里唯一的希望就是还在上大学的孙女了，爷爷非常疼孙女，虽说现在农村重男轻女的现象已经改善了很多，但是我了解到的部分家庭如果第一胎是女儿，就一定要接着生，生到有儿子为止。而这家却并没有任何的重男轻女的迹象，即便家里丧失了主要劳动力，老爷爷和儿媳依然坚持供孩子读大学，孩子的学费和生活费是家里除去医药费最大的开支。“不上大学，就没有知识，不能让娃跟俺们一样啊……不管咋是（怎么样），都得供俺娃读完大学。”爷爷也明白，只有教育才能让孩子不再重复自己和自己儿子的命运，“教育改变命运”是支撑这家人坚持走下去的信念。在这寂静的乡村，老爷爷寂静的面庞让我没来由地浮上一丝苦涩，他们已经老得无力改变自己的命运，剩下的岁月不过是守在这小小的地方等待死亡而已。繁华的外界包裹下的乡村的角落里，依旧有这样可怜的家庭在挣扎地活着，默默承受着命运的苦涩。虽说调查前我也明白，这种情况依旧存在，城乡生活的差距还是很大，但当真实地目睹它发生在眼前时，当这些差距从各种细节中不经意地展露出来时，我的内心还是受到了不小的冲击。

我们也曾到访过一些生活条件很不错的村落，这些村子里农民的家境有些甚至比城镇里的人还殷实，乡村与乡村间的差距竟比城乡差距还大。然而这些乡村得益于网络发展而逐渐富起来的同时，也在渐渐丧失着一些宝贵的东西。在这些村庄里面，作为一个陌生人，取得信任几乎是一种奢求，尤其是要调查这么多敏感的信息。这里的一扇扇红棕色门背后，人们眼中多了许多的戒备与疑虑，无论我们如何解释，如何保证，甚至联系村委会作证也无法完全让他们消除眼中的怀疑。他们无比惧怕自家信息的泄露，有很多家好不容易同意接受调查，但一看到那么厚的问卷就又开始支支吾吾地找借口想要拒绝。或许网络让他们见识了信息泄露的恐怖，或许自己或他人曾经被骗的经历让他们不得不对陌生人充满戒备，他们的戒备心理是为了保护自己，这无可厚非。但是眼见那些怀疑的眼神和不耐烦的拒绝，不由为信任感的流失而悲哀感叹，没想到信息泄露的恶果已经悄然经由互联网渗入了农村。在这些村里面进行的调查大部分时候都感觉像在跟对方“斗志斗勇”：即便已经提前和村委会沟通好可以入户调查，即便解释清楚了来意并主动出示学生证表明身份，即便再三保证我们绝不会将调查得到的信息非法使用，但还是需要绞尽脑汁，费尽心机，联合采取各种方法，对方才可能同意继续回答那些敏感问题，这还是幸运的。有几次，被问到敏感问题的时候，对方立刻翻了脸，推搡着把我赶出了家门，表示拒绝继续接受调查，甚至还直接撕掉了问卷……轻信陌生人的确很危险，这个社会的骗子依旧很多，不防不行，但是小心谨慎到如此地步当真令人心寒。

阵阵的蝉声相伴，6天的下乡生活就这样一晃而过。这十几年来，乡村有了很多新现象，只是好坏参半。有些村庄在物质上一派欣欣向荣，却丢失了精神上珍贵的纯朴；农民们依旧对土地爱得深沉，但是还有地可种的农民却少之又少；依旧有重男轻女的影子存在，但因为娶妻开支越来越大，光棍比例越来越高，这种影子也在逐渐消失，甚至有很多家庭出现重女轻男的趋势；村庄附近办厂之后，很多年轻人就留在家乡打工，留守儿童并没有前几年那么普遍了；二胎放开后，生孩子的意愿也并没有出现明显的上升；养娃开销也越来越大，对孩子的教育也越来越重视，还在上小学的孩子暑假都几乎被补习班占满……不过，也还有很多情况依旧是那么的熟悉。升入大学的概率虽然有提高，但是和城镇相比依然还是太低，通过教育改变命运的家庭还是太少太少；农村的绝大部分家长们还是不懂得如何辅导孩子的学业，还是无力帮助孩子学习；村子里的文化活动依然少之又少，能经常走出村子，见见外面世界的孩子也少之又少，精神生活的贫乏依旧普遍存在……

花香终有消散时。终于，花香带着各个家庭的故事，带着乡村的故事悄然飘出了村庄。花香虽散尽，故事却依旧继续着……

东安两问

钟　兴[①]

出征仪式上，上财党委书记许涛老师挥舞着红旗向我们宣布，千村调查 2.0 正式开始时，一些在血液最不起眼处里流淌着的东西似乎被激发了。千村调查，熟悉而又陌生：熟悉是因我来自湖南的农村，一草一木，都在骨子里熟悉；陌生是因为，这一次，我将以一个科学理性的视角，去调查我的故乡湖南。8 月 28 日开始的这个夏日，因为千村调查而与众不同。

一、经济学问题

蓝紫文学姐在出征仪式上说："中国农村是经济学最好的自然实验室。"从高中政治课

① 钟兴，上海财经大学金融学院 2018 级金融实验班本科生。

本开始了解经济学，再到大学学习了其他各种各样的经济学，“厚德博学，经济匡时”早已铭记于心，可有时候，我却觉得各种各样的经济学理论和模型有点像梦中呓语，与现实的引车卖浆的实际相差甚远。

于是我下定决心，一定要抓住机会，进入到农村，了解真实的中国农村，了解真实的农村经济。这次千村调查不仅仅是一个调研，对我来说，更是一次对经济学知识的检验。

最让我觉得羞赧的是，有些大学生村官填问卷的时候会反问我们一些关于问卷本身的问题，有的时候我们可以解答，可是涉及土地流转和转移支付等细节问题我们却无能为力，只能摇头或者咨询导师。一位村民填完问卷对我说，你们这些学经济的，国家的宏观政策都不了解，又怎么能帮助国家制定更好的政策呢。我面红耳赤，一时语塞。

一方面，湖南农村还存在一些经济学中令人费解的现象。从养殖业出发，在肉类价格快速上涨的今天，湖南农村的养殖业却几乎完全荒废。我记忆中的鸡犬相闻几乎完全消失了。我们调查的样本中，家里零散养猪养鸭的几乎不到1%。大部分人家用食用肉类都是来自外地的供应。村里90%的人口不从事农业劳动。

另一方面，农村存在较大的贫富差距与地区收入不平等。第一天，当地的村干部首先带我们访问了两个城市郊区，城市郊区的居民大多都是失地农民，他们有着数额巨大的补偿款，村内的基础设施较为完善，有幼儿园，很多村民甚至都不再工作了，而我们随后走访的村子，有的马路还是20世纪末的石子路。而且村子内部贫富差距较大，在那个马路还是石子路的村子里，有的院子里停着好几辆豪华小轿车，住着小洋楼。有的却只能住着棚屋。我们的调查样本里这个村子的年收入极差近200万元，令人瞠目结舌。

二、教育问题

在了解当地经济的基础上，乡村教育作为本次调查的主题，我们小组对村户的教育情况自然关注颇多。在我们被营销号疯狂地轰炸信息的今天，我们总以为“寒门再难出贵子”已经是板上钉钉的事情，但事实上，事情远没有这么悲观。

调查的过程中有2位老人，他们的3个子女都接受了高等教育。大女儿考入了国防科技大学，进了科研单位，小儿子则是一名软件工程师。他们自豪地向我说起他们当年砸锅卖铁，甚至向亲戚借了5万块钱，供小儿子读书的往事。我问他们，当初送儿女读书到底出于一种什么样的信念。

在他们那，我听到了不一样的回答：“从我们往上数三代人，没有人离开过东安这片土地，我们曾经有机会，却又放弃了。我们没有什么大钱，死后留不下什么，所以对我们3个子女来说，让他们上得了大学，看得开阔，已经是我们能够给他们的最好的东西了。”

这打破了我以往的观念，农村不是营销号宣传的那样死气沉沉，不是每个家长都因为教育资源的匮乏对孩子放弃了希望，不是每个孩子在尚未成年的时候都会被家人安排去打工，也不是每个农村孩子都沉迷于低俗的短视频之中。至少在东安县，我看到了每个家庭对教育的重视和向上流动的渴望。

在那一刻，我明白了，乡村教育能否振兴，不在于国家往乡村投入资金的多少，而在于每一位村民是否重视教育，是否有改变自身社会层次的渴望。

三、结语

为期3天的东安之行已经告一段落，但是却有太多精彩的事情值得回忆。有小朋友填完问卷，笑着对我承诺，他以后做了县委书记可以再来找他填一份。有时候问题问得直接，那些村民会笑着问我们是不是国安局的工作人员。一次文具盒忘在村民家中，家里的老人追上我们的队伍给我送来文具盒的场景还历历在目。在东安县著名的景点湘江源，俯瞰湘江，经常让我觉得自己能力不行，不能用自己所学来改变什么，“经济匡时”的热血终究比不过自己的渺小。

道虽迩，不行不至；事虽小，不为不成。千村调查，我们相许以来年。

采访者之旅

——身临其村

旦增次白[①]

为了实现2020年我国全面实现小康社会的奋斗目标，习近平总书记签署的中央一号文件全面部署了“三农”工作。我作为一名大学生积极响应国家对新时代青年的号召参与了此次千村调查活动，此次调查使我感受到了国家发展的强劲势头和脱贫攻坚不能落下一名群众的庄严承诺。

打好脱贫攻坚战是我们现在的首要任务，在还没进行千村调查之前，我认为农村只能靠种植农作物和加工一些简单的农产品作为基本的收入来源，可是经过这次的调查，我的想法有了很大的改观，从脱贫攻坚战开始以来，村民们全面响应中央的号召，开动智慧和想象，因地制宜，从解决温饱问题到产业扶贫，先后根据贫困家庭的实际情况，建档立卡，最终实现了精准脱贫。我调查的村子叫马村，这个村隶属于拉萨市堆龙德庆区的一个行政乡，堆龙德庆区是一个历史悠久的地方，马村其实在堆龙德庆区只是一个很小的村庄，小时候我时常路过这个村庄，当时觉得老百姓的生活并没有那么好，此次调查选择马村是去重温曾经记忆中的旧地，看看村民生活的变化。在马村调查时经大学生村官的介绍得知，到目前为止，马村的所有村民都已实现全面脱贫，他们的生活水平较当年而言可谓是有了翻天覆地的变化。当知道整村都已实现脱贫时，我内心是无比地激动。由于西藏地

① 旦增次白，上海财经大学法学院2018级经济法专业本科生。

理环境及气候等因素，经济社会发展方方面面较内地而言不仅是落后而且发展还比较缓慢，所以我从内心里特别感谢所有为之努力的领导班子和人民群众。

在此次调查中，听村主任讲马村之前是没有学校的，因为当时村里穷，很多人都会去拉萨讨生活，村里留下的都是老人和小孩，想要上学读书都要到其他乡里去，两乡之间隔着数十公里的路程，后来在国家对教育的重视下，马乡有了幼儿园、小学、中学，路程也就在几公里之内的村里，这让学生上学变得非常方便，村里的年轻人也愿意留下来建设自己的家乡，讲到这儿，村主任的情绪更加地激动，眼里充满泪光，声音也变得哽咽起来，他说："我活了大半辈子，见证了马村的变化，小时候的我就连一个土豆都得省着吃，看到现在真的是既有白米又有肉吃，这放在以前可是连想都不敢想的事情啊，感谢祖国使我们生活得更加幸福，更加甜蜜，让我们的子女能接受到更好的教育，不让他们像我们一样吃没文化的亏。"听了村主任的一番诉说，深感祖国对边疆人民的无比关怀与厚爱。我作为 名内地西藏班的学生，也是国家对西藏教育政策的最大受益者，使我有机会到上海来读书，与这么多优秀的老师和学生一起学习、生活。

脱贫不是脱一时的贫，不是脱一方面的贫，要脱思想和教育的贫，衣食、教育、思想一个都不能落。同样把家乡建设得更加美好是我们奋斗的目标，我们脱了贫，更不能停滞不前，要不断地提高生产质量和生活水平，将来也要为国家做出自己的贡献。当我走进马村村委会所在地，走进新型农村合作社大门，看到了奶牛养殖和酸奶是马村设立的合作社项目，村民热情地邀请我品尝他们自产的酸奶，我称赞酸奶的美味时，他们开心地笑了，自豪地笑了，那种开心是发自内心的感谢和由衷的自豪。我想，这就是国家的初衷，是不忘初心，牢记使命的最美见证。

这次调研，我真的太幸运了，走进奶牛合作社时我刚好赶上了社里母牛生小牛犊，我高兴地一下子就跟着他们忙了起来，牛妈妈在痛苦了约一个小时后，终于生下了一头可爱的小黑牛，大家看着小黑牛努力地站起来之后，洋溢在村民们脸上的微笑好像都在祝贺和鼓励这只幸运儿，可惜的是我因为太兴奋了，一下子竟然忘记拍下这一美好的瞬间。除了合作社外，村民们最得意的是他们的有机青稞，虽然现在还没有拿到国家的专利品牌证书，可是在3年前村民们就通过学习有机种植技术，找出了一条属于自己的发展道路，能够自给自足，不再依靠国家的贫困扶持，就能过上真正的小康生活。

我的千村调查没有很多数据的分析，也没有更多图片的点缀，因为我想让大家跟我一起去聆听村主任语言中的温情，去感受村民的日常生活和质朴的理想，让我们展开想象重温那段无法忘怀的美好旅程，去看看村里日新月异的万千变化。这次千村调查让我感受了调查带来的无限乐趣、采访过后的深深思考，同时能感受村民的内心世界，偷窥他们的梦想。

总之，他们是那么的真诚与热情，那么欢迎我闯入他们的生活，然后我又走出来将这份经历写进我自己的人生，让我回味、让我学习。我心目中的千村调查，它就像是一支笔，在我的人生阅历上留下了浓墨重彩的一笔，将来的历程会有更多更美好的一笔，但今天的这一笔仅仅是开始的第一笔，这一笔在今后的社会实践中，让我思考、让我学习、让我感动、让我成长。

一次思考与实践的旅程

牛泽青①

7 月末的西北大地，远离海洋的大陆气候让这里的空气呈现出与上海截然不同的干爽状态，没有云翳的蔚蓝天空倒扣在沙色的土地上，高纬度带来的强日照无遮无蔽地照射着地面，大块的土地上间有墨绿色、翠绿色、果绿色的植被点缀其上，粗粝的色块没什么间隙地拼接在一起，很符合这片土地给人们的一贯印象：苍凉、冷硬，略有一些荒芜。

这就是我此行返乡调查的目的地——宁夏回族自治区中卫市沙坡头区韩闸村，一个位于中卫市城郊的小乡村。黄河支流的支流化作两条沟渠从村子横穿而过，腾格里沙漠远远地环绕着这片土地。“黄河百害，唯富一套”，在下游泛滥成灾的黄河近乎温和地哺育着河套平原上耕作生活的人们。整个中卫市的引黄灌溉区达 111 万亩，形成了枸杞、硒砂瓜、设施蔬菜、马铃薯、优质大米和红枣等优势特色主导产业，而其相对优越的自然条件也使其第一产业的体量极为可观，成为西北重要的商品粮、水产品和蔬菜生产基地。

父母每年都会回来探望老人，而每年随他们回来的时候我都能明显地感觉到国家的发展，乡村的面貌也在发生着变化。曾经的土路铺上了沥青，成了通向每户人家门前的平整公路；主干道两侧是不断添加的新路灯，我父亲他们那一辈摸黑骑车上学的老日子一去

---

① 牛泽青，上海财经大学经济学院 2018 级经济学专业本科生。

不返;村庄里曾经以木石结构为主的旧式房屋在2005年后基本都被推倒重建成了漂亮的砖瓦房;买车的人越来越多,有些富裕的村民家里买几辆车也不是罕见的事了;我父亲那一辈的时候一家能出一个大学生就已经很不容易了,而现在虽然不是所有人都选择考大学,但绝大多数的家长都希望孩子能拿到大学文凭……

乡村之于中国绝对是有着特殊意义的,尽管城市化的进程在这个国家急速向前推进着,但是中国的基层一定还是乡土性的。农业是这个国家绵延数千年的生存之本,农村是这个国家曾经最普遍的聚落形式,农民占据了这个国家人口的近65%。当乡村对于我们的国家是如此重要的时候,了解乡村,研究乡村也就成为了解我们所处国家的重要一环。调查研究之前我不是对中国农村一无所知的人,纸媒、自媒体、书籍、论文……都能看到许多对于中国乡村的描述和研究,但真正调查以后我还是发现:"纸上得来终觉浅,绝知此事要躬行。"只有亲自走进每一户农民的家里,面对面地与他们交流,亲自走进田间摸一摸玉米的杆、韭菜的叶,书里的文字才能真正地落到地上,落到心里,乡村的景色风物才能真正地在脑海中鲜活起来。举个简单的例子,在进行这次调查前,我对于新型农村合作医疗保险这一制度可谓是毫无概念,但在调查的过程中通过直接的问卷调查和与村民们的交流,我一步步加深着对这项医疗保障制度的了解,知道了参保时不同档位的不同标准和报销比例,并且为其报销力度之大和所包含疾病覆盖面之广感到深深的惊讶。如果不是这样细致的调查,这个制度可能不过是我偶尔在什么文件报告中瞥过的一行小字,但现在我透过它可以窥见国家这些年来对于医疗卫生问题,特别是对于广大农民的基本医疗卫生问题所进行的大规模投入,更可以看见,中国现在的繁荣盛景,不仅仅有高度发达的城市撑起的面子,更有千千万万普通农村撑起的里子。

当然,在调查的过程中我也看到了一些在乡村教育发展过程中可能存在的问题。以我所调研的韩闸村为例,这个村子位于中卫市区近郊,离市区只有不超过2公里的距离,从村子进城大概只需要5分钟的车程,因此年轻人大多选择进城务工,在城市安家,并且送子女去城市里的中小学接受教育,留在村子里的大部分都是老年人。以我所调查的12户人家为例,12户中有10户家庭的受访者都是年龄超过60岁的老人,而这些老人的子女无一例外全都在中卫市区定居,只在空闲时候回来探望父母。村子里只有一所小学,因为学生数量太少也即将面临被撤掉的命运。可以说,这个村子的教育功能已经完全由城市所承担,相对城市而言,乡村也逐渐演变为"落后贫穷"的代名词。想要振兴乡村,人才是必不可少的要素,但现在乡村自己的人口尚且都在向城市流失,又如何吸引人才来建设振兴乡村呢?城市化所带来的城市空间、城市地位、城市职能对乡村的挤压从来没有这么明显地在我眼前展现过,因此我认为处理好城乡发展关系,平衡好城乡资源分配就更显得迫在眉睫了。

通过这次调查,我第一次比较真切地触摸到了乡村脉搏的跳动,看到了乡村振兴所面临的现实问题,也对自己所学习的学科和学习的方法产生了不一样的思考和感悟。我想,这是只坐在教室里研读书本计算数据所不能带给我的。我心目中的千村调查,是一次思考和实践的旅程,它告诉我没有结合实践的理论是飘在空中的;没有用双眼观察,双耳倾听，双手触摸的知识是不完全完整的；它告诉我，我所研究的专业存在于整个社会、整个国家，存在于我身边的每一处，而只有带着一颗开放、关怀、敏锐、积极的心去感受这个世界，才能更好地了解我们所处的这个世界，并且为了建设它尽一份微薄之力。

白山黑水千村情

刘　巍①

第一次知道千村调查是在一个学长的朋友圈里，心里不免萌生了小小的触动，当我搜索“千村调查”这四个字时，跳出来的全都是和上海财经大学相关的字眼，那个时候我就暗暗下定决心：下一次千村调查我一定要报名。2019 年夏天，我如愿以偿参加了这个我向往已久的社会调研活动，真的成了千村调查中的一员。初见千村调查的我觉得有一种荣誉感油然而生，但是这份特殊的任务对我来说还是模糊的，出发前我甚至不能说清楚千村调查真正的意义是什么，但是现在，我想我懂了。这个夏天，我和一千多名上财学子一样，用脚步丈量土地，在广阔的天地感受农村调研工作的如火如荼。深入基层、深入农民家中走访，既是了解、收集民意的过程，更要回应老百姓的所需所盼，实实在在有效地推进工作，解决老百姓的“急、难、愁”问题。同时，我觉得要把调研作为强沟通、汇民智的有效渠道，才能真切回应民之所想、民之所需。

---

① 刘巍，上海财经大学人文学院 2018 级马克思主义哲学专业硕士生。

一、学会“听”

调研走访，听取民意，不仅要带着耳朵听，更要用心听。坦率地说，走访过程中听到的很多问题，都是我们在日常工作中一些老生常谈的问题或是历史遗留的问题，有的是个性化的需求，有的是政策制约，更多的是社会经济发展过快带来的一些难题，一时很难解决。这时候，我们要避免不耐烦的心态，注重倾听了解村民的真实需求和想法。每到一处都要仔细询问当地乡村教育的体制机制、规划管理情况，并与当地相关负责人交流乡村教育建设的心得与经验，实地感受乾安县的发展成果，切实了解当地乡村教育工作的推进情况。走访的每一个村子既有不同点，又有它们的共同点，在“不同”与“同”的比较之间更容易发现乡村教育发展的特色与困境。

二、学会“走”

调研走访，了解民情，就是要不断地“走”，走千家、访万户，才能读懂中国。从上海到吉林，两千多公里。8 天，10 个村子，240 份问卷。14 个人的小队穿梭于乾安县的各个村子，一个一个村子地走，挨家挨户地走，想要做好调研，腿就不能懒。每一年，乾安县都有上财学子们的足迹，每一年，我们会带着新的问题和新的任务来到这里，“纸上得来终觉浅，绝知此事要躬行”。开展调研走访不能因为自己工作的原因，只是把问题反映在纸上和口头上，只去做个传声筒，而是要到实地去核实，把情况切实了解清楚，将研究所得转化成一些合理化建议。使我感触良多的不单单是这里整洁的村庄环境，良好的公共服务，更有秀美的田园风光和积极向上的精神风貌。无论是他们对于乡村教育的渴望，还是对特色乡村教育理念的挖掘和提升，尤其是对待乡村教育的那种责任和激情，深深地触动了我。

三、学会“做”

调研走访，不仅仅是了解民情，更是汇集民智的过程。在调研的一周时间里，与一位又一位老乡对话，在我的头脑中乡村教育的概念也越来越清晰。每一天我将自己的心得、体会记在笔记本上，不断记录、不断反思，直至形成一篇论文。之前我对这个问题并不是很清楚，乡村教育这个话题对于一直生活在城市的我来说似乎还很遥远，我总是想当然地觉得乡村教育是一件顺其自然的事情，义务教育在每个地方都会贯彻得很好。通过实地走访发现事实并不是我想象中那样，教育这个让人天天念叨的话题在一些村镇遇到了难题，这不得不让人产生思考。千村调查是一次实践，是一次契机，教会了我在“做”中学，在学中“做”，在实践中求得真知，实事求是，通过现象找到其背后的答案。

这片我生活过 18 年的黑土地上，承载了我太多的情感，如今却又面临着太多的问题。坦率地讲，调研是一件残忍的事情，生活的艰辛让人难以想象，残忍到不给人留任何的余地。在千村调查的一周里，我对这里似乎既熟悉又陌生，熟悉这里的风土人情，但我又无法说出这些问题的症结。俯下身子去倾听，我想这就是千村调查的价值，这可能就是“走千家，访万户，读中国”的意义所在。

心之所向，三载千村行

曾月慧①

“走千村，访万户，读中国”“用脚步丈量祖国的土地”“把青春写在祖国大地上”……这些令人振奋的话语填满了上财学子们的暑期朋友圈，展现着上财儿女们的精神风貌与担当。何其有幸，作为一名上财学子，我在 2019 年开启了千村调查的第三次出发。从千村调查 1.0 到 2.0，从返乡到定点，从东到西，细数我的三载千村记忆。

一、初相逢，重返家乡感知变化

与千村调查的初次相逢，始于懵懵懂懂的大一暑假，在好奇心和新鲜感的驱使下，我报名参加了 2015 年的千村调查，斗志昂扬地将其列为自己大学暑期实践的必修课。第一次参加千村调查，我选择了重返闽东家乡开展返乡调研，迈出“用脚步丈量祖国大地”的第一步。当时因建设高速公路的需要，我们家成为搬迁移民中的一员，故我自六岁起便搬离了家乡。借由返乡调研的契机，我重返儿时生活过的村庄，身临其境地感受了一番家乡在新农村建设下的新变化，其中的欣喜早已战胜了因调研困难带来的失落。宽敞平坦的水泥村道、崭新刷漆的村民住宅和整洁明亮的公共厕所等，取代了儿时记忆里坑坑洼洼的柏油路、红砖毛坯瓦房的简陋模样。在调研和访谈过程中，也切实感受到了大部分村民正日

① 曾月慧，上海财经大学法学院 2018 级宪法学与行政法学专业硕士生。

益向上的生活。重回家乡,有见证家乡面貌新变化的喜悦,也有再见乡邻长辈们的温暖,这是一份真实而深刻的幸福收获。

二、新体验,地嘉人善畅谈创业

在浙江省嘉善县,我开启了第二次千村调查之行,也是第一次定点调研之旅,在带队老师的带领和指导下,调研相关工作进行得相当顺畅。嘉善县与上海的距离大约2个小时的车程,位于长江三角洲的辐射区内,享有良好的地理优势和政策优势,故当地的经济水平相对发达。时逢大力提倡“双创”时期,结合创新创业的调研主题,我们小队前往西塘镇、姚庄镇和大云镇依次开展调研,三个镇子分别以第三产业、第二产业和第一产业为主要产业,特点鲜明,在创新创业方面也各具优势,农村电商和乡村旅游成为主要切入点。当创业者们畅谈创业梦想以及那些奋斗的时光时,我们能够强烈感受到他们眼中充满活力的光芒,备受感染。同时大学生返乡创业的典型案例也激励着我们应当在学有所成之时,利用所学积极回馈养育自己的家乡,承担起我们应当肩负的社会责任。当时的调研问卷里设置了一个关于幸福度的问题,毋需赘言,受访者们闲适的生活节奏和自然洋溢的笑容便是最好的回答。

三、再出发,相遇关中风情

第三次千村调查之旅,我将脚步向西部偏转,深入周至县集贤镇的10个村庄,了解当前村民们的基本生活情况及其子女的受教育情况。在调研中,受访村民普遍重视家中子女的教育——“只要孩子能读书,再困难,我们也会供他们读完”,这是不同受访者间不约而同的回答。但与预想不同的是,孩子们从小学始便参加校外补习班培训竟也成为西部乡村教育的常态,补课费用也相应地成为家庭教育支出的主要部分,难免加重了村民们的家庭经济负担。村民们对子女教育愈发重视的态度固然值得欣喜,但补习成风也侧面反映出乡村学校配备的师资数量和质量不足等问题,由此也引发我们对乡村教育的进一步思考。此外,令我印象深刻的是在金凤村买葡萄的一段经历,一位老爷爷仅以单价1.5元的价格出售在上海单价约10元的葡萄,作为购买者的我们自然如捡了大便宜般高兴不已,兴奋地向老爷爷致谢,但老爷爷的喜悦却丝毫不亚于我们:“是我该谢谢你们!”经探访,当地昼夜温差大,具有水果种植的优势条件,果子香甜且收成好。正因村民们普遍种植果树,足以满足内需,也就导致了村民们内销零售之路较为艰难,而外销之路又缺乏渠道,故村民们只能以保本为首要目标,接受中间收购商对水果收购价的强势压榨,以期获取微薄的收益。在此情形下,村民们欲通过传统的被收购方式增加收入以改善生活并不容易。事实上,周至县作为精准扶贫政策的受益者,在脱贫治理中取得了一定的成效,但诸如这些议价能力不足的弱势果农们的困境不应被忽略。在周至县调研过程中的所见所闻,打破了我对西部地区的固有想象,集贤镇的若干受访村庄展现出蓬勃的发展生机,其作为一个缩影展现了西部农村发展之态势,但共同致富之路仍需上下而求索。

三载千村调查之旅,从祖国的东海之滨到秦岭脚下,村庄建设欣欣向荣,村民生活日益幸福，成为不同地域的农村共性。但同样不可忽视的是，东西部发展存在的不均衡，同地区内部发展的不均衡，这些都值得我们去进一步思考。

“走千村，访万户，读中国”，不只是一句口号，也印刻着每一位千村调查人的践行轨迹——用匆匆脚步丈量千村，怀着赤诚之心寻访万户，用数据见闻品读中国。千村调查之旅还将继续，等待下一次出发，我们再相约！

季夏之遇，千村威远

何天雄[①]

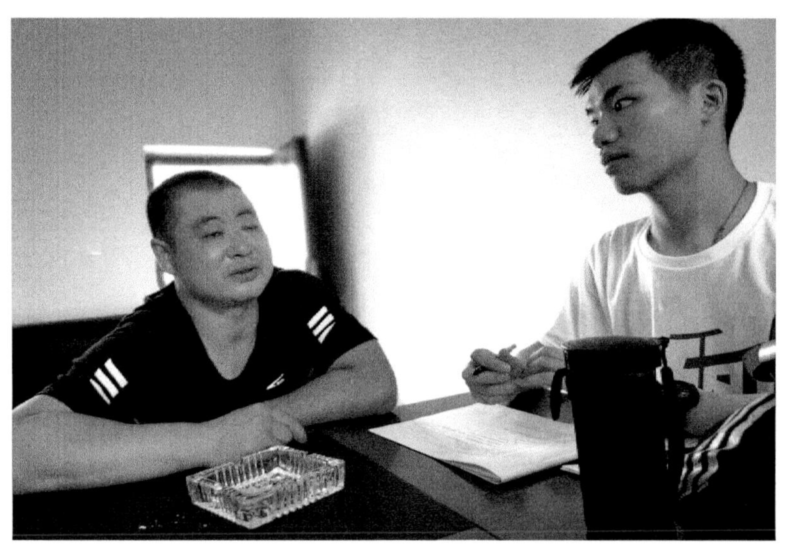

伴着列车亲吻铁轨的哐当声，一路向东，千村的记忆似乎永远定格在了川东威远县。返校的途中，我一直在思忖着过去几天在威远所遇的那些人和事。一切如光电般闪现脑海，也许，只有经历过的人才能表面沉稳、内心却升腾出无比的感动吧。线路拉长，离沪越近，才能更加清晰地去回忆这一周的调研之旅。

有人说社会是一本永远读不完的书，每个个体因其自身差异也会涌出不同的感触。而农村，就像一本书的开头，你不翻开扉页则罢，但当你打开，所有纯朴与平实之感便会油然而生。千村调查像是无数条牵连农村与城市动脉的线，给人以一种更贴近的方式去体悟农村、接触农民。从农民就业到社会保障、从乡村教育到乡村振兴，不同村镇、不同农户画出了不同的人生轨迹。幸福有之、抱怨有之、感慨有之，所有的情愫牵扯出最生动的农村生活，也让人真切地聆听到农民的声音，了解到现实的城乡差距，感受到国家政策对农业、农村、农民的支持。

还记得走访桥凼村时，董光业老人独户一人，很早便与妻子离婚，独自一人拉扯着女儿长大。自身因病致残，但面对生活，依然满含希望与热情；走访高石镇伞岭村时，受访者

---

① 何天雄，上海财经大学法学院 2018 级法律（非法学）专业硕士生。

家境清贫，本人患病、长女出嫁、次子痴呆，户口本上只有其本人和次子。生活条件的艰苦也并未使其放弃脑力欠佳的儿子，采访时他说国家在2018年给他进行了危房改造并提供了全额拨款，此外还得到了一些牲畜与补助以更好地发展生产。话到此时，他由衷地说了一句："还是中国共产党好。"那种眼神既写满了感恩，又流露出对未来生活向好的无比期待。就如最后询问他："你认为你生活水平在明年会不会继续得到提高?"他笑着说："当然希望得到提高。"四合村的殷天行老人20岁左右便开始担任村里基层干部，一做便是几十年，退休之后，仍然关心本村的发展，当问及其宗教信仰时，他坚定地回道："我信仰中国共产主义!"中坝村的刘有胜大叔开始筹备新型农业经营——承包渔业。他已投资十多万元，希望能以此撬动家庭经济发展，现在只待有关部门审批。

农民万象，但均不改对美好生活的向往与憧憬。新时代下的城乡贫富差距也许仍旧很大，但每一位受访者脸上洋溢的笑容却让我真切地感受到他们的脉搏，那种律动朴实无华、却又写满感动与乐观。良好的乡风民俗是田间基层最牢固的堡垒，这种看似没有强制力的约定俗成却在无形中系牢了乡间的真善美，这种纯朴渐成习惯，到最后以村规民约的形式固定下来，形成了一道靓丽风景。

日子逐渐拉长，似乎颠簸的下乡的车下一秒就会消失在某处山腰拐角，去秉着"走千村，访万户，读中国"的信念又出现在某个山头。体味青草混杂着泥土的气息，抬头便见云天相融，逐风前行。这样的中国农村、这样的内江威远，谁不想更真实地去读懂，留下脚步匆匆，进而用数据去支撑更为立体与真实的乡村发展。

我想，故事或许是每一个人的故事，千村为引，却让这些故事串成了生动的农村正貌。"走千村，访万户，读中国"，四川威远之行让我了解了更加真实的农村现状，同时也让我遇到了一群志同道合的朋友。我们性格各异、来自各地，但又都因千村相聚相识，每一个人都是欢乐源泉的凝聚点与发散点。

就像通常的电视剧剧本一样，开局总不会太顺利。千村调查的第一天下午，我们一行人四处呼唤着因入户手机信号太差没能及时联系到的蒲冬梅，也许桥凼村村民也在纳闷这群学生究竟是在寻人还是调研。第一天的小插曲让我们之后的工作更加细致，每两人按编号分组行动，手机没电之前必须提前在群里发消息告知等。但这也让我们间接记住了"蒲冬梅"这个名字，兴许是紧张之后的小收获吧。郑超予队长为方便调研曾给当地农民留下自己的电话，出乎意料的是第二天深夜村民打电话给他告知其房屋墙面倒塌，希望能帮忙解决问题。乐于助人的队长耐心地解答村民的疑问，并告知联系村干部和相关部门解决问题。虽不知后续，但每一个人内心温存的善良让这个夏日格外冰爽，我也相信最后那位家里墙面倒塌的村民也得到了村干部的妥善处理。千村的故事里还有好多未提及的人与事，譬如深受农村蠓虫叮咬痛苦的曹纯炜同学和蒋有钰同学、善于发掘地区美食的游梓涵同学、入户调研效率超高的杨妍同学等，每一个人都是发光者，同时每一个人又都是追光者。

威远的千村之行就像行驶在高低起伏山村公路的面包车，或颠颠簸簸、或全速前行，路过的风景、读过的村庄、见过的村民，都会如徐徐夏风，拂过心涧，在未来某个不经意的清晨掀起漪涟以温存。

与乡村来一次相遇

梁栩馨[①]

有这样一座山城，它群山环绕，郁郁葱葱；有这样一座雾都，它云雾缭绕，宛若仙境；有这样一座桥都，它两江交汇，长江和嘉陵江养育了一代又一代江湖儿女。这座城便是重庆。从小在重庆长大，我知道这里物阜民丰，这里人杰地灵；这座城市八街九陌，这里的人们热情好客。只是不曾想到有一天我可以来到素未谋面的农村，有幸和同学一起从另一个角度，以一个更加深入的方式，探寻属于这座城市的别样的景致。

“少年智则国智，少年强则国强”，国家如此，村庄定亦然。教育是强国之基，当然也是发展之源。走进村庄，走入农户，用智慧解读，用心灵感悟，乡村教育是我们此行的调研主题。

在这座熟悉的城市生活了19年，我看到过市区鳞次栉比的高楼，干净整洁的公园，车水马龙的街区；也有幸看到了村庄铺出宽阔平直的马路，盖起排排楼房，建成宽敞明亮的文化设施，尤其是“合村并居”“退耕还林”的先进理念在全国推行。想必这日新月异的繁华景象背后，定是一个先进的党组织、一个开明的政府和广大勤勉的劳动人民。

---

① 梁栩馨，上海财经大学金融学院2018级金融学专业本科生。

踏入重庆市江津区四面山镇林海村，扑面而来的是混着泥土气味的微风，耳边响起的是山林中清脆的知了鸣叫，由于隶属国家5A级风景区四面山，这里的公路笔直而干净，这里的河水清澈、群山环绕，这里有着淳朴的村民和稚嫩的孩童。由于地处景区，村子中的耕地十分少，大多数家庭都在河水沿岸开设了自家的农家乐。坐着政府拨款设立的旅游船，我们进入了这个美丽的乡村。

由于暑假，村中的小学并未上课，孩子们大多回到了家中。在这个无忧无虑的年纪里，好多小孩子已经开始在自家的农家乐干起活来。无论是帮忙点菜，还是打扫卫生，一些10岁左右的孩子已经开始帮家中分担事务。在不同的农家乐，我见到了一个个稚嫩的可爱面孔，也有幸与这群阳光的孩子们坐下来聊天。我想起了10年前的自己，一样的充满朝气，一样的欢乐无忧，但终究时过境迁。从一个学姐的角度，我读到了更多。

在较为富裕的家庭，当问起小朋友梦想的学校的时候，大家屡屡提及考上好大学，有些孩子甚至以清华、北大、哈佛、牛津为梦想。问及他们的兴趣爱好，许多孩子侃侃而谈，眉飞色舞地讲起自己的偶像或是梦想。在说到已经开始利用手机进行在线学习时，他们脸上写满了自豪。令我更为意外的是，我欣喜地看到山里的孩子甚至有机会学习舞蹈、乐器。这时我才意识到，经济的发展给人们带来的不只是生活的充裕，更有眼界的开阔，精神的富饶，以及一代代的永续发展。

但经济的高速发展同样酝酿了问题。众所周知，城市和乡村的发展不均衡导致了教育资源分配的不均。同样，即便在这样一个国家5A级景区的富饶村，也经受着贫困的戕害。局部地区的高速发展深化了经济不均衡的状况，也凸显了落后地区的滞后的教育。匮乏的物质财富阻挡了孩子们望向村外的目光。有些家庭由于资金缺乏，在退耕还林过程中并未开办农家乐，而是以打零工为生。在一户较为贫困的家中，一个12岁的学生和爷爷生活在一起，他的父母为了维持家中运转，前往广州打工。当问起大学，谈到职业，谈到未来的时候，这个孩子表情严肃，久久不愿说出一个字。因而我发觉，可能有些学生的足迹，甚至从未踏进过县城。想到先前发达地区的情况，对于这些处境贫困的孩子，便只有更深的叹惋。

我久久不能平息。当我与那些家境贫寒的孩子们对视的时候，他们的眼中既有呆滞的空洞，也有渴求的光芒，而更多的，则是对外界的怯懦、对出身的无奈和对未来的迷茫。而他们的父母们，爷爷奶奶们，他们热情好客，他们淳朴善良，他们努力劳动，他们热爱生活，即使他们贫穷，他们也愿意坚守，愿意等待。坚守这脉脉含情的黄土地，等待那经济发展的东风。

令人惋惜的是，在我们走访的过程中，发现许多家庭的孩子仅仅接受了九年制义务教务，在结束初中的教育后，他们就回到了家中。由于劳动力短缺和劳动力价格的上升，许多家庭没有能力雇用过多的员工。于是，家中本可以考上高中的孩子便被迫回到家中。当问及他们对于教育的想法与感受，他们淡然的笑容中透露出了不易察觉的失落。这份笑容中带着为家中减轻负担的责任，带着渴望教育的无奈与失落，带着令人心碎与心痛的悲伤。

虽然在放暑假,我们也去拜访了全村唯一一所小学的老师。老师同样为乡村教育资源,尤其是教师资源匮乏而感到遗憾。当越来越多的学生可以走出乡村,去大城市读书、工作、生活的时候,乡村也被一点点地掏空。没有优秀的教师回到乡村,优秀的学生也越来越少,人才培养乏力,因而培养人才的人也随之减少,这就陷入了乡村衰落的恶性循环。人往高处走,但低处何尝不需要人才与精英为之奋斗终生呢?我们呼吁政府借助政策的"大手",让更多辛勤、杰出的"园丁"有理由自然地留在乡村,建设乡村。

在调查走访的过程中,我们也欣喜地看到,政府出台了一系列培养和留住青年人才的举措。大学生村官的出现,为古老的村子注入了新鲜的活力。政府的政策扶持和资金支持,让村中的基础设施越发完善。虽然目前贫富差距依旧存在,但我们相信,在不久的将来,在党和政府的带领下,中国的乡村定将迎接一个更加光明的未来。

深入城市之根，剖析乡村教育

戴　欣[①]

王安忆说过，世界上所有的城市都在怀念乡村，做着还乡的梦。乡村，是当今中国的根基所在。国家要实现繁荣富强，全面建成小康社会，实现全体人民的共同富裕，必须要扎根乡村，牢牢围绕乡村这个中心，打赢脱贫攻坚战，实现中华民族伟大复兴的中国梦。而乡村教育，也是精准扶贫工作的重点所在，所谓"授人以鱼不如授人以渔"讲的就是这个道理，提高农村孩子的个人素质以及增长他们的知识与能力，是解决农村贫困问题的根本途径。

城市，永远是乡村背景下的城市。

怀着对乡村这份净土的怀念与崇尚，我报名了上海财经大学千村调查项目，返回自己的家乡——江苏省泰州市高港区口岸街道张马村，进行返乡调查活动。

炎炎夏日，顶着 35 摄氏度以上的高温，我们来到了张马村进行大学以来的第一次社会调查。再次踏上故土江苏省泰州市，眼前的变化让我心里不禁为之一振——低矮的平

① 戴欣，上海财经大学经济学院 2018 级经济学专业本科生。

房没了，取而代之的是一幢幢拔地而起的居民楼房，乡间泥泞的土路没了，一条条水泥道路环绕着整个村庄，银杏到处可见，法国梧桐也栽满了道路两旁。

蓦地，心里生出一声慨叹。

第一天，由于是返回我自己的家乡，所以说，熟人也比较多，考虑到问卷的烦琐与耗时，于是，第一份问卷我选择了一位跟我关系较好的大伯家。天很热，大伯也很热情，带着我们坐到了他的房间里打开空调，让本来炎热的千村调查工作变得凉爽惬意，第一份问卷，由于缺乏经验，所以填写的时候比较费时费力，耗费了将近两个小时。问卷的填写过程当中，也是有说有笑的，我了解到，我老家张马村这边其实近些年来变化很大，居民的生活水平有了显著的提高，大伯家一共五口人，其中有他的老伴、儿子、媳妇和一个孙女，大伯家生活水平的提高，一方面是由于本地工业的发展，就业机会增加，全家总动员出去工作挣钱，另一方面是因为我老家这边优惠的拆迁补偿政策，大伯家的房子拆迁后得到了一百多万元的补偿款，于是才有了他家的第一辆私家车。

由于此次千村调查的主题为“中国乡村教育研究”，所以我也更多地了解了他孙女现在的情况。他孙女现在是上六年级，学习成绩一般，目前没有参加课外补习班，但是家里一直都是挺重视孩子的学习的，孩子的父母都留在本地工作放弃外出务工为的就是孩子的学习，毕竟爷爷奶奶带孩子跟父母的教育还是有很大的区别的。大伯说，孙女数学成绩不行，但是英语很好，她就喜欢学英语。我笑着回应，那她以后可以当一名“亲爱的翻译官”啊。我们彼此笑着结束了此次问卷的填写。

有了第一份问卷的填写，第二天我们准备去进行入村调查问卷的填写。因为我爷爷以前是村委会的老干部，所以村里一些干部都还蛮热情地支持我的工作。通过调查，张马村是在2001年的时候合并而成的，包含5个自然村以及23个村民小组。村里现有耕地1 670亩，土地被征用掉的农民也都参加了失地保险，近些年来村里经济发展不错，有企业单位44家，村里集体收入一年达到45.6万元，农民大多数都达到小康水平，基本上家家户户都是楼房并且拥有私家车。村里以前有一所小学，后来由于学生较少合并到乡镇上另外一所小学，村里儿童都能保证有书读，家里条件较好的会去市区的学校读书。虽然不是每个孩子都能考上普通高中，但现在也有超过半数的孩子能上高中考大学，即使不能上普高的孩子也能去上职业技术学院或者是综合高中继续进行学习，只有大概5%的孩子选择在初中毕业后去打工。总的来说，这样的情况还是挺乐观的，基本上所有的孩子都能够完成九年制义务教育，家里有困难的村里也能给予相应的补助。

有了之前的经验，之后的问卷填写过程就变得快多了。在之后的问卷填写中，我们了解到，有很多家庭的孩子都是已毕业的大学生，并且其中有两个家庭的孩子现在都在上海的这样的大城市工作，收入也都很可观，其中一位已经在上海拥有了一套住房。其他家庭也不乏大学生，比如说华东理工大学、华东政法大学等。

但是，我们在调查过程中发现一个问题，村民确实都是相当重视文化成绩方面的教育，但是却忽视了孩子的德智体美劳全面发展，家长一味地追求孩子的学习成绩而忽视了对孩子兴趣爱好的培养，比如说让孩子去学一种乐器、学习绘画等。在这方面，可能是观念上的问题。学校也存在一定的问题，我们走访了村里的孩子主要就读的一所初中，发现学校里的音乐课、美术课并不能得到充分的保证，学校是重在追求升学率，却忽视了这方面。在一些家长的观念中，甚至会认为学习这些艺术类课程是没有用处的，观念上的误区加上学校的忽视造成农村里走出来的孩子并不能像城里孩子一样能歌善舞、多才多艺。

乡村教育，不仅仅是完成九年制义务教育这么简单。我们说，教育，狭义上是指专门组织的学校教育，广义上是指影响人的身心发展的社会实践活动。可能是因为农村里的孩子急于走出农村，迈向大城市，所以形成这样一种观念，只有学习才是唯一的出路，其他都不重要。殊不知，这是完全错误的，我们讲，先成人，后成才。首先得先学会做人，然后才是学习。而且，三百六十行，行行出状元，最近热播剧《小欢喜》中的方一凡，在学习上可谓是一窍不通，但是他还是挺有艺术细胞的，最后考取了南京艺术学院，这不也同样是一件令人值得高兴的事情吗?

条条大路通罗马，张马村需要进行必要的宣传，改变村民的传统思想观念，全面发展才是正确的，虽然说在学术教育上面基本上做到了全覆盖，但是在艺术体育上面，还需要加大投入，当地的教育局、学校也要做好工作，教育局要严格监督学校这类课程的开设，学校要积极贯彻落实到位。

乡村教育，路漫漫其修远兮!

访千家万户，生活于田野之间

刘雨婷[①]

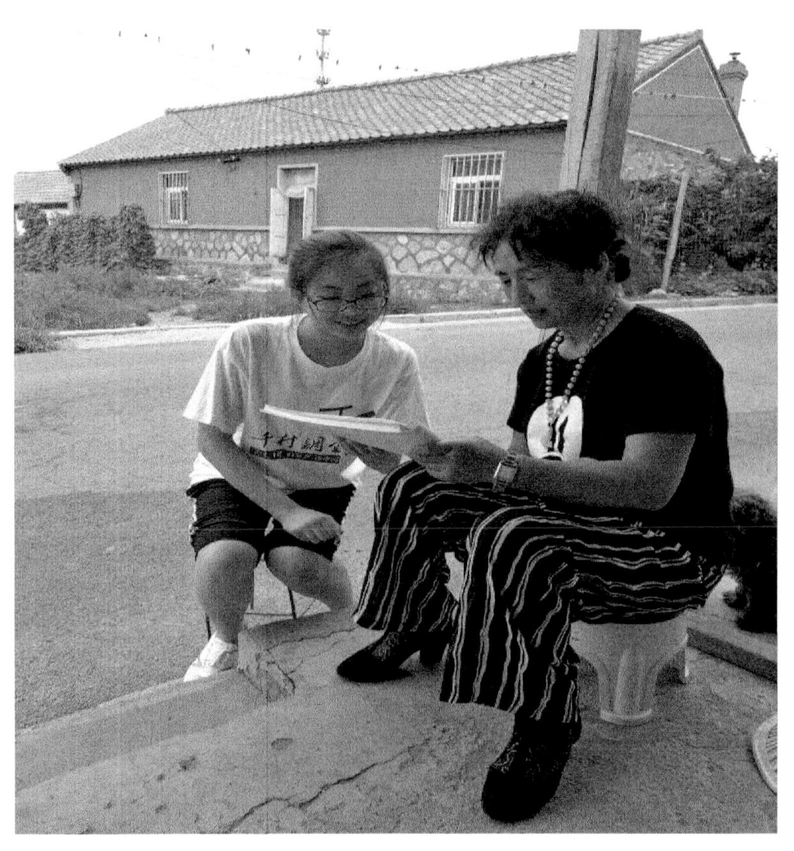

泱泱华夏五千年，我国历史悠久，地域庞大。新中国成立70年以来，我国经历了历史性的巨变，人民生活富裕，社会安定和谐。当然，这些伟大成果的取得离不开党的正确领导和不懈努力。

1985年9月23日，在中国共产党全国代表会议上，邓小平当着全国的共产党员说："鼓励一部分地区、一部分人先富裕起来，也正是为了带动越来越多的人富裕起来，达到共同富裕的目的。"之后，邓小平"先富带后富共同富裕"的思想成为党的政策。在这一思想

① 刘雨婷，上海财经大学数学学院2018级数学与应用数学专业本科生。

的驱动下，我国经济总量快速增长。我们今天享受到优越的生活，接受良好的教育，考入大学进行更高层次的学习，这些无一不要感谢当年的正确决策。但是，我国地域庞大，有先富，当然就有后富，我国的发展在地区上仍旧是不平衡不均等的。

中国还有那样一片广袤的土地，那里有庄稼有果树，有田地有浅滩，养鱼养虾，造纸种桑，有淳朴的面庞，爽朗的笑声，也有生活的艰辛和人们"足蒸暑土气"的汗水。它的名字叫中国农村。中国农村支撑了城市的发展，也养育了我们所谓的"城市人口"。

身处安逸，却不忘心怀天下。我想这就是学校坚持多年来举办千村调查的意义所在。读万卷书，不如行万里路。我们或许曾经走万里路，去北京爬长城，去上海游黄浦江，去香港购物，当然，也走出国门，体味国外的风土人情。然而，我们却很少踏入祖国的农村土地，看看它们的发展情况，了解农民的生活。我们同处一片蓝天下，但我们都在过着不一样的生活。走入中国的乡村，调查农民的生活状况，给予我们的，不仅仅是知识层面的延伸：啊，原来中国的乡村状况是这样的，而且还有心灵上的震撼。

中国农村里，还有那样一群和我们一样大，或者比我们小的孩子，他们正处于接受教育的年纪，但是显然，由于环境等原因，他们没有机会接受和我们同等的教育。此次的千村调查，主题正是"中国乡村教育研究"，也是因此我了解到了那群同龄人的学习生活，也更加珍惜自己拥有的宝贵资源。

印象很深的一户人家，家里也不是十分富裕，老两口留守村里，儿子和儿媳妇都在镇子里做小生意，家里还有一个孙女，孙女的幼儿园和小学都是在农村上的。老人对我说，孙女成绩好，在六年级快要升学的时候，家里一咬牙，在城里买了一小套学区房，把孩子送到城里上学。当时买完房，家里五口人，一共只剩下两三千块钱。其实中国现在的很多父母都在为孩子的学区房奔波，但是我没有想到，一个不富裕的农村家庭，还是为了女儿，也可以做到这种地步。那个孩子是幸运的，至少在农村算是幸运的，她拥有重视她的教育的父母，还拥有不轻视女孩子的爷爷奶奶。所以说，随着时代的进步和人民思想的进步，固然乡村还有许多人不重视教育，让孩子早早打工的现象，但也不乏一些重视教育，并且愿意为教育投资的父母。

老师在千村培训时，就总是强调千村调查这项活动的意义——深入中国广大的农村，了解当前农村现状。其实，我的爷爷奶奶都在农村居住，所以以前我在农村生活过很长时间。还没有开展千村时，我想我已经在农村生活了这么长时间，难道我还不了解我家乡的农村吗？但在开展这项活动，仔细完成调研报告后，我发现其实我离中国广大的农村还很远。千家万户，每一家每一户都存在着没有向外人诉说的喜悦与忧伤，这一家一户的酸甜苦辣才共同构成了中国农村之一的样貌。我们以前都说见微知著，但是，其实在社会调查这种事情上，只有见过足够的"微"才能够达到最后的"知著"。

走千家、访万户，参加千村调查其实很不容易，不仅仅是有大量的调查和数据要处理，而且还有我们想象不到的困难像拦路虎一样在千村调查的道路上等着我们。比如说，因为我们需要全面的调查了解所以需要问询许多问题，其中还包括村民家里财务情况的问题，如何和农民们顺利地沟通，让他们接受两个小时左右的调查，如何在一些敏感问题上获得相对准确的数据;还有入村调查,因为不同方面的数据都有专人负责,所以需要对许多村委会工作人员进行调查,甚至需要走访村委会数次,才能得到全部的数据。困难总是很多,幸运的是,我坚持下来了,顺利结项,也因此获得了人际关系上能力的锻炼和对乡村现状的正确认知。

千村调查已经连续举办 12 年,鼓励学生走出去,深入农村,修身不忘报国之志。

如果说,用一句话来概括千村调查于我的意义的话,我想说:这是一种思想上的认知扩展和心灵上的震撼,一群人们在相对贫困的境遇下仍旧心向阳光,他们的生活也在蒸蒸日上,这是一个理性又充满希望的故事。

从"象牙塔"到广阔田野

单　荀①

2019 年的夏天，我又回到了我的祖籍——安徽省亳州市蒙城县楚村镇沟北村开展千村调查，这次千村调查的主题为"中国乡村教育研究"。这次调查不仅让我对调研的内容有了很多收获，也让我对千村调查本身的意义有了更进一步的认识。

一、千村调查帮助我打开一扇了解社会的门

老家对我来说并不是太熟悉，它和我所在的城市北京、上海以及我的大学生涯没有太

---

① 单荀，上海财经大学数学学院 2017 级财经数学专业本科生。

多的交集。我以前过年的时候会应邀回老家几次，几乎每次都像“省亲”一样，住在宾馆或者条件相对较好的亲戚家里，走马观花地去串亲戚，出席一些饭局。由于老家人说的都是方言，我大多时间是作为远道的“贵客”礼貌地点头微笑，很少有充分的交流，也没有刻意去倾听他们到底说的是什么。每一次回老家就好比是从高铁上隔着减速玻璃往外面的乡村看一眼而已。

在这次返乡调查之前，我凭直觉以为这个主题没有太多可以调查的，无非就是各个地区的升学率不同，像我家所在的北京基本上高考升学率100%，我在老家的表哥也在外地读大学；我理所当然地认为老家因为经济条件比较落后，人口比较密集，可能升学率会略低一些而已。但在进行了实地调查之后，我发现乡村教育的问题不仅仅是这两个因素造成的，人们对待教育的观念也有所不同，而且学生们的学习环境也并不算好。这次调查让我对于乡村教育问题有了深刻的看法，千村调查不仅是一个采集数据的过程，更是一个帮助我们了解社会的通道，让我亲手去打开了一扇贫困地区县城、乡村社会的门，走进去体验他们的生活和学习状况。

（一）调查让我了解了农村人们的教育观念

由于我国实行九年制义务教育政策，我一直认为对于学生来说，读完小学升上初中是再正常不过的事情，我周围的同龄人都是这样的。但通过这次的入村调研我发现，对于沟北村的孩子来说，上学并不是一件很容易的事情，因为本村只有一所很小的小学，老师的水平也不高，由于地区比较偏僻，学生们除了课本也不会去买其他类型的辅导书。这让我这久经“题海战术”考验的人觉得不可思议。一些读过这所小学的学生表示他们升入初中后感觉跟不上老师的节奏，原因就是基础打得不好，因此很多家长把孩子送到镇上读书。

相较而言，小学的学习任务还并不算很重，但是到了初中，不仅有些学生本人不愿意学了，家长也会有经济上的压力，虽然学费是免费的，但为了提高学习成绩学生需要去买一些辅导书，在食堂吃饭也要伙食费，甚至有些远的学生还需要住宿。虽然政府已经出台了相关的政策，对于家庭困难的学生会有补贴，严格控制退学、辍学现象的出现，但还是有一些家庭为了节省开支会决定让孩子提前辍学，去打工为家里分担压力。

村子里的图书室藏书也不多，而且大多数图书是为大人们准备的，很少有为学生准备的辅导书和课外书一类，因此这里的文化氛围也并不浓厚，村子还是以打工和种地为主，很多家庭观念还是认为孩子越早打工挣钱越好。虽然蒙城县的整体教育水平正在提升，但是通过我的调查发现，从村子里出去到县城里的家庭近些年会更加愿意接受教育，而村子里的状况还是没有太大变化。

还有对于将来工作期望的问题。无论是在村子还是在县城，家长普遍认为孩子能考上大专就是成功了，学校也都会以专科上线率为重要指标，很少有人会关心具体考上哪所学校。对于未来的就业方向，大部分人并没有很清晰的考虑。这就导致了一些人即使是很努力地完成了高中学业，进入大学后会突然感觉迷茫。简言之，乡村的教育还是以高中内容和上线率为目标，把高考看得过于重要，很少会有人为长久考虑。我曾经以为高中生在高考过后报志愿时都会对自己的未来有一个初步的规划，因为对于我们而言高考只是一个敲门砖，后边大学中的专业学习才是更加重要的；但是在乡村教育的观念中则有很大不同，很多学生和家长对于上什么大学、上了大学以后干什么没有认真地思考，因为那对于他们还很遥远、陌生，贫穷限制了他们的想象。

（二）调查让我看到了不同地区教育制度的差别

因为我从小生活在城市中，小学、初中都是就近读的，高中也是在家附近，因此从来没有考虑过转学，但在我通过这次调查之后，我发现乡村中很多外出打工的家长会带着孩子随迁，到打工地就读，但这样子就会有一些麻烦，最大的问题就是中考制度的差异。因为中考每个地区都不一样，甚至学科都不一样，就比如安徽中考有 13 门科目，而上海中考只有 6 门科目。有些孩子在上海或者其他地区接受了初中教育，但由于户口的原因必须要回到安徽参加中考，就会发现有些科目没有学过。但即便这样，大多家长还是愿意让孩子选择随迁，而不是留守在老家，一来是方便照顾，还有就是大家普遍认为本县的教育水平不如外边高。几年前蒙城县师资不够的问题非常严重，高中尤其是高三的很多班级一个班里会有一百多名学生，而老师又要照顾到所有学生，上课效率大打折扣。作为全省第一批整体脱贫县，近些年随着脱贫攻坚战的推进，蒙城县的整体教育水平已经有所提高，但还是存在师资不足的问题，特别是乡镇、农村学校几乎没有艺术类课程教师，这也是从小赶场各种兴趣班的我从来没想到的。

二、千村调查带给我的收获

这次千村调查活动让我看到了很多以前从来没考虑过的问题。之前我从未意识到城乡之间的教育水平和观念差距如此之大，乡村的教育资源相比城市还是少很多，乡村教师的岗位也十分缺人。通过调研，不由得让我联想到形势政策课中所学到的知识点，那些书本上写的、老师课上讲的、考试之前背的抽象的文字变成了我眼前的一个个现实的家庭、一张张生动的脸。

（一）我对于中国还处于并且很长一段时间还将处于社会主义初级阶段有了深刻地认同

在脱贫攻坚的第一年，2018 年全国农村脱贫人口 1 386 万人，超过比利时、希腊、葡萄牙、瑞典、匈牙利、奥地利、瑞士、新加坡这些国家的全国人口数，这是多大的一个壮举！但是，截至 2018 年年末，全国农村贫困人口仍有 1 660 万人，相当于居世界人口第 70 位的厄瓜多尔、第 71 位的塞内加尔用的水平，这又是多大的一个体量，脱贫谈何容易！虽然中国的经济总量居于世界前列，但是用 14 亿人口的分母去平均，个体居民和家庭的平均富裕程度还是不容乐观的。虽然北京、上海可以和世界上其他国际化大都市相媲美，但是我们城乡之间、贫富之间的差别也还是很大的。

（二）我对于现阶段为什么要“打赢脱贫攻坚战”和要落实“教育优先发展战略”有了深刻地认同

1. 关于“打赢脱贫攻坚战”

2020 年是中国在以习近平总书记为核心的党中央带领下，打赢脱贫攻坚战的决胜之年，如果不解决贫困地区人口的生存、生活困难，怎么能底气十足地说实现了百年中国梦、走上共同富裕的小康之路了呢？国家在扶贫方面是下了硬任务的，扶贫干部、第一书记们、包括大学生村官们就像是领了“军令状”的先遣队员，正在包村到户、带领贫困地区和贫困人口一步一步迈出贫困的窘境。近期看到，不断有全国各地关于整体脱贫的报道，鼓舞人心，令人振奋，我相信这场攻坚战我们一定能打赢、而且能提前结束战斗！

2. 关于“教育优先发展战略”

在调研以及和老乡们的接触中我发现一个现象，消费水平之间的差异小于收入的差异，特别是返乡家庭年节期间的消费能力和消费方式超乎我的预期。但是观念上的差异之大，则让我和一些没有接受过教育的“老表”们无话可谈，也对一些辍学的弟弟妹妹们的未来比较担忧，我能感觉到和他们之间的距离越来越远。

我认为，相比于经济上的脱贫来讲，教育上的“脱贫”更显重要，因为社会成员的文化程度决定了社会的文明程度，观念上的落后可能需要一代甚至几代人的更迭才能有明显的改观，只有逐渐缩短观念上的差距才能真正消除城乡差别，使农民变成“市民”，实现我们国家真正的富强、民主、文明、美丽、和谐。

三、我对组织千村调查活动的思考和建议

学校的千村调查活动能够持续这么多年，我认为它的成功有其必然性，它的可持续发展还有很多工作可以去摸索。通过千村调查，应该努力实现多方面的收获：

（一）如何推动大学生体验“实践—认知—实践”的过程，千村调查是一个非常好的形式

古人说：“读万卷书不如行万里路。”对于生活在“象牙塔”里的我们来说，世界之大，好多还没有去真正地看看。要了解中国社会的现状、尽早认识毕业后要融入的社会，如果单纯通过旅游观光看到的可能是片面的，只有拉拉家常、掀开锅盖、端起饭碗才能感同身受，学有所思。

通过千村调查这种社会实践的方式，切身去了解“三农”现状，帮助我们走出校门、了解国情，加速从“仰望星空”的学子到“脚踏实地”的社会人的蜕变过程，切实感受到“立鸿鹄志、做奋斗者”的时代呼唤，无论是将来打算从事教育事业，还是参加支教一类的活动，都是十分有意义的。

（二）如何能对调研对象有实实在在的帮助，这应该是千村调查追求的更大的社会效益

每次参加千村调查之后，我都将报告上交给学校，其中我也提出了一些经过调研和分析后得出的建议。我想学术研究的意义在于指导实践、推进生产力发展。两年研究下来，我不由地想，我回老家进行调查，老乡们都很支持我的工作，除了乡里乡亲的感情和热情之外，我能带给他们什么？我想，通过我们的调研，如果能够聚焦若干个离学校相对较近的贫困县和村，建立定点扶贫的长效机制，从了解情况、到以扶贫支教、共享教辅资源、推进艺术下乡、欢迎乡村学生走进高校等多种形式的互动，再到为政策制定提出建议，发挥我们学校老师、学生的智力优势和闲置资源为扶贫引智做出贡献，这是我们能为国家打赢

扶贫攻坚战、为被调查的农村和贫困县所做的实实在在的努力。

(三)如何能帮助学校推进对千村调查的管理,是我们这些参与者的另一个任务

两年的千村调查经历,特别是2019年学校通过“企业微信”的方式收集、审核数据和信息,让我明显地感受到这项工作在组织方面的进步,同时互动平台的应用也加强了对参与者的及时指导和答疑。

作为调研和数据录入的全过程参与者,我一方面已经积累了一些调研、数据处理的经验,另一方面也有一些程序设计上的小建议想分享出来。明年我希望能够以更进一步的方式参加千村调查,比如在系统完善方面承担诸如系统测试,或者协助学院做审核之类的工作,帮助在不同字段之间关联性设定,选项范围精准化设计,通过逻辑关系自动纠错等方面发挥我的一些经验优势,希望更好地为千村调查的长期建设发挥作用。

寻访彩云之南的光芒

孔子灵[①]

70 岁应该是什么样的状态呢？年近七旬的祖母是个可爱的老人，爱同我讲述过往慢慢悠悠的岁月；70 周岁的祖国却正年轻，有更闪耀的未来等待被谱写。她们很不一样，却又有相似——祖母不曾识字，祖国腹有诗书，可她们都极度认可教育的重要性，她们都念想着村庄的炊烟……要了解祖母并不算难，思维还清晰的她的故事只待我一个一个去聆听；可是该怎样去了解幅员辽阔的祖国呢？怎样去阅读这本洒满花香与清风的厚书呢？遇到千村调查，我仿佛看到了答案——"走千村，访万户，读中国"，这不正是还未走出"象牙塔"的我们此刻力所能及的第一步行动吗？2018 年的暑期，由于参与支教，我没有成为千村调查的一分子。今年何其幸运，选择加入返乡调研的我，恰好可以带上祖母的乡愁，去探寻藏在云南七彩云端的那一份属于家乡村落的"乡村教育"。

出发的那天，天是青灰色的。在前进的小车上，听着淅淅沥沥的小雨，看到薄薄的云笼罩着绵延的山。云南乡村的雨天一贯如此，素雅又宁静，不知道这是看淡了大城市灯红

① 孔子灵，上海财经大学数学学院 2017 级信息与计算科学专业本科生。

酒绿后的平定安然，还是从未经历过摩登都市繁华喧嚣的故步自封。不论如何，眼前那些玉米是欢快的，和着滴答的雨，正轻轻地向我们挥手。玉米秆后，那些云端的孩子又是怎样的呢？能不能把充满希望的幸福未来定义给他们呢？还没有问到答案，内心有些期待，也藏着些不安。

我知道幸福不能单一到用金钱来定义，我知道成功也不能完全用名誉来衡量，所以我更珍视教育所能带来的精神财富，因故也愈发恳切了解教育的实况。2019 年我校开展的千村调查的主题，恰好是“中国乡村教育研究”，“喜出望外”形容的就是得知这个消息的时刻吧。在调研正式开始之前，翻看着详细的问卷，我希望自己能领悟些什么，能憧憬些什么，能更加清晰地知道能为祖国的教育做些什么。

走过碎石铺成的小路，是开始收集信息的第一户，十来岁的小女孩带着七八岁大的弟弟安静地在看电视，看着这台家中最贵重的家电。两个孩子知晓我们的来意后，扑闪着好奇又害羞的眼睛，大声呼唤不远处在后院忙碌的妈妈。在征得妈妈的同意下，姐姐略带羞涩，代替妈妈接受我们的采访。轻快的氛围中，我们完成了问卷，还聊了聊未来与远方。又串过一户接一户，发现似乎她就是“他们”的缩影，他们是村里大多数的孩子——受经济状况、家庭条件抑或交通发展的限制，他们大多是留守儿童，没有过多对外面世界的渴望，没有过多对现状的怀疑。接触不到深厚教育资源的他们，思想会局限在浅浅的池塘里吗？从没看过璀璨灯河的他们，会困在小小村庄里再不愿看山外头的海吗？我不知道，也有些不愿意知道，因为我害怕，害怕得到肯定答案后也只是无能为力。我和大多数的“我们”一样，只是一个不太专业的调查员，一个没什么社会经验的在校生，一个有满腔热血却迷茫不知如何释放的青年人。

在调研结束返程时，拎着沉甸甸的问卷，看着无限秀美的山水，一遍一遍回想着访问时的场景，心底对千村调查的定义忽然更加清晰了。不可否认，还处于知识储备阶段的我们此刻正渺小，暂时没办法解决眼前的问题，可是数据汇聚的地方有一群专业且严谨的人，作为一个大团队，千村调查有无穷的能量；力量还在积蓄的我们此刻无法有大作为，甚至还无法完美解答村民们抛来的问题，可是走村串户后留在记忆深处的面孔，会是前进路上散发光芒的萤火虫，指引我们踏实地走向更耀眼、更美好的明天！千村调查，访问的不仅是村庄里淳朴的笑颜，也访问了每一个调查员的内心。一切都值得，一切充满意义，一切都将是珍重而宝贵的财富！

胥浦塘前大茫村，千村走访遇诚纯

魏明明①

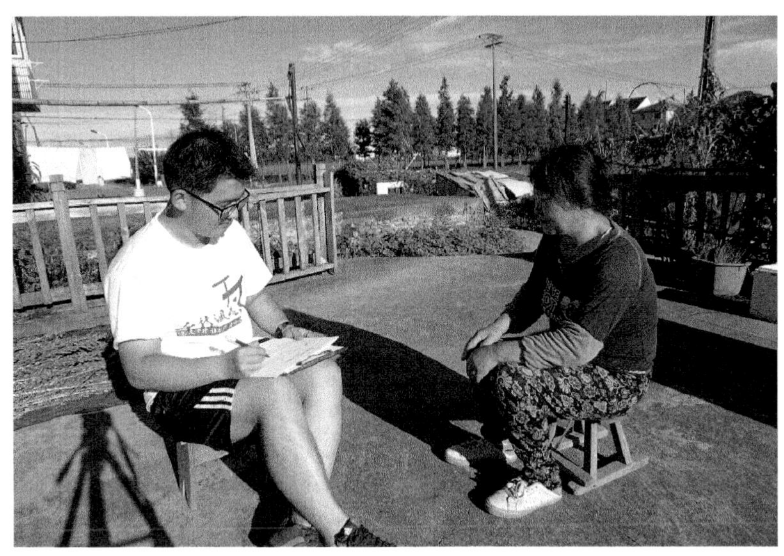

9 月 3 日的下午依然阴雨绵绵，骑着电动车从镇上出发约莫 20 分钟，直到看到牌匾上被风雨侵蚀的三个大字“大茫村”才意识到，我又来到了记忆里这个熟悉的地方。

大茫村位于朱泾镇的最南端，东南依着胥浦塘，与吕巷镇相望。“全村辖 34 个村民小组、1 017 户，共 3 806 人”。翻出小本子依然能看到相差不多的几组数据，是我在高中写下的。我家住在上海金山的朱泾镇上，而大茫村则是个朱泾镇最南端，离镇中心有四五公里远的小农村。就这样一个“不起眼”的地方，在我十五六岁时便跟它有了千丝万缕的联系。高中时我喜欢骑着车向镇的外围驶去，找到新鲜的地方令我激动而兴奋，这其中包括了大茫村和村南边是一条几十米宽的大河——胥浦塘，那时起河边成了我经常一人独自散心的地方。真正让我对这个村庄有所熟悉的，是高中在大茫村村委会做志愿者的那段经历。高一暑假我前往大茫村做志愿者，那段时间恰逢村委会准备村干部选举的换届工作，我负责统计那里的人数并将选票按人数放入文件档案里，而后由工作人员交给每个生产组。尽管是微不足道的工作，却让我对村委会选举有了一个初步的认识。

时隔多年，当我重新踏入这个村庄时，有了一股油然而生的亲切感。然而村里没有任

---

① 魏明明，上海财经大学人文学院 2017 级新闻学专业本科生。

何一个认识的人，也成了我所顾虑的事情。当我怯生生地踏进村委会的办事处，由大厅里的工作人员领到村委会干部的办公室，我看到了一张熟悉的面孔——当年高中志愿活动负责带领我们的金叔叔，令我不禁欣喜而又吃惊。尽管他已经忘记了我，但当我说明想要做千村调查的来意后，他爽快地答应帮我填入村问卷并安排大厅里的工作人员帮我填入户问卷。

当他说明 2017 年我入学前的那个暑假上财千村定点来的就是这个村子，我又增强了乡间访问的信心，也好奇经过了这两年村里发生了什么变化。千村调查，重在实地走访，深入百姓的家中了解情况。因此我谢绝了金叔叔让村委会工作人员帮我填完入户问卷的好意，只身徒步几公里前往田里的农户家中调查乡村情况。

之前我跟上海本地爷爷奶奶接触最多是在菜市场买菜的时候。而当我更深入接触了解他们后，我真真切切体会到了农村长辈们的淳朴与善良。“万事开头难”，而我采访第一家农户时就眼前一亮，打消了心中的顾虑。我进门时屋里有四个年近耄耋的老人和一位六七十岁的徐奶奶，当我说明自己想要进行千村调查的来意时，徐奶奶很耐心地帮我跟其他几位老人解释：“这是大学生学校里组织的乡村调查，我孙女去年也参加了这种调研活动，你们就放心地配合小弟弟，填一些基本情况就可以了。”奶奶只是来这家农户家里聊天，却陪我在有点慌乱又有点耗时的第一户调查采访中，帮我翻译一些我听不懂的本地土话。第一户调查还算顺利，奶奶很看好我们大学生深入农村调研的活动并鼓励我多了解大茫村居民真实的生活情况。由于已经下午四点半，差不多是农村里吃饭的时间了，我以匆忙而又顺利的入户调查结束了当日的行程。

第二天一大早我就骑着电瓶车来到了大茫村。兜兜转转了一会儿，碰巧找到了徐奶奶的家，由此顺理成章地完成了第二户调查，又由徐奶奶介绍给隔壁住户。这次千村调研最巧合也是最惊喜的事，莫过于在交谈中顺便提及家中子女情况，知道了第三户老人的大儿子碰巧是我高中的历史老师。我和第三户似乎因为高中历史老师而加深了联系，感到格外的亲切。在临近午饭点的时候，历史老师的母亲还十分热情地留我在他们家吃饭。第二天依旧“天公不作美”，天气直到下午我着手的当日最后一份调研时才放了晴。

第三天最后一户入户调查的金奶奶一家和她的女儿也同样善解人意，在我说明来意后不仅递给我一瓶盐汽水还提出留我在她家吃饭。在这次乡村调查中尽管只采访了 12 户村民，他们的热情、淳朴、善良令我十分感动并感到惊喜。

我居住的朱泾是十分现代化的一座城镇，在大家的印象中上海也是一个国际化大都市，似乎忽略了农村的存在。当我第一次深入农村，踏进这片我未曾真正熟悉过的土地，村民们的描述令我对上海边缘郊区的乡村有了一个全新的认识。上海郊区的农村不像外省普遍观念中的农村或者城乡接合部，离城镇的现代化生活也有着一定的距离，而大茫村就是这样一个依靠城镇中心的资源生活，只发展第一产业的典型郊区农村。在这里，大片的农田都进行着集约化的生产管理，仅有一小部分被农户自留种菜。当我调查了 12 户农民家庭情况时惊奇地发现，大多数农民都靠吃农保生活，没有其他经济来源。这是为什么呢？由于大茫村与朱泾镇中心生活接轨紧密，大部分村里常住人口都是退休以后的老人，年轻人以及中年劳动人口基本都生活在朱泾镇中心，少数未在镇上买房子的成年人也会选择住在大茫村、每天早晚私家车出行去上班。另外，由于政府征地修建防风林，大部分农户沿河的土地都被分批征收走，以城镇户口以及每月的城镇居民保险作为补贴。因此，大茫村的大多数老人没有农业生产上的经济来源，都是依靠城保以及儿女补贴收入生活。即使家里没有发生什么大事，每年城保的钱也基本所剩无几；若是家中老人患上重疾，基本都是要依靠儿女出医疗费（私立医院不可以报销）。而农村的小孩也十分稀少，没有出现外省留守儿童的现象，基本都是跟随父母在镇上生活。

在踏进大茫村之前，我一直以为大茫村兴许是跟外省农村一样，家家户户农业生产自给自足，留守儿童现象普遍存在。当我真实乡村走访之后，才真正了解到这个农村的全貌。这也是我与身边农村及当地民众的第一次近距离接触，让我知道了课本上所没有出现过的知识。

尽管这次调研活动基本圆满完成，然而我仍遇到了一些难以解决的困难。比如我听不懂金山本地的土话，无法用上海话与他们沟通；一些年近耄耋的老人听不懂我说的问题，这也使我被迫放弃一些家里只有老人的农户；另外，有部分农村人依旧十分保守，对于外来人抱着迟疑与警惕的态度，即使我表明上财学生身份并解释了千村调查的目的与动机，部分村民仍然会将我拒之门外……因此独自一人的乡村调研活动也存在着不少的挑战和挫折。

“走千村，访万户，读中国”，当千村调查的标语落实到实践中来，我才真正了解到它的含义。中国人的家国情怀和思乡情切，使我们在现代化的城镇中生活时，不忘回头看看曾经生活的地方，或是祖祖辈辈赖以生存的地方。这是一片充满热忱的土地，生活着淳朴、善良的村民，在这个传统农业与现代化城市生活似乎格格不入的新时代，心醇气和、一秉虔诚地生活着。我想，千村调查不仅让我们通过亲身实践了解到我们周围未曾真正熟悉过的地方，锻炼了我们如何与人交流、沟通及社会实践的能力，还让我们增添了一份对祖国、对城市与农村，更是对农村人民的了解与热爱。

跳动的乡村教育文化

陶千雪①

2019年，是新中国成立70周年。70年来，国家高度重视农村教育的发展，积极改变农村教育的落后面貌，农村教育实现了重大转变。2019年，也是上海财经大学千村调查项目走过的第12个年头，2019年，我作为安徽省亳州市利辛县调研团队的一员，在"走千村，访万户，读中国"的道路上继续前行。

我从没有体验过这种深入乡村的调研，真正走在田间地头所带给我的强烈冲击，和幼时初读"汗滴禾下土"的懵懂无知是截然不同的，它带给了我极为新奇又深刻的体验。背着问卷，乘着面包车，在乡村道路上颠簸。途中瞥见的，是一片片郁郁葱葱的麦田，是葱翠间劳作的背影。7月末，这座皖北小城仍然散发着灼热的炙气。看到一粒粒汗珠在受访者的脸颊滑落的时候，"足蒸暑土气，背灼炎天光。力尽不知热，但惜夏日长"。从印在书本里的知识化为此刻最真实的感悟。

乡村是中国社会的重要组成部分，对我国乡村缺乏基本了解，就难以形成对当代中国的清醒认识。作为一名会计学专业的本科生，我对会计信息的认知，仅仅是上市公司财务

① 陶千雪，上海财经大学会计学院2017级会计学专业本科生。

报表上光鲜的数字,它们准确、规范又完整。通过千村调查,我第一次走进乡镇村部,看到村委会的会计账目,没有详尽的账目分类、没有列报……这种质朴的会计记账方式,让我记忆犹新。在这次调研中,我看到了真正的田间劳动,领略了日趋中心化的乡村集镇,也瞥见了中国农村教育的缩影。通过与一个个鲜活的人的对话,跳动其间的乡村教育文化构成了我心中的千村调查。

“不识字,小时候家里穷,上不起学。”这是村子里的耄耋老人被问及是否识字时的回答。简短的一句话,却是新中国成立初期乡村教育的真实写照。于他们的父母而言,经历过动荡的战争年代和连年的自然灾害,人的意识早已被饥饿所占据,从马斯洛需求层次理论来说,满足生理需求和安全需求成为他们从事任何社会活动的唯一激励,教育被饥饿踢出了农村。

“不识字”是老一辈心中的遗憾,也刺激着他们响应国家普及九年制义务教育的号召,将小孩送进学校,从而拉开了新中国成立以来我国乡村教育的序幕。在这一背景下成长起来的“60后”“70后”们,在满足了基本的生理需求之后,开始着眼于更高层次的情感和归属需求,他们中的一部分人最早开始萌生出知识改变命运的思想,通过外出求学的方式走出农村;相当多的另一部分人,完成了农村教育体系下以扫盲为目的的基础教育,基本消除了沟通障碍,以外出务工的方式走出农村。城乡之间的人员流动给农村带来了新鲜的血液:外出求学后回归家乡,在村镇学校教书育人的现象开始出现,国家政策促使乡村教育发展的更迭。

“孙子有出息,考上大学了”。对农村老人而言,直到今天,说出这句话都是硬气的、骄傲的。从村镇小学到县城中学,国家教育体制改革,让农村学生有机会从高中阶段伊始,与城市学生共享教育资源。在利辛农村,大学生尚未像城市一般,被学校排名割裂成世俗观念下清晰的层次,在这里,大学生是家庭前途和宗族地位的积极象征。他们着眼于尊重需求和自我实现需求,积极通过大学生村官等途径,将这种象征的影响力根植于家乡。教育公平引发了新一代农村知识分子对个体责任的思考,也让反哺现象更加普遍。

我是一个生在城市、长在城市的小城姑娘。我切身体会着我国城镇教育的进步,也欣喜于媒体报道下的乡村教育的发展。但是,农村与城市经济水平的沟鸿,仍然是横亘在农村教育发展面前的根本难题。在利辛这座国家级贫困县里,乡村教育还有很长的一段路要走:一方面,大量青壮年劳动力外出务工,经济水平的限制造成子女留守,农村教育的话语权又回归到了“上不起学”的爷爷奶奶手里。根深蒂固的生理需求,产生了以吃饱穿暖为目的的隔代教育。接近九成的受访老人不清楚班主任年龄段,提及辅导孩子作业,他们甚至不能理解“辅导”一词的含义,一句“我不识字”将家庭教育逼上绝境。另一方面,社会存在决定社会意识,经济水平的落后使得他们对子女教育缺乏宏观认识;家长教育经历的缺乏限制了其对子女未来发展的期许;铁饭碗依然是他们心里的“香饽饽”;教育投资和人生规划在这里是专属于城里人的。

千村调查,让我有机会在农村教育体制改革背景下,跳出自我的舒适圈,实地去感受我国教育发展的现状。一次调研,我经历过饮食结构上的不适应,体验了从火车大巴到摩托、三轮的交通方式，也适应着农村不完善的基础设施和落后观念带来的冲击感。从魔都上海来到药都亳州，我感受到了一个个千姿百态、有苦有乐的个体，我深刻地感知到乡村教育文化是怎样运作的，我意识到蛛丝马迹都折射着丰富的信息。

为期一周的调研时光，是短暂而温暖的，和这个优秀的团队缘起于此，让我觉得既感激又幸运。七月流火，对千村调查的感悟随着天气的转凉开始多了几分思考，与老师、同学的相处时光仍然在记忆中闪光。这次调研经历对我而言是刻骨铭心的宝贵记忆。

在希望的田野上

李翔宇[①]

“农村、农业、农民”，千百年来“三农”问题是中国历史上永远绕不开的话题；无论是原始农耕文明时期，还是封建王朝时代，又或者是今天建设中国特色社会主义的新时期，“三农”问题关系着中国经济社会发展的轨迹，更牵动着每一个中华儿女的心。

提起农村，我总想到“阡陌交通，鸡犬相闻”的质朴图画；提起农业，我总会记起“力尽不知热，但惜夏日长”的耕作景象；提起农民，我脑海中总会浮现出那些手握耙犁，穿梭于田垄间，奔波在烈日下的勤劳身影。

我离开农村来到城市生活已有 16 年整，在我还小的时候，父母怀揣他们对于城市生活的向往告别了那片土地，放弃了原本安稳的工作和生活来到城市。从那之后，对于农村，我便只剩下刻板的、琐碎的印象。这些印象或来源于探亲时的见闻，或是来源于父母对曾经生活的追忆。在我的记忆里，村庄或是说农村的样子并没有显著的改变，农村的脉搏是缓慢的，它似乎永远在和自然一同律动。但在此次走访过程中，我真真切切地感受到了市场经济和城市化进程对农村的影响。

在大学里的一节选修课上，记得老师曾让我们用一个词描述自己对农村的印象，我觉

① 李翔宇，上海财经大学商学院 2017 级国际商务专业本科生。

得这个词应该是“托举”。在中国这个经济不断发展且仍具有一定阶层流动性的社会中，我觉得“托举”是农村社会无法逃避的问题。所谓“托举”，最显著地体现在年轻人“逃离农村”的现象上。时下，虽然农村的基础设施建设工作如火如荼，但在大多数地区，农村生活条件仍然与城市有很大差距。在这种情况下，越来越多的年轻人选择去城市谋生。在走访过程中我们了解到，年轻人逃离农村的这种现象不单单只是减少了农村经济发展的劳动力数量这么简单。村里的年轻人外出求学或是就业，其所需要的经济来源通常来自家庭的农业经营收入，年轻人读书家里要供应，年轻人买房子结婚家里要付首付、出嫁妆。有许多家庭形成了两三个劳动力的收入供应一人外出闯荡的局面，在外打拼成功者就把全家人接到城市，从此摘掉农民的帽子，打拼失败者就回到家里和土地庄稼生活一辈子，把所有的希望都倾注在自己的下一代上，使尽浑身解数继续“托举”。在城乡差距大，农村经济发展不知路在何方的今天，“托举”似乎是中国农村社会一个不得已的选择，而这一场场“托举”的大戏里，谁能真正等到反哺的一天，每个人都不得而知，但每个人却都显得毅然决然。

年轻人的逃离随即带来的一个问题便是留守儿童群体规模日益庞大。在走访的过程中，我们采访过这样一个家庭。这个家庭的父亲常年外出打工，回家的时间很少，母亲则是在邻近的县城里打点零工，家里爷爷和奶奶带着两个孩子，其中一个 11 岁，一个 3 岁。这个 11 岁的孩子患有先天自闭症，由于常年同爷爷奶奶生活在一起，导致直到 3 岁左右的时候他的病情才得到确诊。因为老年人缺乏对这些疾病的了解和防范的意识，他错过了最佳的治疗时机，以至于他的病情迅速恶化，学业荒废，生活难以自理。诸如此类案例，这不是第一个，想必也不会是最后一个。在了解到这个案例的时候，我只觉得有一种无力感油然而生。如果不是生在一个偏远的村庄，又或者不是为生活所迫，这个孩子也一定会拥有美好的未来吧。

在走访的过程中，我们既了解到了农村社会目前存在且亟待解决的问题，也看到了几年来新农村建设所取得的重大成就。在经历了过去“工农业剪刀差”“农业为工业输血”的年代之后，现如今的农村也越发享受到了来自城市经济和第二、三产业发展带来的“红利”。工业反哺农业在政府的政策指引和企业的大力支持下悄然有序开展，农业生产全流程机械化，农业生产产业化、集中化。前不久，村里还新开了一家农业公司，“三权分置”工作有序展开，部分农民摇身一变进入工厂成为农业工人。村里交通条件进一步得到了改善，村委工作人员告诉我们基层政府和当地自治机关打算在未来两年内实现村内全路段硬化。在走访过程中，我们也了解到，村里有许多居民已经完成了危房改造和厕所改建工作，居住条件得到了进一步的改善。

在文章的最后，我有感通过千村调查活动我们大学生得以走出窗明几净的教室，离开霓虹璀璨的城市，回到农村——中国这棵参天大树的“根”，走一走泥泞的乡道，闻一闻泥土的芬芳。中国的未来不仅仅在都市的高楼大厦，更在一片片希望的田野上。无论物质条件如何匮乏，无论乡村生活何其艰辛，在每一份问卷的最后一个问题，即“您认为未来您的生活水平会提高吗?”每一个受访者都毫不犹豫地回答:“会的。”这份信心是乡村社会继续发展的不竭动力，更是在城市奋斗的我们应该守护的东西。

借“千村”看乡村

叶议泽[①]

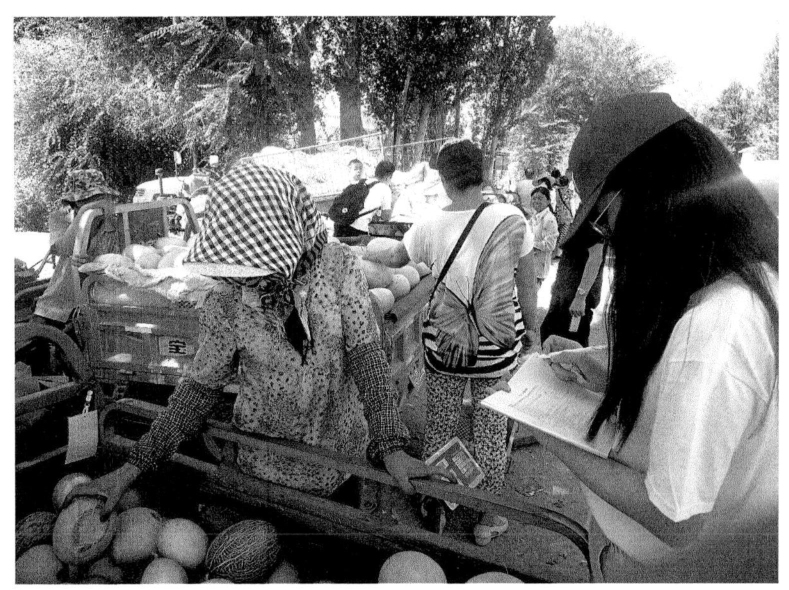

在上财学习了两年，终于有机会参与到上财著名的千村调查活动之中，能作为其中的一分子，能了解到我这 20 年来从未能体验过的生活状态，能去思考一个陌生城镇的教育和乡村振兴的问题，我觉得很荣幸，很难得。

这一次千村之行是在 8 月，我们选了一个具有代表性的村庄——新疆昌吉市滨湖镇滨湖村。滨湖村是农村城市化的一个典型案例，它南与昌吉市市区相接，离市中心直线距离不超过 10 公里，随着昌吉市市区的不断延展扩张，滨湖村的土地被大量征收，耕地数量大幅减少，农业收入大幅下降，导致劳动力向城市大量流动，村内产业结构中第一产业比重明显降低，第二产业比重快速上升。在这样的城市化进程中，衍生了许多问题。我们正是想通过这样一个特殊背景下的乡村，希望能找到一些在教育和乡村振兴方面不同于其他普通村镇的问题。

在滨湖村，“胡天八月”不仅没飞雪，还持续高温，这给我们的调研带来了一些小小的困难，村庄里并非绿树环绕，而往往是土路纵横，尘土飞扬，一片颓败，在这样的环境下，38

① 叶议泽，上海财经大学信息管理与工程学院 2017 级信息管理与信息系统专业本科生。

摄氏度的高温似乎又更热了一些。滨湖村和我小时候见过的乡村似乎无甚差别,矮平的房屋,坑洼的道路,裸露的土地,偶尔几片绿色,不过天空是一味的剔透的蓝。在调查的过程中,乡亲们十分热情,一碗碗茶水、一个个瓜果、一串串葡萄……几天调查下来,这些小小的感动一路不绝,这个燥热的夏天似乎也不那么让人烦躁了,多了几分浸润心田的清凉,也在机械的问答和录入问卷的过程中多了一点人情味儿,多了一份温情。

随着调研的深入,这份温情逐渐让我觉得五味杂陈。直到2019年8月初,我一直以为文盲只是存在于描绘20世纪落后山区村落里的书籍中,在社会飞速发展的今天,在离市区如此近的滨湖村应是不存在完全的文盲的,但实际情况却并非如此。在我们走到近耕地的区域时,大路旁边多了很多卖瓜的瓜农,我们也顺道采访了他们。其中有一位看样子不过30岁左右的年轻妇人,我们问她家里的相关情况,她几乎什么都不知道,甚至连自己的出生年份都不大清楚,自己的名字怎么写也不晓得,这让我十分震惊。年龄大一些的像爷爷奶奶辈的人不识字、不会写字倒还可以理解,那个年代确实教育不够普及,但是一个20世纪80年代末90年代初出生的年轻人竟是全然的文盲,实在是让人大吃一惊。早在80年代中期《义务教育法》就开始实施,21世纪初九年制义务教育便已基本普及,但显然,这位乡亲并未被义务教育惠及。近年来,随着城市化进程的推进,城镇的教育资源在乡村范围内得到利用,滨湖村年轻一代文化程度明显得到提升,读到职高和大专的比例明显上升,和上一辈的文化水平形成了极大的对比,这些变化是可喜的,但获得高学历的年轻人们往往是走向村外、省外,基本没有留在当地的,滨湖村的劳动力中除却小学及以下的比例降低,其他的文化程度构成实质上基本没有太大的变化。而在现今滨湖村劳动力的整体文化水平分布中,85%以上的人最高文化程度低于高中,在这些人当中,近半数的人文化程度为小学及以下,可能像这位乡亲一样完全的文盲是极个别的情况,但从整体来看,在这样的文化程度下,对于滨湖村的发展和乡村振兴确然隐藏着不利。单收入这一项,明显文化程度高的平均要比文化程度相对较低的人高出很多,有些甚至要以倍数计算,而在这些收入中投入下一代教育的比例更是差别巨大,低收入的家庭普遍教育投入占比较小,而这些家庭里的孩子往往读完了初中就开始工作了,而家里的贫困往往又会在这些孩子身上延续……

当然,家里经济条件对于下一代教育的影响仅仅是一方面,家庭思想氛围往往也对孩子的教育影响深远。另一位瓜农阿姨和我们交谈时,聊到收入,聊到日子的艰辛,我们本以为她会很生气、很难过抑或怨天怨地,但她都没有,她只是静静地说着,我们静静地听着,似乎她说的这些对她而言都是在普通不过的事情了,薄田几亩、辛勤耕作、生意艰难、收入微薄、家徒四壁,已经这么艰难了,她依旧平静,没有想要改变什么的决心。这个时候我心里很难受,而拥有和她同样思想的人也不在少数,我就又想起鲁迅,怎样让他们能有着为自己争取什么,为自己的命运改变做些什么的勇气和决心呢?意念在先,行动才能随之而至。连想要改变的想法都没有,乡村又何来的振兴可言呢?在她之前我们有幸走访到一个家中的孩子考取了哈尔滨工业大学的瓜农家庭,这家父母文化程度也不高,但是对于政府的教育政策、惠农政策了如指掌,对于孩子的教育也是十分上心,拼尽全力地让孩子走入最好的高中、最好的班级，孩子在这样的环境下，凭着自己的努力和意志一路考进了重点大学。谈及关于乡村振兴的政策，他们能将现下自己的困难和想法都说出来，也希望村里的状况能在以后得到改善……由此可见，家庭的思想氛围对于孩子而言还是十分重要的，我们问到这一户瓜农，他们是如何了解到这么多有关教育、乡村振兴的政策，她提到是在市教育局工作的亲戚给他们解释和普及的。如若每一户都能如此关心自身境况的改善，都能在政策下发的第一时间得到普及和解释，那么何愁乡村得不到振兴？

所谓“扶贫先扶志”“治贫先治愚”，光靠外在的援助是不够的。“摆脱贫困首要并不是摆脱物质的贫困，而是摆脱意识和思路的贫困”，要想改善教育状况从而进一步改善农村在城市化进程中的一系列“消化不良”，还是要将思想工作做在前面，要努力改变村民的思想面貌，在他们心中种下改变现状、重视教育、努力脱贫、积极奔小康的种子，此外还是要认识到“贫困地区发展要靠内生动力”，要换输血为造血。滨湖村临近州、市车管所，驾考中心、昌安驾校等人流、车流集中的地方，该村借助这一优势，推出“旅游＋文化”的发展模式，在耕地大量征收的境况下，发展模式已经找到，接下来就是要将其推广到基层，不仅让家里有条件的人受益，日子红火起来，更应让更多农民认识到这一模式的好处，努力帮助他们理解和实施，这样才能内外并举，实现乡村振兴。

我很感激千村调查让我看到与我同在一片土壤上生存的人们的生活状态，了解到料想之外的世界的样子，也很庆幸自己能走出“象牙塔”，扎根于乡间土地，看到更广博的天地，感受到一些难以言明的责任。

老去的乡村

徐宇麟[①]

2019年8月18日，我和我高中时期的陈同学前往江苏省南通市通州区刘桥镇蒋一村——我的老家，进行我们的返乡调查。这次调查，我们的速度比想象中要快，早晨八点到晚上九点半，1份入村调查、12份入户调查的信息记录和录入全部结束；我们经历的比想象中要多多了，这一天我们了解到了太多我们在城镇里未曾了解过的事情。

早晨八点我们首先进入村委会进行入村调查。我的爷爷和村委会的干部比较熟悉，于是爷爷和一位主任说了几句之后，我们便比较顺利地开始了。之前只是大略地翻了翻问卷，没什么感觉，但是当我真的开始向负责回答的会计提问的时候才意识到，问的内容是真的非常细致。就人口调查这个方面，户籍人口、常住人口、男性人口、女性人口、0～6岁儿童、60岁以上老人……村委会的人被问得都有点懵："你们为什么要问得这么细？"实际上他们自己也不知道具体数字，之前并没有做过如此精细的调查，也没有过这样的要求。于是这些数字，没调查过的就只能靠几位德高望重的干部互相商量商量，给个大概。

类似于人口、土地相关的信息问起来还是相对顺利的，即使没有准确数字，那些干部

① 徐宇麟，上海财经大学统计与管理学院2018级经济统计学专业本科生。

也能估摸得八九不离十。但是遇到和财务支出相关的信息，问起来困难就大很多了。回答我们的是村委会的会计，当我们问到村里的银行、信用社存款余额的时候，她就不那么配合了："你们为什么要问这个？问到了要做什么？"争取无果，最后存款余额、库存现金、借入款余额等都是 0，究竟是不是 0，我们也不得而知。

之后是乡村教育部分。我们村是没有学校的，小学、初中都要去镇里上，高中的话就更远了——整个通州区也没有多少所高中。虽然我们村没有自己的学校，但是村里的孩子还都挺争气的，初中毕业后的主要去向是高中，占比达到了大约 70%——这个数字已经非常高了。我们南通市通过中考进入到高中的比例只有 50%，也就是必然会有一半的孩子不能上高中。但是我们有 70%，我很为我们村自豪。

入村调查只是了解村里各方面的大概数据，而入户调查才是真正具体了解到村民们的生活情况。我们走访了 12 户人家，其中 3 户均为一位老人的单人户，6 户是一对老人的双人户，三人户、四人户、五人户各一户。一开始我们调查的几户人家里只有一户有小孩，想起来本次千村调查的主题是"中国乡村教育研究"，于是后来我们就有意识地想找找有小孩的人家。可是走过、问过了挺多户人家，不一定有小孩，但是每一户都有老人。我有些诧异，这和我儿时的记忆不同了：犹记得小时候在农村，是有很多邻居家的小伙伴一起玩耍的，但是再仔细想想，我忽然意识到我确实是很久没有在老家看见小孩子了——哪怕是过年的时候。过年的时候，见到的基本上是和我差不多大的"孩子"，即使见到了小孩子也大多都是一年回来一两次的。

村里的小孩越来越少，村里的老人逐年变老，这个村子，也在变老。

为了了解乡村教育情况，就算孙子孙女并不是常住人口，我们还是会问问老人对他们孙辈的了解情况。不住在村里的孙辈，大多是跟随父母去了城里。原因大概就是两个方面：一方面父母在城里收入相对高一些，另一方面是希望孩子能够在城里得到更好的教育。老人们对于这样的现状早已习惯了，并且大多数也表示了理解。即使一位老人独自生活或者两位老人相依为命，他们也都愿意让孙辈出去，去"念书""考好大学"。自己的生活比较辛苦也能熬过去，身体行动不方便也能够自己通过各种办法解决。调查中有一户人家有一个小女孩长住在村里，在附近上幼儿园，再过一年就要上小学了。母亲那天刚好休息，待在家里，和小女孩一起看电视。我问那位母亲："打算让小孩去哪上小学呢？"母亲回答："应该去镇里上小学，也有可能跟着父亲去南通市区里上了。""初中呢？""这个取决于小学的情况。""高中呢？""首先能不能上到高中还是一个问题，如果能上，也只会更远。反正，离开这个村子是迟早的事情。"这户家中的老奶奶了解这一切，她对孙女也没什么别的期望，就是简单的四个字："好好念书。"

这个村并没有给村里的孩子提供学校的教育，要得到教育，就得去邻村，或者更远。孩子们也很努力争气，大多都能上高中。老人们对孙辈们的期望不是早点去打工挣钱，而是"念书考大学"。而无论这些孩子们是何种出路，大概都是会离开村子。

这个近年来基础设施改善了许多的村子，正变得越来越老。

用千村视角看富裕水乡

祝欣卉[①]

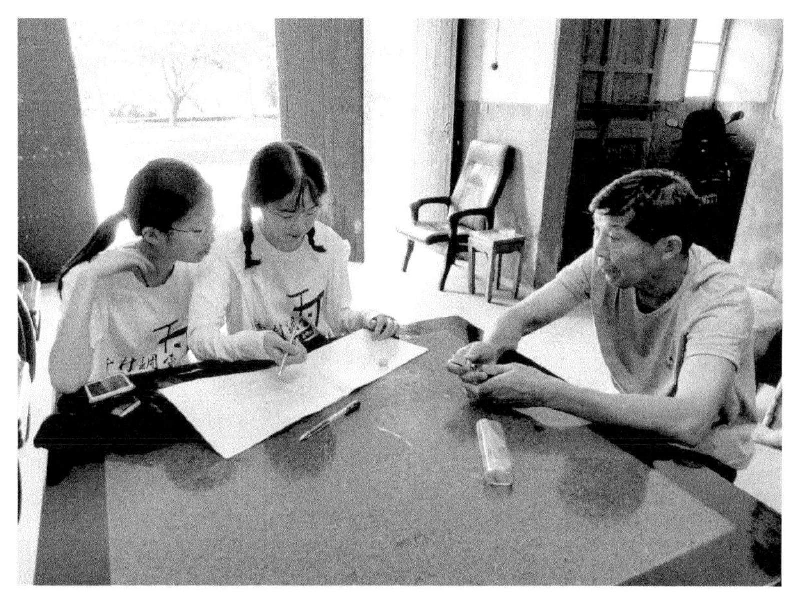

2019 年 7 月 13 日，我同来自公共经济与管理学院、信息工程与管理学院等 11 位同学，以及来自发展规划处的吴建金老师，从各地齐聚浙江省桐乡市。虽然天色已晚，但每个人都情绪高涨，对第二天的调研满怀期待。大家在暮色中拍了一张合影，虽然看不清大家的面孔，千村调查的红旗却始终熠熠生辉。

为了此次千村调查，我们桐乡小分队做了充分的准备。抵达桐乡后，我们还进行了夜间会议，一系列安排保证了接下来的工作井然有序。我们在月色下热烈讨论，伴着窗外的点点星光，满怀憧憬。夜色深沉，但我们不知疲倦。

来之前，我们了解到桐乡市位于浙江省北部的嘉兴市，地势平坦，河网密布，自然环境优美，一派江南水乡的景象，素有“鱼米之乡、丝绸之府、百花地面、文化之邦”的美誉。最近几年来，桐乡经济发展迅猛，在最新的百强县评比当中，桐乡市排名第 55 位。而桐乡市最为大众所熟知的，是旅游胜地乌镇。2016 年首届互联网大会在此召开后，乌镇更是名声大震。我们还了解到，桐乡市的教育在嘉兴市也是数一数二的，不仅基础教育资源丰富，

---

① 祝欣卉，上海财经大学商学院 2018 级工商管理(商务分析方向)专业本科生。

而且市内最好的高中桐乡市高级中学的升学率、一本率也比较高，诞生了许多前往清华、北大等知名高校就读的佼佼者。

7月14日，我们一行人怀揣着期待而又些许紧张的心情早早地出发了。每个人都精神焕发，丝毫不见昨天旅途奔波劳累的情绪。我们在车上还在讨论问卷的内容，甚至互相做起了模拟答题人。在这样一个团体里，我的积极性也被带动起来了。

第一站是崇福镇城郊村，在村委会停留了一小会儿，大家便两人一组结成小队，直奔农户家中开展调查。第一户我和队友遇到了一位耐心的老爷爷，我们和他愉快地攀谈了一个多小时，获得了不少信息，对整个村的发展状况、居民生活、子女教育情况都有了基本了解。

晚上回到酒店讨论，大家对第一天的经历都深有感触，从一开始对于千村调查项目的模糊认识、不知所言，到初步体验、小有收获。虽然我为细致的问卷操碎了心，点滴的疲惫并不能击垮我调研的热情。第一天下乡的经历也着实给我上了书本外宝贵的一课，让我对中国乡村的现状有了更具象的了解。在与老人的交谈中，我真切感受到了人民物质生活所发生的巨大飞跃；在对不同年龄段村民的询问中，我惊叹于教育制度对国民素质提升的巨大作用；在深入农村的体验中，我感受着祖国乡村日新月异的改变。

我们桐乡小分队的调研工作以每天2个村、48份问卷的速度有条不紊地开展着，有些同学与村民时常讨论得热火朝天，部分本不愿意接受调查的村民也渐渐消除了心中的疑虑，和我们敞开心扉交流。在来来往往的受访者中，也会有耐心回答我问题还讲讲故事的老党员，有关心村中情况事必躬行的村干部，也有已经退休却仍想工作的勤劳村民。

在濮院镇的调研中，我发现这边的家庭年收入普遍较高，对子女的教育比较重视，对他们有更高的期望。许多村民会送孩子去相对学费较贵但办学质量较好的民办学校上学。许多人都在给孩子报补习班，并且也希望孩子能够至少完成本科以上学历教育。

但是与之形成巨大反差的是，虽然父母都希望自己的孩子可以有高学历，但农村家长学历普遍较低，并且热衷于打工或者经商，可能正因为如此疏忽了和子女的交流，他们对孩子自身的兴趣爱好与理想都不太了解，同时也没能为孩子提供生涯规划的帮助，对孩子未来职业的选择没有明确的想法。因此，我希望我们的问卷调查活动可以引起他们对子女生涯规划的重视。

除了家庭教育方面的局限性，我们也发现虽然桐乡当地农村在教育普及上做得不错，农村的学校和城市相比在硬件上差距也不大，但是在师资和教学质量方面还是有一定的差距，这使得农村的孩子无法与城镇里的孩子有效竞争，考上一本高校的人数较少。

会后，大家还要加班录入问卷，谁也不敢懈怠。虽然千村调查比较辛苦，但是学校给了我这样一个机会，让我访过10个村，走过数百里路，见识到很多桐乡一些农村的基本情况，也收获了很多志同道合的朋友，这将成为我永远珍藏的回忆。

最后一天，在已对桐乡市农村教育状况有一定了解的情况下，我们来到桐乡市教育局进一步了解当地的"互联网学校"，这种"互联网＋教育"的做法，非常值得推广借鉴。

炎炎烈日下的5天里，经历了拒绝，也遇到了口音差异带来的困扰，但这些都阻挡不住我们入户调研的热情。我们仍愿不厌其烦地多次询问,仍保持着精益求精的调研态度。

我期待着有机会再次参与到明年的千村调查项目中去。中国乡村在我心中竖起一个伟岸形象,带着泥土的气息,奔向广阔的未来。

当我想起千村调查，我都想起了什么

王晨辰[①]

在焦灼的独属于夏日的日光下，她背着包，推着箱子，走向镇上的那个老旧车站。一些同样是等待列车的人们要不穿着早已泛黄的单衫倚靠在巨大的蛇皮袋上在车站一楼安检口蹭着空调，要不就是年轻的父母亲拖着个头刚到腰间的小孩子用方言跟他热切讨论今天要去哪里玩——视线所及很少有和她相似的、打眼一看便知是来自城市的、与这片土地并无渊源的人。车站二楼候车室的空气格外闷热——她在过安检的时候听到人们说上边空调坏了，但她还是上来了——一排大风扇正挂在她对面的墙上转动，扇叶上是因好久没用而积下的灰尘，穿过其中的空气热得扭曲了她的视野，而她依然在盯着它们看。坐在她对面的中年男人也在盯着她看，看了得有好一阵子，那眼神像是在琢磨月球上怎么就出现了头大象。她看累了风扇，低头一瞥眼瞧见了对面那男人，那人才悻悻移开眼。

有时候不相识的人们也能在某一瞬间获得感知对方的能力。她在和对面那男人对上眼的那一瞬间莫名地开始想象自己的灵魂进入到对方的身体里，用对方的眼看自己的脸、自己的打扮、自己的一举一动——想象有效，她眼里现在看见的是出发前照镜子的那个自

① 王晨辰，上海财经大学外国语学院2018级商务英语专业本科生。

己。一顶宽檐渔夫帽勉强能罩住自己月前刚烫的乱蓬蓬的头发，脸上脖子上涂了厚厚的防晒霜还泛着白，闷热的天，满街行人清一色穿的都是 T 恤，唯独她为了防晒还套着一件长袖外套，原本在室外时戴着的墨镜被随随便便挂在胸前，坠得领口都变了形，就连随身的箱子也冷冷地泛着银色的光，与目所能及的灰黄色的乡镇格格不入。她知道她这整个人是和这个镇子没有什么深远的渊源，但她现在，已经和来时不一样了。

回过神来，她从包里摸了沓装订成册的白纸出来细细地看。封面题头上是干干净净几个大字“千村调查项目入户调查问卷”，但其余的几页纸都已经被翻得卷了边，上面印着的密密麻麻的小字中间夹杂着一些书写潦草的数字，偶尔也会有一些汉字。耳边等车的人用着方言止不住的谈天，入了她的耳，通通和纸上写下的字符在她脑子里形成记忆的海浪，一波未平一波又起，将她的思绪又晃晃悠悠地推了回去，推向前些天在村子里的日子。

坐在她对面那排椅子上的大娘正和旁边的大爷说着话，一身碎花小衫和那脸上挂着的真诚热切的笑容让她似曾相识。对，对了，是前些天带着她进到村里做问卷的大娘。那天难得的凉爽，村里的树飒飒的，大娘在路上跟她搭的话也被微风吹散到一边。她跟在大娘身后，有一搭没一搭地应着大娘的话。随后大娘便领她进了户，像是把她当作是相识多年的老友一样把她介绍给住户，并且总要在句末加一句，“这可是去上海读大学的山东姑娘”。

她对大娘感到很是亲切。对这个村子，这个镇子也是如此。尽管，毫无疑问，她手里拿着的这份问卷并不属于有趣事物的范畴，但她这几天却是爱极了这项工作。细枝末节的问题能够得到一些最细节的答案，而这些最细节的答案里往往藏着最真实的故事。她想起来大娘带她去的头一户人家里坐着一位年轻的初为人母的姑娘，边哄着怀里的娃边兴冲冲地跟她说婆婆养的貂油光水亮，总能卖个好价钱。她会错意了，以为是什么大鸟，向院子里探了探脑袋才反应过来北方没有雕，对方说的应该是养来卖毛的那种动物。

但她最喜欢的还是和小朋友们聊天。出发前队伍里为队员们总结了一份额外的问卷，说是去小学实地走访的时候可以问问小朋友，但她更喜欢在问完问卷上的问题后跟他们聊点别的。乡村里的小朋友腼腆、害羞，不太爱主动跟这群陌生的大哥哥大姐姐搭话，于是她便主动跟他们讲她的故事。其实她不擅长讲故事，但她天马行空，硬是一个人扯了十几分钟的单口相声，跟小孩讲遍了她的初中、高中和大学，讲遍了她国内、国外的旅游经历。她想在这些小朋友的心里种下一颗希望的种子，借她的口带他们看看外面更广阔的世界。坐在她对面的小姑娘眼睛乌黑，像一块溜圆的黑曜石在月光下闪着光，映出来的不只是月光，还有天上的银河。太美了，她觉得。然后她从小姑娘那里要来了一张纸，为她画了张速写。

车站里的女声叫着人们进站上车，她收好问卷，看到刚才的大娘大爷也起了身，手里拎着家乡的煎饼和鸡架子，满心欢喜。这份对家乡的热爱也似曾相识。她几乎能在眼前看到他们老两口所要去探望的亲人，刚为他们打开家门，便听着他们一股脑儿地讲家里东西好吃，并且不忘将那些东西一股脑儿地塞到对方手里。是了，这些天把她和这个乡镇牢牢拴住的是同样一份对这片土地的热爱。她热爱这里善良热情的人，热爱这里大方好客的饭,热爱他们朴实却适意的生活,热爱那群有着无限希望与未来的孩子。她走过很多地方,见过很多人,却是头一次有机会,借着问卷,听他们讲他们的故事。她觉得他们的故事好,还希望他们的故事能更好。这份心,大概与这片土地上的人们也一脉相承吧。

她在进站口的玻璃上又一次瞥见了自己的影子。她看起来依然是一个外乡人,但她知道,她的心,早已有一部分属于这个乡镇、这片土地。

月光下的梦

朱丽丽①

结束完一天的调研后，在乡下的路上散散步，吹吹风，很安静。乡下的月光是很难形容的，它不像太阳的光是从外面射来的，它的白色的隐隐的光犹如从草树、从小路、从花叶，乃至从屋檐下微微地渗出。乡下的路上没是有路灯的，靠月光隐隐约约能看清路，思绪又飘到了这些天的调研……

“那现在这个村的小学一共有多少个学生呢?”

“啊现在啊……只有 46 人了。”

一所小学只有 46 人？我心里很惊讶。

我访问的一名老师说，以前学生都有一百多，现在越来越少了，更多的家长选择把孩子送到镇子上的小学读书。学校里一共只有 3 名老师，有 3 个班，有一年级、三年级、五年级，每个年级一个班，加起来也只有 46 名。听他说又走了一名老师，原因是因为这名老师

① 朱丽丽，上海财经大学公共经济与管理学院 2018 级劳动与社会保障专业本科生。

觉得学校太远很不方便，下学期新的老师还没找到，可是，谁又愿意来呢，尽管现在乡村教师的月收入已经有所提高，也有相应的补助，可是总体工资并不高，况且谁又愿意来到一个偏僻的小村子里当教师呢？

这就是大部分乡村教育的现状。

人生从来不是公平的，农村孩子已经输在了起跑线上。出生在农村意味着什么？意味着你出生在一个狭隘而蒙昧的世界里，你的父母没有文化，你的老师文化也有局限，你周围的一些人甚至一点也不关注教育。生活如同一张白纸，在如此贫瘠的文化土壤里，想要发芽并不是一件容易的事情。

农村教育资源的匮乏限制了这些孩子的发展。

首先是家庭教育。农村存在着大量的留守儿童，家庭教育长期缺位。在家里的家长文化程度也不高，不像城市里的家长那样可以帮忙辅导功课督促学习报课外补习班，他们只管把孩子送进学校，其他能做的是少之又少。在经过一些走访之后我的感受就是，这些家长大多希望自己的孩子能够好好学习，考上好大学，但是由于各种因素，农村孩子能够取得好成绩考上好大学真的太困难了。还有一些家长是自己意识不到学习的重要性，导致孩子缺乏引导，就导致辍学外出打工，明明是像花一样的年龄，却选择过早地融入社会开始谋划生活，稚嫩的心灵被生活一点一点打磨，这就是现实。

其次是学校教育。正如我看到的一样，学校条件太差，虽然在几年前已经翻修过一遍，有了楼房，但是楼房不高，整个学校面积也很小。两个破破的篮球框，一个已经生锈的旗杆，就是这个小小操场的所有东西。

最让我为之动容的，就是在这样的环境中还是很努力想考上好大学的那些孩子。

有一个女孩我印象特别深刻，去调研的时候我还教了她英语，马上五年级了但是很让我惊讶的是她英文字母都还认不全。不得不承认的是，农村小学的英语教育是完全被忽略的，例如这个小学，是没有英语老师也不上英语课的。

她学得很认真，眼睛大大的水汪汪的，我能感受到她眼里对知识的渴望，也能感受到她对学习的热爱，这样的场景让我为之动容。尽管能够提供给她的教育条件有限，但还是会好好地去对待。这样的孩子还有很多，他们月光下小小的梦，交织成了一个大大的梦想，这个梦想是带领他们越走越远的指路灯，也是他们人生的希望。千村调查带给我收获最大的也在于此，让我知道还有这么一群真正能够用“单纯”这个词形容的孩子们，在条件比较欠缺的情况下仍然有着最初的那颗向上的初心，而这颗初心，在当今这个越发浮躁的社会中，是很难寻觅得到的了。

这所村子唯一的一所学校在月光下显得庄严而神圣，即使楼房已有些破烂，但依然稳固。即使旗杆也有些生锈，但红旗依然耀眼。学校就像一个大大的摆渡人，承载着这些孩子的梦想，把孩子们送到梦的彼岸，而她始终停留在原地，继续着自己的使命。

走一段路，抬起头来，月亮总是跟着我，还有些雾，有几只萤火虫，仿佛是月光所掉出来的精灵。每一种事物在月光下都有了光明，孩子们小小的梦在月光下也会发出光亮。我相信那些月光下小小的梦，终有一天都会像阳光般耀眼明亮。

与千村调查相伴一夏

邱　睿①

大多数城里孩子对于农村的印象都是含混模糊的，也许是新闻短片里“惊鸿一瞥”，也许是庆贺脱贫的报道中生硬的数字；但是，从第六次全国人口普查的数据来看，我国居住在乡村的人口为 674 149 546 人，占总数的 50.32%，也就是说，农民仍是占半数的广大群体，因此，在脱贫攻坚与未来进一步发展中，农村问题举足轻重。了解农村，帮助农村，回馈农村，是当代大学生的迫切要求与时代使命。而千村调查正是这样一个美妙的契机，在这个夏天，它教会我如何将青春写在祖国的大地上。

感恩上财，我在大一的暑假有幸参与到了千村调查 2.0。它的样子是在前期的宣传活动、课堂上带队老师的推荐、学长学姐的鼓励中一点一点拼凑完整的，此后我便暗暗下定决心参与到这样一个农村实地考察项目中，希望能为家乡、为学校做一点贡献。5 月的讲座对于调研报告的撰写，学术规范以及安全问题等方面的介绍让我更有信心，6 月出征仪式上几位乡村老师娓娓道来的亲身经历、激动人心的宣誓与授旗仪式更是点燃了我们的激情。在学校为我们准备的培训手册中，既有详细的要求解读，报告的撰写方法，优秀论文示例，更有对于“新农合”“新农保”、转包与入股等名词的解释，让我对中国的政策了解

---

① 邱睿，上海财经大学会计学院 2018 级会计学专业本科生。

更进一步，又燃起进一步探求的欲望。

不同于定点调查，返乡调查是走访我们熟悉的家乡或是附近的村庄，对于调查员来说，更容易与自己的生活相联系，更易于理解乡土人情，进而更加深入地思考。2019年8月，在多次联系沟通下我来到了家乡黑河市爱辉区下辖的爱辉镇爱辉村进行调查。平心而论，出发前我自以为对于乡村有相对较多的认识——近年来乡村旅游欣欣向荣，我和家人在节假日会来城市周边的采摘园、度假村，或是参与主题活动（如满族风情上元节等），选择短途旅行来感受农村生活，但当问卷中细致而深入的问题逐渐抛出，抽丝剥茧般展开相对真实的农村生活与农民现状，才真切体验到至少在我的家乡，“放松惬意”远远不能构成真实的乡村生活，我所采访的村民们认真生活，但又迷茫、焦虑，在家中支出要求不高的情况下，从未想过自主创业或是外出谋求更高的工资。

在调查过程中，确实面临着一定的困难，但是村里人的支持让我十分感动。当做入村问卷就相关问题询问村支书和出纳时，他们基本上对答如流，数据了然于胸，还只是乐呵呵地摆摆手，说：“村里的事儿都得知道啊！”虽然村主任在这段时间里非常忙碌，需要出差参加许多会议，但是他非常支持这次调查活动，专门请已退休的村主任——现在合作社保管员郭大爷带我走访农户们。想到培训时刘老师曾讲到“尽量避免村干部等潜在干扰人员在场”，我对这次调查的真实性很是放心。但当真正走进村子，才发现找到10户在家的农民都实在困难。郭大爷告诉我，现在越来越多的人选择住在黑河市区，平时是不在村子里的。而在我们调查到的人家，多为五六十岁的老人，5户有孩子在家，家中的成年人大多选择在黑河工作，基本一直到晚上才会回家。在这种情况下，很多细节性问题都无法得到确切的答案，比如很多老人连自己和子女的出生年月都记不清楚，但是热情的乡亲们甚至翻出户口本、身份证让我来填写信息，回答问题也非常耐心，但是在收入、生活消费等细节问题上只好和村民们一起估算，难免失之准确。

在调查中，我发现了一些比较突出的事实。第一，由于东北地广人稀，黑龙江又是著名的农业大省，近年来农村成立合作社统一进行流转经营，统一收购及分配收入，因为是按照农业户口来配给土地面积，因此除村内自行聘用的工作人员外（如保管员郭大爷），村里每个人一年的收入都是相同的（2018年每人净收益在8 000元左右），老人们在家主要侍弄自己院子里开出的一小块地，种些简单的蔬菜来供食用，绝大多数中年人会选择在外工作，或是到市里打工。第二，对于生活消费，村民们没有什么概念，经常有村民对我说，“哎呀，咱在农村一年实在攒不下几个钱，不过是挣多少花多少嘛，你看着写罢”，又或是实在为难，只好转头求助郭大爷“郭叔，您说说看呢”。第三，对于本次调研的主题——中国乡村教育研究，自20世纪60年代起，村里已经很久没有村属学校了，加之距离镇上的中小学都不远，大部分孩子在镇上学习，也有一些小朋友随父母住在市内学习和生活。调查中发现，村民们对于教育的重要性都持相当肯定的态度，当问及未来对孩子的期望都是如出一辙的“大学生、公务员、事业单位”；也有相当一部分村民表示会看孩子的能力和兴趣，主要尊重他们的想法。当向小朋友们提问的时候，可以明显感到在市区与在镇子里求学的小朋友相比，父母对他们的教育和投入更加全面丰富，因而他们更加自信、更加了解自己的学校和生活，更愿意敞开心扉地交谈，不会拘谨羞涩。第四，关于村民们的文化生活。我们在村内合作社看到有活动室、图书室、乒乓球台，可以供大家休闲娱乐，可是当我们一户一户走访时发现，一些村民会积极参加村里的活动，非常喜欢那样的氛围，但是还有很多的村民表示村里没有这些东西。一方面是村民对于文化生活不太重视，另一方面可能是村内宣传还不到位，也有可能像采访中张大娘所说，“我一天天忙家里的事儿屋前屋后就够累的了，哪儿还会出去玩啊”，或许，村委会可以找一些更加让大家有参与感的活动，保证宣传能真正落到实处，从而真正地让村民愿意走出家门适当充实自己的精神文化生活。

在亲身走访之外，我还认真阅读了参加定点调查的同学们的推文，既览东部沿海吴江的富庶繁华，又读广东湛江吴川的互联网新业态的蓬勃兴起，亦观中西部相对艰苦的乡村生活。总的来看，东北地区其实处于一个“比上不足，比下有余”的尴尬位置，相对于南方地区，家乡人民的宗族意识较弱，大部分家庭是一个孩子；在土地由村集体统一承包经营的情况下，基本能满足日常的生活需要，户与户之间由人口决定的年收入让大家的生活体验大体类似，不会发生因“眼红”而暗暗较劲儿或是任何的矛盾争执。但是黑龙江以农业为主的经济模式在某种程度上仍然是初级的、低附加值的，而且也可以说是保障较弱的，在调查的问题最后“您认为今年家里的情况相对去年有变好吗？您觉得明年生活还会更好吗?”除了两家表示当然有信心日子越过越好，更多的村民则是担忧——今年夏天雨水过多，农田大量被淹，作为主要产物的玉米和大豆受灾严重，今年收成和家里能分到的收入实在是不容乐观，他们大多都会感叹一句:“没办法！农民嘛，咱就是靠天吃饭的，要不，你说，能咋整?”我注意到问卷中大量对于乡镇企业和个体经营的相关内容几乎被我完全甩项，又看到推文里大家走访村镇的企业，实在是觉得心头微微酸楚难过。犹记得早有“振兴东北老工业基地”的呼声，但是事实上这里的发展还是相对落后缓慢的，它既不是走在时代前沿，也不是在贫困线苦苦挣扎的，昔日的“共和国长子”并未能赶上新一波儿发展浪潮。上天赐予我们温湿的气候、肥沃的黑土、无尽的宝藏，但也正因这样相对舒适的环境，容易消磨斗志，不易激发喷薄的改变与斗争欲望。仍然希望在农业支柱之外，更多东北的工业、服务业能够找对时机，落户生根，开花结果，有秩序地打破现有需要在国家补贴下依农业生存的现状，让家乡的村庄真正富裕起来，让村民真正有全面的发展和幸福的生活。

在我心中，千村调查是一种对于乡村问题的深刻体验与思考，也要通过问卷对于信息的采集，完善数据库的资料。在调查中最令我为难的问题其实是有一些问卷内容的设置，比如“您村内有阅览室、活动室吗?”有的村民认为根本没有，有的村民则是经常使用这些设施，但是通过亲身所见发现这样的场所和设施其实是相对完备的，然而在录入问卷的时候却只有“是与否”两种答案，让人难以抉择遵从客观事实还是村民的主观体验。我认为入户问题可以优化为“您知道村里有活动室、阅览室吗?”入村问题将“活动室、阅览室”作为调查员的亲身考察项目，如此将主客观分开数据会更真实。另一方面是较为详细的问题，比如“孩子出生时有几斤？您家上个月的水电费是多少？您每月各项生活消费支出是多少?”大部分村民从来没有重视过这些问题,很多都完全答不出来。还记得有一户人家告诉我,“俺家就交一百块钱给那个收电费的小姑娘,没有了就再交,谁会管它能使多长时间啊?小姑娘你估计着写吧!”在做调查的过程中,我经常纠结于究竟要尊重“正确的”客观事实大量甩项,还是村民们估计、度量出来的实际情况,总是担心由于自己的不足让数据库数据不够可靠。希望今后在千村调查的测试阶段可以有参加过的同学提出建议,向学校的老师传达我们曾面对的疑问,正因千村的问卷凝聚着我们上财老师无尽的心血,相信一代一代的传承和改进能让它更加完美,衷心祝愿千村调查越来越好,让莘莘学子有机会“走千村,访万户,读中国”,真正去思考现实问题,成为栋梁之材。

这个夏日因为千村调查的陪伴收获满满的成长与感动,愿与你,来年仲夏再相约。

用现实支撑数据，以理性观察感性

安　妮[①]

一、概述

作为一个成长在城市里的孩子，对于农村的种种我是不甚了解的。在城乡差异日渐扩大的今天，城市青年变得更加忽视了农村的现状，形成了事不关己的态度。

2019 年的暑假，在学校的组织下我参加了上海财经大学千村调查，前往辽宁省丹东市宽甸满族自治县，在魏文峰老师的带领下，与来自各个学院的 11 位同学组成了调研小组，开展了为期 5 天的定点入户调查。

首先要提到的是小组的同学都非常认真负责地做好了自己的工作，在总体指挥上、与当地政府联系上、安排同学们的吃住行上，都做得井井有条，为本次调研提供了一个非常好的基础。这必是一个人做不来的。我一直都是一个不擅长与人交流的人，对我来说，配合组员们进行统筹工作是一个非常珍贵的学习机会，也是对我在主动交流方面的一个锻炼。

---

① 安妮，上海财经大学商学院 2018 级国际商务专业本科生。

另外，还要非常感谢当地政府、干部和村民们的支持与协助。我们每走入一个村庄，就发现乡亲们早早就在村支书的组织下聚在一起等候我们。调查的过程中，村民们也没有丝毫抱怨，每个人都尽量给出了最精准的数据，面对学校补助的20元还屡屡推辞。他们的言行方方面面都显露出了农民的淳朴与热情，使同学们没有感到任何距离感，调查比预想的顺利很多。

但是从整体来看，相对于城市，乡村的数据收集整理难度更大、精确度更弱、投入成本更高。但是这两方面的数据对于社会建设来说同等重要，甚至在城乡二元结构的今天，乡村的数据更加值得关注。通过本次调查我发现，与城市钢筋水泥的“理性”不同，乡村更加弥漫着一种人与人、人与土地的“感性”，乡村的很多现状都是产生于个人最基本的需求，“感性”在于对整体规划的疏于考虑。

二、调研数据分析

（一）单独发展不如整体发展

首先，本次调查的10个村庄中，普遍出现了老幼相守的情况。根据资料了解到，改革开放刚刚实行的最初几年，村子里的人口比例是合理分布的，其中青壮年的比例几乎占了一半。而在调查过程中，采访到的老年人多数表示子女一年几乎只回家一两次，嫁出去的女儿大多在城里定居，老人自己在家拉扯孙辈。乡村已经确实不是衣锦还乡的去处了。

其次，小农生产、土地分散、机械化水平低也是单独发展产生的弊端。这主要是因为每家每户为单独个体，村里没有整体发展的规划和条件，比如农产品收购、集体经营、乡村企业建设，导致生产效率低、经济效益低。

我认为想要促使年轻人返乡，首先要创造一个发展的良好前景。比如挖掘乡村创业潜能，进行旅游开发、发展现代农业，与信息化社会接轨。把单一个体的发展纳入宏观整体规划中，使年轻人的精力和知识真正得到利用。另外，农产品种植、集体经营也是宏观发展的途径，种子、机械、技术、加工、销售成为一个完整的生产链。种植业与养殖业等其他产业可以构成绿色农业，循环发展，技术资源共享，能有效降低各项的生产成本，使生产活动有序高效进行。

（二）干部下派带来理性

与总体社会规划的法治不同，乡村治理更加倾向于人治。因此，村干部就成了枢纽人物，对下联系村民，对上联系党政，把基层的状况与需求如实传达到中央。现在很多高校都下派了学校的老师、学生到村里辅助，大学生村官已经屡见不鲜。本次在宽甸县调查的几个乡镇，基本都有城市派来的干部在村里担任第一书记。

他们的到来不只是加强了村规的规划、村务的规范，更是带来了城市的理性思想。在感性主导的农村社会里，理性的到来既是冲击也是发展。令人欣喜的是，从调查结果可以看出来，村民们基本都对这些大学生村官十分满意，对各项工作也十分配合。

（三）乡村教育中“感性”与“理性”

本次千村调查的主题为“中国乡村教育研究”，为此，辽宁丹东宽甸满族自治县调研小组特意拜访了宽甸县教育局,以加深对这一问题的认识和了解。

26 日下午,宽甸县教育局的刘局长和各科室的主任热情接待了我们,对同学们表示了亲切的问候。在短短的一个半小时中,刘局长对宽甸的小中高教育做了基本的概述,主任们以资料事实为依据,用数据向同学们说明了现在宽甸县教育发展的现状。

在调查过程中同学们发现许多乡村小学被强制闭校、师生数量不成比例、中高等教育资源匮乏的情况。刘局长表示,这是由于近年来出生率下降、交通成本降低、生活水平提高,家长们更加倾向送孩子去县城上学以获得更好的教育资源。这些完全出于人之常情的考虑,在城市大规模发展的今天却导致了乡村教育的没落。

因此,政府机关已经开始着手加强教育建设,利用财政、师资支持,建设更加良好的乡村学校。比如我们第一天到达的石湖沟小学,不仅有设备完善的校舍教室,更有图书室、体育场、音乐室等文体活动场所。另外要提到的是教育扶贫政策。“再穷不能穷教育”这句话不仅印刻在每个老百姓心中,更是政府在教育工作上的标准。近年来扶贫政策的修订和资金投入的增加,使能够惠及的人数更多,更多的家庭摆脱了教育负担过大的窘境。政府用“理性”的政策与数据支撑了百姓的“感性”。

三、不足

本次调查基本上比较顺利,但是在问卷设计和问卷录入上存在着一些漏洞。千村调查进行时正值农忙时期,参加调查的村民多为五六十岁的老一辈人,问卷中教育部分的问题大部分都无法准确作答,增加了调查的难度。其次,问卷设计过于烦琐,类似每个月的粮食肉类消费量并不能得到精准的数据,反而在调查过程中带来了尴尬和低效。

另外,平正云系统的初次使用是一次勇敢的尝试,但是我们需要指出系统运行不流畅、设计不人性化,填写错误、甩项错误的部分没有办法修改,增加了同学们调查的负担。

四、总结

农村是一个熟人社会,也是一个感性社会。但是通过本次调查我了解到了许多与我想象中不同的事实,认识到第一手数据的重要性。这些来自全国各地的数据汇总在一起,必将成为乡村规划有力的支柱。

令我个人最为珍重的是,我不仅完成了学校的调研任务,还提升了自身的交流技能。短短 5 天,与其他 11 位同学共同努力、创造了难忘的回忆,使我获得了珍贵的友谊、难得的实践经验。

“走千村,访万户,读中国”,千村调查,我们一直在路上。

河北无极，不说再见

赵沛坚[①]

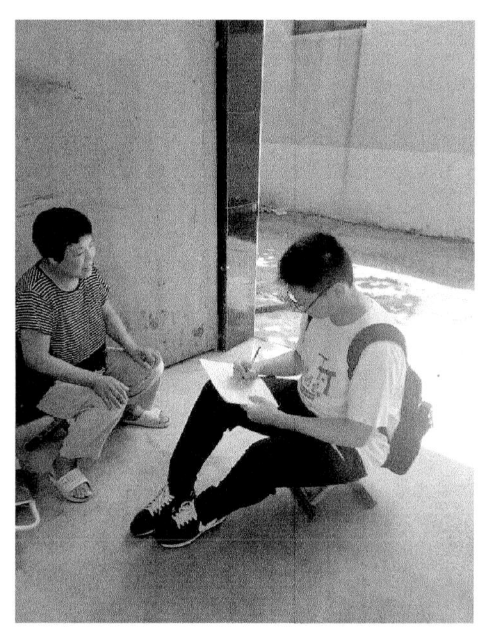

倚靠在大巴车座上，侧头看向窗外：道路两旁的房屋渐渐变矮，我与无极县的故事也缓缓展开……

位于河北省中部的无极县，西南距离我的家乡石家庄只有52公里。作为传统的农业大县，它成为河北粮、油、棉的主要产区；它也通过发展装饰板材、装备制造、化工、皮革、制药这五大产业助推经济进步；不仅如此，无极剪纸、七汲全羊宴技艺、无极饸饹制作技艺等也列入河北非物质文化遗产保护行列。“无极县”谐音“无极限”，在这里，我确实看到了无极限的可能。

一、看见

俯瞰华北平原，城市村落像棋盘上的棋子一样镶嵌在绿色的田野当中，呈中心辐射状向外展开。无极县也同样如此。村里的道路横平竖直地将村子分割开来，水泥路还没有

① 赵沛坚，上海财经大学法学院2018级法学专业本科生。

完全修成，土路、石板路仍然承受着村民的脚步。在我们走访的村落中，大部分村落还是以平房为主，村民占据着自己的一亩三分地。他们有的在家里种一些地，侍弄着黄瓜、丝瓜等菜品；有的把家里改造成农家饭店，一到中午就做好接待客人的准备……当然，“大队”（即村委会）仿佛是一根纽带，把各家各户联系在一起。村民们听到大喇叭的呼唤，会放下手头的工作，到大队集合。村民之间和和睦睦、相互熟识，很多甚至是从小玩到大的伙伴，一方的家里有个家长里短对方都了如指掌。而村干部更像是村里的大家长，对于一些年迈的老人的情况，他们也能对答如流。我们在北家庄村的大队里，吃到了人生第一次真正意义上的大锅饭。猪肉、白菜、粉条、丸子等食材经过一大口锅的慢炖，冒出扑鼻的鲜味，再配上馒头，简直没有比这更美味的了。

特别地，作为无极县经济水平相对发达的东丰庄村，大多数村民已经有了属于自己的二层小楼，村民的职业结构也向第二产业倾斜。在我的印象里，农村是忽视学前教育的。而这里的幼儿园刷新了我的认知。我的第一感受是面积大，可谁能想到早在 11 年前就已经建成了这所幼儿园，这是怎样前瞻性的规划！我们参观了小朋友们宽敞的教室，多媒体、电脑、空调等硬件设施都非常完备；参观了多彩的走廊文化，照片墙、活动展示墙等都令人惊艳。除了学习知识外，还开设体能课，课程设计也十分全面。小朋友每个月仅需 270 元的生活费，就享受了这样的待遇，我都不禁羡慕。

二、闻说

《乡村振兴战略规划》指出：“乡村体现了中华文明，有效地传承中华民族优秀传统文化，对于形成新时代文明乡风具有重要意义，乡村学校和教师在这方面有着独特优势。”在走访过程中，每当被问起“希望孩子完成哪一阶段的学业”时，几乎所有的村民都会回答大学。他们或只是初中毕业的文化水平，或只是收入微薄的农民，在小孩上学这一点上，却出奇得一致。而且，没有任何的学生家长发现学校出现校园欺凌事件，大多数学生也不存在抽烟喝酒、网吧、逃课等恶习。农村孩子的心是质朴的、善良的，他们的教育应被得到重视。

三、感悟

费孝通在《乡土中国》中提到：“从基层上看去，中国社会是乡土性的。”乡下人“像是半身插在了土里”，他们的生活需要从土地里讨要，因此中国的历史也是从土地里发迹的。在我们的走访过程中，深深地体会到一个村要想富，先要有自己的产业。除了个别村庄靠发展皮革、化工产业发展经济外，其余基本上以农业为主。但是，东马村村委会意识到，多数青壮年外出打工，单靠家里的老人小孩难以料理分配的土地，于是他们将土地集中起来，发展菜园、果园等特色农业，吸纳 60 岁以上的农民，使其再就业。在 300 亩的果园里，有被葫芦藤、南瓜藤爬满的走廊，有成片成片的桃树，有在果树下游戏的大鹅。负责人更是自豪地给我们展示种植的一种叫“阳光玫瑰”的葡萄，在广东一串可以卖到 300 元。东马村可以说是规模经济的生动诠释。

为期5天的调研生活结束了，我在这里了解了农村的现状，体验了调查的不易，收获了同伴与友谊。我坐在归程的大巴上，侧头看向窗外：城镇逐渐繁华，但我与无极的故事却已在心底烙下了烙印……

农村的生命力

辛梓洋[①]

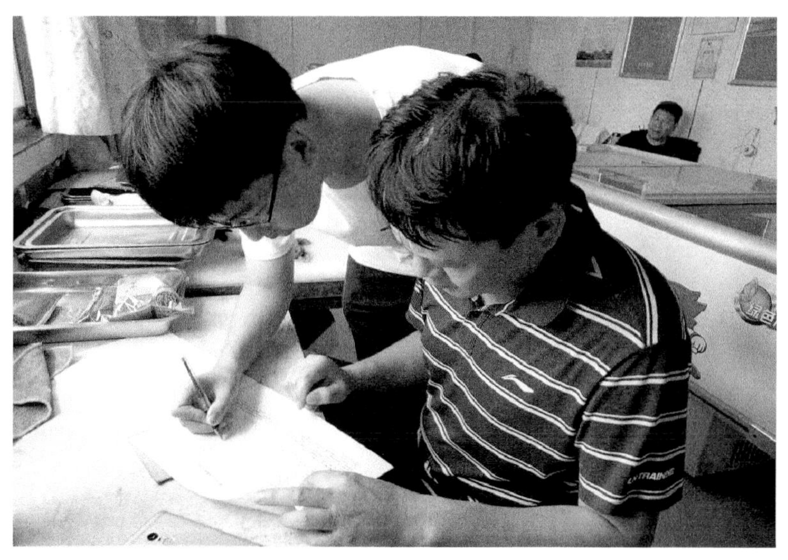

2019 年暑假，我们小组一行人来到了山西省翼城县南梁村进行了千村调查。我从小就在翼城长大，对周边的乡镇也比较了解。中国的乡村风貌对我来说不是什么新鲜事，每次回家的时候都能在车窗看见那连绵的田地。途径村落无数次，我曾以为我与农村的距离并不遥远，但是，当我真的自己入户去调查的时候，我才真明白当你是路人的时候，有些景象你是看不到的；有些心情你不用心去体会，是无法感同身受的。这是图片和文字所不能带来的深刻的、直观的冲击力，这是真正进入乡村、进入农户才能获得的感受。这就是第一手资料的魅力。

首先，由于我们地区不存在宗族传统与势力，所以不存在大家族管理村内事务的现象；而在如今"扫黑除恶"的风气下，村内也不存在各种势力团体，村主任等职位都是通过较为民主的方式选举出来的。总的来说，村民之间关系较为融洽，近年来也没有产生过大的纠纷。在我们入户的时候，我们也感受到了村民们的热情。从中，我也可以感受到当地村民都有保持着较为良好的关系。

令我们欣喜的是，我们通过调查发现，村里的农业劳动机械化的程度很高。这让村民

① 辛梓洋，上海财经大学会计学院 2018 级会计学专业本科生。

有更多的时间去参加各种文化娱乐活动，大大提高了居民们的生活水平。同时，我们发现，更多的闲暇时间让村民们对村内事务的管理更加上心，对村内政治生活的参与热情也更高了。越来越多的村民都积极投身到村内管理中去。

同时，我也观察到了一些我之前没有意识到的事情。比如，在之前，我认为村里人不是很重视教育，至少没有那么重视。但是通过调查，我们发现，村民十分重视教育，可以说比大部分人都重视教育。他们比任何人都深刻地知道，要走出村子，只能靠教育。事实上，经济条件相对没有那么优越的农户，反而更重视教育，因为他们明白，教育是改变现状的最佳途径。教育落后的根源不在于思想，而在于经济。

我们调查发现，村民们从不吝啬在教育上花钱，甚至这是他们的大部分收入。大多数父母都希望他们的孩子上大学。我清楚地记得村民们总是说："要是我的孩子和你们一样上个好大学就好了。"我还记得有位村民告诉我们："只要孩子考上大学，就算砸锅卖铁也要让他上。"那么，让我们花点时间来思考，一个人只有文化水平足够高，才会对教育重视吗？答案是否定的。我认为，对于农村社区来说，要判断一个家庭对教育的重视程度，应该看家庭的教育支出与家庭总收入的比例。在农村，经济没有那么发达，但是村民比城市居民更渴望教育，比所有人都渴望大学教育！对一些人来说，他们不是不关心教育，他们是缺乏相应的物质条件。本地没有好学校，当地缺乏好老师，在这里，得到良好教育的成本太高了，高到很多人无力支撑；家庭教育也由于缺乏相应知识与时间而做出妥协与让步。农村教育的问题不在于村民的重视程度，而在于资源的匮乏，缺乏良好的物质基础。通过相关高等教育率等数据而认为村民不重视教育，教育意识淡薄是过于草率的。即使如今国家已投入大量资金，农村孩子还是无法享受和城里孩子同等的教育。因此，要真正解决教育的问题，关键还在解决村民的经济问题，让他们没有后顾之忧。经济基础决定上层建筑。一味宣传教育的重要性则是远水解不了近渴的，带动农民富起来才是解决农村教育问题的根本办法。

调查期间，我收获了很多感动。村民对我们很热情，进家门之后都会为我们倒水，有人甚至还给我们切了西瓜。我感受到村民把我们当亲人、当孩子看待。我感受到村民们的质朴，以及他们对未来的希望与信心。我感受到了乡村对知识和繁荣的渴望，感受到了最真切的愿望。这次调查，也让我对曾经路途中的风景有了新的审视，曾经看似熟悉的乡村景象，在调查的途中变得陌生起来。我才发现，我对这沿途的村庄其实一无所知。在村庄表面的安静祥和下，每户人家都有着自己的烦恼；在这烦恼背后，又藏着村民们对于未来最真诚热切的期盼，村庄在我眼中逐渐鲜活起来。在调查中，我才第一次看到这座村庄的生命力，这生命力，不光在于这广袤的田地，更在于这背后的每一名村民。

乡野一途何所言，读书本意在元元

吴一佳[①]

千村调查结束的第二天晚上，在田间辗转的我终于找到时间静下来回望，5 天时间，10 个村庄，数十个小时，调研旅程才刚结束，但感悟已经满满当当。

工作从一开始的磕磕绊绊到能够高效整理调查数据，问卷调查的开展越来越得心应手，短短的时间里队伍在工作处理上实现了质的飞跃，默契与情谊也在月色朦胧的夏日凉夜里悄然流淌。

但是，调查进行得顺利并不能冲淡看到农村真实面貌后的苦涩。仅仅步入百户人家的我们，不能说完全看出整个中国乡村背后的忧患，但也面对面地和独自生活几十年的孤寡老人谈了话，和年收入为零的农民聊了天。

令人深感苦涩的不是他们的生活有多贫穷多艰难，而是他们言语间对眼前孤独贫苦的日子、对未来重担在肩的生活的习以为常，当那些艰难被他们用平淡的语句徐徐道来时，我在想怎么才能带离贫苦，怎样才能改变对贫苦已经麻木的心。

因此在调查过程中，我们从未停止思考，感触最深的是乡村教育资源与生源的双重流失。寻找有学生的家庭时磕磕绊绊，却发现久住村中学生已经寥寥无几，听到几座村庄都

① 吴一佳，上海财经大学公共经济与管理学院 2018 级财政学专业本科生。

没有学校后恍然明了为何县城挤满了求学的乡村子弟和年轻的农村房客。越来越少的孩子,和较之更少的乡内学校,和以往不同,现今的农村家长对教育分外上心,但是心有余而力不足,而在他们对城市教育的渴望不仅加速了乡村学校的生源凋落,也和自身的经济条件构成了不可调和的矛盾。每多一次关于教育的走访与交谈,我们便从言语里多经过一个时间节点,驻足停留,向那些在山野里沉默地走向荒芜的校园们送上最后的注目礼,也为乡村教育建设的前路多一分担忧。

现在,调查结束了,一路上插科打诨没有停点儿,录数据的抱怨不时溢出屏幕,但也认认真真地讨论过所见所闻。兜兜转转,理好繁杂的心情,兀的想问自己一句:千村调查到底是什么?

当然,有人仅着眼于看得见、摸得着的用处,于是就不免对活动的设计议论纷纷。

调查既然是人为设计的活动,就必然存在不足,身边不止一人包括我自己也看到了系统的不完善,数据来源的不准确,问卷设计的弱实践性,所以有人开始说,这么难以保证高度科学性的调查结果有什么大的价值?事实上,确实所有涉及人的第一手调查资料都很难保证准确性,即使数字精确也难以得知人心的真伪。在自己能完成的工作里严谨负责,是我们作为调查人员所能做到的,因此否定整个调查却实属厚非,其实哪怕收集的所有信息都科学有效,这些样本、这些家庭,对于国家而言,依然是管中窥豹。那么,千村的意义便一定大于数据结果。从报告和论文中就可窥见,从事实提炼出的调查现象可以概括,但调查后该怎么做却必须字字鞭辟入里。

我知道,对于个别人来说,这是一次借着不错待遇和足以令人心动的学分而参与的一次随心调研;对于更多人来说,这是他们眼中一次力所能及并愿意认真完成的实践任务,继而成为一窥乡土中国的机会。

在我眼里,这二者当然都皆有之,但是我认为虽则称为调查,对我而言更重要的是"千村"。同时参加了定点调研与返乡调研的我更能体会到,这场可贵的旅程,在蜿蜒山路与乡间小道上,在流淌的或淳朴或懵懂或无知的乡情人心里,不存在也不能存在——为了什么完成什么,它只是打开一扇窗,开出一条路,阅历、学识、性格、思维不同的我们是观望者、是探路者。若再深思,一窥中国大地上其他人的生活不是它真正的意义,看到的一样,但不一样的人思考的问题不一样,选择的路也不一样,这关于故事背后的故事,中国背后的中国,关于如何把伟大散发为渺小,又如何把散落的苦难用自己的方式碾平弥散,把"经济匡时"一笔一画深深刻进中国的每一寸土地里——真正——经人财以济人世。

而这,怎么可能是一天一月,二三十份问卷,几十次对话,一双眼睛平淡的观望与一颗心短暂的震动,所能涵括?

我们今天的调查,只是记录眼前的事实,怎样才能让这样一份份调查背后家家户户的心酸消失才是问题的关键。可惜"以家为家,以乡为乡,以国为国,以天下为天下"总是言易行难,即便是治家之道也因户而异,政策文书经过曲折山路后能扎根久驻的往往不及半数,制度穷尽机巧也难以帮扶人心。我们的农村已经在物质的帮助下肉眼可见地富起来,但是农村的未来,其原住民在城市化过程中被迫承受的转型苦痛,需要有更多走在基层的人正视当下农村家庭的精神困扰,更需要不知最终会成为前者或是后者的我们,不忘所闻,不负此行,勉力而行,方问天下事,从问题的观察者变成问题的解决者。

那么,关于千村调查是什么,也许我可以给自己下一个小小的结论。千村调查是一颗种子,在以后的学习生涯甚至长久的人生里,它会一直让我回忆这些日子看到的生活景象,让我思考能为每个角落里的中国家庭做什么,甚至促使我去探寻一类问题的根源,一个时代的隐忧与前景。即便今日,我不过是一个尚在求学的少年人,一个经历短浅的乡野过客,但是古人早有言,“读书本意在元元”。

我很喜欢的一位同龄的青年名人曾在一次演讲里讲到:“我们眼睛里除了平视或仰视,更应该经常俯视。俯视疾苦和病痛,俯视角落和夹缝。我们眼中看到的,除了繁花盛景,还应该有世间冷暖。”我想这也就是我眼中千村调查带给我的——有些埋在暗处的东西,即使不被发现也依旧存在,但一旦被看到,便该有人把光撒进去。此程虽了,此路尚远,不需赘言,一句“吾将上下而求索”,足矣。

走进白岸村，走进村民心

马雨琛[①]

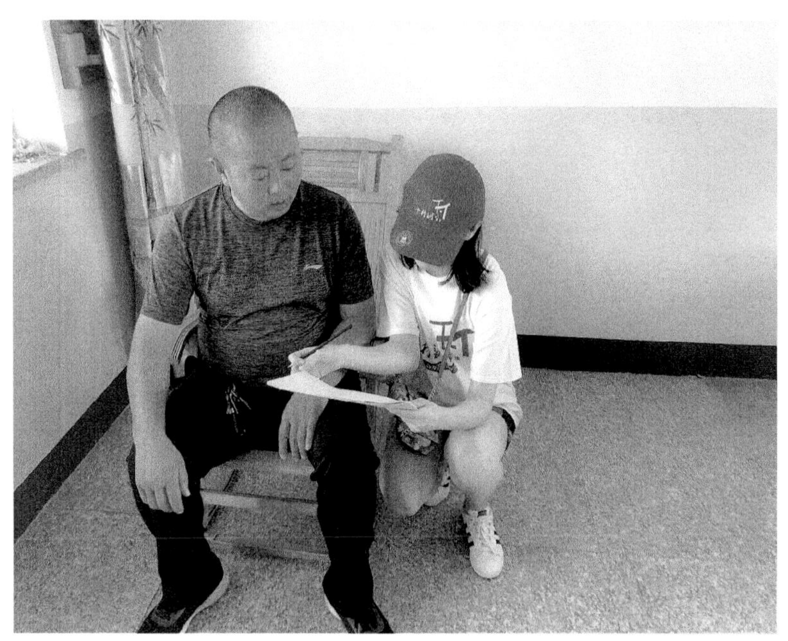

每一个城市孩子的脑海中，都或多或少存留着一段属于乡村的画面。蜿蜒曲折的山路，泥泞的小道上深浅不一的劳作者的脚印，村口的那棵大槐树，在大树下乘凉的老人和嬉笑的孩子，门前吠叫不已的小土狗，远处绵延的青山和清澈蓝天下那方灿灿的金田。那是远离城市喧嚣的世外桃源，是单纯质朴、人情味儿十足的根源之地。但同时，在中国近几年高速发展的过程中，城市一个又一个地崛起，乡村与城市发展的差距也在慢慢拉大，越来越多的乡村居民涌入城市，曾经家家团圆的乡村风情似乎在慢慢褪去，部分乡村似乎成了"落后""贫困"的代名词。这一次，我带着畅想与思考，有幸走进了乡村，接触与感受乡村与村民真实的模样。

我非常有幸地联系到了山西省晋中市义棠镇白岸村的村委会，坐车爬行了一小段山路，就很快到达了村子里。与想象中的泥泞山路不同，山路平平稳稳，一点都不会颠簸。村子里的空气质量也很高，泥土之气与阳光混合着，让人不由地变得与自然更加亲近起

① 马雨琛，上海财经大学人文学院2018级经济新闻专业本科生。

来。在去到村委会的路上，我被路边已经成型的专业养殖鱼塘和长势很好的玉米地所吸引。显然，这是一个充满着生机和生产动力的村子，村民们利用有限的空间、土地、资源，对富裕之路进行着最大的探索。村委会比想象中要大许多，与养老院结合在一起，由此看出，白岸村的空间与人员的使用率还是很高的。村干部的形象与谈吐，让我印象十分深刻，与曾以为的村干部大不相同，每一个人都和和气气，谈吐清晰，不太标准的普通话却也显得规范且礼貌。白岸村是当地有名的旅游村，村子里结合当地特有的山西古建资源，进行了旅游项目的整合开发，打造出了一个特色旅游景点——虹霁寺。与村落里的居民区和基础建设相比，这个小型的旅游景点显得格外的恢宏大气，建设与维护得非常漂亮。而根据我之前对山西古建资源管理的了解，由于基础设施和资金投入的欠缺等问题，许许多多的山西古建筑资源被忽视甚至破坏，而白岸村这样一个基础建设并非十分充分、资金并非足够强大的小村落，竟然对古建筑资源重视到了这样的地步，充分地体现了村干部们的高瞻远瞩和智慧，以及村民们对建设美丽乡村的热情和配合。在惊讶与赞许之余，唯一让我略感遗憾的是，为了配合旅游区的开发，村里将古建筑旁的一片林子砍伐一空，建设成了新型停车场以满足游客需求。而树木作为村里自然风光与环境质量不可或缺的重要贡献者，被白白砍掉实属可惜。这一点就体现出了现代农村转型发展的矛盾与选择，未来农村转型发展，究竟应该留下什么，舍去什么，发展的同时能否兼顾乡村特色环境和自然风光的存留，仍是一个转型中亟待深思解决的问题。

离开了旅游风光区，我深入到村庄各户，与村民们进行了面对面的交谈和调查，又对白岸村有了一些新的了解与认识。尽管白岸村有着较为完善的道路等基础设施建设和气势宏大的旅游景区，但村民们的生活条件仍未达到我的预想。接受调查的 12 户人家，有的与我心目中的最低收入水平相符，有的甚至有差距。大家月收入低的同时，为了子孙后代或看病就医，很多人都有着一笔或大或小的借款。村民大多住着自建的砖瓦房，而家中设施齐全的少之又少。很多户人家家中只有最基本的电视机和冰箱，拥有空调和电脑的在他们中间可以称为“富裕之家”。在调查的时候，村民们在回答家中资产状况时频频摇头的动作让我感到震惊又心酸，在城市大多司空见惯的设施，对于这个小村子的居民来说，也是少有的“奢侈品”，但从大伙儿的眼神里，除了渴望外，我又能读出一种坚定和相信。正如同大多数人在回答“您认为您家明年的生活水平是否可以提高”时肯定的回复，质朴的白岸村村民们，对村委会、村支书、村干部一定是充分信任的；从村中的点滴建设能看出，村民与干部是紧密团结着的。凭这一点，白岸村的未来一定是可以越来越好的。

“走千村，访万户，读中国”，感谢这一次入村调查，给我一个能够了解村庄，思考社会民情的机会。村子的明天还仍需规划与努力，但淳朴热情，单纯向好的民风民情仍深深植根于白岸村中。正在转型中发展的白岸村，在村民与干部们的共同努力下，一定会拥有更加美好的明天。

走村路，访真情

张　宝[①]

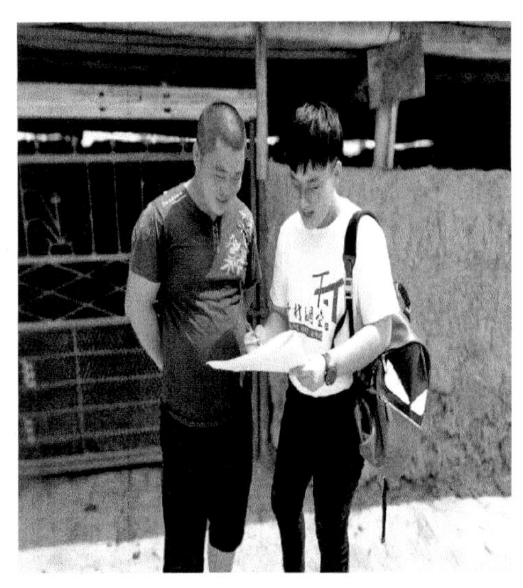

他们，在餐桌上，在田垄间，在钢筋水泥的素描里，在暖阳碧空的油画里；他们刨垦新生，静候收获；他们有着最粗糙的手掌、最黝黑的背脊和最清澈的笑容；他们让万丈高楼平地起，让千顷良田诉丰年；他们在农村，他们是农民。“走千村，访万户”，走的是乡野田间蛙鸣稻香的路，访的是夙兴夜寐、淳朴的人。

千村调查，是一篇相识相知、合作互助的动人文章。一辆车，14 人。我们有人生长于广袤肥沃的黑土平原，有人来自巴蜀的峻岭崇山。从第一句问候，到车上的欢声笑语，再到几日后的无话不谈……既是有缘人，何惧相逢晚。我们一起顶着毒辣的太阳走家入户，一起坐在炕头儿听故事，一起熬夜录问卷，一起吃着农家菜讲着家乡话。7 天的时间虽短，却足以让我们成为默契而高效的队友，体贴而知心的朋友。我们于千村开始结缘，却不因千村结束而分散，旅程时光虽短，这份同行互助、朝夕相伴的经历，即使多年后提起，也让人心生暖意、久久怀想。

千村调查，是一幅景色宜人、温情脉脉的画作。乡村、清晨、薄雾，天色已微明，细雨吻柔叶。我们走下车，踩在踏实厚重的土地上，耳边是犬吠鸡鸣，眼前是绿荫茂密，和树下三

---

① 张宝，上海财经大学法学院 2018 级国际金融法专业本科生。

五对坐、打扇畅谈的人们。这里鲜有机器的轰鸣，却不乏蝉与叶的交响，看不见鳞次栉比的高楼大厦，篱墙小院自有其朴实柔情的美。自然展现着它温柔的一面，城市里无缘得见的一面。走进小院，主人热情地把我们迎进屋里，端来紫红的李子。他们问起上海的天气，问起下学的时间，问起甜甜的江南菜是否合我们北方孩子的口味。那些细心的言语，关切的目光，让人想起家中的长辈。合上问卷，合上一场久违而亲切的交谈。手里、包里盛了满满登登的瓜果，直到院门走出很远，还能听见门口悠长的呼唤——“孩子，有机会再来！”虽难再见，温情长忆。

千村调查，是一篇汗泪交杂的深沉故事。推开门，阳光下腾起的灰尘有些呛人。屋子里很暗，老旧的风扇艰难地转着。下雨的日子，屋顶会漏水。一家六口，栖居在这里……十几里的土路，连接着家和学校，年轻的母亲踩着吱嘎作响的自行车，日复日、年复年，把两个女儿送进了大学的校门……老母亲尚未痊愈，儿子又查出了脑梗，不多的收成，巨额的药费，已让这个小小的家庭不堪重负……我们没有经历过触手可及的忧患，也不曾以叹息问候清晨，这些原本以为无比遥远的苦难，正真实地演绎在眼前。如今我们终于知晓，原来和我们一般大的孩子可能早已放弃了学业，成为家里主要的劳力；原来有的家庭，竟会半月吃不上一顿肉；原来除了失恋和考试失利，还有贫穷、病痛、愚昧……那么多值得难过、忧虑的理由。少年不知愁滋味，却也不免为其悲。千村调查，让我们有机会抚摸那些最艰辛的灵魂，倾听他们的诉说，擦去他们的泪水。

我一直坚信，比起分享喜悦，见证苦难、记录不易是千村调查更为深重的意义。因为千村绝不该、也不会止步于一场经历、一段故事，它是聆听、记录，是感悟、深思，更是立志与改变。那些讲述，或像一块巨石砸向心灵，或像一滴眼泪滑过脸庞，或让我们同情惋惜，或让人愤懑难平。总之，它震颤着我们已在安逸闲适中近乎麻木的神经，这种震颤内化为感悟又表现于行动——我们想要做些什么，为那些负债累累、病魔缠身，和小孙子相依为命的老夫妻做些什么；为那些辛辛苦苦耕耘四季却盈余甚微的农民做些什么……一人之力虽微薄，奈何数年如一日走村访户，千百少年感动深思于心、切身实践于行！

农民，是广厦厚重的根基。最庞大的群体有着最亟待改善的生活和最简单的梦想。青年学生，是滚烫的血液，脑海有知识，壮志满胸襟。感激千村这座桥梁，让奔涌的青春之河流进最深沉坚实的土壤，让朴实的人们看到远方的繁华，感受到一份陌生而温暖的关切。感激千村这份联结，让田间的萤火在年少迷茫的黑夜里闪烁，让我们在珍惜眼前舒适的同时，有体察之后的沉思，沉思之后的行践。乡村之兴，兴在青年。我们已不乏见证年轻的生命投身于穷乡僻壤，并于那深山中耸立起校门里的红旗、发动起厂房里的机器。你我虽难以至此，仍愿以纸笔，书当今乡村之现状，绘未来乡村之蓝图，以青春之善学，明乡村之愚痹；以青春之博闻，改乡村之贫苦；以青春之热血，换乡村之新颜。

“走千村，访万户”，走的是漫漫修远兮、云帆济沧海的路，访的是上下求索、静候天明的人……

都市角落

张书瑜①

在上海生活了十数年，除了度假去崇明住过农家乐，我对上海周边的农村生活几乎是没有概念的。上海这样的国际化大都市和乡村的结合，我在脑海里很难把握这个尺度，总觉得猜想不到那里的生活。直到这次我带着千村返乡调查来到了奉贤金山区[illegible]林镇新寺村。

说实在话，新寺村真的不像一个村，没有“大门”，没有村口，一条省道穿越其中，两侧沿着垂直的道路一组一组排布着居民的房屋，中间还贯穿着河流。村委会的边上就是村里的活动中心，有几位老人在下棋聊天。在与村干部的了解中我得知，新寺村是由原骑塘、虹光两个村合并而成的，现在只有不到一半的人在从事农业生产。

2 天的时间，我对一开始模糊的概念有了新的了解。

在大都市脚下的村落，不太像个村落。交通不是那么闭塞，除了那条省道，村里有 2 班公交车来来往往，很多人家还拥有自己的私家车。村卫生站很敞亮，有专业的医生、护士。村里的活动室比我自己小区的还大，有图书、棋牌室，晚上阿姨奶奶们还汇聚在活动室门口的广场跳舞。村里小超市、银行网点、五金店、快递站一应俱全。虽然村内没有小

① 张书瑜，上海财经大学金融学院 2018 级金融学专业本科生。

学，但是到最近的小学、初中也不过两三公里的路程。

在大都市脚下的村落，依然是个村落。那里生活很慢，不一定是下地干活，但是所有人工作都很稳很细，少了一些城里的急躁。那里与自然很近，门前院内都有菜地，丝瓜、黄瓜爬上藤架悄悄结出硕果，没有施过化肥，它们长得并不那么好看，但是都散发着天然的清香。门外不远就是河流小溪，随意地长出几簇荷花。我记得一户门前河边，并着一棵栀子、一棵桂树，若是花开，必定飘香四邻。

城市还是影响了这个村庄。那里没有那么多庄稼汉，居民大多都参加着城镇保险。那里不全是想象中的水乡，水还在，白墙绿瓦飞檐还是被 20 世纪末 21 世纪初的农村自建房取代了。那里没有那么宁静，省道川流不息的车流带来了发达的货运也带来了商业繁忙的气息。那里的孩子们不用和父母分离，他们的父母在乡镇里或者在市内就能找到不错的工作。那里的人们希望自己的孩子们接受高等教育，走进城市。

体现在我的调查中，很多国家针对乡村的政策，在新寺村都没有很普及。对此，我回去查阅了相关的文献发现"新农保""新农合"等政策在全国范围内广泛使用但在新寺村没有普及是有其特定的原因的。例如，"新农保"的养老金发放并不能完全满足在上海周边的生活消费需求。"新农合"的报销比例在上海并没有较城镇居民、职工医疗保险有明显的优势。"新农保""新农合"是针对农村现状的社会福利保障措施，但是在上海这样的一线城市周围的乡村，村民大多拥有城镇对应保险的情况下，这样的新政策并不能吸引到村民。

我想，千村调查，"走千村，访万户"的意义就在于此。每个地区、每个省市、每个村庄的情况都不尽相同，我们很难以同样的思考方式去面对每个村庄的问题。在全国来看，乡村的留守儿童和孤寡老人问题是一个很重要的课题，但是在新寺村，这样的问题就显然不是治理的重点。我们只有真的散向全国各地，真的去了解他们的情况，才能去理解村民的生活现状，真正有所问、有所思，而不是以偏概全，因全弃点，最终不过纸上谈兵。就像都市角落的新寺村，在上海的脚下，它诚然得到了带动，但是它如何走得更好、走得更远也值得我们深入地思考。

我觉得我很幸运，在千村调查里没有去到"典型"的乡村，我认识了一种别样的乡村，它们比上不如县里、市里，比下又强过很多村庄。它们在都市的角落供给着都市，但是我们都市人也应该时不时放下我们的优越感，走进这些村子，看看我们吃的桃子在树上的样子，看看我们吃的鱼在河里的样子。不仅去那些农家乐、度假村，而是走进真正的村庄，感受那里的生活，那里与都市没有那么大的差别，但也有着进步的空间，我们应该为我们城市的边缘思考，为它们谋取更好的发展。

乡村教育，贫瘠土地上的花朵

杨人杰①

在暑期千村调查活动中，我们小组来到了上海市青浦区红旗村进行深入调研。乡村里一派和谐景象，田间的道路整洁而平整，农田里还能看到农民伯伯顶着烈日辛勤劳作，农作物欣欣向荣，等待着秋日的丰收。但随着调查的深入，我们发现村子里老年人居多，很少见到青壮年的身影。通过向老人的问询，我们得知青年人大多跑到城里打工去了，有人直接在城里租房住，有人是工作单位包住宿，也有不嫌麻烦每天回家的，但由于经常加班、三班倒的工作模式以及花在来回路上的时间，每天早出晚归，除了睡觉时间，实际待在家中的时间很少。

因此，农村里的孩子通常都是由老人来带。虽然地处上海，至少有学可上是最低标准，但是父母陪伴时间少仍然给孩子的成长教育造成了一些隐患。长者们都很慈祥，自然是舍不得让孩子受苦的，更不用说打骂之类，这固然让孩子们有一个快乐的童年，但也使得农村的孩子普遍缺乏管教，性格比较野。性格活泼固然是好事，但太过活泼就会让孩子

---

① 杨人杰，上海财经大学公共经济与管理学院2018级财政专业本科生。

出现一系列的缺点：比如坐不住，一天到晚就想着玩，无心学习；比如缺乏基本的礼貌教养，玩闹时没有分寸容易受伤；喜欢大喊大叫，甚至敢对长辈发火扯嗓门等。这些性格教养方面的缺点无疑会给孩子的未来造成限制，难以走向更广阔的天地。另一方面，长者们的文化水平普遍不是很高，孩子在学习方面的难题困惑不能在家中长辈那得到解答，对孩子们的学习难以起到辅导作用，也难以给孩子在家里创造一个良好的学习氛围，这些都使得孩子们的成绩普遍来说不够优秀。

除了乡村学生的家庭状况外，乡村的教育资源也存在一定问题。首先便是教育资源的匮乏，乡下学校普遍设施老旧，对于投影仪这类设备的运用程度较差，很多还停留在只有一块黑板的讲课模式里。这样落后的教学方式自然难以保证高的教学质量。其次，乡村教师的质量也是良莠不齐。持有教师资格证的老师大多在城市里的学校教书，很少有愿意来到乡间相对落后、条件困难的学校里工作的，这就导致了师资力量的匮乏。我们还发现，乡村教师的教学热情普遍也不是很高，农村孩子的成绩普遍不是特别好，而且相对城市里的学生来说，农村孩子学习热情也比较低，有的甚至早就被家里定好了打工、务农之类的人生规划，对学习不是特别放在心上，长久以来，乡村教师们对此也就秉持着听之任之的态度。老师不想管，学生不想学，这样的恶性循环无疑导致了乡村教育质量的停滞不前。而且乡村周围缺少书店，学生的课外读物、辅导书等也难以获得，课外读物的缺乏导致了农村学生的综合素质较差，课内辅导书的匮乏更是在中国应试教育体制下农村学生的一大硬伤。

更重要的是，乡村教育中，老师往往无意识地诱导学生对大城市的向往，但却少有老师教导学生要报效家乡、落叶归根。学生向往城市的繁华本是一件激励学生奋发学习的好事，但也不经意间导致了对农村或多或少的鄙弃之意。而当农村中优秀的学生带着这样的思想去往了更好的城市上大学乃至工作定居，他们往往不愿意再回到家乡，与亲人分隔两地、令家中长辈思念不说，这更是农村人才常年大量外流的原因之一。长此以往，不仅乡村教育的质量得不到提高，乡村自身的发展也会因此受限。

所以通过思考，我们总结了以下几点解决方案。第一，政府应当尝试在农村附近创造更多就业机会。这样就能避免乡村学生父母常年外出，对孩子陪伴较少的情况，可以对孩子的生活学习进行正常的管教，也能给予孩子应有的关爱。第二，乡村学校的教学质量一定要尽量提高。政府应当给乡村学校更多的资金援助，一方面保证硬件能及时更新换代，采取更高效现代的教学模式，也有富余资金给学生购买教辅读物；另一方面也能让学校有资金对现有教师进行培训，端正工作态度，提高教学水平，或者也可以外聘水平素质俱佳的教师来本校任课，政府也可以更大力度推广大学生支教活动，不只限于贫困山区，全中国广大农村都很欢迎大学生前往支教，无论对我们大学生本身还是对乡间的学校与学生都有深刻的意义。最重要的是乡村教师应当有意识地培养学生的乡土情怀，让学生在对大城市的向往下奋发学习的同时也懂得落叶归根的道理，将来出人头地之后不忘家乡，能够致力于帮助振兴乡村，良性循环之下，乡村教育自然也会越办越好。乡村教育的土地虽不如城市肥沃，却也祝愿祖国的花朵能够盛开在乡村之中。

借桐乡之鉴，创新型农村

沈　洁[①]

大运河畔，杭嘉湖平原，江南奇葩，梧桐之乡。桐乡文化底蕴深厚，历代以来人才辈出。今日的桐乡承文化底蕴之精髓，铸现代城市之灵魂，古典与时尚交融，文化与经济并驱，打造“互联网学校”特色项目，推进教育现代化，在新时代下焕发出崭新的活力。

秉着“走千村，访万户，读中国”的原则，我们12位同学在吴老师的带领下，踏着月色而来，伴着星光点点，开启了为期一周的千村调查。

在开始千村调查之前，我已了解到桐乡素有“鱼米之乡、丝绸之府、百花地面、文化之邦”的美誉。说起桐乡，最被大家熟知的便是旅游胜地乌镇。2016年互联网大会在乌镇召开后，乌镇更是声名大振。近年来，桐乡经济发展迅速，2018年11月，更是入选2018全国“幸福百县榜”。非但如此，桐乡市的教育在嘉兴市也是数一数二的，不仅基础教育资源丰富，其著名高中——桐乡市高级中学更是享誉盛名。虽然已经做了功课，但当我真正走进桐乡农村之时，不禁惊叹连连。这里，没有想象中一望无际的农田，取而代之的是鳞次栉比的皮草店铺；没有低矮的小瓦房，取而代之的是一排排极具西式风格的小别墅；没有蜿

---

① 沈洁，上海财经大学会计学院2018级财务管理专业本科生。

蜓狭窄的泥路,取而代之的是宽阔平坦的水泥路……我所看到的一切都在昭示着农村所发生的翻天覆地的变化,诉说着人民生活水平正在不断地提高,展示出东部发达地区的经济活力!

千村调查的过程是快乐的也是辛苦的,千村调查的每一天都是充实的。尽管大多数时候不需要挨家挨户上门,但困难和挑战依旧不少。由于白天村里年轻人都在劳动,访问到的大部分是爷爷奶奶。因年纪之故,爷爷奶奶们的耳朵不太灵光,常常需要我们一遍遍重复问题,一次次抬高音量。在面对一些较为抽象复杂的概念时,往往需要我们绞尽脑汁将其转化为他们能够理解的语言。有些时候老人们回答问题会夹带着方言,这对于不懂当地方言的我而言,着实是一个巨大的困难。每当这时,我都需要费力地竭尽所能去猜测大概的意思。虽有困难,但仍收获满满。

参与实践活动之前,我只是在年龄上成了成年人,而在亲身参与社会调查后,我可以自信地说我就是一个成年人。短短的 5 天时间,我学会了如何用自己的言语、肢体动作以及笑容让村民对我敞开心扉,卸下防备;学会了静静倾听他们的故事,听他们讲述过去生活的艰辛,现在生活的满足以及对未来生活的希冀。在这 5 天里,我们用双脚丈量大地,用笑容温暖人心,真正拉近了我们与村民之间的距离。无数次穿行在村间的道路,看见我们,村民们从一开始的疑惑好奇转变为见到我们就向我们挥手并微笑地问候:“都调查完了吗?”这样一句简短的问候便让我知道我们之间的心因为这样一个调研活动拉近了。对于他们而言,我们不再是陌生人,而是“自己人”了。

2019 年千村调查的年度主题是“中国乡村教育研究”,教育问题也就成了本次调研活动的重中之重。教育程度和经济发展水平有着密不可分的联系,桐乡隶属于嘉兴市,处于东部发达地区,整体经济发展水平较高,乡村整体教育水平也较为良好。尤其令人惊叹的是,桐乡利用互联网优势,推出了“互联网学校”平台。这一项目的实施为桐乡全市学生提供了优质的教育资源,搭建了教育高位均衡发展的平台,只要在家里,孩子们便可以享受到免费的学科名师直播课。对于身在农村,缺乏优质教育资源的孩子们来讲,可谓是福音。不仅如此,桐乡市还推出了市区学校扩容、农村及薄弱学校改造提升、塑胶运动场地改造、中小学食堂改造提升四大工程,加快了中小学项目建设的步伐。总的来说,桐乡乡村教育正呈现欣欣向荣的发展趋势。

尽管已经取得了这些不错的成就,在调查过程中,我们仍然发现了一些问题。虽然父母对孩子的教育都很重视,但鲜有孩子上了一本,即便能上大学,也都是二本院校或是专科。究其原因有以下三点:其一,家长自身的学历水平不高。调查结果显示一般父母的学历都是小学初中,最高的也就是高中,家长的学历不高使得父母在教育孩子的方法上有所欠缺,更是没有能力辅导孩子。其二,家庭文化对孩子的学业的影响。桐乡的皮草和纺织业十分发达,很多家庭都在自家从事皮草和服装制造行业。在这种环境下,就算孩子学习不好无法获得更高水平的教育,也可以回家子承父业。其三,孩子与父母之间缺乏沟通交流。在农村,家长无固定的休假日,孩子大多跟随祖父母,家长孩子之间缺乏交流和相互了解,无法为孩子提供生涯规划的帮助,这对孩子养成良好的学习态度与未来的职业选择也是一个巨大的障碍。

桐乡市农村所呈现出来的新农村的面貌只是特例，它仅仅是东部发达地区农村地区的一个缩影。在广阔的中国土地上，仍有许许多多的农村仍未脱离贫困，“三农”问题仍是困扰国家的大问题。

千村之行，有感动、有思考。借鉴桐乡成功的发展模式，结合各村各市的发展特点，因地制宜谋发展。我坚信，中国乡村一定会越来越好！

裘市乡音，温景融情

陈欢颖①

在7月最炎热的夏天，我们3人来到裘市，开始我们的千村调查。在这之前，我认为宁波的乡村大多都自洽悠闲、略有富余，我出生的乡村就是这样。但当我真正进入小巷交绕、杂草丛生的裘市村时，我才知道这就是农村。

裘市由4个自然村组成，有一些村拥有商业街道；但有一些仍比较落后，村内只有一家超市和几家工厂。烈日炎炎的夏天，街道上没有人走动，显得一片寂静。在千村调查的第一日，我们甚至找不到一家餐馆，只能在超市里买面包当作中饭。后几日，在裘市的另一个村中才能找到餐饮店。

外地务工人员在此租房居住，一日在家时间甚少，因此我们难以找到合适时间上门拜访。我们所拜访的第一户家庭就让我印象深刻。老人和儿子的家庭虽分为两户，却住的紧密。家里庭院种植着梨树，热情的奶奶因此给我们削了3个又大又甜的梨。夏日炎炎，

① 陈欢颖，上海财经大学公共经济与管理学院2018级投资学专业本科生。

蝉鸣阵阵，冰梨的清凉带来温景融情。在基于问卷问题的基础上，我们交谈了许久。在他们的述说中，我们了解到，村里大部分的青壮劳动力都外出务工以支撑家庭支出。家里的老人接管了带孩子的责任，但是很少有家庭会真正注重教育问题。

这户家庭的孙女 2019 年考上大专，在暑假外出兼职赚钱。我们收集到的问卷里，有许多家长对于自己孩子的期望是：读个职业学校，学一门能够赚钱的技能就可以。这是城镇化建设中乡村教育的一大问题，长辈的期望值不高，要求过低等问题限制了学生的学业发展。家长自身生计压力过重，常年务工而忽视教育问题，在教育经费上的支出比例也不大。但我们认为更重要的是另一问题——乡村教育流失的问题。

裘市村中，仅有一个规模很小的小学，2 个幼儿园。尽管校园的基础设施相较其他贫困村完整，但教育水平不高。从问卷调查来看，有许多家长连自己孩子的班主任都不熟悉，可见村内普遍对教育问题的轻视。若是小康家庭，就会对孩子的教育重视起来。但他们的方式都是将孩子送到城镇的中小学读书，而不会选择村内小学。这也导致了村内教育水平低下的恶性循环。这是我们经过走访和观察，对裘市村的教育情况得出的初步结论。

在城镇一体化建设背景下，这种结果是必然的，但是中国的乡村振兴需要乡村教育的振兴。因此我们后几日的走访中，更加关注教育问题。有一户家庭，爷爷奶奶在家中带孙子，儿子儿媳在城市上班，是典型的例子。一日中，对孩子教育时间最多的是爷爷奶奶，孩子在村内上学。从现状来看，父母对孩子的物质提供是他们认为最重要的，但缺少的是精神陪伴。一味将孩子交给学校培养就容易造成教育水平低下的问题。

另一户家庭，只有老人在家，儿子儿媳和孙子都在城市居住，孩子在城市上学。这是乡村教育落后造成的普遍现象，有经济能力并注重孩子教育的家长们，都会选择让孩子在教育资源更丰富、教学水平更高的城市学校上学。但这同时也导致乡村学校教育问题更加恶化。

为了更好地了解乡村学校的现状，我们本想进入裘市小学进行参观，并对学校基础设施和环境有所了解。但由于放假、校长难以联系等原因，我们未能顺利进入学校。但小学规模不大，在学校外面就能将整个小学一览无遗。整个学校呈正方形的格局，一面是校门，其余三面都是教学楼，中间有一个小小的活动场地。在我们收到的问卷中，我们也了解到，学校的基础设施基本完善，除教学楼外还有音乐室、活动室等。每个年级只有 3 个班级，虽然不存在一个老师教授多门课程的现象，但是老师的教资水平普遍不高，家长们也都不了解孩子老师的情况，可见学校和家长的联动甚少。这是教育难以进展的关键问题。其次，学校的课程体系也不够完整，很大程度上会限制孩子的个性培养和全面发展。学校内没有正规的操场，体育课尽管设置了，但也无法让学生得到真正的锻炼。

我认为，一度将学校教育水平不高作为乡村教育落后的关键原因，不够客观。经过几日的走访调查，我深刻了解到，家长对教育的不重视程度也会严重影响教育质量。在诸多问题中，许多家长对学校、孩子的学习情况了解得少之又少，每当问起孩子的学习情况时他们都难以回答。要解决这种问题非常困难，工作生计压力是难以避免的，只能通过宣传等方式引起家长们对孩子精神培养和陪伴的重视。

乡村教育振兴计划需要每个人的行动，乡村振兴势在必行。

聆听、见证与记录

潘可儿[①]

这次千村调查返乡之行，我们来到了浙江省湖州市德清县的白彪村。其实白彪村给我的第一印象是很亲切熟悉的。大概是因为与我的老家相仿，同是坐落在江南平原上被青山绿水环绕的村庄。坐在汽车上，望向窗外，缓缓驶入这个村子的过程，就像走进一部真实而生动的纪录片。无论是景、人，还是情，都是鲜活的，这也正是“走千村，访万户，读中国”的意义，我们能够从问卷调查和家户访谈中，看到中国乡村的现状，毫无遮掩和修饰，听村民坦诚地将多年感知到的变化和发生在身边的故事娓娓道来。

近年来浙江省新农村建设的脚步越来越快，农村早已发生了翻天覆地的变化。我们刻板印象里那个落后的农村已离我们远去，取而代之的是奔跑着追赶城市的新农村。走进白彪村，我发现家家户户基本都有自己独栋的房子，很多人家都对外包进行了翻新、对内部进行了装修，只有少数人家住着原来的旧房。包括乡村的道路、医疗服务等基础设施也逐渐完善。这些都是深入农村所能感受到的真切的体验，新农村并不是说说而已，惠民扶贫的政策确实走入了人们的生活中。

我们走访了白彪村的村委会，村委会里几乎都是叔叔阿姨，他们待人热情，也很耐心

---

① 潘可儿，上海财经大学会计学院2018级财务管理专业本科生。

地接受我们的提问和问卷调查。我很佩服村里负责财务会计的那位大伯，他对村庄里的情况了然于心，哪怕是每年的人数变动都很清楚。在和村干部们交流聊天的过程中，我们了解到木材产业是这里的优势产业，有二百多户在做木材生意，利润也不错，在他们脸上也流露着引以为豪的神情，特色产业也是村子得以生存和发展的推动力。村委会办公楼门前的院子里，橱窗里整齐地张贴着公开的村务民事、财务状况等公示。村子虽小，却五脏俱全，基础设施、村委会、学校等，已然是改造过的模样。

随后的入户调查，我们遇到了各种不同的家庭，尤其在农村，大家庭里一般都有比较多的兄弟姐妹，因此家庭情况各不相同。我们采访的第一户人家，户主的妻子正在照顾蹒跚学步的孙女，儿子在外工作，而这位阿姨也是一名老教师了。正巧我父母也是老师，我们谈到了老师的薪酬待遇。我们都觉得，当前社会，老师的地位还没有达到理想的高度；而阿姨还指出了，农村老师的待遇在目前仍不及城市老师。

确实，乡村教育存在着一些难以避免且亟待解决的问题，随着城市化的快速发展和人民生活水平的逐步提高，城乡教育差距其实是缓慢增大的。很多人会觉得，现在政府对农村学校的投入力度加大，硬件设施都建设得不错了，乡村教育理应是比以往更明朗了。村干部也说，现在不同于过去，人们对于孩子的教育越来越看重，村里没有辍学的适龄儿童，大家都希望自己的孩子上大学。

但与此同时，学校师资力量和学生生源上的差距却拉大了。一方面，农村里生活条件不错的家庭，纷纷在城市买学区房，让孩子上城区里的学校，哪怕乡村的师资还挺不错，还是会略带偏见地认为城市的教育更胜一筹。这样的心理在家长中很普遍，倒也是合情合理。另一方面，乡村的教师为了追求自身发展和更高薪酬、更好的生活品质，以及为了自己孩子以后的择校更加方便，也纷纷涌入城区，优秀的师资力量也在滚滚向前的潮流中流失着。

新农村还有一个很特别的现象出现，便是“新留守儿童”。我们采访的另一户人家，就是其中一个代表。假期里，家里只有奶奶和在读初中的男生两个人。我们进屋时，奶奶正在做手工活，说着乡音，安安静静地一个人坐在桌子前。听奶奶说到，自己有一个女儿，夫妻俩常年在外地打工，在那里结婚安居了，之后生育了一儿一女，无奈于工作繁忙和经济紧张，所以夫妻俩只带着小女儿一同在城市生活，而大儿子则在本地上学。大儿子主要由奶奶抚养，上下学也是由奶奶骑三轮车接送。父母对大儿子的学业是关心的，但精力毕竟有限，所以对他的关照是明显不够的。而隔辈抚养存在代沟和隔阂，因此奶奶提起孙子的学习也是不甚明白、隐隐担忧。二胎政策放开，乡村“新留守儿童”也成为了新的问题。

我心目中的千村调查，并不是黑白冰冷的数字事实，而是色彩斑斓的人间喜悲。每个家庭背后都有故事，故事里是道不尽的人情冷暖与时过境迁，走进一个家庭，并不是一件简单轻易的事情。事实上在开始对话之前，他们也持有着怀疑与谨慎的态度，我能理解他们对家庭信息的保护，也尊重他们的意愿。坦诚相待需要过程，而我们所要做的便是耐心等待距离的慢慢靠近。

从千村中，我得到了很多。不单是对一个农村的认识，也是对自身认识的加深，对身处大环境下深受良好教育的青年人的反思。在走访中，我们的身份是多元的。虽说我们更多地在问、在获取信息，但我觉得我们更常在听，那些与我们自身经历无关、但又很真实的像是身边人的故事。我发现人们往往是无力的，包括自己，都是被时代背景、被现实裹挟着向前走的人。教育可以在一定程度上改变命运，却又受限于现实，这就是农村教育问题的所在。受访的村民他们是过去人生的见证者，而我们的对话也使我们成了他们一小段人生经历的见证者，这本身是一种延续，是不断缩短的距离和层层递进的谈话，让历史的轮廓变得清晰，让那些家国下的平凡事被记录下来。汪星宇曾带着他的“乡村笔记”来我校演讲过，我在现场被他的社会创业想法深深触动。或许就像熊培云在《自由在高处》中所说的那样，我们改变不了大环境，就改变小环境。小环境改变，大环境也会随之改变。做自己力所能及的事情，或许一切会因为我们的努力而悄无声息地发生改变，正如过去几十年来中国社会发生着未曾预料到的巨变一样。

浙江的新农村，在政策温暖的阳光照耀下，已踏上了一条光明敞亮的征途。前路漫漫，任重而道远。我们的千村调查，或许并不能立刻帮助村民解决实际的问题，但却能够从中总结现状，并为更多人开启一扇窗户，让人们看到这里的处境和面临的问题。我们可以用数字，记录下反映中国乡村最真实客观的面貌；我们可以用文字，书写一段近距离感受中国乡土风情的散记；我们可以将零星分布的千千万万个村庄，载入一个浩大的数据库里；我们可以带着“经济匡时”的校训精神，在新时代为建设更好的乡村、更好的中国献出一份我们的力量。

一花一世界，一村一乡韵

高如忆[1]

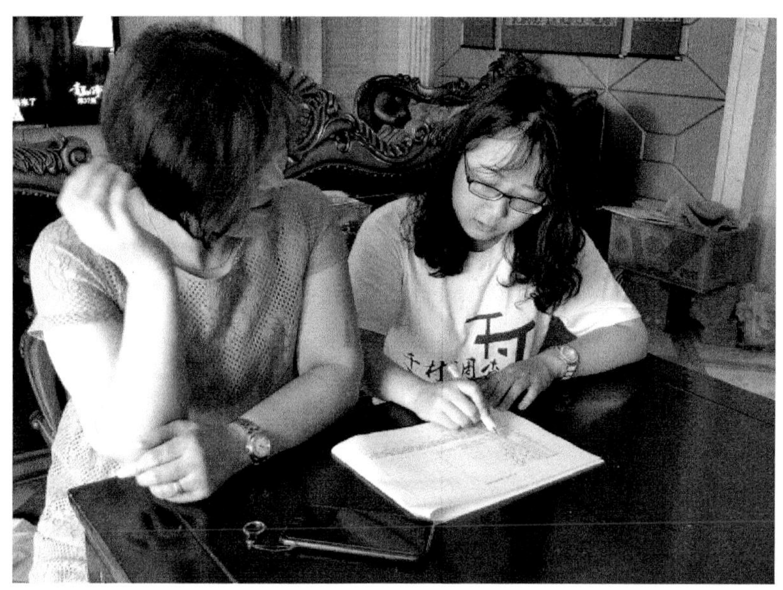

我与千村相识，正应了王国维在《人间词话》中所提到的读书三境界。

一、昨夜西风凋碧树，独上高楼，望尽天涯路

我很小的时候就从农村搬到了城市生活，乡村在我的印象里已然有些模糊。知晓此次千村调查的对象是江南水乡——桐乡，却是莫名多了一种亲切感。或许它是大文豪矛盾的家乡，或许它是江南古镇——乌镇的所在地，或许它是马云打造的“世界互联网”永久会址……这是一种怎样的期待呢？到如今也没弄明白。

犹记得 2019 年 6 月 6 日，在上海财经大学千村调查出征仪式上，我们怀揣中国青年的朝气与自信，立志将足迹洒遍祖国万里山河，让千村旗帜插遍祖国大江南北。随着鲜艳的五星红旗与千村旗帜一同飞扬的，是上财学子激昂的热情，是中国青年不灭的担当。

在正式进行入村调查前，我已经对千村调查有了充分的准备。我们学习了如何进行问卷调研和报告撰写，熟悉了系统操作。入村前一晚，我已经想象到未来 5 天可能面临的

---

① 高如忆，上海财经大学统计与管理学院 2018 级经济统计学专业本科生。

炎炎烈日，已经准备好数十里路的步行跋涉，已经能平和接受可能面对的拒绝和习俗差异。

对于中国乡村现状，我也有初步预想。我心目中的江南乡村，是“枯藤老树昏鸦，小桥流水人家”，是柏油小路旁“碧玉妆成一树高，万条垂下绿丝绦”，是金黄的油菜花夹在绿油油稻田……

出发伊始，我已整理好行装，励志待发。

二、衣带渐宽终不悔，为伊消得人憔悴

虽然说“纸上得来终觉浅，绝知此事要躬行”，但真的要去“躬行”，却也不是一件轻松的事。乡村调研，这不是休闲观光，肩上压的可是沉甸甸的任务与责任，如果没有持之以恒的付出，终究免不了绣花枕头的命运。

5 天的调研时光被安排得紧凑而有序，八点出发，下午六点回酒店休整，晚上还有讨论会议，让同学们尽情发表一天调研的感想和交流自己所发现的问题。尽管问卷任务繁重，同学们仍愿耐心与村民交谈；尽管经过一天的奔波已感疲乏，同学们仍抓紧每一分钟填写问卷，以确保数据与调研情况准确无误。

至今，我们繁忙的 5 天历历在目。我仍记得为了得到更详尽的信息，上午入村走访的队伍直到一点才完成返回；我仍记得为了节约时间，每顿饭的饭桌上，都会摆满要录入的问卷；我仍记得为了更好地安排行程，晚上十点才踏着月色散会的同学们；我仍记得为了团队的宣传和视频制作，深夜才熄灭的灯……

调研的最后一天，我们提早起床，来到桐乡市教育局，调研桐乡镇村教育的发展情况。千村调查为我们提供了一个了解农村子女家庭教育现状的重要平台。通过走访调查，能够掌握最鲜活、最真实的第一手资料，有助于我们“窥一斑而见全豹”，把握农村子女家庭教育中存在的问题与发展脉络，并提出针对性的有效对策建议。

三、众里寻他千百度，蓦然回首，那人却在灯火阑珊处

5 天的调研，时间很短，但收获满满。桐乡的农村，形，并非是中国传统农村的样子；神，却仍有中国乡村的韵味。

这里的乡村，颠覆了我们对江南农村面貌的最初想象。没有看见想象中一望无际的农田，反而是沿街鳞次栉比的皮草店铺让我们记忆犹新；没有小桥流水人家，反而是一排排极具西式风格的民居让我们惊叹不已。我们不禁要感慨：“这样的生活条件，还是农村吗?”

但是这里的村民，仍如想象中那样质朴勤劳。我们的千村调查，得到了当地村民与村委的全方位支持。考虑到天气的炎热和阳光的炽烈，细心体贴的村委会将村民们集中起来，以方便我们填写问卷。而村民们毫无怨言的真诚配合，则更让我感受到了他们的淳朴、热情。在受访者中，不仅有爱讲故事的老党员，还有事必躬行的村干部，更有已经退休却仍想工作的勤劳村民……这一切的一切，都成了我美好的回忆。

静下心来反思这5天，除却那些美好，也有一丝遗憾。这些淳朴的乡民，上至教育局的科长，下至平民百姓，他们用满腔热忱招待我们，那么，我们又给予了他们怎样的回报呢？也许他们的故事成了课题中的一个案例，抑或是一串冷冰冰的数据，但这些与他们的付出终究是不对等的。

而今，我们就这样轻轻地走了，没有留下一片云彩。

千村灯火，最为亮堂的眼睛

程　雯①

“乡村”是一个有温度的词，常能让我想到橘色的灯火，想到小溪上要大步迈过去的石头桥，想到青苔漫布、高低不平的石板路，想到“吱呀”一声打开的大铁门……

对于幼时在乡村长大的我，“乡村”一词又常常像是一团水汽，在燥热的温度里与记忆黏在一起，不能分离。且它又朦胧，使我不能真切地说出何为乡村，何为家乡。

一、初衷

学校的千村调查项目报名通知出来时，我望着“千村”两字，心中竟真真切切地生出一股一定要去做某件事的冲动。借着这股冲动，我一个人贸贸然就去揽下了本该几个人一起做的任务，后续完成各种任务虽然略有吃力，却也解了我的“思乡村之痒”。

二、千村灯火

我从未认真地看过自己的家乡，千村调查让我以另一个角度重新接触家乡。

---

① 程雯，上海财经大学统计与管理学院2018级统计学专业本科生。

初到汤口镇，印象最深的便是灯火。陈夫在《灯火》中写道："灯火，是一个村落一个村落最为亮堂的眼睛，黑暗中的无声对话者。"不错的，那日光殆尽，夜幕披落，乡野逐渐消失在一片浓雾一般的黑夜中。这时便有一个村落的房子悄悄亮起第一盏灯，于是另一家也亮了，一不留神，整个村落也就亮了。在山脚边，在山坡上，一个村庄一齐亮起灯火的模样，这阐述了什么是乡村。不用任何言语或是多余的表示，每个人都能理解。那些橘色的灯光，给人以极大的安抚，仿佛乡村便本该是那副模样。我坐在桥上，细细地看，看这片灯光，看它们互相守护，看整个村庄安眠入睡。那个初到汤口镇的晚上，我坐在桥边，看那一大片灿烂的万家灯火，寥落到星星点点，方才起身。

前晚的夜观灯火后，我明白，这种想要与那片灯火一同闪烁的感觉，便是我参加千村调查项目的初衷。又可能是因为每个中国人的心里都有一个乡土情结，回归乡村的感觉，引发起心中埋藏已久的无比熟悉的情感吧。至此我又对千村有了更深的，也仅仅专属于我的理解——仿佛我现在闭上眼，便是大片大片的灯火，在黑暗无边的乡野里亮起，如同黑夜中的一颗颗明星。

三、教育之忧

但对千村的感悟绝不仅仅是抽象的，13 份问卷让我更深地融入了这个村镇。在调研中，我看到过奶奶害羞的笑脸，受到过大妈热情的招呼，几乎每进一户人家调研，手中都会被塞上个刚洗好的苹果或梨，小孩扒着房门对我露出可爱的笑。见惯了城市的冷漠，乡村的热情，几乎要让我喘不过气。人人都该是向往这样的热情的吧，如果某人认为生活无趣，那么我便推荐你往乡村去。

千村调查的调研任务更帮助我了解了汤口镇。2019 年千村调查的主题是"中国乡村教育研究"，除了入户调查之外，我还主动进入汤口镇的小学与初级中学，了解其基本情况。印象最深的是，当我进入一间教室参观，黑板上的绿漆已有些脱落，露出了点点白斑。老师的板书不得不歪斜，以避开不能落笔的地方。教室拥有着多媒体设备，但讲台上的多媒体控制器已经落了厚厚的一层灰。经询问得知，多媒体投影设备已经坏了很久，上课完全也没有办法使用了。让人欣慰的是教室的其余必要设备并没有大的瑕疵——桌椅整齐，灯光明亮。学校的旁边是一家民宿，它外表典雅，典型的徽式风格使得过往的游客们纷纷驻足。再往旁边看，便是学校那锈迹斑斑的大铁门——这个镇唯一的一所小学的门，竟还没有一个民宿的门大。

也因此，在写调研报告时，我着重分析了在旅游业十分发达的汤口镇，教育究竟有没有得到足够的重视。在 12 份入户调查的问卷中，我发现对于孩子教育情况的部分问卷量严重不足。其原因是当地的经济发展后，家长们选择将孩子送到周边的城市念书，而不选择当地的小学，这变相地说明了当地对于教育的重视不足、不能与时俱进发展教育。但孩子们纷纷选择离乡去城市学习，又加剧了当地的教育问题。在调研报告中，我探讨了这一问题，并在与村委会的负责人填完入村问卷后，提出了我的担忧。

四、我心目中的千村调查

我心目中的千村调查，起源于我的乡土情结，本以为会是一场情怀之旅，但到千村调查将要结束之时，我却真切希望这是一场对各个方面都有意义的调查。圆了我的乡土梦的同时，也让我认识到了当代乡村教育的现状；我也真切地希望这次调查会有实质性的结果，若我与某一个家庭的交谈会让他们重新考虑孩子的教育问题，若我对村委会提出的意见能改善村庄的教育现状，哪怕一点点，也足够让我感到光荣。

暑假期间，上海财经大学的公众号常常推送关于千村调查的文章，我总是细细阅读。因为在我心中，那千千万万的村庄，哪怕只有百分之一的村庄，因我们而有所改变，有所重视教育，那也弥足珍贵。现在的千村调查在我心中绝不仅仅是乡土情怀，或者是履历上的一句话，而是真真切切的责任感，与乡村相连的依属感。这千千万万的村庄中遍布的千村调查，是上财学子为乡村发展做出的尝试与努力。这千村梦的汇聚，或许能组成中国梦的美妙乐章。

崇文重教，欣欣向荣

杨　帆①

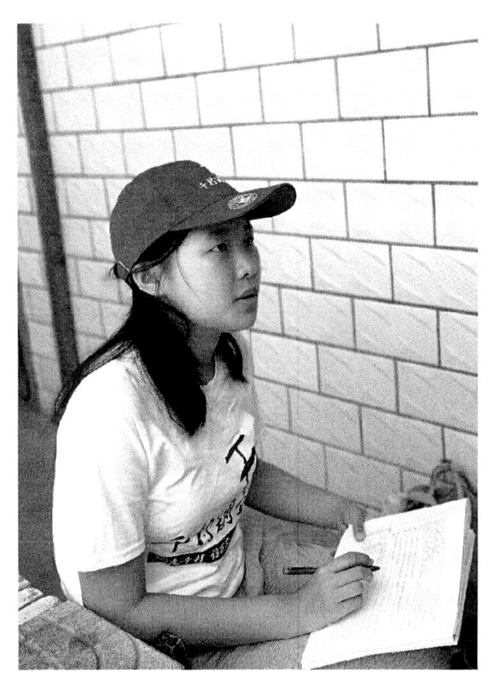

第一次参加千村调查，与想象中一样，自然造就的稻浪，一点也不怕人的小鸡小狗，香喷喷的农家小菜，热情好客的桐城老百姓。与想象中不太一样，不再有《我要上学》中眼里闪烁着渴望的星光，手中握着简陋的铅笔的小女孩，每间教室都安装上了班班通，乡村教师们都拥有大专以上的学历，越来越多的人选择留在桐城本地工作与家人团圆。

千村调查打破上财学子一贯的精英形象，让我们学生能够用自己的眼、耳、脚描绘出最真实最贴地气的乡村画卷，而5天10村也让我心中有了独属于自己的答案——“千村＋调查＝生机”。

与部分地区学生为了就业放弃上学不同，桐城自古以来就有崇文重教的优良传统，“桐城派”领导清代文坛二百余年，百年老校桐城中学更有名对“桐中敲铜钟，童男童女同上学”，先后近3 000名博士、近20名两院院士是桐城出身，人文气息素来昌盛，具有“文

① 杨帆，上海财经大学统计与管理学院2018级经济统计学专业本科生。

都”的美誉。而我在调研中遇到的 3 件事也从不同角度展现出桐城人“穷不丢书”的昂扬精神。

其一是在走访平坦村时遇见了一位有几十年党龄的乡村教师，尽管他家的客厅不大，仍分出一半当作小教室，为附近的孩子免费辅导作业。写满了拼音和应用题的黑板，干净整洁的木头桌椅，诲人不倦的老党员和“嗷嗷待哺”的孩子们，让这间小小的客厅焕发出光彩，如同春光下的明珠般熠熠生辉。而与这一家人的深入交谈过后，这家人对政府为提高教学质量，减免学费做出的努力十分满意。

其二是一位年逾古稀的老爷爷，在采访之初，他便十分欣喜地谈到自己的双胞胎孙女双双考上了大学，之后，也十分可亲可爱地提了许多次。老爷爷如此激动，与他自己的经历密不可分，老爷爷说他与老伴都只有小学学历，能够有识字写字的机会就已经十分珍贵了，而他儿子的学历是大专，在那个考大学如千军万马过独木桥的时代，大学生便是天上的文曲星，现在时代发展了，小乡村也能出大学生了，这怎能不令他欢欣鼓舞。当问到家中一下有 2 位大学生，经济负担是否过大时，老爷爷笑呵呵地摇头，说现在国家各种补贴政策多，两个孙女申请了助学金又在勤工俭学，所以家里压力并不大。

其三不是一个人的故事，而是一群人的喜忧事。在调查过程中发现家中有孩子在上学的八成都为孩子报了补习班，且以语数外等文化课补习为主。进一步询问原因，一方面是家中学历较高的大多外出打工，陪在孩子身边的家长学历普遍不高，不具备辅导的能力，可谓是一种非传统的留守儿童；另一方面现在考试竞争激烈，看到别人报补习班自己也想报。由此可见，尽管桐城乡村教育的硬件设施方面能以较快的脚步跟上城镇，但培养孩子成才所需要的不仅限于此，在我们所调查的吕亭镇只有一所高中，班多人多，管理严格，令人不由联想到安徽的另一所名校——号称“亚洲高考工厂”的毛坦厂中学。2018 年全国 31 省市粮食产量排行榜中安徽位列第四，是名副其实的农业大省，对乡村教育资源的激烈竞争要比其他省市更加凸显，这并不是仅依靠当地乡镇政府就能解决的难题，还需要国家的扶持帮助，社会氛围的引导，家长自身素质的提升等多方发力。可喜的是，现在整体局面已经在向变好的方向迈进，希望在不久之后，热爱知识、尊重知识的桐城学子不必再在补习班中来回奔波。

我在这 5 天中，看了许多，听了许多，思考了许多，对千村调查从完成一个暑假任务到切身参与，心中涌出满满的责任感，为村民生活改善而真心高兴，也为一些村民所处的困境而挂心不已。“雄关漫道真如铁，而今迈步从头越”，这是我对乡村教育的信念，我相信桐城人民心中也是如此，桐城的乡村教育已经跨过了千难万险，面对未来各种各样的坎坷，也定能如给桐城带来富庶的桐城小花一般香气馥郁，生机蓬勃！

故乡的回声

徐睿怡[①]

我们的父辈吸吮着乡村的土地的乳汁成长，却又迈开腿走向了辽阔的远方。蒲公英的种子飞散向四方，他们的下一代出生在天南海北，故乡对他们而言，只是父母口中并不真切的回忆和每年一两次回家的匆匆一瞥。过去多数人同乡村的联系同血亲一样密不可分，现在这种纽带在拔起的高楼大厦下逐渐褪色。

2001 年前，范马村的小学还会在瑟瑟的秋风中迎来自己为数不多的新生，在更久远时，有学生会拿着从家里带来的板凳，来到破旧的校舍，俯身在破旧的课桌上跟随老师用稚嫩的手写下一笔一划。这里的老师没有种种头衔与称号，他们或许就是昨日街角遇到的邻居。学生的作业也不多，他们下课后，要帮家里人干活种地或和同伴在田间玩耍，更无时间在回家后继续学习。当时的大学还未扩招，这所学校里最终能够考上大学的学生屈指可数，衡水体系的严苛教育也没有出现，家长在繁重的农活间隙，无心力去要求孩子的学业，除非孩子在读书上展现出了天赋，家长也不指望孩子能继续升入高中或大学。

而现在这所垂垂老矣的学校已经被改造成了仓库，如今范马村所有 7～16 岁的孩子都去往了镇上或是市里的学校。他们可能由爷爷奶奶照看，在村中度过自己 6 年的童年时光，然后在达到入学年龄时被接去镇上同父母一起生活。镇上的学校林立，辅导机构和课外补习也像雨后春笋般纷纷冒出。学校会有着砌得雪白干净的墙，敞亮的教室，崭新的

---

① 徐睿怡，上海财经大学数学学院 2018 级数学与应用数学专业本科生。

成套桌椅。衡水的神话在放学时家长的交谈中显得越发迷人，父母会在孩子夜里打出一个长长的哈欠时训诫道，“你得努力，努力去更好的地方，努力去过更好的生活。”更好的地方是哪儿呢？离开了小小的皖南乡村来到了镇上，又要去往何方呢？对未来的期许与恐惧混入了孩子的梦乡，梦里偶尔会见到故乡田里一大片金灿灿的油菜花。

就像父母千万次叮咛的那样，高考过后，购买一张通往远方大学的车票，行李箱塞得满满当当，再也塞不下故乡的任何事物，然后挥挥手，就此同家乡作别。往后他乡才会成为生活的常态，只是偶尔会想起以前在村中一起玩闹的小伙伴，已经忘了他们的姓名和面容，更无从得知他们现状如何，村口的老爷爷还会坐在板凳上晒太阳吗？田里还会种着那样金黄的油菜花吗？对乡村的记忆是秋天里的蝉鸣，声声稀疏下去。

范马村的生活因为离现实遥远而美好，但这美好只适合怀念。无可否认，一名大学生已经难以回到范马村，大部分情况下他或她根本无法找到一份适合的工作，村里的物质和文化条件更不足以挽留他们。与光怪陆离的城市相比，范马村显得贫穷且乏味，只适合用来缅怀一下单纯美好的过去，难以将自己的未来寄托于此。于范马村而言，她用单薄身躯供养的一个个子女，也因为她的贫困而长久地离开了她。

太阳缓慢地没入山峦中，天空与大地被笼罩在一片绯红色中，不远处的人家有袅袅炊烟升起，消散在霞光里。在诗意对乡村的修饰下，农村的生活变成了一首田园诗，这里的人活得闲适而随性，俨然一派世外桃源。但是如今的农村在快速发展的城市的映衬下，她的迟缓落后，封闭保守，种种不如人意的地方又让它的孩子迫切地渴望逃离她。相较于百年前作为中国经济最坚实的根基，现在她更像一位接近暮年的老者，一个不合时宜的童话，一首残缺了片段的歌。她还能否重新焕发出生机，是否会以一个崭新的面貌参加未来的建设，千村调查使我更透彻地审视了自己的家乡和家乡所养育的人们，让我有机会反思家乡过去与未来的教育，使这些问题在我心中盘桓，引发无限回声。

千村行，路不停

钟帅林①

开学初，便在学院的开学典礼上了解到这个已走过11个年头的千村调查项目。作为一名来自农村的孩子，起初并没有多大兴趣，只觉自己，生于此间，自然是再熟悉不过的。

直到，报名前的一段时间，各种宣传、公众号推文，各种渠道接触到的信息，向我透露着，这并不是一个简单的项目，而且，我可能不是真的了解农村。"千村＋调查＝?"是探索是无限大，是实践是乡情，是期待是希望，于我，是未知亦是挑战。在一个个学长学姐的叙述中，我感受到了一份难言的渴望——也许或者说必然，会有个不一样的农村呈现在我眼前。

结局也确实如此。在参加了江西上饶余干的定点调查之后，我发现我第一次被这个我一直以为很熟悉的"农村"二字触动了。那是一个个与我生活的地方差不多的村庄，不同的是，我以问卷访谈的形式打开了这些村庄。

第一天的湾头村，第一个访问对象便是一位在职老教师。他的热情简直让我受宠若惊，除了问卷上的问题，他总愿意和我多聊些什么，像是他为之骄傲的教师职业，像是他对教育的热忱和殷切，像是他老年孤单却不寂寞的生活。他和我说，他一个人生活，靠教书为生，日子过得挺好。他十分感谢国家，他觉得是国家让他的日子越过越好，所以他仍然

① 钟帅林，上海财经大学商学院2018级工商管理类专业本科生。

在教书，他希望为国家培养出更多的人才，为国家发展尽一份力。大爷很质朴，在给到他那 20 元防暑补贴时一开始是拒收的，他说他过得很好，这些都是他愿意去提及愿意去分享的东西，他很希望帮助到我们，因为我们是大学生，是国家的未来。后面在再三强调这是一份心意之后才双手收下，连声谢过之后才迈着仍矫健的步子回家去。首战告捷，在与大爷的一番交谈之后，我比之前更有干劲了。因为除了问卷，我发现我还想要去了解更多问卷背后的美丽故事。

谈及儿女教育，很多村民虽然自己受教育程度不高，但仍对儿女寄予厚望。当问到希望子女接受什么程度的教育之后，绝大多数村人的回答都是："当然是像你们一样考上大学啊。"这样说时的表情，是那样纯粹而质朴。我能看到他们脸上写满了希望，他们眼前仿似已经浮现了他们的孩子金榜题名时的情景。诚然，也有部分家长会说，"读完高中就够了吧，早点出来打工早点出来赚钱。"更有小部分村民说，"读书没什么用，不如出去打工挣钱实在。"其实细细观察能够发现，那些以为读书没什么用的，多是本就没读过多少书的，自然无法理解读书的意义，也自然不会觉得有比挣钱更重要的事。或许，这就是贫穷的传递吧，"教育脱贫，观念先行"，说的便是如此。当然，也有些孩子确实就不愿意读书，但稍加引导，也许就能改变一生甚至他们后代的命运。而大部分明白读书的意义的家长，在访谈时经常提到的还有教育经费的问题，有些家庭着实负担很大，但尽管如此，他们仍愿意自己多吃些苦，也要好好供子女读书，问及此，他们只是平静地回答，"再穷不能穷教育，再苦不能苦孩子。"除了多陪他们聊一聊，最后递上那帮不上多大忙的补贴，我能做的只有默默祝福他们，并将这些信息如实地记录下来，期盼有一天，有人能看到这些家庭，这些被寄予厚望的孩子们。

也曾受挫，会在一次次介绍完问卷之后被一句"我不懂这个"委婉回绝，会被担心泄露信息的老人家强行拉开其同为大学生已理解自己做的事并准备支持的孙辈，甚至会在刚说出我是上海财经大学的学生时就直接挥手示意拒绝。也曾气馁，也曾丧气，甚至在各种积怨下和一个很好的朋友闹着孩童的脾气。但慢慢总要习惯，因为自己不肯一直在象牙塔里生活，然后还是那句一直不会过时的话"勇于索取，能被拒绝"。说声打扰，然后下一户，继续，因为热爱，因为使命。

最终，历时 6 天，10 个村 250 份问卷的千村调查圆满结束。明明再也不用像这 6 天一样四处奔波，不间断地高强度入户调研，我却感觉到一丝舞台谢幕似的落寞，不知何去何从。似乎已经习惯了这样的生活，习惯了那些我有笔，他们有故事的谈话。我分明能感觉到，和我一起去的队友们，也有同样的不知所措，他们应该也有此种思绪吧。我想，这 6 天的调研，必然是我们人生中浓墨重彩的一笔。然后，开始期待下一笔！

最是真情走千村

郭旨熹[①]

如果要用一个词来形容千村调查的话，我想，用“真情”这个词来形容最合适不过了。为什么是用这个词呢？“真”代表真实，“情”可以理解为情况，“走千村，访万户”，我们了解到了农村的真实状况。但更难人可贵的是我们所能体会到的在这乡野间流露的人间真情，朴实而又纯真。

源于一次偶然想法，抱着试一试的心态，我有幸加入千村调查的定点调查项目中。跟随着队伍，我们来到了江西省上饶市的一个小县城——余干，这里是曾经的国家级贫困县，也是故事的起点。

在来目的地的路上，透过车窗，便能一眼望见车道两旁的大片良田，然而其中半数却已被丝网围圈用于养殖，这座城市同样已经到了一个特殊的发展阶段。大量的劳动力涌入周边大城市寻求就业机会，留下这座既“年轻”又“年迈”的小县城。之所以说它既“年

① 郭旨熹，上海财经大学公共经济与管理学院2018级行政管理专业本科生。

轻”又“年迈”是因为在它周边的那些村庄生活着的，几乎只剩下年迈体弱的老人和懵懂无知的儿童。与这些操着一口纯正方言的老人交谈是我们在调研过程中面临的第一个难题。原以为会毫无所获，然而，出乎我意料的是，生活在这里的那些淳朴而又善良的老人们，得知我们的到来，放下了自己手中的农活，耐心地回答每一个问题。要知道，这可是在“力尽不知热，但惜夏日长”的农忙季节。同这些不大识字的也不会说普通话的老人们交流确实很困难，但学习着他们的方言，听他们聊起家常的时候却总能被那份乡村特有的朴实深深震撼。当然要想获得这样的机会也并不容易，虽说碰了很多次壁，但终归是在这些善良的爷爷奶奶的帮助下完成了任务。

如果说这一次经历仅此而已，那么也就显得过于寻常了。真正让我铭记在心而毕生难忘的是在调研过程当中遇到的一位阿姨。阿姨不是什么名人，只是同其他人一样的普通人，然而就是这样一位普通人让我下定决心，重新审视自己。阿姨四十多的年纪，同大多数农村妇女一样，正处于承担照顾一家老小责任的年龄。不幸的是，阿姨在几年前患上了癌症，渴望为丈夫分担责任的她却在这样的年纪被迫放下了手中的重任，卧病在床。这些都是阿姨告诉我的。阿姨听说我们是大学生，笑得特别开心，她对我说自己是第一次看到这么多大学生，心里高兴，以至于阿姨总爱在我们的交谈过程中兴奋地说：“大学好，大学生真好”即便是在谈到自己的身体情况时，我也不曾见到她的脸上洋溢着的笑容消减半分，直到听她谈起自己的丈夫时，我才看到，阿姨的脸上第一次出现了一丝愁容。作为家中顶梁柱的她突然倒下，所有的重担便一下子全部落到了自己的丈夫身上。为了给阿姨治病，为了撑起这个家，叔叔用半年的时间在家照顾阿姨，闲时去附近的工地上做小工，另外的半年时间，叔叔便会辗转于周边的各个城市寻找工作，年复一年，却始终不曾想过离弃……这样故事的故事对我来说曾经只发生在文字中或是荧幕上，第一次听故事的主角亲诉，才觉真切而动人。听阿姨说，她还有一个上初中的儿子和一个上小学的女儿。她问我，自己的儿子现在很叛逆，但自己卧病在床又管不了该怎么办？女儿很想学习，但数学成绩总是很差怎么办？阿姨看着我，眼神不再平静，却分明满是乞求和无助。我未曾料想到在说起自己孩子的时候，阿姨竟然会突然间变得那样急切。我不想为了抓紧时间完成调查而仓促地结束谈话，尽管在旁人看来，我们所交谈的一切与调研毫不相干。但我也深知，我没有办法用一句话来改变这个家庭，我能做的，只有提供一点建议和宽慰。直到调查结束不得不离开时，阿姨的嘴里却还依然叨念着那句话：“大学好，大学生真好。”

我原以为在我们提出问卷调查请求的时候，多数人会因为嫌麻烦而拒绝，但未曾想，也会有人因为我们的到来而感到兴奋。也许是因为长期生病卧床，有太多的太多的东西想向别人倾诉。看到那么多大学生，所以开心。这样的快乐，来的多么淳朴，不是因为升官，不是因为发财，只是因为看到了那么多大学生。这样简单的快乐，如今世上又还剩多少？永远笑对着别人，即便此时此刻病痛缠身，谁看得见这笑容背后背负的辛酸？为人夫，不论贫穷或是疾病，生死不弃，简单的誓言，试问有几人做得到？为人母，不因自己的病痛而觉伤感，却因孩子叛逆黯然神伤。那一刻，我恍悟，所谓人间真情，就是如此简单而纯粹的东西，纵使历经沧桑，却能够始终如一。这就是我亲眼所见的“千村”。

脚踏实地，砥砺前行

吕　莎[①]

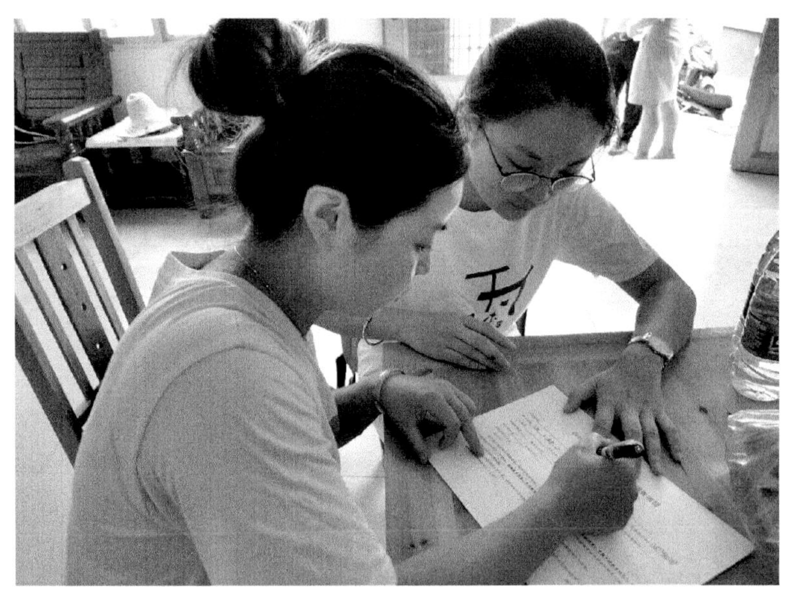

头顶烈日走在乡间小道，风掠过稻田，掀起一层层的稻浪，裹挟着热气袭向四周；蝉鸣声声聒噪于耳，大地被炎热束缚着，难以挣脱，但是仍有农民们“足蒸暑土气，背灼炎天光”。这是夏天的乡村。

这个夏天，千村调查给了我真正走进它的机会。

在我的预想中千村调查是脚踏实地，深入基层，零距离了解乡村人民生活状况的机会。虽然已经有了一定的心理准备，但是真正在接触乐平市的乡民后，我有了更难忘的体验。历时 5 天的乐平之行和一天的返乡调查，走千家、访万户、读中国，我走在了实践的路上。

乐平是江西省景德镇市直辖的一个县级市，位于江西东北部。我们走访了乐平市的 3 个乡镇，接触了不同的乡村样貌，乡民生活水平的差距。

乐港镇的大路边村是我们到达的第一个调研地，它是一个以蔬菜生产为特色产业的村庄。有趣的是，村庄的路灯、路牌，都以蔬菜雕塑作为装饰，村委会门口还立着一颗大白

---

① 吕莎，上海财经大学人文学院 2018 级经济社会学专业本科生。

菜雕塑，好像一晃来到了童话中的蔬菜王国。

实际上，很久以前大路边村的人就形成了种植蔬菜的传统习惯，但传统的小农经济是一家一户分散经营，加上种植品种老旧、技术不发达，又没有固定统一的销售市场，因此长期以来，村民的生活水平一直徘徊不前。后来，大路边村支部发现浙江、上海的蔬菜多是从江西省调运的，且销售快、价格高。于是村党支部全面推行日光温室大棚种植技术，优化蔬菜套种间作模式，种植绿菜花、地瓜、四季豆、青刀豆、早春辣椒等三十多种蔬菜。党员干部带领大家修建了温室大棚，起早贪黑、精心劳作，最终全村修建日光温室 30 座，并全部实现了每座收入 7 000 元以上，这极大地带动了大家依靠种菜致富的信心，这才有了现实版的乐平蔬菜王国。然而，村里的经济发展虽在慢慢提高，但整体发展水平还是相对落后，村民生活质量有待进一步提高。

发展旅游扶贫的江西特色小镇的洪岩镇则是一派欣欣向荣之景，清一色的白墙灰瓦徽派建筑让人眼前一亮，洪岩仙境亿年溶洞是避暑和旅游的极佳选择，得天独厚的条件让洪岩镇、乘势而上，打造特色小镇，发展经济，建设基础设施。洪岩镇的居民生活水平较高，青年人也很多都在本地创业就业，留守儿童情况较少，教育条件比其他乡镇较好。更值得一提的是，洪岩镇的垃圾分类行动早已开展，家家户户门口都放置着政府下发的垃圾分类箱，垃圾分类落实情况较好，有效地减少了旅游业造成的环境压力，这才是真正的旅游扶贫，而不是先开发再治理的老路，以牺牲环境为代价发展经济。洪岩镇的成功发展除了依靠得天独厚的自然条件，还有政府部门对小镇发展合理的规划，统筹兼顾，这样的发展之路才是值得借鉴的。

有些乡镇幸运地找到了合适的发展道路，而双田镇正在努力探索之中。

双田镇给我最深的印象，是必经路途中那条坑坑洼洼的主干道，每次入村时都一路颠簸前进。因为修缮道路，路边的建筑和植物都被厚厚的尘土覆盖，家家户户都紧闭门窗，居民生活受到严重的影响。对双田镇的乡民们进行访问时，也感受到大家对这条路维修状况的不满，希望尽早把道路修好，恢复大家的正常生活状态。

并且，由于小户经营农业生产收入低，比较劳累，家中耕地都外包给农耕大户。双田镇村里大多数的青年人都在外务工，家里留守小孩居多，大多由老人照顾。其中有一户受访家庭，有一位患白血病的小女孩，她从小和外婆一起生活，家里为了给她治病已经欠下三十多万元，父母外出务工，收入并不高，承担着巨大的精神压力和经济压力。在交流过程中，小女孩乖巧腼腆的样子着实让人心疼，希望她早日摆脱疾病的折磨，能和同龄人一样快乐地生活。

虽然有政策扶持，但是中国乡村要真正实现脱贫致富依然任重道远，有诸多难关需要基层干部一一攻克，脚踏实地，砥砺前行，撸起袖子加油干！

6 天的调研本身也是对个人的综合素质和能力的一种锻炼。我们十分感谢乡民们耐心的配合，以及当地政府工作人员对我们的关照和帮助，这为我们调研工作的顺利进行打下了基础。这次经历的宝贵不仅体现在那些沉甸甸的问卷上，还在于让我对农村有了更深入而具体的认识，了解了农村教育问题的真实现状，为乡村振兴而助力！

不忘乡土根，教育总先行

李融宇[①]

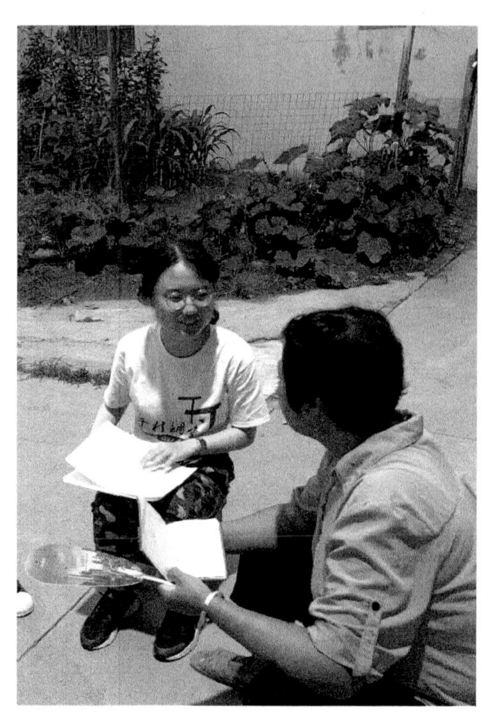

2019 年 7 月，我们和小组另一位同学来到了距离郑州不远的叶岭村进行千村调查。我在郑州长大，另一位同学在洛阳长大，一东一西，两座我们无比熟悉的城市，却夹着一片我们那样陌生的乡村。

千村调查以前，城市长大的我对农村的印象仅仅停留在几个新闻中时常出现的词语，即便回到农村老家，也往往并不久留。我相信，这在城市孩子中也是普遍现象。被农村包围的城市，却用强势的城市文明和教育资源不断从农村汲取养分，农村的产品流向城市，年轻人更是一代一代涌入城市，淡忘农村。而事实上，那被无数城市人冷眼相待的农村，却是多少中国人的根之所在，那铺展在中原大地的万顷粮食地，却是多少河南人魂之所系。千村调查，让我第一次，去阅读中原大地上生我养我的农村。

在调查中，我们深深地认识到了乡村基础教育水平与城市相比的巨大差距。在与农

① 李融宇，上海财经大学数学学院 2018 级数学与应用数学专业本科生。

户的交谈中，我们发现，由于匮乏的初中教育资源，村民孩子所上的普通初中在同郑州市各中学一同参加中招考试时完全处于劣势——全校范围内，考五百多分已实属靠前成绩。然而，郑州市任何一所重点高中所需成绩都在630分以上，加之地方对优秀生源流失的限制，对于这些村里的孩子来说，考上郑州一所重点中学实在太难。高中阶段，这样的教育差距进一步加大。采访中，我了解到一位与我年纪相仿的女生，中招仅比我当时低100分左右，留在当地上学，2018年却只考上了省内一所普通的二本。即便如此，这里仅有的少数考上名校的孩子，也都被寄予厚望走进大城市。看着讲起自己考入名校走出农村的侄子满是自豪的老奶奶，我既替她感到高兴，却又为农村严重的人才流失心痛。

很长一段之间以来，我们埋头推进城市化，企图把农田变成地基，让农民住进楼房。城市的年轻人，甚至是农村的年轻人本身，要么对农村不屑一顾，要么急于逃离农村，原本是中国人文化根系所在的农村，如今却空心化，令人痛心。城市与农村被强行割裂，二元经济与二元文化，损害绝不仅仅在农村本身，更在整体中华文化的文化断层上。如何不忘乡土根，防止文化断层的悲剧，我们能做的是沟通和保护，沟通从而了解，了解进而保护，而千村调查正给了我们这些城市长大的年轻一代一个机会去走进乡村，了解乡村，增强保护乡村的意识，也更加认识到，教育在未来乡村建设中将发挥的根本性作用。

这是很有必要的，首先从我们学生个人的角度看，千村调查在我们正式进入社会之前，给了我们一个机会，让我们初见社会真实百态，乡村较为简单和淳朴的社会环境，无形中减少了我们调查中遇到的阻力，不仅锻炼了我们最基本的社会调查能力，更为我们日后正式进入社会打下了良好的基础。同时，调查地在农村，让我们与社会的接触从中国人共同的乡土之根开始，这是我们认识社会的过程，更是中华文明五千年的发展过程。此外，从社会文化发展角度看，千村调查借学生暑期社会调查，在给国家提供乡村现状真实数据的同时，让城市生活的老师、同学一并走进农村，了解农村，从而增进了乡村和城市之间的对话沟通，而这种沟通和教育，正是引进城市高知人才，“专业化”缩小城乡差距的应有之义。我们在调查中了解到，叶岭村的新村委会的修建，地坑院建筑的再修复工作等，都由河南许多来此做“美丽乡村建设”社会调查美术学院学生参与设计规划，千村调查亦是如此，作为大学生，我们了解乡村才能有朝一日回馈乡村，为乡村教育事业发展尽自己的一份力。

总之，在我看来，千村调查在将农村真实现状通过学生传递给国家的同时，让一大批上财青年学子深度了解农村教育现状，从根本上促进了城乡一体化融合发展。千村调查让我知道，所谓乡村建设，绝非把良田万亩变成混凝土森林，它的核心更在乎对话和了解，在乎在大力发展基础教育基础上的专业化发展，在乎在保留乡土文化基因之根的同时，通过教育质量的提高和高知人才的引进提升乡村的核心吸引力。千村调查让我知道，无论身在何处，永不能忘乡根；改变农村命运，教育总是先行。

农村看农村

李凌婧①

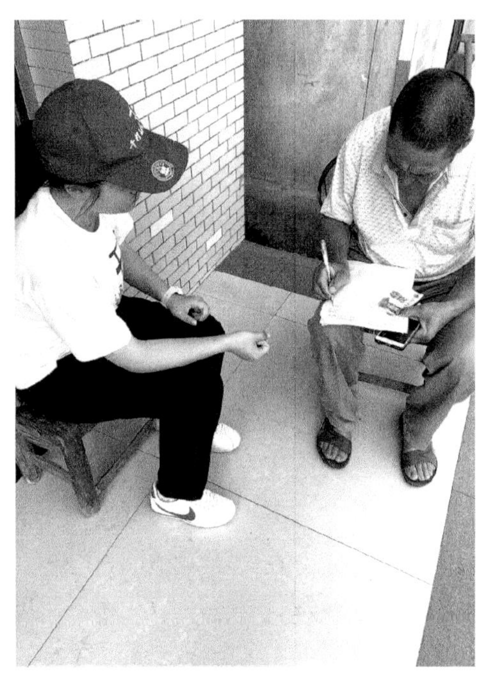

这次暑假我既报了定点的千村调查，也报了返乡的千村调查，真正地去过荆州和恩施的农村，走进农村的家家户户，了解到每户家庭的真实情况之后，我这才真实地体会到，荆州和恩施虽同在湖北省，但它们之间的差距有多大。

从地形上来看，平原地区和山区对比各自的特点表现得十分明显。荆州的路是笔直的，许久不见一个坡，许久不转一个弯，房屋就在路的两侧，交通十分便利，屋的后面就是大块大块的田，种起庄稼来也十分方便。恩施的路啊，真是山路十八弯，人们要建屋种地得找山与山之间相对平坦的地方，把房子直接建在公路旁边的家庭不多，往往从自家房子到主公路还有好长好长一段乡间公路要走。

从经济方面来看，总的来说，荆州的农村经济条件总体上比恩施好太多。荆州的农村中绝大多数家庭不需要在外打工的子女往家里寄钱，也没有欠债的情况，每年还能有些剩

① 李凌婧，上海财经大学金融学院2018级金融学专业本科生。

余存点钱，虽说可能不是特别多，但只要家中不发生重大变故日子总归是安稳幸福的，还有一部分甚至能够在大城市买房定居，而建档立卡、精准扶贫的家庭很少很少。可是在恩施家里经济条件比较好的家庭占比真的很少，能够通过自己的努力在大城市定居的家庭就更少了，建档立卡精准扶贫的家庭倒是挺多。在我们调查的家庭中，还有几户是单亲家庭，他们的妈妈有的是因为生病死亡，有的是因为受不了家中的贫苦抛弃丈夫和孩子狠心出走。

从教育方面来看，现在由于计划生育政策的严格执行，农村的学校越来越少，村子里普遍只有小学，没有初中，更别提高中了，而且随着家长们对教育的重视，大家都更倾向于选择将自己的孩子送到镇上的学校读书。但荆州的农村因为交通便利，学校会有校车专门接送学生，家长只需要在家门口看着孩子们顺利上车。而恩施的村子里的孩子们更多的是跟着班车上学，也有爷爷奶奶或者爸爸妈妈骑车送孩子上学的。由于路程比较远，很多孩子都会选择住宿，周末才会回家。

其实，谈到教育，我想说的又不只是荆州和恩施的对比了，我更想说的是我在调查过程中听到的几个小故事。有一户家庭举家在浙江打工，他们的大女儿在浙江读书，以她当时的成绩应该是可以上一个比较好的高中的，但当时由于自己不能参加异地高考，她选择上卫校，也就是这样的选择决定了她无法参加高考，也就无法进入大学接受教育。还是这户家庭，可能是家里人考虑到大女儿的情况，还是希望二儿子能够参加高考，就把这个小男孩留在了家乡上学，由爷爷奶奶照顾。突然有一天，孩子打电话给爸爸妈妈问他们打工的具体位置，爸爸妈妈当时以为是老师对孩子家庭的调查就告诉了孩子，可是后来才知道是孩子太想他们了，想要一个人坐车去找他们。家长也觉得孩子年龄太小，实在不忍心，也就把孩子带到了自己打工的地方，让他在浙江上学。可是时间一长，孩子上初中了，也到了考虑让孩子回乡读书的时候了，家长害怕孩子刚回本地读书会在学习和生活上有各种不适应，不得不选择让孩子留级一年。我知道，这户家庭不过是农村千千万万户家庭的一个缩影，不论是选择外出打工，还是留在本地，每户家庭在孩子的教育上或多或少都会遇到一些让人为难的问题。

作为一个土生土长的恩施人，我深知，随着国家西部大开发、精准扶贫等一系列政策的提出，恩施的发展已经取得了巨大的进步，我们老百姓的生活在逐渐变好，我们与平原地区的差距也在不断地缩小。但正是这次深入农村的机会，不仅让我近距离地了解我的家乡的农村的真实情况，还让我看到了平原地区的农村的真实面貌，使得我对农村有了更深刻的理解。

这些天虽然短暂而辛苦，但意义深远，感谢千村调查。

故里重游，变化万千

杨　艺[①]

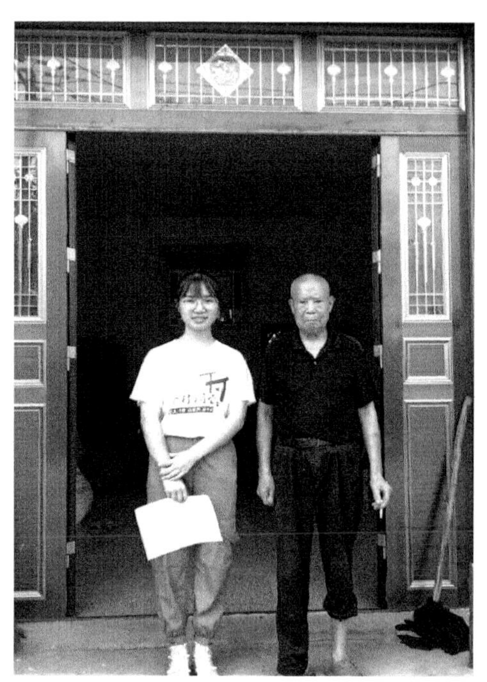

我这次调查的地点是湖北省荆州市石首市横沟市镇罗家台村，这是我的老家所在地，也是农村这一整体概念里普普通通的一个村庄。还记得许多年前，那时我还是个不谙世事的小孩，总是在这块土地上奔跑，和小朋友们嬉戏打闹。那时爷爷奶奶还住在乡下，逢年过节或者闲来无事，父母总会带上我去爷爷奶奶家玩。我一直记得和大家走在路上时突遇一条横亘在路中的蛇时的惊愕，记得跨过一片一片农田的绚烂晚霞，记得和表姐钓鱼钓不到转而徒手捉虾却意外收获颇丰时的欢喜，记得和表姐妹一起捉蝌蚪时表妹突然掉下去的扑通巨响以及随后的惊险救援和被责骂时的难过，记得摘得的莲蓬的香甜，记得被困在网上的可怜的小鸟，记得房檐下一根根的冰凌……不得不说，这个小小的村庄，着实斑斓了我的一部分童年。而这次，我也很幸运，能有这样一个机会，以随机抽取 12 户人家和请村干部做调查问卷的方式，更加理性、客观、全面地看待家乡这些年的成长。

① 杨艺，上海财经大学信息管理与工程学院 2018 级数据科学与大数据技术专业本科生。

老实说，现在的村子确实与我脑海中的村子有了很大的出入。这几年回去的次数少了，留下的印象也不深，以至于当我开始认真审视、认真对比时，竟发现了许许多多我以前忽视的方面。

首先是路。10年前的罗家台村，只有主干道上有水泥路，蜿蜒连接着每家每户的基本都是泥巴路。一下雨，泥路就变得坑坑洼洼。走完一段路，就会发现自己的鞋已经狼狈不堪，裤腿上泥迹斑斑，甚至上衣也会溅上几块泥印。稍不留神摔了一跤，一个泥人就新鲜出炉了。每逢这样的天气出门，大家都得全副武装，小心翼翼地一步一步慢慢走，生怕滑倒。而在天气炎热而干燥的时候，泥巴路也让人深受其害。一阵风吹过，或者一辆车开过，厚厚的灰尘便扑散开来，迷了眼睛，呛得人直咳嗽。而现在，家家户户门前都铺上了水泥路，虽然也还有些扬尘，但相比以前，已是好了许多。“要想富，先修路”，这句话是很有道理的，而道路的演变，也侧面证明了村庄条件的改善，人民生活水平的提高。

其次是农田里的作物。以前一般都是水稻棉花，而现在，养殖龙虾也开始流行起来。农民们开始探索新型的劳作形式，种养结合走进了一家又一家。在入村调查中，我了解到，政府对本村的养殖业有扶持政策，加上龙虾的市场行情也不错，所以大大提高了农民进行养殖业的积极性。农村的发展确实不应该是一成不变的，要多寻找方向、多探索，以得到更多的发展机会。

其实，变化还有很多，比如手机、家电的普及，房子从平房开始变高，我也就不一一列举了。我很高兴，这次的千村调查，能让我对曾经待过不少时间的地方有了更加深层次的了解，更加了解这群人的生活状态、生活方式。在感叹进步发展的同时，我也很明显地感受到农村与城市的差距。比如网上购物在这里并不是一种常态，村里甚至都还没有专门的快递站点，更别提公共汽车、共享单车等公共服务设施。广场才刚刚建上，面积不大，人们也不怎么来跳广场舞。近些年因为村里没有学校，孩子们也只能到附近的镇上去上小学，村里补习班、兴趣班一概没有，篮球场、乒乓球台也不存在。没有健身设施，大部分人闲暇时的娱乐就只是打麻将或者闲逛，从这条路走到那条路，和路过的人打打招呼唠唠嗑。人们的娱乐生活异常单调。

经过这次调查，我还发现了一个现象，那就是人们对于家乡发展、村庄治理普遍没有多大的关注度。大部分人都对这方面缺乏了解，对村干部对于村庄的治理不太关心。人民在政治方面的参与度非常之低，而如何提高人们在这方面的积极性，也是一个值得思考的问题。

这次千村调查，总的来说，确实让我有了很大的收获。既看到了发展，也看到了不足。认识到了缺点，也就有了努力的方向。罗家台村只是中国众多村庄中的一个，但也是这万千村庄的一个缩影。我们需要调查，我们需要了解，我们需要分析，进而针对性发展，争取早日实现全面小康，为人民谋取更大的福祉。调查的意义也就在于此。

从千村调查浅析中国乡村教育的现状

陈晓诺[①]

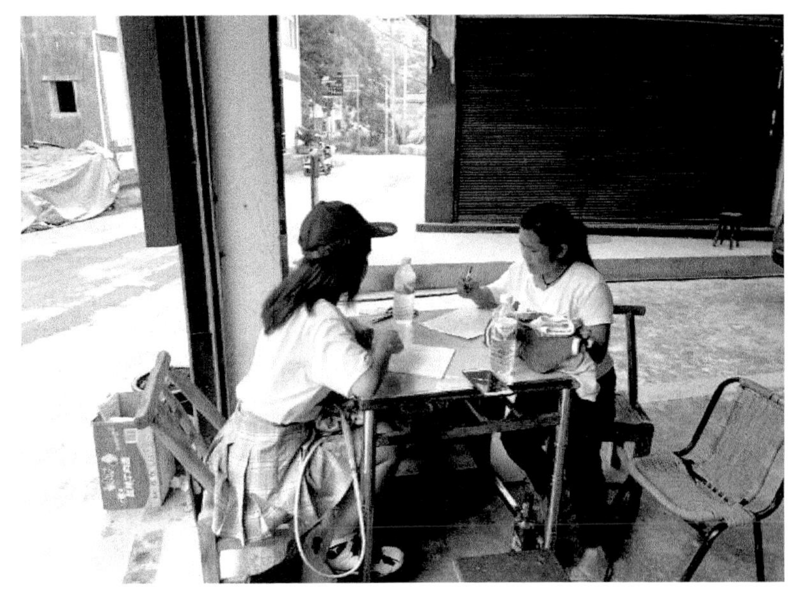

山清水秀、晨雾缭绕、渔歌互答、黄发垂髫并怡然自乐，是我对中国乡村的想象，在我的想象里，乡村的学堂应该是古朴得就像是民国时期的学堂一样，清晨琅琅书声环绕，日落时伴着嬉笑打闹声，就这样结束一天的生活。

当我第一次来到重庆市酉阳土家族苗族自治县浪坪乡这样一个贫困县的深度贫困乡，我之前对中国乡村的想象完全被眼前的现实打碎了，没有想象中的宁静祥和，有的更多的是烈日下汗流浃背在田间劳作的农民；没有阡陌交通鸡犬相闻，有的是被暴晒而裂开的黄泥路和沾满尘土灰的小朋友在说着悄悄话，似乎是在讨论着我这个打扮得与这里格格不入的外人。

现实与想象巨大的差距，使得我对乡村的一切都充满了好奇心，他们的生活、他们的娱乐方式，当然，我最想要了解的是他们的教育。我去到了他们乡的中心校还去到了他们乡下一个叫官楠村的村小。对这两所学校的第一印象就是一个字——小。乡中心校有一栋教学楼、一栋教师宿舍、一栋学生宿舍，说是一栋其实也就是三四层楼高而已，他们没有

---

① 陈晓诺，上海财经大学金融学院 2018 级金融专业本科生。

足球场只有2个篮筐，其他的活动就是在水泥地上进行；村小不过是只有一栋两层楼高的教学楼的学校，没有操场也没有篮球框。我在村小待得更久，因为这里给我的冲击更大，这所学校只有4个老师，一个老师教授不止一门科目，每个年级只有一个班级，班级人数也少得可怜。因为是暑假，所以没办法去亲自体验他们的课堂，不过我想虽然这里硬件设备简陋，但是孩子们一定都是用充满求知欲的眼睛盯着老师全神贯注地上课，因为他们比城市里同龄的孩子们更清楚知识改变命运的含义。

学有所教，大概是做到了，只是这教的质量想要到达普遍高水平确实不是朝夕之事，我在村委会见到了几名暑假实习生，他们都是在当地长大在当地接受教育的哥哥姐姐们，他们几乎全是大专学历，我并没有对学历有任何歧视，我只是在想他们也不是不努力为何都只能止步于此？还有一位姐姐是我父亲帮扶的贫困户的孩子，2019年考上了大学，在和她聊天的过程中，我发现她对自己的未来并没有明确的规划，甚至不清楚她报考的专业可以干什么，她只是听别人说这个专业好就报考了，并没有结合自身实际去综合考虑，我想这也是乡村教育的一个缺陷所在。

乡村教育，近年来确实在进步，至少他们拥有了专门的教师和课桌，而不是再像以前一样在临时搭建的小木屋里面学习，他们现在至少也是在窗明几净的教室里上课，而不用再忍受昏暗的灯光和风雨飘摇。不过，乡村教育的不足也是显而易见的，他们并不是每一门学科都有专门的老师，他们没有音乐器材，没有计算机课，没有专业的实验器材，没有多媒体，他们没有办法开展一系列素质教育。除去硬件的不足，我更想谈谈其他深层次的原因。首先，他们多是留守儿童，父母常年不在家，在家的是没有知识文化的爷爷奶奶，爷爷奶奶不过能保证他们基本的温饱而已，他们大多不识字更不用说辅导孩子的功课。他们常年缺乏与父母的交流，他们的性格内向，信息封闭，在成长最重要的阶段缺乏正确的引导，多数时候他们缺乏主见易受到外界的影响，心中也少有明确的目标与理想。其次，在这样贫困的农村，上学对家里来说，负担确实大，很多孩子都只是想完成义务教育后就外出打工来减轻家里的负担，在农村，教育短板不仅表现在硬件方面，更短板的是孩子们缺乏梦想的心态。我还想说，教育是学校教育、家庭教育、社会教育的组合，在这些地方虽然有了学习教育哪怕质量不高，可是家庭教育与社会教育的缺失，很难塑造孩子们健全的人格，也很难让这些孩子们在走出学校之后与社会很好地对接，对自身认识与对人生规划的缺乏，很难造就一个成功的人生。学有所教，我们基本上做到了，可是这个教真的还不全面也不深入；教育公平，我们也基本做到了，我们推行义务教育让孩子们有平等享有受教育的权利，可是在硬件与软件的公平问题上我们也确实还需要砥砺前行。

乡村教育不是一个点的问题，它是一个面的问题，在没有足够全面的调查基础上，我做出以上论断，可能会存在偏颇，不过我想这应该是大多数贫困地区的乡村教育存在的问题，在新中国成立70周年之际，我们生活的各个方面确实变好了许多，也呈现出继续向好的态势，不过，在向好的大趋势下，我们在许多问题上还存在许多待解决的问题。不过，我相信，在中国共产党的带领下，在全党全国各族人民的努力下，我们终会解决这些问题，早日实现中华民族伟大复兴。

“千村+调查”

——回味、挑战与洞悉

李俊岐[①]

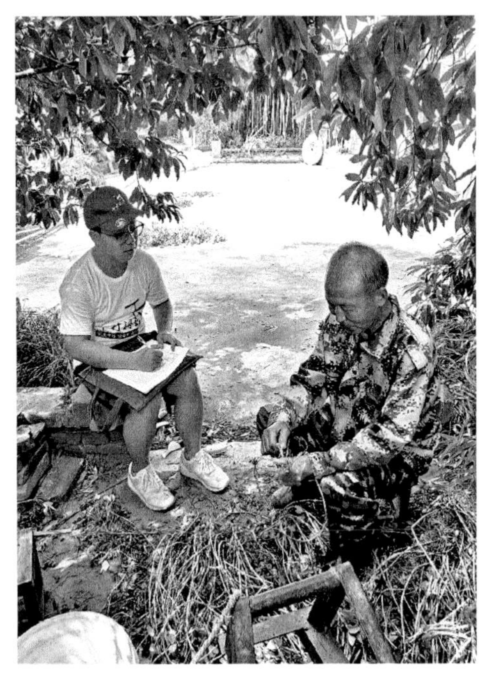

我的家乡在重庆铜梁，一座位于祖国西南部的小城。

三伏酷暑，夏日炎炎。三十八九摄氏度的高温，火炉重庆并非徒有虚名。8月中下旬，当我以一名上海财经大学千村调查调查员的身份来到重庆市铜梁区石鱼镇东店村时，正值稻谷丰收的时节。

一、“千村+调查=回味”

千村调查走访这几天，我寄宿在亲戚家，短短几天时间里，我重温了稻谷收割的全过程。对于我这样一个从小出生于农村，而现在却又已经离开农村十来年的人来说，秋收农忙的场景不得不说显得十分亲切而熟悉。虽然现在的稻谷收割已经告别了“面朝黄土背朝天”的苦痛，收割机带来的部分机械化解决了农民的很多烦恼，已然不同于我童年时的

---

① 李俊岐，上海财经大学人文学院2018级社会学专业本科生。

记忆里大人们半夜起床趁凉去割稻谷的时代，但这仍然避免不了一些诸如扛稻谷、晒稻谷、筛稻谷、装仓等一系列需要人力、体力的活儿，“烈日炎炎似火烧”还是让人心生畏惧。

东店村是一个普通的以丘陵地形为主的村子，大部分劳动力都选择就近或者外出务工，村子里的庄稼很多都是五十来岁赋闲在家的中年劳动力和 60 岁以上的非劳动力所耕作，也基本都以自给自足为主。因此，加上地形因素，村子里的耕作机械化水平很低。据我和收割机的所有者交谈了解到，他们来自江浙一带，以帮助农民收割稻谷营生，一台收割机和卡车的配套投资减去国家补贴后大约在三十多万元，跟着不同地域稻谷的收割时间走，每年用大约七八个月时间的跑遍全国，按亩计价，在当地的价格大约在 200 元/亩。另据悉，该村村民也有曾经购买过收割机的农户，但因成本昂贵很难回收，收割劳作量大，不久便变卖，此后都采取这种外包的方式收割稻谷。

二、“千村 + 调查 = 挑战”

农忙刚过，村民们得以拥有闲暇。我开始了我的走访计划。

在如此炎热的天气下，为了尽量减少给亲戚家带来的麻烦，也给自己一个挑战自我的机会，同时也考虑到访谈的保密性，以及尽可能小地给被访问人带去干扰等一些学术规范上的问题，我谢绝了他们的陪同，也没有在一开始就去寻求村委的帮助。在打听了附近人家的情况后，我决定独自一人去调查走访。在我开始进行千村调查之前，我对于此次走访的顺利进行充满了信心。我本以为当我向村民们介绍我的身份信息后，他们都会很乐意地配合访谈。然而，事实却并非如此。虽然我讲着一口流利的家乡话，虽然这个村和我家只有十几公里之遥，但是我并非曾经生活和成长于这个村，一旦走出了亲戚家的小院子，便是一个完全陌生的环境。因此，在走访过程中，我遇到了一些不理睬、怀疑和拒绝。每当我走进一户人家，我都会微笑并热情地向他们介绍自己的身份和意图，希望以此博得他们的信任。然而，并非所有村民都会相信并接受访谈。一些人会冷漠地不理不睬，一些人会用怀疑的语气连续地质问你，一些人也会以各种理由回绝访谈，身着“千村调查”的工作套装让我与村民们显得更加格格不入。虽然我也非常理解他们的顾虑，但是想到自身的任务也不免感到有些失落。这时我才意识到，让村民们信任你并接受访谈，才是在这样一个陌生的环境里选择独自完成千村调查的最大挑战。

当然，值得庆幸的是，在连续被好几户人家拒绝后，终于有农户欣然接受了我的访谈。于是，我便采用了“滚雪球”的方法，在这一调查结束后，恳求接受我访谈的人家带领我到附近的下一户人家，这样才让调查进行得更加顺利。

“千村＋调查＝挑战”。但调查过程中的挑战并不只有这一个，近 40 摄氏度的烈日高温，和对安全问题的顾虑，以及单人成队庞大的工作量，又何尝不是挑战和历练呢？

三、“千村 + 调查 = 洞悉”

在 2019 年千村调查主题“中国乡村教育研究”的指引下，我对于东店村的教育情况做了基本的了解。村子里没有学校，但是离镇上的幼儿园和小学不远，离区里的初高中也只有十多公里路程。我走访的人家里，有处于各个教育阶段、拥有不同家庭背景的孩子。其中大多是中等收入的农村家庭，很多孩子都还在镇里上幼儿园、小学或者在区里念初高中。当然也有一些特别值得关注的家庭。比如：有一户家庭经济条件宽裕，将孩子送到市里上重点高中，为了孩子的教育还购买了学区房父母双方陪读；也有一户家里的劳动力只有3个月左右外出务工，夫妻双方月工资合计不到5 000元，我第一次去他们家时夫妻二人还到城里去卖刚收入粮仓的大米，微薄的收入除了赡养年迈的父母，还要供远在上海顶尖高校的儿子上大学。

俗话说："再苦不能苦孩子，再穷不能穷教育。"

我觉得东店村的村民们做到了这一点。通过本次千村调查走访，可以看得出来，他们对于孩子的教育都十分地重视。不管家庭经济条件如何，父母总是将孩子的教育置于一个非常高的地位。从他们对于问卷的回答中可以得知，他们很多不选择外出务工，或者曾经外出务工现在却返乡就业，最大的原因都是为了孩子的教育着想，因此，村里的孩子很少有留守或是随迁的情况，近些年村子里辍学的状况也改善了很多。通过访谈可以知道，父母们会尽自己的努力给孩子提供一个更好的受教育平台，让孩子不输在起跑线上，让孩子不走他们自己走过的弯路错路。他们都希望自己的孩子能上大学，进企事业单位、做公务员、当公司白领，或是参军入伍进党政机关，摆脱他们上一代人因为受教育程度低而被束缚于农村的命运。

由此我也联想到了自己的成长和受教育经历，想想自己不也正是一个从中国乡村教育走出来的例子吗？我从小出生于农村，在农村念完幼儿园和小学之后，父母想送我去县里最好乃至全市都有名的私立中学，又因为没考进前100名而交高价学费让我就读。初中毕业恰逢本校创办高中部于是直升入学，3年后考入一所"211"大学又选择放弃就读，在父母支持和鼓励下去另外一所市重点复读一年最终才走到今天。

自己走过才更明白，中国农村教育之下，不管是父母，还是孩子，双方的字典里都没有"容易"二字，都是在压力之下共同成长。所幸的是，通过本次千村调查，我所了解到的中国乡村教育的状况，至少在东店村，是在慢慢改善的。父母们对于教育的地位越来越看重，同时教育事业在慢慢地将孩子由农村引向更多地接触城市，拓展他们的视野，改变他们的观念，让他们看到更加广阔的天地。中国农村教育事业的发展，不管是于孩子，于父母，于农村建设，还是于国家，都是一件幸事，我们将不断地看到希望。

"千村＋调查"，对于我而言，是一次对于农村生活的回味，是一次给自己的实践性历练和挑战，也是一次让我们深刻地了解中国乡村教育的现状和看到乡村教育之希望的契机。"教育兴则国家兴，教育强则国家强。"中国义务教育事业的"痛点"和"难点"，就在于乡村教育。乡村教育兴则乡村兴，乡村兴然后国家兴。因此，无论我们身在何处，于你于我，于千千万万中国人，我们都无法置身事外。教育振兴，乡村振兴，中国的伟大复兴，我们在路上。

答　案

冯　劲[①]

一、疑问

“走千村，访万户，读中国”“把调查报告写在祖国大地上”。第一次听到“千村调查”这个词，是在学校里绿叶步行街尽头的大海报上。看着海报上一张张记录着调查过程的照片，我心里不禁产生一个疑问：什么是千村调查？

怀着好奇的心，穿过云层，我来到了滇东北的乌蒙山脉，试图寻找一个答案。

二、路

第一天早晨七点半，小城的雾还未散去，我们的车子就沿着溪洛渡大桥驶出了城外。陡峭的山路让人心惊胆战，迷蒙的睡意了然全无——左手边是裸露的巨型岩石，右手边是深深的峡谷，中有金沙江奔腾而过。事后才了解到，这条沿江公路单公里造价 2.1 亿元。当地的人说，以前路不发达的时候，没有大桥，也没有沿江公路。到这江对岸，得先排队坐

① 冯劲，上海财经大学经济学院 2018 级经济学专业本科生。

船。一遇到天气恶劣的时候，人们便无法出行。出行方式的困难，阻碍了当地各村落之间的交流、通信，也深深阻碍了当地的发展。直到现在公路通起来了，一些老人仍旧习惯自给自足的自然经济，“隐居”在巨谷边的高山上，很少与外界接触。

“要想富，先修路”这句话从小到大也算听得厌倦了。但是直到真正进入调查小队，每天穿行于金沙江边的深山巨谷之中，才明白这句话背后的深刻含义。短短6个字，是金沙江边的人们几十年乃至几百年生活的深刻缩影，是国家为了交通闭塞区域而做出的努力。

三、村

“村里的事情谁说了算？”“没有谁说了算，干部和村民们一起讨论决定。”

“村干部是怎么选出来的呢？”“村民投票选举。”

走访12个村的时候，村民们的回答几乎一模一样。

村干部组定期换届，村委会里盖起了干净、崭新的农家书房，村里定期举办文化科普活动，定期举办民意听取会，村干部定期走访，村民成了村里事务的主人公……很多年没有再去过农村的我，这一次调查之后，对农村基层政治有了截然不同的印象。而农村治理的大致框架，也随着问卷中见微知著的问题，逐渐在我的脑海中清晰起来。“基层民主”，不再只是平静躺在书本里的文字，相反，它与当地乡村一起，变得立体化、丰富化、具体化起来。于是，我突然明白了大学生村官们将青春挥洒在乡村的意义，是他们日复一日地努力与付出，带动了一个又一个村落的进步与更加文明，让祖国在世界之林中一步步向前，不放弃华夏大地上的任何一个边陲。

四、学校

村里最漂亮的房子在哪里？——学校。一栋栋拔地而起的整齐新楼，一间间宽敞明亮的教室，一套套崭新干净的桌椅，这是2019年永善县乡村小学的真实原貌。与城市小学不同的是，这些丰富的物资不仅来源于政府，还来源于社会各界，“可口可乐”“蚂蚁金服”……企业、网友等爱心人士用他们的爱与善意，为山区的孩子教育提供了更好的物质保障。

虽然还存在师资不足、教师老龄化等问题，但在与当地老师、同学的交流过程中，不难感受到乡村教育随着时间而发生的巨大变化。

每一所小学都有自己独特的，因地制宜的校园文化。如溪洛渡小学的“水文化”：“我们的小学坐落在金沙江边，小朋友们每天接触得最多的就是奔腾的江水。所以我们借‘水’来培育他们的美德，柔中带刚，教育他们从身边的事物中学会思考，汲取能量。”溪洛渡小学校长如是说道。

教育，乃百年之大计。乡村教育问题是中国教育发展中的重要问题，党和政府一直高度重视。然而只有跟随调查小组走进乡村，与坚守在乡村教育第一线的老师们深入交流时，才更全面、更深刻地看到乡村教育发展中面临的问题、困难以及机遇、努力。

五、人

“撸起袖子加油干，打赢脱贫攻坚战”这是我在备战 2018 年高考前，收集时事热点时经常能看到的句子。然而，在没有深刻理解这句话之前，我能做的只有生搬硬套。然而，在跟随村干部的脚步，沿着陡峭的山路向上爬，行走在“云深不知处”，走进村落里后，在淳朴的村民的热情招待之下，在看到国家“授之以渔”，给他们发放种子、鸡苗等基本生产资料，教他们科学合理种植生产之后，我深刻地理解了。这句话的背后，描绘了一幅干部与群众共同努力，为提高生活水平、脱贫攻坚、走向共同富裕而一起“撸起袖子，挥洒汗水”的动人画卷。

而在大毛村临走时，一位非常耐心帮助我做问卷的爷爷坚持不收任何补贴，他说：“我晓得你们是祖国未来经济建设的人才，跑那么远来花时间调研，是为了以后更好地帮助我们落后山区发展、更好地促进祖国发展，我们感谢还来不及呢！”

在那一刻，我感受到了校训“经济匡时”的重量，感受到了自己的责任。

六、答案

“走千村，访万户，读中国”“把调查报告写在祖国大地上”。回去的时候，这些话语又再次在我耳边响起。我的心中，已经有了答案。

千村调查是什么？

它是看到每一条政治措施背后的现状，看到每一句简短话语背后的深刻社会缩影的机会；是一次让你重新认识中国农村，将平面的印象立体化、丰富化的机会；是一次用脚步丈量祖国，重新审视、思考脚下熟悉的土地的机会。

踏寻千村

——心怀远大不惧渺小

刘天悦[①]

在参加千村调查之前，农村在我的记忆里模糊而又陌生，虽然我在西北的十八线小城市长大，这里农村户口的居民可能占一半，但是我们家又很特殊，上到太爷爷太奶奶那一辈的人，都从城市中长大，周围同学们说的去乡下爷爷奶奶家和大自然亲密接触，夏日夜晚躺在房顶上看星星，和乡下的牛羊一起玩、在瓜棚吃瓜、在田野里摘菜的生活，我甚至一次也没有体验过，这也是我这十几年的遗憾。

“走千村，访万户，读中国”，在我的设想里是一个有点浪漫而又勇敢的事情。就这样，在日常生活中，在出征仪式上，我被一个个真实的故事和故事里的人所打动，一个个怀揣理想的人，虽然知道自己势单力薄却依然想着要做些什么，去对抗这个充满不公平的世界。

刚一放假，考虑到时间、安全等一些问题，我最后选择了离家相对较近，发展程度比较

---

① 刘天悦，上海财经大学法学院 2018 级法学专业本科生。

高的中牌村。中牌村因为距离市区的距离比较近，所以村民也比较多，我在初中的时候曾经去那里玩过 2 天，但是那个时候中牌村全都是土路，牛羊圈就建在院子里面，村里一直用的是很不卫生的旱厕，让我很是不适应。但是这次去中牌村完全焕然一新，村子从很远的地方往外面迁了一些，迁到了附近的公路旁边，村民们出行更加方便，走不了多远就进了市区。在 2013 年之后为响应国家的号召，也为了提升村民的生活质量，中牌村进行了大规模的改建重组，房屋全部重新修整扩建。

在我去到第一户潘爷爷家时，他们家的现代化水平已经非常高了，宅基地的面积大概就有五六百平方米，宽敞的小楼房盖得整整齐齐。爷爷为我述说了近几年来村里急剧发生着的变化。很巧的是，邻里之间的关系也非常好，那天我跟随潘爷爷的女儿潘阿姨来到他们家中，不一会隔壁的张奶奶也来了，拉着潘爷爷问身体情况，我们都很纳闷，张奶奶告诉我们她听说潘爷爷刚才骑电动车去市里的时候不小心摔倒了，就赶忙来看，仅仅只是作为邻居，张奶奶也第一时间就赶了过来，而爷爷怕女儿担心也并没有告诉她。在和爷爷的进一步聊天下，爷爷说几年前老伴得了癌症去世了，新房子也是在老伴去世之前盖起来的，他说到这里就眼眶泛红，虽说新房子又大又宽敞，但是一个人住在大房子里难免孤单寂寞没人照顾，他也不愿意打扰城里儿女的生活，坚持不想去给他们添麻烦，有点小病小伤也不会告诉儿女。这一番话让我很是难过。

虽然没经历过什么苦难生活，但是因为见过太多相似的情节，我太明白生活在农村里面老人们的现状了，虽然难过又心酸，可是这已经成了常态。在继续走访中我见到了因为儿子有精神病所以六七十岁了也还在继续下地干活的张奶奶，他们一家只有每个月发放的低保作为收入，但是张奶奶还是没放弃种田养家。有儿女出去打工独自抚养孙女的爷爷奶奶，也有独自生活却无人照料的高龄孤寡老人。虽然只是一个村子，但却是整个社会的缩影，更何况这是一个发展程度已经比较高的村子了。

从调查开始到调查结束，其实千村调查的意义在我心里已经发生了小小的变化，从开始的仿佛“我要干出一番大事业”的气势到后来的其实陪村里的老人聊聊天，看看他们就够了，无论是我之于千村调查还是千村调查之于我，它已经不太像是一个调查、一份工作了，我深知自己的力量太过微弱，我对于学术调研的能力也还十分青涩还未入门，但是这样只是去农村，坐在老人们的身边聊聊天，对他们也是一种慰藉，这样在某种意义上也实现了我的理想，贡献了一份十分微薄的力量。但是路还长，我需要提升的还很多，我也需要学习更多，拥有更多这样的经历，待到下一次千村调查的时候真的可以为学术贡献力量，也希望有更多这样的年轻人会为了改变农村的现状而一起踏上这趟艰辛却又浪漫的旅程。

览一村，懂万情

刘雅涵①

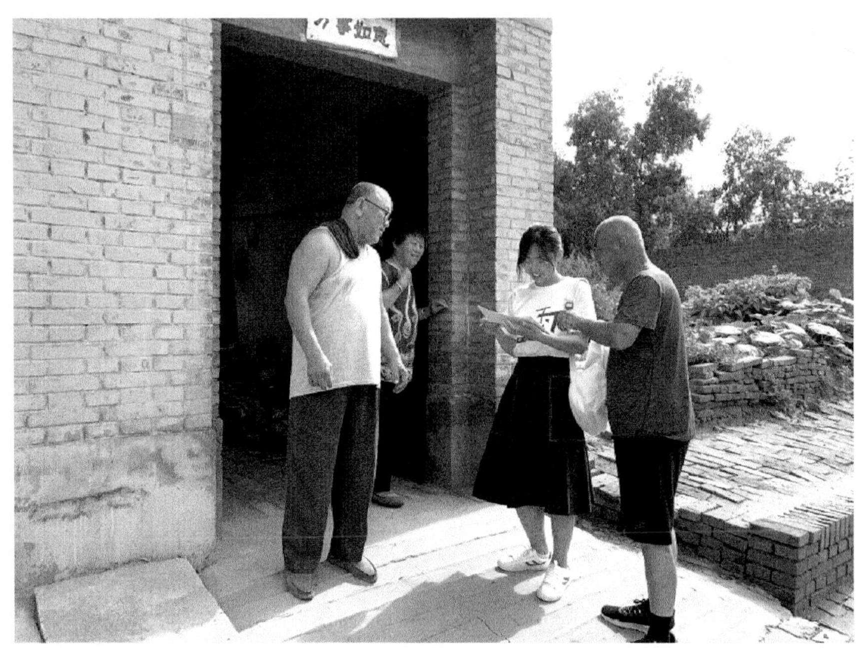

2019 年 8 月，我满怀着希望来到了位于家乡周边的一个小村落，河北省衡水市桃城区赵家圈镇赵家圈村。千村调查给了我一次真正来到田间地头进行社会实践的机会，让我第一次近距离地感受到乡村这些年巨大的变化。

赵家圈村是我母亲小时候生活过的地方，听说我要在此进行千村调查，妈妈兴致勃勃地给我讲起了赵家圈村以前的模样："村子里以前都是土路，一有长途车经过，就会尘土飞扬；人们住的啊，都是土坯房，下雨的时候，有的还会漏水；村民要用水，都是自己到水井里去挑，电也没有普及；休闲娱乐生活非常单调，一到晚上，街坊邻居只能聚集到当街拉拉家常。现在啊，可不一样喽，你到村子里看看，看看大家的生活是不是与那时候比改善了许多。"

听了母亲的话，我更加对这个小村落充满了好奇，三四十年过去了，它变成什么样子了呢？走进赵家圈村，映入眼帘的是一排排整齐的房屋，外墙都统一刷了漆，看上去整齐

---

① 刘雅涵，上海财经大学会计学院 2018 级会计学专业本科生。

划一、赏心悦目，主街道上安装了许多健身器材，还有一大片空地供人们休闲娱乐，有许多能歌善舞的乡亲们在这里表演才艺、跳广场舞。街上也都安装了路灯，在全国范围建设新农村的总动员下，通过环境整治，基本上做到了道路的硬化、村庄的绿化、河道的净化、路灯的亮化以及断墙残壁的拆除，彻底改变了村子里“脏、乱、差”的现象。村民环保意识大大增强，形成“人人讲文明、个个爱清洁、户户讲卫生”的良好氛围。垃圾不随处乱扔，家禽的粪便也不随处乱倒，都有了统一的安排和处理。村领导还坚持把宣传工作作为美丽农村建设工作的先导工程来抓，组织乡村干部深入一线，对美丽农村建设工作进行广泛深入地宣传。充分利用会议、横幅、标语、宣传橱窗等形式，宣传美丽农村建设的意义。

村民也意识到要提高自己的物质水平，寻求致富的道路。赵家圈村毗邻衡水市桃城区高新技术工业园区，不断进驻的企业为村民们提供了大量就业机会；村民自己也发展养殖业、运输业等，不断改善自己的生活。

此次千村调查以“中国乡村教育研究”为主题，我也着重了解了村里孩子与镇上小学的主要情况。随着人们生活条件的提高，越来越多的村民在市里购买了住房、找到了工作，并把孩子带到市里接受教育，村里的孩子急剧减少。实行合村并校以后，赵家圈镇共有 4 所中心校，统一实行两轨制，每门课程设置一名教师。“百年大计，教育为本”，中国自古以来就有尊师重教的传统，更是有“万般皆下品，唯有读书高”的清高自诩。但是乡村的孩子越来越少，留下来的孩子的父母多是文化程度不高的。校园里的逃学、反抗老师、甚至伤害时有发生。孩子的问题受到各种环境影响，面对内忧外患的考验，大多数乡村教师的处理方法仍是几十年前的批判与单一。因此这些孩子本身的家庭教育确实不够好，多拳打脚踢、简单粗暴，有的甚至是空白。大多数孩子的思维简单而善良，不良恶习多半是由于教育和爱的缺失，缺乏安全感。而乡村教师大多是由教育局在附近师专院校里分配来的，缺乏乡土情怀与改变乡村教育现状的热忱，缺少与孩子沟通的艺术，也使得乡村教育质量堪忧。

通过与一位教师的交流，我了解了当下年轻乡村教师心中所想，也渐渐理解了他们的苦楚。改善乡村教育不是一朝一夕可以完成的，需要我们下定决心、坚持改革。

乡村教师要安心任教，吃、住、行等基本工作条件要有保障。例如，吃的方面，是否有令人满意的食堂，是否能提供安全健康的饮食；居住上，是否能有舒适的住所，不能在当地购买房子的，至少建有规范的教师周转房供教师租住；出行方面，通往学校的道路是否硬化，是否有安全便捷的交通工具。这些都是很现实的问题。但目前，这些方面的条件确实还不够好。令人欣慰的是，各级政府正加大力度，通过一些项目建设，建设新校舍和对旧校舍进行排危，修建教师周转房，建设乡村道路，乡村教师的教学条件和生活条件正不断得到改善。

提升教师待遇，在核定乡村教师绩效工资时要统筹考虑当地公务员实际收入水平，确保教师的平均工资收入水平不低于或高于当地公务员平均工资收入水平。大幅度提高相应的乡村津贴，乡村教师的车补与房补应该发放到位，教师可以不必为往返交通和居住担忧，完善中小学教师待遇保障机制，将符合条件的教师纳入当地住房保障范围，解决困难教师的住房问题，让教师可以安心工作。

建立健全科学合理的教育评价体系，很多教师感觉压力很大，工作生活很累。其根源之一，在于片面追求分数和升学率。现在对教师的考核，最主要的内容还是考核分数和升学率。教师为此心力交瘁、身心疲惫。还有安全的压力，学生在学校一旦出现运动受伤、离校出走、甚至死亡等情况，都会片面地追究教师的责任。教师任教也就不得不小心翼翼。这就要进一步加大改革力度，建立健全更加科学合理的教育教学评价体系，让教师能更加舒畅灵活地开展教育教学活动，也使学生能健康全面地得到发展。

“走千村，访万户，读中国”，是每一位参加千村调查的上财学子的使命，返回家乡，读懂中国，用脚步丈量远方，真切地让我感受到乡村巨大的变化。建设美丽中国，实现全面小康和社会主义现代化，需要我们每个人为之不懈奋斗。

遇见陇上江南的孩子们

夏文捷[①]

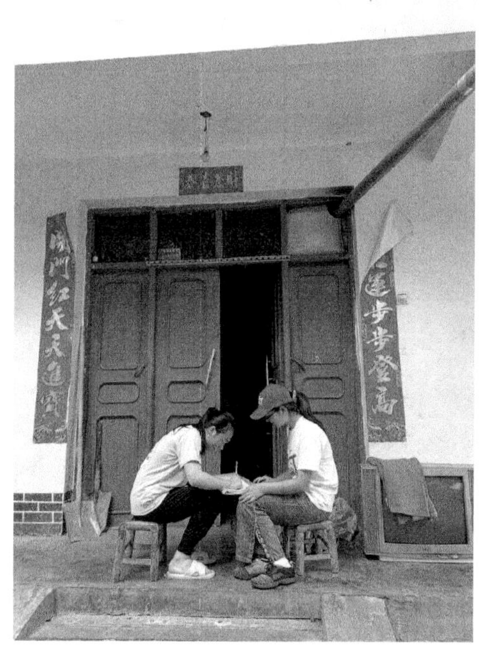

“哐”，武都到康县的大巴车，在通向康县的途中骤然停下。

原来前方发生山体滑坡，十几辆车依次停好，等待工作人员清理道路。

陇南康县，山大沟深，林木繁茂。境内文化遗存的发现，证明早在新石器时代这里已有人类繁衍生息。很难想象公路修通之前，这里的人如何走出大山。但借千村调查的机会，我们沿这条路走进了大山。

4 天，6 村，144 户，时间紧，任务多。大家分头行动，遇上一户，便赶紧上去自我介绍。

遭遇拒绝是当然会发生的事。一位摆摊的大爷摆摆手，“我又不识字，啥都不清楚，你问别人吧”，只好跟着大爷唠嗑：

“您是党员户吗？”

“不是。”

---

① 夏文捷，上海财经大学经济学院 2018 级数量经济专业本科生。

“是五保户吗?”

“也不是。”

“我们就问几个像这样的问题,很简单的!”

大爷拗不过配合坐下,一项项回答问题。

入户问卷的教育板块,收到很多意料之外的答案。

“您家孩子出生时重几斤呀?”

“不知道,都是在家里接生的。”

“您家孩子当时上的是什么样的幼儿园?”

“没上幼儿园。”

“孩子上过辅导班或兴趣班吗?”

“没上过。”

“家长每周辅导作业的时长是?”

“0。”

7月24日上午,我们去参观许家河小学,一个目前只有83名学生的小学。一个年级一个班,一个老师要教多门课。小学的校长是本地人,师范学校毕业后回到家乡,为家乡的教育尽心出力。校长说,“学校下午两点半开门,许多家长1点就把孩子送过来。”原因却是家长管不住,不想管,想让学校管。更甚之,学校有五六个孩子,因为母亲改嫁或其他原因,小小年纪便只能跟着爷爷奶奶过活。可是,一个孩子,如果缺乏父母的引导,他的成长会顺利吗?另外,校长言及一个问题,现在的孩子上学条件比他当年好很多,但学习的努力程度却不如他当年了。

因为地处山区,耕地稀少,我们去的6个村皆有一大批劳动力外出务工,多去广东、江苏、浙江、新疆,而职业大多是制造厂或建筑工。这么多年轻人出去打工,以后村里的人会不会越来越少?村支书说,“不会不会,这里的人讲究叶落归根,老了还是会回来生活。”

我们问大家是否想过创业,但大部分村民都不会网上购物,一个年轻人想过的创业方式是养殖,但没有资金,在本村也没有可借鉴的经验。

但是,正如光明与黑暗同在。这条路上,美好的改变在发生。

这改变发生在家家户户都有的电视机,免费使用的自来水,政府投资建设的公厕、垃圾收集设施、排水渠,还有农村改厕工作的推进。

这改变发生在学校张贴的营养餐一览表,在老师们的创新课堂教学,为孩子们播放名人演讲视频激发他们的学习兴趣。

这改变发生在每一村的脱贫攻坚战里,不论是扶贫资金的发放,还是公益岗的安排,我们看到2019年脱贫的人又增加了。

这改变同样发生在新农村建设后家家户户刷白的墙,更加坚固的屋瓦,更多的路灯,以及可以跳广场舞的小广场。

如果不曾亲历农村,亲自与农户交谈,我绝无法跨越时间与空间的阻隔,触碰到真实。

这真实,是康县的山清水秀,想不长东西都难。也是发展不了果林产业,因为会被雨泡坏,或被野猪全部啃食。

这真实,是土地确权完成后,一户人家即使多划了地,依旧因为那地是别人祖祖辈辈耕种的而无法获得实际使用权。

这真实,是一位老人没有孩子供养而不得不每年出去打工几个月的身影。

这真实,是村委会上,村主任宣讲,“脱贫攻坚工作是前面在做,后面在查”“产业扶贫,没有产业,怎么扶贫?”

千村调查,给了我们一个独特的视角,去感悟乡村,了解乡村的经济发展,作为国家经济发展的一分子,是怎样从无到有,从贫穷到小康。

千村调查,更给了我们一个锻炼自己的机会,大胆走上前去,向农户询问我们关心的问题,并探讨怎样改变。

一条路,连接着山里与山外的世界,也连接着他们和我们。

正因为看到了问题,也看到了在解决的人,才使我们心怀希望,怀着这份希望,我们更有信心投入到乡村振兴的“蓝图”中。

以万卷书的眼光，走千村行万里路

奚梓俊[①]

常言道："读万卷书不如行万里路。"在我们陶醉于学习书本上的知识时，也要透过实践去探索和了解身边的社会所发生的事情。这次暑假的千村调查对于我而言是一个很新鲜，很忙碌，却很难忘的一次体验。毕竟在城市生活中很难有机会能够踏足农村，以亲身经历去认识祖国的大地。关于农村的教育，在参加这次调查之前心里总会有一些对于农村的刻板印象，觉得农村就是落后和俗气。然而在走访千村的过程中，带给我很多的惊喜和新的角度，让我对农村的发展有了新的体会。

一、农村教育真的很落后吗？

很多人都会觉得农村地区发展一定很落后，而且教育资源一定比城市短缺。事实上农村的生活水平确实比城市地区低，但是农村地区这些年一直在努力地发展，透过不同建设去改善村里的生活环境。一些文化设施如图书室、幼儿园等近年也开始建设起来让村民和小孩使用。越来越多农村的孩子也开始有了上学的机会，能够从小开始学习新的知

---

① 奚梓俊，上海财经大学经济学院 2018 级经济学专业本科生。

识，满足他们对世界的好奇心。

还记得在调查的第五天，我们到了其中一个村落去对村民进行千村调查。那时刚好遇到一个小孩，他的妈妈在接受其他同学的访问和调查。于是我拿起桌上的游戏卡，打算跟小孩玩游戏打发时间。我打算教他念些英语单词，然后没想到他能够跟着我的节奏去把那些单词读出来。那时的我觉得有点惊讶，能够在一个农村小孩的口中去听到“apple”“fish”这些单词（也许只是我教了一下他就会说了）。后来我就想了一下，发现眼前的农村跟之前所想象的很不一样。经过教育和发展，农村地区也能变成一个很有文化的社区。农村的小孩透过学习能够掌握更多知识，探索这个多姿多彩的世界。一些很简单的词汇，能够渐渐帮助他们认识地球另一端的地方和人民，拓展他们的视野和眼光。也许，这个就是教育能够带来的影响和改变。可能今天教会了他未必在当下起多大作用，但知识经过积累后相信定能够让他对社会有所贡献。

二、农村小孩的生活乐趣

这趟千村调查考察除了能够了解到湛江农村的发展情况及教育水平外，同时也可以体验到农村那种简单和朴素的生活。

在调查农村的过程中，我们发现很多的小孩他们下课后直接回家就好了，不需要参加繁忙的兴趣班和补习班，能够享受课后回家那种悠哉的生活。大部分的农村小孩的家附近都有农田，于是这些小孩偶尔会在家附近的田野中活动，自由地在田野上奔跑，或者和附近的小动物一起玩耍。虽然他们家里未必有游戏机或最新的玩具，但是他们却能够活在无忧无虑的世界中，每天过着简单却幸福的生活。

这种生活听起来很梦幻和不切实际，但实际上我们在社会中营营役役地努力工作或学习，不就是为了追寻幸福的生活吗？有时候简单一点的生活也是一种乐趣。这种生活所需要的并不是很高的工资或者位高权重，而只是需要一份简单的心态。当我们在抱怨生活枯燥乏味的时候，跟农村的孩子对比起来时确实我们比他们有更多的资源和更好的生活环境，但他们却比我们大多数人过得开心和快乐。这一切的根源，应该只是取决于我们的心境和态度，这些都决定了我们是否对自己的生活感到快乐。

三、如何帮助农村的孩子

知识和教育是为农村的孩子带来改变命运的机会。我认为每个想学习的孩子，不论他是城市的孩子还是农村的孩子都值得给予一个机会。因此，透过振兴农村的教育能够让更多孩子获得学习的机会，让他们从幼儿园、小学、中学中渐渐长大和变得成熟稳重。政府也能够为农村的孩子提供更多的优惠政策，鼓励他们在完成义务教育后能继续升读高中及大学，从而让他们透过学习去提升他们的工作能力及文化素养，成为社会中优秀的人才。长远而言，透过促进教育定能让农村地区复兴起来，摆脱贫困和发展落后等困境，改善当地农民及孩子的生活素质。

总结来说，这次千村调查是一个很难忘的过程。它能够让我们更真实地体验到农村的生活和文化，探讨当地的教育和发展情况，然后去提出一些能够帮助到他们的对策。除此之外，最难忘的是我们能够收获到农村孩子的快乐，以及体验到当地的风土人情。在调查的过程中，我和朋友与当地的一个农村孩子照了一张合影。看着他那灿烂的笑容，那天真可爱的模样，心里就默默期待他长大后的样子，希望他能够透过学习中获取更多的知识和经验，再把所学到的学以致用，回馈社会。期待将来有机会再去吴川的农村时，能够看到当地的农村比今天走得更远，变得更进步，为当地的孩子们带来更美好的明天。

乐临乐陵

王辛楠①

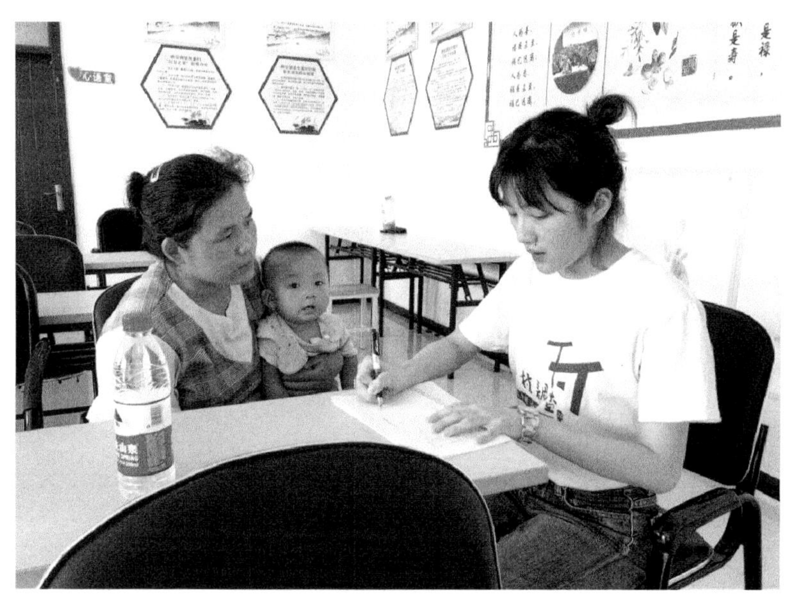

乐陵市位于山东省北部，北濒天津滨海新区，东依山东半岛城市群，南临省会济南，是山东省的北大门和主要进京门户，素有“齐燕要塞”“鲁冀枢纽”之称。

我是在出租车上对这个城市有了第一印象的。从德州东站下车，我和2个小伙伴一起打了出租车，前往酒店与调研小组的组员们会和，我们既紧张又期待。出租车上我静静地看着这个城市，高速公路旁的绿色植被，城市道路边的各式门店，乡间小路外的玉米麦子——一种熟悉感油然而生，粗略一看，这和我的家乡有颇多相似。细细品味，却不尽然。从司机师傅的口中我得出了一个结论：乐陵好呀！“咱们乐陵金丝小枣可出名哩!”师傅操着一口浓郁的鲁西北方言说道。山西的小伙伴皱着眉头又摇摇头，说：“听不懂，我可怎么做调研啊?”我拍拍她，说：“没事儿！我给你做翻译。”司机师傅接着说：“乐陵是一个以农业为主的县级市，我们有着万亩枣林，麦子、玉米是主要的作物，一些年轻人，特别是农村里的年轻人，觉得在这里没有什么大的发展，就往北京、天津跑，北京甚至为乐陵开设了专线，从早上七点多到晚上八点多，有很多班次的动车、高铁，从德州东站一个半小时就能到北京，特别方便。”原

① 王辛楠，上海财经大学马克思主义学院2018级制度经济学专业硕士生。

来这是一个有很多人外出务工的城市，那农村里岂不是很多留守儿童？他们是什么状态？生活得怎么样？能够得到公平的教育吗？这让我更加期待明天开始的调研之旅。

回忆调研之旅，就不得不提到令大家印象最为深刻的杨安镇崔刘社区。这个社区中的村庄，打破了我对村庄的固有印象。整齐划一的房屋、平整的水泥路、广阔而又整洁的社区活动中心是这个社区的外部形象。我们有幸拜访了一户农户，很多同学直呼："这比我们家还好啊！"还有同学表示："我要赚钱，回乐陵买个这样的小楼！"两层小楼、落地窗户、枣木雕刻的家具、开放式的厨房，这的确不像是我们印象中的农民之家，除此农户之外，崔刘社区还有很多这样的"美丽家庭"。另外，崔刘社区的农民土地由集体承包，发展现代农业，在年底统一给农户们分钱。这次调研，让我切切实实地见识到了社会主义新农村的风貌，村里生活环境和谐有序，家家户户住进新房，电脑、电话、汽车走进农家，村民过着"干有所为，老有所养，少有所教，病有所医"的其乐融融的城市化生活。

其实，到达乐陵之前，我一直在担心，问卷很长，涉及的问题很多，村民们会耐心的回答我吗？问卷能顺利地进行下去吗？调研刚开始，我的顾虑就不见了。我的第一个调研对象是一位爷爷，我们交流得非常顺利，聊了整整一个小时，有些记不起来的问题，爷爷还打电话问家里的人，确保告诉我的是正确的信息。几天的调研过程中，我遇到过耳朵有点背但还是很认真听的爷爷奶奶，遇到过边安抚孩子边认真回答问题的年轻妈妈，遇到过让我们去家里坐坐的阿姨，遇到过在门口好奇张望的孩子……遇到最多的，是热情与温暖。

通过这几天的调研，我发现，的确，村子里有很多的留守儿童，父母在外打工，他们跟着爷爷奶奶住。有的孩子甚至一年只能跟父母待在一起十天半月，每周沟通的时间也不长。我问奶奶："他们不想自己的父母吗？"奶奶说："习惯啦，也就不想了。"我问在操场上玩耍的小朋友："想不想你的爸爸呀？"小朋友犹豫了一会儿说："不想。"可是，哪有孩子会不想自己的父母呢？我想，只是被迫的习惯而已吧。真希望有一天，我们国家的留守儿童越来越少，被迫的分离越来越少，父母的陪伴越来越多，农户的生活越过越好。不过，让我觉得很安慰的是，随着国家对农村教育的投入力度越来越大，村里的孩子们的读书条件也越来越好，只要想上学，就能有书读，小朋友开心地告诉我，他是班里的第一哩！除此之外，为了保障留守儿童的安全，丰富留守儿童放学后的生活，减少无人看管以及无人陪伴的现象，乐陵市政府也开展了"四点半学校"，让放学后的孩子在辅导老师的带领下进行学习、运动、绘画等活动，我们去到的每个村庄都有这暖心的"四点半学校"，由于暑假期间"四点半学校"不开放，我们没能见到上课的孩子们，不过看到了整洁的教室、整齐的桌椅，可以想象到放学后孩子们在教室里学习的小小背影，玩耍的纯真笑脸——像我在操场上见到的那个小朋友一样。我相信，在政府的带领下，农村建设会越来越棒，孩子们会越来越好！

调研之旅结束了，我会记得村支书的热情、村民的笑容，会记得小组组员们的互相帮助，会记得带队老师的耐心指导；但建设之路仍未结束，真的希望作为爷爷奶奶口中"高材生"的我们，能为他们做些什么。5天10村的调研让我对农村有了更加立体、深刻的了解，农村作为社会重要的一部分，在我国的发展历程中起了不可替代的作用，如今农村需要更好的建设，我们应该挑起大梁，做出贡献！

脚下路，乡土情

范玉瑶①

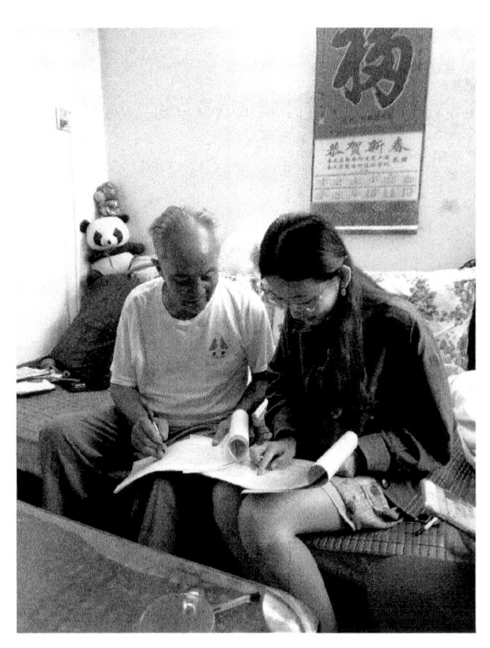

金风送爽，随着炎热天气的结束，我怀着激动的心情参加了上海财经大学举办的千村调查实践活动，通过这一个周的调研活动，给自己紧张忙碌的生活添上了特别的意义，给自己最后的学习生涯涂上了一层灯火阑珊，也让我有机会再次重返乡村，重温儿时的记忆。也可谓是“久在樊笼里，复得返自然”。

这次我调研的村庄是南范村，也是我爷爷奶奶曾经生活过的地方。南范村位于山东省潍坊市坊子新区凤凰街道政府驻地东南 3 500 米处，东临方泰路，西临兴国路，南临潍胶路，北邻地理测绘信息产业园，总面积 0.866 7 平方千米。南范村地处平原地势、临近城市郊区、经济发达水平居所在县中等水平，南范村包含一个自然村，5 个村民小组。

通过这次调查使我了解到我幼儿时期爷爷奶奶家其实原址并不在这里，这里还有一段历史，范氏原系山西平阳府洪洞县自明代洪武初年迁入潍县东南距县城 30 里辛马社范家，故名辛马范家。1955 年与郭家村成立郭范高级合作社，1958 年成立范家生产大队，

① 范玉瑶，上海财经大学公共经济与管理学院 2018 级资产评估专业硕士生。

1981年由昌潍专区改为潍坊市，由县转区，由坊子区沟西乡所管辖。1984年成立坊子区沟西乡南范家村村民委员会，于2003年区划归坊子区凤凰街办管辖至今。

值得一提的是2010年，潍坊市开始对棚户区改造工作实行计划管理，随着棚户区的改造计划的稳步进行，2016年，国家将棚改范围扩大到城中村、城边村、建制镇区，并出台了一系列信贷、土地、审批等优惠政策，为了响应国家的号召，进一步改善村民居住条件和生活环境，南范村也于2017年5月18日开展城中村改造，即棚户区改造工程，被拆迁房屋包括村民居住点内平房、两层楼和其他房产。一提起这项政策村民们就非常拥护，这项政策进一步改善了村民们的居住环境，提高了村民们的生活水平，对于南范村原来的生活垃圾都是倒在村里的大坑处，夏天臭味难闻还有很多蚊虫叮咬，村里以前也只有主干道是水泥地，其他地方都是泥土路，一到下雨天就难以落脚，而南范村动迁之后，搬离原来的居住地，与郭家村一起迁入新动迁房，新动迁房位于坊子区潍县中路与潍胶路交叉路口，附近即为潍坊市第四中学、崇文中学，距离这两所学校，仅一公里路程，潍坊市坊子区人民医院也在附近，良好的地理位置，为南范村村民融入城市生活提供了优越的便利条件。

另外，我还走访了南范村唯一的一家幼儿园，动迁前，幼儿园只具备基础课程设置，包括数学、语文、英语课程，综合素质课程仅有每周一次的“太阳哥哥体操”，而且是外聘老师，不属于园内编制人员。现如今幼儿园教育的发展以素质教育为主，努力向专业化幼儿园靠拢，以游戏化的教学方式，引导幼儿快乐健康成长。还增设综合素质教育特色课程，包括国学、奥尔夫音乐、体智能课程、手工美劳操作课等特色课程。不仅如此我还和园内的小朋友一起度过了一天欢乐的时光，初见时，孩子们的眼神中充满着羞涩和陌生，在一段简单的交流之后，我和他们一起进行了课外活动和游戏，我教授了孩子们唱英文歌，陪他们跳绳、打篮球、猜谜等，并将带来的零食分发给各位积极参与和表现突出的小朋友，我看到了他们的脸上洋溢着纯真无邪、充满阳光的笑容，也让我感觉充满了活力。

这次千村调查活动，我认为不仅仅是关于问卷上生硬问题的调查，在此之前，振兴乡村，乡村教育，只是研究论文中一段苍白的文字。通过一周的千村调查实践活动，我对于农村和农业现状有了更清晰的了解，我深切地感受到，脚下沾满多少泥土，心中就有多少真情，想要振兴乡村，就要脚踏实地，深入乡村，根植乡村，服务乡村。想要发展农村教育也要积极实践，深入农村了解实情，才能获得一手的数据和资料，只有这样，才能真正了解农村和农业发展症结所在，更好地服务农村发展，促进乡村振兴，促进乡村教育公平，并逐步缩小与城市之间的差距。

“千里之行，始于足下。”实践是接触社会，了解社会，服务社会，运用所学知识实践自我的最佳途径，非常感谢这次千村调查实践活动，给了我走进乡村、实地调研的机会，这次调研活动的结束绝不是我们实践脚步的结束，我将继续发扬千村调查精神，将实践进行到底。

城镇化之路

——不失落的乡村

韩沁卉[①]

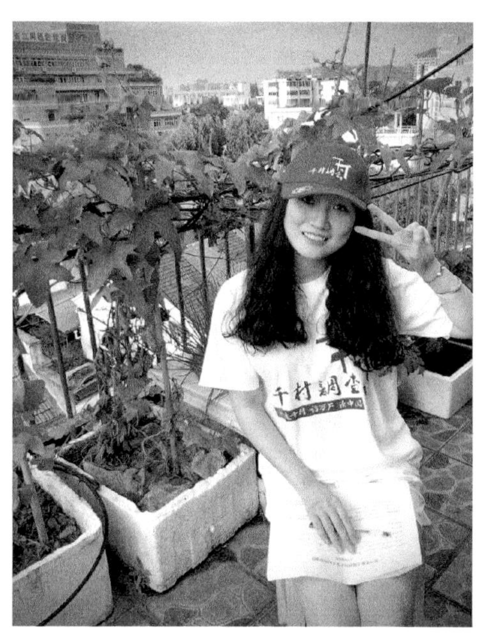

我的家乡位于浙江省嘉兴市下辖的海盐县，而我，确确实实是个小镇姑娘。在海盐，我完成了从幼儿园到高中的学业，顺利考上了大学——和我大多数的同学一样。这一次，我有幸与小伙伴一起，参加了上海财经大学——千村调查社会实践活动。

"千"，在文言文里，它可以是一个虚指，意在很多、很多。海盐很小，一面朝湖，一面向海，再一面背靠低低矮矮一丛小山，江南平原缓和的地形和密布的水网勾勾缠缠地串起一座座村落——隐匿之中，藏在小小海盐山河湖海圈住的天地间的一方方村落，也有很多、很多。我投身于千村调查的一点，去看沧海中一滴水所折射的光彩。

尽管我不明所以。长于镇中心，小时候我被本家的叔叔婶婶们叫"街上小孩"；那依此而言，不是街上的地方，姑且叫作乡。海盐县统共没几个乡，我也自以为略有了解：我本家城西，母家元通，婶婶是于城人，伯公常年住在西塘桥；邻居小姐姐父母老家是百步和通元；发小来自产黄酒的沈荡和做羊肉颇有名声的澉浦；高中同学有来自秦山、官塘、石泉、

---

① 韩沁卉，上海财经大学公共经济与管理学院 2018 级土地资源管理专业硕士生。

六里、齐家、横港、富亭、海塘……每个乡都有其特色与风味。但如今,谈不上沧海桑田,这些我习惯的、细致的分法,逐渐圆融为本地人的熟稔。县行政规制啊,早变更过几轮了!

我自幼成长的武原镇,在我小时候算是中心镇,再往下,以社区划分,兼有一些行政村;而其他各具特产、口音略有区别的乡,其本质也是镇,再往下是一座座村。后来,“乡”成长提作“镇”,“镇”升为了“街道”;在这期间,经过撤并,不少村换了名字。我爸爸说我们老家在红益村,以前不是叫红益的——时过境迁,原本的名字,他说记不得了。

我本家城西,早已并入武原,海盐县最近的一次行政区域改动就在2018年,我母家元通镇“撤销”,归入了新成立的望海街道——现规划的第二个中心,主打产业新城。城,越来越大。村落,这个古老的名词,也难以避免地在城镇化浪潮中步步失落。

我总是不吝以深情的笔触去描画家乡的轮廓,孜孜不倦地赞美其春夏秋冬、晴云雨雪,用一种充满怀旧的浪漫主义,不可避免地沾染了往事如烟的感伤。但实际上,我一直非常自豪于家乡的变化与进步,为自己浙江人的身份感到欣喜——在全国,浙江的乡村,都是色彩斑斓值得赞颂的。浙江省,算得上是新农村建设的典范。在对浙江省经济发展的评价中有一个为人称颂的词语,即藏富于民。“藏”就是要妥帖地藏,是要藏进广袤农村的。新农村推进的过程中,诚然因其统一、逼仄、失去水乡农村的灵气而遭受过诟病;不过实实在在的,集中建设带来更为优越的现代化生活——毕竟人口城镇化有时候是产业发展的倒逼,生活水平的提高才是有血有肉的诉求。人口城镇化,剥掉农村户口的人,向更高层次的产业出走,以期实现对美好生活的期盼。集中居住,在人口非农化指标提升的同时,也使集中的管理、治理能更有效地推进,比如基础设施水平能借此机会得到改善,特别值得注意的,即是教育水平。

当前,在富庶的浙北平原,很少有乡村教师、农村支教这样的活动,这是因为我们从小学到初中的义务教育全部在乡镇中心完成,不再存在村小学,村中学更是无从组织。以小学为例,按照1996年设置的行政区域,除了县政府所在的武原镇拥有3所小学,其他乡镇各设一所,包括一所民办小学在内一共20所小学,兼顾了城镇与乡村、本地人口和外来人口的教育需求。以这样的教育资源配置为基础,县内主要的13所初中,错落有致地坐落于城市的各个方位。这样的学校安排不仅能有效覆盖县域内的教育需求,还能集中教学资源,减小校际差异,提升教育公平。诚然,校际之间依然存在差距,资源分配也不可能完全均质,但是结合升学制度和私立办学,广大学子的求学之路依然畅通。换言之,聪慧勤勉的学生无论身处何方,都会闪闪发光。也正因此,来自农村的大学生在海盐非常多,他们在户籍性质上也早已置换为非农户口,也许只有追溯到小学时期,还能依稀翻捡到一些和乡村教育有关的痕迹。

这样的教育格局,既是对传统村落集聚分布的继承,又是新农村集中建设规划的成果。在因势利导的教育建设下,城镇化浪潮中,一批批小城精英涌出,在不断努力的道路上,促进了整体学历水平的提升,又进一步巩固了城镇化成果,使其具备更深远的内涵。

行在滇北

宋　锐[①]

7月似火，暑气炎炎。在曹东勃老师的带领下，我与其余11名队员一起前往云南省昭通市永善县，开展为期一周的千村调查。出发之前，我已查阅地图了解到永善地处云南东北角，与四川交界处，却不想此行竟有由四川进云南、由云南入四川，多次往返穿越金沙江的奇妙经历。不同于繁华喧嚣的都市，初到永善便发现这里没有车水马龙的街道，不见千姿百态的高楼，只有绵延起伏的大山，斗折蛇行的山路以及留守故土的弱势人群，目力所及的风景似乎都在临摹贫困山区该有的画像。俗话说，故事要在淘洗中书写，思想也只有当身临其境之时方能得以升华。在这个欠发达的西部县城，一周的历练给了我许多新的感受，也让我明白了"走千村，访万户，读中国"的真实含义。

永善是国家级深度贫困县，脱贫仍然是当地政府工作的重点和主线。回顾此次调研，被提及最多的是脱贫攻坚，让我感触最深的是乡村振兴。其实脱贫攻坚和乡村振兴已然算不上新鲜的话题。基于对我国贫困状态的分析和长期以来实施的减贫脱贫政策效果的

---

① 宋锐，上海财经大学马克思主义学院2018级马克思主义中国化研究专业博士生。

分析，早在2015年10月习近平总书记就提出打好脱贫攻坚战战略的要求，党中央和政府相继出台了相关政策，对全国范围内的脱贫攻坚战实施全面部署，不仅制定了详尽具体的战略目标，更明确划定这一战略的实施时间是2015～2020年，也就是说，到2020年我国必须实现全面脱贫。在2017年，党的十九大首次提出乡村振兴战略，随后出台、印发的相关文件将乡村建设的远景谋划至2050年。在此行出发之前，我曾想，对于深度贫困地区而言，脱贫已是难事，乡村振兴更显遥远。然而，此次调研改变了我的看法，我看到了脱贫攻坚与乡村振兴的耦合连接，可以说，在欠发达地区，脱贫攻坚在打响了乡村振兴的第一枪。对于永善县这样的贫困地区而言，脱贫攻坚的目标绝非单纯地消灭贫困数字，绝不是以发钱、捐款等方式降低贫困人口基数，而是基于全局谋划，统筹推动乡村产业、生态文明和基层治理体系建设，在消除贫困的同时建设乡村、振兴乡村，以人民群众的美好生活向往为根本目标和行动指南。

2019年我们的调研主题是"中国乡村教育研究"。初到云南昭通，我自然想起了前一段时间走红网络的"冰花男孩"王福满，这个令无数人动容的小男孩正是云南省昭通市鲁甸县人，因为上学路上需要一两个小时的山路奔行，严寒的天气让男孩的头发和脸上都结满了冰花，一张偶然拍到的照片引发了国人的关注和深思。然而，残酷的事实是，在云贵川的偏远地区，这种现象并不鲜见，乡村教育如何发展？乡村的希望在哪？我想，依靠对乡村教育的重视与投资，欠发达地区不仅可以创造人类减贫史上的奇迹、打赢脱贫攻坚战，同样也能够大步向前、顺利实现乡村振兴。

习近平总书记曾多次强调："扶贫必扶智。让贫困地区的孩子们接受良好教育，是扶贫开发的重要任务，也是阻断贫困代际传递的重要途径。"怎样办好教育事业？对于永善这样的贫困地区而言，基层教育振兴存在的最大困难是什么？带着这些疑惑，我们走访了10个村落，完成了240份问卷调查，此外，我们还组织了3次座谈交流，分别对话永善县教育局领导、白沙小学资深教师和永善三中的同学们。一周的所见所闻不敢说面面俱到，但的确让我们了解到了乡村教育面临的诸多问题和挑战。

我们需要警惕教师队伍的严重老龄化。在白沙小学，我们得知该校教师的平均年龄已超过50岁，加之许多老师是民师转正的底子，在各种现代教学设备面前显得乏力，即使勉强去转岗培训，也往往力不从心。比如该校有一位55岁的老教师被安排去教电脑信息课，与我们交谈时这位老师坦言自己虽然参加了培训，但内心极其忐忑不安，完全没有把握。访谈中另一位中年教师表示自己已经48岁了，在这个学校工作了12年，奇怪的是，每一年她的年龄都在平均年龄以下，她最大的希望就是学校能多引进点年轻教师，注入新鲜血液，完成教师队伍的新老交替。

我们也需要倍加呵护留守儿童群体。在关注留守儿童的学习成绩和生活保障之余，我们更应关注到他们的心理健康问题。留守儿童在成长环境中长期遭受着因父爱母爱缺失而带来的孤独感、无助感，这种安全感的遗憾该怎样去弥补？我们走访了白沙小学，老师告诉我们有许多平时寄宿在学校的学生，到了周末可以回家却不想回家，宁愿待在学校。有家却不想回？乍一听我们无法理解，但稍微想想，便不难解释。是啊，对于这些留守儿童而言，与其回家无人陪伴，待在学校与老师和小伙伴为伍可能是更好的选择。

2008 年，千村调查正式启航，2019 年，千村调查走到第 12 个年头，也迎来了升级版的 2.0 系列。千村调查 2.0 突出什么？我想意在“反哺”，青年一代依靠脚步丈量中国，会更加懂得肩上的责任与使命。感恩千村的经历，让我们有机会走进基层世界，感受最真实的社会运作，小时候常说要“为中华之崛起而读书”，而今成长为青年一代的上财学子，更应秉承“厚德博学、经济匡时”的校训精神，自觉担当、勇敢历练，在实践中将青春洒向祖国大地。

重返母校

陈尔雅[①]

雨后的校园显得异常宁静，空气中弥漫着青草和泥土的气息，偶尔能听见几声鸟叫和蝉鸣。漫步在崭新的乡村小学内，欣赏眼前青砖黛瓦，曲院回廊的优美景色，望着教室内先进的教学设备和桌椅，我的内心久久不能平静。谁能想到，眼前如世外桃源般的学校，一所被翠色田园拥抱的学校，也是我的母校——刘海小学，曾几何时也是一片低矮破旧的平房。

记得我四年级之前还在另一所乡村小学读书，后来这所学校忽然就被撤并了，只好辗转到刘海小学读书。在刘海小学念书时，我最怕下雨天，因为屋顶上总是漏雨，真正是外面下大雨，里面下小雨。老师就让我们从家里带来一些锅碗瓢盆接水，真可谓是“风声雨声读书声，声声入耳”。小学毕业后，去了镇上念初中，每天往返都要骑半个多小时的自行车，穿梭在泥泞的乡间小路上，竟也一点都不觉得累。后来由于读书不错，我考去了县城的重点高中，苦读3年来了上海读大学。从小作为别人家里的孩子，我深知如今的这一切有多来之不易。我很幸运，凭借自己的努力考去了大城市接受高等教育，但我的好多小学同学初中读完就外出打工了，告别了诗与远方，只剩下生活的苟且。

城市里的孩子永远不知道中国还有许多角落充斥着一群渴望知识，想要走出去看看的孩子。在2019年千村调查中，我走访了老家江苏省如皋市丁堰镇唯一一所乡村小

---

① 陈尔雅，上海财经大学会计学院2019级会计学专业硕士生。

学——刘海小学，也是“撤点并校”政策实施后，幸存下来的唯一一所乡村小学。时隔十多年再次来到母校，我惊讶地发现母校翻天覆地的变化。近两年政府大力支持乡村教育的发展，拨款重建农村小学，刘海小学有幸能够拆旧建新，获得大量的人力物力的支撑。窗明几净的教室、现代化的教学设备、优美的绿化……周边是绿油油的农田和四通八达的水泥路，园林式的乡村小学和现代化的浪潮交织在一起，呈现出一种和谐的美丽。

看到家乡的基础教育发展得这么好，我倍感自豪。但是看到乡村小学现在的三十多个没有经济条件接受更好的教育的孩子，我又感到惋惜。每一个孩子都值得被善待，优质的教育不是独属于家境优渥的城市孩子的，家庭一般的孩子也应该享有接受优质教育的权利。对农村孩子来说，教育是改变命运的唯一途径，教育不仅影响到一个孩子未来的前途，也影响一个家庭的荣辱。庆幸的是，教育改革的春风吹拂到全国的每一片土地，农村孩子现在也有机会接受更良好的教育了。2017 年之前刘海小学主要是一片低矮的瓦屋，教学设施十分简陋。2017 年暑期刘海小学拆旧新建，2019 年春季投入使用。刘海小学不仅环境优美，师资力量也很不错。2018 年，刘海小学与城市小学——如皋市安定小学结成联盟，县城小学的优秀教师来刘海小学任教，让学生在家门口就能享受到最优质的教育服务。

近几年政府大力支持乡村教育的发展，出台相关文件遏制盲目撤并，像刘海小学一般的乡村小学才能在“撤点并校”的风浪中茕茕独立，但是随着城镇化进程的加快，农村小学的吸引力也越来越小了。在这次调研中，校长热情地接待了我们，感慨万千地说道：“近年来，好多村民生活条件好了，都在县城里买了学区房供孩子读书，愿意在乡村小学读书的人越来越少了，今年才收了十几个新生，还比不上城市小学一个班级的人数。”望着校长无奈的表情，我陷入了沉思。我国作为一个农业大国，农村人口众多，要想提高全国人民的素质，农村是攻坚克难的关键点，其中农村学龄儿童的基础教育问题又是提高全国九年制义务教育普及率的关键。

通过这次对刘海小学的调研，我们发现导致刘海小学招生不足的主要原因在于随着城镇化进程的推进，越来越多的农村人进入城镇工作，收入增加的同时对孩子的教育问题越来越重视，纷纷把孩子送去城镇读书。可以说，农村学龄儿童流失是现代化进程不可避免的趋势。国家在西部地区大力扶持乡村教育是为了解决农村儿童上学远、上学难的问题，但是在较为发达的东部沿海地区，义务教育普及率已经很高，广大农村人民享受到教育带来的福利，愈发认识到教育的重要性，对孩子教育的观念从上完学转变为上好学。

十几年前农村孩子在低矮潮湿的瓦屋里读书，现在乡村小学有了优美整洁的环境和先进的教学设施，未来的 10 年随着城镇居民的进一步增加，或许乡村小学的数量会逐渐减少。但是这次千村调查让我相信，在不远的将来，越来越多的孩子，无论地区、民族和贫富，都有机会接受越来越优质的教育。

千村影记

狄　婕①

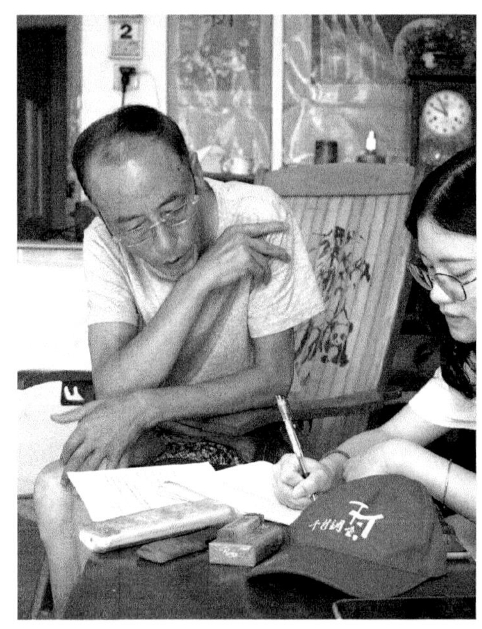

在安徽桐城做定点千村调查，我好像过了 5 天几乎一模一样的日子：准点发车，进村，做问卷，录问卷。

安徽桐城是外公的故乡。外公过世后不久，我即与定点小组来到桐城进行调研。在亲人的故乡做社会调研其实是理智与情感的不断磨合。千村培训教授的问卷方法、技巧我都已经掌握，但是心里就是另一种暗流了。

每天清晨起床，坐车赴任务村。村里的年轻人基本都外出务工，问卷采访时对面通常坐着鸡皮鹤发的老年男性，拿一顶遮阳帽。乡音响在耳畔，我便很难不去联想到自己的外公。受访者的年龄在 60 岁上下，单看外表却衰老得厉害，与我耄耋之年的外公像是一般年纪的人。这是因为外公年轻时便走出乡村，我和妈妈都是自小在城市里长大的……

我通常对老人极其耐心，自然而然地把自己摆在孙女的位置上，他听不懂问题我就想到耳背的外公，外公遇到我的古怪名词，我平均解释次数保持在 3 次以上，妈妈、表姐，通

---

① 狄婕，上海财经大学公共经济与管理学院 2018 级财政学专业本科生。

常一块帮忙，然后外公终于笑起来，用桐城话重复了一遍，表示他听懂了。老人的笑都是不可思议的相似，我的调查进度很快。

有时我的访问对象是中年妇女，乍一看不知道是妈妈辈还是奶奶辈，也许介于这两者之间。她通常在“孩子 0～3 岁是谁照顾的”问题后勾上自己，然后当我继续问：“孩子 3～6 岁是……”“还是我自己。”我其实了然于胸，从知道孩子爸爸长期在外务工起。陪伴、爱、牺牲，好像特别能在这样的女性身上平静地发生。接着是细问每月花销，这是我最喜欢的环节，它意味着一份冗长的问卷终于临近尾声。我拈着薄薄的最后一页纸，非常不好意思地庆幸。对面的家庭很不富裕，且受访者在家里是儿媳妇的角色，这样一来，生活的拮据通常能被她们计算得极为清楚。家里有多捉襟见肘，她们是最诚实的受访者，一是贫穷因而有诉求，有诉求因而诚实，二是这其中牵涉到的各家各户的面子，似乎也不用退守后勤的人来扛。清楚又诚实的数据，正是我所需要的。但是我却遇到一次例外。

受访者来自贫困户，经过前面的问答，我知道她家里有精神类遗传疾病，且男性劳动力几乎无一幸免。这样糟糕的状况，使我们的问答好几次危险地发展为单方面诉苦。我几乎没有对话的能力，也不知道总是巧妙拉回问卷是否违背了人本原则。有时话说了一半她突然回过神来，“你们是来干嘛的呀，能把这些情况报上去吗?”我只恨我此刻身无所长又身无长物。她对我，如乡村对大学生，有些信任，又有些热盼。当我们终于艰难过渡到每月花销的问题上，她居然告诉我，她不知道。“过一天算一天，把一天糊弄过去就算完……我们也不可能有积蓄，记账干什么呀。”这种生活本来已是一种庞大又空洞的苦痛，假若没有扶贫，只会更难。

千村 5 日，我一直提醒自己可不能在一个个微观的辛酸故事里沉溺太久，但真正走近关怀确有必要。没有微观的观察，便不可能知晓宏观模型囊括的是哪些人的挣扎人生。共情也不是低能，让我动容的部分，很难区分是源于故土的亲切，还是学科相关的使命感，乡野也是课堂，我在上财校园不能收获的部分，随千村调查附赠给我。

与夏天最配的，就是千村调查

吴文瑞①

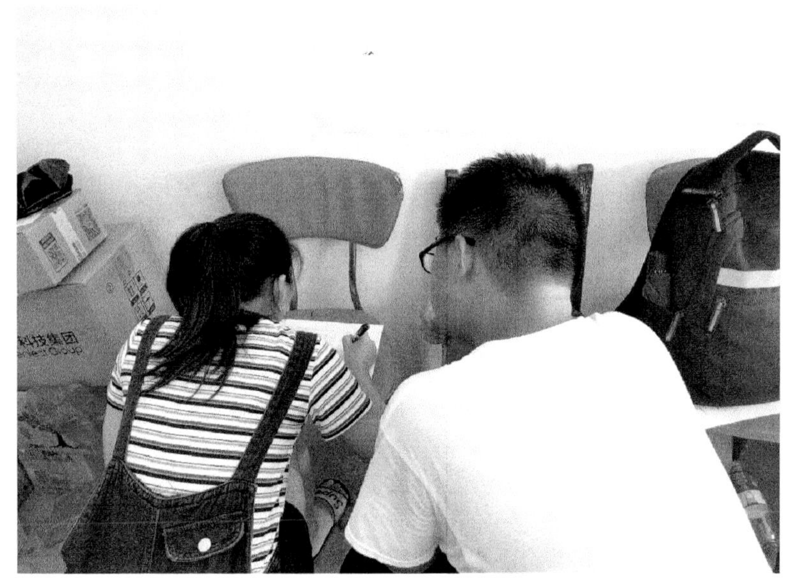

七八月的盛夏，“足蒸暑土气，背灼炎天光”，想象中美好的暑期，应该是西瓜、空调、冷饮、Wi-Fi。但偏偏有这样一群人，踏着炎炎夏日，在田间地头寻走。“走千村，访万户，读中国”。在短短几天中，我们学到了很多，也体察到了很多，更感悟到了许多。“这就是我心目中的千村调查”，心里这样甜蜜地想着，与夏天最配的，就是千村调查。

一、充实

要说这千村调查最直观的感受，莫过于“充实”二字。

我们调查的地方是安徽省桐城市下面的10个村落。这10个村落都非常普通，但正是因为它们的普通，才更加具有代表性。我们一共只有5天的时间，每个人一个上午或是下午要调查2份问卷，一共就是20份了。千村调查的问卷设计得非常全面而又细致，对我们调查者本身也是一种挑战。刚开始我们不是很熟悉，调查起来还是有些困难的。比如说有的村民不识字，或者是耳朵听不清。有的时候我们自己都很难自圆其说。但随着调查

① 吴文瑞，上海财经大学金融学院2018级保险学专业本科生。

的深入，我们的调查越来越熟练，甚至可以提前完成任务。看着一份份自己调查完的问卷，刚刚调查结束的那种疲惫感一扫而光。每个人的脸上都洋溢着喜悦的笑容。

上午和下午非常忙碌，当然，晚上也不能闲着了。而且任务可能比白天更加繁重。问卷都是要在当地录入。所以我们提前就分配好了录入的顺序，一有时间，便抓紧将数据录入平正云系统。也是一个循序渐进的过程。开始很慢，但渐渐地速度和效率都有所提高。但一般也是要录到很晚了。

现在我也记得，当时有过抱怨，抱怨任务量有些繁重，甚至在夜间录入数据的时候一度想要放弃。但等到千帆过尽，再次回首那段时光，有的只是非常充实的感觉。这也对得起夏天，这骄阳似火的季节。

二、成长

在千村调查中，我们每个人最明显的感受，在这短短几天，大家好像都成长了许多。

我出生在县城，虽然并不是大城市，但也几乎没有做过农活，没有体验过农村的真实生活。从小学到大学，基本上都生活在“象牙塔”中，“两耳不闻窗外事，一心只读圣贤书”。但这次千村调查，我们真正地体会到了中国农村的现状，体验了当地农民的真实生活，体察了当地人的酸甜苦辣。

我原本认为，农村可能非常脱离现代化，与城市格格不入。但真正深入农村才发现，其实在农村，很多人的生活和城市几乎没有区别——几乎家家都有互联网，都用上了4G。而且因为农村人口比城市人口少，网速甚至比在城市里面的还要快；很多人家建了新房，和城里房子装修没有什么区别，而且很多小别墅住得非常舒服；家家都有各种各样的电器设施，甚至还有私家车。农村的路也修得很好，物流也都很方便，有些时髦的家庭也经常网购。村里面也有很多现代化设施，比如老年人活动中心、图书馆之类的。当然，村中还是有一些贫困户，但基本上也不会出现什么吃不饱饭一类的情况。并且随着扶贫力度的加大，他们对自己未来的生活也充满了信心。

我们的调查过程也不是一帆风顺的，也碰到很多的小问题，遇到一些比较棘手的情况，需要我们及时进行处理，逐渐拥有处理这些问题的能力本身也是一种成长。在调查的过程中，由于天气过于炎热，我出现了中暑的征兆，但按照我们之前培训的方法，再加上一些安全的常识，自己也在没有耽误工作的情况下使身体恢复了健康。得以继续完成任务。

三、喜悦

虽然调查过程非常忙碌，中间也有很多小的磕磕绊绊。但回想起来，最能概括我们那几天的表情，就是喜悦的笑容。

喜悦，出现在调查问卷的时候。调查问卷，表面上看起来很枯燥无味。但实际上，在与村民们交流的过程中，时不时地能产生喜悦。这种喜悦，可能是一口听不懂的桐城话；也可能是当村民谈到自己的孩子很有出息时，那种由衷的高兴；也有可能是在完成任务的时候，长吁一口气，然后脸上挂着笑容。

喜悦，出现在看见风景的时候。正值夏天，虽然天气炎热，但也正是花草茂盛，绿树成荫的时候。在乡村，可能没有什么非常有名的景点，但细心观察周围的环境可以发现到处都是风景，随手一拍便是乡村的一幅风景画，大写意。当然，来到了桐城，就不得不去拜访一下著名的六尺巷。虽然真的很忙碌，但我们还是趁着最后一天晚上，驱车来到了六尺巷。体会到了“千里修书只为墙，让他三尺又何妨。万里长城今犹在，不见当年秦始皇。”的豁达与气度。

喜悦，出现在一起聚餐的时候。经过了一天的调查，每个人，都有很多有趣的所见所闻所感，这时候大家拿出来分享，遇到有趣的地方，大家可能会笑得前仰后合，忘记了白天的疲惫。

这，是我心目中的千村调查。有充实，有成长，更有喜悦。与夏天最配的，就是这千村调查。

千村印象

张　情①

一、印象返乡：初遇千村

记得刚进入大一的时候，我第一次听辅导员和思修老师提起千村调查，了解到这是我们学校一个举办多年的社会实践项目，最初只懵懂地觉得千村调查很有特色且意义深远。当老师们清楚详细地介绍后，我深入地了解了这个项目，也感受到了它的挑战性；而在有着丰富千村调查经验的学长学姐们精彩分享后，我一下就萌生了参与到这个项目中去的想法。于是在大一的暑假，我欣喜地报名了千村调查的返乡项目，在领到手中的沉甸甸的调查问卷后，我感到有一些茫然，但更多的，是期待。

我联系了距离家最近的村庄，说明来意后获得了当地村委会的支持与欢迎。在进村调查之前，我仔细翻阅了调查问卷里的内容，并参考了手册和网络，适当地将问题分类，以保证调查时的沟通更加流畅，获得的调研数据也更加准确、有价值。出发前，我又试着模拟了一遍采访的过程，希望能和村民们度过愉快的调研时光。当我真正进村后，最让我感到欣慰惊喜的就是村委会的热情以及村民们的积极配合。我一句句耐心地问，他们一点点诚恳地答。整个沟通的过程是如此的亲切自然，我甚至觉得我可以从他们的话语中，感

① 张情，上海财经大学金融学院 2017 级金融学专业本科生。

受到一种相信的力量，他们并没有因为我只是一名18岁的学生而轻视这次访谈。虽然素未谋面，但是交谈起来他们就好像是自己老家里那些从小看你长大的老人们一样亲切。问卷里的问题真的很细致，我生怕他们会觉得不耐烦，可他们始终耐心地回答我所问出的问题，这让我备受肯定，也让我觉得我的一切准备都有了意义。那次回去后，我的心一直沉甸甸的，手捧满载着村民信息的问卷，我第一次深刻地将农村发展的现状放在心上，聚焦政策落地，学习相关资料，形成了自己的感悟与思考。

二、印象定点：又见千村

大二这一年正值千村调查2.0新征程元年，也许是被千村流传在外的积极影响所打动，也许是更深切地受到千村背后蕴藏的社会精神的召唤，上财的同学们似乎都受到了更大的鼓舞，有更多的人参与到千村的队伍里来了。我更是迫不及待满怀欣喜地报名了千村调查的定点项目，希望能收获更加丰富，也真正完整的千村体验。

对这次的定点我包含了很多期待，也投入了更多的精力。从调研小组的成立到队友们认真地开会分工，从商讨运营公众号的工作到伙伴们提前交流走访内容，我们做了更充分的准备，而这一切不仅仅是因为热爱，更是因为值得。

记得走访前一天，大家围坐在会议室进行商讨，队长确定着问卷的安排和走访的顺序，分配好的每组组员们确认着各自的工作内容，记好备忘录并对可能发生的情况准备了应对方案，老师更时不时提出指导意见，使我们的想法不断成熟完善，也更加专业。橘黄色的灯光下，每个人的脸庞都温柔而认真，一时的静默中仿佛有某种坚定的力量在积蓄。我满心地期待，也毫不怀疑这次调查一定会成为我们难忘的经历。

我很难忘记第一次进村的画面：遍布目光所及的庄稼作物，错落不一的农家小屋，似火骄阳下的生机勃勃的土黄田埂，无一不在撕扯分裂着我们原本和现在所处的环境，将我们与早已习惯的大城市生活体验分割开来。这里没有清凉商场，只有夏日蝉鸣；没有拥挤却又陌生的来往人群，只有莫名亲切而热络的纳凉村民。中国农村的真实感，从我们踏入第一个村庄的第一刻起，就这般毫无保留地扑面而来。从第一天的调研开始，我们就很快地进入了角色，默契地找到了队伍的工作节奏。不那么大但整洁明亮的乡村政府会议室，嗓门响亮待人热情的质朴村民，满屋子认真调查记录的或是在问或是在答的忙碌人群，成为最鲜明的千村调查代表性画面，串联起我们在10个村庄短暂而深刻的记忆。

也许是由于大一的经验积累，我对问卷以及走访的流程大致都熟稔于心，以至于当大二和千村的搭档伙伴们一起开展调查时，我有了更多提供帮助的能力，还有了更深的责任感与成就感。

在调查中，我相信每个人的体验都深刻而复杂，而于我来说，“触动”也许是这次调查中我的体验最关键的字眼。首先是与人接触中的触动。我始终觉得一群人一起做好一件事，也许是这个世界上最棒的体验之一。我真的觉得非常幸运，能参与到千村调查中，更觉得幸运的是，这个项目是我和一群怀揣着同样的热情，优秀而美好的同龄人一起完成的。虽然我们从前互不相识，但短短几天的千村调查似有魔力一般，使我们迅速熟悉起来。我们一起寻找合适的采访对象，敦促彼此的工作记录；一起分享采访过程中的小趣事心得，提出建议抑或捧腹欢笑；一起倾注着汗水与能量，编织大家共同的千村记忆。千村调查项目见证了我们几分的付出，就有几分友谊蕴含其中。除此之外，与村民的接触也是同样地真实，你不难发现这里到处都是亲切可爱的人，他们有的人会说："小姑娘，累不累，中午别走了，搁我家吃饭吧，""来尝尝这个西瓜，刚切的，你们肯定渴了吧，"有的人在临走时感激地说，"你们大老远地跑过来不容易，工作还做得这么认真，我们真的要谢谢你们呀。"这些掏心窝子的话，总能不经意间就拉近我们的距离，那一刻，真的会让人萌生我们同是村民甚至是家人的错觉，这种饱含着农村淳朴民风的自己人的感觉，给我们这群稚嫩的学生带来了温暖和鼓励。

相比与人接触的温暖，另一处对农村教育现状的思考触动则沉重了许多。这一年的千村调查是从教育视角展开的，由此视角我们倾注了更多关注，也因此发现了很多让人心痛的事实。比如在调查中，我遇到好几位文化程度很低甚至没上过学的村民，在回答问题时尽管有些问题并不复杂，他们还是要在反复解释后才能理解，然后露出一个抱歉而让人揪心的拘谨笑容。我不清楚他们的失学是由何种原因导致，但我肯定地知道，不识字的他们一定经历了很多艰难的时刻。在一周匆忙紧密的走访行程中，我们对村民们的生活状态有了更切实的感受，我们心中的乡村教育轮廓也一点点清晰起来。农村居民们的文化程度普遍不高，在走访对象中也不乏从未接受过教育的人。他们对问卷中的问题难以理解甚至连书写自己的名字都要别人帮忙，让人感受到乡村教育真实到揪心的窘迫境况。

教育从来不是一个孤立的话题，调查中我们发现，居民所从事的行业性质与其受教育程度密切相关，他们的思想也因为自身教育水平的差异出现分化，这种联系甚至潜移默化中影响并改变着他们对下一代的教育。盘根错节的家庭，经济和社会因素使得农村教育问题日益根深蒂固，对教育的改革进程也相对地沉重而缓慢，让人不禁反思，也隐隐心痛。

三、印象成长：感悟千村

诚然，千村调查中真正进入农村的时间是很短暂的，与村民们仅仅四五天的接触也实在少之又少，但我觉得这次调查能带给我们的对农村发展现状的思考，体验与反思是深刻长久的，甚至可能伴随我们的一生。在千村手册上有大概这样一段话：我们的学生未来可能更多地从事金融，经济等行业，也许他们很难再有这样深入农村感悟乡情的机会。也正因如此，千村调查的目的不仅仅是每年让两千多名大学生走访全国 1 400 个村庄的 2 万家农户，通过科学的问卷和合理的调研方法真切把握新中国乡村振兴战略给农村千家万户带来的改变；而且是在学生们正当十几二十岁的年纪里，正逐渐通过自身实践与人生经历形成对社会的基本认知时，带来更加重要，更难以估量的成长意义。

从我自己的角度来看，希望参与的学生能通过千村项目构建更加健全的"三观"，培养学生的社会责任感，感受到国家发展强有力的脉搏，让我们与这个时代的发展变化紧密相连，也许是学校举办千村调查的最大用意。关于调研主题与活动本身，尽管我的理解免不了会有偏颇，但我真真切切地在这次活动中收获感悟了许多，也找到了我想要的答案。在未来的日子里，每当祖国在“三农”问题上取得建树或者是现代化的步伐高歌猛进之时，我都能怀揣着一份更深的感动和更切实的主人公意识，坚守在属于自己的渺小的职位上，做真正有益于时代和人民的事情。

千村调查帮助大学生们走出校门，了解最真实的中国，了解当前国家改革发展的新形势和面临的新问题，将自己的成长自觉融入了国家发展的浪潮，它是我一生的宝贵财富。

从大一的返乡调查到大二的定点调查，我真真切切地将千村调查的体验完整经历了一遍。如果说大一的那次返乡为我的千村之旅描摹了基本的轮廓，为我开启了一扇深入农村的社会实践的大门，那么大二参加的这次定点就带我更彻底、更充分地体会了千村调查项目，从懵懂到坚定，从陌生到熟悉，从初识到热爱；一点一滴，知行合一。而我的千村印象，将永远封存在记忆里，灿若星河，熠熠生辉。

直面真实，憧憬未来

杨　敏[①]

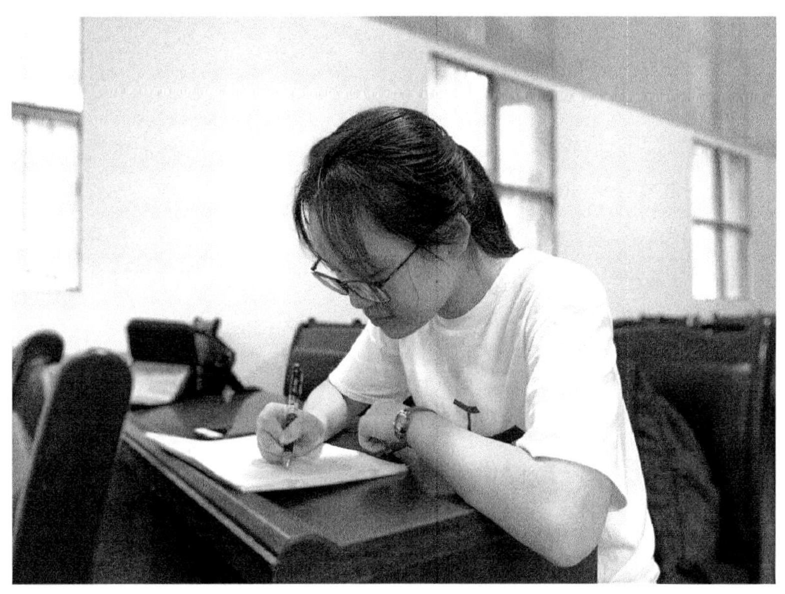

千村调查对于我来说，是直面真实的机会。关于农村，留在我内心的印象可能是幼年时还在田里耕作的外公外婆，可能是纪录片里看到的新农村的场景，但是想要探寻真实，就要走进农村，走进那些最朴实的生活，去见证柴米油盐与风风雨雨。

在这次千村调查中，我看到了农业经营的不易，村民们的食物主要来源于自家种养，农产品除去自家消费再拿出去卖的收入并不多，若是碰上收成不好的时候，家中的情况也会困难。并且大部分村民还是用传统的方法进行耕种，农业的机械化还没有普及。

传统农业之外，不少村开启了农业经营新的探索。在西厢村，一间房间吸引了我们的注意，里面摆放着当地自产的产品，村里的干部向我们介绍了村内正在利用电商渠道销售本村的产品，但是这些产品对于当地的特色突出得还不够，存在着推广和品牌化的困难。

当前正在发展的乡村振兴项目很多，需要真正发挥出当地的优势和特色，除此之外，如何让更多的村民尤其是高龄村民参与到这些助力乡村经济发展的项目中来，如何鼓励一些在外打工但更加适合返乡创业的青壮年返乡创业也是促进乡村振兴的关键问题。

---

① 杨敏，上海财经大学金融学院2018级金融学专业本科生。

在玉螺村入户访谈时，我了解到了村中正在发展特色种植产业，村中对村民购买种子进行了补贴，目前特色种植业正处于起步阶段，村民们暂时还没能获利，而我所了解到的这户人家参与到特色种植业当中的重要原因之一就是家中有青壮年，户主谈到家中儿子学会了一些种植的专业技术，自己才比较有信心，也谈到这些年轻人脑子更好使，更愿意搞这些项目。

而我们也发现，家中常住人口均为老年人的家庭很少有创业的想法，老年人们大多只想要维持现有的生活，他们将生活水平提升的愿景更多地寄托在国家政策上。谈及若是家中子女回乡能在农村获得多少收入时，老年人们摇摇头，说在农村种田能有多少收入呢，维持生活就不错了，可见老年人们对于参与到乡村新发展的产业中的热情并不高，而在外打工的子女对家乡的发展尤其是新发展的一些乡村振兴项目也可能不甚了解，从而不能很好地将在外打工和返乡创业进行比较。

扶贫要扶智与扶志，要让农村人口与时俱进，从思想上与新时代接轨，将新时代的特征与农村的发展结合起来，为乡村振兴从根源上助力。期待有一天，村民们对乡村振兴项目能有更多了解与信心，在挥洒汗水的同时更发挥才智，让乡村的土地成为充满希望的热土，让不同地方的土地散发不同的魅力。

说到“扶智”与“扶志”，就不得不提到乡村教育的问题。在入户调查的过程中，我们接触到了很多老人。老人们对因父母外出打工而随迁的孩子的受教育情况并不很了解，然而他们对家中留守儿童的学习情况也并不够了解。平日里家中农活已经占据了老人不少精力，老人对家中孩子就读的学校以及学习情况的了解非常有限。我们也发现，有读大学或是大专的学生的家庭多数条件较好，父母在家，家中有村干部或者收入较高，对孩子的教育问题更加重视，也对孩子的教育期待更高；相比起来，大部分农村家庭虽说希望孩子能够读书，但是仍然是采取随其发展、很少做实际干预。家庭除了从经济方面对子女教育进行支持，家庭对教育问题的关心程度、对乡村儿童关于教育的观念的塑造也对子女的未来发展起着至关重要的作用。

现阶段乡村呈现出学生减少、学校减少的情况。一些村已经没有小学，一位退休老教师谈到，学生减少是学校办不下去的重要原因之一，农村人口流失严重，子女随迁的情况也很多。据访谈，有些村小的一个班仅有二十多人，有的村小甚至一个年级仅有不到10人。我们的问卷对学校的硬件设施比较关注，在国家政策的支持下，农村学校的硬件设施条件不断加强。加上学校减少、学生减少的情况来考虑，如何优化教育资源的配置，惠及不同情况村庄的儿童，是值得探讨的问题。

除了硬件，学生的心理状态也应得到关注，然而单单依靠对父母或者祖父祖母的访谈并不能完全对乡村儿童的心理状态有比较深入的了解，但是从家中对孩子未来的期待、孩子对自身未来的想法以及孩子去到过的村外的地方可以看出，乡村儿童的眼界还不够开阔。激发对知识的渴望，对未来的憧憬，对世界的好奇，就是播撒下乡村希望的种子。关于乡村教育，乡村教师也应该受到重视，除了师资的数量与质量，乡村教师待遇问题和心理建设不容忽视，乡村教师对乡村学校有归属感，对乡村教育有热情，必定能更好地带领乡村儿童带着梦想启航。

千村调查之行，也是团队合作与收获友谊之行。与带队老师和队员们同行的这几天，大家在配合和互助中高效合作，让我体会到了团体的力量。在调研的日子里，大家也时常分享自己对千村调查的想法，在交流中我们进一步发现问题，也对千村调查之行有了更深的理解。

千村调查，让我意识到自己的生活不过只是在这广袤世界中小小的一方，世界上拥有着不同的生活形态，在不同的生活形态中，人们都希望生活能够变得更好；千村调查，让我走出了自己这小小的一方，去直面真实，发现问题，启发我在今后的学习中将自己的专业知识与实际问题相结合，真正做到"厚德博学，经济匡时"。乡村振兴，最需要的便是"人"，需要村民们敢想敢干，需要大学生村官、村干部们积极为村民谋福利，需要社会对"三农"问题的关注，需要社会各业对口协助，需要更多有志之士的汇集，就像千村调查，汇聚每一个参与者的汗水，流淌于广阔的乡土，在中国乡村大地上叙写真实，探求未来。愿中国乡村振兴之路越走越宽阔，越走越灿烂，愿更多学子在千村调查中，去感悟，去收获，去创造属于自己的价值。

教育使得“鲤鱼跃龙门”不再是童话

程　玲[①]

“望断江南山色远，人不见，草连空。”

持续一周的千村调查使我斩获颇丰。此行，我不仅了解到吴江的乡土人情、婚嫁民俗以及村规民约，还参观了北联村的稻田画、九里湖村的别墅群、肖甸湖村的国家湿地公园等。在惊叹吴江的现代化农业、村民的富裕生活之外，我也注意到与中国大多数农村不一样，吴江农村人口并没有流出，反而一直保持人口流入的情形。村民大多就业于镇上的工厂，外来务工人员为吴江的农业经营大户或现代化加工厂所雇佣，他们的子女也能就读于本地的希望小学，费孝通老先生早期描述的一派“江村经济”景象仍然在延续。

同时，也发现了存在的几点问题：首先，少数贫困人口多缘于疾病缠身以及技能落后，原来拥有拖拉机等生产资料的人家由于农业规模化经营被迫将拖拉机闲置，且不能适应新时代的步伐，另谋生路；其次，存在不少人家通过卖地、买卖户口等从农业户口转变成非农户口，但这种非正规就业方式并没有让村民更容易找到工作，反而待业在家，也没有使得村民获得更高的收入；再次，所有村都在试图通过乡村旅游的方式来探索乡村发展转型

---

① 程玲，上海财经大学城市与区域科学学院2018级区域经济学专业博士生。

之路，这种同质性的发展方式能走多远还有待验证；最后，也是我最为感触的一点，教育使得阶层固化有所破冰，但仍任重道远。接下来，将具体阐述。

社会阶层固化是社会上不同地位的阶层之间流动受阻。在当今社会，阶层划分大多以经济、政治地位为标准，这就加大了寒门子弟实现阶层跨越的难度。如果伴随着性别不平等，那么当代富裕乡村的贫困人家的儿女，实现阶层流动、达成人生梦想似乎就显得更加困难。社会阶层固化是一个普遍面临的发展现状，其不仅是涉及全国范围内不同阶层的流动性问题，在某一乡村内部可能也存在着固化的风险。

自从 1977 年恢复高考以来，中国一直希望以这种公平、公正的选拔方式来加大阶层流动性，这确实收到了很大成效。但是随着高校扩招，一方面，大学的学费变得越来越高昂，对子女的教育投入成本增加；另一方面，大量的毕业生涌入就业市场，许多人面临着"毕业即失业"的窘境，大学生不再是香饽饽，家长对子女教育投入的收益不确定性增加。这一切使得很多贫寒家庭的子女失去了接受高等教育的机会，早早开始打工来养家糊口。所以，中国的阶层固化在农村体现得尤为明显。另外，中国自古以来"重男轻女"的思维是性别歧视的突出表现。如今，这一歧视在中国已大大减弱，但不可否认的是，"有儿贫不久，无子富无长"的观念在农村仍旧有着斩不断的根。特别是如果家中经济能力有限的情况下，接受高等教育的机会一般都会给男孩。男孩子身上寄寓着绝大多数农村父母的希望。

从我们走访的这几个村子来看，一个村子内部阶层固化的现象还是相当普遍的。较富的那部分农村家庭一般有着稳定的工作与收入，创业的比例和成功机会也相对较大，子女在镇上接受着良好的教育；中产阶层创业比例低，家庭成员大部分在工厂打工，收入稳定，孩子能顺利接受义务教育，少部分能读到大学本科；贫困家庭很多都是因为家中主要劳动力生病或失业致贫，因此收入不稳定，孩子受教育的阻力较大。吴江地处长三角繁荣富庶的地区，贫困家庭只占少数，但是富人子女比穷人子女机会多，却是不争的事实。

打破"贫者愈贫，富者愈富"的格局任重道远，最主要还是靠教育。我们能看到吴江地区的农村通过整体性的改善和精准扶贫在让"鲤鱼跃龙门"一步步地由传说变为现实。贫困家庭在父辈实现阶层向上流动、打破现有村庄内部的阶层固化已无可能，而子辈则需要完全依靠教育和个人能力才能实现阶层跳跃。在阶层固化现象的影响下，出身寒门的女孩在发展过程中难免会受到诸多掣肘。

举个具体例子，出生于吴江农创村的农村女孩徐志勤，如今是两家公司的老板。因为出身于社会低阶层的农村家庭，物质和精神方面的局限使得她没有机会接受较高水平的教育；因为家境贫寒，她在高考失利后不再有第二次尝试的机会，只能黯然进入普通的职业学院；又因为没有任何可以依靠的助力，她只能靠着孜孜不倦地学习和不遗余力地奋斗打拼出自己的一番事业。徐志勤依靠自己的努力，在当代乡村阶层固化的情景下成功实现了向上流动、并让父母为自己而骄傲、也实现了自己一直以来的梦想。

在中国，像徐志勤这样的寒门学子还有千千万万，高考本应是他们改变人生、突破阶层和性别壁垒的最直接高效的方法，可是受到落后的教育环境、物质条件、思想观念等诸多因素的阻碍，只有少数人能成功地通过高考改变自己的命运。尽管高考不一定是唯一可行的道路，就像徐志勤，虽然高考失利，却仍是通过自学和努力改变了自己的人生，挣出了属于自己的一片天地，但是这个过程是艰辛而曲折的。若是有更好的教育条件和受教育的机会，这些学子就能少走很多弯路，很多梦想也就不会在现实的窘境下夭折，中国农村子女的生活境况也“就很可能大大改善”。

“十年树木，百年树人”，教育是打破阶层固化、性别歧视的一座桥梁，国家在发展经济的同时也不忘发展教育，不断增加教育投入，逐渐覆盖学习到生活的方方面面。通过教育，农村子女可以有更多更平等的机会，在更广阔的天地里施展本领，实现梦想。

记忆中的故乡，现实中的农村

刘　博①

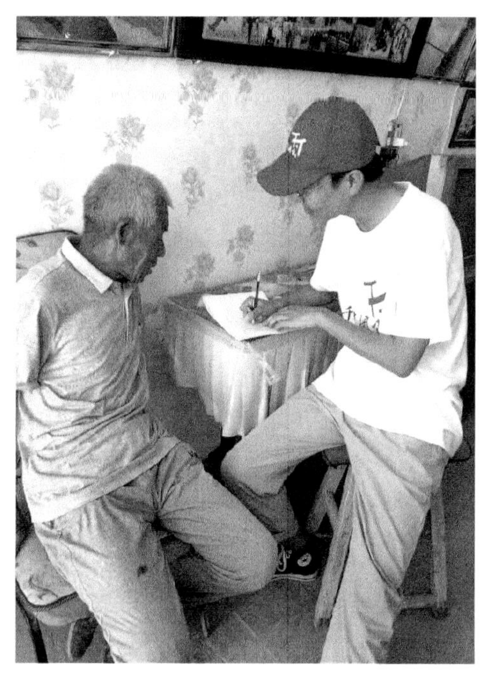

“故乡”，一个活在记忆中的存在与诸多情感相融的寄托地，一个一旦提及就会有淡淡的欣喜与忧愁相继涌上心头的词语；“农村”，一个相对于城镇的现代化名词，一个以从事农业生产为主的劳动者的聚集地，一个真实存在的、中国发展建设必须面对的地方。

恰逢千村调查之际，我回到了早已久违的故乡，从出生到7岁的7年里，我一直待在这个有绿水青山、蓝天白云、牛羊牲畜、睦友亲邻的地方，由于教育的问题，接下来的七八年里，我只有寒暑假可以回到故乡，接触大自然的清新、淳朴的民风和日出而作，日落而息的生活节奏，再后来，随着奶奶的离世，故乡逐渐远去，留下的只有几孔空落落的窑洞，便基本上再没有回去过。

这次的千村调查，勾起了我尘封已久的故乡记忆，同时农村的现状也让我陷入沉思。走在调研的乡间道路上，不禁想起了小时候和小伙伴在河边把头埋在河水里憋气，想起了

① 刘博，上海财经大学法学院2018级国际金融法专业本科生。

秋日里和表哥一起去捡拾枯枝当柴火去烧，想起了在路边用细绵的黄土垒起“战壕”玩弹珠，但同时，看到由于接连几年的干旱和河边道路的整修而逐渐干涸的小河，看到一间间荒废在黄土中的门窗残旧年久失修的窑洞，看到以前有着牛羊粪便和杂草的乡间小道被柏油或者石灰覆盖，看到远处由于道路施工而笼罩在一片黄土中的故乡，忧愁和悲伤涌上心头，这还是我以前心心念念的故乡吗？但随我同行的村民又告诉我，虽然小河逐渐干涸，不能再洗衣服或者淘洗蔬菜，但这是“天灾”连年干旱所致，而且村子里接上了自来水，用水方便多了，虽然以前乡间土路不再，但柏油石灰马路宽敞干净，下雨天再也不用怕泥泞的土路了，现在生活条件好了，大家都重新改造或修建新的窑洞或者平房，那些破旧的窑洞有不少危房，还有不少是由于好多人进城没人居住而逐年风化了。听到村民的话，我陷入沉思，自己还是过于理想化了，我想到的只是记忆中的美好存在，却忽略了时代的变迁和现实生活的需求，这确实是我心心念念的故乡，更是真实存在的农村。

在调研过程中，我走进了许多村民的家中，有些是熟悉的也有些是陌生的，在熟悉的村民家中，受访者都是我的长辈，他们见证了我的成长，在有说有笑中做完调查问卷；在陌生的村民家中，刚开始气氛稍显严肃，但随着调查的深入，氛围逐渐转变，受访者敞开心扉向我解释家中的基本情况和主要问题。村中大多数家庭只有两位老人在家中，对儿女子孙的情况并不是十分了解，但家庭基本情况还是可以了解到的，在调查了两三户相同类型的家庭后，为了使问卷的完成度更高，我向村支书和一些村民询问，是否村中还有其他类型的家庭，他们都向我反映有一些但不是很多，村中基本上都是五六十岁的老人。在多番询问和调研中，可以把村中的家庭大致分为三类：第一类是家中只有 3 位老人，靠简单的务农为生；一类是中年家庭，家中有两三个子女，靠务农打工为生；第三类是户主为中年，家中有父母，靠务农打工为生。做完调研后，我发现这三类家庭的主要问题也相对集中一致，靠务农为生的，由于近几年的连续干旱，收成并不好，收入甚微；靠打工为生的，常年不在家，收入不固定，但可以维持生活；家中两位老人的，大多患有或大或小的疾病，全年花费主要用于治病；三类家庭在日常生活中的支出并不是很多，主要用于医疗治病和子女上学。

接下来谈谈教育问题，在我调研的人群中，主要可分为四类：第一类是出生于 20 世纪五六十年代的爷爷奶奶们，他们基本上没有受过教育；第二类是出生于七八十年代的父母一辈，他们大多是小学初中学历，也有一些高中学历，一大部分人辍学的原因不是不想读而是读不起；第三类是出生于九十年代的哥哥姐姐们，他们中的大多数是高中或者本科学历，辍学的原因主要是厌学。他们的读书历程基本上是幼儿园到三年级在本村读书，三年级到六年级在乡镇学校就读，初高中在县城读书；第四类是和我类似的“千禧一代”，幼儿园小学在县城读书，初高中在本市就读，学历大多为本科在读。在 2013 年以前，本村还是有幼儿园的，后来由于村中儿童大多进入县城，便不再设立幼儿园，现如今少部分儿童在乡镇就读，大多数主要在县城就读。

千村调查十余户，故乡变迁十余载，记忆中的故乡，是儿时的乐园，现实中的农村，却是如今的伤痛。山西省临汾市永和县阁底乡西后峪村，一个国家级贫困县，一个满是贫困户的村子，大多数村民靠天吃饭，并无问卷中所谓的乡村产业和农业产业大户，但这个村子也在发生改变，道路改建正如火如荼地进行，将来定是康庄大道，光伏产业和养殖产业正在宣传入户，脱贫也在进行中，虽然我现在看到的并不是心目中美好的故乡、富足安闲的村民，但是我看到了村民的热切希望，看到了村领导班子的脚踏实地、认真负责与不懈努力。我相信现实中的农村与记忆中的故乡是可以统一的，它们一定一样的美好，一样的富足，无论提及故乡还是农村，都会有欣喜涌上心头。

千村调查之走进南城

王丽娟[①]

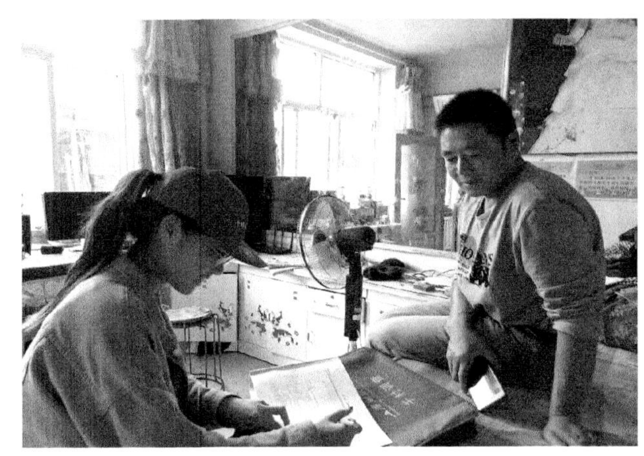

“十年育树，百年育人；国之大计，教育为先。”改革开放以来，随着我国经济的快速发展，教育问题越来越受到关注，教育体制不断改革，为培养出新一代大有可为、大有作为的青年而奋斗。这些青年，有的生活于繁华城市中，也有的扎根于农村的土地上，为了让每一个孩子都能绽放光芒，让每一个孩子散发朝气，怀揣理想，党与政府也推出多项政策支持与推动农村教育的发展，让农民家庭感受到党的温暖与关怀。

在这次上海财经大学的返乡调查中，我来到了天义镇南城村，这座村庄像所有的村庄一样，散发着自然的乡土气息，在天地之间不加雕饰地存在着，这里空气清新，天空蔚蓝，白云在暖暖的阳光中懒洋洋地贪睡着，正值夏日，田地里的玉米秧正是茁壮的时候，一大片都是绿油油的，街道上有三两个在追闹的孩童，只有七八岁的样子，阳光与他们追逐的笑脸融合在一起，形成一串串叮叮当当的愉悦笑声。

为了更好地进行乡村教育的调查，我经过几番询问，来到了村民邵志龙家，村民家里都爱养狗，这些家狗看家护院的本领极强，村民邵志龙家的小狗也不例外，看见我在门户外向院内打探，便汪汪地向主人通风报信，只片刻，屋内便出来一位中年男子相迎，也就是邵志龙先生，在经过简单的介绍后，我得到了进到屋内的允许，相比于屋外的大太阳，屋内显得要暗些，刮白的墙壁也落上了灰尘，有点灰蒙蒙的，我随着邵志龙先生进到里屋，正看

---

① 王丽娟，上海财经大学经济学院2018级经济学专业本科生。

见他的两个孙女在屋内的床上坐着，摆弄着手中的玩具，我了解到她们的父母都外出打工了，现在她们两个都和祖父母住在一起，两个孩子上四年级，就在邻近村庄的小学读书，当我询问两个孩子班级情况的时候，爷爷把两个孩子都叫到跟前来，我开玩笑地问，“你们学习努不努力呀?”她们腼腆地笑了，犹豫一会儿回答我说:“还行。”两个孩子瘦瘦的，皮肤有点黑。有些害羞是她们给我的第一印象，可是害羞中却又让我感受到一些隐藏的热情，我在她们那里了解到，她们的小学现在一个年级只有一个班了，一个班级也只有二十多人，很多孩子都转走了，她们的班主任老师今年怀孕了，所以就找了一个代课的老师临时当她们的班主任，同学们每天都会去补习班，平时就放学去，周六就全天去，在补习班里，老师会看着她们完成作业。而父母外出打工，每周只能和她们用微信视频的方式联系，她们会想爸爸妈妈吗？当然是会的。

在孩子的成长生活中，父母的陪伴缺一不可，但大多数农村孩子，都是在父母一方或是在祖父母的陪伴下长大的，为了增加收入，提高家里的生活水平，很多村民都会选择外出务工，孩童时期正是人在潜移默化中形成对世界的认识的时候，而祖父母对一些事情的看法显然会影响孩子的价值取向，对于孩子来说，由祖父母陪伴长大并不是很好的选择，孩子的心理也会有情感缺失。而对于农村小学的问题，一方面他们得到了国家的帮助，因为国家推出的营养餐政策，现在学生在学校上下午都能得到一盒牛奶的营养餐供给，同时，学校的教学设施也逐渐完善，计算机房、投影、音乐教室都有设备，但是问题在于学校师资紧缺，一名老师可能要负责两门课程，这两门课程往往是一门主课如语数英再加一门副课如音乐、体育、美术等，所以孩子们主课以外的发展十分受限，而且老师中有大部分是民办转公的教师，又缺乏去优秀学校交流学习的机会，所以存在教学思想落后，教学方法陈旧，知识结构老化的问题，生源流失与师资紧缺相互影响，使这些没有能力去乡里、县城读书的农村孩子在教育上有所缺憾。

我相信，如果家庭条件允许，每一个家长都会愿意把孩子送去县城读书，因为在调查中看来，农民对于教育的重视程度已经提高了很多，已经极少有农民因为自己的孩子读书不好便要求他辍学找工作或是种田，因为他们深知自己在文化水平低上吃过多少亏，他们知道农民的路有多苦多累，所以他们比任何人都更坚信教育可以改变他们孩子的命运，他们也将自己一生都无法完成的美好希望寄托在自己的孩子身上，供孩子读大学的信念，像是烧得滚烫的铁，在他们心上烙下了深深的印。所以他们更卖力地工作，更努力地赚钱，更谨慎地省吃俭用，希望攒下足够的钱，这种省钱，不能乱花钱，能将就便将就的观念，也潜移默化地传给了他们的孩子，而令人感叹的是这种观念，可能成为这些孩子一辈子都抹不去的印记，即使未来他们的生活变得很宽裕，他们也没有办法去满足自己更多的并不过分的物质需求，这一点对我的触动很深。

“走千村，访万户，读中国”，在这个我停留时间并不长的普普通通的村子里，我感受到暖阳下清风吹动花田发出的清香，看到烈日下穿着小背心奔跑的孩子们灿烂的笑脸，也发现了这个村庄中一直遗留着的古老的问题，可令我更难忘的，是那些脚着黄土、背靠烈阳的村民们，他们过着艰辛的日子，却有着纯真的笑容。

一趟惊喜之旅

王静怡①

在千村调查之前，实话置之，乡村在我眼中的确是相对落后，思想保守的存在，这些也许是因为网络、媒体等媒介给我带来的信息相对如此，又或者是因为在与身边的人交流过程中大家给我反馈的内容大抵如此，也因此，我对乡村是留有一份不太好的印象的，但尽管心中百味杂陈，疑惑满满，我还是踏上了这段独一无二的旅程。

对它的第一印象的确是大吃一惊，这个村的主路两旁据说是远近闻名的一条商业街，街上商品种类繁多，基本上可以满足大部分当地人的需求，我有去特意参观几家商店，发现虽然它们比不上城中那般商品繁多，但也基本上算是跟上了时代潮流。另外在我调查的这几天里，我有注意到街上的人群一直络绎不绝，由于街上的路是在20世纪八九十年代那个自行车盛行的时期所修建的，尽管扩张过几次，目前也只能勉强维持两辆车通行，所以有时甚至会发生交通拥堵。我发现，街上出来采购的人为了以防万一节省时间，往往

---

① 王静怡，上海财经大学金融学院2018级保险学专业本科生。

是开着摩托车或电动车，还有些是直接步行，而开车的人大部分只是经过这里的人，由于该村处于重要的交通位置，是通向更加偏僻的乡村的必经之路，也就直接导致了交通拥挤。但是在后面的调查中发现，由于村民普遍反映这一问题给他们生活带来的不便，村上便在一边的街后修建了一条路可以直接通过这条商业街，缓解了交通压力。

街的后方是大片的农田，尽管街上有几家专门的菜店，街上也有一些小商小贩在叫卖，但是更多的人自己家里还是会或多或少地种植一些普通的蔬菜来满足自家所需，我调查的几户中，由于他们都有着自家的院子，他们便会在院子里种上一些蔬菜，甚至橘子树、柚子树等易生长的果树。尤其像葱、蒜、紫苏等调味的菜种，种在自家院子里，也方便做饭的时候的取用，避免了浪费。我认为其实这是一种十分舒适的生活条件，打开前门，便是热闹的街市，打开后门，便是自家菜园子和开阔的农田，也因此，大家对自己生活的反馈大多是比较惬意的。

接下来要聊的便是我此次调查的重点——乡村教育问题。目前，该村没有当地的小学，只有一所当地的初中。本地的孩子上小学一般是去临近的村里的小学，家里家庭条件稍微好一点的便会送到镇上或者市里上小学。并且，该村从前也从未有建过小学，经过对村民的调查了解，没有本村的小学的确是带来了许多的不方便。首先，由于附近的小学都不提供住宿，大多数学生步行回家不够现实，而校车服务在当地乡村的普及度不高，因此每天孩子上下学接送的责任便落到了每一位家长的肩膀上，这对家长而言就成了一份压力，试想在道路不够宽的乡村，原本在上下班时段交通就紧张，再加上接送上下学的家长的大量的汽车、摩托车、电动车等所带来的巨大压力。每到交通高峰期，不仅仅是乘车的人，由于汽车噪音，沿街的群众对此情况也是苦不堪言。可喜的是，在询问村支书后，他也回复道乡村新小学的建设已经提上日程，只待开工动土。

而谈到该村的初中时，首先，由于用地紧张，该初中的占地面积相对其他普通初中而言也是较小的，这导致的问题是许多教学设施无法到位，不仅如此老师的办公场所也极大程度地被限制了。结合教育实际我们知道，当今初中教育，尤其是理科相关的科目，极其重视实验部分，而当地的初中由于缺少实验室，老师只能通过讲解以及书中的图片来向学生描述一个个实验场景，当然实验室的建成也许需要长期努力，但是当下至少实验电子教学设备应该投入使用，以便学生更好地理解书中内容。

再谈到重要的师资问题，由于地处偏僻，许多老师并不愿意在此任职，一是由于工资相对较低；二是由于生源较少，该初中的教学成绩的确相对较差，因此也不利于老师的教学发挥以及个人发展；三是初中地处偏僻，许多老师上下班耗时、耗力、耗钱，这也成了许多老师打退堂鼓的原因之一。总而言之，当地初中的师资力量也是极为短缺，并且新兴力量极少。

该初中的教师资源仅仅限于一些必修的知识板块，而对于其他的一些有利于学生全面身心健康发展的科目，该学校相关的老师极少甚至缺失。就心理辅导老师而言，由于初中阶段正处于一个人发展的关键的过渡时期，且期间还有可能发生后果严重的“初二现象”，因此这一时期对学生的心理教育显得极为重要，然而经了解发现，学校却一直没有心理辅导老师，更谈不上心理教室等基础设施了。除此以外，我们都知道，学校应当肩负起部分培养学生兴趣爱好的责任，也许该初中短期内无法做到像一些初中一样开设丰富多样的选修课程，但至少在音乐、美术、体育方面的师资力量应完善，培养学生基本的艺术素养，这才有利于学生的长远全面发展。

除此之外，众所周知，一位优秀的教师之于一名学生不仅仅是引路人的作用，更起着催化剂的作用，教师的质量一定程度上也影响着所教出来的学生的质量。然而，由于以上所指出的原因以及其他方方面面的关系，每年到该初中应聘的老师极少，一般都是上级教育部门直接分配的教师，并且在极为少数的应聘教师中，也鲜少出现专业素养极高的教师人才，同其他初中相比，在师资力量上，该初中就逊色了许多，也就减少了一份竞争力。因此，如何吸引更多优秀的老师来此任职也成了当前该初中未来发展的关键之一，而为了长久的发展，不仅仅是吸引，如何长久地留下这些优秀的老师也是问题关键之一。

经调查我还发现，当地村民对本地教育的信心普遍不高。总的来说有以下两个主要原因。首先，教学成绩无法达到大多数学生及家长的预期，对初中而言，也就是说学生升学率相对较低，而升入一些重点高中的概率更是非常小。随着村民的富裕程度越来越高，家长们为了自己孩子的未来，会更加愿意将孩子送入尽管更不方便但教学质量更好的初中上学，留下来的学生越少，则其教学成绩也就自然而然地陷入了一种恶性循环。其次，随着生源的质量越来越差，学校的风气也变得越来越恶劣，因此，当大多数村民谈到在当地接受教育的学生时都会抱有相对不好的看法，因此如何改善学校的风气也是一大问题，是改变村民固有看法的重要措施之一。

沙坪村的教育工作的确任重而道远，它不仅仅需要学校方面的努力，更需要每一位村民的支持；它不仅仅需要前期的付出，更需要后期的坚持；它不仅仅需要硬件设施的保障，更少不了更多软性措施的加持巩固……在了解后，新上任的村领导班子也的确有大改之心，新小学的修建便是起点，相信今后沙坪村的教育水平将有质的飞跃。

本次千村之行，对我来说的确意义重大，它不仅让我看到了自己家乡乡村的变化与进步，更让我感受到了它的生命力与活力，相信在不久的将来，它一定会变成更加美好幸福的模样！

走入乡村，审视贫穷

郑名喆①

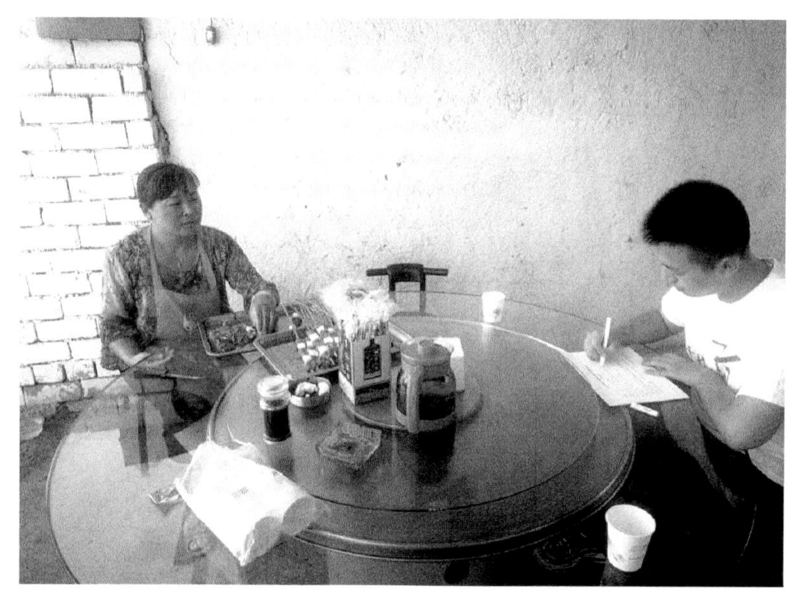

时值8月，借着千村调查项目，我们小组一行两人来到了新疆昌吉市滨湖村，滨湖村位于昌吉市北郊，与市北外环相接，距离市中心不过数公里，交通也算方便，村中有公交车可以直达市区。另外，其名叫“滨湖”，所以在到达之前，我心中还想着这里的景色一定不会太差，然而当我真正走进滨湖村时，却发现现实与想象落差极大。因为前些年环保的原因，不少电力企业将工厂从市区搬迁到滨湖村，导致滨湖村的环境质量大幅下降，空气中时常弥漫着暗灰的煤烟与钢铁烧灼的热气。而其名所谓“滨湖”，并非水滨湖畔之意，而是原名“兵户”，久而久之，便被误传为“滨湖”。

不过尽管沉闷的空气包裹着我们，但村民们的热情好客让我们重获了一丝轻松畅快。不像城市中的人们相互漠不关心，滨湖村的村民们见到素未谋面的来客也总是第一时间微笑以对。当我们走进第一位访户家中——一家烧烤店时，在说明来意之后，一家人主动地围坐在我们身边，尽管问卷烦琐，也会就自己所知道的尽力回答，并且还请我们吃了一顿烧烤。在走入另一户家中时，那位大叔正在给自家的番茄装箱，而当他一抬头看见我们

---

① 郑名喆，上海财经大学金融学院2018级金融学专业本科生。

时，第一句话就是“来吃个西红柿”，但我们此时甚至还没有自报身份与来意。

其中令人印象最深刻的便是在西瓜摊上遇到的两位阿姨了。在这个村里，经济收入最低、生活最困难，莫过于自己在路边卖瓜的村民了。在我们访问第一位阿姨时，却发现尽管她的收入在我们走访的村民中几乎是最低的，居住在20世纪80年代修建的土坯房中，但当她谈论自己的经济情况时，却几乎没有流露出一丝自感不幸的神情。当她平静地说出自己一年辛勤地劳作，顶着骄阳在黄土地上播种，在炽热的空气中为秧苗灌溉，赤着脚在埂间收获时，仿佛她并不知道，世界上还有许多人在炎炎夏日可以每天坐在空调房中仅仅动动手就算工作，同时还抱怨着自己的收入太低，而这收入几乎是她的10倍之多；当她努力地回忆自己家的土房子到底是1984年还是1986年建造的，并且向我们描述她的丈夫是如何一步步将土块与秸秆混合起来，如何打造土坯，如何像魔法一般为他们变出一座可以安身的房子的时候，她仿佛不知道世界上还有用起重机与钢筋水泥所筑造的高楼大厦。这时，一句诗却在我的脑海中挥之不去——“今我何功德？曾不事农桑。吏禄三百石，岁晏有余粮。念此私自愧，近日不能忘。”

从前，当我阅读《瓦尔登湖》时，常常艳羡梭罗离群索居的生活，也曾幻想能够如他一样，抛弃城市，藏入乡村抑或是山林，自力更生，刀耕火种，“侣鱼虾而友麋鹿”。然而，当我真正踏上农村的土地时，却才明白农村的生活是多么艰辛——农村的生活是需要双脚深深地踏进土壤之中的，是需要双手长满厚重的茧与交错的割痕的，是需要将自己的生活完全交付给土地并且用自己的汗水努力浇灌的。当我重新审视自己，发现自己错得如此愚蠢，只以为生活在农村就是每天清晨在鸟鸣中缓缓苏醒，背着鱼竿走向湖边，并以此消磨一上午，而午后则半躺在安乐椅上，在阳光中逐渐睡去。唯有触及现实，才能明白现实的模样。

梭罗曾写道：“最富有的时候，你的生活也是最贫穷的。吹毛求疵的人即使是在天堂也能挑出瑕疵，一个安心的人在哪都可以过自得其乐的生活，抱着振奋乐观的思想，如同居住在皇宫一般。”那位阿姨让我重新审视了贫穷与富有，或许财富的多寡并不是唯一的标准，精神的充沛或是贫瘠可能应该占据更大的地位。我无意以此指责追逐财富的行为是错误的，只是更加担心即便攫取了如山的财产却依旧难以明晰幸福的奥义。财富上的巨贾往往因自己的财产而身陷困境，而思想上的巨人却总能安贫乐道。斯宾诺莎蜗居在幽暗的小屋中以打磨镜片为生，却透过镜片窥探到世界是一个实体；尼采称贫穷为人生的幸运，而他思想的伟大与富足却足以驾驭在众神之上；堪称天才的维特根斯坦面对巨额遗产的继承权只选择放弃，并说，“金钱使人堕落，我的亲戚已经够堕落了，再堕落点也没关系。”

“读万卷书，行万里路”，千村调查给了我们一个很好的机会，让我们能够走出书本与校园，踏上农村的土地，这提供了我们一种前所未有的视角，来重新审视我们的生活与价值观。

老去的中国乡村

陈雨静[①]

幼时的假期里，我住在松江的乡下，觉得乡村是属于孩子的地方。家家都会养条有灵性的小狗，雪中会有印天的烟火，青翠的果树和小溪农田是稚子天真的向往。19 岁的假期，我去闵行许浦村做千村调查，发觉乡村是属于老人们的。步伐悠悠，挂着的衣服高高飘起，仿佛厨烟也走得更滞、热空气流得格外慢，连说话的声音也是从远处先晃一圈再听见的。我长大了，我乡村里的爷爷奶奶变老了，乡村当然也变老了。

在中国特有的城乡二元结构里，乡村一直是生活辛苦、矛盾尖锐、发展缓慢的地方。在中国步入老龄化社会之后，老去的中国乡村又顶在这批浪潮湍急的最前沿，中国乡村的老人正和这一历史性的“急转”贴身肉搏。农村老人的晚年生活、权益保障谁来守护？我们在千村调查中看到了这个问题。

我们拜访的许浦村，位于华漕镇，是一个规模较大、人口较多的村庄。由于地处虹桥机场附近，政府多次拆迁征用土地，外来人口租住也极多，鼎盛时有 3 万人之巨。故而，许浦村居民的收入水平较高，从事农业生产的占比极少，依靠较为廉价但充足的地租资源，

① 陈雨静，上海财经大学会计学院 2018 级会计学专业本科生。

很多村民的房租收入每月可达 4 万元左右，甚至超过了城市收入水平。

可以说，这是一个富裕的村庄，已经显现出城中村的形态，物质生活水平较为理想。时任上海市长韩正也曾 5 次前往华漕镇督促管理卫生和市貌问题，故而，我们见到的华漕镇、许浦村整洁干净，管理有序，各种公共设施和文宣设备一应俱全，商业和贸易繁盛，客机频繁起降。村中有很多出租屋和外来人口。

早在先期探查网上数据时我们便得知，这是一个老龄人口占比超过 27.9%的深度老龄化村庄。实地探访后我们发觉，许浦村的老龄化速度不断加快，且老龄化进程伴着高龄化、异质化，青壮年和新生儿增长速度却在放缓。虽然没有面临更严重的未富先老以及在中国其他较落后乡村普遍显著的妇老农业和留守子女问题，华漕镇许浦村却显现出一个极为独特的文化形态——它地处中国发展最快的上海，由于独特的位置和政策普惠，许浦村所面临的农村问题是超前的——如何解决许浦村面临的问题能给全国其他尚未脱贫和完全发展的农村提供面向未来的答案。

这个答案，更多地指向教育——乡村老年教育。

不论在什么状况下，人永远是具有决定性的要素。所以一切乡村的问题，围绕土地、围绕产业、围绕文化，但本质上就是围绕乡村里的人。今天的乡村里最多的就是老年人，想要实现乡村振兴、解决乡村老人老年生活问题、提高国民素质和社会总体劳动参与率——有一条必经之路：开发面向中国乡村的终身教育资源，对乡村老人进行教育。

在许浦村，老人们起床并不早，因为他们并不需要长时间的耕作劳动，也因为他们并没有什么日日值得期盼的活动。刚退休的阿姨们尚对镇上乡里举办的舞蹈队、太极操等有些兴趣，子女们周末和暑假也会把第三代托管给他们。但更多的人，他们的一天是三餐相隔、偶尔麻将消遣、每日循环的“买汏烧”和频率不高的江浙农家乐。即使拥有在上海都排名不低的物质条件，乡村老人们的晚年生活，仍然有很大丰富化的空间。

我们采访许浦村支书、采访相邻几个镇上负责老年大学管理的领导、采访墙华的老人、采访村里为数不算多的年轻人，我们向他们请教当下的老年教育现状、请教在他们的镇上实现更大规模的老年人口教育有多大的可能性。我们带着问题来，带着更大的探索离开，带着对调研的责任感来，带着面对乡村老年人口的使命感离开。这可能才是千村调查的最大意义——把迷茫转化成探索，在千姿百态的中国土地上看到和自己不一样的人们的生活状态。我们未必需要对乡村有多大的感动或者不舍，我们更需要的是形成理解的能力、形成调查才有发言权的责任感、形成发现问题、解决问题的有效思维途径。

我的老家在上海松江的农村，我切实地明白千村调查里看到的许浦村或许并非中国最多数、最典型的乡村形态。它不贫穷，没有大片农田，也没有鸡鸣狗吠。但它比我再去一个和松江老家相似的农村更有意义——它提示了我这样一个问题：哪怕完美地解决了物质生活问题，我们该如何改造乡村老人的晚年精神生活？终身教育是不是时候走进乡村了？这个问题或许不仅要问乡村，还有那些在城市中注定也会老去的人们。

走千山，访千村

宋子雄[①]

“千村调查”，对于我们每一个大一的学生来说，都是一个既熟悉又陌生的词汇。说它熟悉，是因为千村调查这项活动已经持续了 n 年，取得了非常不错的成果，我们从我们的学姐学长那不止一次地听到它；说它陌生，是因为我们之前很少参加这种规模的大型社会调研活动，我们既没有相关的经验，也没有明确的目的，可以说是两眼一抹黑，完全不知道该如何下手。

等到暑假来临，千村调查项目正式开始。在经过了学校老师的细心指导后，我们也开始了自己的调查活动。

我们来到了家乡旁的一个小山村——高联村。在我的固有印象中，这些乡村可能都是特别落后贫穷的，我也为此做好了所有的准备。

一大早，我和我的伙伴们就踏上了前往高联村的路途。从市区到高联村乘坐公交车足足需要 1 个小时，这对于我们家乡来说，已经是特别偏远了。等到下了公交车，我们又步行了接近半个小时才到达目的地。果然交通不便一直是困扰乡村发展的关键，这接近

① 宋子雄，上海财经大学信息管理与工程学院 2018 级数据科学与大数据技术专业本科生。

两个小时的奔波让我们都精疲力竭，更别说那些乡村里的留守老人和儿童了，想到这，我们更加迫切地想要去更深入地了解高联村的信息，尽我们所能去帮助他们，达到我们千村调查的目的。

为了对高联村有一个全面客观的了解。我们首先来到了高联村的村委会，碰巧村支书正在工作，我们在说明了来意之后，村支书很热情地支持了我们的调查活动。从村支书那里，我们获得了很多详细的数据，这些数据更加直观地向我们展示了高联村的发展状况。高联村并不是一个传统的耕作劳动的农村，该村居民收入的很大一部分来自村民外出务工人员的收入，而因此带来的主要问题就是，因为青壮年的外出，导致很多老人幼童和妇女的生活状况堪忧。当然这些冷冰冰的数字也不够完整，我们还需要入户实地调查。

对于所有的社会调研活动来说，最大的困难都是交流，如何能够通过交流获得村民的信任，让他们能乐意提供一些真正真实有效的信息，这可难透了我们。令我们开心的是，每当我们说出来历目的，这些淳朴的村民都放弃了原来的抵触，全力支持我们的问卷回答。这次千村调查的问卷涉及了村民们日常生活中的点点滴滴，但还是有一些问题显得比较难以细分，面对这些很难去定量的题目，我们都会和村民们交流，通过其他手段推测或计算得到数据。在我们走访的12户家庭中，给我留下印象最深刻的是一位快60岁的妇女，她家的主要劳动力是她的2个儿子，但是儿子们的工资都不太可观，只能勉勉强强应付自己的生活，而无法给到父母很大的帮助。她的丈夫在外务工，赚些微薄的薪水，而她自己因为身体原因不能从事过重的劳动，就只能在家养殖一些鸡鸭来赚钱。她每个月的收入还有很大一部分要去购买药品，导致家里的生活水平比较低，让我们听过之后都久久不能释怀。

经过整整一天的调查，我们成功完成了千村调查的任务，收集到所需要的数据。在我们后期整理的时候，还是发现了一些有趣的东西与大家分享：

其一，我们发现教育支出在家庭支出中的占比远比我们想象中的大很多，现在农村地区对教育的重视程度正在快速加大，而对几乎每个家庭来说，教育负担的减少对提高他们的生活质量非常重要。

其二，另一个比较值得关注的地方是乡村文化建设方面，在我们所调研的高联村，村民们参加文化活动的频率还是很高的。村里的文化中心是村民们休闲娱乐的不二选择。

其三，村民们对于村里工作事务的认可度还是很高的。高联村村委会将大部分事务公开处理，全体村民举手表决的方法很大程度上减少了矛盾的产生。也使村民们对党和政府产生了更高的满意度。

其四，最为关键的生活方面，我们可以看到村民们的住房大多是2 000年左右建造的自建房，使用年限普遍较长，还是存在一定的住房危险，并且还有很多的硬性条件没有跟上，例如，热水器无线网之类。

村民们自己对未来还是有很大期望的，一是一些保险基金的普及度还是很高的，二是村民们对政府抱有乐观的情绪。政府出资的“村村通”，对文化活动中心等项目的支持影响了他们对政府的态度。

千村调查的活动虽然结束了，但是带给我们的收获是巨大的。对于我们自己，我们通过它锻炼了自己的社会实践能力，主动走出去和他们交流，同时锻炼了我们提取信息、分析处理信息的能力，这对于我们而言是非常宝贵的；对于学校，我们在成功完成了千村调查任务的同时，给学校进行深度分析提供了宝贵的数据，这些数据正是学校提出一些方案的关键，这也是作为大学应该有的社会参与感和责任感；对于那些乡村，我们每一个实地调查过的地方都有自己的特点，我们的活动也因此更加有了意义，希望我们的数据可以在某一天能给他们的生活带来一些改善。

蜕变，唯学是路

俞思霖[①]

如实地说，放在一年前，我坚决不会说出"唯学是路"这四个字，如果"学"单单指在学校上学的话。

定点调查面试的时候，我向老师讲，我想知道西北地区为什么经济欠佳，想知道西北的孩子到底要怎样找寻人生的出路。在陕西省渭南市蒲城县 10 个村子的调查下来，答案已经很明了了。

在调查中，我最不忍心去问的问题是村民家里的收入。大多数情况下，谈到土地带来的收益，村民们久经风吹日晒而显得粗糙而沧桑的脸上，又会添上些许惆怅："唉……种地就没有收入，有时连本都回不来。"另外，关于疾病状况，我在询问时，心里十分难受。因为常年种地的缘故，他们生的病大多在腰、腿上，不仅是上了年纪的村民，有很多人在中年——正是体力好的时候，腿也落下了病。我想起坞坭村的不久前做了膝盖手术的爷爷离开的背影，不禁感叹：他们的收益与付出，真的相去甚远。

即便如此，哪怕是爷爷奶奶忍着腰腿的疼痛种地，爸爸妈妈常年外出打工靠视频"见

---

① 俞思霖，上海财经大学信息管理与工程学院 2018 级计算机科学与技术专业本科生。

面”,也要把孩子送到县城,上好一点的学校。虽然问到“您觉得教育支出对您家庭的负担大吗”这个问题,多数情况下村民脸上会显现出和谈到土地收入一样的紧锁的眉头,但问到“您希望您的孩子能上到什么程度的学校”时,他们会毫不犹豫地回答:“那肯定是越高越好,上大学,读研究生!”每位村民又多了一个共同的答案:“不管怎么样,我都要让我娃上学。”更令人欣慰的是,不论男孩女孩,他们的家人都是心甘情愿地付出,殷切地期盼着他们学有所成。这与大家对农村重男轻女的刻板印象截然不同。让人不禁感叹,几十年来人们的思想观念在不断地变化,越来越重视教育了。

国家在教育这方面的投入,是令人欣慰的。经过调查,孩子们的学校,不论是小学还是初中,教室里的基础设施都是完备的,课桌椅、投影仪、电脑都能正常使用,而且在学校用餐的孩子都有营养餐的补助——发放鸡蛋、水果等食物。这确实为孩子们营造了良好的学习环境,免除了后顾之忧。但是师资力量方面与大一些的城市相比,还有很大欠缺。研究生学历的老师是少有的,来支教的老师几乎没有。毕业的孩子们大多定居别处,人才流失还是比较严重。确实,如果走出了黄土地,鲜有人再愿意回乡面对往昔艰苦的岁月,这是偏远地区的典型现象。

总而言之,家庭不论再辛苦也无条件地支持孩子受教育,以及国家细心的安排为孩子的发展做足了工作,客观条件可以说已经尽可能地、最大限度地完善了。但是,在我本人调查的 20 份问卷中,只有一户家中有大学毕业生,两户家中有大专毕业生。与同组同学交流中了解到,她们调查的家庭中,很多孩子都是初中、高中毕业后就去打工,大学生同样很少。

家里出了大学生的这户人家,我询问的是他的母亲。阿姨是镇上小学的语文老师,儿子本科毕业后考了公务员在蒲城县城工作,家里有一套自盖的房屋,儿子还在县城买了房和车。与她的谈话中,我明显感觉到气氛很轻松,没有其他村民的生活不易之沉重,她微笑起来很温柔,是位很称职的好老师。

还有一户人家,我询问的是男主人的妻子。她在家照顾公公婆婆、种地。丈夫在外务工,几乎两三年才回来一次。两个孩子一个上小学、一个上初中,都送到了消费水平较高的县城上学。家里负债很重,两个孩子都在学校寄宿(小女儿才上二年级)。谈到孩子们学习的努力程度,她轻声叹气,说儿子不知道能不能考上高中,她觉得孩子们努力程度很一般。我想到先前访问的几户人家,能肯定说孩子十分努力的家长着实不多。

对比中明显可以感知得到,考学,是自身蜕变、改变家庭命运的不二法门。即便是没有余力回报家乡、亲人,至少要不枉父母、祖辈十几年来的艰辛养育,过出自己的日子才是。我的高中,是回到家乡县城上的,这些天的调查中,我时常想起我的家乡,两地有近乎相同的境况。初中升高中,只有一半可以考到好的高中,近乎 1/4 的学生考不上,1/4 的学生去到本科率不到 2%的高中。这一半的学生,一半的家庭,大多数又会重复父母或者祖父母的老路,打一辈子的工,晚年回乡种地,再难翻身。

所以每当我听到“唉,我家孩子不怎么努力”这样的话时,我就十分心痛。西北的孩子,你们怎么了?这就是一个你必须掌握学识、能力的时代,教育投资就是偏远地区家庭最大、最有效的投资。

千村调查于我而言，同样是学习，是蜕变。我庆幸自己当初能够明白父母的辛苦、国家的期盼。同时我与过去不同的是，除了关注自身发展，我更想知道家乡的教育、西北地区的教育，出路在哪？我可以做什么？于是，千村调查又变成了我的另一个珍贵的开始，或许以后它会换个模样，但我会一直记得，我的初衷。

时代的遗声

——城镇化背景下的乡村发展

朱业乔[①]

千村调查作为大学生社会调查与实践活动，一直以来都是上财的特色。2019 年暑假，我第二次参加了千村返乡调查活动，调查地点选在了我的老家崇明。

上一次的千村调查，让我有机会深入农村，对于农村发展的关键生活指标、经济发展情况进行调研。2019 年，我携着认识、评估乡村教育的任务，再次深入崇明区堡镇永和村进行调查。千村调查的调研工作，需要大学生入村入户，在田间地头与农户展开一线的沟通交流工作，通过平和朴实的语言获取具备泥土气的信息。这样的调研是真正贴近农民生活的，是有血有肉的，也是对农村生活最为深刻的描摹与再现。同时，在调研过程中调查员的见闻与所思所想更是一笔宝贵的财富，作为早已不再熟谙农村生活的大学生来说，千村调查更是提供了一个零距离接触农村生活的机会，在体会到城市生活的便捷与来之不易的同时，更能重新认识农村的发展情况，对于我国城乡的经济社会发展状况有更深入的了解。

---

① 朱业乔，上海财经大学公共经济与管理学院 2017 级税收学专业本科生。

崇明永和村是一个不大的村落，距离乡镇中心只有几个街口之遥。作为哺育我的祖辈，供后代繁衍生育的地方，我对这片归根的土地的了解却只流于表面。先前仅仅数次在节假日时的返乡探望，也没有对这片土地有主动地深入了解。这一次，借着调研工作的机会，我终得以用系统、全面的视角了解村民的生活状况，农村的发展现状，看到我的"根"如今是什么样子。入村活动有条不紊地进行，我们踏入农民家中，询问着有关经济状况、保险适用情况、补贴力度等方面的问题，得到了村民们积极的反馈。

从交流中我们了解到，许多针对改善农民生活的政策补贴都没有落到实处，产业失衡对农村的影响显著，劳动力转移已是常态。村中驻留的大多是老年人，依靠自给性农业生产过活，经济发展缺乏新鲜的动力。

同时，乡村教育依然是本村亟待解决的一大难题。由于城乡发展的区域性不协调，大部分青壮年劳动力前往县城、市区寻求发展，留在本村的优质劳动力逐年减少，而作为基层教育主力军的青年教师也出现了流失严重的情况。教育资金的缺乏、教育区位规划的偏向性，都使得本村的基层教育捉襟见肘。"撤点并校"的实行，使得乡村学校渐渐消失，本村的学龄儿童只得选择前往数公里之外的学校入学，然而这也带来了一系列问题。路途的遥远，让乡村子女的父母只得选择驾驶私家车、助动车等送孩子上学，这不仅费时还是一笔巨大的财力开销，而对于不具备时间和财力条件的家庭，寄宿则成了唯一的选择。犹处于幼年与少年的孩子，已然面临着数月离开父母独自生活的生活处境，对他们的价值观塑造、正向积极成长的可能性会产生不小的影响。城区内学校的资源在农村学生大量涌入的背景下捉襟见肘，对环境的异斥感、对乡村的疏离感，造成了学生的逃课、辍学，甚至沾染上恶习。所幸的是，在我采访的村民中，家中在城区就学的学龄儿童都受到了较为良好的教育，享受到了与城市孩子较为相当的教学资源，得以健康地成长。我想，可能是因为本村居民普遍受教育程度较高，且经济水平较理想，才会有如此对子女教育的重视和期许吧。在与他们谈话时，我感觉到他们对文化、对知识有着比之前更大的渴求。谈起子女能够接受到的教育，他们的眼光灼灼，有些激动地说起孩子入学、就学的事情，温馨之余更带着几分骄傲。

乡村在城镇化加剧的大背景下，逐渐走向了可视的凋敝与衰落。乡村文化逐渐消失，在农村人进城定居逐梦的愿景中，在一代代乡村人口向城市持续流动中，在新型小区取代绿草耕地的"蓝图"中。尽管如此，但我们必须承认，这是经济社会发展、产业创新转型的必然结果。生产力的高速发展，会不断地改变百姓的消费观念、生活观念与价值愿景。只要城乡之间有人员的流动，便会有文化的沟通、理念的交融，最终逐步同化乡村，使其必然地城市化。乡村文化是建立在阡陌交通的农户社会基础上的，那是一个鸡犬相闻、夜不闭户的传统社会，是一个没有业绩与攀比，只有收成与收获的朴实社会，但也只是一个简单产业的社会，一个关系社会，一个潜能有一定限度的社会。这样的社会体制，可以说只是建立在有限的科学知识、见闻限度上的初级社会，而对于有更广阔前景、更重视脑力劳动成果的城市化，整体文化、知识水平更高的新一代农村人是很难说拒绝的。我很庆幸，我生活在这样的一个城乡发展阶段，崇明区还没有被完全城市化，区域集聚、人情世故、纯净简单的乡村文化还得以一窥。我认为这是一个过渡的时代,农村体制也正在发出最后的遗声。未来的农村,可能是科技化的、规模化的,也可能只是符号化的。对于我的故乡崇明,我也不能断定,在如今和将来的政策体制下,新型农村会如何发展。至少在短期内,建设“世界级生态岛”的方针依然能够指引崇明继续葆有乡村文化,维护农村生活的最后一抹亮色。

感谢千村调研,在调查中,我真正了解了我出生的地方,知道现今我们的农村,是什么模样。我能够以全新的方式,思考乡村在今天的世界的现状如何,会如何发展,这无疑是一笔重要的财富与经验,也是我重归故里、认识故里的一次可贵经历。

青春使命篇

良田，炊烟，人间事

李诗瑶①

没搬家之前，小区后面有座平顶山，思邑村就在山的另一边，广阔的山顶区域全部是它的领土。我是个喜欢各地跑的人，但通常是往离家远的地方跑，再加上一向对村落文明不感兴趣，所以直到 2019 年 7 月才走进这个和我做了十多年邻居的村庄，开启为期一周的千村调查之旅。

调研的第一天上午我便来到村委会。踏进大门之前心里有些惴惴，想到去年因为一直吃村委会的闭门羹导致调研没有完成的失败经历，又开始纠结自己准备好的措辞要不要改改。没想到找到村委会王主任并向他说明我的身份和来意之后，他一听说这次调研的主题与乡村教育有关，就非常热情地接受了我的调研请求。

都说万事开头难，没想到我的这次调研却开始得很顺利。问了几个问题后，王主任便向我介绍他们新上任的大学生村官，他怕自己有些问题不能准确回答便让我将问卷交给大学生村官去完成。接下来的时间里，王主任兴致勃勃地向我介绍起了思邑村未来 5 年的乡村振兴规划：生态农田、农业旅游新模式、国家重点关注村落……说起思邑村这两年

① 李诗瑶，上海财经大学统计与管理学院 2017 级经济统计学专业本科生。

的计划进展，王主任事无巨细，自豪地就像说起了自己的孩子，也表达了附近工厂对思邑村造成污染的担忧，还向我强调思邑村的旅游广告已经打到日本的邮轮上，以后一定会让旅游业在这里蒸蒸日上。

很快两个多小时过去了。和王主任的谈话结束，思邑村的方方面面我已经了解了个大概，但他感觉还意犹未尽；离开前他给我介绍了村委会的李叔，让我这几天要来调查农户就找他带路，这样我的工作会进行得容易一些。我向王主任开玩笑，我一个大学生来做实践调查还可以获得这么大的帮助有点不好意思。结果王主任说，“你们这个调查是在帮国家做事，而且还是事关教育这样的大事。中国这么大，我们基层做好配合才能让国家了解村民的需要嘛。而且你一个小姑娘自己一个人去不认识的人家里也不安全，这都是我们村委会应该做的。”听完这话，我心中对王主任的敬佩又增加了一些，我想，大概就是因为有他这样的村干部，所以思邑村这几年才能利用有限的条件不断往好的方向发展吧。

接下来的一周，在李叔的陪伴下，我访问了12户人家，得以看到中国农村的真实面貌，感受那些朴实的风土人情。

印象最深的是去渚姓老人家，她也是我访问的第一户。李叔敲了门并告知身份后，便听到院内大声的应答声，来人笑着走来开了门——映入眼帘的是一个面泛红光，个子矮小但是壮实的老人。她看到我这个陌生的面孔并没有任何疑虑，而是先招呼我和李叔进去家里坐。这座房子说是有院子，但院子的面积却连10平方米都不到，房子也是很老的木结构；从门口走几步便进到一间屋子里，屋子采光很差，只有靠近门的地方才稍微亮一些；房间里家具都有些旧了，所能看到的电器是一个电饭煲和一台厚重的方形屏幕电视，旁边的床是用沙发拼成的，屋子里还有一个房间，但因为光线太暗，实在打量不清楚构造。

李叔告诉老人我是来做调查的大学生，她也不多问，只说让我有什么问题就问，不好说的她不回答就是了。老人为人开朗爽快，调查很快做完。老人一直送我们到她们家旁边的路口，我们走之前她还紧紧握了我的手，让我有空一定到她们家吃饭，给她的外孙女讲讲怎样考上好大学。

其实在调查的过程中，我了解到她的经历有些坎坷。女儿结婚一年便离婚，也没有固定的工作，外孙女从出生开始很多责任都是她和老伴在承担，为了让外孙女接受更好的教育现在还要支付每月一两千元的补课费。她中年以后身体就一直不好，无业多年还受病痛折磨。然而老人在说这些事情时神情平常得仿佛在说别人的事情。在我看来她是一个热情又乐观的人，生活给了她苦难，但她却将那些不堪都转化成正能量，这也是一种大智慧呀。

在去第三家农户采访的路上，我遇上了一个有趣的小插曲。一辆外表蒙着几层灰的面包车从我们身边的土路慢慢开过又在前面10米的地方停了下来，驾驶位的中年男子探出头大声问：“老李，你在这晃什么呢？”经过李叔的介绍我才知道，这是思邑村的村干部董光才。董叔知道我的来意后，高兴道：“小姑娘，把你的问卷给我一份填填。”话音未落就听后排的女声乍起，“你这个人怎么老是干些不分场合管闲事的事情！”正当气氛要转向尴尬的时候，我看到车窗摇了下来，一位阿姨（董叔媳妇儿）笑着对我说，“姑娘你不要误会，我的意思是这个大马路中间问问题也不方便呀，这个人老这样做些莫名其妙的事。”说着便开车门让我和李叔上车，于是我们便一同前往董叔家完成了我的第三份入户调查……

在 7 天的调研过程中，我还认识了开小卖部的王阿姨、参与生态农业旅游建设的董叔、作为村委会党支部小组成员十分健谈的董阿姨……他们的职业、家庭情况各不相同，但他们都待人十分热情朴实、有话直说。这样带着自然气息的朴素对我来说是久违的，也令我有些陶醉其中。最后一天调研完成后，李叔带着我去思邑村生态旅游建设区的山顶参观。我看着思邑村的全貌，伴着群山绵延的是满眼绿色；当这绿色之中的几处村落映入眼底，思邑村的自然美、党性美、人性美同时浮现在我的脑海中，还萦绕着几缕不舍的情绪。

等明年回家时，我一定会再去思邑村。

时代烙印下的西藏乡村

方　玥[1]

今天是从村里回来的第一天，我们选择的农村位于堆龙德庆区东嘎镇，其下辖的行政村——南嘎村。这个村子距离市区也不是很远，出了城郊不过一会儿就到了，但算不上是城市，却也不是传统的农村。就是这里正在发生着从农村向城市的转型，农村城镇化的大趋势下，新的生活环境和旧的生活习惯共存于这里，矛盾最为显著。这也是我们选择这里的原因。

我们在开始调查之前联系过这里的村干部，得知由于这里离拉萨很近，青壮年都是到拉萨城里找工作、谋生计，这里很多都是留守老人和小孩，所以我们专门为他们准备了一些哈达和小糖果。希望在调研过程中，可以更快地和他们拉进感情，为受访者家里的老人献上哈达以表示对接受访问的人家的尊重，也可以给小朋友一些糖果。

在开始调研前，我们都挺担心没法得到很好的配合，因为问卷的问题十分详细，涉及他们生活的方方面面，过于全面也导致可能会涉及一些对某些个体来说太过敏感的问题，也担心可能会因为调研采访的时间过长导致他们产生对采访本身的抵触情绪。但在调研

---

[1] 方玥，上海财经大学金融学院2017级金融学专业本科生。

过程中，受访人很少有不配合的地方，大家都在很认真地回答我们的问题，一旦有什么需要去查找的资料，都很积极去翻箱倒柜，南嘎村在信息的数字化方面有许多不足，记在纸头上的信息互相之间也会有出入，因此总是要多花时间去深究。许是一进门的哈达和糖果再加上藏区人民的淳朴善良，调研过程是一帆风顺，没有预想中的艰难。

因为有很多村民都不会说普通话，也不一定识字，我们都要把一个个问题翻译成藏语给他们听，因为是用藏语沟通的方式，我们的访谈更像是对话，双方都非常真挚的对话。

村子里每家每户几乎都是国家分配的房子，有一家一户的也有是公寓楼的，常是养着小宠物的温馨的家庭。因为我们的采访对象大多是当家的老人，他们都年事已高，他们中也有不少经历过旧社会的西藏，因而他们对现在的生活感觉恍如隔世，总是怀着特别深刻的感激之情。我注意到有一位老人右手残疾，他把手藏进衣袖，自然是不敢在他面前过问，只是离开他们家之后，问了老爷爷他们小组的组长才知道，那是旧社会在他身上留下的烙印，但更让我记忆深刻的是他的温暖，在炎炎夏日的炙热中不可多得的如同春天般的温暖。

许是老人们对我们的照顾和关怀，他们的敞开心扉，他们对后辈人的关心和疼爱。我总觉得他们是特别温暖的人，就像是我们自己的爷爷奶奶一样，到他们家里去也不会感到尴尬，他们也会对我们知无不言，言无不尽。真的很触动我。我是特别害怕狗的，听到狗叫声，整个人都会变得僵硬，但农村是不可能没有狗的，老人们就会帮我拦着狗，或是把它关进笼子，而当我在路上因为看到狗特别慌乱的时候，就会有老人家出现，可能不是我们的采访对象，我们可能只是初次相识，他总会帮我拦着狗，我觉得那时候那个背影非常高大帅气，让我感到超乎寻常的安全感。

我们采访的农户都是老人，他们的房子有很大的面积，两层的楼，只是房子很空，有落了灰的电视机，但也有热乎乎刚做好的酥油茶，有一层又一层的布包着的身份证和他的手机号码，也有看起来崭新的没怎么用过的手机。我不知道他们是不是孤独。他们滞后于这个时代发展，他们在努力适应这个时代，而这个时代也在适应他们，只是有一些落了灰的陌生。他们之中有很多都是文盲或者半文盲，从来没有得到通过文字与这个社会交流的能力，是他们最不露声色的痛苦，我们的采访谈到教育，谈到村子里的文化活动中心，他们总是带着一丝窘迫的笑，“去了也看不了书”。这个笑里藏着太多的不甘心和难过了。这让他们变得极为重视教育，又极尊重和喜爱有文化的人。他们大多愿意让自己的孩子去读书，愿意尽举家之力去供孩子读书。他们知道我们是大学生，就喊我们“老师”，他们对文化和教育尊重着也热爱着。

我们当然不敢当，但是我们也热泪盈眶。

“千村”在我看来，是人与人的交流相处，不仅仅是12份问卷调查表，而是与另一个不同的人生正面摩擦，这种摩擦带来的火花将印在我的记忆里。

另一个人生也是有他的烦恼，他的担忧，他的取舍，也有他的快乐，他的简单。

把我扁平的生命变得立体，变得圆润。

把我眼中的中国变得生动活泼。

脚踏实地，仰望星空

严怡婷①

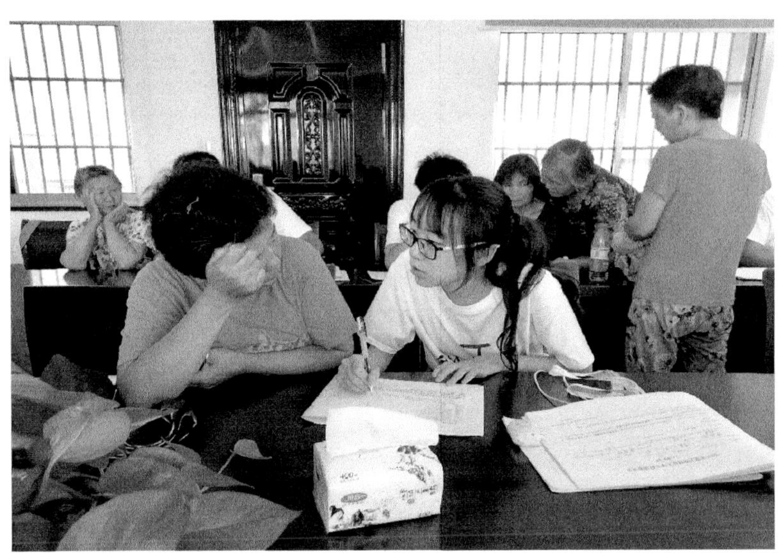

还记得初入学校的时候，我就有看到过标着“走千村，访万户”字眼的千村调查海报，这几个字显眼且夺目，再后来与学姐学长的交流中，我了解到千村调查是学校的一个传统项目，每年都有数百名的来自不同年级的学生组队前往全国各地各个村落进行实地调研，了解村民们最真实的生活情况和想法。庞大的数字，宏伟的目标，勤恳的付出，这些是我对千村调查的第一印象。

于是 2019 年，我毫不犹豫地报名了千村调查，也很荣幸可以成为上海青浦区定向调研的成员之一。鉴于自己是上海人，对于上海话还是比较了解，这是庆幸的一点。但毕竟从小是在城市里成长起来，对于如何与村民们沟通或者说是不知道会不会不经意问到冒犯他们的问题，这使我有些担心。但当我们到达第一个村落时，所有的这些担心都被村民们的质朴和热情给打消了。有个村民奶奶看我一直填问卷，加上天气比较热，即使我劝阻了奶奶，但她仍坚持在旁边为我扇风，让我很是感动。在整个调研过程中，最大的困难还是交流沟通上的问题。上海各个区县的方言都有些许差异，加上访问的村民平均年龄又比较大，经常会因为听不懂或是听不清而导致调研过程比较艰辛，但好在村民们非常地配

① 严怡婷，上海财经大学数学学院 2018 级数学与应用数学专业本科生。

合，都十分耐心地听着我们解释问题，加上调研的同学们也热情高涨，一遍又一遍地重复问题，提高好多个分贝让老人家可以听清，我们的热情互相感染着，每一个人都是这么投入地在完成好每一份问卷。

最让我印象深刻的村落是金泽镇双祥村。宽敞整洁的村道，郁郁葱葱的稻田，错落有致的民房，内容丰富的彩绘文化墙，与宅前屋后盛开的鲜花、葱翠的树木连成一片，乡土气息浓郁，这是一个标准的乡村景象，是无数个乡村的缩影。但不同的是，双祥村利用了它有限的资源发展生态环境，种植庭院景观花卉，围绕“万水千砖双祥村，百花十人好田园”的文化特色，调动起村民美化庭院的积极性，共同打造“百花村”，吸引了外界的投资以及来村里参观的游客，可谓是真正落实了“绿水青山就是金山银山”的环保政策。除此之外，更令人印象深刻的是一位党员老爷爷，当我问到如今的生活怎样时，他的话匣子就打开了，拉着我说：“现在的生活水平啊，比以前提高太多了，家里啥都有了啊……”听着爷爷的话，我不禁陷入思考，其实在进行千村调查之前，我对于“经济匡时”这个校训还只是停留在字面的理解上，直到这时候，我突然明白了这四个字的力量，我深知这一切的变化都与我国经济的快速发展有着密切的联系，也许对于生活在城市里的我们来说，一些细微的改变触动不了我们，但对于农村的村民，村里修好了水泥路，家里的危房得到了改造，家里经济条件变好装上了空调等一系列事情都能让他们得到巨大的幸福感。而我在听到他们每个人都欣喜地说生活水平逐年提高时，除了真心地为他们感到喜悦之外，还有一份自豪，这是对国家日渐强大的自豪。

在这次调研过程中，除了了解村民的生活水平，我们更关心的是农村教育问题。走访了好几个村，几乎每个村都曾经有过小学或者是幼儿园，但后来都因为资金不足或者是儿童少而导致撤校。确实，在庆丰村和淀峰村中，100％的小学生都在朱家角镇里的小学就读，而莲湖村和双祥村的大部分儿童则是在青浦区镇上的小学就读。由此可见，如今青浦区的农村内，留守儿童数量已经很少，父母们都十分重视孩子的教育，出于对农村学校的教学设施不足、师资力量较为薄弱的考虑而选择将孩子送到镇上读书。但是在我看来，无论孩子在农村上学还是镇上，都应该享受到基本平等的教育，无论学校的占地面积是多少，都应该做到“麻雀虽小，五脏俱全”，做到小而精。教育管理部门应该加强对农村学校的教学质量考评工作，督促各学校扎实开展教学活动，让每一个学生都能享受到高质量的教育，努力成为一个德智体美劳全面发展的人。毕竟，教育是立国之本，“少年智则国智，少年强则国强”。

5天，10个村，240户村民，每一个数字都不是冷冰冰的，每一份问卷背后都有着鲜活的故事和憧憬美好生活的心。这一次的千村虽然时间不长，但给我提供了一个深入农村去调研的难得的机会，让我对“厚德博学，经济匡时”的校训有了更深刻的理解。国家的发展离不开每一个人的贡献，国家发展的成果也能惠及每个人。作为当代青年，我们不能仅仅局限于纸上谈兵，不能好高骛远，而是要脚踏实地做实事，只有打好稳固的基础，才能在抬头的时候看到璀璨的星空。因此作为上财学子的我们，要时刻牢记校训，努力学习，争取在未来为国家的发展做出自己的贡献。

回　归

——看见与发现

贾永青[①]

一张张合照定格千村调查志愿者们在乡间地头奔走的身影，一声声问候回荡在乡间平凡而错落有致的砖瓦旧居，一份份问卷记录下农民生活中的大事小事，同时也记录下我们在这片豫皖交界之地、仙源老子故居的 6 天实践之旅。如果回到 6 天前你问我，千村调查对我而言意味着什么，我大概会回答，是丰厚的学分和奖励，是增加自己履历和提升能力的一次机会。而如今在千村调查活动结束之后你再问我千村调查是什么，我的回答只有两个字——“回归”。

为什么会用“回归”这两个字呢？“回归”在字典里的意思是“归回”，在某种意义上，这次调查活动对我而言，是又一次身体回到故土，灵魂重归依托。我是从河南省农村地区走出来的大学生，是当地土生土长的农民子弟。我用 18 年的时光熟悉了这片大地上的一草一木，风土人情。它的泥土的芳香、树叶的苦涩味道、下雨时风的呼啸等一切都在年复一年中在我的记忆里刻下抹不去的痕迹。我亲历着它在这十几年中的沧桑巨变，也跟着它的变化而变化。但如同那句诗“不识庐山真面目，只缘身在此山中”所言，处在其中的我期

① 贾永青，上海财经大学商学院 2018 级工商管理专业本科生。

望我的家乡能变得越来越好，所以总是会带着批判和挑剔的眼光看待它的发展，却在不经意忽视它已经取得的伟大成绩。千村调查让我第一次有机会，从一个旁观者的角度，去审视它与记忆里的印象之间点点滴滴的不同，去发现它发展过程的优点和不足。这实在是一次难能可贵的机会。

我们此次千村调查访问的是周口市鹿邑县的农村。鹿邑县地处交通要道，是河南省直管县，由周口市托管，自古便是老子故里，精神传承久远，名胜古迹众多。当地经济发展态势良好，主要生产中药材和做化妆刷用的羊毛，而且其他各种农作物特产也十分热销，地区生产总值在整个周口市都首屈一指。在调查的第5天，我们还有幸参观了当地的电商基地，其运营之完善，功能之强大，效率之高给我留下了深刻的印象。2015年国务院总理李克强主持召开国务院常务会议，部署加快发展农村电商，通过壮大新业态促消费惠民生。而作为农村电子商务平台的实体终端，直接扎根于农村，服务于"三农"，真正使"三农"服务落地，使农民成为平台的最大受益者。农民在收获季滞销的产品通过联络电商平台在网上被迅速抢购一空，而且平台还帮助农民打造本地区的农产品品牌，扩大影响力，让农民种地少了后顾之忧。而这种现象在两三年前，乃至参与千村调查之前，都是我难以想象的。农村与现代社会的接轨刺激农村经济展现新的发展活力，也让我们看到了农村未来发展的希望。

这次千村调查的主题是"中国乡村教育研究"，我们也有意走访了几所当地的中小学，发现了其中翻天覆地的变化。与我儿时的记忆相比，如今的中小学多了新修的体育场，多了新开设的兴趣班，多了吃中餐的食堂。教室里不再是缺胳膊少腿的残旧木桌椅，取而代之的是崭新的新式课桌椅；黑板不再是刷的黑色水泥，而是多媒体和滑动黑板。每个小学都标配一个幼儿园，有些甚至有提供给居住区较远的学生留宿的宿舍。而这些在我对童年学校的回忆里都是不存在的，甚至是不敢想象的。停留在我记忆里的小学，还是在一场暴雨后我用桌板在教室里划水的场景。毫无疑问，乡村教育的基础设施方面早已有了极大的提升。

历时6天的千村定点调查活动如今落下了尾声。6天，我们经历了河南乡村的骄阳和暴雨，看到了鹿邑县别具一格的风土人情。6天，我们深入各个地方村镇，与每个村的叔叔大婶、爷爷奶奶深切交流，了解他们生活的方方面面。村民对我们的到来也很高兴，每每调研结束都会给我们送来清凉的水和西瓜，那西瓜是我吃过最甜的。调查过程虽然千难万难，好些爷爷奶奶因为年龄较大而听力减弱，或者因为见识问题对我们提的问题一知半解，但我们依然坚持大声地一遍遍解释我们的问题，尽可能了解到他们最真实的看法。调研过程中，我们的队伍里很多人嗓子喊得都沙哑了，但含了两片润喉糖，又继续奔赴战场。调研结束时，很多同学以及带队老师在放下重担后都开始生病，但我们坚信，我们付出无悔。

我们是从河南走出来的大学生，这次调研让我们有机会回归这片土地，更深刻地了解我们家乡的70年变迁历程。我们走出"象牙塔"，又一次看见、发现了我们的故土，我们也看见、发现了我们自己。这次调研之旅，必将在我们今后的人生中永远熠熠生辉！

教育一抹绿，促乡村发展

王　娇①

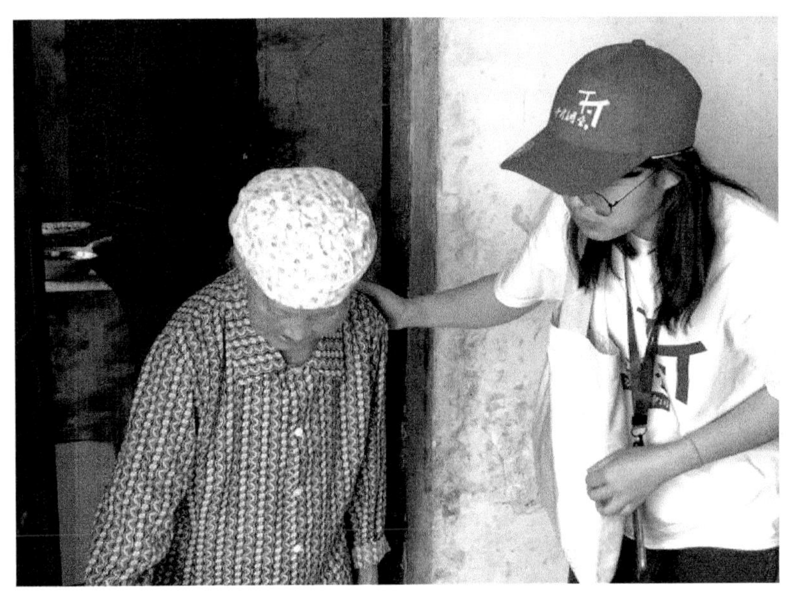

中国自古以来就是一个农业生产大国。农民是中国发展的主体，农业支撑起了中国的运转，农村也是几千年来中国的主要存在状态。但是在工业现代化发展如此迅速的今天，由于历史等诸多原因，农村问题频频出现，制约着经济发展。如今，农村问题受到了越来越多的重视。

农业是国之大业，农民更是民生之本。中国经济想要振臂高飞，必然少不了农村这一关键的环节。我想这也是我们学校十余年来坚持千村调查不懈的原因之一吧。2019 年千村调查迈入了一个崭新的阶段，很荣幸，我参加了这届 2.0 版的千村调查，触摸到了更加深刻的乡村。

习近平总书记强调，“扶贫先扶志，扶贫必扶智”。尤其是在将要奔向全面小康的时刻，2019 年是乡村建设尤为重要的一年。然而，不论是“智”还是“志”，都与乡村教育息息相关。精神上的认知与强大才是农村经济长期发展的动力。这次千村调查的主题是“中国乡村教育研究”，教育问题贯穿国民根本，更与我们大学生息息相关。

---

①　王娇，上海财经大学公共经济与管理学院 2018 级劳动与社会保障专业本科生。

这次千村调查，我们来到了重庆市巫山县。深入每一个村落，真切地感受到了乡村生活的方方面面。

民风淳朴，村民热情，甜甜的巫山泉是我心中的千村调查。初识巫山，首先被眼前的一大片湛蓝的天空和成团的白云所震撼。我想，在这个山清水秀的地方，生活也必然是一片绿色吧。在调研过程中，村民们淳厚善良，与我们聊着天，拉着家常，愉快地结束了一份又一份的问卷。当然，我们每天的工作量还是比较大的，有时候难免会有一丝丝疲倦，但当看到农民伯伯们亲切的笑容，访谈结束后真挚的话语，那一声"辛苦了"会让你觉得所有的一切都更加有意义，鼓足干劲，继续下去。我印象特别深刻的是一位老爷爷，当访谈结束时给他的津贴他怎么也不肯要，他觉得我们学生到这里来做这个特别不容易，非常辛苦，让我们拿着钱买水喝。最后给他解释了好久这是学校发的补助，他才勉强收下。那一刻，我尤为真切地感受到了人们的善意与温暖。在这个物欲横流的世界，在乡土大地上，他们始终都保持着那份最初的质朴，正如后来我们喝到的巫山泉一般，这份质朴也同样沁人心脾。

苦中作乐，笑看生活，乐观的生活态度是我心中的千村调查。随着走访的村落地理位置越来越偏僻，调研愈加深入，乡村生活的全貌逐渐被展开。在这初见看似恬静闲适的乡村生活背后，实则还有许多道不尽的心酸。传统农活一年收入基本为零；有的村交通不发达，孩子要走几公里路上学；不通网络，相应的文化设施配套不全，村民文化生活贫瘠；家里有人生病的，要承担几万元的医药费；家里面只剩下老人的，没有能力干任何农活……种种问题，在这片土地上层出不穷。但这样艰辛的乡村生活，到了他们口中也只是一笑而过，平静地讲述着。其中有一位家里只有她和她女儿的老奶奶，老伴因病过世得早，她自己也是体弱多病，家里没有什么生活来源。去年女儿在外打工也生了病。这样窘迫的生活困境，她只是笑笑说，不管怎么样，日子还是得过下去的。她说等她女儿以后嫁了人就好了，只是没能为她存上嫁妆。老奶奶用对未来生活的希望过着现在艰难的日子。她乐观的生活态度深深地感染了我，我相信生活是会越来越好的。

"十年树木，百年树人"，乡村的希望在教育的田野上播撒，这是我心中的千村调查。除了了解了农民的基本生活状态之外，这次调研着重调查了教育，了解了农村基本教育情况。家长们都非常愿意让孩子去读书，有许多人表示即使家里砸锅卖铁也愿意送孩子去上大学。家长们现在有这个意识是极好的。可现实的窘境在于有许多孩子上不了大学，很多小孩上完高中就出去打工赚钱了。他们没有这个意识要多去上学。家长也曾经坦言过高中的学费对于他们的负担比较大，但他们还是希望自己的孩子能够有更多的文化。九年制义务教育在乡村实行得很好，所有的孩子基本上都是读完初中。通过访谈我发现，乡村教育关键的一环还是在幼儿园教育上。我了解到很多村子是没有幼儿园的。孩子比较小，家里人由于农忙，没空早晚接送孩子走几公里的路上学。更多的选择是等孩子长大了可以放心地让他自己独自上学时，才让他到镇上或邻村的幼儿园上学。但这个时候，孩子已经错过了最佳的接受思想启蒙的阶段。乡村的幼儿园基本只有一位老师，城乡教育差距现在仍是一道鸿沟，虽然有国家的九年制义务教育政策以及学费减免补贴，但对于已经开始竞争在子宫里的城市孩子，乡村教育还有很长的路要走。希望国家能尽量保证孩子们起点教育的公平，在一开始就在孩子们的心中播下希望的种子，让他们自己选择以后的路，明白自己在做什么，而不是被迫地往一个方向走。当然，近些年乡村教育的成果也是显而易见的，在这里，我遇见了更多的大学生、研究生。有一位我感触极深的是党员村干部，和我差不多大，他现在正在考专升本。在佩服他的同时，也深深地感受到在更多这样的人的支持下，乡村的未来必将一片繁荣。

教育是民生之本，只有教育发展后，人们的精神上才会呈现出一片绿色。良好的乡村教育也必然会成为乡村脱贫奔向小康的基石。

“走千村，访万户”，一份份问卷是乡村最真实的生活写照，一次次访谈是农民最真挚的情感流露，一张张质朴的笑脸是对生活的希望……用脚步丈量中国乡土大地，用心去描绘乡村面貌，用希望去勾勒乡村未来轮廓，这便是我心目中的千村调查。

乡村教育正当行

李莹萌①

著名教育家陶行知先生曾经说过:“乡村学校做改造乡村生活的中心,乡村教师做改造乡村生活的灵魂。”驻笔覃思,此言胜哉。

作为推动乡村进步与发展的关键,新中国成立70年来,乡村教育一直是中国城乡均衡发展和稳驻现代文明的潜在动力,并受到国家的高度重视。在本年度以“中国乡村教育研究”为主题的千村调查社会实践活动中,我有幸跟随督导老师和同学们来到河北保定市安新县,通过调研的形式,我对中国乡村教育现状有了超出平日“纸上得来”的切身了解。

在7月下旬的3天时间里,我们分别走访了安新县端村镇的大淀头、马堡、寨南、西堤和西前街5个村。穿过一眼望不到尽头的苞米地,我们来到一个个村庄,通过村干部之口了解该村的大致生产生活情况,并在村干部和村民的热情配合下,完成了一份份调研问卷,成功对该村的教育发展情况进行了更加精确的数据统计。

---

① 李莹萌,上海财经大学统计与管理学院2018级金融统计专业本科生。

正是在与百余位村民的交流接触过程中，我看到了安新县人对子女教育的重视程度。比如一位年近半百、上有老下有小的阿姨，在去年经历了丈夫失业的打击后，尽管一直过着入不敷出的日子，却从未想过要缩减两个孩子的教育支出。而在我们抽样调查的一百多户家庭中，只有少数子女因为分数不够才去了专科学校，辍学子女更是少之又少。印象最深的是一位小女儿还在读小学的阿姨，她笑着说非常希望自己的女儿也能像我们一样成为大学生。虽然村民们对儿孙的教育已经比曾经重视了太多，但就"能够上大学"这件事来说，似乎依旧没有那么普遍，而这也是城乡教育存在差距的一个体现。

此外，在调研过程中，我发现即使当提到比较细节的问题，例如，孩子的老师有没有一人教多科目，或是学校的桌椅质量如何时，父母们大多数都能不假思索地回答。换句话说，父母们对子女教育的关心程度可见一斑。同样值得欣慰的是，在受调查的家庭中，大多数在读子女的学校都配有质量较高的课桌椅、多媒体设施，以及保障学生全方面发展的体育场、音乐室、计算机房等。这也反映了安新的教育硬件设施正在向城市看齐的良好现状。

但除了这些好的势头，也有一些教育方面的不足之处值得留意。例如，在这百余户家庭中，有相当一部分子女并没有接受过学前教育。尽管该现象在2005年之后出生的子女中并不普遍，但仍旧值得关注。毕竟学前教育是儿童学会礼貌性待人接物的重要一步，也是接触大量同龄人，培养儿童学习兴趣的好机会，理应受到村民们的重视。

乡村教育与乡村经济发展相辅相成。安新县的白洋淀由于环境优美，"水面清圆，一一风荷举"，且具有红色革命文化传承价值，因此在河北属于一个旅游业相对发达的地区。而在我们走访的5个村中，相对来说较富有的大淀头村，便是借着毗邻白洋淀的地理位置优势，发展旅游业，提高了村民的幸福感。正如我遇到的一户家庭，虽然家中一儿一女都处于教育支出很大的时候，但夫妻二人靠两个小卖部获得的月收入就可达到上万元，因此能够在大淀头村过上非常充裕的生活。有了经济做基础，这个村的教育推广难度自然小了很多。因此，乡村教育的建设与本村经济的发展应该相辅相成，相互融合，才能助教育促经济，使乡村教育行稳致远。

非常幸运能够加入千村调查的队伍中来，它给了我行走在乡间小路上的机会，使我亲身感受到村民们对于子女们能够成才的殷切盼望，以及对未来美好生活的向往。尽管我们的调研结果不是最完美的，尽管还有那么多的细节需要被发现，那么多的政策需要在时间的检验中经历更好的解读，但我相信，这次调研并不只是对村民们的单向提问，更是对我们身为一名大学生，做到受教育、长才干、体察国情民情的严格要求。

乡村教育的建设与发展需要几代人的努力，而我们，正当行。

谱文明新韵，建美丽乡村

王浚寰[①]

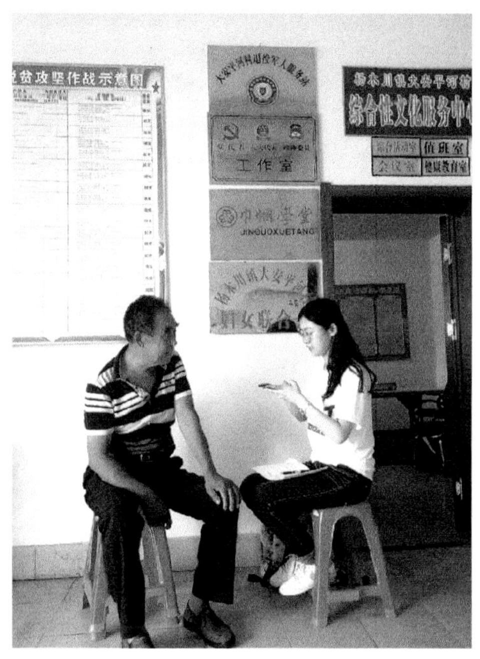

习近平总书记曾说，“重农固本是安民之基、治国之要。”“中国要强，农业必须强；中国要美，农村必须美；中国要富，农民必须富。”中国最大的问题在于农村，全面建成小康社会的重点也在于农村。当下，“三农”问题已经成为制约中国经济发展的一个“瓶颈”，亟待我们采取切实有效的措施从根本上解决。

上海财经大学“三农”研究院多年以来一直致力于“三农”问题的调查和研究，并取得了丰硕成果。2019 年暑假，我也非常有幸能够参与到千村调查的社会活动中，真正走进农村、了解农村，亲身感受当地生活，倾听农民心声，也为“走千村，访万户，读中国”贡献自己的一份力量。

走进村庄，大片的玉米田映入眼帘，成群的鸡鸭嬉戏觅食，门前的小狗休息小憩，田间的村民们辛勤耕种。农村的生活或许没有城市里那么绚丽多彩，但却多了一份悠然自得、简单快活，身心在这贴近大自然的环境中得以舒展。跟随着村主任的脚步，我们来到了村

① 王浚寰，上海财经大学信息管理与工程学院 2018 级电子商务专业本科生。

委会所在地，朴实无华的建筑、干净整洁的陈设无不给人以家的感觉。村支书热情地带着我们四处参观，向我们介绍村中的大致情况，耐心解答我们提出的问题，帮助我们尽快了解村庄。在村支书的带领下，我们走访了许多农家。使我们深深感动的是，村民们并没有因为我们的突然到访而抵触反感，而是额外热情，认真回答我们的问题，给我们讲述日常生活中的趣事，离开前还不忘送上一袋子自家果树上的新鲜水果。交谈过程中，我们细细品味村民们质朴的话语，用心记录着他们谈到的点点滴滴。小组成员在为近些年来乡村的巨大改变感到欣喜的同时，也对现阶段存在的诸多问题进行了反思。

第一，经济建设发展缓慢，物质基础较为薄弱。在我们走访的众多村庄中，简单的农业生产占据了农村生产的主导地位，小农意识较为深厚，农业产业化滞后，特色农业、规模农业无法发挥优势。此外，农业生产结构单一，缺乏其他副业的发展。村中并无特色农产品，更谈不上加工、外销，蔬菜种植、林果业发展、畜牧业养殖等方面均较为落后，这也直接导致农民收入持续走低，经济发展一度停滞。针对这一问题，我们应当解放思想，与时共进，用心推动农业信息化、产业化进程，优化产业结构，实现农村可持续发展，并在确保粮食种植面积的基础上，种植经济作物，发展畜牧业，建立有特色的农业示范基地，争取形成村有品牌。

第二，基础教育不够全面。在调研过程中，我们发现农村教育存在适龄儿童入学率低、失学率高以及教育状况落后等诸多问题。许多村民只顾眼前利益，让刚刚初中毕业的子女外出打工赚钱。这种轻视教育，缺乏知识现象的普遍存在，严重制约了村民们的“钱袋子”。当地政府应当加大对村民的思想教育力度，抓好“普九”工作，统筹发展基础教育、职业教育和成人教育，进一步完善城乡学校对口帮扶制度，组织城市学校选派校长、教师到农村中小学任教，不断提高农村学校的管理水平和教学质量。此外，还应当加大对贫困生的帮扶力度，避免适龄儿童因贫失学。

第三，农村医疗事业建设亟待加强。农村基本医疗服务体系不完善，农民群众存在看病贵、看病难等问题。应对这一问题，亟须进一步完善社区医疗卫生站建设，引导、扶持农民加入新型农村合作医疗组织。此外，各定点医疗机构要保证合理用药，增加可报销支出，健全合作医疗各项监督机制，增加财政透明度，确保取信于民，切实为农民健康生活奠定基础。

“千里之行，始于足下。”在这次调查活动中，我不仅对当下农村产生了新的认识，而且体会到了团队合作的重要性，就像奥斯特洛夫斯基所说，“共同的事业，共同的斗争，可以使人们产生忍受一切的力量。”每当遇到困难时，整个团队总是站在统一战线上，互相团结、互相包容、加油打气、并肩作战。也正是因为这样，调研活动才得以圆满结束。

“吾尝终日不食，终夜不寝，以思，无益，不如学也。”整日整夜不食不寝地钻研，还不如亲自去学习研究。实践是求真知的必经之路，在这条路上，我们跌跌撞撞，且歌且行。本次调研活动，必将成为我人生中不可或缺的重要历程，鼓舞我克服困难，一路向前。

此次调研活动的圆满完成，是上财学子践行“厚德博学、经济匡时”校训的体现。了解国情，体察社情，体会民情，我们在路上。

黑土里播种的未来

刘丁瑶[①]

经济增长飞速，科技发展迅猛，制造业的流水线机器更新换代不知多少次，重工业追求着更高更快的效率。但在广袤的东北平原上，在散落在平原上的一座座村庄里，土地，仍旧是最神圣的信仰；一分耕耘一分收获，仍旧是最灵验的信条。千村调查，我看到了土地的子女饱含着最虔诚的深情，也体味到土地为一户户家庭输送着源源不断的生命力。

我想，是太多的期待造就了羁绊，不同于当初义无反顾离开故乡外出务工的年轻人，选择留在乡村的儿女，是对土地抱有深切执念的。而当他们为父为母，土地的儿女愿意面朝黄土背朝天，却更希望自己的儿女能踏上不同的土地看看更广阔的天空。如何把土地留住，如何把孩子送出去，是这一代耕耘人的难题，也是东北乡村教育的最大难关。在乡间走访调查的过程中，一家家一户户的故事，串联起了我对这片黑色土地更深切的感知。

"土地，是财富之母。"在东北，一个村庄的富裕程度基本取决于它的平均人口耕地面

---

① 刘丁瑶，上海财经大学商学院2018级商务分析专业本科生。

积的大小。这完全取决于地理位置的先决条件注定了村与村情况的不同。在我们的实地调查过程中，千村千面，一户年收入 1 万元与 10 万元的巨大差额背后，实质上是耕地面积几亩与十几垧的差距。而对于庄稼人而言，在土地上的经营支出是成比例的，但精力与体力的付出却并不如此。春种秋收，开始与结果看上去简单，但遵循农作物的生长规律，东北一年一熟的漫长等待，在过程中的悉心照料是不能够因为耕地面积少而缩水打折的。对于耕地面积少于一垧的家庭来说，付出的辛苦难以得到回报，所以会选择卖出土地这一年的使用权给其他家庭，自己外出务工。

片段一

由于农村的这种土地转租制度，有一定经济能力的家庭每年可以承包其他农户的土地，进行更大规模的种植，进而获得更大的收益。

在调查中便采访到以承包土地来进行种植的农户：被采访者是家中的女主人，年龄 33 岁。有着传统印象中乡村妇女的质朴气质和勤恳风貌，但言行举止中更能看出她的精明能干与持家有方。当大多数农村家庭的孩子初中仍在村子里就读时，女主人已经选择将家中的独生女儿送去县里的小学就读。村子到县城有 20 里的路程，女儿却并没有寄宿在学校，而是由私家车每日往返接送。为了孩子未来继续在县城里接受教育，女主人告诉我她家中去年已经在县城购置了一套楼房，仅为了以后给升初中的女儿提供更好的生活环境，陪伴孩子学习。

当谈到这些时，女主人的眼里有着自信和骄傲的光芒，我回应道："您家里的经济条件真的不错。"女主人眼里的光芒，嘴角噙着的笑意却收敛了些许，开始带着一种虔诚的态度跟我细数家中每年的营收。每年 3 万～4 万元的支出用来租赁 10 垧左右的土地，2 万～3 万元的费用来经营，经过夫妇两人一年的辛勤劳作，最后每年获得 7 万～8 万元的净收入。这样的收入在大多数人家收入 2 万～3 万元的农村来说已经是十分可观了。土地上的收获让女主人对生活保持着最质朴的热忱对未来带有着纯真的期盼："最差的时候也能保证一年有 6 垧地，好的时候甚至能有 13 垧""做这么多还是希望能给俺家姑娘一个好的条件""我们是希望姑娘将来能进事业单位，但是具体做什么只要她自己喜欢就行了"……正值壮年的夫妇俩不遗余力地侍奉着黑色的土地，正用它回馈辛劳的报酬给年幼的孩子编织着一个酣畅的梦想。

片段二

在巨大的土地上收获丰厚的回报，丰厚的回报可以获得更大的土地，这样的良性循环仅在少数家庭中上演，而与之相对的，则是被迫年复一年离开土地的生活选择。

"大爷，您家年收入 8 000 元，支出却达到了一万多元，这不是入不敷出嘛?"

"是入不敷出啊，那这能有啥办法，俺家这地就两三亩，俺老两口儿这身体也种不了地，这地只能往外租。"

即使是在一个村庄中，坐落在东边与西边的不同屯子所坐拥的土地也是有很大差别的，仅仅倚靠着一亩三分地生活，在真实的生活中并不是想象中的那么踏实的守望，更多的是不易和辛酸。

农村的孩子从小便在土地里流汗打滚，可能是在这一眼就能望到边的土地里，大爷的儿子早早地预感到他同样一眼能望到边的未来，初中辍学后离家打工，从此再没有在田间地头挥洒过汗水。儿子在北京的汽配厂做焊接工人，儿媳在县城贩菜独自照顾着正在上初中的孙子，老两口因他们年迈又病弱的身躯留在村庄，这一家人像粗心的农人随意撒在土壤里的一把种子，就这样散落开来，各自生活，偶尔联络。

当问到儿子在工厂中每日工作的时间时，大爷很清楚地告诉我从早八点到晚八点，坦然又果断。在提及工作是否有“五险一金”的问题时，我本想向大爷解释一下其中内容，但大爷一句“啥也没有”从容地打断了对话，我还没缓过神儿来，大爷紧接着补充道：“厂子里打工就这么回事儿。”只有口头约定没有书面合同，工资能按时发放已经是幸运，在外务工遇到了怎么样的困难呢？这个问题我已有些不忍问。而工作更不稳定的儿媳呢，同样初中辍学的她还要照顾着读书的孩子，她的生活又会有多少的酸楚。

而谈及孙子的学习，我很难从大爷口中得知太多关于孙子学习生活的细节，只是问到有关补课的问题时，大爷异常激动。补课班早已不仅仅是城市孩子的“亲密伙伴”了，在教育相对落后的县城甚至乡村，这样的形式也十分风靡：家长出钱，孩子出时间，在一到两个小时里，和大部分的同班同学听着在学校里上课的老师把课上的内容重新讲解一遍。孩子在这样的“深度学习”里，逐渐变得麻木，去补课班好像和去上学一样，变成了一种新的“例行公事”。大爷的态度也是复杂的，他不满部分教师玩忽职守，借此牟利；也不忍自己的孙儿因此落后。

片段三

分离着的亲人们对生活有着深切的体悟，而大多数执着在田间地头乡村人也有着最平凡也最艰难的苦衷。

集体访问结束，为了完善问卷上的一些详细的信息，我们跟着一个少年回到家里。在院子里干活的父亲见到我们来停下了手中的活，母亲也从屋子里走了出来。我们的到来打断了她做午饭的进程，但她好像并不在意，搓弄着手上粘的面粉向我们阐述着家里的各项支出。几番交谈后，一家人打开了话匣子，开始跟我们讲述着生活的不易：近几年身体愈发不好了，家里依靠种地为生，而稀少的耕地面积，一年的收入远不足以供养 2 个孩子读书和治病所需的费用。说这些时，夫妇俩脸上带着不好意思的微笑，少年看着风里摇曳着的玉米叶子也时不时地笑笑。我心里觉得难过，“唉”了几声后又不知道如何表达。大叔对我们说：“你们南方城市里读书的孩子们咋会懂得俺们东北农村生活的难处。”

我一下子无言了，我的家乡，我所热爱的这片土地，对我来说满是温情与甜蜜的大地上，原来有人过着这般困窘的日子，富庶安康对乡村中大部分普通人家来说还是一种奢望。我突然陷入了想施以援手却无能为力的失落感，以及自己一直沉浸在富足的生活中无法感知这种水深火热的自责感里。或许从我们眼里读出了同情，少年挠了挠头告诉我们:“我们家这不算什么,比我们更惨的还有呢。”安慰我们抑或是安慰自己,我只感觉我的心更加沉重了。

午饭时间要到了,我们不便再打扰,与他们作别。大娘转身钻进厨房继续为家人准备午饭,大叔腿脚不便,我们一再推辞却也坚持着摇摇晃晃地送我们到院子门口,少年在他身后跟着。我们走出了院子,我回过头喊道:“弟弟,要好好学习啊!”

“好!”他朝我挥手,阳光下仰着头咧着嘴笑。

结语

我们用8天时间走过10个村庄,遇见那么多家庭,那么多种生活,那么多个故事,有相似的喜悦和不尽相同的酸楚,但最真切和难受的就是面对艰难生活时或无奈或昂扬的笑脸吧!可是,土地从不曾辜负任何一个辛勤耕耘的人,永远沉默,永远守候。所以,离开它的人儿牵肠挂肚,坚守它的人儿坚定勇敢。

土地的故事我们短暂地聆听,却永恒地传唱。总会有年轻人选择离开土地,但那温柔的、深沉的黑色土壤,一定是所有美丽梦想的温床。

人才决定未来，教育成就梦想

王馨竹[①]

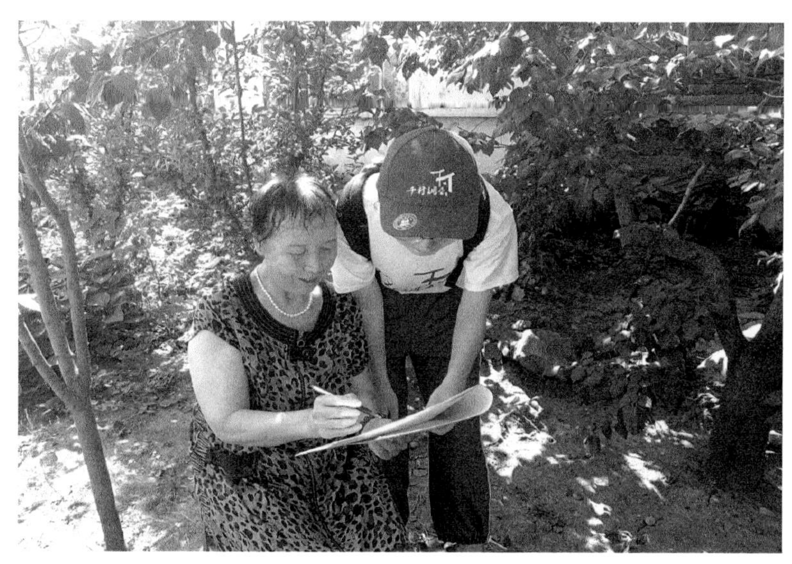

“孙女啊，你可一定要好好学习啊，你看你们现在这学习条件多好，我上学那时候可苦了，所以你可得好好珍惜啊……”从我记事起，奶奶的叮嘱就没离开过我。曾经的我对于这样的叮嘱不胜其烦，对于她说的“学习条件好”不以为意。直到这个暑假，当我带着沉甸甸的以“中国乡村教育研究”为主题的千村调查问卷来到我奶奶曾经生活过的村庄——吉林省吉林市永吉县廼子街村后，记忆中的叮嘱又如潮水般涌来。走过散发着泥土清香的田间阡陌，探访了一个又一个淳朴的人家，收获了一份又一份填满的问卷后，我想我终于理解了奶奶当时的心情。

作为生长在城市的孩子，我们早已习惯了车接车送，习惯了宽敞明亮的教室，习惯了种类齐全的文具，永远也体会不到乡村孩童求学的苦。

他们的苦，苦在路途遥远，交通不便。廼子街村里没有学校，最近的小学和中学都在县里，距离村庄 5～10 里。而在调查中我们发现，大多数的家庭都没有私家车，孩子们上学的主要方式就是步行或骑自行车。因为小孩子自理能力较弱，家长又不具备每天接送

① 王馨竹，上海财经大学统计与管理学院 2018 级经济统计学专业本科生。

的条件，大多数的家长选择不让孩子上幼儿园而是自己在家照顾。而上小学、初中或高中的孩子就需要自己骑车或走去学校，村子里的路都是土路，每逢下雨下雪，路况都会变得非常不好，上学放学就会变得极其困难。而对于有私家车的家庭，交通费就会成为他们很大的负担。因此就造成了很多孩子在读完小学或初中就辍学的现象。

他们的苦，苦在家境贫寒，经济拮据。我们去到的家庭中，虽没有极贫困的，但都算不上富裕。简单的火炕，低矮的灶台，没有空调，没有电脑，家庭年收入平均在五六万元。虽然现在九年制义务教育已经普及，各家的经济情况也得到了很大的改善，但是补习班盛行，许多孩子在求学途中最大的开销就来自各种课后的补习班。而进入高中对他们来说意味着更多的学费、生活费、交通费，继续深造远不如回家务农带来的收益更大，因此经济条件不允许也是许多孩子辍学的主要原因之一。

当被我们问到学历的时候，更多人的脸上出现的是无奈的笑容，可以看出他们心中的不甘与失落，当谈到希望自己的孩子拥有什么样的学历时，大多数人选择的都是大学及以上，而孩子们的梦想也都是成为科学家、宇航员等需要接受高等教育的职业。由此可见，人们不是不渴望教育，而是遇到种种阻碍而不得不放弃。

在农村，如果不能在外面闯出属于自己的一片天地，那么就只能留在家中务农。而接受教育，考出乡村，也是他们与外界联系起来的重要途径。如果他们不想留在乡村，一辈子只能面朝黄土背朝天，那么收获一份较高的学历与一份优越的工作，则是最好的选择。教育可以成就他们的梦想，同时他们的知识也可以改变家乡的命运。

教育不仅仅能够成就一个人的梦想。更是能让人明白作为一个人需要对人类社会的责任和义务。因此可以说教育能够成就一个国家的梦想，一个民族的梦想，甚至是全人类的梦想。一个人只有明白自己的义务和责任，才能成为一个真正有用的人，才能被称为人才。

教育能够成就梦想，同时教育培养出的人才也同样决定着国家的未来。人才，是家庭幸福，民族复兴，国家富强的基础。一个国家如果不能培养出优质的人才，那么它的发展将是岌岌可危的。而要想培育人才，就必须要振兴教育。自改革开放以来，中国的教育事业实现了突飞猛进的发展与日新月异的进步，但是我国教育依然存在教育发展区域间不平衡，教育资源分布不公平等问题。

入村调查显示，在廼子街村劳动力的受教育水平中，小学占30%，初中占26%，高中占20%，大专占16%，大学及以上仅为8%。这就说明乡村教育显著落后于城市的问题依然很严峻，振兴乡村教育势在必行。

如果能够提高收入，那么家长们将有更多的钱来支持孩子接受教育，如果能够合理规划学校布局，使学校与村子之间的距离缩短，那么孩子的求学之路将更加安全便捷。发展教育是一件功在当代，利在千秋的事，因此我们的千村调查也旨在通过统计廼子街村受教育水平，浅析造成乡村教育落后的因素，为振兴中国乡村教育提供政策启示。

从前，我认为接受教育就是一件理所当然的事情，然而这次的千村调查让我认识到了还有很多人无法接受良好的教育，他们的求学之路是如此的艰辛与坎坷。身在大学中的我们,更要刻苦努力,认真学习专业知识,不辜负国家与父母对我们的栽培,争取为祖国未来的发展贡献一份力量。

人才决定未来,教育成就梦想,是千村调查让我深刻理解了这句话的含义。希望中国能在教育的道路上不断前进,培养出更多品学兼优,全面发展的创新型人才,开创更加美好的未来!

乡村教育问题亟待解决

卢雨扬[①]

千村调查是上海财经大学一个独具特色的调研项目，其研究对象——“三农”问题，既是生产问题，也是社会问题；既是经济问题，也是政治问题，关系到我们每一个人的切身利益。务农重本，国之大纲。尤其在当今信息化社会，“三农”问题更是受到前所未有的关注。

此次千村调查的主题是“中国乡村教育研究”。我国人口众多，其中又以农村人口居多，而教育对于我国实现伟大复兴有着决定性意义，所以乡村教育问题亟待解决，从而更好地实现教育现代化，实现民族强盛，国家振兴。

此次调查选取在我所生活的农村，坐标浙江省宁波市慈溪市周巷镇天潭村。严格意义上来说，天潭村不算是典型的农村，它已经不存在大面积的耕地和农业器械，农业生产并非主要的经济来源，但是农地仍然存在，只不过大部分人家用于自给自足。随着经济的发展，很多农村步上了城镇化的道路，天潭村就是其中之一。慈溪市是浙江省 GDP 排名

---

① 卢雨扬，上海财经大学金融学院 2018 级金融学专业本科生。

靠前的县级市，而我村的经济发达程度在市里也属于上等水平，按道理教育也不会差，但是经过这几天的调研，结果出人意料，教育水平是远远匹配不了相应的经济水平的。

首先就入村调查来看，我村不存在任何小学、初中等教育机构。

镇上的小学数量很少，基本全村的孩子都在这几所学校里上学，接受相同的最一般的教育，但是问题是孩子的天资和前期教育、知识储备是存在差异的。再加上我村外地人口众多，外地人口和本地人口也是一起上学的，外地人口大多家境不富裕，不太重视孩子的教育。要知道，一个学校的生源会直接影响一个学校的决策、师资和教育水平。所以，村里大多数孩子接受的教育水平是处于中下水平的，小学读完后，80%的学生直接升入当地的公立初中，只有少数家庭会选择支付较高的学费去读市里的私立学校，接受更优质的教育。恶性循环，公立初中的绝大多数人毕业后去较差的普高、职高甚至直接工作。最终结果就是一个村每年只有两三个人读重点高中，可想而知，最后能读国家“双一流”大学的也就少之又少了。

拿我自己的亲身经历做例子，我读的是当地的小学，但由于小学较为用功，父母也比较重视我的教育，所以我读的是私立初中，也成功考进了重点高中，现在能够就读于上海财经大学。我大概是我们村同龄人中目前发展最好的几个之一了。两极分化尤为严重，我的小学同学大多读完职高，现在在工作了，好久不联系了偶然提起还是令人唏嘘。那个时候明明大家也还差不多，但差距就是这样一点点拉大的、积少成多。

再从入户调查来看，我村户籍人口共有 792 户，此次随机抽样 10 户普通人家，另外还有 2 户村干部家庭。

经调查发现，12 户人家中绝大部分的父母双方学历较低，高中寥寥无几，大多为小学、初中毕业，甚至还有连小学都没毕业的。这也给我的调查带来了诸多不便和麻烦。调查问卷里的问题很多，有专业术语，也有很细涉及隐私的，许多选项需要我用相当蹩脚的方言一个个解释，有的也不一定能解释清。但这并不是最困难的，最大的困难在于大多村民不愿配合，一是看到这么多问题嫌烦，二是不愿意相信我们，怕我们向外人透露家庭信息。当双方都无法建立起对彼此的信任时，问卷的完成也就十分困难了，质量更无法保证。所以每当我开始调查时，我会花一定的时间向他们解释，消除他们的戒备。

这次调查也让我深深感受到了教育的重要性。农村的普遍现象是，父母白天工作，把孩子留给爷爷奶奶带，我走访了好几户人家都是如此，除非我选择在晚上父母下班后走访，但是一过八点几乎家家大门紧闭，我碰壁了几次后便放弃了这个时间段。所以，调查对象基本都是只有小学学历的爷爷奶奶，碰上有点知识之前做过村干部的还好些，若是一般的老人，由于文化程度的巨大鸿沟，经常会出现双方面面相觑的尴尬场景。其中有两户人家有大学生，做起调查来简直易如反掌，相当理解我们，也愿意配合。

通过这次入户调查和入村调查，我发现其实大多数人家都是供得起孩子的学费的，最主要的问题还是在于家长对于教育的重视程度不够以及优质教育资源的缺乏。对于前者，家长除了日常的忙碌工作外，应多多关注孩子的学业和教育，培养孩子独立自主的学习习惯，有条件的尽可能选择好的学校；对于后者，希望政府能做出表率，不断优化教育资源。

乡村教育发展的新思路

韦业超[①]

“百年大计，教育为本”，教育在社会主义现代化建设中起着核心作用。振兴乡村教育，一方面有利于保障合理的城乡、阶层流动，促进城乡交流，符合社会公平正义的要求；另一方面，有利于培养新时代农村高素质人才，引领农村新风尚，通过科学文化知识提高农村的劳动生产率。

那么如何振兴乡村教育呢？根据我们小组为期2天，深入乡村一线的调研结果，我认为，关键在人。人是所有生产要素中的关键因素，乡村教育应当聚焦在如何让大多数学生享有尽可能优质的教育资源，并保障所有学生受教育的权利上。

我们选择肥西县三河镇下属的村作为调研地点，通过与村干部的交流了解了当地的基本情况，通过逐户访问的形式，深入村民家中，与他们亲切交谈。调研结果显示，除了村干部外，100%的受访者是留守老人，他们中有的是一辈子待在农村的，有的是近几年才从城里回到农村的，他们的大多数青少年一代的亲属都跟随父母在城市里读书学习，有的还进入了名校。

结合调查体验和个人的知识背景，我注意到如下的四个基本事实：其一，改革开放以

① 韦业超，上海财经大学信息管理与工程学院2018级数据科学与大数据技术专业本科生。

来,随着市场经济改革的深化,一大批乡村有志青年来到附近城镇奋斗,成家立业,为中国特色社会主义事业的建设贡献了青春,他们就是我们所说的“人口红利”,他们的子女理应享受到相对良好的教育资源。其二,截至2018年,我国城镇化率(城镇人口占总人口的比例)达到59.58%,距离发达国家70%的水平仍有一定的差距,再考虑到中国的人口基数,在将来仍可吸收相当大的群体进城。其三,随着经济水平的不断提高,大量的青壮年进城置业,结婚后在城镇买房生孩子,乡村教育的压力并没有想象中那么大。其四,乡村教育面临的问题呈现多样化,有的地方留守儿童较多,有的地方适龄学生不足,有的地方则苦于招不到老师,有的地方村民思想认识不足等。

基于以上理念和事实,乡村教育发展的新思路就呼之欲出了:因地施策,具体分析,将有限的资源用在“刀刃”上。一方面,我们要做好“托底”的工作,保证每个学生都能完成九年制义务教育,对于困难家庭,采用补贴学费,贴息贷款,提供营养餐等形式,帮助学生完成学业。学校、干部可以通过开展动员,制定鼓励政策等方式,提高村民对孩子教育的重视程度。另一方面,坚持“扶智扶贫”的原则,发掘出确有发展潜力的学生,集中资源重点照顾和培养,以达到精准扶贫的要求。

为了实现乡村教育的高质量发展,解决学生少、老师少的困难,我国在多年前就已实施行之有效的政策。一方面,以“撤点并校”为手段,整合教育资源,解决财政经费冗余浪费等问题;另一方面,规划建设中心寄宿制学校,解决农村孩子上学可能存在的交通问题。

教师的问题是乡村教育的核心问题。由于待遇问题,乡村学校很难招聘优秀的老师。尤其是村里的学校,一个老师往往要同时担任多门学科的教学任务,一个年级可能只有几个学生,在这样的情况下,很难提高教育质量。现代教育不是私塾式教育,农村教育应当探索适合它的新形态。

“尊师重道,文明之道”,当前乡村教育的另一个“痛点”是师生关系,教改大旗下,老师对学生的合理惩戒权实际上被剥夺了,老师与学生的关系由原来的强势地位变为弱势地位,这一点在乡镇学校表现得尤为突出。面对不服管教的学生,由原来的有责任管到现在的不敢管以至于不想管,老师的教育热情被现实“浇灭”,乡村学校仅有的理想主义优势也就不复存在了。

解决这些矛盾,既要靠顶层设计的统筹规划,如采用支教轮岗等手段,配置教师资源;又要靠下放权力,因地施策。各教育主体应发挥聪明才智,各显神通,给乡村教育一个光明的未来。

千村之行，平凡之路

徐　畅①

2019 年 8 月 3 日，返乡的绿皮火车哐当哐当地载着我离开了桐城。我坐在靠窗的位置上，背对着前进的方向。似乎这样可以至少再多看一眼桐城的模样，可以奋力让千村调查的记忆多留存一些。彼时的我，莫名想起——在 20 世纪，我的祖辈自邻近桐城的故乡出发，去的正是如今我的故乡。南下的路很长很远，竟跨越了半个安徽省的距离。隐隐约约地，我与半个世纪前的他们，足迹重合了。

起初报名千村调查时，我便怀着最简单的想法——我想要知道，祖辈曾生活过的地方是否已从他们口中的贫困破败里挣脱出来。我此行或许并未、也并不需要得到准确的答案，但我依然希望，那些仍世代居住在乡野间的人们会遇见希望萌发生长的明天。

本次千村调查的主题是“中国乡村教育研究”。在填问卷的过程中，我们能发现，桐城百姓对于知识、文化依然抱有憧憬。几乎所有的父母、祖父母都坚定地表示，希望孩子至少能念到大学。记得第一天去双联村，当我问到一位老爷爷的孙辈情况时，他骄傲地说：“小孙子在桐城中学读书，是重点高中！”我能想见，在桐城——孕育了桐城派的地方，仍晕染着当年惜抱先生等人清真雅正的文风。所以，我们应当可以相信他们的未来，和以他们

① 徐畅，上海财经大学数学学院 2018 级信息与计算科学专业本科生。

之名存在的乡村的未来。

怎样才算是真实准确的调研？我在桐城的5天里，不断地思考这或许无解的问题。人的思维、人的记忆并非透明，也暂无外部读取的可能。我总是不断地向村民们重复："只需要按照您的观点填就可以，这部分的问题都针对的是个人感受。"我并不清楚，个体回答的主观性能否确保群体数据的客观性，但我只能试图让这份问卷表达出更多的内容。在统计学意义上无用的偏离值，应该得到应有的尊重。所以，2014年"精准扶贫"这一政策的提出，在很大程度上使得群体掩盖个体问题的现象得到缓解。在此过程中，基层干部在扶贫攻坚战中遇到的困难该是我们难以想象的。我总以为，我们作为调研人员，不该先入为主、以偏见揣度乡村建设过程中出现的诸多问题，而应以理性的态度来分析村民们的感性表达剖根析源，力求更好地解决其困难、解答其困惑。而与此相对的，村民们应该拥有更多的发声机会，他们是乡村建设的主体，他们有资格也有责任积极建言献策，以实际热情投身个人与民族的共同事业。只有如此，方能以群众之力书写历史、创造历史。

感谢千村调查，帮助我消除了那一点点可怜的优越感。我们是期待"经济匡时"的一批青年，但若要与如此宏大的目标建立一些联系，那必然不能干坐在"象牙塔"里想些空泛无意义的问题。坐在火车上时，我看着铁道两侧的电线不间断地将湖泊分割成大小不等的几块，但因着湖泊流动性的常识，此时你怎敢断言这是确实的分割？然而，我们却习惯性地漠视"常识"，以经济实力作分划，以干涩的臆想和揣度"背对着"我们的村民们。桐城之行使我明确，你我之间本无确界，我们走在相似的道路上，奋斗在共同的战场上。收回自己可憎的怜悯，是对彼此最好的尊重。

在金河村调研时，我有幸遇见了当地的产业大户。他这样说："零几年的时候，我还在义乌打工，那时候义乌还没有完全成为规模庞大的小商品集散中心。当时看见别人创业，就努力去学人家的经验，想着自己回来也要创业。"经过十几年的打拼，他在家乡开办了一家农产品加工企业、一座苗圃和一个超市。他跟我父亲年纪相仿，把字字句句都说得铿锵。在逃离农村的浪潮里，他却选择回到家乡创业，其勇气与决断实在令人钦佩。

很多人常说，千村调查是一场社会大实践。我们"走千村，访万户，读中国"，用脚步来丈量可爱的土地，用问卷来探寻淳朴面孔后被隐没的真实。我们曾看见乡村天际的无垠，也在阡陌间遇见难以用言语道出的迷茫。社会并非丛林，人类亦非野草，我们持有的共情与理解，理所应当地会将我们引向明天共有的朝霞。千村此行虽已结束，但我们仍会再次进发。

乡村发展需你我躬行

林馨蕊①

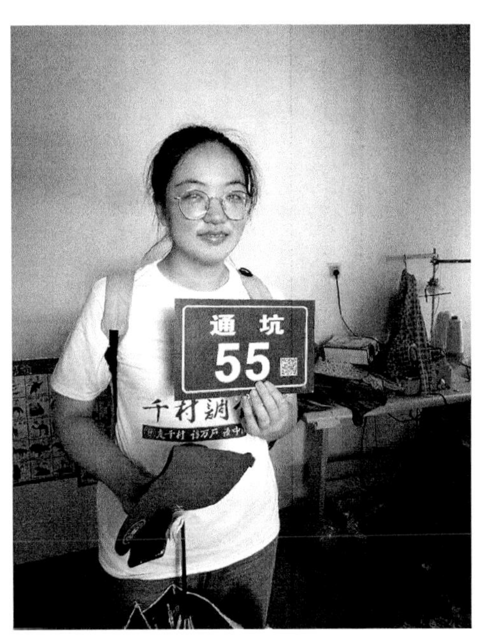

在出发前往通坑村之前，我们事先查询了一些相关资料。据百度百科显示，通坑村原名汤坑，以温泉得名；地理位置优越，依山傍水村内有溪流通过、距离漳浦县高铁站20分钟车程；村内还有不少古迹，例如，卢维祯之墓、朱瑄之墓、祭祀明代抗倭英雄戚继光的忠勇祠，还出土过被列为中国文物精华的时大彬制紫茶壶……种种背景资料都在彰显着这个村庄本应有的魅力。作为一名文科生，面对这样的材料更是有一种亲切感——一道标准的乡村发展选择题：大片山地面积可以种植果树，发展规模经济；依托温泉发展温泉旅游业；临近高铁站，交通便利，利于吸引游客；历史古迹丰富，可发展人文旅游业；临近厦漳泉大都市圈，人口密集客流量大可发展农家乐经济……

但当我踏入这个村庄、坐在村主任家中采访村主任关于村庄的信息时，才发现通坑村的经济发展情况并非想象中的那样：村内无公共投资，无公共收入，村内需要资金的地方都是由上级政府直接专项拨款，村公共账户每年都无结余。而村民的主要经济来源，是通

① 林馨蕊，上海财经大学商学院2018级国际经济与贸易专业本科生。

过种植水果以及村内几个小型的服装加工厂获得的，村民们的每月平均收入大概在3 000元。而村内虽有温泉，并也有一定的相关旅游业，但其他基础设施不完善，未能形成完整的旅游产业，知名度低、游客较少，通过温泉旅游业获得的收入少。而在入户采访中我们也注意到，第三模块中关于乡村振兴的部分我们收获到的都是空白数据——没有村户参与其中。

此刻我才对乡村发展有了最直观的体验。农村无疑是有很大变化的——村内铺上了水泥路也装上了摄像头、新楼逐层搭起、冰箱、空调、热水器等电器也一应俱全……但也并非村村都是新农村建设示范村，规模种植是少数、旅游业暗淡无光、更罔论其他新兴产业。每家人的生活谈不上富足但也足够安逸，除去每月的开销到年底还能存下一点钱财，有子女在外务工的往往经济会更加宽裕。

近年来国家给予农村的发展优惠和项目其实并不少，从乡村特色产业到电商企业产业扶贫营销行动，从“三农”金融事业部到农民回乡创业资金支持……如今的农村不仅拥有更多的未利用资源、更开阔的可发展可能、更多的创业机会，而且相对于城市创业，农村创业还在起步阶段，竞争压力更小，加之政府的大力支持，农村创业理应是更多创新人才的理想选择。

但在我们的走访过程中就发现，村里几乎没有年轻一辈，大多数青壮年都选择到广东或晋江等地务工。并且不仅是青壮年，青少年一辈也随父辈一同外出，即使是在暑假期间，我们见到的村内的学生数量也很少。老一辈在村内基本不再工作，依靠子女每月寄回的工资过日，对于所谓农村发展计划基本未曾了解过，更罔论其他创新项目。从我们的调查数据中可以看到老一辈的教育水平基本都在初中以下，而青年一代受到九年制义务教育政策影响基本学历都在大专左右。素质更高的青壮年劳动力大量外出，不仅使村内失去发展活力、限制村内更高端产业的发展，更重要的是会失去对家乡的认同。在开拓发展的破冰阶段，想要克服艰难险阻除了专业知识，更重要的是满心赤诚。因此我认为人才流失是通坑村发展面临的最大问题。

而乡村发展最重要的就是人——建设社会主义新农村，需要人才的回归。正如习近平总书记指出，“没有一支宏大的高素质人才队伍，全面建成小康社会的奋斗目标和中华民族伟大复兴的中国梦就难以顺利实现。”发展机会再多、优惠政策力度再大多需要人去落到实处，需要人才根据每个村的经济情况、人口素质、民众心理去制订合适的发展方案。在现阶段，吸引人才回归需要政府的政策倾斜，让年轻人看到乡村的发展机会其实并不比城市少，让年轻人有信心克服农村发展基础薄弱的困难。此外，更重要的是整村的向心力、凝聚力，让年轻人增强对家乡的归属感、认同感，抱有一腔热血愿意回到暂时落后的农村。正如《人民日报》所说：“农村基层有没有活力，关键看带头人。”而农村究竟能不能发展起来，则需要整个村的活力和积极性，提高村民们的凝聚力，将人的力量发挥到最大，无疑也是农村发展工作的重中之重。

农村发展需要政府扶持也更需要人才回归，农村发展暂时落后但也有很大的开拓空间，希望能够看到越来越多的年轻人回归家乡，带领家乡走向一条崭新的发展道路。

乡村虽小，教育犹大

袁宇欣[①]

繁茂的树，翠绿连绵的稻田，不时出现的鸟儿，路边筑起的水泥房……看着车窗外反复涌现的这些景象，不知不觉车子就顺着村外的柏油马路开进了稍窄些的水泥路面，我们进村了。

初闻2019年千村调查的主题，我很激动。教育这个话题关乎国家之本，却又与每个人息息相关。我最先想到外公，他是这一行业的一位平凡守望者，大半辈子都待在乡下教书，少到城里走动，因此我们两辈人交流不多。但我却也知道“百年大计，教育为本”，教育是神圣的，就希望可以借千村调查这个契机，走进这个特殊的模块——乡村教育。

有一个人尽皆知的道理，态度对一个人的行为具有指导性或动力性的影响。我们说改变事物的前提，是让人们的态度观发生改变。过去在谈论社会全面发展时，常提起教育观念上的城乡差距，它无形中指向农村教育的忽视。但令我欣慰的是，时过境迁，随着近年来乡村工作的扎实推进，如今村里的好的教育观念已蔚然成风。经过对多位村民的采访，我们明显感到，从村民口中流露出的支持孩子读书，学本领做文化人的感情，绝不像一

---

① 袁宇欣，上海财经大学统计与管理学院2018级金融统计专业本科生。

时兴起、信口开河。一次我问一位村民:“你希望孩子最起码读书读到什么时候呢?”只见这村民突然不好意思地看着我,两只长着茧子的糙手来回地搓着,操着满口乡音的普通话开口说:“我们都是农民,不懂这些,现在都说读书好,我们也就希望小孩有出息考个大学。”在另一次采访中,也有村民回答说:“我们也不希望小孩以后再种田,太辛苦了,还是考上大学考出去。”其实,这些村民也是说出了大家的心声,许多村民为了孩子都选择了就近务工,方便照顾孩子。教育这个曾经在农村当中可有可无的话题,已渐渐成为这一辈父母对子女的期待,是他们愿尽己所能盼孩子出人头地的情感寄托。

但遗憾的是,我们却了解到乡村教育的现状与他们内心的期许仍有不小差距。从物质基础来说,农村中多子女是一个很正常的现象。即便国家实行九年制义务教育的补贴,他们还是面临着高年级较高的学杂费、孩子的生活费,以及九年之后陡然攀升的开销。几个小孩所需的教育成本,与父母的能力现状不匹配是为当下农村的普遍现象,还有什么比心有余而力不足更令人潸然泪下呢?我想到一日入户做问卷时曾与一位母亲的对话,她们家家境贫寒,屋子是只盖了两层,没闲钱装修的毛坯房,像一把冷酷的剪刀,撕扯后,揭露出她家窘迫的现状。这家 4 个小孩,长子在读大学开销很大,有 2 个女儿在读小学,日常的教育用度也不轻,还有一个 4 岁的女儿没上幼儿园。这个母亲只能笑笑无奈地说,谁不想让孩子读书,再放几年,有钱了一定送她上学。结合自己平时的见闻,我发现相比之下,城镇里的孩子普遍家庭境遇较好,教育上的消费支出也在父母的承受范围之内,他们的父母便尽力去满足孩子的要求。相反,乡村的孩子,不可能一人掏空父母所有积蓄。因此在教育的选择面前,便只有必要与否,而无如此更好之说。资源获取上的优劣之差,也许从这开始。

农村学校的教育条件虽然值得改进的地方还很多,但在硬件方面已经有了很大的提高。国家的重视加上政府的补贴,让村里的学校都换上了崭新的桌椅还有多媒体投屏。如果说这些配给方面在不断提升、加强,那乡村的另一个教育环节——家庭教育就显得捉襟见肘。调查中,我们发现,现在村里中年人的文化水平基本停留在小学和初中毕业的程度。他们毕业已久,若不是需要看看手机、电视,恐怕连字都要遗落了。村小开家长会,新来的年轻老师带来了新思想——鼓励家长多督促指导孩子学习。可面对这一建议,家长却显得手足无措。孩子的功课在他们看来也只是一堆白纸黑字,他们唯一能做的便只有督促小孩学习,可这又往往让小孩以不会做为由搪塞了过去。都说父母是孩子最好的老师,但在如今这个旧的教育时代不退,新的教育思潮推行的交叉口,如何处理好父母教育水平与子女脱轨,如何让学校教育对这一部分缺失的家庭教育做出补偿,仍令人深思。

乡村作为我们国家的重要组成模块,其作用是不言而喻的。而调查中不尽如人意的现象也让我认识到如今乡村教育还任重而道远,我也更了解到了外公的坚持。他们曾面临着被边缘化的风险,也曾无奈接受简陋的教学环境与微薄的生活补给,但他们却依旧选择坚持,只为带给孩子希望。因此他们的存在,正是乡村教育改革的中流砥柱,推动乡村教育走向兴盛。

一路下来,3 个乡镇 10 个村庄,我知道并不是所有地方的孩子都有伸手可得的教育资源。但在现今教育改革、推进现代化教育的阶段，我见证了观念上发生深刻转变的村里人。我相信，哪怕此刻乡村教育仍面临着如此多艰巨的挑战，但在这样的观念态度下，也一定可以攻克它。

让“春风化雨”留在乡村

孙　泉[①]

我曾知道有这样一个地方，“半壕春水一城花，烟雨暗千家。”时任密州知州的苏轼写下这一千古名笔。超然台上，我凝望着眼前的这座龙城，这里物阜民丰，这里人杰地灵；这座城市八街九陌，这里的人们淳朴热情。只是不曾想到，我有幸可以随同学和老师来到这里，以一个更加深入的方式，完成我和诸城的初会。

如果说诸城是一本书，那么我们此行的任务，便是走进村庄，走入农户，用智慧解读，用心灵感悟。“中国乡村教育研究”是此行的调研主题。“少年智则国智，少年强则国强”，国家如此，村庄定亦然。教育是强国之基，当然也是发展之源。

龙城 5 日，我看到了市区鳞次栉比的高楼，干净整洁、车水马龙的街道，与大城市无异。也看到村庄铺出宽阔平直的马路，盖起排排楼房，建成宽敞明亮的文化设施，尤其是“合村并居”的先进理念在全国推行。恰逢第 5 届全国榛业发展大会召开，全国数百位专家学者齐聚诸城。想必这日新月异的繁华景象背后，定是一个先进的党组织、一个开明的政府，和广大勤勉的劳动人民。

在乡村小学里，我见到了一个个稚嫩的可爱面孔，也有幸与这群阳光的孩子们坐下来

---

① 孙泉，上海财经大学金融学院 2018 级保险精算专业本科生。

聊天。我想起了10年前的自己，一样的充满朝气，一样的欢乐无忧，但终究时过境迁。从一个学长的角度，我读到了更多。

在较为发达的地区，当问起学校的小学生们梦想的学校的时候，大家屡屡提及清华、北大，有些孩子甚至以牛津、哈佛为梦想。问及他们的兴趣爱好，许多孩子侃侃而谈，眉飞色舞地讲起自己的偶像或是梦想。在说到已经开始利用手机进行在线学习时，他们脸上写满了自豪。令我更为意外的是，我欣喜地看到山里的孩子甚至把歌声和球技带到中央电视台。这时我才意识到，经济的发展给人们带来的不只是生活的充裕，更有眼界的开阔，精神的富饶，以及一代代的永续发展。

但经济的发展同样酝酿了问题。发展的雨露总不是均沾的。即便是在这样一个全国百强县，也何尝不经历着贫困的戕害。诚然，局部地区的高速发展深化了经济不均衡的状况，也凸显了落后地区的滞后的教育。匮乏的物质财富阻挡了孩子们望向村外的目光。当谈到大学，谈到职业，谈到未来的时候，他们面面相觑，目瞪口呆，因而我发觉，可能有些学生的足迹，甚至从未踏进过县城。想到先前发达地区的情况，对于这些处境贫困的孩子，便只有更深的叹惋。叹惋之余，我更感受到一种责任感。因为我们此行的目的，正是在田间学习，向乡村反哺，解决这群求知若渴的学生们，这群淳朴热情的农民们和这方宽厚的黄土地的残酷现实的、亟待解决的问题。

我久久不能平息，因为当我与那些家境贫寒的孩子们对视的时候，他们眼里既有呆滞的空洞，也有渴求的光芒，而更多的，则是对外界的怯懦、对出身的无奈和对未来的迷茫。而他们的父母们，他们热情好客，他们淳朴善良，他们努力劳动，他们热爱生活，但是他们贫穷。他们只能坚守，只能等待。坚守这脉脉含情的黄土地，等待那经济发展的东风。

学校的老师们同样为乡村教育资源，尤其是教师资源匮乏而遗憾。许多年轻教师前来支教，却由于各种原因，过不了几年甚至几个月就毅然离开。这样的学校，留得住多少年轻教师？这样的乡村，又留得住多少青年男女？在金钱面前，情怀的感染力不堪一击。因此，当越来越多的学生可以走出乡村，去大城市读书、工作、生活的时候，乡村也被一点点掏空了。没有优秀的教师回到乡村，优秀的学生越来越少，人才培养乏力，因而培养人才的人也随之减少，这就陷入了乡村衰落的恶性循环。人往高处走，但低处何尝不需要人才与精英为之奋斗终生呢？我们呼吁政府借助政策的“大手”，让更多辛勤的杰出的“园丁”有理由自然地留在乡村，建设乡村。

作为全国第二的人口大省，每年流失四十余万人口，而年轻人占了其中很大一部分，这是山东在全国的这场“抢人大战”里的无奈结局。山东，无疑是这场败局的最大输家。而山东的数以万计的农村，也是这场失利的缩影。5天时间里，我在村里乡间遇到的青壮年少之又少。许多学生考上了大城市里的高校，成了父母的骄傲；因为不菲的报酬和儿女的未来，城镇的务工机会格外诱人；而年轻人在村里务农也不可能被贴上“出息”的标签。于是，年轻人离开了他们的“根”，这片村落离开了生长的“茎”。留下来的，多数是年长者和体弱者，以多病之躯，硬撑起这厚重的黄土地继续生活。“抢人”，问题在于留不住人。没有吸引力，就留不住人；没有发达的经济和充足的机会，就不存在吸引力。因此，经济和教育，实则两相依存。

不过我们还是欣喜地看到，政府出台了一系列培养和留住青年人才的举措，村里建起楼房提供更宜居的住所，社区里建起了工业园区提供充足而又优渥的就业岗位，学校里铺上了崭新平整的操场，配置了越来越完备的教学设施。这一切都在为乡村留住“春风化雨”，积极呼应着“乡村教育”的主题，孕育着更加美好的明天。

走访千村，探寻乡情

杨璐溪[①]

在前往千村调查之前，我心中曾有过许多关于调查过程的构想，比方说，会遇到什么样的村民，过程中可能遇到的问题和困难等。不过，这些未知的困难并未成为我前往千村调查的阻碍，反之，对一切未知的好奇与渴望让我更加坚定了前进的步伐。当我真正踏上前往千村调查的道路时才发现，一切都比预想的要精彩很多。

首先，来谈一下第一次采访时的经历吧！俗话说，万事开头难，此言不虚。第一次采访时的经历确实让我印象深刻。因为采访当天，村民们都在干活，所以村干部不便把村民们集中起来采访，我们就跟随着村干部前往村民们务农的场所，对他们进行问卷调查。起初，最开始的几份问卷完成得并不轻松，由于语言交流上的障碍，很多时候都是我听不太懂他们在讲什么，他们也不太理解我的问题是什么意思，所以，问卷调查的进行十分缓慢，一份问卷要花半个小时甚至一个小时的时间才能勉强完成。而且我们 4 个人和受访者们挤在一个挪不开脚的小屋子里面，十分闷热，本就刚刚辛苦劳作完的村民们豆大的汗珠不断地顺着脸颊淌下，但即便如此他们也并没有直接走人或者不配合调查，而是耐心地回答完我们的问题，甚至等到最后我们发给他们配合完成问卷应得的辛苦费时，还不停地对我

① 杨璐溪，上海财经大学经济学院 2018 级数理经济专业本科生。

们说谢谢，这让我十分感动。也正是有了这些村民们的配合，才有了后来采访的迅速高效地进行。还有一次印象深刻的采访经历发生在第二天中午，那是日头正盛的时候，由于过于炎热，村民们纷纷放下了手头的农活选择在屋里休息，整个街道上空无一人。因为村里农户居住地比较分散，我们只能挨家挨户地进行调查。骄阳似火，路途遥远是对采访者们最大的考验。甚至有同学在磨破双脚，已无法正常行走的情况下，却为了完成任务，坚持一瘸一拐地到处走访调查。当然，在这个过程中，我也深深体会到了团队分工合作的重要性。我与队里另外 2 个成员一起，由荆州本地的同学负责聊天问问题，另一个姑娘负责记录，我负责拍照。3 个人齐心协力，使得本来看似繁多的任务，很快就被我们完成了。

接下来，就来谈一下采访过程中的直观感受吧。在走访过程中，我特意观察了一下，很多农村里都盖起了一栋栋的楼房，基本上各家各户都装上了空调，买了摩托车或电动车，可以说，近几年，在乡村振兴发展战略的带动下，农村发展速度很快，面貌日新月异，与多年前的农村已是完全不同的光景，这让我为他们高兴。而且，基本上一个村 20 户里面大概会有 15 户，也就是 75％的农户家里安装了宽带，大家也纷纷学会了网购，这正好反映了如今互联网在农村普及率上升的现状。随着互联网深入农村工作的深入开展，互联网在农村普及程度大幅上升，有关数据显示，截至 2018 年 12 月，农村网民规模达 2.22 亿人，占整体网民的 26.7％，较 2017 年底增加 1 291 万人，增长率为 6.2％；农村地区互联网普及率为 38.4％，较 2017 年底提升 3.0 个百分点。这种种现象表明，近几年来，农村居民的生活质量确实在逐步提高，生活条件在逐渐改善。

农村良好的居住环境令人心生向往，但是，有一点确实引起了我的注意，就是关于农村的留守儿童问题。根据此次调查结果，农村外出工作人口占成年人口比例很大，而留守儿童的现象较为普遍，绝大多数留守儿童都是由家中年纪较长的老人来进行抚养。而跟随父母一起外出前往城市读书的孩子所接受的教育往往更好，质量更高，这一点是毋庸置疑的，毕竟城市有着更为丰富的教育资源和更高的教学质量，而且现在留守儿童呈现低龄化态势，但我们知道，孩子的学前教育非常关键，对孩子的将来以及一生的发展都会产生或多或少的影响，而孩子的教育和成长与父母是密不可分的，尤其是在目前乡村学前教育发展不完善的情况下。而针对这一问题，我认为可以从两个角度出发，寻求相应的解决措施。

第一，国家可以通过相关的政策扶持，鼓励孩子跟随家长外出读书。其实，根据我在此次调研过程中的了解，很多家长是愿意把孩子带在身边自己亲自教育的，只不过城市的负担太大，无论是生活费，房租等都是一笔巨大的开销，而普通的外出打工的农民工往往工资不是太高，除去这些费用，所剩无几，还要定期寄钱给在农村生活的家人。而孩子的到来，负担就会增加很多，要保证孩子日常的营养不说，最重要的是学籍问题。很多外出打工的农民因为户口不在当地，所以孩子面临升学问题时，伴随着的会是一笔高昂的借读费，而这笔费用让许多想把孩子接到身边抚养的家长望而却步。而这一亟待解决的问题就需要国家相关政策的扶持，比方说，取消借读费或是解决外来务工人口的落户问题等。

第二，可以出台政策鼓励返乡创业。根据调查结果，大多数外出务工人员是不具有返乡创业的意愿的，而在当地农村人口中，从事农村创业项目工作的人寥寥无几。然而，如果农村有大量的创业机会，越来越多的外出务工人口纷纷返乡创业，这样自然解决了父母与留守儿童长期分居的问题，而且另一方面还拉动了当地经济的发展，一举多得。一是可以有效地整合农村地区现在的各类生产要素，充分挖掘农村发展的潜力，为加快农村经济发展增添更大的动力；二是可以为解决"三农"问题、增加农民收入，改善农民生活的渠道，农民自主创业不仅解决自己的就业问题，还可以通过发展多元化创业主体和多种创业形式，创造更多的就业岗位，带动更多的人就业；三是通过引导农民进城开办个体经营，有利于方便城市居民的生活。当然，在这一点上，有一个需要特别关注的问题就是现在很多农村发展模式出现同质化，基本面貌都差不多，都是搞旅游、农家乐之类的项目，长此以往，容易造成审美疲劳，市场容量有"瓶颈"。

总而言之，此次千村之行收获颇多，让我不仅了解了当地的风土文化，感受到了当地人民的热情与善良，更多的是，拥有了一次亲自下乡，探访中国乡村民情的机会，这样的体验与在书本上获取知识不同，是更直观的、更为深刻的。总之，千村调查，不虚此行！

我将永远记住这个夏天带给我的快乐与美好，将所见、所思、所感铭记于心，愿我们青山不改，绿水长流！

苍天无情，书山有径

黄淑琳[1]

我幼时可以说是长于湘西农村，父母需在外打拼，每当放假之际只得把我留给外公外婆照看。

我知道农村和县城并不一样：没有干净的厕所，只有臭气熏天的粪池和嗡嗡作响的苍蝇；没有稳定的电，只有太阳持久炙烤的白日和闪亮星河照不明的黑夜；没有自来水，只有一公里外静静流淌着的小河。孩子总是能在苦中作乐：田野里偷吃粮食蹦蹦跳跳的蚂蚱，河水的波浪荡漾出斑驳的光纹，山林里结满水灵饱满而粉嫩的桃子，都让我忘却了初到农村时每天要向父母打电话抱怨的水电、如厕的问题。

等到我在小学升入高年级，父母的事业也有进展。我不需要假期再去农村，外公外婆反而可以住在我家颐养天年。

但是我从未忘记过农村予我的恩惠，它让我知五谷杂粮来之不易，城市便捷的生活是三生有幸。当我初中毕业之时，学业之余与家人交谈之时，我方知幼时乡下玩伴已不能继续读书，家庭的重担让她不得不外出谋生。而有幸与我一起读到初中的另一玩伴尽管学

① 黄淑琳，上海财经大学会计学院2018级会计专业本科生。

习成绩优异，却不能上高中，只能去就读师范专科生定向培养计划。我当时意识到，原来能念书，念自己想要念的书，是这么地幸运。而那些善良、聪明、勤劳的玩伴在这个社会中原来是需要努力挣扎的底层人民。我们幼时都玩着同样的游戏，捉过同样的鱼，背过同样的诗。我如何也不愿相信幼时分明相差无几的我们如今走向完全不同的人生？我还在读书，可已有同伴身为人母。

我一直想知道那个村子究竟以前是什么样的，现在我离开了这么久，它又变成了什么样。母亲总是说她小时候日子过得很辛苦的村子是什么样的，离开村子去工作的玩伴家又是什么样的光景，我偷摘过梨的隔壁人家是不是也过得如此紧巴？他们的子女和我的人生又有着什么样的区别？我不知道，升上高中后忙于学业也没有空让我去了解。

当我步入大学，在“思想道德与修养”的课堂上听到范静老师谈到千村调查。我感到仿佛我最深处心房的窗子被风无意吹开，让最暖的阳光照了进来。我下定决心要参加一次千村调查，回到那个我生活过的村子，去大地上真切地感受她的呼吸。

于是我报名了千村调查的返乡项目。在宣讲会上，当问卷发下来的时候，我踌躇满志，问卷虽长，但我决意要将每户人家的情况都调查清楚。我心中自拟了调查时的场景，天真地觉得不必一户一户去调查，而是把大家召集起来一起填一起讲解就可以了。于是每个问题到时候都会有显而易见的答案。

当我进入村子里时，我发现事情并非那么简单。村子里的人早已不是我熟悉的了，老人们更老了，听不懂更甚者听不清话了；小孩们都不见了，随父母迁居到县城念书了，而不是待在村里只有8个学生的小学。我所调查的12户人家里，全都是只有老人在家，他们无法听懂普通话，更不要谈上能识字了。在这种情况下，我只能一户一户地问然后自己记录答案，而与我同行的伙伴因为方言的关系帮不上一点忙。其中还有耳背的老人家需要我反复问很多遍才知道我到底在说什么。就连最基本的信息如电话号码，有的老人家都不能完整地告诉我们，我们还要帮他看电话本上的字，问他的名字找对应的号码。后面那些复杂一点的问题换了几种问法才能让老人明白到底是在问什么。

所幸村子贫穷的境况并未让村民们的热情善良揉成势利精明。每到一户人家，他们都会拿出最新鲜的瓜果给我们吃，劝我们道：“城市里的确什么都有，却吃不到最干净的这些东西。农村嘛，最不缺的就是这些了。”

他们受教育程度的确不高。我知道他们过去的生活实在太苦了，能念书，能念好书是万中无一。我和他们谈了很多很多，知道了很多关于他们上学的故事。没有小学，他们要翻过两座山去隔壁村的小学上学；没有初中，只能去乡镇或者县城寄宿。但是与之相比最怕的还是没有钱。村民们坦言，无论是子女还是自己上学，每个假期挣学费的日子都是被汗水浸透的。开学的日子不是作业没写完的痛苦，而是日日夜夜劳作仍然凑不齐学费的焦急无奈。初中毕业的村民告诉我的故事让我对寄宿又有了不一样的看法。我们如今的寄宿是4人一间，设施齐全。他们的寄宿听上去和我们无异，实际上住的却是一间一间的教室，几十个人住在一起。冬天教室太大太冷了，把所有的被子都盖上都还是冷的，周末只能不下床少出门，为此甚至不吃饭吃前一天买的粥——自然已经冻了，提前打好热水放在壶里就着喝了。

最令我难过的是以我目前的学识，我想不出可以做什么去帮助他们。每每结束问卷之后，村民们会嘱咐我这个大学生要好好念书、好好工作，这样就能挣到钱好好生活。我感激千村调查，感激它予我一个受益匪浅的机会。我从未如此真切地感受到“打赢脱贫攻坚战”政策落实下来的艰难；同时，我亦感受到村民们身处贫困中对于希望的那份执着。

“我应该好好念书，以后能有机会、有能力让你们过再好一点的生活，让大家都能像我一样可以想要上大学就能上大学。”当他们给我送来切好的瓜果，并嘱咐我的时候，我这样想着。

重山之中，星光自起

龚筱敏[①]

终于录完了厚厚的20份问卷，在电脑前奋战多日的疲惫霎时烟消云散，反而又多了几分兴奋与怀恋。此时虽然已距永善之行结束一周之久，但经历持续几日填录，这20户人家的故事又随着一条条数据跃然纸上，路途中的百般心情感触亦伴之涌入脑海。

2019年7月28日，我与6位同伴从昭通乘大巴前往永善，大概是因山高路险，高速公路收费昂贵，大巴选择自国道通行。4个小时的车程里，山路蜿蜒险峻，沿着金沙江奔流向东之势，上高山下峡谷，沿路随处可见的是落石警告和百米飞流。尽管我本就生活在云南山区，旅行之时也曾见过许多诸如此类的险境，仍不禁屡屡向窗外眺望，在心中幻想我们将要前去的究竟是一个怎样的世外桃源之地。夜幕降临，山中唯些许车灯与点点星光做伴。忽而一片灯火于远方初现，不久后大巴驶下一个陡直的大坡，我们终于进入了永善县城，下车后，当地与昭通截然不同的湿热气候需得我们花些时间适应。一行人拖着行李箱在说笑中连续爬了3个陡坡后，终于到达酒店与小队其他成员汇合，一路说笑的内容无疑是这峡谷傍山之城的奇妙地势，衣服也早已被汗水浸透。之后便在离酒店不到百米的川

① 龚筱敏，上海财经大学商学院2018级市场营销专业本科生。

菜小馆吃晚餐并由曹老师简单交代了接下来几天的工作和行程，初次参加千村调查的我，心中不免有些小小的紧张兴奋，认真准备好了第二天所需的材料便早早入睡，以便翌日能精神饱满地早起迎接第一日入村入户调查。

7 月 29 日一早，我们在永善教育局胡副局长的陪同下前往第一站——务基镇白胜村。乘车沿着比昨日更加艰险的山路曲折上行，沿路的车很多而道路却狭窄得仅容对向两车缓慢并行，一小时路途里无穷无尽的急弯、陡坡、路面坑洼让大家着实捏了一把汗。车窗外隔江相望的便是四川凉山州雷波县，虽然仅是一江之隔，两地地势却相差甚远——雷波地处江边坡地，务基镇地处江边悬崖之上，据胡副局长所说，两地经济发展也有所差距，因而许多当地人选择跨江到雷波寻找工作谋生。我不禁开始思考，自古有水养文明之说，而如今山区发展落后，又显山水障目之理，难道重山之中必然难以发展吗？到达白胜村时，烟雨蒙蒙，置身这小小的村庄宛如立足于云雾之境。我们在白胜可口可乐希望小学对村民展开调查工作。等待村民到来之时，我独自在校园内游逛，发现面积不大的这所小学，却占据着村里难得的一片平地，得益于外界的帮扶，学校内各种设施一应俱全，无论是媲美城镇学校的电教系统、功能室，还是专为留守儿童开设的亲情室，处处体现着乡村教育的与时俱进。

我访谈的第二户人家，男主人原本在外务工，因自然灾害政府召集搬迁而回家，此后为了照顾家中老人和土地而改为务农，农产品始终只能满足自家消费，难得收入。但由于他和妻子均患有疾病，家中还有两个女儿在上大学，每年大额的医疗费用、学费使得家中入不敷出。2014 年被纳入建档立卡贫困户后，他用扶贫资金种起了适宜当地地势和气候的花椒，由粮食作物到经济作物的转变给家庭收入带来了转机。谈到精准扶贫，叔叔满是对中央政策的夸赞和感激，还特意从墙上取下“明白卡”给我看，表格中家庭详情一目了然，让扶贫工作者能够更好地提供帮扶。

根据《中国精准扶贫发展报告(2017)》数据显示，按现行国家农村贫困标准(2010 年为每人每年 2 300 元)测算，全国农村贫困人口由 2012 年的 9 899 万人减少至 2016 年的 4 335 万人，累计减少 5 564 万人，平均每年减少 1 391 万人。这一切与近年来国家对贫困人口的重视密不可分，大量的人力、财力投入让乡村振兴乘上了翅膀，使得看似不可能的“打赢脱贫攻坚战”志在必得。正如点点星光，照进了山里人的生活，指引着幸福的方向。

第一日调查的最后一站是务基社区。在这里我遇到了与在全国各点进行千村调查的小伙伴们同样的经历——倾听“民生疾苦”。访谈完两户人家后，一位原本在旁边围观的白发奶奶拉着我的手，开始诉说家中的种种贫苦，更因贫穷、缺乏劳动力而受着其他村民的挤兑，最后甚至带我去看了她们家“屋漏偏逢连夜雨”的老房。奶奶说自己身体不好，却终日为此忿忿不平，红着眼眶叮嘱我数遍一定要帮她反映情况。我明白自己只是一个进行社会调查的学生，尚且做不了这么多，又不忍拒绝奶奶，只好告诉她要心平气和保重身体，身体好了日子才会好起来。返回县城时天色已晚，我在车上听着 *Ye Elders Of Israel* 悠扬的旋律，再次陷入了沉思。中国 14 亿人口中，贫困基数极大，仅仅依赖于政策扶贫并不能使贫困人口真正摘帽，那么最有效的途径是什么呢？在我看来，恰恰是本次千村调查的主题——中国乡村教育研究。知识改变命运，在世代为农的山村更显得尤为重要。调查中有几个问题涉及家庭贫困的原因、在外打工遇到的困难，得到的回答许多是缺乏技术、工作不好，这让我深刻体会到发展乡村教育是乡村振兴不可绕过的话题，亦是唯一长久之径。

7月30日的旅途多了几分艰辛，在前往第一站大毛村的途中，先是陡急的山路导致汽车多次熄火，后来碰上了山体滑落、道路受阻，汽车无法继续前进，我们选择下车，顶着高原早晨的炙热阳光步行上山。在大毛村，我遇到了千村调查对象中的又一位典型人物，一位妇女抱着刚满一岁的小孩来村委会参加调查，我与她坐在村委会门口访谈，太阳毫不吝啬地倾洒着光芒与能量，本就起了热痱子的小宝宝烦躁不安，抱着奶瓶阵阵哭闹，我掏出一个本子给这位母亲为孩子扇风，孩子的注意力立刻转移到了本子上，怎料想访谈结束后本子被他那双小小的肉手揉得皱巴巴，仍不肯放下。当我把入户调查的补贴递给母亲时，孩子笑盈盈地伸手来抓钱，周围村民看到后和母亲开玩笑道这孩子以后肯定能当大老板。这位母亲初中毕业便到浙江打工，与同在浙江打工的老乡相识相爱，由于打工工资并不可观，大城市生活费用高昂，结婚生子后她便带着孩子回到老家与老人同住，丈夫一人独自在外打工。

在千村调查过程中，我了解到许多农村年轻女性的家庭情况都是如此，幼龄单亲留守儿童在农村成为多数，孩子长大后，母亲往往又奔赴大城市打工，孩子成为真正的留守儿童。但让人欣慰的是，他们的父母一辈通常学历不高，但在外务工的时候对教育有了更深的认识，因而愿意为子女教育投入更多、有着更高的期许。随着科技的发展，留守儿童父母身在异地也能通过手机与子女、学校时刻沟通交流。此外，由于近年来保障在外务工人员的政策越来越全面，甚至有的子女能够解决户口问题随父母到异地就学。在永善进行千村调查过程中我实际接触过一些留守儿童，也向他们的长辈、老师了解过他们的情况，便不禁将他们与我曾在上海某流动儿童关爱机构参加志愿者活动时接触的流动儿童做对比，流动儿童在异地就学有诸多不易，但相比留守山村，他们更加幸运，能够终日与父母相伴，享受大城市的教育资源，接触更多丰富有趣的课外活动，开阔了眼界，性格、能力都能略胜一筹，留守儿童往往在村野放养、资源有限的情况下很容易走向两个极端——极度自卑自弃、极度骄纵不服管教。因此，留守儿童的关爱缺失和心理发展引导是一个不可回避的命题。就此我认为，村委会除了就资金方面对留守儿童家庭提供支持，更应重视留守儿童的心理辅导工作。

围绕本次千村调查的主题，我们在加快进度完成问卷调查工作之余，跟随曹老师分别与乡村教师、县教育局领导和学校校长、初中学生进行了3场座谈，从教育供给侧深入了解乡村教育，这使得本次调查在问卷数据之余有了更多的主观思维注入，我们听不同的人谈感受，谈见解，发现了许多数据之外的实情——教龄三十余年的一位老师，一直在努力自学提升自己，想把自己所学都传授给学生，他感慨近年来乡村学校硬件发展飞快，却又为难无人指导，自己一把年纪实在很难学会高效使用多媒体。更别提由于教师资源匮乏，师范专科毕业的他从数学教到英语，还要在短期培训后兼职音乐老师；村小语文老师反映家长普遍不重视教育，教育部规定的儿童阅读量要求与家长不愿花钱买书、老旧的校园图书室扭成阻碍乡村儿童求知的一大绳结；县教育局局长点明了新高考改革下，落后地区学校的“痛点”、减负下的矛盾与对策，以及让人眼前一亮的永善职教发展，通过普职比 1∶1 让控辍保学有路可走……尽管乡村教育还有诸多弊病，横向比较城乡教育依然有较大差距，但就纵向而观，乡村教育近年来已取得了可喜的进步。我们看到在种种困境面前，从基层到管理层，无数的教育工作者努力探索着发展方向，这便是重山之中的灿烂星光，闪亮而不孤，终将群星当空，照亮山野，照亮一代代渴望走出大山、摆脱贫苦的百姓，照亮新生代的似锦前程。

人间道山水障目，亦可言山水足金，山水风光与其中的禀性便是山区乡村独享的财富，利用乡土特色发展自身优势，是脱贫路上不可忘却的箴言。以政策助力发展，以教育脱贫推动根本脱贫，更是脱贫之路的终极方向所在。幸而有国家撑腰，有人民奋斗，山区百姓有这点点星光指引前行。我校学子以“厚德博学，经济匡时”为训，此行让我在书本之余深入农村，了解大国体制下的乡村建设，更激发了心中的匡时之魂。唯愿将来，我也能成为助力祖国发展的一点星光。

重山之中，星光自起，循着星光，乡村振兴未来可期。

树人之计，正往扶疏

杨思妍①

“百年大计，教育为本”，教育是立国之根，是民族兴旺之标记。习近平总书记在党的十九大报告中指出：“建设教育强国是中华民族伟大复兴的基础工程。”在全国教育大会上，习近平总书记又进一步提出了“加快推进教育现代化、建设教育强国”的新要求。关于教育强国的论述是习近平新时代教育新理念、新思想、新观点的重要组成部分，亦是新时代建设教育强国的行动指南。2019 年 8 月 19 日，为更深入地了解乡村教育发展现状，我前往浙江省杭州市滨江区浦沿镇浦联社区庙下新村，开展社会调查活动。

溽暑未消，蝉鸣依旧。时隔十余年，我再次来到庙下新村，村落的整体风貌已然与我记忆中的模样大不相同。当年的庙下新村，阡陌交通，鸡犬相闻；农户们在河堤边洗衣淘米，在农田间播种耕耘；居住的多是老式的瓦房，饮用的多是自己抽上来的井水；后院里堆积着烧饭用的柴火，家门口挂着去年冬日制成的肉干。带着自给自足的原始与质朴，却也闭塞不通外，行路不方便。而如今，村里各处皆被宽阔平整的水泥路连接，村口还有一条通车的柏油马路。村中整体的生活水平也大幅度提升，家家户户皆配备了空调、洗衣机、

① 杨思妍，上海财经大学经济学院 2018 级经济学专业本科生。

热水器、电视机等各项生活必需设备,有网有车也成为常态。穿梭于田间小陇间的生活方式已成为过去。村里的居民们大多在乡镇中找到了合适的工作,非农就业人员占到全村人数的93%。与外界相连、逐渐走向现代化是庙下新村的新貌。

不变的是村民们的热情与真诚。虽然问卷烦琐复杂,但是村民们都仔细且认真地阅读填写,非常配合,还经常拿出冰镇的新鲜水果来招待我们。问卷中的有些问题一时不知道明确的答案,比如月用电量、月用水量等,受访者们往往不会含糊地随意编造,而会特意去翻查相关的资料,最后填上真实且准确的数字。

本次社会调研的主题是“中国乡村教育研究”。村子里共有一所幼儿园和一所小学。其中的浦沿小学占地93亩,其教学设备、场馆教室、实验仪器等都较为完善;师资力量也较为雄厚,大学及以上学历的教师占到八成。浦沿小学的整体水平与城市中的民办学校差距并不大,它也吸引着邻村的孩子们前来就读,如今学校内共有约800位学子。随着时代的进步,国家越来越重视教育,相关的战略部署一一下达,政府的相关宣传工作深入推进,村里的家长们也越发感受到教育的重要性,将孩子送入大学已然是村民们的普遍愿望。比起继续在老家重复老一辈人的生活,如今的村民们更希望孩子们通过读书这一条公平的路径,更上一层楼,创造自己的天地。管仲曾叹:“一年之计,莫如树谷;十年之计,莫如树木;终身之计,莫如树人。”诚哉斯言,教育是根本性的存在,正如同一棵枝繁叶茂、盘根错节的大树不能立于孱弱的根上,一个胸有沟壑、腹有乾坤的人也不能缺失了教育。村民们接触到的现代化的、前沿的人与事越多,也越谙熟此理,越是尽力为孩子们创造更好的教育资源。孩子们初中和高中的学业多在邻近的乡镇里完成。近3年来,村里有近85%的孩子成功考入大学,与全省平均水平差距不大。这样的成果,与村民对教育的积极态度及理念是不可分割的。

乡村教育振兴战略在这里获得了卓越喜人的成效,随之而来的,正是乡村整体生活水平的飞跃。而生活水平的提升,又促使村民们渴求更好的教育资源,由此形成良性循环。当下的浦联社区庙下新村,已然实现了每户平均月收入过万的目标,摆脱了过去落后封闭的标签。这离不开村政府各有关部门的合理规划与有力引导,也离不开村中居民们的奋力拼搏、砥砺前行。教之,于千里风幡前振衣;教之,于岁月俯仰间策马。浦联社区抓住了在城镇化、现代化中发展自己的机遇,以教育振兴为基底,实现了如今人民安康富足的锦绣生活。浦联社区的发展方式极具参考价值与借鉴意义,望中国各地的乡村教育振兴战略都能取得理想的成果。

乡村教育的一片冰心

曹婧怡[①]

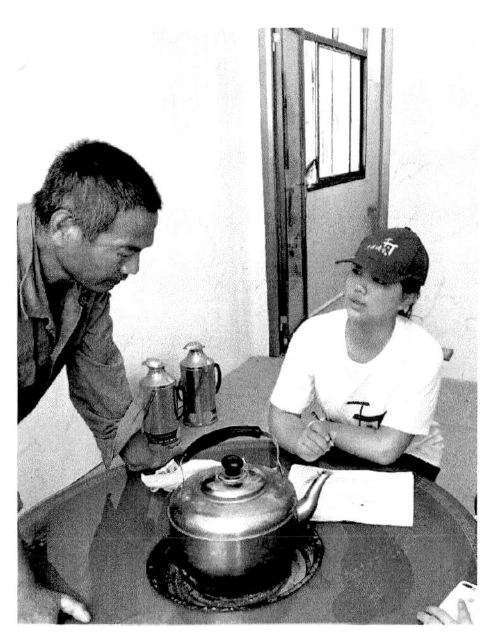

陶行知曾说:“乡村学校是改造乡村生活的中心,乡村老师是改造乡村生活的灵魂。”我们是十几年的受教育者,我们当中大多数人从小到大的生活都是被各种兴趣班、补习班、特长班所包围。小时候,长辈们常常说,“儿啊,要好好读书,这书读多了,才有出路。”于是我们开始拼命地学习,各种考试,各种比赛,一步一步地走到今天,努力成为人前骄子、人中龙凤,毕竟古语云:“万般皆下品,惟有读书高。”可是被教育资源环绕的我们,有时也会忘记读书或者教育的初衷到底是什么,长辈们口中的“出路”总是那样抽象。然而,这次千村调查,让我从乡村的视角对教育有了更加深刻的理解,让我对“知识改变命运”一言有了更加深刻的感触。

以前看过马云的一篇演讲稿,他觉得乡村教育可能是中国教育最大的突破点、薄弱点,因为城市里的孩子、父母、学校都已经被应试教育折磨得苦不堪言,而乡村的课堂里却有那种缺失了很久的纯净感,那种对于知识的渴望,那份对于学习的热爱。此次下乡,更

---

① 曹婧怡,上海财经大学金融学院 2018 级银行与国际金融专业本科生。

是让我感受到了这份纯净感，让我懂得了那些支教老师的快乐，这些孩子们身上的担子也很轻，这些孩子们身上的担子也很重。

千村调查，我们组一行人来到了湖北省宜昌市长阳土家族自治县贺家坪乡中岭村。当我在平正云上输入这个地址的时候，我内心里蹦出两个字"好长!"。我从小在市区长大，对什么镇、什么乡、什么县、什么村的，一点概念都没有，甚至不曾弄清过哪个行政单位更大。可是，当我们一路驱车从市到县到乡再到村的时候，界限逐渐清晰起来，简言之，就是越开越穷呗，最后没路了，就步行爬山，穿过比我还高的玉米地，寻找这些大山深处的人家。我们进来一趟都如此费力，那他们多久才能出去一趟啊，他们可曾见过这山外的世界，可曾见过那些高楼大厦，见过那些霓虹灯下的五彩斑斓……

我们就这样一户一户地走，不停地上山再下山，这些从未如此真切感受过的景象让我忘记了没吃午饭的辘辘饥肠，让我忘记了在石子路泥泞间跌倒的疼痛。每家每户的调查过程其实都有些相似，进去自我介绍时，他们不知道上海财经大学，但他们会说"上海呐，很大的哟，你们长大了也要像这些哥哥姐姐一样，去那样大的城市里看一看，去那里闯一闯。大学生啊，你们很厉害呀，一定都是读书很棒的娃娃，将来都是很有学问的人哩!"因为这次的主题是"中国乡村教育研究"，我们进去总愿意找每家每户的孩子聊，但孩子们并不清楚家里的一些情况，父母长辈便会在一旁补充。他们的父母一辈最高的只有初中学历，孩子们自己去过最远的地方不过是湖北的省会武汉，有的甚至只是去过县里。他们的家里几乎都没有空调，没有电脑，我手机的信号也常常连接不上。房子里很空旷，水泥地，几张桌椅，几盏台灯，几乎没有任何家具，苍蝇就在房子里肆无忌惮地乱飞。进去时有些孩子正在门口借着阳光，坐在小板凳上，在一张椅子上一笔一画地写着暑假作业。他们当中的很多人已经上了初中，学历很快就会超过他们的父母，谈及将来时，他们的脸上会露出未来可期的幸福，"我肯定会读到大学及以上啊，我想要读很多很多书呢！学知识多好啊，我以后肯定会让父母过得更好的!"

一个 2019 年刚高考完的女孩子让我印象尤为深刻，她念的是县里的重点高中，路远，一学期也不能回家一次，她说自己考得很满意，9 月份就要去武汉上大学了，念的是教育专业，毕业了，就想回乡当个老师。她的学校是一所刚过一本线的大学，没什么名气，可能大多数人考上了这样的大学会觉得没考好吧，但是，城市里也有无数被教育资源堆砌的孩子，不愿意读书，连二本也考不上呢。我在她眼里看到的纯净是我许久未见到过的，读书带给她的快乐是真真切切的。我们跟她聊天时，她念小学的妹妹站在一旁听我们讲话，她妈妈说，妹妹也乖，读书也认真呢，将来说不定能比姐姐读得更好！母女 3 人，均是一脸幸福，外面是很蓝很蓝的天，很白很白的云，我看着她们，觉得这刻分外美好。在她们的身上，我看见了读书的幸福，看见了教育对这个家庭的改变，看见了她们的美好未来，看见了这个女孩子 4 年之后将把这份快乐以一个教育者的身份继续传递下去。

对乡村的孩子们而言，几本课本真的可以改变他们的命运，中华之崛起在于少年，那乡村的振兴也在于他们的手上。他们身上的担子很轻，没有功利，没有压迫，他们没有被考试压榨得喘不过气，于他们而言，读书让他们的灵魂与思想更加自由，我重新看到了那份对于知识最简单最真挚的渴望;他们身上的担子很重,千千万万个农村青年人的改变是他们家乡振兴的希望,他们要用他们的双手、他们的知识去建设这片养育他们的土地,让他们的小村子,变得更好!

心之所向，素履以往

李　荣[①]

对千村调查的第一印象，始于2018年研究生入学之后，走在绿叶餐厅门前的林荫路上，我好几次和穿着千村调查T恤或戴着千村调查帽子的同学擦肩而过，这引起了我强烈的好奇。后来问了同行的学妹，才了解到，原来这是上财的一个特色实践活动，学妹说，如果我感兴趣，就一定要参加一次，只有参加了，才能真正体会到这个活动的意义所在。由于我本人平时就非常喜欢参加一些有意义的实践活动，于是，我报名了。

我是从西北大山里走出来的孩子，因此，在实践活动还未开始之前，我就对千村调查这个走村入户关注民生的调研充满期待。再加上我们小组的调研目的地就是古浪县，是我这个武威人再熟悉不过的地方。但是，计划赶不上变化，由于古浪县当地政府迟迟没有与我们进行联系和对接，我们只好临时修改了调研地点，奔赴陕西省渭南市的蒲城县展开调研。虽然古浪县不能去了，我内心有一点小失落，但是，对于同为西北乡村的蒲城之行，我同样充满兴趣。

2019年7月24日至7月28日，我们在蒲城县展开了为期5天的调研工作，走访了蒲

---

① 李荣，上海财经大学人文学院2018级现当代文学专业硕士生。

城县3个镇中的卤安村、石马村、齐武村等10个村，共计完成调研问卷250份。因为是身在大西北，因此，在蒲城县的村庄里参与调研，同样充满一种回乡的亲切感，没有多少植被覆盖的光秃秃的山，天不下雨庄家就很难长好的气候，以及面朝黄土背朝天辛勤劳作的村民。蒲城县是在2019年4月顺利脱贫的，除了粮食作物小麦以外，政府还大力扶持发展经济作物，如酥梨和核桃等，在前往调研的道路两旁，总是会看见大片大片的果树，还有向日葵、香瓜的秧苗等。

我很享受和村民填问卷的过程，与其说这是一次调查，不如说是一次漫长却轻松的拉家常。从家里几口人，家种几亩地到年收入和年支出是多少，每填完一份问卷，就彻底了解了一户人家最真实的生活状态，体会到村民们生活中的酸甜苦辣。有的家庭日子过得富裕舒适，早已进入小康水平。如一位小学老教师，家里共有五口人，儿子儿媳都有稳定工作，他在教书的同时，还和老伴儿一起经营着几亩耕地，4个人的重心都在孙子身上，生活支出中除了小孩儿上学会开支大一点，基本没有大的支出。老教师在受访过程中，语气轻松，脸上洋溢着满足的笑容。但同时，也有的家庭日子过得非常艰辛，听到他们的倾诉，会让人非常心疼和同情。如一位接受调研的农村妇女讲到，她家共有五口人，公公婆婆和自己都是高血压，需要常年靠药物调节，两个孩子都在上学，一个上初中，一个上职业学校，教育支出相对较大，而家里的经济重担，就都落在丈夫身上。她因为既要照顾老人做家务，又要养病，因此难以分担丈夫的辛劳，还为此而觉得非常难受。当我问到她是否觉得今年的生活水平有所提高，她只是默不作声地摇摇头，但当问到是否对明年的生活水平有所期许时，她还是微笑而坚定地告诉我“虽然辛苦，日子还是要过，肯定是期盼着越来越好呀”！“幸福的人都是相似的，而不幸的人，各有各的不幸”，虽然每个家庭的生活水平有高有低，但是，我相信，只要对生活有乐观积极的心态，再加上政府政策的支持，每个家庭的日子肯定会越来越好的。

2019年千村调查的主题是“中国乡村教育研究”，因此，在调研过程中，我也特别关注了村里的教育情况。首先，跟其他乡村比较类似的一个情况是农村人口流动的情况，村里的年轻人基本都外出打工了，而随着农民对教育的重视程度加强，很多孩子都去县城或者省城读书，现在留在村里的，基本上是还在上幼儿园和小学的孩子，以及年龄较大的老人。其次，很多学校因为学生的流失较为严重，不得不被合并到其他学校。在一些乡村小学里，由于国家对教育的投入，硬件设施都已经基本齐全，另外，义务教育阶段的营养早餐计划也进行得非常顺利，也获得好多学生和家长的肯定。但是，在师资力量上却仍有欠缺。乡村学校由于资金有限，不能为教师提供更好的待遇，导致很多教师不愿到乡村教书，学校的教育质量也很难得到保证。除此之外，我们很难了解外出求学的学生在县城或者省城学习的真实情况。从村里进城之后的学生，面对新的环境和新的人际关系，他们的学习和生活状态究竟怎样，这是一个非常值得关注的话题。

近年来，一方面，出于农村对教育的重视程度逐渐加强，很多孩子从小学开始就外出求学，一般都是年龄很小就选择住校，有的则是父母专门在外租房，为孩子做陪读；另一方面，由于九年制义务教育的实行，许多乡村的小学和初中进行了整合，取消了高中年级的设置，这使得很多农村的学生选择外出求学，也踏上了自己住校求学的生活。面对这一现象，我们可以持一定的肯定态度，因为寻求更好的教学条件和资源对农村孩子的教育和发展来说是一件好事，同时，也促进了城市与农村在教育、经济等方面的交流。但是，对于外出求学学生的自身成长，我们似乎关心得比较少。学生的自立能力、人际交往能力以及心理健康等问题，也同样值得关注。

我也是农村的孩子，在我上高中阶段，我就发现了这一现象，在去市区上学的路上，我会经常看到小学、初中的学生背着重重的书包去学校。为了能考上好的初中、高中，这些学生往往选择住校，提前开始自己的自立之路。这似乎发展成为一种新时尚，随之而来的现象是每到周末，大巴车就越来越拥挤，大巴车为了赚钱，会避过交警，超载拉人。有时候本来只有 32 个座位的车，甚至可以载 60 个人，而且基本上都是学生。试想，如果大巴车出现意外事故，等于就是在拿一车孩子的生命开玩笑，我想，这种现象，在其他乡村应该也屡见不鲜。那么，我们又该如何为学生的安全埋单呢？另外，过早开始寄宿生活，虽然可以培养一个学生的自立能力，但过早地脱离家庭，却失去了最基本的对家庭、对情感的培养，父母之爱的缺失，对学生心理健康的发展形成了巨大阻碍，可能导致孩子自卑甚至冷漠的心态，这样发展的身心是不健全的。面对这种情况，我们是不是也应该做些什么呢？

在调研过程中，所有的受访者都一直表示，希望自己的孩子能考上大学，找个好工作。虽然很多在公办学校就读的学生，出于国家九年制义务教育的实惠，学费负担大大减轻。但当更多的人选择外面的寄宿学校、托管机构时，高昂的学费却总是让家长一脸愁容，从调研过程中可以了解到，在很多有两个孩子的家庭中，教育支出甚至超出了家庭总支出的 2/3，许多家长仍然表示，教育支出对他们来说，经济压力非常大。但终究是出于望子成龙的心态，他们仍然希望，自己的辛苦努力可以让孩子获得更好的教育机会，这一点上，所有的父母都是一样的心态。一位满脸已经布满细纹的妈妈，在跟我讲述她家孩子的教育情况和支出的时候，我看到了她掩盖不住的微笑，那微笑里，充满温柔，充满期许。

虽然在蒲城县调研只有几天时间，但我却感受到很多跟我的家乡相似的生活面貌，我感到非常亲切和惬意。我也是农村学子的一分子，我有着和他们相似的经历，我见证过整个过程中的艰辛与喜悦。因此，我非常希望这些为了有更多选择，为了改变自己的命运而外出求学的孩子，能享受到更好的教育机会，获得更多的关注。其实，他们不缺教育资源，他们更缺的是陪伴和爱。

在开始调研之前，我总是会抱怨千村调查的问卷过于冗杂，啰里啰嗦一大堆问题，但是当我真正把这些问题提出来，并得到村民们回答的时候，我顿时觉得，这么多问题的设置，有它的必要所在。当每一个问题被提出、被回答的时候，都是一次对农村发展现状的关心和问候。在文学领域，当谈到底层写作的时候，文学评论家张清华曾说，底层写作令他感到震撼并产生了强烈地为之辩护的冲动，因为他以为，最重要的还不是“对苦难的拯救”，而是“看见”，因为“你不能要求对苦难的叙述者去消除苦难本身，他做不到”。其实，我觉得，千村调查的意义就在于，作为调研者，我们就是张清华在文学上所说的“苦难的叙述者”，我们是以自己的角度，去“看见”乡村。当然，我们的师生所担任的角色意义更为广泛，我们是乡村人民生活原貌的观察者和发声者，这里的生活原貌，不仅包括苦难，还有乡村发展的美好，是对乡村历史巨变的追踪和见证。而我们千村调查的任务，也同样是更为广泛的，我们不仅要“看见”，更是要为看见的现象和问题，建言献策，参与到乡村建设的工作中来，充分发挥自己的价值。

作为一名有理想有担当的青年大学生，我们对乡村的认识，对国家的认识，对生活的认识，绝对不能仅仅停留在理论的阶段，也不能停留在“看见”的阶段，我们需要的是调查，是实践。只有自己真正实践起来，用自己的眼睛去看，用自己的耳朵去听，用自己的心去感受，我们才会有空间去认真思考，我们到底要成为一个怎样的人，要做什么有价值的事。而千村调查，刚好为我们提供了一个这样的平台——“走千村，访万户，读中国”，这个口号，不仅仅是一个口号，更是一种价值方向的指引。

时光匆匆，明年夏天我就要毕业了，这是我两年研究生生活中第一次也是最后一次参加千村调查了。2019年7月，我参加了学院组织的贵州爱心援助活动，参加了陕西的千村调查，我过得忙碌充实且有意义。我想，我会继续带着这些美好的经历和感受继续前行的，在今后的学习和工作中，它们都将会是我非常宝贵的经验和财富。

乡村振兴，路在教育

付俊雯[①]

2018 年 9 月作为马克思主义学院思想政治教育专业研究生一年级新生的我，入学还没有多久，在我院范静老师的介绍下第一次知道了学校的千村调查项目，内心十分激动，因为本科 4 年我都没有机会参与由学校组织的大型社会实践调查。即使老师一再强调农村调查的艰辛，我仍然满怀着期待，期待着自己在这样一次实践中去感受中国。

我了解到学校的千村调查项目已经延续 11 年了，在千村调查的第 12 个年头里，此次调查的主题是“中国乡村教育研究”，非常贴合国家近几年来比较关注的问题，此次调查通过上千名上财学子的实地走访，深入了解农村教育事业的现实状况。十几年来，我校已经通过“中国农村互联网应用状况调查”“我国粮食安全问题调查”“农村养老问题现状调查”“农村创业现状调查”“农村生态文明建设状况调查”等主题深入农村进行了调查，为国家解决“三农”问题提供了数据资料，为国家相关部门的决策提供参考。在十几年的努力中，一批又一批上财学子，切实地感悟农村发展状况，更加坚定为祖国发展贡献的决心，我相信也有我的前辈们在千村调查的触动下选择扎根农村，为农村振兴带去生机与活力，这也是我参与千村调查的初衷。

---

① 付俊雯，上海财经大学马克思主义学院 2018 级思想政治教育专业硕士生。

生于农村的我，对农村的发展状况既熟悉又不熟悉，此次我以学子和调查者的身份来到我的家乡江西省上饶市余干县进行了为期6天的调查，在走访2个镇10个村的过程中，我站在不同的角度来观察农村，像我们的口号那样“走千村，访万户，读中国”。最大的感受就是乡村振兴，路在教育。

2019年7月22日，我们一行13人在经济学院崔士超老师的带领下，来到了江西省上饶市余干县，到达的第一天，我们所面临的衣食住行与上海的差距是大家要克服的第一个困难。在我们的队伍中，大多数队员出生和生活在城市，他们第一次踩在中国农村的土地上，巨大的落差，但我没有看到他们有任何的抱怨，他们都是入学不久的学生，却能够主动地配合老师和我这个队长规划每一天的行程安排和任务，在几天的合作和相处中我能感受到中国青年的未来，能感受到我们的“00后”并没有像大家口中所说的那样娇生惯养、脱离实际，我相信未来中国的力量会越来越强大。

我们队伍走访的第一个村是余干县瑞洪镇的湾头村，当我们到达时，驻村第一书记、村支书、村主任都站在门口迎接我们，他们对我们的到来的热情欢迎让我们受宠若惊，这是一种中国人骨子里对于读书人的尊重，在那几天我们无论走到哪里，村干部们都会称呼我们“上海来的大学生”，他们欢迎我们的到来，仿佛在我们身上看到了他们子女的未来。

6天的时间，我们时间紧任务重，汗水浇不灭我们的热情，烈日也赶不走村民对我们工作的配合。在其中有一件让队友们非常感动的事情，我们调查的那几天碰上了当地的“双抢”，抢收第一季水稻和抢种第二季水稻，当村主任帮我们联系村民来接受调查时，好多村民们直接从地里田间赶来，卷起的裤腿上满是泥土，那是生活的象征，是希望的象征。村民们的质朴与善良，让我们有了更大的动力和干劲，我们头顶烈日，走在农村的道路上一家一家去询问能否接受我们的调查，被拒绝、被质疑、我们不曾灰心，到最后被接受、被认可，真诚、不舍与感动。现在回想起来他们那质朴的笑容和纯洁的眼神依然清晰，穷山恶水不再出刁民，中国农村的实际并没有很糟糕。

在问卷中，村民最感兴趣的话题是子女的教育问题，尤其是当我问到“您希望您的孩子至少接受完哪个阶段的教育?”很多村民都会露出笑容告诉我，“当然是和你们一样读大学咯。”很多村民一下子变得侃侃而谈，好像是要把内心所有的期望告诉我。当然也有一些人会冷冷地说一句“随便小孩自己怎么想”。对待教育他们有着两种截然不同的态度，所幸的是还没有人直接告诉我“读书没用”，在我看来中国农村还是有希望的，中国振兴之路何在，我想在教育，在思想先行。在调查中我了解到很多人培养子女读完大学，子女有了一份很好的工作走出了这个小乡村，提高了家庭生活水平，或许我不能夸张地说他们改变了命运，但是至少从现在开始可以改变贫穷的代际传递。

不说教育是唯一的出路，至少是一条只要肯走就有收获的路，乡村教育的任务就显得尤为重要，走好农村教育的第一步，才能让更多的农村学子感受教育的力量，才能为他们的成功打下基石。国家需要努力，社会需要努力，作为未来教育者一员的我也需要努力，不畏艰险，砥砺前行，为中国教育事业贡献绵薄之力。

用心发展教育，用爱守护未来

郭美彤[①]

2019 年是上海财经大学开展千村调查项目的第 12 年，今年的调查主题是“中国乡村教育研究”。习近平总书记曾经强调“时代呼唤担当，民族振兴是青年的责任”。教育和振兴是建设乡村的两大关键，我们这次“走千村，访万户”，就是为了调查农村人民生活以及教育现状，形成较完整的调研报告，供国家相关部门决策参考。我很荣幸自己参加了今年的千村调查。在调查的过程中，我不仅对自己熟悉的村庄又多了几分了解，同时，对当下的国情也有了比较充分的认识。

我调研的地点是我从小长大的村庄——郭家庄村，我们村有一所幼儿园和一所小学。小学大概是 1942 年建的，幼儿园是 2005 年建的。以前村子里的孩子们都在这里上学，每个年级的人数也很多，附近没有学校的村子里的孩子也在这里读书。那时候这里的学习氛围很好，升学率特别高，虽然我们离县里的学校也就几分钟的路程，但是由于教学质量

① 郭美彤，上海财经大学国际文化交流学院 2018 级语言学及应用语言学专业硕士生。

不错,很少有人送孩子到县里的学校读书。

但是近些年来,随着社会经济的不断发展,村里的教育也发生了一些变化,主要体现在:

一、师资力量不足,缺乏年轻的教师团队

据调查,目前村小学里面有20名教师,大部分年龄都在30岁以上,甚至还有几位老师已经50多岁了,仍然在教育一线奋斗。师资力量的不足是影响乡村学校教学实力最主要的弊端。

虽然不乏有年轻的老师投身乡村教育,但是几乎很少有人选择留下来长期在农村的小学教学,这样就导致后备的师资力量严重不足。整个学校只有一位英语老师,负责三到六年级的英语教学,这样不仅加重了老师的教学任务和负担,同时也影响了学生的学习效果。很多家长也都看到村里小学师资力量不足的情况,为了孩子们能够接受到比较好的教育,只能把他们送到县里的小学去读书,很大一部分生源就是因此而流失的,所以师资力量的强弱是影响乡村教育发展非常重要的因素,必须想办法扩充乡村学校的师资团队。

二、生源不断流失

学校每个班级的人数,从我上小学时候的三十多人,减少到现在的每个班级只有几个人。学生人数是少了,但乡村教育不可或缺。学生数量的减少主要是因为随着城市化建设进程的加快,农村的青壮年劳动力大多选择去大城市谋生,这样一来,许多孩子因为在家无人照顾,只能跟随父母去异地读书,留下来的只有父母在家或父母无力支付大城市教育成本的学生,而这一批学生的数目只占很少的一部分。还有一个很重要的原因是由于教育在当今社会的地位越来越高,家长希望孩子可以接受更好的教育,所以把孩子送到县里教育资源相对更加充足的小学去读书,村里小学的学生数量也就变得越来越少了。

在这种情况下,大家可能会想,既然学生数量这么少,为什么不直接停止办学呢?这是因为村里还有很多读书的孩子是由行动不便的老年人负责照顾,如果村里没有了这所小学,年幼的孩子无法去路途比较远的县里小学,而爷爷奶奶年迈,无法去县城照顾他们读书。另一方面,近些年来不少农村小学都陆续停办了,对附近不少人来说,这所小学存在的意义十分重大。

三、教学设备和硬件设施不完善

我在走访调查过程中看到,这所小学里没有专门的操场供孩子们进行体育锻炼,课间操的时候,学生们都是绕着教学楼跑圈,结束以后在大院里做操,而且学校也没有配备很多可以供大家进行体育锻炼的体育器材,如乒乓球桌、篮球架等。虽然学校的条件不是很好,但是这丝毫不能影响学生们奔跑和学习的热情,每天早上我都能听到琅琅的读书声,课间操能看到他们跑步和做操的身影,这是一股积极向上的力量。为了孩子们能够健康地成长学习,我希望学校里的硬件设施可以更好一些,能够给孩子们一个更加理想的

环境。

这几天在村子里的走访和调研，我真的感触良多。经过近些年来的发展，村里人的生活条件有了很大的提升，很多人都盖了新房，甚至有的在县里买了商品房。村里整体呈现出一副崭新的面貌，每个人脸上都洋溢着幸福的微笑，邻里之间关系和睦，经常在饭后坐在一起乘凉聊天。村里还有一个文化广场，里面有图书馆和活动室，大家可以在那看看书，写写毛笔字，下下棋等，业余活动十分丰富。最值得一提的还是村里每天晚上都在广场上跳舞，不论男女老少都可以参加，有专门的老师教学，在各个节日都有机会上台表演，这支广场舞队，在县里参加比赛的时候还拿过一等奖呢，听他们说起这个，满脸都是幸福！

虽然郭家庄小学缺乏年轻的师资队伍，没有充足的学生生源，也没有完善的教学设施，但是我采访的一位小学教过我的老师告诉我，她已经五十多岁了，这辈子在这个小学里教了二十多年了，教书是她这辈子最热爱、最喜欢的事情。后年她也不打算退休，打算一直这么教下去，哪怕整个学校只剩下一个孩子，她也还是会走上那熟悉的三尺讲台，一直到她再也走不上去的时候……听到她说这么一番话，我的眼眶有些湿润，我为村里的孩子们感到开心，为他们有这样的老师开心，为老师一直坚守心中的梦想，毕生为教育事业奋斗开心。

这次调研让我深刻理解了“经济匡时”校训背后承载的深刻内涵，明白了我们青年肩上的责任。我希望这次调研对乡村教育发展来说是一个起点，而不是终点。希望每一个在村里读书的孩子都能在未来属于自己的道路上发光、发亮、走得更远！致敬每一位奋斗在乡村教育一线的教师，感谢你们一直在用心发展乡村教育，用爱呵护祖国的未来！最后我希望我的家乡可以发展得越来越好！

由调查打开视野，以教育启迪心灵，用行动展开未来

雷慧超[①]

初识千村调查项目，是在 5 年前，彼时我还不是上财人，从本科就读上财的同学那里了解到，他们是跟着老师去农村做调查，有组织、有纪律、有指导、有收获，当时就心生羡慕。2019 年，我有幸在正式成为上财学子后，上财推出了暑期的千村调查项目，且主题是“中国乡村教育研究”。一方面教育问题一直是我感兴趣的话题，另一方面和自己将来的就业方向正好契合，所以立刻就决定报名了。千村调查于我而言，不只是学校的任务，更是自己对家乡教育、小学生教育的实地探索，是我即将为人师的一场历练。

在千村调查培训期间，老师曾说，很多学生都没有见识过真正的农村，当时我心里就犯嘀咕：“我可是村里长大的孩子，农村调查可难不倒我。”然而接下来暑期的实践证明，没有深入调查就没有发言权。7 月中旬，我带着厚厚的 13 本调查问卷返回了老家，开始我的暑期社会实践征途，也从这里打开了对家乡教育现状的认识大门。

第一天返乡，是由爸爸带我回去的，虽然我在这个村子长大，然而从上初中开始，就很少回来了，村子里的许多人和事都已经发生了变化。我的家乡叫石羊村，是河南省北部平

① 雷慧超，上海财经大学国际文化交流学院 2018 级语言学及应用语言学专业硕士生。

原一个两千多人的小村子。村里目前仅有一所小学，共 6 个年级，每年级一个班，全校师生人数总共不到 140 人，学校没有专门的音乐、体育、美术教师，每位教师身兼数职，十分辛苦。这所小学已经有五十多年的历史，我也曾在这里度过天真烂漫的孩提时代，然而现在我的母校却面临着教师资源短缺、生源流失严重、设施陈旧、资金匮乏等一系列的问题。“回想十几年前，这所小学可是附近几个村庄最出名的学校哩，现在大家都去私立小学了，资金、发展跟不上，招不到学生更招不到老师!”带我参观的谢老师感慨道。谢老师曾在小学母校任教十几年，现在在村子里做幼儿园园长，管理着村里幼儿上学大大小小的事情，如今已在退休年龄的她，把大半辈子的时间都献给了村里的教育事业，而今的状况不得不让她揪心。

由于我们在村中人脉还算广，很快敲定了即将去调查的住户范围。在接下来的一周时间内，我们开始了入户调查。首先我们从老家的三户街坊开始，一来是因为我对街坊的家庭状况还算熟悉，另一方面调查的街坊对我比较熟悉，在涉及一些比较私人的话题时，可以放心地讲而不会有太多的顾虑。最开始的两户调查，每一项我都会事无巨细地细细“盘问”，然而两家下来，这样的做法很明显效果并不太好，一是占用时间太多，二是在部分问题上，尤其是涉及收入支出时，“明目张胆”地提问显得生硬不礼貌。

在当地随行老师的建议下，我们调整了调查策略：其一，农业收入部分，其实每户人家每亩地的农业收入和支出大致相同，因此不必每一户都详细询问农业开支，知道每户农田亩数再乘以相应的金额即可；其二，有的问题答案是可以提前了解到的，比如“新农合”每年缴纳的费用都是 220 元、本村幼儿园的老师数量、学生数量、本村小学各个年级的情况等，提前弄清这些信息，询问的时候就可以节约时间；其三，在调查问卷里，家庭信息包括收入支出等是在第一部分，而乡村教育在第二部分，但是访谈的时候我们可以先跟村民聊他们比较关心的孩子的教育问题，然后在关系熟络升温之后再自然地引到收入问题上，这样获得的信息更加真实。

第三天开始，我们调整了访谈的策略，收到了不错的效果。在不停的走访中，我们发现，村子里的小学生暑假生活比较枯燥单调，上艺术类、兴趣类辅导班的学生很少，追剧和打游戏占据了大部分的闲暇时间。暑假对于小学生们来说，是从生活中学习，发展兴趣爱好，与亲人朋友相处的重要时机，对于少年的成长具有不可比拟的作用。然而从石羊村目前的状况看，小学生暑假生活状况有许多可以改善的地方。因此我把自己调研的主题定为“农村小学生的暑假生活状况”，利用已经收集到的信息，大概提出了一份调查思路，在与谢老师的深入沟通后，又草拟出一份“石羊村小学生暑假生活状况”考察指南，准备在接下来的访谈中，除了完成调查问卷上的问题之外，再根据指南，主要从学习、生活、休闲、实践、亲子沟通 5 个维度深入了解石羊村小学生的暑假生活状况。

假期的到来，意味着上一学年的结束，学习上正是承前启后的阶段，然而村内小学生的学习内容主要是完成暑假作业，上辅导班补课的比较少，也很少有家长把孩子送到镇上或县里，学习舞蹈、美术等培养兴趣爱好。时间的松散带来不规律的作息，家长对孩子暑假睡懒觉的容忍度比较高，更不用说按时晨练和吃早饭。即使是上了辅导班的孩子，放学回家后可供娱乐的选项也主要是——男孩子打游戏，女孩子看剧。至于利用夏天的假期参观博物馆、出门旅游、做小区义工、志愿者活动等这种本应属于小学生的暑假项目，对于石羊村的小学生来说根本只属于“别人的暑假生活”。而家长对于引导孩子度过充实的暑假，意识淡薄且没有思路。

到底是什么样的原因导致了这样的情况？收入水平低、受教育程度低、小学教育中对假期教育的失策、村内文体设施缺乏、常年在外亲子之间不了解……我们又该怎么解决这些问题？申请财政支持、组建村民互助小组、实行大学生反哺计划、鼓励村内能人办班培养学生其他的技能……当我在石羊村的日子里，这些问题始终盘旋在脑中，直到今日，似乎也只能说，教育是一项全民活动，任何一方的缺失，都有可能会带来不同的问题，而要充分发展农村教育，使农村小学生的暑假生活状况得到改善，最根本的还是在经济上，但是在经济条件有限的情况下，利用石羊村现有的资源，树立起教育意识，才是当下最能立刻见效的。

在与多位同村大学生沟通后，我拨通了谢老师的电话：“谢老师，咱村小孩暑假没人管的这个情况，我细细想了想，草拟出一个‘大学生反哺’计划，暑假请自己村的大学生带大家学习，请自己的学生给自己支教，具体是……”我们或许能力有限，或许在现实的世界里显得天真莽撞，但运用自己的力量做出一点点改变正是“访千村，走万户，读中国”的意义所在。

素质教育在当下

米岚昕[①]

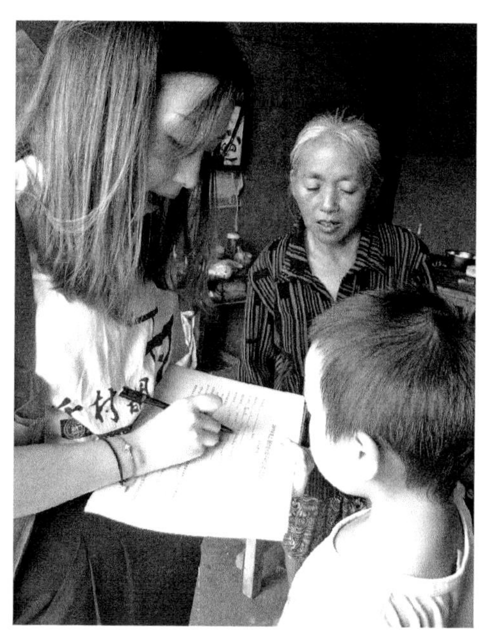

这次有幸参加了千村调查，通过这次经历，我认识到乡村教育是我国教育的重要组成部分，是阻断贫困代际传递的有效途径，重视乡村教育就是重视四千多万乡村学生基本的人权和发展的权利，乡村教育的发展程度对于我国教育现代化和全面小康社会目标的实现有极大的影响。在这次调研过程中，我印象最深的就是乡村的素质教育开展情况。

随着乡村的不断发展进步，我们的乡村教育方向与方法也提出了更多的要求，素质教育也应运而生。在 1996 年，政府就颁布了《中华人民共和国国民经济和社会发展“九五”计划和 2010 年远景目标纲要》以法律的形式将人才培养模式确定了由应试教育向全面素质教育转变，随后，政府部门相继出台了相关政策性文件，强调了以学生的发展为目标的素质教育的重要性，同时也表明了国家改善教育质量，向全面素质教育转变的决心，在党的十九大报告中也强调：要全面贯彻党的教育方针，落实立德树人根本任务，发展素质教育，推进教育公平，培养德智体美劳全面发展的社会主义建设者和接班人。所以，现阶段

---

① 米岚昕，上海财经大学国际文化交流学院 2018 级语言学及应用语言学专业硕士生。

的乡村教育改革处于一种良好的理论氛围和优越的政策环境下。

就芋禾村小学的现状来看，在芋禾村只有一所小学，一栋三层的教学楼，虽然现在都配备了多媒体设备，但教学硬件设施仍较少，艺术类课程内容全由教师自主决定，教师非该专业的人员，相关素养较差，在教师的任用上随意性较大，因为设施上的匮乏，比如说音乐课上只能听歌、学唱歌、学简单的舞蹈，或者是自习，这样就导致了艺术类课程一再被压缩，而相比遂宁市区小学，如高升街小学钢琴、舞蹈室、合唱教室等设备一应俱全，教师也为艺术专业的高等院校毕业生，并且有相关教师资格证，教师也有外出进修学习的机会，在市区有很多年轻的艺术专业高校毕业生等着教师编制的扩充，而在芋禾村小学，因为条件艰苦，遭遇着艺术类课程没人教的困境，也有老师将此地作为一个跳板，考上市区编制就离开了。芋禾村小学一周2节音乐课、2节美术课、4节体育课，虽然课时表面上没有被压缩，但据了解学校主要向文化课倾斜，加上师资和设备的原因，艺术课不够丰富多彩，达不到艺术课想要的效果，制约着当地素质教育的发展。

另外，四川省遂宁市是中国著名的观音文化之乡，最早出现的书院是唐贞观九年(公元635年)遂宁人张九宗建立的，遂宁已有一千三百多年的办学历史，九宗书院、金华子昂诗书台、蓬溪书法已经成了遂宁历史文化底蕴的特殊符号。芋禾村的小学生能够流利地背出课本上的文章，却背不出陈子昂的五言、七言古诗，也不知道遂宁博物馆馆藏了三大国宝之一的荷叶盖罐。随着扶贫政策的落实，芋禾村人民为生计而奋斗，生活水平得到了很大的提高，同时也十分看重孩子的学习成绩，教育孩子好好学习。虽然对贫困的地区来说，脱贫才是第一要务，因为经济是开展一切工作的物质基础，但是，如果在社会中形成急功近利的风气，不注重孩子的身心全方面发展，这是非常危险的，不能忽视小学生的素质教育，更不能抛弃遂宁市优秀传统文化，积极寻找遂宁传统文化与芋禾村素质教育的契合点。

还有，芋禾村人民对学习成绩的重视和素质教育的轻视造成了当前素质教育的窘境。政府机关更偏向于成绩好、升学率高的学校，因为成绩和升学率是学校之间竞争最直观的参考标准，久而久之，这成了学校追求的根本，而忽略了注重学生发展的理念，小学相比于初高中，没有中考和高考压力，学习压力较轻，这个时期是更应该塑造完整人格的阶段，不应该从小就把“分数”二字嵌入学生的思想。家长评价学校、评价老师的唯一标准就也是哪个学校升学率高，哪个学校就好，只要能使孩子考上大学的学校就是好学校，能让孩子考上大学的老师就是好老师，这也是他们对教育的唯一追求。因此，越是穷困的地方，应试教育就越严重，素质教育也就越难推进。就这次调查结果看来，很多孩子的愿望多是歌手等，而家长对孩子的希望多在党政机关工作，虽然这个阶段的孩子对未来规划还不算明晰，对艺术的接触也较少，但对艺术方面的兴趣也是非常浓厚的，但家长并没有站在孩子的兴趣角度为孩子考量。

在乡村小学大力加强应试教育的同时也全面推进素质教育，进而有利于提升农民的整体素质，促进乡村教育事业的快速发展，帮助实现遂宁市整个教育的均衡化发展和解决芋禾村的“三农”问题，一定程度上可以缩小城乡间的差距，促进乡村经济的有力发展，对实现全面小康的目标具有特殊的价值。小学阶段作为九年制义务教育的起点，对这个学段的孩子进行素质教育的重要性不言而喻。乡村小学教育多以课程学习为主，老师和家长往往只看重学生的学习成绩，忽略掉学生的个人潜能，天生我材必有用，虽然有些学生学习成绩一般，但其他方面的天赋和潜能被激发，也能成为对社会有用的人；同时，发展小学生的个人潜能可以丰富他们的校园生活，在自己擅长的方面获得自信和快乐，提升他们的实践能力，在实践的过程中获取课外知识，素质教育得到有效的发展推进也有利于学生全方面发展，在今后的学习和工作上提升竞争力，在培养学生的同时挖掘乡村小学生的个人潜能，为乡村教育培养更多的具有不同能力的人才，为个人、学校、国家争取荣誉。

当前我国农村教育改革的进展是十分缓慢的，我们要想改变芋禾村素质教育的边缘化现象是一个长期的过程，我们不能单纯效仿城市教育，因为毕竟农村和城市不管是在思想观念上还是经济发展上都是有一定差距的，而且农村的改革不是一蹴而就的，发展的进程是较缓慢的，一味效仿城市教育，最后也只能是低标准的城市教育。我们应该把城市教育的模式和芋禾村自身的情况相结合，创建一种具有鲜明特色的“芋禾村教育模式”，相关的教育理论和教育政策都应该以具体的课程、教材、考试、教师等方面为基础做出指导。

乡村教育的振兴之路,道阻且长

乔　梅[①]

我的家乡位于安徽省阜阳市——阜阳和亳州同坐落于皖西北地区,有着相似甚至相同的文化背景和风土人情,而且亳州也曾经归属阜阳管辖,所以来到亳州利辛参与此次千村调查,并且使用相同的方言和他们交流,就像回到自己家中一样,温暖又亲切。利辛县的经济状况和教育状况在整个皖西北地区是十分典型的,皖西北地区面临着相同的发展困境:工业化及城镇化程度较低,没有足够的工厂来吸收众多劳动力,劳务输出和留守儿童问题较为严重;难以吸引和留住高素质人才。

在这几天的调研中,老师带着我们12名学生齐心协力地做好各项任务,"高效"和"辛苦"是调研之旅的关键词,但是重要的还是收获满满,收获的既有彼此之间的情谊,也有观念想法之间的碰撞。此次千村之行为我们4年的大学之旅添上了浓墨重彩的一笔,那些人和那些事实在是令人难以遗忘。一位阿姨的经历一直在我脑海里久久回荡,孩子父亲十多年前在工地干活,被钢筋戳到眼睛感染以至于到后来失去了光明,这位阿姨一直很坚强地照顾两个孩子和丈夫,而且家里十几亩地的农活全是她一个人操劳……现在女儿已经大学毕业,于2019年成为一名人民教师;儿子也正在高中认真读书。阿姨在十几年的

① 乔梅,上海财经大学数学学院2016级数学与应用数学专业本科生。

辛酸往事自不必说,“为母则刚”如是也,给予子女的永远是最深沉和温馨的母爱,歌颂不尽的、沉在内心深处……

在来到利辛的前几天我还在想,今年千村调查的主题是“中国乡村教育研究”,那么乡村孩子受教育状况尤其是能否进入大学学习主要受到哪些因素影响?我一开始的想法是,很多乡村孩子读到初中,由于种种因素导致的成绩不好便辍学,但是能读到高中的就会一直坚持下去;而基本上不是家庭经济问题导致的,在如今的教育体系下,只要愿意上学总是有书可读的。后来的调研的确验证了我的想法,很多学生初中便辍学,绝非是因为家庭经济方面的问题,大多数都是到了初中这些学生成绩不怎么好,也没有继续读书上学的心思了,便离开了校园。

至于这些早早辍学的人有没有在后来的日子后悔,我不能给出肯定的回答。但是,从日后他们十分重视自己的孩子教育这一点,或许可以窥见一二,想必他们也是吃了受教育程度低的苦。

调查过程中一个值得人深思的现象是,很多父母对于孩子的辍学甚至抱着无所谓的态度,认真上初中、高中考上大学很好,但是不想上学了那就十几岁外出打工,也不会过多要求孩子一定要好好读书。对于这样一群孩子,如果相关各方当时能采取一些措施,他们的求学之路或许能走得更远。当然并非只有读书这一条路可走,但是对于这群人而言,上学读书确实足以影响他们的一生。不知道这些父母中有多少人认同“读书无用论”的观点。调查过程中也的确碰到这样的父母,他们觉得小孩子十几岁出去打工能给家里挣钱就挺好的。这样的家庭往往都是家中有几个女孩子,仅有一个男孩子,父母觉得女孩子十几岁出去打工,二十来岁就结婚后便成了别人家的人,无须过多重视她们,但他们通常十分重视儿子的学习。这或多或少也和“重男轻女”的思想联系到一起。

一个很好的现象是,更为年轻的父母对孩子的教育慢慢重视起来,对教育的投入也越来越大,至于原因呢?我觉得是相比于上一代,这一代更为年轻的父母,或者他们外出务工的经历让他们见识到更多东西并有所触动;或者受整个大环境的影响,对孩子的成长和教育真正在意起来了。他们希望孩子在未来的人生道路上走得更顺利,生活得也更为幸福。但是,只要是经济发展缓慢和教育资源匮乏这两大问题一直得不到解决,无法保障一个良好的教育环境,乡村地区的教育状况并不会得到显著的改善。

现在乡村地区教育问题得到广泛关注,大家愿意去了解乡村教育现状,去探寻背后的问题,并不断提出新的教育方案和解决措施,乡村教育必会发展得越来越好,乡村长大的孩子也能接受到优质教育。这是一条漫长的求索道路,但是只要开始行动起来,终将看到乡村孩子更美好的明天。

走访北塔丘村感触多，乡村振兴任重而道远

王雅雯①

2019年暑假，在喜迎新中国成立70周年之际，我响应上财“走千村，访万户，读中国”的号召，结合“中国乡村教育研究”的主题，来到了山东省青岛平度市白沙河街道北塔丘村进行了为期一周多的走访调研，收获良多。

北塔丘村虽然是我父亲的老家，但我出生在城市，也从小生活在城市，只有春节的时候才会回到老家，去村里待上一两天的时间。于是，我从来没有长时间地在村里生活过，也从来没有见过夏日里的北塔丘村。这次千村调查，让我有了一次长时间留在村中的机会，让我体验和感受真正的北塔丘、真正的农村生活。

我印象中的北塔丘村都是冬季的寒冷。家里没有暖气，要靠电暖炉和煤烧的炕头取暖。走出门去，眼前是一片苍茫的田地，树木都是光秃秃的，田间小路上也少有人烟，偶尔传出几声狗吠，一片荒凉的景象。然而，此次北塔丘之行，彻底改变了我对它的印象。夏日里的北塔丘村，路旁是成荫高大的树木，一阵阵蝉鸣声“知了，知了”，此起彼伏。没有城镇的高楼大厦、车水马龙，有的是羊肠小道、寻常巷陌，村民们蹬着三轮车慢悠悠地在小路上穿梭。冬日里荒凉的田地也都焕发了生机，放眼望去绿油油的一片。田里种植着各样

① 王雅雯，上海财经大学人文学院2017级新闻学专业本科生。

的瓜果、蔬菜，在阳光的照射下散发着勃勃的生机。许多农民顶着烈日在地里劳作，明明浑身都湿透了，却仍然不知疲惫。

都说实践是检验真理的唯一标准。“走千村，访万户，读中国”，深入基层，走在田间，才能真正了解中国农村的发展情况和农民的生活现状。北塔丘村属于平度市白沙河街道，全村共有 398 人，土地面积共 3 800 亩，大部分的人家都是在家靠务农为生。在调研过程中，我遇到了很多困难，但也收获了许多感动。村子里，有不愿接受采访的大爷，也有热情好客、要留我在家中吃午饭的大妈；有上了年纪耳背听不清问题的老爷爷，也有对国家的发展、乡村的建设有颇多见解的中学老师……他们的房子都是简单质朴的小平房，屋里没太多家具，院子也没什么特别装饰，基本上都是水泥糊的地面和几张桌子、几只板凳。在走访的过程中，我感受到了村民们的热情与淳朴。他们跟我讲讲村庄故事，谈谈街道发展，无论是闲话家常还是自己最迫切想要解决的问题都愿意与我诉说。在夏日三十多摄氏度的高温天气里，很多家里都没有空调，热得脑门直冒汗却仍然愿意耐心认真地填完十几页的问卷。

走访中，我了解到村民们对于乡村振兴、美丽乡村建设、自身立业致富的愿望是迫切的，但无奈科学技术和自然资源的匮乏，大家的愿望实现得非常缓慢。村民们大多依靠农业为生，多数还是要靠下雨来浇灌田地。而近年来连续的干旱使得很多农作物无法茁壮成长，2019 年的产量必将骤减，村民们对此很是担忧。同时，周边私人企业废水废气随意排放的问题也屡见不鲜，不仅污染了环境，也损害了村民的健康。少数的人家外出打工，但碍于工厂管理水平的低下和自身知识储备的稀少，导致没有独当一面的能力，只能盲目听从，也很难改变落后的生存现状。村民们和我诉说这些问题时语气中透露出的无奈、紧锁的眉头和湿润的眼角，都让我感受到乡村振兴与全面实现小康社会的艰难与不易。

随后，我又走访了北塔丘村民居委会。这里的工作人员都很亲切，在我说明了自己的来意之后，都热情地欢迎我并耐心地接受我的采访。他们告诉我，现在村里存在着基础设施薄弱、工业发展不足、农田水利缺失等大的宏观上的问题。村委会也存在人力短缺，导致部分事情很难及时顾及、反馈。但是村委会和街道办事处仍然会将村民的生活放在首位，始终将服务人民作为自己的工作重心。从 2016 年开始，村中就制定了新的 5 年发展规划，结合 2019 年青岛市正加快突破平度莱西的政策。近期，青岛市的地铁也正在规划建设连接平度的青平城际，白沙河街道北塔丘村将发挥自身特色，快速拉动经济引擎，完善农业建设，给村民们带来最大的实惠和最优的生活环境，建设大强富美新平度和魅力灵秀白沙河。

这一周多的千村调查活动，不仅让我看到了乡村那无与伦比的自然风景，也使我亲身体验到了与印象中截然不同的农村生活，感受到了十几年来中国农村的快速发展和变化。连续数天的奔波虽然带来身体上的劳累，但却收获了心灵上满满的感动。感动于乡民们的淳朴与好客，那一张张饱经风霜的脸，让我感受到真正由土地养育出的劳动人民的坚韧；感动于村干部、街道干部的悉心关照，那一句句语重心长的话，告诉我怎样体验乡村、立足乡村、感受乡村。这里的人们虽然生活条件没有那么完善，但却有着对生活的热情与展望。离开之前，村支书还热情地邀请我一起去葡萄园里采摘葡萄。葡萄园里，紫色的是玫瑰香，绿色的是金手指。在阳光照射下，一嘟噜一嘟噜的葡萄映出淡紫色的、浅青色的光芒。“平度大泽山葡萄可是在全国都有名的！”村支书说着露出了自豪的笑容。

这次到北塔丘村“走千村，访万户，读中国”的千村调查活动，是我人生中一次难忘的经历。它让我对农村、农业和农民有了新的认识，也让我对自己的学习生活有了新的目标。“中国美、农村必须美，中国富、农民必须富”，我下定决心要在未来的学习和工作中更加努力，为我们祖国的建设贡献自己的力量。

勿让乡村成为歇脚驿站

沈　鑫[①]

这个暑假我参加了上海财经大学千村调查的返乡调查项目，来到了上海市金山区金山卫镇的八字村调研走访。2019 年千村调查的主题是"中国乡村教育研究"——一个在中国，不管是政府教育部门，还是社会公益组织，都十分关注的主题。现如今，随着社会经济的高速发展，科技越来越发达，我们的校园越来越漂亮、设备越来越先进、图书越来越丰富、网络越来越快，但是留在乡村地区读书的孩子却越来越少，愿意在乡村教书的老师更是越来越少。

一、一个典型的村民家庭

老人孤独地居住在乡下的老宅，年轻人在城区工作买房，孩子在城区的学校上学——这是一个金山典型的中等收入家庭的情况，乡村像是成了城里年轻人的"歇脚驿站"。随

① 沈鑫，上海财经大学统计与管理学院 2017 级统计学专业本科生。

着经济的发展和产业的集约化，资源越来越向城区集中，留给乡村地区的就业机会越来越少，这迫使人们前往城区就学就业。同时，由于前往城区的年轻人越来越多，乡村地区留下的都是年事已高的老人，这更使乡村地区缺少生产力、消费力和吸引力，陷入了恶性循环。在我们所调研的八字村，60岁以上的户籍人口占比高达39.98%，老龄化情况已非常严重，而7～16岁的户籍人口比例仅为3.16%，学龄的孩子越来越少。这引出了一个事实，乡村地区快没有年轻人了。我们都说要大力发展乡村教育，加大对乡村教育的投入，但从另外一个角度来看，乡村地区并没有这么多青少年，这么多投入真的有必要吗？这似乎是一个矛盾。通常来说"照顾"乡村学校需要消耗更多的资源，而这些资源的投入并没有阻挡人们对于城市的向往，不管乡村怎么去努力，似乎都处于劣势。毕竟，现代教育体系诞生在工业革命时期，是为了给经济的发展提供源源不断的知识劳动力，因此教育从始至终都是与经济紧密结合的。当前乡村教育的问题不仅仅是教育本身的问题，更是整个大环境、整个乡村地区经济得不到发展的问题。可见，要想发展乡村教育，仅仅依靠对乡村教育的投入是远远不够的，更需要改善乡村的经济状况，让年轻人愿意留下来，让乡村的土地重新焕发魅力。

二、乡村教师留不下来

我们在走访调研中，发现了一个现象：许多乡村地区学校的老师是住在城区的，每天早上都有班车从城区接送老师到乡下教书，晚上又有班车将老师接回城区，老师们"悄悄地来，悄悄地走"，仿佛未曾停留。乡村有着独特优美的自然环境，有着淳朴的乡风，可以说乡村自有"诗和远方"，但，乡村教育则不是。与城市对比来看，不仅乡村学校设施设备等硬件落后，乡村学校的生源、师资、教师发展空间等软件方面的差距更是越来越大。为了提升乡村教育师资的情况，我们国家也有许多政策来鼓励年轻教师前往乡下教书，但是很多时候，年轻教师即使来了乡村学校，培养、成长了，有的却是为了自己的未来发展，有的是为了家庭与孩子，常常待不到几年，就通过各种方式进城教书或是辞职做其他工作，留下来的寥寥无几。诚然，大家都有权利去追求更好的生活，也不需要所有人为乡村教育奉献自己的大好年华，但还是希望乡村学校的讲台上有更多有"师魂"、有教学水平的优秀教师，也希望国家能出台更多政策，社会能一同支持来振兴乡村教育。

三、疯狂补课为哪般

我们的走访调研是在暑假时期进行的，在调研时发现许多孩子们都不在家，原来在假期孩子们也很繁忙，村里的孩子们到镇上，镇上的孩子们到区里，区里的孩子们去市区补课。这与我们一开始的设想很不一样，原以为只有城市里的家长会对孩子的教育进行大量投入，但没想到现在乡村地区的孩子与家长对教育也很焦虑。现在无论乡村还是城市，大家对优质教育的需求很大，然而这正是乡村地区所缺乏的方面。出现类似于"赶集"现象的原因一方面确实是教育焦虑所致，但另一方面反映了农村教育资源的匮乏，孩子们不得不往镇上、区里、市区走才能满足教育的需求。同时在调研中我们也发现，大多数乡村孩子补课的科目是语数英等与考试有关的科目，不像很多城市的孩子一样，会学习钢琴绘画等艺术方面的科目。这也折射出另一个问题，在目前相对固化的考试制度下，乡村教育很难有大的变局。如果一味地追求孩子们的考试成绩，孩子们的素质和视野就会受到影响，但农村的孩子想要出人头地别无选择。如果想要有更多的课外活动、文体活动，乡村学校的老师们也无法兼顾。当然可以通过给乡村学校大量的支持来满足教学，但正如前文所讲的那样，这种支持值不值得还是需要进一步论证的，但随着科技的发展，不知道"远程课堂"模式能否有一定程度的效果。

四、我们能做些什么

作为一名生在乡村，通过努力来到上财的学生，其实极大可能我会留在上海工作生活，可能除了过年过节不会回到从小长大的乡下了。这也是许多从农村考入大城市的学生的典型发展路线。但也许我们也能有更多的选择，作为努力闯出来的大学生，"见过世面"的大学生，也许农村有很多原来我们没有发现的机会等着我们去发现。国家鼓励大学生返乡创业，我们可以利用学到的知识，去帮助广大乡村地区的发展，我们自己也能从中获益，希望"曾经巴不得把农具摔了"的年轻人未来也能回到乡村，能让乡村越来越美！

千村万户，花岩寻根

张非可[①]

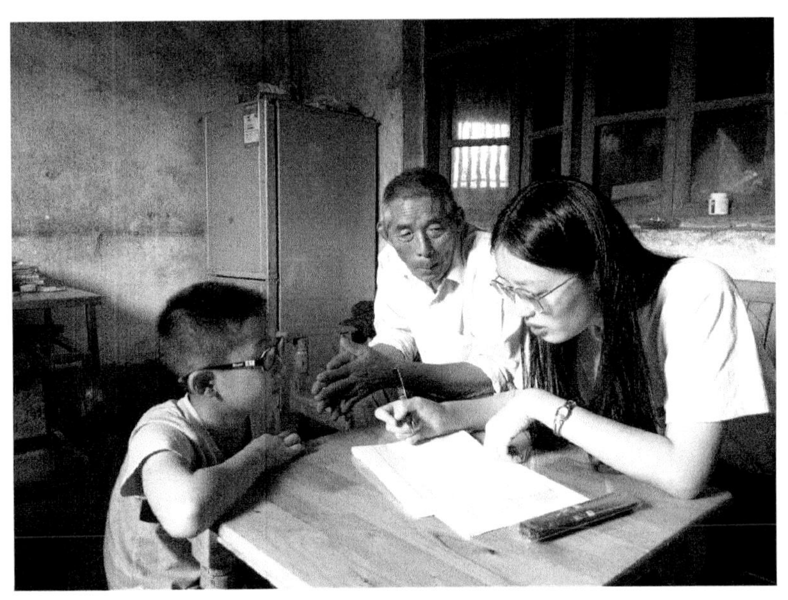

我外公姓何，外公的故乡是四川省八渡乡的一个小村庄——何家湾。后来何家湾被合村并组，改名为花岩村。外公曾说起过，在他小时候，孩子们可以随时跑到每一家去吃饭，家族、邻里间的往来十分和睦。我好奇着那种大家族的热闹和谐，因为生活在大城市的我却连一幢楼上下邻居的容貌、姓名都不曾知晓。

我心目中的千村调查，是一个机会，让大学生重返故土找寻自己的"根"，感受祖辈生活过的地方，体会另一种生活和自然的魅力。虽然小时候曾经去过一两次外公的故乡，但印象已经不太深了。听千村培训讲座时，我以为的乡村，会是蚊虫满天，会是破败草屋，会是与村民交谈时必须席地而坐的"入乡随俗"，甚至还有难以接受的旱厕。然而真正去了以后，才发现乡村确实已经有了新的面貌。沿着盘山公路曲折前行，但路途并不难熬，到了村庄一眼望去，青山绿水，风景这边独好；小路边正在稻田中劳作的村民农妇，纷纷热情地向我们打着招呼；还有隔壁家圈养的公鸡母鸡，也兴奋地扑棱着翅膀窜来窜去。

这里确实比我想象中建设得要好得多，自然风光秀丽且充满着生活气息，许多楼房都

---

① 张非可，上海财经大学统计与管理学院2017级统计学专业本科生。

已经重建，从砖瓦房变成了混凝土房，从外观上看家家户户都有自己独特的风格。一时间，仿佛走进了乡村版的桃花源。

不过，乡村仍然保存着乡村的淳朴。如今外公已经不住在花岩村了，但外公的弟弟、我的幺叔公仍然住在这片天然淳朴的“桃花源”里。这次借着千村调查的名义，也顺道来拜访一下老人们，中午就在幺叔公家吃个便饭。

幺叔公家自建的一栋楼，看起来很气派，但是走进家里，我还是真切地意识到了乡村与城市生活上的大相径庭。虽然幺叔公家也是近几年才进行过房屋的修缮，去年在美丽乡村——“厕所革命”中还装上了抽水马桶，但房屋内部给我的第一感觉就是既“空”又“满”。年迈的村民们不懂得装潢，一间作为餐厅的房间，就只有房间正中央摆了一张桌子、桌子边上围了一圈椅子；同样一间作为卧室的房间，依旧是破旧的床铺摆在角落，除此之外没有任何多余的、装饰性的或是可以提高空间利用率的物品。而厨房里、客厅里，许多锅碗瓢盆都是直接平铺着摆在地上，虽然东西可能并不太多，但却显得原本不大的空间更为拥挤了。不知道为何他们的后代没有帮他们整理设计房间的布局，不过可能由于日积月累的习惯，老人们也就不愿意再折腾了。就将这样特别的房屋布局当作是村民的淳朴吧！抛去了多余的装饰，好像抛去了城市里很多不必要的杂念，留下的只有最本质的生活气息和乡土味道。

我心目中的千村调查，是一次阅历，用自己的双脚丈量乡村的土地，亲身了解乡村的方方面面。我本来很担心调查会遇到困难，无法与村民交流，但村子里大部分家庭都与外公有着同样的姓氏，老人们都慈爱地看着我，非常乐意接受我的采访和提问。渐渐地，我好像在和他们拉家常，竟有了回家的感觉。

本次千村调查的主题是“中国乡村教育研究”，因而来到花岩村，我也期望着能够通过我的所见所闻探寻花岩村教育的复兴之路。在到来之前，我或许能够想到这里仅有一所学校；然而到来之后，更让我震惊的是这仅有的一所学校竟然也并非正规学校，没有正规教师编制的老师不说，整个学校就只有幼儿园和小学一年级，总学生人数甚至不到 20 人。显然，大多数村内的儿童都不在这所学校就读，花岩村的花岩小学几乎可谓是形同虚设。那么，如今乡村孩子都去往哪里了呢？

随着乡村人口的严重流失和交通道路的完善，村里大部分孩子或是前往附近周家镇读书，或是跟随外出打工的父母前往打工地上学。村民普遍认为外面城镇的教育更好，要想孩子成才改变命运，只能离开村庄出去读书，而事实也确实是这样。究其根本原因，还是由于乡村产业结构改革的落后。由于花岩村的产业结构过于单一，仅靠传统农业产业的发展无法为当代青壮年劳动力带来经济和生活保障，因此大量青壮年人口流失，并直接导致了生育率的降低，村内学龄儿童数量迅速减少。这就进一步导致了村内学校不断缩小规模，教育质量下降。同时，交通和道路的完善为学生外出上学创造了更为便利的条件，村里学生更愿意离开村庄念书，进而导致村里人口的进一步流失，形成恶性循环。

幺叔公和村里许多长辈告诉我，其实以前的花岩小学(当时还叫作何家湾小学)是有 5 个年级的。当年，他们的孩子大多就曾经就读于村里的这所小学，而随着时间的推移，小学渐渐从5个年级变为了现在我所看到的模样。与之相呼应地，老人们不再愿意将孙辈送入花岩小学，而是更希望他们前往镇里或是跟随外出打工的父母出去读书，从而让他们接受更好的教育。这不仅是花岩村教育的悲哀，更是为花岩村的衰落吹响了号角。因此，如何复兴花岩村的教育，同样需要从产业结构的经济层面下手。

我心目中的千村调查，是一份感悟。乡村，是农村社会组成的一个个细胞。在这里，这个我家族长辈走出的地方，我沐浴着乡情文化浓浓的温情，这更加激发了我想要为它做点什么。尽管我们的调研报告最终不一定真的能够提出建设性的对策建议，但千村调查促使了我们迈开脚步，走进千村万户，探寻“根”之所在，从而亲身地了解乡村现状，用心地思考当下中国乡村教育的问题，真切地感受这个项目的必要性和重要性。我想，这正是千村调查的意义所在。

乡村教育，任重道远

边可欣[①]

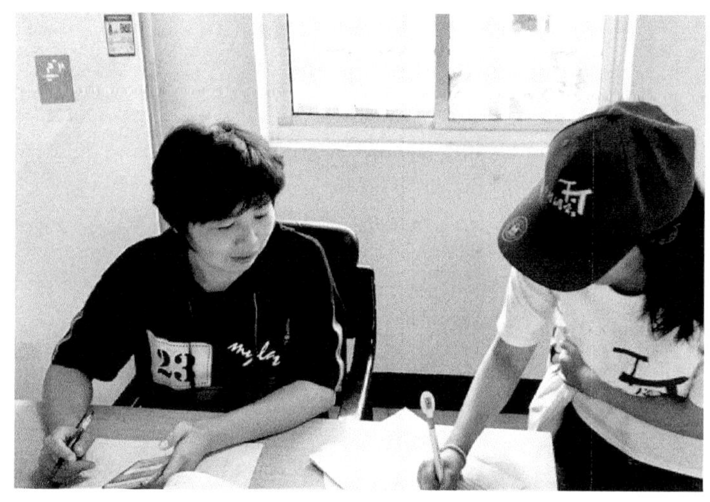

千村调查算是我第一次有深入走进乡村的机会。从小在城镇长大的我，对于浙江乡村的印象，在这之前只停留在偶尔回去看望外公外婆或爷爷奶奶，抑或是过年串门走亲访友时地匆匆一瞥罢了。事实上，我对家乡农村的印象仅是那几栋农家自建的小别墅。

2019 年 8 月 16 日上午九点，我与我的小伙伴在杨汛桥镇的一家医院汇合。在初步讨论了分工，预设了各种情况之后，我们一齐赶往了竹园童村委员会。

尽管我们已提前跟村干部预约过，但是当我们到达那里的时候，村干部们还是满脸质疑地看着我们。在我们耐心的解释下，他们才放下了警惕。调研的过程同样不如我们想象中容易。尽管我们已经提前熟悉了问卷内容，但当真正询问村文书与村民的时候，细枝末节的难题仍然接踵而至。

而在我们调研的过程中，有一户家庭令我印象颇深。那便是受访的第 4 户家庭，村文书童先生家。

村文书家里有七口人，四世同堂，是一个典型的中产阶级家庭。文书的妻子于当地经商，拥有一间纺织业厂房。童先生曾是村里的外出务工人员，在企业担任中高层领导。但如今，童先生选择回乡当选村文书，并协助妻子操持家中产业。问起回乡的原因，文书表

---

① 边可欣，上海财经大学商学院 2017 级商务分析专业本科生。

示家庭羁绊是首因。童先生家中有老人小孩需要照顾,第二个孩子又出生没多久,担心妻子精力不足,不能够很好地平衡家庭与工作。村里的发展越来越好,回乡继续振兴乡村也是他应尽的责任与义务。而家中的纺织厂房亦得益于乡村发展而愈发兴旺,放弃外乡的工作同样能给予整个家庭良好的经济状况,更增添了与老人子女陪伴的机会,也是更好的选择。

可以说,竹园童村在乡村的振兴与发展上做出了巨大的成就。通过乡村振兴,吸引人才回流;通过人才回流,又进一步推动竹园童村的振兴与发展。

童家现育有一子一女,长女刚上初二,小儿还未到上幼儿园的年龄。当童先生谈及为人父的希望时,他殷切地表达了望子女成为人中龙凤的愿望,希望子女都能考上理想的大学并且顺利毕业。在我们对乡村教育的调查过程中,童先生对女儿学校的公共设施与师资力量给予了高度的赞扬。这在一定程度上体现了当地政府对公办学校的大力支持与辛苦建设,村里对整个教育的发展是极为关心的。但另一方面,杨汛桥镇的所有农村都不设有独立的中小学。因此童先生就表示,也许等孩子再大点,会考虑在学校附近租一套房子来方便子女上下学,省去一部分通勤时间,让子女能在课余多休息一会儿。

谈及对女儿的课外辅导,童先生便有些许无奈和矛盾了。每周末童先生的女儿都会定时去校外的补习班上课,暑期更是一周10小时的文化课培训。在女儿更小的时候,他也带她去上过书法、美术、音乐等各种艺术类课程。他指出,承担女儿校外补习班的费用对他们家来说并不是难事,但女儿的辛苦也看在眼里。可若不上,自己的文化水平又无法辅导女儿的课业,便无法与其他在上补习班的家庭子女竞争,考学的压力便会更大。

这是当地乃至整个浙江子女教育的典型缩影。在调研的12户家庭中,我惊讶地发现几乎所有家庭的子女都在上补习班,且都选择了校外补习班。他们平均每周9.08小时,平均每半年(即一学期)支出11 083元,最高的家庭花费约3万元人民币。当地农村对"补习文化"是存在热衷现象的。再有趣的是,家长一般会为年龄偏小甚至幼儿园的孩子选择艺术类课程,而随着年龄的增长,家长会为子女放弃艺术类课程,转而补习文化课程。当然,子女的学习压力和学业困难程度在一定程度上会随着年龄的增长而增加,家长自身又无法满足孩子对课业辅导的需求,在经济实力允许的条件下自然地会选择寻求校外老师的帮助。但这一阶段性的转变也反映了家长对是否选择补习班、如何选择补习班的抉择上存在较大的盲目性和从众心理。

然而,谈及家长对子女教育的实际参与度,多数家庭表示已不再参与孩子的作业辅导,极少数家庭每天会有2个小时左右的作业辅导时间。几个家庭内平均每周孩子使用手机玩游戏的时间也有约10个小时。但家长和子女的交流互动却很少,没有很好地发挥家庭在子女教育中的作用,一味过分地依赖补习班,夸大了补习对子女综合教育的效用。

现如今,许多竹园童村的家庭已不再担忧培养子女的费用问题,也不会陷入"读书无用论","早就业早赚钱的"陈旧思想中,反而都陷入了过度依赖补习班的泥潭。不可否认,补习班能在一定程度上提高学生的成绩,但如何把握这个度,不产生过分依赖性与片面的自我安慰心理仍是乡村教育的一大疑难。

乡村教育,仍任重而道远。

为人生拼出一个新起点，我们未来可期

范婉婧①

借着此次学校给予的千村调查的机会，我以一个探索者的角色走进了承载着我满满童年时光的我的老家——梅渚镇。结合自己同阶段的自身经历和被调查者的对比，我得出这样一个结论：教育——兴民之本，愈发得到人家的重视，人家从小就开始注重培养，在这样一个教育是农村孩子们迈向城市的光明大道的浪潮下，家家都争先恐后，唯恐落下就再也追赶不上来了。接下来我想简单谈谈现在小学生、初中生、高中生的当代现实生活。

我是一个农村孩子，我现在都有点感到庆幸，自己生在的那个时代仿佛家家还没有这么严重的"忧患"意识。小学时候的自己从来不上各种补习班，家里也没有条件供自己到县城青少年活动中心上各种兴趣班。就这样，我度过了一个完全没有学业负担的充满着幸福味道的童年时光。随着以后的学业生涯中的竞争压力越来越大，这样的轻松再也不能遇见。

小学——而此时回去，我惊讶地发现，我曾经就读的中心幼儿园现在已经光明正大地成了镇里孩子补课的地点。而儿时同伴的小侄子刚上小学三年级，暑假就和他的同班同学一起在这里就和平常上课一样提前预习下个学期的内容，只不过地点不同而已。从早

---

① 范婉婧，上海财经大学会计学院2017级会计学专业本科生。

到晚，和上学无异。更让我觉得惊讶的是，这个小侄子还报了一个兴趣班学习播音主持。这和我县城里的小侄女基本差不多，我们大人们在打牌的时候，她的婆婆还让她在房间里做试卷，据说每天3套试卷是跑不掉的。我不得不感叹，现在的娃娃从小就不容易啊。

初中——儿时同伴的妹妹是一名即将初三的学生，在和小伙伴的交谈中我感觉她是既心疼又有点吃醋。她说妈妈从小基本是放养她的学业，在镇里读初中，自己考直升班考试(在我们这里是高中最好班级的选拔性考试)家长也没有陪同自己到县里参加考试。而妹妹从小就在县城读书，初中更是在最好的初中——二中。当然这也意味是最严厉的初中(因为我曾经也是这个中学的学生)。按照二中的惯例，暑假也就是为下学期的课业内容做准备、为尖子生做一些拔高性的训练。阿姨从早到晚每天接送，将妹妹管得非常严格。阿姨说她们老师布置的作业非常多，到十一二点才能做得完，这还是对于妹妹这种学习成绩优异做作业比较快的情况下。她很担心这样子以后上了高中，身体是否吃得消。其他学生每天熬到几点完成作业我不敢想象。以前我初中每天作业写完还天天看电视不到十点就睡了过得挺轻松，现在时代对学生的要求真是越来越严苛了啊。

高中——儿时的弟弟是一名准高三的学生，因为学校正在对宿舍进行整修，所以每天只能五点多起来搭着去县里的车子去学校参加专门为准高三的暑期补课。晚上再搭着车子回来。家里的情况比较复杂，没有条件陪读，所以只能辛苦孩子来回奔波。和叔叔交谈中，我感受到了家长对于孩子热烈的期盼，他给我列举了以往学校多少名才能上“985”“211”这样的学校，也在担心孩子的学习成绩不稳定，但总归希望孩子考上一所好大学，最好是“985”“211”这样子找工作的门槛基本上是不用愁了。我告诉弟弟好大学给人提供的平台确实有很大的差别，学习氛围也有所不同。我想激励他在这一年的中好好把握时间，很多男生都是在这一年冲刺上来的。弟弟和我说大学和高中不一样的是可以学习自己感兴趣的内容，他以后想从事IT行业。果然符合他理科生的气质。在这里我想衷心地祝愿他2020年高考加油，人生起航！

看着这些儿时自己玩耍的小伙伴们一个个都在为自己的前程拼搏，我感受到了当代教育的竞争果然是越来越激烈了，毕竟优质的教育资源是有限的。农村的孩子在起点上我觉得就不占有优势，但是起点并不意味着终点，就如同电影《哪吒》中所阐述的那样“我命由我不由天”，自己人生未来的路，还是要靠自己一步一个脚印走出来的。凭借着自己比别人多的那一份努力，我们也有可能在这个新时代书写下属于自己的人生篇章。

乡村变奏曲

刘惠媛①

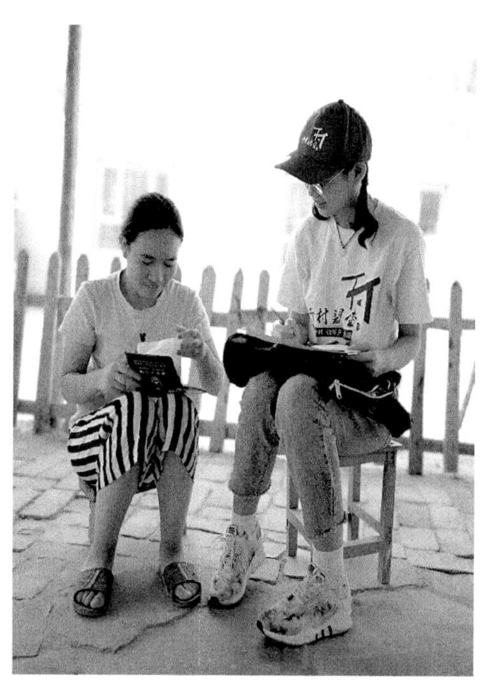

提及乡村，脑海中浮现出的就是漫天的黄沙和尘土，我的家乡在塔克拉玛干沙漠的边陲，那里风沙肆虐，生态环境极其恶劣。记忆中的家乡，城市中有许多的胡杨、沙柳等可以防风治沙的树木，但是到了农村，就只有一条条土路和一堵堵土墙，仿佛“农村”这个词周身都笼罩着一层沙尘的淡淡沙黄色。

记得小时候，每到沙漠中难得的下雨天，城市中的孩子们都欢呼雀跃，珍惜这一年难得一见的无根之水，可是农村里的孩子们却愁眉苦脸、忙忙碌碌：土路遇见雨水会变成泥巴路，驴车被陷在泥巴里面，寸步难行；那勉强支撑起家的土墙，由泥土和芦苇夯实，一旦遇见雨水，轻则房子漏泥巴水，重则房子变成一滩泥巴水。所以每到下雨的时节，总是农村抗灾防洪的时间，给人民群众的生活安全带来很大的威胁。

千村调查，是我很早就想要参加的一项实践活动。儿时沙黄色的农村模样依旧留在

① 刘惠媛，上海财经大学金融学院2017级金融学专业本科生。

记忆中，令人震惊而叹息，近10年过去了，我十分迫切地想要再次回到那片土地上去，它现在怎么样呢？有变得更好吗？带着这些疑问，我参加了千村调查的返乡调查，来到新疆维吾尔自治区巴音郭楞蒙古自治州且末县托格拉克勒克乡扎滚鲁克村，开展本次调查。

意料之外却在预料之内，这个村庄发生了翻天覆地的变化。曾经泥泞的土路，变成了笔直崭新的柏油马路；曾经混着苇草的土墙，变成了坚实干净的砖瓦房；曾经风沙肆虐的农村，变成了整齐洁净的优秀乡村。整个村庄家家户户门口都有红黄相间的栅栏，共同守护这片人们生活的土地。村委会建立了文化活动中心，每天都能看见有老人在打牌、下棋，孩童在阅读、玩耍。本该炎热的白昼被一排排白杨等抗沙树分割出一片片林荫，燥热难耐的行人在林荫中，被微风拂去一身汗水留下凉爽；本该漆黑的夜晚，被路灯照亮，暖暖的灯光为晚归的村民指引回家的方向。

村庄中大部分都是少数民族同志，语言方面的难关对我而言是很大的挑战。幸运的是，在村委会的支持下，我找到了一位调查户家中上高中的小妹妹，她精通普通话，跟着我走进一户又一户的人家，帮助我翻译，解决了语言的障碍。

扎滚鲁克村是一个典型的以发展农业为主体经济的村庄，村民家中几乎不具备如柴油机等的中小型机器，基本上是通过农忙季节的租赁机器和雇用人力完成土地的丰收。村集体经济水平较为落后，家庭年收入平均值基本在42 000元左右。村子里几乎没有外出打工的人员，通过采访我了解到，90%的家庭基本观念是家里有地，就别做其他的了，种地是最熟悉的谋生方式。

当问及对儿女的未来规划时，许多家长的规划仅仅停留到“希望他能念到大学”，却对儿女未来的职业等安排，没有任何想法。70%的家庭中父母和儿女的教育程度停留在初中，主要职业就是耕地，收入的主要来源就是农产品的自产自销。而儿女是大学学历的家庭，儿女基本在本地或外地政府机关任职或者做教师，家庭收入超过村庄平均水平。

每当自我介绍说我是来自上海财经大学的学生时，总会收到村民惊讶而羡慕的眼光，“上海好呀！大城市，以后就不要回来啦！”言语之中，可以感受到村民对大城市生活的向往，但当问及如今的生活时，村民们回答道“现在的日子比以前好太多啦”！“满意满意，都挺好的”！“相信以后一定会更好的”从中看出，村民们憧憬的是大城市未知的繁华和热闹，但也对自身生活充满了肯定和希望。

这次千村调查，令我抛去了曾经对农村的刻板印象，如今的乡村已变得越来越兴旺发达，虽然依旧有许多的上升空间，但是我由衷地相信，它一定会变得越来越好。带着千万中国人的期盼，承载着数亿人的希望，建设中国美丽乡村，千村计划的践行，是必不可少的组成部分。它为乡村打开了一扇窗，让外面的人瞧见里面的蜕变，为里面的梦想提供一捧热土，一谱铿锵有力的乡村变奏曲正激昂奏起。愿乡村振兴计划圆满完成，愿千村计划收获满满，愿你我经历此次调查后，有所感悟，心怀热忱，手摘星辰。

立足乡村，展望未来

薛昱婷[①]

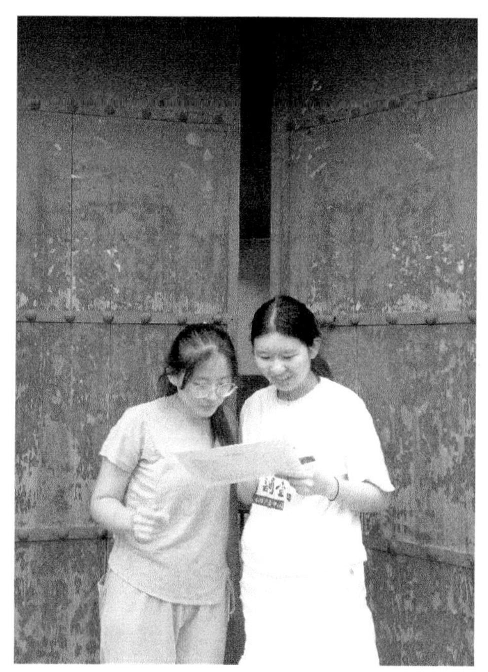

千村调查对我来说意味着什么？

临行前，我简单地把它的意义理解为一段宣传册上的话。“千村调查引领大学生走进农村，了解国情民情，在担当中历练，真正把调查和研究成果写在祖国大地上。”一周的调查结束后，“千村调查”这四个字在我心中延伸拓展，在实践的底色上，形成了真正立体丰富的难忘感受。我开始慢慢懂得，“立足现实关切，厚植家国情怀”不止是一句印刷的口号。

千村调查让我看到在广袤的中国农村，我的同龄人和许许多多人的生活轨迹。

毋庸置疑的是，在这过去的十几年间，乡村也极大共享了祖国进步的“红利”。“读书无用论”已经成为过去，大多家庭都会选择毫无保留并尽己所能地支持子女读书。较之父辈常见的小学、初中学历，新一代乡村青年有更多的机会迈入大学的门槛。

---

① 薛昱婷，上海财经大学外国语学院2018级商务英语专业本科生。

的确,乡村教育具有先天不足。相较于城镇密集的优质教育资源,乡村的优秀教师和高水平学校显得捉襟见肘。经济发展的不平衡也为乡村教育蒙上了一层阴影,本来供子女读书对于部分家庭已是较为困难,有能力让孩子接受课外辅导的情况更是少之又少。许多老师仍凭着良心和热血奉献,大部分家长无法参与子女的教育和成长。这是我们必须正视的现实,也是促使我们不断寻求出口的动力。

但他们仍有改变的力量和勇气。在这次千村调查中,我清楚地看到了不同分工的人做出的努力,他们每个人的努力都值得尊敬。

乡村干部在国家政策的指导下走访了每家每户,为贫困家庭建档立卡发放补助,更为这些家庭孩子的学业提供切实的支持。许多家庭为生计奔波劳碌,自身经济状况并不好,也仍然会选择申请国家为乡村大学生提供的极低息贷款为孩子圆大学梦。还有很多很多的乡村学生,在肩负家庭负担的同时,心系校园发愤学习,最后考取了自己的理想院校。

更有许许多多的年轻老师,因为各种原因来到这里,工资并不高,却凭着一腔热情朝七晚十,没有缺席过学生的每一次早晚自习和答疑。他们不因工资而差别努力,工作但凭良心和对每一个学生的责任感。

这些为了教育、为了改变自己或孩子的人生付出的辛苦隐忍在未来终究消散,而这份坚韧的努力和丰沃的希望将越发清晰,更加坚定有力地指引每个家庭走向未来的人生。

千村调查的意义,也在于理解和共情。农村教育问题不是说说那么简单,许多细微而繁杂的问题都掩藏在这个庞大的命题之下。在接触的过程中,我发现每一个家庭都有着不同而独特的困境,每一个孩子都有自己的想法和考量。长时间的农村生活和有限的视野带给他们的影响实在太大,有些阴霾一时仍然难以移除,有些困顿仍然无法挣脱。我学会更多地体谅和尊重,更加明白多元和复杂才是现实,也更想脚踏实地地去感知、去改变。我非常庆幸,在社会各个主体的帮助下,他们在不停努力着,并且愿意把这份心情和愿望分享给我,让我见证他们的一部分生活,体验一些他们的心境。

我们提出的问题只是宽泛且表面的,所了解的也只是每个家庭的片面信息,但是在真正的交流和沟通中,他们向我们传达了更多语言以外的信息。

我握过一位父亲的一双手,这双手饱经风霜,丈量过了田地的每一株植苗,也丈量了每一份用力把孩子托得更高的努力。

我看过一位奶奶的笑容,岁月在她脸上留下的纵深沟壑里镶嵌了他们的每一点甘甜与苦涩,她的笑容在其中却更显明亮温柔。她用这个令人安心的笑容陪伴每一个孩子从牙牙学语到走出村落,而她只是坐在院子里的老树下笑着告别。

我走过一亩田地,这是少年为了在父亲反对下继续学业,在学校放假时起早贪黑浇灌过的土地。他把汗水和梦想一起播撒在这片土地上,把辛苦和渴望都掩藏在平和的笑容之下。

我摸过一块教室里的小黑板,那快黑板并不平整,边角稍有磕碰但仍被擦得干干净净。孩子们五颜六色的粉笔在上面写下英语单词,画下简笔画,也记录下稚嫩的梦想。这些彩色的笔触,编织起他们对未来的向往。

我被这些打动，也因此更加坚信，个体的涓滴努力终将汇聚成坚实的实现切实变革的力量。中国的乡村必会在古老传承与现代浪潮中蜕变重生，乡村青年也定会在这片土地上接受到像城市学生一样更公平、更共同、更共享的教育，成为有更多选择、更高标准的新时代乡村青年。

“远方，无数的人们，都与我相关。”鲁迅先生如是说道。的确，每一个人都会有自己的挣扎、徘徊和奋斗，我很幸运地通过这个项目，分享了一点乡村居民的独特心情，了解到部分中国乡村面临的现实问题，也深深感动于他们对于未来的坚定信心和不懈奋斗的勇气。在这短短一周里，我曾与他们同行。在未来，我希望能仍与他们一同，为乡村教育更美好的明天，为乡村青年更广阔的未来，砥砺前行。

面朝黄土，心向远方

吴　茜①

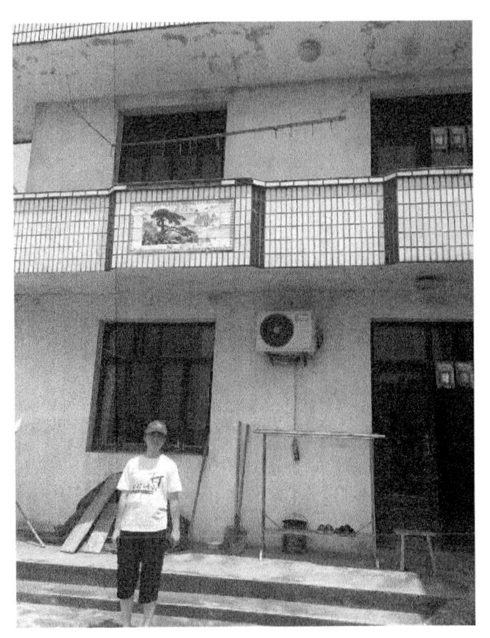

一、地点

十里墩，一个普通的小村庄，村庄入口是一个窄窄的泥巴小路，缺口正对着一条马路的中间路段，路口没有树立标识牌，车经过时若不是有心留意，也难发现它的存在。就是这样一个隐藏在农田深处、点缀着些许神秘色彩的村庄，在短短的几天时间里，给我留下了不少回味无穷的零碎记忆。

村庄并不算大，家家户户的房子挨在一起，沿着林荫小路走一走，就到了另外一家。村里的房子就建在田边，粉刷齐整，都挺漂亮，说是两栋小别墅也不为过，各家有独立卫生间、厨房，有敞亮的玻璃房可以晾衣服，还有家养的土狗躺在树荫里舒舒服服避暑。或许是因为村子不大，邻里之间显得比较熟悉，互相碰头都会热情地打个招呼，平日里时不时提着瓜果登门唠嗑，这都是常态。

① 吴茜，上海财经大学外国语学院2018级商务英语专业本科生。

二、人物

不知是否机缘巧合，我采访到的人家都由一位或两位老人组成，家里见不着小孩和中年人，以至于开始采访之前，我脑海里浮现的都是一幅幅老人独居在家的凄苦景象。不过出乎意料的是，老人家谈起子女在外，脸上更多的是一份期望，更多的是对儿女外出务工有成的欣慰，还有可以时常保持联系的满足，这对于之前带点偏见的我而言，似乎少了空巢老人理应有的心酸。慢慢地，一家一户走访下来，我好像懂了一些，其实父母想到远方的子女，除了怀着一份沉甸甸的思念，心里更多的是对明天的憧憬。现在的他们吃着自己田里种的粮食、卖着自家生产的农产品、吹着空调、用着无线网，日子已经比年轻那会儿好过多了。说他们知足也好，习惯也罢，子女们出门在外打拼、闯荡，毕竟总有可以联系的闲暇，也不是找不到回乡看望的机会，更别提每一次回乡还会带上老人的小孙女、小孙子，心里头想想自然是挺温暖。聊天时，一位老人笑着举起手机告诉我，她每周给女儿打一个微信电话时，我看到她眼睛里那份开心藏也藏不住，一个个这般平凡而闪亮的瞬间，理所当然地沉淀在我心间。

三、感悟

作为一个在城市里长大的小孩，结识这样一群可爱的村民，能够有机会当面听他们的故事，我心里一直揣着满怀的新奇、欣喜。他们从小玩着泥巴在田间长大，每天转弯出了房门就见着一片绿意盎然，田里种着水菜瓜，小楼的墙缝里长着韭菜，利索地一割就是一大把。旁边的小院里养着鸡或是狗，冷不丁来了生人，鸡飞扑着小心翼翼躲到一边、狗摇着尾巴亢奋地凑上前，喧喧嚷嚷的，但这番闹腾的景象落入眼底，却又是那么恬淡和闲适。当地村民的生活或许正如诗人陶渊明笔下那般清闲自在，但它一定不缺乏生活本身的平淡、乏味，选择务农的少不了隔三岔五下田耕种劳作，选择务工的冒着冬天的凛冽寒风和夏日的热浪酷暑，每月给自己和家人挣一笔平凡的工资，这里的每个人活得都是普普通通，但他们有他们的精彩。

调研回来以后我时常觉着，当下中国一个普通村庄的生活，已经不再是公众可能想象的那样贫瘠、落后。我所拜访的十里墩村离当地县城最多十几分钟路程，而且村民们的生活水准、生活体验也不落后。家家户户有空调、洗衣机、电视机，还都配置了无线网络，在聊起生活耐用品时，他们甚至可以跟你讲讲城里少见的胶轮车；村里的老人们或许不习惯网购，但谈起和远方的儿女通话，脸上总是浮现起幸福满足的笑容；他们尽管不讲究什么品牌的衣服，可是不论出门与否，穿着也总是整整齐齐，就算有生人突然到访也不至于着急收拾。当他们注视着我，用略带口音的普通话、不紧不慢地给我讲述他们的故事时，世界仿佛都安静了下来，素未谋面的一老一少就这样面对面坐着，聊当下的生活、聊不远的未来，这份感觉显得格外奇妙。

四、回忆与总结

这个夏天，有深一脚浅一脚丈量黄土大地的大汗淋漓，有听着窗外蝉鸣聊着生活的无限感慨，还有农民伯伯们赠给我的这些原本属于他们的记忆。身处农田的他们并不只是面朝黄土背朝天，并不只是笑眯眯地指给你看他们种的菜，他们也会骄傲于儿女在外成家立业，他们也会欣喜于一点一滴更多的可能性，他们谈起接下来的日子眼里也会闪耀着星星，那是我在千万条乡间小道看得到的远方。

乡村振兴之路，依旧很长

农谨泽①

当下脱贫攻坚工作在全国如火如荼地进行，而我所在的天等县因为是"少、边、穷"的山区，国家更是大力注资建设。在千村调查活动的指引下，我满怀期待走进文秀村，离乡多年的我将有机会亲身领略到当下的扶贫成效。

一路回乡，今非昔比，路上的见闻让我惊讶。原本电子地图上不显眼的起伏多弯的小县道，现今已扩修成平直的国家二级公路，在县公路进村的交叉口，快递站点、通信网点和小超市相拥而立，入村至各个屯的村道全是水泥路铺设，更为惊讶的是每一小时还有专门从村内通往县城的公交车，要知道这里不久前仍是一个在温饱线上挣扎，仅比大凉山、日喀则等稍好一些的贫困山区。我从久居本地的亲友长辈们了解到，全县乡村八九成皆是如此，在交通和信息及其闭塞的山区，将"要致富，先修路"中的"修路"做得出奇地好。

说到县内修路，不由得就想到返乡途经的立屯。从县道拐进同乡道念村村道，停在象

---

① 农谨泽，上海财经大学商学院2018级国际经济与贸易专业本科生。

征天等人民刻苦奋斗精神的隧道前，“廿年凿石穿山不信我村无出路；百户同心协力敢夸立屯有前途”，一副字迹苍劲有力的对联吸引了我的目光。往日立屯开门见山不见路，交通闭塞而与外界隔绝，但自1973年始，在三届村党支部带领下，村里人以铁锤钢钎凿山挖洞，顽强开路，历经24年，打通了一条长460米的隧道，圆了几代人的出山之梦，这也大大激励起全县人脱贫攻坚的干劲。出山之梦是立屯的，也是全天等人的梦想，如同愚公移山，不靠不等，自强不息走出大山对贫穷的束缚，天等人的奋斗精神一如既往，让我对扶贫前景充满信心。

今早走入村委，适逢村委每周帮扶总结例会报告之时，帮扶工作由村委内的乡贤长者和村小学教师组成。在村委办公地，还有各项扶贫信息在门边显示，方便村民观看而非领导检查。从村文书和几个村委处了解到，他们本身也是农民，并不富裕，只是稍微有些文化，依凭老一辈以来对党的高度认可下，积极为村里尽一份心力，去帮助更加贫穷的人。他们处在老一辈和新一辈代换之间，贫穷的农村少了利益纠葛，邻里互助本就是乡民风气，他们的纯粹在我看来有八分真实，不似外界的作秀。他们用知识获得威望，让更贫穷者放下犹豫心防去追随，他们也用微薄的知识努力了解和传达县乡政府的扶贫工作，让更贫穷者追随更显值得。

离开村委后，我在入户调查中注意到，许多脱贫户家境依旧贫寒。当我依照问卷问起他们的家庭资产，等来的多是几分苦笑，“能有什么，只是勉强过得去”，类似的话是访问户里说得最多的，他们只是刚脱离温饱，难以算得上小康。即便离小康还有不少距离，但他们都认为生活一年比一年要好，虽然前路难测，但他们都对未来充满希望。

在入户调查中，我惊讶于村民对教育的重视。我所调查的家庭中，即便家境再贫穷，受教育的孩子最少高中毕业才出去工作，所有的家长都希望孩子至少能读完大专、大学，他们打破了我对农村贫苦家庭应付义务教育后外出打工的旧日刻板印象。其中一户，一位妇女在年初放弃在外务工的高额工资，返乡务农，只为照顾在本地受教育的孩子。有一户为求一子连生4个孩子，都在受教育，其中一女还在上大学，这对重男轻女的农村来说难能可贵，背负如此大的教育费用，但还是咬牙坚持。调查里唯一的贫困户，虽然近几年每年可得各项补助二三万元，但育有3个都在上学的子女，家境反倒不如以前未得补助、未支撑子女教育之时。重视教育的意识虽然提高了，但传统多子多福、重男轻女等落后思想仍在制约农村家庭对孩子的教育资源分配，影响孩子的正常教育。

城镇化过程中，亲人时常分隔两地，造成情感上的创伤。一户仅有一位老人在家接受我的调查，在问及家里人状况时，她不禁凄然落泪，虽生活上已经不为温饱担忧，外出打工的几个孩子经常寄钱回家，但每年也见不了几面，老伴逝去后，只余下老人在村里孤寂等待。在言谈安慰中，老人的情绪渐渐稳定下来，不难看出有人同她聊天说话能暂时扫去她的抑郁。孤寡老人在农村中，当失去了劳动能力，意味着只能待在家里消磨时光，最后走向死亡，而情感的关怀和陪伴能给予他们珍贵的温暖，是他们曾经贡献身心的这片土地能给予他们的最后回报。而留守儿童亦是如此，缺少父母关怀的他们在成长中不免苦痛。分离又是提高生活水平的必须，物质和情感有时难以两全，但生活上的富裕终归难以弥补心灵上的割裂。故而扶贫时要吸引人员返乡顾家，或加大孤寡老人和留守儿童的关注，这也是扶贫中需要的人文关怀。

总结这几天调查见闻，扶贫一事，成效颇多，全面小康大有可为。这里的人民大多积极地跟从政府的扶贫工作走，都希望摆脱大山对贫穷的束缚。但中西部农村经济底子还很差，村民文化水平不高，存在的致贫问题并非能用数据表示并在短时间内解决。我希望不要因为 2020 年达成全面小康的目标而急功冒进，也希望扶贫力度在往后也不要衰退，毕竟乡村振兴之路，依旧很长，任重道远。

乡村教育功在当下，利在千秋

何梓文①

对于我们这一代人来讲，乡村对于我们既熟悉又陌生，熟悉的是我们的父母辈从乡村走到了城市，我们的祖父辈有的把孩子送出了农村，有的甚至一辈子扎根在乡村大地上，而陌生的则是我们中的大部分从未真正地感受过乡土生活、乡土环境。而千村调查社会实践活动给我们提供了一个了解乡土中国的良好契机。

为什么中国发展到了现在人们仍然致力于关注和探索农村的生活面貌、生活习惯和发展状况，那是因为农村建设是社会建设的基础，农村治理是社会治理的根本。中国的国情区别于英美等国家，中国本质上是一个乡土社会，乡村的人口和土地占我国的比重仍然很大，而随着城市化和工业化的加速进行，农村似乎已变成阻碍城市化进程的"绊脚石"，然而事实上，农村才是生产力和人才的最大潜力所在。而改变农村和城市的差距的最好途径就是发展教育，科教兴国、人才强国。

这次调查我们去了位于河北省石家庄无极县的几个村庄，有两个乡镇，分别为东侯坊乡和大陈镇，两个乡镇相比较而言，东侯坊乡整体经济水平较高，基础设施也较为完善，拥有本村的一些集体产业，外出打工相对较少，教育的相关学校也完善，还有省级的示范幼

---

① 何梓文，上海财经大学人文学院2018级经济新闻专业本科生。

儿园，示范中学，但是大陈镇相较之下就显得比较落后，经济水平也较低，村内幼儿园、小学不齐全，质量也参差不齐，父母外出打工较多，本镇产业欠发达，乡村建设也欠缺。

令我印象最深刻的就是东侯坊乡东丰庄村的幼儿园，该幼儿园是省级示范幼儿园，一个班 20 人，配备两到三名教师，学校的饭菜营养均衡，会经常给孩子进行体能和逻辑思维训练，并且园区里游乐设施、生活设施完善，但是这种幼儿园在全县甚至全市都是凤毛麟角，大部分村庄幼儿园很一般，甚至有的村都没有幼儿园需要到邻村去上。

另外该县的中小学比较完整，不过高中升学率相对于中小学来讲就较低，升入大学的人更少了，参加中专、职专的人相对更多一些，大部分村中的中年人会支持自己孩子读完九年制义务教育阶段，但是至于高中大学，还是会选择看孩子的学习情况而决定，70%的人会选择打工。但近年来这些情况有得到改善，人们也逐渐希望孩子可以得到良好的教育，改变命运，过更好的生活。

孩子的教育从小来说是一个家庭的未来，从长远来说是一个社会乃至一个国家的未来，教育是重中之重，一个家庭想改变命运、改善生活，事实证明，教育是最公平也是最快捷的途径，知识是自己的，所以人们现在的教育投入日益增多，对教育的重视程度也提高不少，尽管农村可能整体文化素质较低，但农村也有城镇所没有的独特性，比如淳朴、坚韧，这些使得他们虽然没有较高的思想觉悟，却有着为了子孙后代而奋斗去改变命运的信心！“三百六十行，行行出状元”，虽然现下很多乡村教育水平也偏低，师资力量也不足，但是其他类型的学校也在不断完善，比如特色中专、职业高中，争取给孩子们提供不同的道路，这种方式在一定程度上也提高了整体素质。

在我国农村教育的问题可以从一些方面概括：第一，教育资源的不平衡，优质教育资源较少，本地的师资储备较少，教师待遇不高，一个老师教多科是常态。第二，孩子们改变命运的方式较少，都说高考是千军万马过独木桥，而农村的孩子们很有可能都挤不上这座独木桥，更不要说去通过它。第三，乡村的思想观念问题，人们都教育孩子上学是为了改变命运挣钱，为了吃好喝好，就算有孩子最后考上了大学，也会因为自己的价值观与别人不同而产生差距和自卑感，城市观念的好处是让孩子知道学习是为了自己，知识是一门工具帮助自己去追求更美好的东西，培养自己的综合能力，变得自信自强做一个正直的人，去感受这个世界和社会的美好。第四，农村孩子通过课本和外界描述对大城市充满了向往和期盼，等到学成之后走出山村，很少能够回来扶持自己的家乡，为家乡做贡献，觉得自己家乡没有什么好的地方，这种观念也是不对的，我相信那些回家乡投资扶贫的人他们有一种眼界和胸怀，有一种强烈的乡土情怀，这也是现在所需要的。

我通过千村调查发现，人们在推进新农村建设的当下，在改善教育的当下，虽然进度坎坷，成效缓慢，但是仍然有肉眼可见的变化，人才的出现，乡村经济的发展，这些都会给我们前进并坚持的动力，改善乡村教育，任重而道远。

相识，相知，相约

黄　颖[①]

为期3天的千村调查告一段落，夜幕降临，我独自坐在窗前，回忆起我与千村调查相识、相知、相约的点点滴滴，内心充满不舍的同时也对下一次的调查充满了期待。3天的调研与走访经历让我对千村调查有了更加深刻的认识。

初入大学的我对千村调查的了解少之又少，但学长学姐无意或有意地提及在我心中埋下了好奇的种子。到底是怎样的一个活动，让所有人提起时脸上都不禁洋溢着幸福与激动呢？

2019年4月千村调查项目通知下达，本次的调研主题是“中国乡村教育研究”，首席专家为“三农”研究院吴方卫教授。通知一经发布，大家踊跃报名，据统计，本次活动报名人数创下了历史新高。我也怀着好奇又期待的心情报名参加了定点与返乡的项目。面试老师问我，你为什么要参加这个活动？我不假思索地说，我希望从这个活动中增长自己的知识，提高自己与他人交流合作的能力。那时的我认为这只是一个再平常不过的大学生社

---

① 黄颖，上海财经大学会计学院2018级会计专业本科生。

会实践活动，无非就是为大学生的综合能力发展提供一次机会。很遗憾，定点的面试失败了，但我很庆幸仍然可以参加返乡调查活动。

6月6日，学校举行了千村调查第12期出征仪式暨第11期表彰大会。在活动现场，6名获奖学生代表分享了“我心目中的千村调查”，一千个人眼中有一千个千村调查，但所有人言语之间共同流露出的热爱与激情令人为之动容。其中最令我印象深刻的是张寒宇学长，他在演讲中说，“道虽迩，不行不至；事虽小，不为不成。上财学子在祖国大地上一步一步走出的千村调查，就是我们对祖国最深沉的爱，是有理想、有信念、有追求的新时代上财青年最深层、最持久的情感。”我突然明白，千村调查是让大学生深入基层，深入调研，了解实情，是融家国情怀和责任担当的生动一课。随着许涛书记宣布千村调查第12期正式出征，舞台上红旗飘扬，我内心的热血也在那一刻被点燃了。我期待着我与千村调查的第一次相遇。

8月20日，我正式开启了第一次的千村调查之旅。

一、走千村

2019年报名千村调查的上财学子人数再创新高，调查范围覆盖全国32个省(市、自治区)，近千个乡村。我选择的是家乡山西省长治市的崔蒙村。崔蒙村地处屯留县东北部，渔泽镇东部，东临长钢结团、王庄煤矿，北连东古生态工业园区，西靠常村煤矿，南接长钢工业园区，西邻208国道，北至309国道，资源丰富，交通便利。全村占地2 530亩，其中耕地面积为1 450亩，村庄占地750亩，厂矿占地330亩，3个村民小队，262户，987口人，党员40人。在社会主义新农村建设中，崔蒙村取得了显著的成果，被市县各级表彰为小康建设先进村和文明建设示范村，从一个贫穷落后的偏僻村庄大踏步地向生态宜居，环境优美的新农村前进。

二、访万户

我们一共走访了10余户家庭，共采访了30位村民，小至7岁的小朋友，大至80余岁的老爷爷。对于我们的来访，有人热情迎接我们，感谢我们对他们如此关心；有人盛情款待我们，拿出家中自己都舍不得吃的食物送给我们；也有人始终保持戒心，以“一问三不知”的姿态与我们保持着交流的距离。虽然整个走访过程并不是一帆风顺的，但在与坦率的村民交谈的过程中，我们得以见到民风淳朴的乡村的另一面，对于崔蒙村的发展现状有了更清晰的认识，同时也对中国现代教育有了更深刻的了解。

三、读中国

记得会计学院的蓝紫文学姐曾说：“逐年的调研经历，让我发自内心地真正意识到只有在理论与实践的不断往返中，扎根中国大地，才能读懂真实中国。不能只会啃书本，中国农村是经济学最好的自然实验室。”千村调查不仅仅是为了丰富大学生的知识，提高应用知识能力，更重要的是要在不断深入调研的过程中扎根于农村，扎根于祖国大地，用自己的双眼去观察祖国的每一点变化，用自己的脚步去丈量祖国的每一寸土地，用自己的双手去描绘祖国的每一笔图画。农村是中国的重要一部分，农村反映了中国最真实的、最底层人民的生活。生活在农村是什么样的体验，我想生活在城市里的孩子是无法体会到的，唯有走出了“象牙塔”，走出了舒适圈才能读懂真正的中国。在十九大报告中，习近平总书记指出，必须把教育事业放在优先位置，并强调要推进教育公平，推动城乡义务教育一体化发展，高度重视农村义务教育。乡村教育是中国教育的“神经末梢”，也是中国教育的重要阵地。通过“走千村，访万户”我也渐渐了解到，近年来虽然我国城镇化步伐不断加快，乡村教育却似乎在走下坡路，乡村学校“校多人少”的问题遍布全国各地。崔蒙村便是一个典型的例子，整个小学竟然只有4名学生，6名老师，这些都是生活在城市里的我们所无法想象的。在当今的中国，崔蒙村这样的例子不在少数，这便是当今中国乡村教育的一大现状。在城镇化背景下通过资源配置、政策扶持以及制度建设促进城乡教育共同发展，推进城乡基本教育公共服务均等化，使得乡村教育成为“在农村”“富农村”“为农民”的教育，是所有人特别是当代大学生应当努力为之奋斗的目标。若是让我再一次回答那个问题，你为什么参加这个活动，我会说我想要为这些淳朴的村民们做点什么，以我的行动为他们的生活带来哪怕一丝一毫改变，我想为热爱的祖国做点什么，以我的微薄力量为祖国的发展添砖加瓦。

从内心好奇到满怀热情再到亲身实践，我对千村调查这一项目有了更加深刻的认识，对“走千村，访万户，读中国”的口号有了更加透彻的理解，对未来将自己所学知识付诸实践，将自己的青春挥洒在祖国大地上有了更加坚定的决心。

由相识到相知，千村调查，2019年我们明媚了彼此的夏天，走进了彼此的内心，愿与你共赴来年之约。

乡村的路究竟该通向何方

张兆龙①

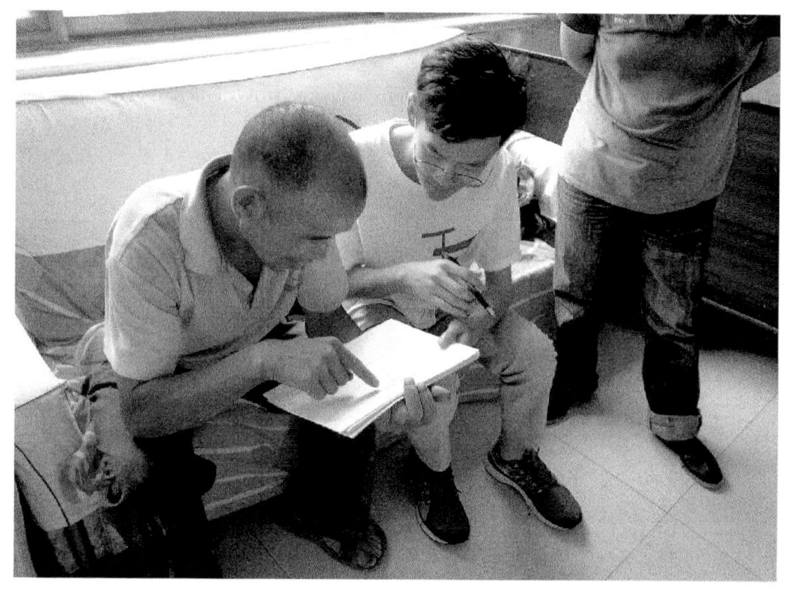

这世界上的很多事情，不去经历，就无法真正理解它们的内涵。

就我个人而言，乡村一直以来意味着宁静、平和，如果说世界上有伊甸园，那一定是乡村傍晚升起袅袅炊烟的模样。直到千村调查开始前，这都是我理想中的乡村，或者说，是我臆想的乡村。

但是理想往往不能等同于现实，实际上的乡村，还意味着贫穷、落后与怠惰。

在为期 5 天的千村调查中，我们走访了山西省长治市平顺县 2 个乡镇的 10 个村子，在这 5 天里，有悲伤、有欢笑、有淳朴、有繁杂；有全村走出的唯一受过高等教育的大学生，也有文化水平只停留在小学二年级难以做到正常交流的老人；有临走时将家中刚收获的蔬菜强塞给我们的阿姨，也有听到 20 元问卷补贴消息后一改态度，抢着来填问卷的老奶奶。10 个村子，各有各的特点，各自蕴含着不一样的风土人情。

过多的细节就不再赘述，这里我想简单谈谈我个人所观察到的现象。

---

① 张兆龙，上海财经大学信息管理与工程学院 2018 级信息管理与信息系统专业本科生。

一、在我们的调查中，距离县城较近的乡镇发展水平落后于较远的乡镇

调研开始之前，我们的惯性思维是，距离发展水平较高的县城越近，该乡镇各方面发展也会更好。然而在实际的调查中，距离平顺县城较远的石城镇发展水平要明显高于较近的西沟乡。排除一些特殊因素的影响，我尝试分析出一些影响因素如下：

（一）县城对周边乡镇的资源起到掠夺作用

县城的存在使得周边乡镇的教育资源、技术资源、劳动力、资金等都集中于县城，其犹如巨大的台风眼，源源不断地将周边的可利用资源吸引过去。以我们此次千村调查的主题"中国乡村教育研究"为例，优秀的教师往往会选择停留在县城任教，同时县城也能为教师提供远丰厚于乡村的物质条件。长此以往，这种现象只会形成"马太效应"，使得乡镇与县城差距逐渐拉大。如果没有强大的外力扭转，乡镇便难以实现与县城同步发展。

（二）距离县城较远的石城镇村民发展积极性较高

在我们的走访调查中，距离县城较远的石城镇的各个村落的村民发展意识均较强，同时教育子女的意愿以及理念也均高于距离县城较近的西沟乡村民，而且就子女教育水平来说，也是石城镇村民子女领先于西沟乡。究其原因，可能是距离县城较近的西沟乡村民更容易享受到县城带来的资源优势，服务条件，往往更容易满足于现实生活条件；相较于此，石城镇村名难以享受到地理优势带来的条件，因而自我发展的意愿与动力也更强。

二、我们所走访的村庄中，村民年龄分布普遍集中于中老年

在我们调查走访的过程中，就受访者而言，以中老年女性居多。家中青壮年以及儿童常住于乡村的比例均较低，据我们调查了解到的情况，青壮年常年离开乡村主要是以在外打工负担家庭支出为主，儿童则由于教育原因也大多随务工父母迁居。村中留存的中老年妇女绝大多数是以照顾2岁以下的婴幼儿为主，剩余的村民则是村中干部以及以农业生产为主的村民。

就目前乡村村民比例来看，青壮年劳动力大量流失，受过高等教育的年轻人也纷纷在外发展，村中对人才、技术、劳动力的需求过于紧缺，发展速度想必也会逐渐下降。

千村调查结束后，我常常在想，我们走访的那些村子，究竟该何去何从？几十年后，它们又会变成什么样子？真正愿意奉献自己的青春，舍弃城市提供给自己的优厚待遇而选择建设乡村的人又有多少？乡村发展又该选择怎样的路呢？

或许，在大量人口外流的现状以及农业现代化的发展趋势下，乡村会慢慢淡化，只留下少数从事农业生产的人员。但是，我认为乡村不仅是一种自然景观或是社会经济条件，也不仅仅是从事某种行业的生产者的聚居地，而更像是一种生活方式，一种文化环境，一种民风人情。我所希望的是乡村在保持人口不大量外流的情况下，村民生活水平可以得到提升，同时那种保留在我们心中的"乡村味道"，或者说是"乡村印象"也可以得到延续。

乡村的灵魂是文化，乡村的宁静在我们这个时代更显得无比珍贵。

劳动力何时归乡，长乐村如何长乐

蒲子涵[①]

2019 年 8 月 16 日正午，在经历飞机、动车、大巴的长途旅程后，我终于迎着烈日到达了四川省南充市阆中市五马镇长乐村——我将进行千村调查的地方。

长乐村是我外公的家乡，是四川许多村庄中极其平凡的一个，位于阆中西边的丘陵间。我在年幼时倒是来过这儿几次，但每次不是过年就是祭祖，大多半天不到就回旁边的县级市阆中去住了，故而直至来调查前，甚至连村子叫什么名儿都不知道。更别说更具体的那些情况了，只是有一种模糊的感觉这里的一切都很落后，生活很艰苦。因而，我自身也不觉得这山坳坳里有什么乐趣可言，若不是这次调查，恐怕基本不会再来这里——毕竟这儿不是我，甚至也不是我父母生活、成长过的地方。

在大舅家简单的补个觉后，我便随着外公去拜访村里的村支书，由于村里地势不怎么平坦，路也比较狭窄，一般村里人若不是走路，就是靠电动车、摩托出行，只有去城里或是比较远的地方，才会让有车的亲友帮忙开车送去，我与外公就叫上村里一个熟人，同乘他

① 蒲子涵，上海财经大学人文学院 2018 级社会学专业本科生。

的摩托代步。一番颠簸之后，却发现村支书正忙着，只好移步一旁村文书的办公室里搬两个板凳坐着，将近四点半时才见上村支书一面，匆匆说明了来意，又拜托安排了几个生产队(村民小组)队长照看后，已是接近五点，眼看是要下班了，我只好把村卷放回包里，约定调查完12户农家后再来叨扰。

当晚，趁着“歇凉”(夏日里的白天酷热，但夜晚气温降得快，村里又没有什么娱乐活动，大伙儿就喜欢聚在几户人家的院子里乘凉聊天)，我就拜访了3户人家，却未料到气温降得如此之快而得了风寒感冒，村里也没有医院，只有个卫生所，晚上一般也没人，只好等到第二天一早托大舅开车去隔壁镇上买了点消炎的药凑合着，才知平时村里人生病之后的艰难之处。第二日由于生病，便下午请人来大舅家里做问卷，下午连着做了5户，到了傍晚身体好点儿了，又走了几里路去拜访了4户人家，这才大致了解了村里人的生活现状。

接受调查的大多是老人，青壮年们基本都到县里、城里去打拼了，只剩下一生与土地为伴的老一辈人以及年龄太小、不能自己照顾自己的孩童在这贫穷的村庄里相依为命。村里通了电，而自来水大多都不通，家家户户基本是靠自己打的井水与水泵来满足日常生活所需，基本的“三大件”电器都有，但其他的电器就因条件各异了，网络更是只有少数几户人家才通了——其他家庭有的是用不起，但更多的可能是根本不知道、不会用。

村里一所学校都没有，村里的孩子们从小开始要读书就得去隔壁的河溪镇上读，索性前几年二舅帮村里修了路，至少孩子们不用走着泥泞、昏暗的山路去上学了。村里家家户户只要有孩子的，就都送去读书，虽然父辈、祖辈的学历不高，但每个人都深知读书是改变命运的主要途径，当我问到将来希望孩子读到什么程度时，几乎所有人都毫不犹豫地说最好是大学，孩子只要考得上，他们想尽办法也要供上去。再结合之前问卷了解到的，家家户户基本自给自足，少有余钱，甚至很多还因病欠债的状况，不禁让我感慨村中人们的思想已经先进起来了，或许还要归功于政府的宣传。镇上的学校基本设施齐全，从村民口中了解到孩子也没有在学校受到过霸凌，也没有逃课、打架、抽烟、去网吧等情况发生，但实际情况如何由于正值暑期，无从求证。而从对班主任了解的提问中，我发现老人们虽然一致认为读书重要，但实际上对孩子在校的学习状况不是很清楚，甚至许多连班主任的面都没见过，至于年龄学历之类一概不知，想来这一方面与老人们自身教育理念有关，另一方面也有学校不在村里，他们想了解也难以进行的关系。由此可以看出，长乐村的乡村教育基础设施基本配置完毕，师资质量虽然不甚了解，但数量似乎是够的，家家户户也对教育有较为清晰的认知，问题出在留守儿童的父母难以操心到孩子的教育，而老一辈对如何教育的认知又各不相同，甚至缺乏教育方法与理念。

而关于乡村振兴这一块，我拜访的人家都务农，而且是传统小农户，基本自产自用，少有多余拿去贩卖的；在调查中我拜访了2户精准扶贫的人家，发现两者只是从政府处领到了一定资金的补助，现在虽然已经“脱贫”，也仍只是靠着种地勉强保持温饱；拜访的人家都不知道村里有文化活动室，也不知道什么村规民约建设、至于志愿者、社会捐助也从未听说，对于村干部也缺乏了解，对村里财务支出也没有人关心。

第三日，花了一上午泡在村文书办公室后，又对村里的整体有了一定了解，村中大约有 1 000 人，常驻村里的只有一半，几乎全是老人和少数部分儿童，青壮年极少，在村里的人家全员务农，没有二、三产业，村里唯一的商店在村委会对面也并非村里的，而算是镇上的。其他情况与入户了解到的近似，只是村里确实是有文化活动室的，也进行过村规民约的建设，看来宣传或者落实是存在一定问题；而一大半儿童是跟随父母随迁就读的。这也是导致村里几乎全是老人的主要原因。

于我看来，长乐村的条件较差、难以创收导致了青壮年的外流，而大部分儿童也随着父辈们去了城镇生活，从了解到的情况来看也很少有回乡打算的，而由此带来的就是乡村学校的撤销以及教育资源向镇里转移，而更多的儿童就不得不面临去较远的镇上或是随迁的选择。一方面，随迁是否会导致孩子对村庄难以产生归属感，成年后是否会回乡的问题还是未知数；另一方面，若是留守，在家长难以参与的情况下，教育质量是否过关是个问题，若是因此导致的教育质量下降再引起更多的随迁，长乐村是否会因此陷入一个后继无人的尴尬境地呢?

当然，我的调查并不够准确全面，见解也受制于认知有限，但我由衷地希望全面小康的日子能早日达成，让这个小村庄也能分享共同富裕的喜悦，希望政府能从交通、教育、开发本地特色产业方面入手，逐步让劳动力回流，让长乐村真正长乐。

乡村教育的资源困境

梁　思[①]

千村调查是我校已成功实施 11 期的，以“三农”问题为研究对象的大型社会实践和社会调查研究项目。在 2019 年暑假，作为上财学子，我也很荣幸地在安徽广德参与了“走千村，访万户，读中国”的千村返乡调查，同时也给了自己一次实地参与社会调查的锻炼机会。

广德位于安徽省东南端，皖、苏、浙三省接合部。这个小城 2019 年 8 月得到了安徽省“撤县设市”的批准，现为安徽省直辖的县级市，正处于快速发展的阶段。本次返乡调查就在这座小城的卢村乡中明村开展。卢村乡自然资源丰富，素有“竹海之乡”的美誉。旅游资源极为丰富，其中卢湖风景区集竹林幽深的甘溪沟、万顷竹海的笄罩山、千年古刹 72 景的灵山和灵秀甲东南的卢湖四景区为一体，已申报国家规划为重点名胜风景区。而中明村就位于卢村水库下游，为乡政府所在地，也是一个处于发展中的小村庄。

① 梁思，上海财经大学经济学院 2018 级经济学专业本科生。

在本年度“中国乡村教育研究”的主题下，结合走访看到的实景以及调查得到的反馈，这次经历让我对乡村教育产生了一些新的想法。根据我看到的实际情况，由于中明村为乡政府所在地，卢村乡中心小学就在本村。该校占地面积 6 000 平方米，建筑面积 3 110 平方米，配有微机室、图书室、科学实验室、留守儿童活动室，是一所发展中的农村小学，但仍无法避免地存在许多落后与不足的地方。

在中明村的走访过程中，我深切感受到了这些家长们对孩子教育的重视。考虑到便利性，大部分孩子都是在本村的小学读书，这所公立小学入学较容易且学费便宜，但学校设施已较为老旧，虽然一直在进行翻修，但没有先进的教学设施。也有小部分家长选择将孩子送入市内的重点小学或是寄宿学校，希望他们能够得到更好的小学教育，同时也会负担较多的学费。

对现在的乡村孩子来说，学校的资源显得更为重要。

尽管是在乡村，这些孩子也面临着许多补习班与兴趣班。由于小学的资源匮乏，除了语文、数学等主课之外，孩子们对英语以及其他方面的学习很少，相关方面的专业老师也很少。除此之外，孩子们的体育课也缺少专业老师和相关器械，往往由班主任老师代课，更不用说艺术类的课程了。可能受限于小学教育的有限性，大部分家长会选择让孩子参加校外补习班和各类兴趣班，但这些高昂的费用也对他们造成了不小的负担。与此同时，从市内重点初中的生源情况也可以看出乡村小学教育资源缺乏带来的劣势。

总而言之，现在的乡村教育不再是思想上的认识问题，所有农村家长都希望自己的孩子能够受到更好更高层次的教育，但受制于乡村的现有教育资源，这些孩子往往需要付出更多努力才能与其他孩子保持在同一水平，拥有相同的竞争条件。因此，乡村教育资源显得尤为重要。

这次调查给了我极大的感触，可能与过去在表面层次对乡村教育的了解不同。我看到了如今乡村的家长对孩子的殷切希望，他们在自己有限的经济条件下为孩子争取着最好的教育资源。我也看到了乡村教育资源与其他地方的差距，有一个很简单的例子，比如数学中的立体几何部分，在设施先进的学校会有动画展示帮助孩子们理解这类抽象知识，而乡村小学的孩子能够利用的就只有自己的想象力。更深层次来说，如今高考确实是最公平的升学方式，但是所有孩子所在的高中、初中甚至小学都是不同的。乡村的孩子们无法享受平等的教育资源，自然就会在竞争上处于劣势。

当然，这些问题在现阶段仍然是无法改变的，但是我相信，只要我们始终关心乡村教育问题，始终争取乡村教育资源，终有一天能让这些乡村的孩子们得到更好的学习条件和更多的学习机会，让他们走出乡村，去向更广阔的世界。

进步与困难同在，机会与挑战并存

李　芮①

作为上海财经大学统计与管理学院的一名大一学生，我有幸参与此次“走千村，访万户，读中国”的千村调查，回到自己的家乡，收集最真实的数据，为乡村振兴贡献自己的力量。我的家乡是山东省烟台市龙口市，是个相对富裕的海边小城，近年来，经济、科技、教育飞速发展，乡村城镇化改造取得了巨大成就，农民的生活得到了极大的改善。我走出家乡来到上海上学，再回到家乡，尤其关心家乡的教育问题，乡村教育情况是一个城市教育发展状况的一个重要组成部分，也是衡量乡村振兴的标准之一。我本次调研的圆璧张家村中的教育问题，是进步与困难同在，机会与挑战并存。

一、进步

走进圆璧张家村，映入眼帘的一幢幢崭新的楼房，这是乡村改造的成果，村民的生活质量和幸福水平显著提高，土地均为大规模承包，农民几乎不务农，而是学习新本领去务

① 李芮，上海财经大学统计与管理学院2018级经济统计学专业本科生。

工。一个家庭满足温饱问题之后，首先就考虑子女的教育问题，新一代的乡村父母，尽自己所能，为子女提供最优质的教育。在该村，九年制义务教育基本实现，因为小学与初中是划片上学，孩子都有学上，孩子都应上学。新一代的乡村父母中，许多的学历都是大学本科，部分为大专、高中等，所以父母大多愿意在孩子的教育方面花费大量的时间与金钱。在该村中，基本不存在孩子初三分流到职业学校，学生几乎都能考上高中，不能正常考入高中的学生，家长也送到私立高中，让孩子取得高中学历，参加高考，考取大学。该村教育方面最大的进步就是孩子几乎都高中毕业参加高考，不存在因家庭经济问题放弃学业的情况。

二、困难

谈到成功考上大学的孩了吋，父母脸上浮现出满满的自豪与欣慰，多年的努力没有白费，孩子也很争气。但说到孩子在初中或者高中时，父母则略显疲惫。问卷中特意设置的补习班问题，更是戳中家长的痛点、泪点。父母们都知道孩子在学校学习非常辛苦，但是也清楚现在激烈的升学竞争与沉重的升学压力，所以父母们想尽办法让孩子取得更好的成绩。因为父母学历水平和知识积累不足，不能为孩子解决学习上的问题，在初中或高中的每个乡村学子几乎都正在参加补习班，补习文化课知识。另一种常见的情况是，乡村父母看到许多城市父母为孩子报名参加艺术类的兴趣班，让孩子全面发展，现在的乡村对比从前富裕许多，他们自然不愿让孩子屈居人后，也让孩子参加学费高昂的兴趣班，但毕竟经济条件有限，父母压力很大。总之，困难之“困”，是父母自己没有足够能力教导孩子，却不想让孩子输在起跑线上，所以尽最大努力让孩子得到最好的教育；困难之“难”，是乡村家庭经济状况毕竟不如城市家庭，父母力不从心，却不得不硬着头皮，导致大笔的血汗钱流入参差不齐的补习机构。

三、机会

老话说，“高考是改变命运的唯一方式。”对于这句话，我和我的家庭感触颇深，我父亲就是不愿意承袭祖辈种地，所以勤奋学习，通过高考，走出农村，大学毕业后，在城市拥有了工作。我父亲的的确确经过努力、在高考时取得好成绩，改变了命运，我父亲也时常提起这句话，向我讲述他的故事。这种现象与想法，在当今的乡村，也十分普遍。所以父母尽自己所能让孩子的成绩更优秀，许多乡村学生也懂得父母的苦心，抓住高考的机会，改变自己的命运。十多年前，考不上大学的学生，有的上专科，有的找份工作，相对开明的父母，送孩子去当兵。但现在，孩子们拥有了更多的机会。在本次调研中，我得知有些家庭尊重孩子的兴趣爱好，让孩子学习艺术类知识，考取理想的大学，这在从前的农村是几乎看不到的，而现在的乡村父母，可以平静又骄傲地谈起孩子在北京学过画画，孩子在北京上音乐学校。机会还表现在文理科选择与志愿填报上，父母给予孩子充足的自主权。可以说，现在的乡村学子，有许多机会改变命运，甚至实现梦想，这得益于乡村的振兴，乡村教育的长足发展。

四、挑战

其一，经济原因是乡村教育无法与城市教育相媲美的最重要的原因，仍存在许多乡村家庭无法承受庞大的教育支出，父母纷纷表示压力很大。其二，父母的知识水平不足，无法在学习上帮助孩子，而补习班乱象导致教育市场混乱，目前也并没有得到很好的解决，未来的路上荆棘丛生。其三，学校、教学设备、师资力量等多方面存在差距，而乡村学生与城市学生要参加相同的中考、高考，所以乡村学生面临着巨大的压力与竞争，要付出更多的努力。

纵使困难，仍在进步。因有机会，故存挑战。

现在与未来，乡村教育继续在发展……

流年笑掷，未来可期

董林格[①]

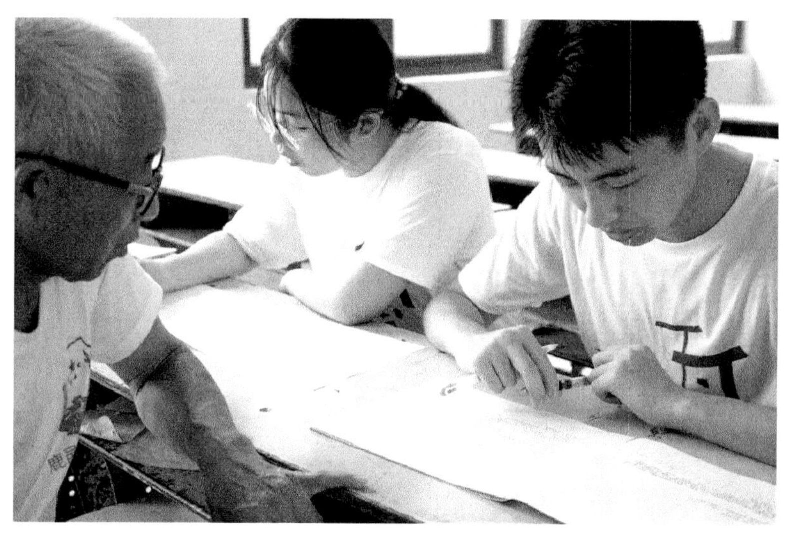

作为出身于农业大省的河南人，我和土地有着血缘中的羁绊，和乡村有着剪不断的因缘。如今乡村中老老少少的生活，既是爷爷奶奶经历过的曾经，也可能是后辈返璞归真的未来。怀着隐秘的期待和忐忑，拉起行李箱，背上小书包，在通往终点的大巴车上，摇摇晃晃中，我与河南省周口市鹿邑县开启了彼此的初遇。

一个未知的模样，一个全新的地区，我对如今的乡村是何光景毫无头绪。但 2018 年是实施乡村振兴战略的开局之年，经过一年的重点发展，还有近几年全国人民对于留守儿童、孤寡老人、重点扶贫的关注，颠簸的大巴中，我想，应该也是一派欣欣向荣之景。

2019 年是新中国成立 70 周年，在这个值得铭记的年份，我很庆幸自己有了一次深入中国最基层，在一线认识祖国别样面貌的机会。6 日的奔波，144 个小时的努力，这是令人难以忘怀的升华之旅；遇到了难得一见的极端天气，大雨瓢泼，狂风嘶吼，屋檐下雨柱重重地砸下，路边的大树被拦腰折断；碰巧停电的教室中，体感温度 41 摄氏度的午后，和队员们一起汗流浃背地进行调研工作，额边的汗水流到眼中也只是用手背胡乱一抹，为的是让同样辛苦的村民们能够早点回家。

---

① 董林格，上海财经大学金融学院 2018 级保险精算专业本科生。

苦吗？是的，非常。但是，还有更多的甜让人有了坚持下去的动力。每一次问完问卷后拿出对我们而言好似微不足道的20元，村民们经过大自然的风雨、艳阳磨砺过的黝黑的脸庞上，那一抹惊喜和羞惭真的是一种与众不同的美丽，那是一种抵及人心灵而非流于表面的触动，是一种让人心酸又心动的感怀。

“春节过后，爸爸妈妈带走了——二月的不舍，三月的思念，四月的春风……”这首留守儿童的小诗初读时给了我极为深刻的印象，而在我的设想中，留守儿童会是最为揪心的问题。但在实际调查中，我惊讶地发现，或许人们在社会的宣传和媒体的报道中已经深刻意识到了父母角色的缺失对于孩子成长的极大危害，留守儿童的数量并不算多。大多数家庭会选择留下父母中的一方照顾孩子和老人，而得益于如今科技的发展，在外的家长与孩子会经常通过微信的视频通话联络交流。

还记得当初面试千村调查时的紧张，晃眼间，这次调研活动已经结束了。跟随老师和朋友们一起走过鹿邑县的10个村落，留下的回忆有村落中的田野景色，有朋友间的嬉笑打闹，有采访村民时的心疼难过，有初次体验乡村生活的一丝狼狈。“走千村，访万户，读中国”，千村之行，豫见鹿邑，流年笑掷，未来可期。

点 灯

吕靖华①

千村调查，陪伴上财度过数载光阴，根植在一代又一代上财学子心中。

我在步入上财校门之前就已经听说过千村调查这一充满实践意义的活动，当时才刚高考结束，一直寒窗苦读不闻外事的我起初也对这个活动不以为然，只认为是完成任务似的问卷调查，可走过一年的大学学习生活，学习了"近代史""毛泽东思想""形势政策"等学科后，我渐渐认识到了广大农村对于中国发展的重要程度，千村调查，也逐渐由原本印象中的一项死板的任务，变成了一名作为上财学子立志去完成的使命。

2019 年暑假，我决定和原来一同考入上财的高中同学一起进行返乡调查，我们走访了长阳土家族自治区的小村落，为自己家乡的建设贡献一份力量。经过前期的讲座指导我们对于千村调查的基本情况已经了解，但在实际进行的过程中还是遇到了不少困难，但是这依然阻挡不了我们的热情。最大的困难还是沟通问题，比如方言还有一些用词习惯上的问题；还有只有老人在家的家庭对于一些家里的基本情况自己也不太清楚，等等。总而言之还是困难重重，这也恰恰反映了实践的重要性，印证了举行千村调查这样活动的现实

---

① 吕靖华，上海财经大学金融学院 2018 级金融学专业本科生。

意义。我们一共走访了12户村民,还是发现了不少贫困户,有因为家人重病缺乏劳动力的、有单身未娶妻的,等等,各种情况让我们这些从“象牙塔”走出来的学子对于中国乡村现状有了更加深刻的认识,也让我们对中国未来的发展有了更加客观明晰的认识。

经历了这次实地调查,我对千村调查活动的认识更加深刻。千村调查,是一次理论联系实践的考验。广大农民群众的问题是国家最为关心的问题,是中国发展必须解决的问题,对于如何解决农村发展不平衡的问题,如何振兴乡村,我们提出了很多办法,但这种种理论都必须建立在实际走访调查的基础之上,如果没有实地调查,我们不会知道有优秀重点高中的孩子因为家人突发重病的高额负担遗憾落榜;如果没有实地调查,我们不会知道还有人不惑之年尚未娶妻;如果没有实地调查,我们也不会知道有的学校因为师资问题要一个老师教授好几门课程。我们看到了问题,更看到了乡村的发展。我们看到了在党的领导下逐渐脱贫致富的乡村人,我们看到了不向命运低头敢于改变命运的农村孩子,我们看到了一户户在党的好政策下迈向更美好明天的村民们。千里之行始于足下,追寻实践检验真理的标杆,找寻乡村发展的方向。

千村调查,是关乎国家未来发展的重要实践。多少年来,土地问题一直是制约中国发展的核心问题,广大农民群众的问题一直是关乎国家未来的重要问题。千村调查,以其独特的视角,由一代代上财学子出发,让越来越多的青年人回忆起骨子里与农民群众的血肉联系,让越来越多的青年人认识到、感受到广大农民问题的深刻。中国,自古以来都是农业大国,随着中国工业化、现代化的发展进程,农村发展的不平衡问题逐渐显现,地区差异越来越大,供给不均衡的问题越来越严重,一边是过剩产能,一边是嗷嗷待哺。对于农村问题的解决,我们迫在眉睫。千村调查,为此提供了良好的思路,我们深入乡村以亲身体验感受广大农民的需要,挖掘农村弊病,为国家决策提供真实可靠的数据支撑。深入农村,我们从乡村教育这一核心出发,走访了家中有学生的村民,以问卷调查的形式深入发掘村民们在经济、教育、文化、生活等方面的需求。从中暴露出来的乡村教育问题可以说非常多。乡村在发展,但不能仅仅是经济上的改善,乡村教育问题的解决关乎着乡村的全面发展,国家的未来。千村调查,是打开乡村发展之路的关键。

我心目中的千村调查,关乎实践,关乎命运,关乎未来,上财人始终秉持“经济匡时”的信念,躬耕乡村未来发展,点亮农村孩子的教育之路。

扶贫先扶志，扶贫必扶智

徐嘉宇[①]

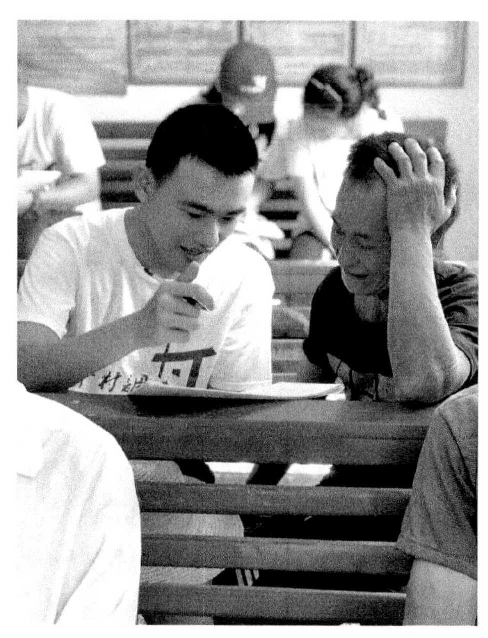

在“走千村，访万户”的过程中，我们了解到乡村中仍有不少家庭面临着经济的困难，生活过得很是拮据。而经过问卷调查，和其进一步地谈心我们了解到，很多家庭穷的真正原因并不在于环境与政策，而是思想与观念上的落后或者说是错误。

首先，村民普遍缺乏远大志向，具体可行的梦想。当我问及他们有没有想过创业，希望孩子以后去哪种单位工作，孩子有没有什么梦想，这类问题时，他们往往轻笑一声，然后好像很理所应当地回一句“那哪里有”(就是没有的意思)。他们对生活的态度也多是得过且过，没有一个具体的统筹，也没有对未来的一个大概的规划。问他们一年的收入与支出，水费、电费的花费，半数人甚至连一个大概数字都说不出来。都说父母是孩子最好的老师，因此如若农村家长秉持这样一种消极茫然的生活态度，那这样必会影响孩子价值观的树立。孩子甚至也可能因此重蹈上一代的覆辙，鼠目寸光，对自己的人生轨迹没有一个相对开阔，有远见的把握，从而难以走出大山，改变自己的命运。因此，扶贫先扶志，先要

① 徐嘉宇，上海财经大学信息管理与工程学院2018级数据科学与大数据技术(工学)专业本科生。

让村民们树立远大志向，才能让村民有意愿向富起来的方向努力，从而完成扶贫的伟大事业。

其次，便是技术，文化一些能力层面上的不足。志向再远大，缺乏坚实能力辅以支撑，也只是空想罢了。农村因为对教育的不够充分重视，与教育资源的不平衡，让一些资质尚可，且勤奋努力的孩子难以在更高的平台发展，因此也导致农村普遍存在的技术、文化一些能力层面的不足。农村人也存在沉溺安稳，不愿接触新事物的特点。在调查中，问及从事农业生产的人其家中农业器械的拥有数量，是否接触过网上购物与网上理财时，答复多伴着一个摇头的动作。甚至超过80%的村民家中尚未连通宽带。其实这些都不过是如探囊取物般，轻轻松松便可以了解到的，但很遗憾他们并没有去这样做。在互联网这样一个信息交流十分方便的渠道，他们错过了太多接触新鲜事物，提升技术、能力的机会。因此，扶贫必扶智，只有将村民们的技术、文化程度提升起来，村民们才能有争取更好生活的能力。

"扶志""扶智"，这是扶贫路上的两座大山，也是两个里程碑式的小目标。不难看出，这两座大山体现的是对教育质量提高的迫切需求。教育水平提上来了，"扶志""扶智"便也就迎刃而解了。正如我曾在村庄中看到的一句标语所写"教育是强县之本，人才是强县之基"，教育的意义不可谓不大。上到国家，下到千村万户，也都越来越重视教育了。本次千村调查中，我也见证了农村教育的高速发展，以及家长教育观念的进步。随处可见的强调教育之重要性的标语，愈发先进现代的教育设施的出现，更大更新的教学楼的建设，力度越来越大的教育补贴，营养餐政策的进一步实施落地，让农村更多孩子有了获得更好教育的机会。让人不禁想竖起大拇指，为国家点赞。

教育建设力度之大，效果之好令人啧啧称赞，但不得不提的是，乡村教育的发展还有不小的空间。比如，仍有接近半数的调查户表示存在老师一人教数门科目，以及部分学校缺乏投影仪、电脑等重要教学设施的情况；个别调查户也存在因为资金紧张问题无法让孩子选择更好的学校接受教育的情况。所幸这些问题已经不是普遍现象，而仅是少部分的情况，我相信经过接下来几年的发展，都会迎刃而解，我国乡村教育的发展也会达到一个新的高峰。

这次千村调查，让我们切实感受到了乡村人民生活质量的逐步提高，乡村教育的巨大进步，以及乡村蓬勃的发展活力。千村调查，仍在继续；千村万户的发展，仍在继续……

访千村，见实情，悟真知

代　鑫①

相信和不少同学一样，千村调查是我们进入大学后的第一次社会调研经历，更是我们第一次真正深入农村。在此之前，远离乡村的我虽有听闻农村生活的艰辛不易，但还从未切身体会过具体的点点滴滴。借着学校千村调查这次机会与平台，我和两位同学一起参加了返乡调查，深入四川省达州市宣汉县新红乡双河村进行了全面细致的调查。

2019 年 7 月 23 日一大早，我们就乘着县里的客车赶往新红乡，经过一个多小时的长途跋涉终于到达了目的地——双河村。与我的想象不同，客车一路走来少有泥路，所行的基本都是硬化公路，这不禁让我体会到国家的乡村道路建设是真正落到了实处，真正缩小了乡村居民和县城的距离感。没有任何休息，我们直接前往村委会展开了调查。再一次出乎我意料的是，村干部并没有抵触我们的提问，而是对问题一一耐心地解答。我从村干部处得知，国家近几年乡村振兴的战略的确帮助村庄有了飞速的发展，道路、教育、产业、村民生活质量等方面都有了质的提升。

在了解了村庄的大体宏观状况过后，我们打算落点到具体的家庭，挨家挨户地调查村

---

① 代鑫，上海财经大学金融学院 2018 级金融实验班本科生。

民最真实的生活状况。入户调查的过程持续了整整两天，也正是这两天，让我对农村有了真正的认识与了解，让我真正从这次千村调查中有所收获。

虽然被调查的居民都是同村人，但他们的生活条件却有非常大的差别。他们有的家具齐全、室内精装，有的却一无所有、破烂不堪；有的家庭团聚其乐融融，有的却是孤寡老人独守空屋；有的脸上洋溢着对生活的热情，有的却眼神暗淡无光、充满愁绪。同村人尚且有如此大的鸿沟和贫富差距，那么城乡之间的差距之大也许更能让人容易理解了。

即使差别存在，但不得否认的是，村民们的生活状况比我想象中的农村生活确实好了不少。虽然不能和城市比，但村民们的基本生活至少得到了保障，家家都吃得起饭，穿得起衣，医疗和开销也有基本保障。条件好一点的村民会有自己的小产业，有的圈地养鸡，有的包田种植，有的还购入了私家车来往县城与村落。与30年前的农村相比，如今的村民生活有了质的飞跃，这都得益于国家乡村振兴战略的落实和众多对农民的福利政策。而这些战略与政策，必将进行得更彻底更深入，使农民的生活得到更大的飞跃。

在基本的物质需求得到了满足过后，我们就应该把目光转移到精神需求上，而在众多的精神需求里，我最关注乡村的教育，这也正契合了我们此次千村调查的主题——中国乡村教育研究。从我们调查的数据获悉，凡是有子女的家庭，孩子们都获得了应有的教育资源。所以，我们必须肯定近些年来乡村教育飞速发展取得的巨大成就。但有发展就必定存在许多问题，我们也从村民的口述中了解到：一是乡村交通条件欠缺，农村学生上下学交通困难；二是乡村学校伙食隐患，学生身体素质堪忧；三是农村留守儿童较多，缺乏专门监护教育；四是城乡教育差距巨大，教育资源分配严重不均；五是乡村教师人才流失，学生缺少人生领路人。

而针对这些现实的问题，我个人有以下建议：其一，重视个体，提升学生自身全面综合素质；其二，教化家长，通过子女教育在家庭地位的提升发展乡村教育；其三，资源同步，城乡教育共同发展，缩小鸿沟差距；其四，留住教师，让高素质师资力量引领乡村教育蓬勃发展。

总的来说，此次千村调查令我受益匪浅，它在我今后的人生道路中一直都将会是一笔宝贵的财富。通过这次调查，我走出了“象牙塔”，见识了中国真正的乡村与淳朴的村民。乡村不再像以前一样在我脑海里是一个模糊的概念，现在它变得具体、真实。这次调查让我与村民们产生了情感的共鸣，对他们的艰辛我感同身受。最重要的是，通过这次调查，我更加清晰地认识到了作为新时代大学生的我们肩上承载的历史使命和责任。

梦想，在青山里拔节生长

吴沁钰[①]

下乡的车在弯曲连绵的乡间公路行进，千村里的一个个故事和一份份感动刻画在我脑海当中，连绵相延。

这是一段怎样的调研呢？

一群少不经事的大学生，在两位带队老师的带领下走进农村，以问卷访谈形式走进农村与村民们交谈，去一点点触及农村教育的现状，去为农村发展贡献我们的绵薄之力。这次千村调查让我见识到了农村翻天覆地的变化。遥想当年，还在上高中的我对祖国广袤土地上的农村地区发展还不甚了解，千村调查之后，我对广大农村地区有了深度的认识，了解到了祖国的真实发展面貌，也看到了新时代祖国经济、政治、生态突飞猛进的巨大空间。

这是一段怎样的回忆呢？

这次的调查让我结识了两位上财的优秀同学，是友谊让大家不虚此行。之所以我们的活动能够如此顺利地进行，是因为每位同学都在全力履行自己应尽的义务。作为组长的我，也学会了在活动中承担应有的责任。

我们在蒲江县成佳镇友助村的千村调查为期 3 天，虽条件艰苦，但收获满满。3 个日

① 吴沁钰，上海财经大学商学院 2018 级工商管理专业本科生。

日夜夜，与队友由拘谨到无话不说，同村民们由尴尬沉默到家长里短。很多即使记不分明的微小的事也在不经意间加深我们之间的感情，深刻我们对农村的记忆。在村里走访调研的过程中，让我们认识到村中老人的生活十分不易，作为大学生需要切实地为他们做些事。在日常生活中，解决一日三餐成了全体成员的头等大事，我们也从中体验到生活的艰辛。

这3天在友助村的生活很艰苦，8月初的冒雨启程，乘雨而返，在这些日子里，条件十分艰苦，因为天气的炎热，夜间难以入眠，而清晨天边未晓，便有蚊子和各种不知名的虫子扰人清梦。虽然肉体上经历了折磨，可是精神上却获得了前所未有的满足。即使从小听闻父辈祖辈的苦日子，也常常回到老家去农村乡镇走一走，但我很难想象时至今日这种生活还在部分地区延续着：一场自然灾害就能带走家里的大部分资产；身体常年不好也硬扛着不去医院，因为在生活花销以外就没有了多余的钱来看病，如要治，便得负债；回答我们问题时最多的一句话就是"这种东西我们哪里有，我们祖祖辈辈都没离开过这个农村"……而在这次实践中就真切感受到了。正是这样难得的经历让我更加珍惜现在的生活。

懂得理解也是此行的收获之一。在调查过程中，许多农民伯伯因为文化程度的原因无法准确回答问卷的问题，我们组员们并没有因此而排斥，并没有因此而浑水摸鱼，而是尽力用自己的语言表述引导，由此看来，看似普通的问卷里的每一个问题都浸透着同学们对祖国大地和在这片黄土地上辛勤耕作的广大人民的深沉爱意。

在这次返乡调研中友助村淳朴的乡风民俗给我留下了极为深刻的印象。无数梦想，在青山里拔节生长；无数希望，沿绵延的公路竞相绽放。农民万象，均不改对美好生活的向往和憧憬；或许巨大的城乡差异仍在，但每一位受访者脸上洋溢的笑容，或是对政策补贴的感谢，或是对乡村建设成果的自豪，无一不令人感受到城市与乡村间的脉搏仍强健有力地跳动着，光与热仍在。

完成一份问卷的询问需要近一个小时，而我们询问的12户人家和村委没有表露一丝的不耐烦，问及问卷中部分隐私的问题也豪爽一笑，没有对我们多加质疑。本就多有叨扰，村民们递来的村里新鲜的柚子与柑橘更让我们连连拒绝，心中一阵暖意淌过。善良与质朴像柚叶里透过的光，真善美在发亮。良好的乡风民俗在代际薪火相传、不曾断绝，并以此构建乡规民约的草图，形成中国特色社会主义基层建设最为直接的映射。这种缺少强制性制约的风俗却能成为村民心中的基石，最后以村规民约的形式确定下来，成为一道靓丽的风景线。

这次调研经历，让我发自内心真正意识到只有在理论与实践的不断往返中，扎根中国大地，才能读懂真实中国。不能只会啃书本，中国农村是经济学最好的自然实验室。"道虽迩，不行不至；事虽小，不为不成。"我们上财学子在祖国大地上一步一步走出的千村调查，就是我们对祖国最深沉的爱，是有理想、有信念、有追求的新时代上财青年最深层、最持久的情感。

我们对农村的关注，也正是对中国国情的品读。我们在一起就像一滴水融入另一滴水，就像一束光簇拥着另一束光，因为我们知道唯有点亮自己，唯有簇拥在一起，才能照亮时代的未来。

话乡村教育，探“三农”道路

丁嘉小美[①]

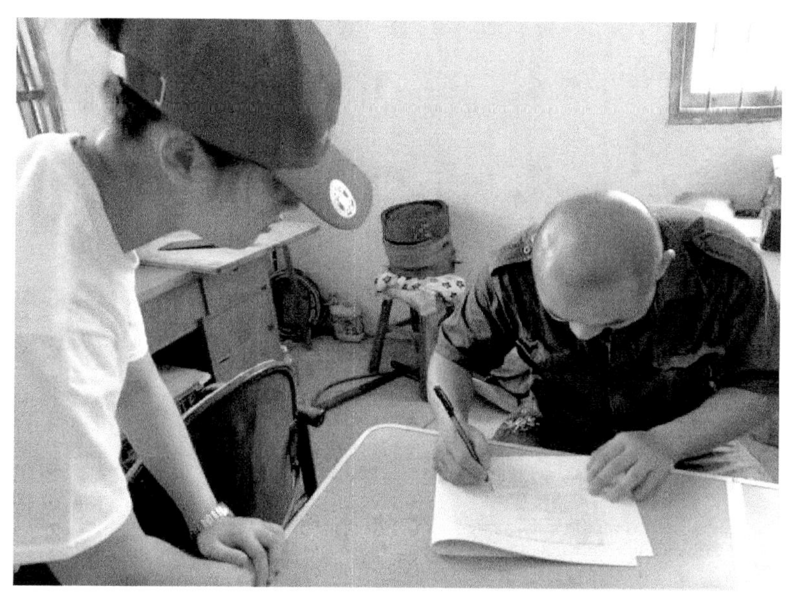

2019 年暑假，我来到浙江省义乌市义亭镇缸窑村进行了为期 4 天的千村调查返乡活动，在实地考察中“走千村，访万户，读中国”。这 4 天的实践活动意义非凡，让一个毫无社会经验的大学生切实体会到了社会民情、人间百态，是感受中国当今发展脉络的活的教科书。

义亭镇缸窑村地处义乌市西南，距义亭 5 公里，南端杭畴中心村落，背负黄东山，面临浙江省农业示范园区，村中高卧古老陶器龙窑，站在窑顶极目远眺，南山作屏，村村相连，农村景色如画，虽无名胜，但有宋朝以来历经千年的陶器生产，雕刻精细严谨大方的十八间堪称古迹。凭借丰富的陶土资源，村民们在村干部的带领下大力发展古陶文化，在村中建设陶泥制作中心，吸引了专业的陶泥工匠和游客前来，成为缸窑村的一大特色。

由于村庄地处丘陵地带，故耕地贫乏，村民多以经商办厂为职业，村中少见农田。村民所居住的多为自建的砖瓦结构的两层房屋，村内设施齐全，大礼堂、图书馆、文化中心等一应俱全。村中也有部分外来人口，与本地人融洽生活。村庄交通方便，每天往来公交车

---

① 丁嘉小美，上海财经大学经济学院 2018 级经济学专业本科生。

班数多达数十趟。我感受到村民生活虽说不上富裕，但基本达到了小康，在我走访的12户人家里，超过一半的家庭购置了私家车，家家户户早已通了互联网，家电一应俱全。老人们跟我说“新农保”可以报销一大半的医药费，现在看病也不用花这么多钱了。这与我之前想象的农村完全不同。我深深地感受到了城乡居民生活水平的差距在一步一步地缩小。

在调查的过程中，村支书对我说，村里还有乡镇本地的就业机会都很多，且我们义乌人有经商办厂的传统，所以村民们很少有到外地去务工的。村中基本没有留守儿童，村民们都留在村中赡养父母、照顾子女。

在乡村教育方面，我感触颇深。村里只有一所小学，规模比较小，但是足够满足村里孩子们的就读需求。村民们说，尽管自己的文化程度不高，但是都希望孩子们能努力读书，考上大学。我调查的好几个家庭中有还在上小学的孩子，家长说，现在城里的孩子周末都在补课、上各种兴趣班，我们的孩子也不能落下。在村子里，我看到了一些少儿补习班也开办了起来。家长们还说，工作、生活了大半辈子，越来越觉得知识的重要性，所以在对待子女教育的问题上，也就愈发重视，不能有丝毫懈怠。村里没有初中、高中，学生都要去乡镇或是县城里就学。若是不在学校住宿，很多家长就开车接送孩子上下学。同时，在工作之余，家长们主动关心孩子的学习，会花一定的时间陪伴孩子学习。字里行间我感受到了家长们希望孩子成才的殷切期望。

“三农”问题是我国经济发展中的根本性问题，解决“三农”问题的关键之一是解决中国乡村教育问题，不能让其成为制约农村发展的因素，而要使乡村教育为农村经济转型、农业科技进步添砖加瓦。若目前农村的在读学生能够接受好的教育，那么他们就能成为改革农村经济、为家乡发展献策献力的主力军，能够大力促进农业科技产品的转化，并且进一步解决“三农”问题。

教育关乎一个国家、一个民族的未来，是一项基础性工程。习近平总书记心系乡村教育，发展乡村教育，让每个乡村孩子都能接受公平、有质量的教育，阻止贫困现象代际传递，是功在当代、利在千秋的大事。乡村教育的“全面改薄”旨在重点改善乡村教育的师资问题，让人不禁畅想乡村教育的美好明天。

我心目中的千村调查，是专业的社会调查、生动的实践课堂。对于学习经济学专业的学生来说，中国农村是经济学最好的自然实验室，在这里可以获得生动真实的经济学案例和第一手数据，将书本上的理论知识渐渐转化成了独立之人格、自由之思想，真正实现了理论与实践的结合，是一次宝贵的学习经历。同时，我了解到乡村教育的重要性以及目前农村教育的相对薄弱的现状，改善乡村教育是解决“三农”问题的关键之一。但同时，我也看到了祖国农村建设取得的显著成果，希望乡村越来越好！

聆音察理初思辨,天工人代终行践

杜依琳①

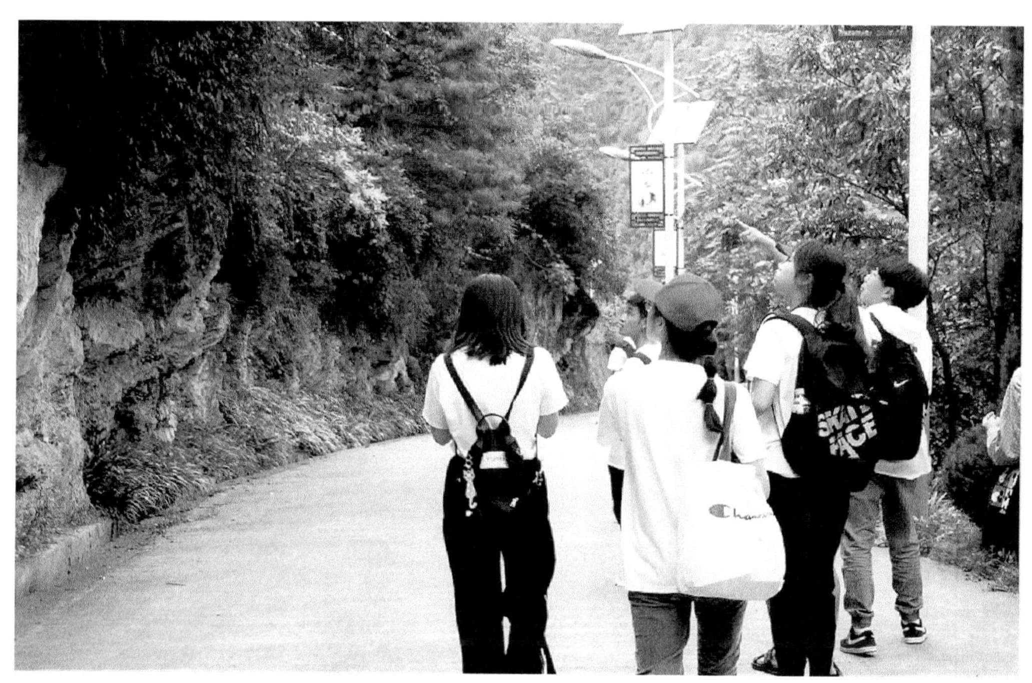

由于高考理工出身,在上大学之前,人文社科类对我而言都是个未知领域。高中时的我片面地认为所谓“文科”就是背诵记忆、撰写文章云云,拒绝主动接近它,了解它,接纳它。千村调查则是我第一次系统地参与的社会调研,第一次尝试为自己研究的课题寻找数据,为我打开了社会科学实践的大门。

“西北以北,羊马很黑”,我的千村之行从兰州开始,翻山越岭,在 6 个村之间辗转穿梭。陇南位于甘肃省最南部,气候条件接近南方城市,山清水秀,层峦叠嶂。住在群山里的,是一群淳朴、简单的陇南人民,晴日采花茶,雨后摘蘑菇,夜半披星戴月时归家,煮一锅热气腾腾的菜肴,与家人欢饮一杯有余。漫游在群山中,我久违地将脚步放慢,融入被自然环绕的慢节奏中。

说来惭愧,在亲自踏上那一方土地之前,我对千村调查还抱着不切实际的幻想。我以

① 杜依琳,上海财经大学经济学院 2018 级经济学专业本科生。

为，一天只要做 4 份问卷，必然有大把的时间空下来，自己便可以趁着机会充分享受一把陇上江南风光。然而残酷的现实是——每天从早晨七点起床到夜里九点的时间被安排得满满当当，毫无余裕，每天单单是走山路寻找受访者就要耗费几个小时。采访开始后，我们要耐心地解答受访者的问题。有的农户不识几个字，大半篇问卷都需要我们讲解。一份问卷没有个把小时必然是完不成的。入村问卷更甚，有时候一做就是一个下午，我们累，受访的村干部们和村民们更累。但我们没有因此而停下，仍然迎着烈日敲响一户户家门。

第一份问卷总是生疏而忙乱的，但所幸村民耐心地等待我们整理问卷，回答我们提出的每一个问题。面对复杂烦琐的问题时，他们并没有推脱或催促，而是用乡下人独有的微笑化解尴尬，质朴的笑容让我们瞬间感到心安。与此同时，第一份入村问卷进行得也不甚顺利，村主任和村支书要去镇上开会，只有一名上任不久的大学生村官接受采访，而他对村里的情况又不完全了解，整场采访在不停地翻阅资料、打电话中结束，持续了将近 2 个小时。一份入村问卷结束后，3 个人早已疲惫不堪。但情况在下午就有了好转。慢慢地，我们的调研被更多的人所重视到，也有更多热心的村民积极参与进来。有的年轻人会说普通话，就自发为队员们当起了“翻译”，在热心村民的帮助和配合下，之后的问卷越发顺利起来。

坚持和执着必然能得到反馈。抱着孩子的阿姨，炒着菜的大姐，对着暑假作业咬笔尖的小男孩，穿汗衫、戴草帽、拎着锄头的老汉，都纷纷放下手中的事，走进屋里，一边回答我们成串的问题，一边为我们倒上一杯水。张家河村村委会的那杯水尤其难忘，结束了长达 23 页的入村问卷之后，村支书领我们绕到村后的一处泉眼，告诉我们这是康县水质最好的地方，家家户户的饮用水都来自这一处山泉。开始时，我不敢上前，看着翻腾着的白色水花犹豫不决，“姑娘，我们村儿里的人喝了几十年啦，这水可甜呢”，村支书看出了我的犹豫，率先捧起一抔水，一饮而尽。看着他豪爽的动作，我瞬间放下了戒备，轻轻捧起一口水，小口品味起来。水是甜的，脚下的水花飞溅在点点阳光下，像轻盈灵动的精灵一般清澈闪耀，阒然无声。

记得参与培训的时候，刘长喜老师告诉我们，有的村民会将我们误认为政府派来调查民情，制定政策的相关人员，拉着我们诉衷肠。但打心底说，我不仅不介意被村民们拉住倾诉，甚至还十分期待能听到他们更多的人生经历。在一家家喜乐忧愁参半的言语中读出不同的酸甜苦辣，读出他们的需求和无可奈何。这些故事都是身处“象牙塔”中的我们所无法切身体会的，也许是我们一辈子都不会经历的一番生活，但通过调研走近他们的生活，我却乐在其中。“聆音察理，鉴貌辨色”，千村调查教会了我从与他人的对话中察觉问题，训练了我敏锐的观察力和社交能力，也告诉我人文社科并不只是我曾想的那么简单。在聆听、观察和思考之外，实践能力也是千村调查所培养的重要的一环。短暂的一周内，我们做一张问卷的速度从 2 小时到 40 分钟，语言越来越熟悉，行动越来越干练。

尽管在千村调查正式开始之前，我们的团队已经召开了 2 次会议，但队员之间还是有些陌生，刚到达陇南的第一天，我们甚至叫不上对方的名字而闹出笑话。但在随后的 4 天内，我们大家的合作逐渐密切，互相关心、互相帮助，在我感冒身体不适时，队友们主动帮我完成了一部分当日的任务；清晨有人来不及吃早饭时，队友们买好了热气腾腾的包子；在手忙脚乱地录入问卷时，队友们在一旁悉心指导……短短 4 天，让我们从不同院系不同届的陌生人变成了亲密的好友，将 13 颗心灵紧紧凝聚起来，为了一个共同的目标努力，这就是千村调查的魅力所在。

路漫漫其修远兮，乡村振兴仍有很长很长的路要走。李克强总理在教育改革批示中指出，只有优化基础教育改革，加大对贫困地区教育发展支持力度，努力办好人民群众满意的基础教育，才能共同拖起未来的希望，实现国家富强。我们是行走在漫漫长河中的一粒石子，却也是推动巨大浪潮的一片浪花。我们共同“走千村，访万户”，听取百家之言而成一说，也在积极投身乡村教育改革事业中。千村调查为我们上财学子带来的，不仅是调研技能的进步，更多的是阅历的丰富和心灵的成长。愿我们秉持“厚德博学，经济匡时”的校训，带着勤奋务实的精神走遍大千世界的每一个角落。

长路漫漫，能与你们同行，荣幸之至。

道阻且长，我们在路上

霍　睿[①]

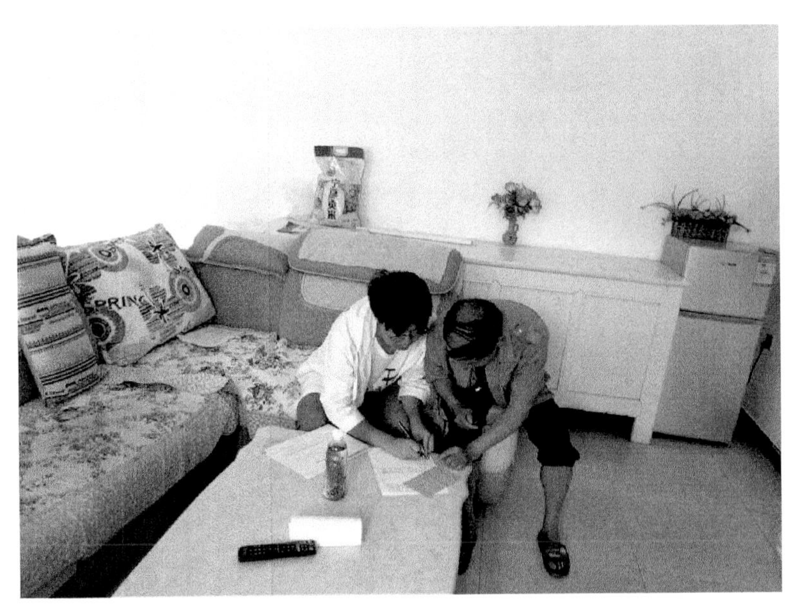

我曾经想，不是所有的鱼都会生活在同一片海里，人也是。

别人的出生、成长、终老，似乎都与我无关。他们经历了什么，他们错过了什么，都不过湮于岁月的抹杀，我看不见，也听不到。只是，当我亲眼看见他们努力的生活，亲耳听到他们奋斗的声音，我才发觉，他们的喜怒哀乐已与我息息相关。

说起“千村调查”，这是何其简单，何其凝练的四个字。可背后的深意，只有真正经历过的人才会懂得。

“千村调查”，单从字面上理解，就是“走千村，访万户”。但是人的精力是有限的。每一队，每一组，每一个人，能采访的人，确实是有限的。但是，在有限中往往孕育了无限。

我们得到的，不仅仅是一份份问卷，一张张照片。更是在 4 天的调查中，感受到老师和队员的温暖与友谊。

有的队员身体不舒服，老师就搀着她走到山上的纪念馆。有人填问卷速度快，有人速度慢，做的快的人主动去帮助做得慢的人。有人分享自己的见闻与经验，充当普通话与方

---

① 霍睿，上海财经大学经济学院 2018 级经济学专业本科生。

言之间的“翻译”，让同伴更容易和老乡打成一片。凡此种种，皆温暖着每一个人。

千村调查更是对国家和乡村的深入了解。之前我们对乡村了解多少呢？恐怕是“纸上得来终觉浅，绝知此事要躬行。”但是，在千村调查中，我们遇见了热情好客的村民，他们不仅热情地接待了我们，更是拿出家里珍藏了好久的茶叶泡茶，倒有些“从来天上月如水，不辞人间一盏茶”的感觉。

我们看到了独居在家的七八十岁老人，在谈到漂泊在外的子女时眼中一闪而过的光。

“孩子去哪里打工了？”

“就是那里。”

“那里是哪里？”

“那里，那里就是很远很远的地方。”

一滴滚烫的眼泪滑过老人的眼角。

我们看到了趴在窗子上看着外边的一个五六岁的小女孩，她们肉嘟嘟的小手指向了高高的山。

“山那里有什么呢？”

“爸爸妈妈。”

“爸爸妈妈在山外边打工？”

“嗯。”

“想爸爸妈妈吗？”

“我，我很听话的。”

旁边的同学鼻子一酸，把脸侧了过去。我也低下头，不敢再看小女孩一眼。

小女孩承担了那个年纪不该承担的孤独与重担。她是那么的懂事，她没有抱怨，她没有放弃。在洒满灰尘的生活里，她的身上仿佛闪耀着光。

我们看到了忙碌一天回来的中年人。他们简单地洗一把脸，就开始准备晚餐。那缓缓升起的炊烟，是他们肩负生活重担的缓缓喘息声。

“孩子在这里读书？”

“读啥书？就识个字。一个班里就十几个人，老师也少。”

“不想着把孩子送出去读书？”

“要是，要是我有钱的话。”

说到这里，孩子父亲的皱纹又深了几分。

千村调查更是一个引子。它在我们的内心种植了求真求实的信念，弘扬了“厚德博学，经济匡时”的信念。千村调查是一个新的起点，而不是终点。在千村中，我们逐渐养成对数据严谨的态度，处理人际关系的方法，这将使我们受益终生。与此同时，千村调查更激发了我们“先天下之忧而忧，后天下之乐而乐”的态度，鼓励我们为中国的建设增砖添瓦。

“人”，一撇一捺，撇为支，捺为持；一支一持，是为人。

去千村调查前，我怀揣了很多疑问。千村调查结束后，我解决了这些疑问，却又多了很多其他的疑问。

这里的青山绿水震惊着我，谁能想到在草木稀疏的黄土高原，会诞生这么一片被上天亲吻过的塞上江南？这里有过茶马古道，这里的历史源远流长。但是不可否认，现在的陇南，还有那么多的村落，有那么多亟待解决的问题。

这里的青山绿水，本可以是旅游的圣地，当地的村民如是说。但在我们调研的几个村子里，我们只看到花桥村做到了，成了旅游的好地方，但是因此，花桥的村民普遍比其他村富裕很多。那为什么其他村不可以呢？

村主任笑了笑，因为人心。

的确，唯有人心与太阳不可直视，也唯有人心与太阳不可辜负。

如何让古老的村落焕发新的生机，如何让百姓安居乐业，的确是值得我们深思的话题。但解决问题并非一朝一夕之事，也不可妄想毕其功于一役。在国家与当地政府行动的同时，我们也应该尽自己的一份力，哪怕能力有大小，但态度无优劣。只要人们齐心协力，假以时日，终能创造属于陇南的奇迹。

到此，千村调查画上了句号，但我们并不会停下脚步。在未来、在远处，还有无穷的人，无穷的村落，与我们息息相关。

现在，我觉得，不是所有的鱼都会生活在同一片海里，但人是。

道阻且长，我们在路上。

过尽千帆，寻回本心

闫　珅[①]

2019 年 6 月 6 日，我坐在上海财经大学艺术中心的最后一排，被一件件感人的事迹震撼着。聚光灯下的一名名学生，一位位老师，分享着自己的所知、所感、所悟，那不是宣传、不是噱头、不是过场，是真情实意、由内而外迸发出的情感与体悟。对于这段即将开启的旅程我既兴奋又惧怕，兴奋的是第一次参与这类规模重大、意义非凡的活动；惧怕的是不知道我将面对的调研会让我对生活有哪些感悟。我会看见怎样的景色，看到怎样的农村现状，这一切又会让我的生活发生何种变化？带着矛盾的心情，我踏上去往山西省长治市平顺县的列车。

2019 年 7 月 14 日，我与我的队友们相遇在平顺县，和他们一起在平顺县度过了五天六夜的时光。这一周，我走过了西沟乡的申家坪村、三里湾村、东坡村、韩家村、石埠头村；石城镇的王家庄村、和峪村、牛岭村、东庄村、马塔村 10 个村庄。我遇见了纯朴无华的村民，看到了山清水秀的美景，结识了相助相携的同伴，体会了安谧真实的乡村生活。我们与村民把酒言欢，与同伴通宵达旦。村民的质朴，是远离浮华的纯真，也是落后无识的凄凉。同伴的共鸣，是心酸无奈的通识，也是奋力拼搏的动力。一次调研，一个团队，一场诉

---

① 闫珅，上海财经大学国际文化交流学院 2018 级语言学及应用语言学专业硕士生。

说，一回倾听。诉说农村万象，倾听时代进步。

因为调查的主题是“中国乡村教育研究”。因此，我们更多的聚焦点是在学生的教育层面。谈及教育，我看到，农村的学校设备已经逐步完善，多媒体、操场、计算机室、音乐室等硬件设施应有尽有，仍然阻挡不住生源流失，年级断层的情况。而大多数家长、老人没有接受过高等教育，学历多为初中，只知应送孩子上学，却无法指导学生如何学，如何健全孩子自身素质教育。家长们尽全力把孩子送到镇、县、市里学校去读书，致使村上的教育资源闲置浪费现象比比皆是。我理解“父母之爱子必为之计深远”的良苦用心，但从学生角度看，许多中小学生心理发育尚不成熟，不完全具备自理能力就开始寄宿生活也是普遍现象。家长们虽然在物质上尽可能满足，却忽视了精神上的教育，这种教育方式值得商榷。

从小就思考为什么而读书？为了让这个世界更美好，为了让贫苦的人生活得幸福快乐，为了帮助那些需要帮助的人。但是随着年龄的增长，看见了大千世界，历经了小小挫折，慢慢迷失其中，忘了初心。千村调查，让我找回了我迷失的本心。我跟随我们的团队跨过高山峡谷，翻越重峦叠嶂，在四处环山的渺小村庄探寻生存的方式，学习的价值，努力的意义。看到柏油马路铺到九曲十八弯的险峻山路上，我不知道这其中经历了多少代人、多少辈人、多少光阴的见证与努力，它或是用鲜血，或是用生命铸造而成，吾辈何其幸福；看到家家通电、人人会使用智能手机的场景，我为我们的电力、通信事业的发展感到骄傲，为我们祖国的进步感到自豪。但当看到我们眼里稀松平常的 20 元对于一户农村人家何其珍贵，我们所挑剔的事物可能是很多孩子都没有机会接触的“幻想”，我又深感无力。

所以，千村调查让我近距离地了解到农村现状，避免了置身于幸福而不自知，浪费于资源而不自省的无知；启发了我以后如何为社会贡献自己的一份力量；理解了我作为新时代的新青年应该担负起复兴的责任和使命。我们作为高等学府的高材生，不应心中只有“小我”，更应有海纳百川的“大我”。

千村调查让我有许多意外收获，我结识了憨厚的老师、靠谱的大哥和一群有爱的学弟学妹们。在 5 天的调研中，同学们披荆斩棘，克服种种困难完成了调研，虽然辛苦，但也是收获满满。我们看到了农村的局限，也看到它的进步；我们看到了农民的辛苦，也看到了他们的提高；虽然在教育问题上暴露出很多的问题，但这并不能掩盖住我们的祖国给下一代的学生所做出的贡献。路漫漫其修远兮，或许未来有很多不确定，但我们可以确定的是，农村教育肯定会越来越好。

感谢千村调查，让我看到了可能以后都没有机会接触的农村景象，让我扎根于最基层的乡村进行调研，感悟到生活的艰辛和幸福。在这里我认识了一群善良美好的人们，在这里我感受到了为中华复兴而读书的必要性，在这里我找回了自己的本心。

千山涉水访万户，
村落亭立读中国。
调研教育走千村，
查询民情悟文化。

书路坎坷，不忘初心

林　敏①

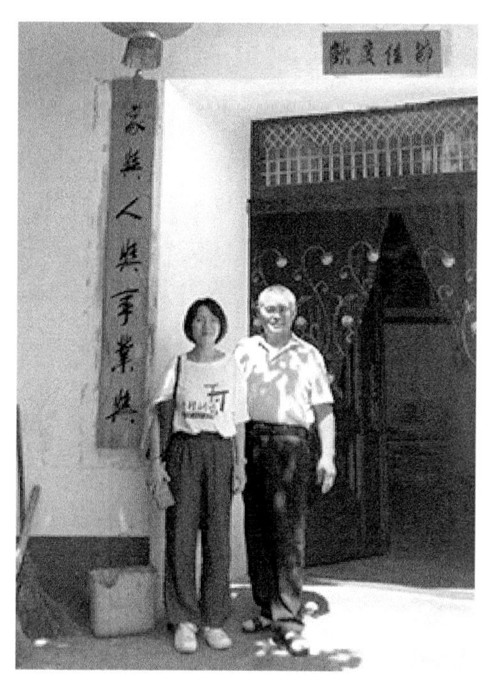

本科的时候，就了解到了千村调查，只是作为一个来自乡村的学生，觉得自己应足够了解乡村，没必要再去参加。2019 年千村调查的主题是“中国乡村教育研究”，自觉从小接受的教育缺失相比于城市的学生，欠缺了很多。以至于在上大学之后，相比于同学，不懂得太多，学习方法、甚至是思维方式都有很大的差距。条件所限导致所学的只有课本上的那些知识，没有任何一技之长，也就缺少竞争力。从我自身的经历来看，乡村教育确实还有许多相比于城市教育不公平的地方，欠缺的地方。这促使我非常想加入这一次的千村调查，希望我的微薄力量可以帮助乡村孩子，调查清楚他们的真实情况，为相关的政策提供依据。

首先，中国的留守儿童数量是一个相当庞大的数字，留守儿童的教育问题亟待解决。留守儿童问题，不仅在于教育公平，更缺少重视的是他们的心理状态。随着父母的外出务

---

① 林敏，上海财经大学数学学院 2018 级应用数学专业硕士生。

工,留守儿童就会因为家庭教育的缺失、学校管理的不到位等原因在安全健康、学习、道德品行和心理方面出现或多或少的问题。其次,对比乡村教育与城市教育,我更深切地感受到我国教育资源分配的不均衡。大城市里的教育设施,师资队伍必然好于乡村,而且如今,越来越多的家长不希望自己的孩子输在起跑线上,于是从幼儿园开始就为孩子寻找更好的教育资源,然而农村里的孩子甚至连幼儿园都不上,直接进入一年级,缺少了很重要的启蒙教育。孩子到了上学的年龄就直接进入一年级,不设置幼儿园。主要原因还是村里小孩人数不多而且选择分散,有条件的家庭希望把孩子送到更好的地方学习,导致生源的流失,幼儿园办不起来,也请不到老师。村里"80后""90后"的孩子基本没有上过幼儿园,"00后"大多由母亲或者爷爷奶奶送到县城上幼儿园。在教育启蒙方面,"80后""90后"确实都很欠缺。我也曾经在村小上过幼儿园,一般只上半年,但是幸而碰到的启蒙老师很好。但是据我了解,类似情况的村庄不在少数,目前为了收到较好的启蒙教育还是要去县城的幼儿园,对于家庭条件不允许的孩子来说,本身就输在了起跑线上,教育公平何从谈起。农村里的孩子更难走出农村,这样的状况如果一直得不到改善的话,乡村与城市之间的差距将进一步拉大,这将极不利于中国社会的发展。

"走千村,访万户,读中国",简简单单的9个字,包含着许多学问。中国历来是一个农业大国,即使在当代,农业人口仍然占据着中国人口的大多数,他们的命运就是中国未来的命运,我们国家有如今的发展,离不开乡村这一有力的保障,这也是为什么国家历来强调"三农"问题的重要性。而千村调查正迎合了这一重点,它是以"三农"问题为研究对象的大型社会实践和社会调查研究项目,旨在通过专业的社会调查获得我国"三农"问题的数据资料,形成调查研究报告和决策咨询报告,供国家相关部门决策参考。

短短的几天调查,收获良多,收获的绝不仅仅是数据,更多的是对于乡村的体会,从家——从小生活的地方这一观念脱离出来,真正理性地去看待它,也收获到了很多温情。作为一名从乡村走出来的学生,我希望我的身上永远流淌着这些血液,永远不会脱离它,同时也要清楚自己能为它做些什么。

这11年来的千村调查,我们紧紧围绕"三农"这一主题,研究的课题与农民的生活现状紧密相连。千千万万的上财人,结合自己的专业知识,提出了许多解决目前农村基本问题的方案,充分做到了理论与实践相结合。在这11年的调研中,我们积累了庞大的数据库,采取跟踪回访的方式,第一时间了解问题解决的情况,这让我们的千村调查显得更为专业,有了更大的知名度,得到了更多人的理解与支持。

我心目中的千村调查,不仅仅是一次社会实践活动,更是上财人精神的缩影,是上财校训"厚德博学,经济匡时"最好的诠释。

$\lim\limits_{T\to \text{新时代}}$（城乡教育差距）＝0

周 健[①]

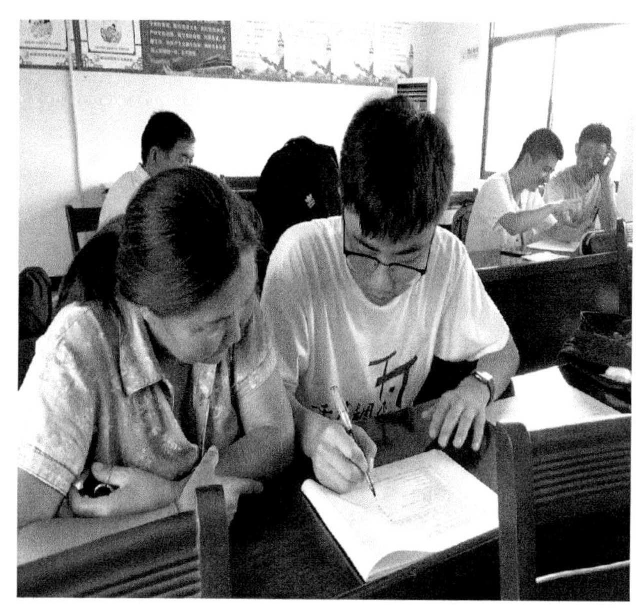

“说说你对农村的认识?”负责千村调查的老师问到。

“我小时候在农村的老家生活过一段时间，之后搬到县城，两个地方的教育差距给我的震撼很大……”结果，很幸运我入选了 2019 年的淮安金湖千村定点调查。

千村调查在我心中是神圣的。它表明国家在高速发展的同时，并没有忘记广大的农民，通过千村调查，能够获得“三农”问题的第一手数据，形成调查研究报告和决策咨询报告，供国家相关部门决策参考。所以我下定决心一定对每一份问卷负责，认真调查询问、填写、录入。

前往金湖的路上，我回想起小时候上的小学，条凳桌椅，砖瓦平房，老师很少，音乐、体育等副课都是一个老师代课。音乐课老师带着唱唱歌，体育课我们在操场上跑来跑去。也想起当时家里夏天的样子，没有空调，闷热的空气伴随着烦人的蝉鸣以及呼啦啦响的电风扇，给人触觉、听觉等感官上的多重不适。想着想着，大巴到达金湖，我也做好了吃苦的准备。

---

① 周健，上海财经大学统计与管理学院 2018 级经济统计学专业本科生。

然而，正式调查的过程中却让我大吃一惊，不管是入户调查还是村民集中在村委会调查，基本上都是空调相伴，茶水不断，弄得我有些受宠若惊。虽然语言沟通上有点障碍，但很快就克服了，甚至几天调查下来后，自己说话还带点当地的口音。

调查的间隙，我们参观了金湖县银集中心小学，了解到该学校总投资几千万元，教育设施先进齐全，师资力量雄厚，基本上实现了教育现代化。我感到十分震撼，同时也为当地的学生能就读这么好的学校感到欣慰。

几天的调查下来，我对当地的村民生活有了一个大概的认识。基本上家家户户家电齐全，不少的村民已经开上了私家车。参加调查问卷的基本都是老人，年轻人大多在县里工作，或是在工厂上班，或是送快递，或是开超市，都能有一个不错的收入。乡村经济发展的一个重要点就是要留住年轻人，让年轻人可以并且愿意在乡村附近就业。这样既可以为经济发展增添动力，也可以解决一部分留守儿童和空巢老人的问题，父母的陪伴无疑是对乡村教育有利的。

对我来说，村民的每个回答、填入问卷的每个数据，不仅仅是三两句话、几个数字，更是村民生活的真实反映。当调查到村民家庭资产的时候有一项是家中有几台空调，当村民回答有 1 台或者 2 台的时候，我会暗自庆幸他可以舒服地度过夏天，当村民回答没有的时候，我会替他难过，我会想到灼灼逼人的热浪以及止不住的汗水，或许他早已习惯，但我仍会感到不自在。当问到家里是商品房还是自建房，有没有独立卫生间等问题时，我脑中会刻画出村民的生活状况，或富裕，或小康，或在奔小康的路上大步向前。

记得小学四年级我转到镇上的小学上学，老师变多了，操场变大了，还有塑胶跑道，乒乓球台也不是石头砌的了。中学我考到县里的高中上学，有一次和几个县城的同学聊天，其中一个说自己小时候琴棋书画除了琴基本上都学过，另一个同学接话道："哎我也是，我还学过乒乓球！"那时候自己一句话也说不出，我小时候不是在草垛里捉迷藏就是和村里的小伙伴四处疯玩，哪学过什么课外的东西。那时候我真真切切地感受的教育的差距，不过是如此近的两地，不过是村里、镇上、县城，教育差距就如此之大，或许也就是那个时候，我下定决心，一定要好好学习，去看看外面的世界，然后为缩小教育差距而努力。

前段时间路过小时候就读过的小学，虽然可以看出是重新翻新过的，但是外部变化不大，我感觉乡村教育的投入还是不够平衡，有的地方投资多，发展得就好一些，投资少，发展就举步维艰。

但无论如何，都是在发展，城乡教育差距在不断缩小，只是速度不同而已。希望各个地方的乡村教育都能发展得越来越好，在新时代，让每个孩子都能拥有幸福的读书之地。

梦　想

——追逐心中的渴望

龚宇涛[①]

盛夏7月，我怀揣着对乡村生活的好奇与向往，跟随小队走访了江西省景德镇市乐平市下属的10个村庄，深入基层了解最真实的农村。车程颠簸，田野奔忙，进入一家家农户，与形形色色的人交谈，我从心里感受到了他们的朴实、热情，以及对未来生活的美好向往。

“梦想”二字萦绕嘴边，这简短的文字，却又凝聚着生命的力量，让我们在人生的道路上更加坚定地走下去。在第一天的采访中，我来到了一户农民家里，泛白的砖瓦上爬满了绿色的苔藓，弯折的窗棂支撑着张张旧报纸遮挡住破碎的玻璃与蚊虫的侵袭，见底的水井，磨光的门槛，家中的瘦弱的黄狗门边趴着喘气，时不时发出几声呜咽。跨进大门，一双布满老茧的手将刚切好的瓜果递给了我，我忙不迭道声“谢谢”，抬头正对上沟壑纵横的黝黑的面庞，但那双眼睛，明眸善睐，透亮的光充盈着眼眶，没有自怨自艾的哀愁，没有愤世

① 龚宇涛，上海财经大学金融学院2018级金融专业本科生。

嫉俗的不平，只有纯洁与热烈，对生活的期待，和一份自信。

坐下交谈，将规定的问题缓缓抛出，一问一答中，我渐渐对这位朴素的农民有了更深的了解。他的前半生幸福而充实，在父母的荫蔽下为学业而奋斗，更收获了甜蜜的爱情；后半生在旁人看来是悲惨的，一场车祸夺去了他至亲的人，只留下幼小的女儿与他相依为命。他也曾埋怨过上天的不公，但他明白他需要振作，为了女儿的未来。他带着女儿来到全国各地打工，端过菜、洗过碗、修过车、卖过艺，遭遇过冷眼与欺凌，也感受过温暖与善意。他的心中有一个梦想，那就是让女儿接受好的教育，成才后将家乡建设得更好。所以无论多么艰苦与劳累，当他看到女儿的笑脸，一切都仿佛可以承受。他做到了，他用自己双手挣来的钱供女儿长大成人，女儿考上了中国人民大学，毕业后便回到家乡带领大家发展经济，为脱贫攻坚战贡献自己的力量，也为乡亲们的生活增添了几分盼头。可他永远是最朴素的那个，他把赚来的钱都捐给了当地政府，为村里建了一所初中。他这样说道："我小时候村里只有小学，读初中时每天都要走几个小时去镇上的那所中学，放学后天色暗淡走山路很容易摔跤，当年有几个同学因为摔断了腿后来无奈退学了。所以我希望村里能有一所自己的初中，让孩子们读书容易些。"

听了他的故事，我深感汗颜，世界以痛吻他，他却报之以歌，他的梦想不是为了自己而是为了家乡的发展、家乡的教育，这是怎样的无私者与奉献者。梦若在，我们心中总会有蓝天白云，日月照耀。即使"当蜘蛛网无情地查封了我的炉台，当灰烬的余烟叹息着贫困的悲哀"，我们"依然固执地铺平失望的灰烬，用美丽的雪花写下：相信未来"。他始终坚信着能通过自己的努力实现梦想，让女儿长大成才，让家乡变得更加美好。

人人都有梦想，在接下来几天的访谈中，我认识了天生残疾却始终竭尽全力学习，渴望通过知识改变命运的小女孩；认识了一生清贫却不忘省吃俭用捐款给贫困学生，希望他们能够考上大学回来建设家乡的老教师；认识了兢兢业业将村民当作自己家人，带领大家走上致富道路的村主任……人人都明白梦想不只是一句口号，而是经历风雨过后天边的那道彩虹。

奥普拉说过："一个人可以非常清贫、困顿、低微，但是不可以没有梦想。只要梦想一天，只要梦想存在一天，就可以改变自己的处境。"正如乡村教育的发展离不开每个息息相关者对于教育真正的渴望，只有他们意识到教育的重要性，将知识看作改变自己生活条件，改变乡村落后面貌的武器，乡村教育政策的推行才能更加顺利；正如扶贫攻坚战离不开每个被帮扶者的勤劳努力，离不开他们对于摆脱贫困的热切期望，"扶贫先扶志，扶贫必扶智"；正如乡村教师队伍的壮大离不开每个教师的自我认同，离不开他们对于这份工作的热爱……

"梦想"从不是两个虚无缥缈的字，而是一种实实在在的力量，这力量催人奋进，让处于艰难困苦中的人一次次爆发出惊人的潜力，它鞭策着怀有梦想的人不懈奋斗，为改变未来而努力追逐。愿我们都能不忘初心，坚持梦想，追梦途中让环绕着梦想的眼睛凝望所有的幸福与痛苦，最后即使失败，至少我骄傲地盛开过，骄傲地追逐了心中的渴望，我无悔！

农村土壤里长出的期待

杨镜可[①]

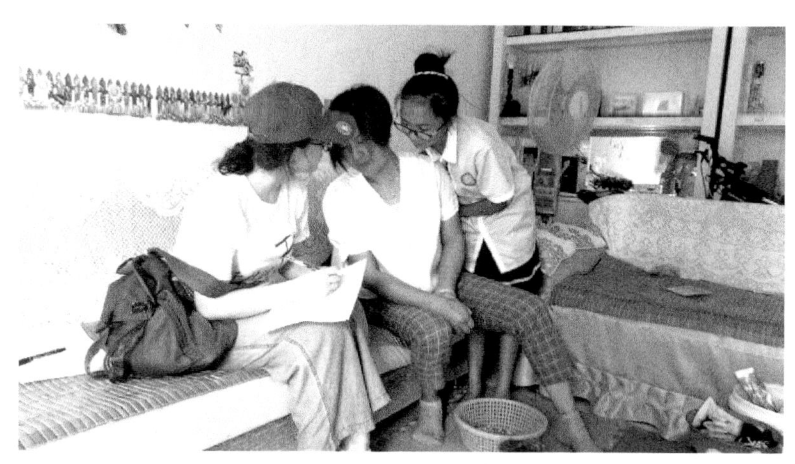

千村调查。听上去就是个浩浩荡荡的大工程。“千村”，顾名思义，自然是要下乡进村的。我早早地给自己打好了预防针：村民的家里那肯定是灰墙水泥地，采访的时候搞不好就要席地而坐了；这大夏天的，农民是要干农活的，说不定要去田坎间调查，防晒霜是要准备好的；乡下没有超市，水是要自己准备好的……就这样，我们小组的成员一起带着一口袋的“行李”和 13 套问卷，下乡了。

一、进村初印象

市区和郊区以河为界。河的这边高楼鳞次栉比，河的那边独门独户的“小洋楼”错落在公路边；河的这边是城市独有的冷色调，河的那边是盛夏里旺盛的生命色彩——铺天盖地的绿在眼前蔓延；河这边的天很高，河那边的天很蓝……

为了让调查顺利一些，我们第一站去了村委会，希望取得当地的支持。我们去的时候，3 个工作人员都在自己的位置上做事，一听到我们的来意，村主任热情地接待了我们，还没聊上两句，她就走进里间，给我们一人拿了一瓶矿泉水。我微微吃惊：村委会竟然也准备有这种接待用水，厉害了，永和村！村主任是个热情的人，她一边给我们介绍村里的情况，一边招呼着来办事的村民。村主任的蓝色裙子给我留下了印象，我寻思着：这方圆

① 杨镜可，上海财经大学公共经济与管理学院 2018 级资产评估专业硕士生。

儿里也不像有服装店的样子，这条裙子却是2019年很流行的款式。后来，我知道了答案：我调查的几户人家告诉我，他们都会网购。我一边感叹着“所见非凡”，一边正式开始了我们的千村调查之旅。

二、“她想要读博士”

2019年千村调查的主题是“中国乡村教育研究”。令我印象很深刻的是，我调查的一户家庭里有一对姐妹。姐姐念初中，妹妹念小学；姐姐内向文静，妹妹活泼机灵。只是，她们的妈妈患有乳腺癌，在家带孩子种地，经济重担就落在了她们父亲的身上。这样一个并不富裕的家庭却没有“苛待”孩子们的教育。妹妹的校服费，姐姐的补课费，两姐妹购买课外书的费用……她们的妈妈掰着手指头一样一样地告诉我。可能她自己都没有发觉，她一边心疼“昂贵”的教育支出却一边念叨着要让孩子好好读书。当我问姐姐：“你读书希望读到什么程度。”内向的姐姐有些忸怩，活泼的妹妹则抢答道：“她想要读博士！”我猜是妹妹暴露了姐姐的心事，所以姐姐才不好意思地捂住了妹妹的嘴，妹妹嬉笑着挣脱。

明明是姐妹打闹的温馨场景，却让我心中五味杂陈。有点惊讶、有点振奋。有点惊讶，是因为小村里长大的孩子却有着攀登学术制高点的梦想；有点振奋，是因为无论身处在小村里的她们还是在一线城市念书的我们都渴望着通过读书来改变自己的命运、实现人生的理想、过上更好的生活。

一趟千村之行，我看见了村民对美好生活的期待、看到了农村孩子对未来的期待，而我们的国民也在期待着更加完善、完整的公民社会的建立……无论是个人还是政府都应该去奋斗、去努力，方可不负这些美好的期待。